开创科学发展新局面

2011 中国绿色发展指数报告
——区域比较

北京师范大学科学发展观与经济可持续发展研究基地
西南财经大学绿色经济与经济可持续发展研究基地 著
国家统计局中国经济景气监测中心

北京师范大学出版集团
BEIJING NORMAL UNIVERSITY PUBLISHING GROUP
北京师范大学出版社

图书在版编目(CIP) 数据

2011 中国绿色发展指数报告——区域比较 / 北京师范大学，西南财经大学，国家统计局中国经济景气监测中心著. —北京：北京师范大学出版社，2011.9
ISBN 978-7-303-13354-3

Ⅰ. ①2… Ⅱ. ①北…②西…③国… Ⅲ. ①区域经济发展-对比研究-研究报告-中国-2011 Ⅳ. ①F127

中国版本图书馆 CIP 数据核字（2011）第 171684 号

营销中心电话 010-58802181 58808006
北师大出版社高等教育分社网 http://gaojiao.bnup.com.cn
电子信箱 beishida168@126.com

2011 ZHONG GUO LÜ SE FA ZHAN ZHI SHU BAO GAO

出版发行：北京师范大学出版社 www.bnup.com.cn
北京新街口外大街 19 号
邮政编码：100875
印　刷：北京京师印务有限公司
经　销：全国新华书店
开　本：210 mm × 285 mm
印　张：26.75
字　数：680 千字
版　次：2011 年 9 月第 1 版
印　次：2011 年 9 月第 1 次印刷
定　价：70.00 元

策划编辑：马洪立　　责任编辑：马洪立　陈婧思
美术编辑：毛　佳　　装帧设计：毛　佳
责任校对：李　菡　　责任印制：李　啸

课题负责人

李晓西(北京师范大学学术委员会副主任、西南财经大学学术顾问)
潘建成(国家统计局中国经济景气监测中心副主任)

合作单位负责人

赖德胜(北京师范大学经济与工商管理学院院长)
唐任伍(北京师范大学管理学院执行院长)
胡必亮(北京师范大学经济与资源管理研究院院长)
杨志峰(北京师范大学环境学院院长)
甘　犁(西南财经大学经济与管理研究院院长)
刘方健(西南财经大学经济学院执行院长)

协作与支持单位

国家统计局中国经济景气监测中心及相关研究处所
中国科学院预测科学研究中心
环境保护部环境与经济政策研究中心
北京师范大学资源学院
北京师范大学地理学与遥感科学学院
北京师范大学环境学院
北京师范大学生命科学学院
北京师范大学水科学研究院
北京师范大学国民核算研究院
北京师范大学壹基金公益研究院
西南财经大学公共管理学院
西南财经大学能源经济研究所
西南财经大学实验经济学实验室

课题协调人

赵军利(国家统计局中国经济景气监测中心信息分析处处长)
张江雪(北京师范大学经济与资源管理研究院讲师)

课题联系人

丛雅静　宋　涛

评审专家

吴敬琏　国务院发展研究中心研究员
厉以宁　北京大学光华管理学院名誉院长
张卓元　中国社会科学院学部委员
魏礼群　国家行政学院常务副院长
陈锡文　中央财经领导小组办公室副主任
刘世锦　国务院发展研究中心副主任
卢中原　国务院发展研究中心副主任
辜胜阻　第十一届全国人大内务司法委员会副主任委员
周宏仁　国务院信息化专家咨询委员会常务副主任
潘　岳　国家环境保护部副部长
甘藏春　国土资源部党组成员、国家土地副总督察
樊　纲　中国经济体制改革研究会副会长
刘　伟　北京大学副校长
葛剑平　北京师范大学副校长
边慧敏　西南财经大学副校长
许宪春　国家统计局副局长
张新时　中国科学院院士
牛文元　国务院参事、中国科学院研究员
魏　杰　清华大学中国经济研究中心主任
胡鞍钢　中国科学院－清华大学国情研究中心主任
潘家华　中国社会科学院可持续发展研究中心主任
范恒山　国家发展和改革委员会地区经济司司长
夏　光　环境保护部环境与经济政策研究中心主任
苏　伟　国家发展和改革委员会气候司司长
陈东琪　国家发展和改革委员会宏观经济研究院副院长
贾　康　财政部财政科学研究所所长
张健华　中国人民银行研究局局长
卢　迈　中国发展研究基金会秘书长
邱　东　北京师范大学长江学者特聘教授
陈宗胜　天津市人民政府副秘书长

序一

放眼当今世界，随着全球工业化浪潮的迅猛发展，煤炭、石油和天然气等化石能源被大量消耗，碳排放量不断加剧，人类面临着前所未有的环境和生态危机，但以哥本哈根世界气候大会为标志，世界经济在艰难复苏中仍然透着阵阵绿色的曙光，绿色发展、低碳发展已成为后国际金融危机时期各国科技和产业发展战略的重要突破口和支撑点。回望国内发展，我国经济在取得举世瞩目成就的同时，面对日益强化的资源环境约束，人们也越来越多地反思传统发展方式带来的深刻教训，越来越多地反思粗放经济增长付出的能源、资源和环境的代价，更加清醒地认识到以大量消耗资源、高排放高污染为特征的传统发展方式难以为继，转变经济发展方式已成为“十二五”发展的主线。在科学发展理念的指导下，坚持推动绿色发展、低碳发展，建设资源节约型、环境友好型社会成为时代发展的强音，一个以绿色发展、绿色消费为主要标志的绿色经济正在蓬勃兴起。我国是一个发展中大国，正处在工业化、城镇化、现代化加速发展的时期，更应顺世界绿色发展潮流，着力推动绿色发展、低碳发展，这样才能在未来的发展中赢得先机，把握主动，抢占制高点。

“十二五”规划纲要是一个真正意义上的“绿色发展规划”，规划中提出的12个资源节约、环境保护指标中有11个是约束性目标，这充分显示了我国发展绿色经济的决心。推动绿色发展、低碳发展不仅需要我们的信心和智慧，还需要研究并探索建立一套有利于推动绿色低碳发展的绩效评估指标体系和评估机制，因为经济发展方式转变的实现程度、绿色低碳发展的实现程度必须要有科学合理、指标化的度量和评价体系，这是当前推动绿色发展、低碳发展的一项基础性工作，也是一项开创性的工作。北京师范大学、西南财经大学相关研究机构和国家统计局中国经济景气监测中心共同合作完成的《2011中国绿色发展指数报告》，就是一项我国绿色发展成效和资源环境承载潜力评价的有益尝试，将对引导推动绿色低碳发展发挥积极作用。

“裁成天地之道，辅相天地之宜”。世界社会经济发展达到今天这样的水平，离不开大自然的馈赠；而若要想人类生活的美好世界得以持续和进一步发展，迫切需要顺应自然之道，推进绿色发展。绿色经济正在成为继信息技术革命之后世界经济增长的新引擎，我们正在迈入一个崭新的“绿色发展时代”。我们相信，在中国共产党的带领下，当代中国人有信心、有决心开启绿色低碳发展的新篇章，也有智慧、有能力让生态文明之花在祖国大地处处绽放并结出丰硕果实。

是为序！

国家统计局局长 马建堂

序二

2011年是我国国民经济和社会发展“十二五”规划的开局之年。规划纲要明确提出，面对日趋强化的资源环境约束，必须增强危机意识，树立绿色、低碳发展理念，加快构建资源节约、环境友好的生产方式和消费模式。落实好“十二五”规划，对增强我国可持续发展能力，提高生态文明水平，具有重大意义。北京师范大学科学发展观与经济可持续发展研究基地、西南财经大学绿色经济与经济可持续发展研究基地、国家统计局中国经济景气监测中心三家单位合作，连续两年完成了《中国绿色发展指数报告》，做了一件时代需要、国家需要的大事。

2010年的报告经中央电视台、新华社、人民日报、光明日报、中国新闻社等30多家国内外新闻媒体及新华网、新浪网等多家网络媒体报道后，受到社会各界的广泛关注和好评。2011年的报告，有了新的进展。在充分吸收专家和各类机构建议的基础上，研究团队进一步完善了中国省际绿色发展指数指标体系，新增了中国城市绿色发展指数测度，完成了《2011中国绿色发展指数报告——区域比较》。这份报告立足全球，关注未来，尊重客观，勇于创新，是一份充满社会责任感和科学精神的研究成果。报告最大的特点，是以“十一五”期间中国绿色发展总结和“十二五”期间中国绿色发展展望为主线，从中国绿色发展取得的成就、存在的问题、绿色发展区域比较以及未来绿色发展的机遇与挑战等多个方面，全面地阐释了近年来中国绿色发展的情况。我想还要再次表达的一个意思是：报告中的省区排名、城市排名是相对的，也是在不断变化中的，推动绿色发展才是报告的本意。

北京师范大学作为国家科技创新的重要力量，将一如既往地以促进经济发展、引领社会进步为己任，发挥专家作用，团结各方力量，服务社会和国家建设，为加快经济社会健康发展，为振兴中华作出自己应有的贡献。

北京师范大学校长 

序三

近些年来，绿色发展的理念已逐步成为世界各国的共识，联合国在2008年启动的“全球绿色新政及绿色经济计划”，得到许多国家的积极响应，各国大力推进绿色经济发展，一股“绿色新政”的浪潮正席卷全球。早在2003年中国就旗帜鲜明地提出了科学发展观，要转变发展方式，实现可持续发展。绿色发展是科学发展的应有之义，中国在科学发展观的指导下，绿色发展的理念已深入人心，一系列“绿色行动”不断推进，建设资源节约型、环境友好型社会和发展循环经济的步伐不断加快，在绿色发展方面取得了显著的成绩。

2011年是中国“十二五”开局之年，在这个关键的历史时点上，我们既要总结“十一五”期间在绿色发展方面取得的成绩，同时更要对国内外资源瓶颈和环境约束的现状及其演变态势有清醒的把握和认识，为中国“十二五”期间和未来的经济绿色发展提出富有建设性的展望和建议。

李晓西教授、潘建成副主任及其研究团队在今年推出的《2011中国绿色发展指数报告》中对此进行了卓有成效的研究。该绿色发展指数报告除了继续对我国30个省、市、自治区绿色发展状况进行测度和排序外，还新增了对34个城市绿色发展状况的测度和排序。特别地，该报告着重系统、深入地回顾和总结了中国“十一五”期间经济绿色发展的特点和存在的问题，全面展望和分析了中国“十二五”期间绿色发展的趋势及其可能面临的资源、环境和生态状况，进而为中国“十二五”时期绿色发展政策的制定，为企业进行绿色投资决策，也为广大社会大众的绿色消费和绿色行动提供富有建设性的参考，报告具有重要的现实价值和理论意义。

为了同一个绿色的地球，为了同一个绿色的梦想，需要我们共同的绿色行动。学界的绿色行动就是要积极探索和研究绿色发展的一般规律，为经济社会的绿色发展提供有力的智力支持。由北京师范大学、西南财经大学和国家统计局中国经济景气监测中心三家单位在2010年共同成功推出中国第一部“绿色发展指数”报告的基础上，2011年继续通力合作，把“绿色发展指数”的研究又向前推进了一大步。

西南财经大学作为教育部直属的全国重点大学和“211”工程重点建设大学，将一如既往，践行科学发展观，大力推进绿色发展研究，积极探索经济发展模式转变的规律，尽力为中国经济发展和社会进步贡献自己的力量。我们也相信，有政府、业界和学界共同的“绿色行动”，我们的未来会变得更加绿色。

西南财经大学校长

专家评议①

吴敬琏：中国经济长期依靠资源和要素投入支持高速增长，增长过程伴随着高昂的资源和环境代价。如何有效推进从粗放增长模式向主要依靠效率改进的现代增长模式转变，已经成为社会各界普遍关心的问题。在李晓西同志、潘建成同志的主持下，2010年北京师范大学科学发展观与经济可持续发展研究基地等单位构造了“中国绿色发展指数”指标体系，并对绿色发展程度进行了尝试性的分省测量和比较，填补了国内的空白，为推动中国的经济发展方式转变提供了一个比较好的切入点，引起了各界的关注和良好的社会反应。在2010年研究工作的基础上，李晓西等同志根据专家意见和数据的可得性、重要性，对“中国绿色发展指数”体系和测算方法进行了进一步修正和完善，对中国的“绿色发展”程度进行了分省、分市测度和比较，并重点对“十一五”时期中国绿色发展取得的进展和挑战进行了总结分析，从而形成《2011中国绿色发展指数报告》。报告数据翔实，评价客观，内容丰富，不仅有助于各界更好地把握中国经济发展方式转型的动态进展，而且有助于引导地方政府更新发展理念、推动绿色发展实践。希望绿色指数研究能够持续进行下去，同时建议强化关于激励绿色发展的制度框架分析，以帮助“绿色发展”理念得到更好的制度支持。

厉以宁：由北京师范大学、西南财经大学、国家统计局中国经济景气监测中心组成的课题组共同完成的《2011中国绿色发展指数报告》，已经阅读。我认为：第一，本指数的研究是具有开创性的。这是迄今为止国内第一套绿色发展指数。它由一系列一级指标、二级指标、三级指标所构成，分别反映经济增长中生产效率和资源使用效率、资源与生态保护及污染排放情况、政府在绿色发展方面的投资、管理和治理情况等。第二，2011年度报告公布了30个省份的绿色发展指数，并对各个省份的绿色发展进行了比较和排名。尽管这种比较和排名尚属于尝试性的，但它毕竟是第一次这样做，探索精神可嘉。而且，从比较和排名的结果可以看出，某些经济发达的省(市)，虽然“资源环境承载潜力”较差，但只要当地政府注重绿色发展，加大政府的绿色投资，抓紧节能减排工作，大力发展第三产业，“经济增长绿化度”指标仍然会排名前列。这一结果的公布具有积极意义，表明事在人为，表明“政府政策支持度”的重要性。第三，报告今后定期公布，将会对我国各个省份加快绿色发展起到有力的推动作用。这是因为，在省际比较中可以清楚地看到，中部省份在绿色发展方面尚有待改进，还因为从指标上可以了解到，如果绿色发展程度较差的省份今后认真调整自己的发展规划，把“经济增长绿化度”和“政府政策支持度”放在更重要的位置上，绿色发展前景依然是乐观的，东部某些省市就是先例。总之，2011年度报告对某些只把GDP增长看成是唯一重要指标的地方领导人来说可以从省级比较中得到十分

① 由于2011年本报告采用了大开本，容量有所增加；同时今年评审专家的意见2万多字，相比2010年有所减少，因此，今年除个别评审意见因篇幅长有所删减外，基本上展示了专家意见的全貌。另外，专家所指页码为原送审稿的页码。在此再次感谢专家对我们研究成果的肯定，感谢专家们提出的宝贵修改意见。

有益的启示。由于本指数的研究尚处于初始阶段，指标的选择和指标体系的完善还有较大余地。希望课题组的专家们在现有成绩的基础上，再接再厉，更上一层楼。

张卓元：第一，本报告在《2010 中国绿色发展指数年度报告》基础上，指标体系设计更加完善，内容更加丰富，增加了 34 个大中城市绿色发展的测算，增加了不少专栏和专论，材料丰富，结构合理，论证充分，具有较高说服力。本报告的出版，对于增强大家的绿色发展理念，推动我国绿色发展，促进经济社会向绿色转型，具有重要意义。第二，本报告仍需作仔细校对加工。一是文中有不少文字不顺之处(如第 3 页倒数第 10 行、第 35 页第 4 行“我国的奇迹”应为“中国的奇迹”、第 376 页(二)标题多了一个的字等)；二是报告中统计数字，凡是比较价值量的，一般均需按不变价格(如文中常用 2005 年美元)，但实际上不少增长率是用当年价格算的，不准确。第三，几条具体意见。1. 第 5 页第 6 行，原文“重在处理好经济和环境两方面关系；就是在经济发展过程中……”，建议改为“重在处理好经济社会和环境两方面关系；就是在经济社会发展过程中……”2. 第 5 页倒数第八行(正文)，“目前”两字应删。3. 第 15 页第 2～3 行“30. 首要污染物可吸入颗粒物天数占全年比重”，意思不清楚。4. 第 22～23 页中国城市绿色指数排名，建议将来加“苏州市”。2010 年，苏州市地区生产总值在全国城市中排名第五，这么重要的城市最好能列上。5. 第 70 页第一行，“但能源价格的大幅提高和环境质量的急剧恶化也对第二产业的绿色增长提出了新的挑战”，实际上，能源价格的大幅度提高有利于第二产业的节能降耗，从而能促进第二产业的绿色增长。6. 第 86 页专栏标题为黄山徽州区绿色理念拓展工业发展新空间，而内容讲的是“怀宁县”，它们之间什么关系。7. 第 98～99 页专栏 4-1，讲的并不是第三产业专门的内容。8. 第 158 页最后三行，2003—2007 年，文中的经济增长率和能源消费增长率同《中国统计提要 2011》提供的数字有出入，请查核。以上意见，仅供参改。

魏礼群：《2011 中国绿色发展指数报告——区域比较》是一份具有重要现实意义和长远意义的报告。报告体现了以科学发展观为主题、以转变经济发展方式为主线的重大战略思想和重大部署，较为系统地总结了“十一五”期间中国经济绿色增长的情况，对“十二五”期间中国绿色发展做了全面分析展望。报告坚持贯彻绿色与发展相结合的理念，强调资源环境承载能力的重要性，在 2010 年省际绿色发展指数的基础上新增中国城市绿色发展指数，更为全面、客观地评价了中国的绿色发展，这些对促进中国绿色发展和发展方式转变有重要参考价值。报告中增加了各省(区、市)绿色发展的案例，部分案例由地方提供，可以扩大交流，经验共享。当然，这份报告体现的是研究者对促进可持续发展的一种社会责任，其中的排名可能不十分准确，仅作为反映绿色发展程度的一种方式，目的在于更好地推动与激励各区域在转变发展方式、推动绿色发展方面下大工夫。这种积极探索绿色发展道路的精神和做法是值得称道的。诚望继续深入研究这个重大课题，取得更多的成果。

陈锡文：中国的发展只能在资源环境紧约束条件下进行，只能在与其他国家和平共处的前提下推进，只能在风云变幻的复杂国际环境中寻求机会。绿色发展是科学发展的一个重要侧面，也是目前全球关注的一个重要议题。充分展现我国在绿色发展方面的成效、客观评估我国绿色发展现状、科学分析我国实现绿色发展方面的不足、合理提出推进我国绿色发展的建议，不仅有利于我国沿着科学发展的道路继续前进，也有利于为我国发展争取有利的国际环境。本报告是课题组组织撰写的第二本中国绿色发展指数年度报告。与2010年的报告相比，本报告在以下几个方面实现了新的突破：一是指标体系更为完整科学，课题组对指标体系的修正问题进行充分的讨论，大量征求了有关专家的意见，新确立的60个指标既能够更具有针对性，也具有数据可获得性；二是研究内容更为全面，不仅从经济的绿色增长、资源环境的承载、政府的绿色行动三个方面对绿色发展进行了比较全面系统的评估，而且开展了11个有特色的专题研究，这对帮助读者了解一些突出热点问题很有帮助；三是基础工作更为扎实，课题组克服重重困难，组织了大量人员搜集和整理的国内外目前可以获得的数据，并以大量的数据和事实为基础对我国绿色发展状况进行了评估；四是得出了很多有价值的结论，在大量实证分析的基础上，报告提出，绿色和发展并不矛盾，我国经济落后地区可以避免东部发达地区“先污染、后治理”的发展道路。这些观点对于澄清一些模糊的认识、明确主要问题、完善政策，具有重要的参考价值。这里提出几点个人意见：一是合理看待土地经营细碎化，我国户均经营规模小，是长期历史形成的，是现实国情决定的，也是亚细亚生产方式的重要表现，通过发展合作、健全社会化服务体系，户均经营规模小的农业也可以实现现代化，如果仅从土地的经营规模上衡量我国农业，可能容易误导一些地方脱离国情盲目推进土地集中；二是要进一步分析农业发展与绿色发展之间的关系，农业确实产生了大量的面源污染，但农业自身也具有很强的自净能力，如果仅考虑农业的投入而不考虑农业对环境净化的促进作用，将明显夸大农业对环境的负面作用；三是进一步反映农业的绿色价值，农业不仅是一项产业，也是一项绿色发展事业，农业客观上存在的大量功能并不能在经济价值上体现出来，如果简单用单位土地面积的产值衡量农业的发展水平，可能使得农业的绿色价值被大大低估，建议今后通过适当方式进一步体现农业的绿色价值。以上意见，仅供参考。

刘世锦：改革开放以来，中国经济已持续高速增长三十多年，迫切需要推进以资源节约、环境友好为特征的绿色可持续发展。绿色发展指数的编制，搭建了从绿色理念到绿色行动的桥梁，具有重要的理论与实践意义。《2011中国绿色发展指数报告》延续了2010年报告的主旨思想，通过探求资源、环境、经济三者间平衡发展的关系，建立了一套科学的指标体系，对我国各区域绿色发展水平及其进展进行了评估。该报告是绿色发展领域的一项重要科研成果，对推进绿色发展将起到积极作用。报告充分借鉴绿色发展领域的最新成果，从经济增长绿化度、资源环境承载潜力、政府政策支持三方面分层次建立指标体系。其研究方法科学、逻辑清晰、体系完整，比较准确地反映绿色发展的核心特征及其要求。2011年度报告在2010年报告的基础上，调整了部分指标名称，增加了分指标的数量，构建并测算了城市绿色发展指数，进一步提高了报告的科学性和适用范围。对绿色发展指标体系的改进和完善，我有以下几个方面的意见和建议。第一，绿色发展的内涵广阔，生活或消费模式的转变是绿色发展的重要组成部分。建议在指标体系中适当增加反映居民绿色生活的测算指标。第二，绿色发展指数重在考核发展质量，指标体系应突出效率性指标或相关领域的变化。建议调整资源丰裕与生态保护指标中的存量指标：人均水资源量、人均森林面积、森林覆盖率，代之以这三项指标的年度变动量。第三，各地的产业结构往往受制于当地的禀赋和发展阶段。三次产业都需要绿色发展，指数选择应着重鼓励提高产业的效率，并保持指标内容的一致性。在经济增长绿化度指标中第一产业、第二产业都是效率性指标，而第三产业选用强调了增加值和就业人数的指标。这种处理可能会影响到三次产业评判标准的一致性。第四，城市是生活与生产活动相对集中的区域，其资源合理开发利用、生态环境保护的要求不同于省级区域。报告中城市绿色发展指数的基本框架仍沿用了省际区域的设计概念，对城市和区域的差别区分不够。建议根据城市与区域发展的内在差异，调整城市绿色发展指数的指标选择。以上建议仅供参考。

卢中原：与2010年相比，今年的中国绿色发展指数报告又有新的特点。第一，不仅包括省际比较，而且增加了34个大中城市绿色发展的测度和比较，这可能更客观地反映中国各地区绿色发展的差异。报告指出，城市经济增长绿化度排名与经济发展水平有一定的正相关关系，城市经济增长绿化度对绿色发展指数的贡献存在明显的区域差距，前者对后者的贡献主要来源于绿色发展效率指标和第三产业指标的拉动。也就是说，东部发达地区的城市绿色发展水平更高一些，而中西部城市的绿色发展水平相对低一些。但是，考虑到资源环境承载能力、节能减排、产业结构和政府支持力度等因素，一些中西部城市的绿色发展水平也是较高的。某一大中城市与所在省份的绿色发展指数不会完全对应，这是符合实际的。省际比较和城市比较结合起来，更有利于人们认识中国绿色发展不同层次的区域差距，也有利于学术界和地方政府认真分析绿色发展差距的影响因素和努力方向。第二，突出城市绿色发展的比较，对推动城市政府加快经济转型提供了有益的参照。目前各地在“十二五”规划中，重视推动本地的结构调整和发展方式转变，例如一些城市提出由过去的速度型发展转为质量型发展，由过去的以速度取胜转为以质量取胜，等等。这是积极的变化。那么，怎样才算是质量型发展，它表现在哪些方面，如何衡量质量型发展的进展程度，应该包括哪些主要指标？我认为，绿色发展指数的编制思路、分析框架和测度方法，可以说提供了有价值的参考依据。报告指出，政府在绿色发展中的行动越来越多，但在政策支持的力度和方向上存在明显差别，主要体现在基础设施的完善程度和城市管理水平上，而在环境治理上的差别不大。这说明省级和城市政府在环境治理和绿色产业投资方面的政策支持力度不够。这个结论值得省级和城市政府注意，应该增强对节能减排、保护环境的指导和政策支持，这对完善政府促进绿色发展、质量型发展的职能是有积极意义的。第三，增加了地方政府反馈和交流的内容，体现了作者严谨求实、虚心求教的科学态度。书中全文转载了青海省环保厅对2010年报告有关青海绿色发展测度的回应，这份回应结合青海实际客观分析了报告对青海的测度结果，既肯定了科学合理的内容，也指出了不足部分，并提出改进建议。我认为，其中一些建议是值得认真思考的，例如“自然保护区面积比例是经济发展的重要保障而非发展指标，不宜作为绿色发展指标”，又如“资源环境承载力应包括可利用资源总量、环境容量和生态承载力三个方面”等。这些建议有利于完善报告的指标体系，以便准确地反映类似青海这样的西部省份总体环境容量小、生态承载力弱的制约因素。我觉得，2010年报告对青海和西部省份的资源环境承载能力和绿色发展水平可能存在高估的问题，如果更多地听取西部地区建议，进一步完善测度指标，相信会提高测度准确性。第四，报告中的绿色发展专题研究，反映了我国面临的新挑战和新领域的实践进展，探讨了中国优秀传统理念和当代世界前沿理念的融合，有利于中国同世界良性互动。例如，报告关于战略性信息产业引领绿色发展、我国食品安全困局与出路、推动绿色经济背景下的核电、绿色金融发展展望、道家思想和绿色发展、民间组织与绿色发展等专题研究，对于中国在世界争取话语权、维护发展权益、扩大回旋余地，无疑也会起到积极作用。西方有人称中国的“十二五”规划是一个“很酷的规划”，从一个侧面反映了他们对中国注重环境保护、可持续发展、绿色发展的肯定和积极评价。中国在这些方面的先进理念越是深入人心，实践成效越是显著，越是可以推动经济转型取得实质性进展，越是有利于营造和平发展的外部环境。

辜胜阻：发展绿色经济需要技术创新与金融创新“两轮驱动”。当前我国已经成为世界上最大的温室气体排放国和气候变化的最大受害国，面临着经济发展与节能环保的双重任务与压力，加快发展绿色经济是我国应对气候变化、推进节能减排、实现可持续发展的必然选择。同时，发展绿色经济有利于创造新的经济增长点，有利于抓住新一轮产业革命机遇，抢占未来发展制高点，有利于保障我国能源供给安全，推动我国经济发展方式转变。对此，“十二五”规划明确提出，要树立绿色、低碳发展理念，坚持把建设资源节约型、环境友好型社会作为加快转变经济发展方式的重要着力点，促进经济社会发展与人口资源环境相协调，走可持续发展之路。我国发展绿色经济需要技术创新和金融创新“两轮驱动”。技术创新与金融创新是密不可分、互相促进的。绿色经济是高新技术产业经济，其发展必须同时进行技术创新和金融创新，并使两者步入良性循环轨道。单有技术创新没有金融创新，就会使技术创新出现“闭锁效应”；单有金融创新没有技术创新，则会使金融创新最终成为“无米之炊”。一方面，没有技术创新，绿色经济发展就无法突破技术瓶颈，联合国计划开发署报告显示，中国实现绿色经济发展的60多种骨干技术中，70%技术需要“进口”；另一方面，没有金融创新，绿色经济就无法做大做强，目前资金缺口极大，制约了绿色经济的成长壮大，因此，要通过开发绿色技术，加强前沿技术攻关协作，优化产学研合作体系，强化政府研发投入，构建利益补偿机制和风险分担机制，高标准地建立和完善绿色经济技术创新的产品研发、检验检测和技术推广等公共服务平台，克服发展绿色经济的技术瓶颈。要通过发现、评价、选拔、管理和激励等制度创新来培养一大批“顶天立地”的绿色经济技术领军人才和创新型企业家，引进国内所稀缺的海外高端人才。同时，要完善绿色信贷支持，通过构建绿色经济的政策性金融支持体系，鼓励银行开展绿色信贷产品创新，探索碳权、排污权的抵押融资，加强对企业节能减排、新能源研发等绿色经济领域投资的信贷支持。要创新金融工具，通过大力发展风险投资和私募股权基金，完善天使投资机制，大力推动新三板和产权交易市场发展，探索建立绿色经济投资基金、节能减排基金，发行绿色经济债券等手段，加大对绿色经济的直接融资支持。在发展绿色经济过程中要突出绿色经济在国家规划中的重要地位，制定全面、系统、前瞻、可操作及符合中国特色的国家“绿色经济发展规划”；要完善资源环境价格形成机制，制定扶持绿色经济发展的产业政策，发挥市场调节和政府调控“两只手”的作用；要坚持绿色新兴产业发展和传统产业改造并重，发展绿色经济集聚区，为绿色经济发展营造良好的软环境；要倡导绿色消费，形成绿色消费与绿色生产的互动机制。十分高兴的是《2011中国绿色发展指数报告》高度重视发展绿色经济需要技术创新与金融创新“两轮驱动”这一思想。目前，绿色经济是国内外经济发展新趋势，国际上对绿色经济发展的理论研究、指数评价也尚处于探索阶段。《2011中国绿色发展指数报告》是在完善《2010中国绿色发展指数年度报告》的基础上出炉的，进一步完善了中国省际绿色发展指数指标体系，尝试建立了中国城市绿色发展指数指标体系。值得肯定的是，虽然本书是中国绿色发展指数设计的首创，但该指数设计体系一直处于动态化完善过程中。本书研究团队的这种不断探索、精益求精的价值取向，有利于中国绿色发展指数报告的持续完善。背靠理论，面向实际，学术研究的重要价值在于指导实践。从《2010中国绿色发展指数年度报告》问世以来，绿色发展水平排名就为各个地方政府所关注，甚至影响到地方政府的决策。《全国主体功能区规划(2011)》明确提出，在不同主体功能区将对官员实施不同绩效考核办法，该规划有利于绿色经济的发展。而中国绿色发展指数报告则适应了绿色经济考核的需要，可以预计，未来报告将在推动发展方式转变、推动绿色经济发展方面发挥更加重要的作用。

周宏仁：《2011中国绿色发展指数报告——区域比较》在2010年提出的“绿色发展指数”的基础上，进一步发展出省际指标和城市指标两套体系，使“绿色发展指数”的研究进一步走向深入。在此项工作的基础上，对省区绿色发展指数的测算和排名，以及对除拉萨和乌鲁木齐以外的29个省会城市和5个计划单列市进行的绿色发展现状的测评和城市绿色发展排名，对推进中国的绿色发展无疑具有很重要的指导意义。建议在今后关于绿色发展指数的研究中，进一步研究和考虑技术进步对绿色发展的影响，特别是信息化对绿色发展的影响，从而引导中央和地方各级政府和部门，更积极地、主动地通过推动技术进步和信息化，实现绿色发展。信息化对绿色发展的影响可以分为两个方面。一方面，信息技术在节能降耗、减污减排中扮演着极为重要的角色。“全球电子可持续发展倡议”公布的《智慧2020：在信息时代推动低碳经济》报告认为，如果将信息通信技术充分用于各行业的节能减排，可以在2020年使全球温室气体排放量减少15%，即78亿吨二氧化碳，所节约能源的总价值近9 000亿美元。这个报告还认为，利用信息技术实现物流业的节能化，有望在2020年减少15.2亿吨二氧化碳排放，所节约能源的价值可达3 266亿美元。在欧洲，估计物流业在2002—2020年间将增长23%。借助信息通信技术提高货物运输和存储过程中的能源使用效率，欧洲可以减少二氧化碳排放量约2.25亿吨。因此，在推进绿色发展的进程中，不能不研究和考虑技术进步的影响，特别是信息化和信息技术的贡献。另一方面，由于信息化已经渗透到国民经济和社会发展的各个方面，信息化自身的绿色发展也成为一个众所关注的问题。《智慧2020：在信息时代推动低碳经济》报告指出，按目前趋势发展，信息通信产业排放的温室气体占全球总排放量的比例将由现在的2%增加至2020年的约4%。从全球范围来看，ICT的总耗电量大约占全球耗电总量的8%。美国和英国ICT耗电量则分别占其全国耗电量的8%和10%。我国ICT的耗电量约占全国耗电量的3.2%～4%。随着中国信息化的继续快速发展，信息化和数据中心的耗电量占比可能会很快超过美国。因此，对于涉及信息化的各个相关领域，包括ICT的制造业和服务业，也不能不研究和考虑如何通过技术进步实现绿色发展的问题。以上意见当否，仅供参考。

潘岳：2011年，我国虽然经济规模已超日本处在世界经济第二位，但我国依然是一个发展中国家，发展仍是我们的第一要务，经济和社会发展正处在关键时期，需要加倍珍惜现在的发展机遇。同时，我国发展还面临很多挑战，需要通过进一步的发展来解决。但是现阶段发展进程中，经济和社会发展都面临着资源消耗大、环境破坏重、单位GDP耗能多、国内外压力大的难题。在此情势之下，走绿色发展道路是必需的、唯一的和可行的选择。绿色发展不仅是一种战略选择，更需要形成制度安排。继《2010中国绿色发展指数年度报告——省际比较》一书出版后，2011年再接再厉由北京师范大学科学发展观与经济可持续研究基地、西南财经大学绿色经济与经济可持续发展研究基地和国家统计局中国经济景气监测中心三家研究机构，由省际到区域，由初步再发展，由个别案例到模块分析，视我国和各地区的绿色发展情况做进一步的深入研究。其指标体系从2010年仅有的省际指标，进一步发展为2011年的省际指标和城市指标两个体系。《2011中国绿色发展指数报告——区域比较》的发表和公布，从行业发展、从省际案例、从经济与环境均衡发展的角度，做了一次有益尝试和实践。有利于为我国进一步坚定不移发展绿色道路，有利于政策机制形成过程和政策考核中进一步纳入环保指标，有利于建设两型社会过程中细化方向，有利于总结"十一五"期间中国绿色发展经验，有利于展望"十二五"期间中国绿色发展前景。这三家机构完成这项任务，于学术，为生态文明建设和中国绿色发展道路提供理论探索和支撑；于公众，它的出版和面市也会为公众提供了解绿色发展的途径；于政策，它本身为中国环保政策的制定提供学理支持。环境指标已经成为政府在经济和社会发展中的一个重要指标，绿色执政也已然成为一种新兴的执政理念。在思想上强化绿色意识，树立政府自身的"绿化"观点，同时提高政府决策者和工作人员对生态文明和绿色发展内涵的理解和认识，将绿色发展指数和指标体系纳入政绩考核范围。有益于增加交流，为广泛开展国际环保合作搭建有效的平台。越来越深的国际交往要求更多的国家和国际行为体在国际环保合作上有所作为，坚持共同但有区别的责任原则，有根据地、科学性地参加国际对话、交流和谈判，削减分歧加强共识。长期以来，国内对环境保护和绿色发展停留于文字性描述性研究，随着环境治理实践地不断开展，我国环境治理工具也随之日益丰富化。各种指数、指标等标准化、计量化的工具不断出现。对全体社会而言，指数肯定是一个相对的平均数，而不可能存在于每个个体和个别场合，但是"绿色发展指数"这确实是我国生态文明建设的成果，对于可持续发展有积极意义。2011年是"十二五"的开局之年，低碳、绿色发展是"十二五"的重要理念。增强可持续发展能力，提高生态文明水平，加快构建资源节约、环境友好型社会仍然任重而道远。公众对生态文明认知仍然不足，经济对发展路径依赖仍然很强，环境与发展之间张力仍然很大。希望课题组继续关注和支持中国的绿色发展，2012年在研究上再有所创新，拿出更加有力的成果。

甘藏春：《2010中国绿色发展指数年度报告——省际比较》的发布得到了广泛认同，对推进中国的绿色发展研究产生了深远影响。2011年，课题组因应国家制定实施"十二五"规划及全国主体功能区规划的宏观形势，不断总结以往经验，完善指数体系，开展区域比较工作，更具现实意义。与2010年相比，该《报告》的指标体系更加成熟，并增加了对34个城市的绿色发展状况的评价分析，对于不同层级的地方政府推进经济发展方式转变，优化经济结构具有重要的促进作用和参考价值。该《报告》不局限于既有的数据分析和评价，其中的专题研究紧随经济社会发展中的诸多热点问题，如食品安全、核电、金融等，从绿色发展的角度提出对策与建议，并从中国传统的道家文化中寻找现代绿色发展的方向，值得肯定。建议在不断实践的基础上进一步细化完善指数体系，中国的工业化和城市化进程还有一个较长的过程，在此过程中对土地、矿产、水等自然资源的消耗需求还会不断增强，因此，建议适当多考虑相关因素，做好统筹。另外，我国不同区域在人口、资源等方面的差异很大，随着研究的深入，是否可以考虑对不同区域进行适当的差别化分析和评价。

樊纲：《2011中国绿色发展指数报告》仍然延续了2010年报告的优点与成功之处，此处不一一列举。建议思考以下问题：指标是否太多，特别是三级指标47个，是否可以进一步进行归纳整理。指标多的一个可能的问题就是指标之间有相关性。在此特别需要研究的是，比如“GDP二氧化碳（硫）排放量”与“单位土地面积二氧化碳（硫）排放量”、“工业二氧化碳（硫）去除率”等之间的关系，是否有相关性。希望使指标体系基本实现稳定，提高每一年指标的可比性，从而产生时间序列，这对于使用这一指数进行各方面的研究很有益处。希望报告坚持下去，越来越好。

刘伟：《2011中国绿色发展指数报告》是一份颇具特色的研究报告，我认为其中最为突出的特点在于两方面：一方面，在内容上通过绿色发展指数的报告，使关于社会发展的分析与社会制度变迁的分析有机的统一起来，进而从中国的现实出发，以绿色发展为基础逻辑线索，使发展与改革两大基本命题统一为一个整体，并在这种统一中阐述中国发展的可持续性；另一方面，在方法上通过绿色发展指数的报告，展示了分析方法科学性的提升，这种科学性提升的重要体现在于：如何使报告既具有国际普遍认可的可比性和普遍性，又具有从中国现实出发反映中国历史进程的针对性和特殊性。在我看来，这份《2011中国绿色发展指数报告》在学术价值和实践意义上最具特色的地方，集中在上述两方面。尤其是《2011中国绿色发展指数报告》在分析内容上的特点，强调了中国发展的历史特殊需要。中国改革开放30多年来的高速增长，一方面从根本上改变着中国的社会经济面貌；另一方面也给世界带来震惊和忧虑，中国的经济增长是否均衡和谐？包括人与人之间的和谐、人与自然界的和谐、中国与国际的和谐？中国未来的发展是否能够持续？中国的发展将付出怎样的代价？中国，甚至世界能否支付得起这个代价？中国发展的成本要向世界转移吗？这一切在根本上首先取决于中国的发展方式能否并且怎样发生相应的转变。发展方式的转变包括人与自然的关系，这主要体现为技术创新带来生产的自然方式的改变，同时更重要的包括人与社会的关系，这主要体现为制度创新带来的生产的社会方式的转变。《2011中国绿色发展指数报告》恰恰从“绿色发展”角度集中分析了技术创新与制度创新相互统一、相互促进在中国现阶段的重要性和迫切性。

葛剑平：去年李晓西先生领导的课题组发布了我国首部《2010中国绿色发展指数年度报告——省际比较》，一年以来我尤其关注这一成果对政府、学界和民众所产生的效果，可以说有三方面的重大影响：第一，在国家制定“十二五”发展规划之初，科学和系统地推出了由经济增长绿化度、资源环境承载潜力和政府政策支持度三个部分构成的“绿色发展”理论体系和评估系统，使中央和地方政府能够真实地看到经济社会发展中存在的问题，并认识到创新驱动带来的经济发展方式的转变，以及政府的有效作为可以构建高质量可持续发展的环境友好型和资源节约型社会；第二，这一成果也赋予“绿色发展”真实形象的内涵，使民众和社会对于绿色发展有了真实感受和深入了解，经济发展与资源环境的协调是绿色发展的本质，提高了对转变经济发展方式紧迫感和认同感；第三，这一成果给学界也带来了新的启示，植根于中国发展模式的多学科交叉研究，是可以建立中国特色的绿色经济理论和实践体系，从而实现重大理论突破。今年李晓西先生领导的课题组在这一研究成果的基础上，又继续完善和深化绿色发展理论体系，完成了《2011中国绿色发展指数报告——区域比较》。我拿到初稿后就迫不及待地阅读和学习，读后深感在2010年成果基础上又有了更大的发展。第一，进一步完善了绿色发展指标体系，尤其是建立了中国城市绿色发展指数指标体系，使得绿色发展评价的空间尺度更加完善，报告分别在城市、省和区域三个尺度进行了系统测算和深度的比较分析，给出了大量有价值的评估结果。第二，深入解剖和分析了四川雅安、陕西杨凌等近三十个成功案例，展示了绿色产业、绿色经济和绿色发展的前景。第三，时间跨度增大，更加注重发展的时间尺度，不仅测算、诊断和分析了“十一五”绿色发展状况，而且展望了“十二五”绿色发展趋势。该成果每年可为中央和地方政府工作报告、政策制定和行动落实提供一个度量尺度，使我们能够站在时空尺度上诊断、分析和预测绿色发展状况和趋势，可以预见，成果的发布也必将引起学界和政府的高度重视。我相信随着李晓西先生课题组研究的不断深化和持续，在“十二五”末期将形成一个时空尺度连续的绿色经济研究成果，也必将形成具有国际重大影响的中国绿色理论体系；我也期待着课题组建立中国绿色发展网站，并将这一成果与信息科学和地理信息系统相结合，构建实时可视化的绿色发展指数网络信息版。

边慧敏：拿到《2011 中国绿色发展指数报告》的送审稿时，得知该报告通过了“经典中国国际出版工程”专家评审，可能翻译成英文走向国际，与国外的学者和读者见面。这是一个令人欣喜的好消息，意味着中国绿色发展指数方面的研究如同我国经济的绿色发展，将有机会走在世界的前列。与 2010 年的报告相比，2011 年的报告具有以下几个方面的特色。一是紧扣“十二五”规划，使报告更具时代特征。2011 年是中国“十二五”开局之年，其承前启后的历史意义凸显。2011 年出台的“十二五”规划强调“绿色发展”，规划就“绿色发展，建设资源节约型、环境友好型社会”专设了一篇，可以说“十二五”规划是中国首部绿色发展规划，标志着中国进入“绿色发展时代”，也标志着中国发动和参与了世界绿色革命的历史起点。二是增加了城市的比较，使报告更加全面。2010 年的报告仅给出绿色发展指数的省际排序，并得到各省区的认同。不过，我国地域辽阔，且不说地区之间的差异甚大，就是一个省的国土面积也比诸多国家的面积还大，省内各城市的绿色发展也存在较大的差距。因此 2011 年的报告除了完善 30 个省、直辖市、自治区之间的绿色发展状况的测度和排序之外，还增加了 34 个城市的绿色发展状况的测度和排序。这很有意义。一方面，城市的绿色治理问题诸如生态建设、交通拥堵、食品安全等问题非常突出；另一方面，还有大量的人口和产业将向城市聚集，未来城市的绿色发展和绿色治理亟须理论指导。三是调整了相关指标，使报告更加科学。我们看到 2010 年的绿色发展指数报告邀请了国内最具影响力的 30 位资深专家对报告进行了深度评论，这些专家来自经济、资源、环境、统计等多个学科，涉及政府、企业和学术界等多个方面。我们也看到 2011 年的报告吸收了去年诸多专家提出的意见与建议，并在此基础上，对主导思想的提炼、指标体系的完善、评价方法的改进，都进行了卓有成效的修改和完善，报告因而也更具科学性。四是 2011 年的绿色发展指数报告彰显出中国特色。总体来说，在全面践行科学发展观的经济发展过程中，中国的绿色发展取得了显著的成绩，在某些方面还走在世界的前列，有学者指出，中国是第四次工业革命——绿色革命最主要的倡导者、响应者和参与者，而且内嵌于中国模式下的中国绿色发展富有中国特色。可以期待，该报告提出的绿色发展指数的理念与方法在不久的将来可能走向国际，并走在世界的前列。

许宪春：《2010 中国绿色发展指数年度报告》出版发行后，得到了社会各界的一致认可与好评，政府部门、研究机构、媒体等社会各界给予了积极关注。拿到 2011 年的报告后发现，课题组负责人李晓西教授和潘建成副主任带领的研究团队在2010年的基础上对指标体系和报告做了进一步的完善和延伸，值得赞赏的方面有：第一，在原有“经济增长绿化度、资源环境承载潜力、政府政策支持度”三个维度的基础上，结合专家评审意见和报告发布后各地反映的实际情况对去年地区测算指标体系进行了调整，更为准确全面地测算了2009年我国30个省(区、市)的绿色发展指数；第二，2011年的报告新增加了城市绿色发展指数测算体系，对34个大中城市的绿色发展指数进行了测度和排序，为处于城市化快速发展时期的中国提供了有益参考；第三，本报告紧扣“十二五”规划，在对“十一五”时期各地绿色发展情况进行总结的基础上，对“十二五”时期有关方面的发展进行了展望，研究思路清晰，主题突出。近年来，我国经济高速增长，由此产生的环境污染、资源短缺等问题也日益严重。如何能够实现经济社会与资源环境的可持续发展，构建资源节约型环境友好型社会仍然是“十二五”期间摆在我们面前的重要难题。课题研究成果为判断各地区、各城市绿色发展现状、促进经济发展方式转变提供了重要的理论和实践参考。希望课题组能够结合各地实际，继续深入研究，不断完善，为促进中国的绿色发展作出新的贡献。

张新时：《2011 中国绿色发展指数报告》(以下简称《2011 报告》)是北京师范大学科学发展观与可持续发展研究基地等单位继《2010 中国绿色发展指数年度报告》(以下简称《2010 报告》)后对我国经济绿色发展的又一重要贡献。《2011 报告》在《2010 报告》的基础上，结合国家“十二五”绿色发展规划指标，对绿色发展指数指标体系进行了进一步的系统修改和完善，使得该指标体系具有明确的概念和界定的范围，进一步增强了该指标体系的科学性，使获得的数据更加科学、公允。在指标的选择上，新增的12个指标从经济增长、生态环境的改善和政府绿色发展相关政策措施等多个方面进一步完善了《2010 报告》指标体系，具有严谨的可行性和创新性。《2011 报告》进一步开拓并加深了生态环境的经济化方面的理论研究，建立了更加完善的生态环境资源和建设的定量化的综合指标。同时，《2011 报告》还体现了政府对生态环境建设投入力度和方向，其政策导向性的作用不言而喻。《2010 报告》在国内外均获得了高度关注和认同，相关报道均为正面性报道，实属难能可贵。本次《2011 报告》的推出是众人翘首以待的，具有国际水准和中国特色，是适用于我国生态环境特点和发展的前瞻性和创新性的重要成果，是我国生态环境经济化研究中理论与实践的卓越结合，具有重大的理论价值和实践意义。

牛文元：自《2010 中国绿色发展指数年度报告》在2010年首发以来，引起了国内外媒体的广泛关注，并发表了内容丰富的评价，总体意见是给予该份报告以很高的评价，并且认为中国在转变发展方式中，有绿色发展指数作为评判的标准，将能有力促进我国的绿色发展和可持续发展。继《2010 中国绿色发展指数年度报告》之后，《2011 中国绿色发展指数报告》已完成编写，我读了“送审稿”之后，有以下的评论意见，供作者们参考。第一，作为中国首推以绿色发展指数为评价指标的年度报告，在2010年的基础上又进行了修正与完善，使得原定的指标体系更加科学合理，评价也更接近于客观实际。这种不断创新、追求卓越的科学精神，贯穿在《2011 中国绿色发展指数报告》中，其科学性与准确性又向上提高了一步。第二，绿色发展指数逐渐成为国家发展方式转变定量评估的依据，因此其实用性和可操作性是该报告的又一特色。30多年以来，由于观念上和评价标准上的一些误区，不少地区单一追求GDP，对于资源和环境的损失一般不计在内，形成了粗放式的生产模式，已经给国家发展带来严重的后果。绿色发展指数的发布与评价，对于当前发展方式的转变，具有积极的推动作用。第三，在具备科学性和实用性的同时，《2011 中国绿色发展指数报告》重点推出了省、市区域比较，在空间中进行统一基础上的对比，应当说是该报告的又一特点。承认区域发展上的差异性，同时不完全以 GDP 的高低为唯一标准论英雄，正是绿色发展指数所能起到的作用。建议报告的内容能逐渐为决策部门和执行部门所采用，变为常态下的工作，其作用和意义就会得到更加显著的加强。第四，建议在权重的设定上，可以更加广泛地吸取地方领导、专业部门、统计部门和专家们的意见，针对不同地域特征和不同发展阶段，做出适当的调整。第五，由于该报告涉及推进绿色发展的有关政策与制度设计，一定会对全国推行绿色发展，加速发展方式转变，起到积极的咨询作用。

魏杰：此报告我认真拜读了，读后收获颇多。我认为该报告详细且忠实地反映了 2010 年中国绿色发展的状况，对 2010 年中国绿色发展的特点、突出问题、新动向及发展趋向等，都做了清晰地描述，在一定程度上揭示了相关的规律性，以及影响因素的变动状况，尤其是增加了 34 个大中城市的绿色发展报告，这对中国城市化进程中的绿色发展很有意义，我国城市化进程要更加关注城市绿色发展。

潘家华：第一，该报告总体上保留了 2010 年报告的总体构架，具有较好的连续性和可比性；同时又增加了城市指数评价并对省域评价体系进行了必要的改进，展现出创新和进取的一面。应该说，2011 年报告框架更为清晰合理，方法进一步规范完善，结果也更贴近现实。2010 年报告对中国绿色发展已经产生了积极影响，2011 年报告的编撰出版，必将对中国省区和城市绿色发展展示更为明确的导向和促进作用。第二，主要建议如下。1. 第 11 页，确定了新增几个指标，其中①②均必要，但没有体现在表 0-1 的体系中。2. 第 12 页，土地面积的修定十分必要，仅减去荒漠土地明显不足。关键在于，青藏高原、黄土高原的自然生产力十分低下，几乎不适合于人居，用面积不能说明问题。建议进一步研究，用土地自然生产力调整的“土地当量面积”。3. 第 17 页，表 0-4 绿色发展指数排名，从结果看，人们可能有疑问：青海不可能如此靠前，北京不应该为第一。原因：青海生存条件恶劣，不宜搞开发；北京交通拥堵，水资源极度匮乏，生态足迹高……因而，对结果的分析还需要一些说明。4. 第 35 页，第 4 行，将“我”改为“中”。本页讨论能源强度，有数据支撑，但讨论忽略了一点：发展阶段和产业结构。中国规模以上企业的能源效率与发达国家同类企业比，差距并不大，因而，关于能效的讨论需要深入一些。5. 第 123 页，倒数第 8 行和表 5-2 数据：青海第二产业指标和贵州第一产业指标，未来有较大上升空间。此结论需慎重。青海基本上不具备大规模发展工业的条件，贵州的农业不可能有较大前进，这些均为自然环境使然。6. 第 235 页，承载能力与发展水平负相关。这一结论需慎重。人们的直观感觉：这一结论是错的。这说明：承载能力的指标测算需调整。7. 第 252 页，兰州人均水资源量相当高；西部人均水资源量高于中部、东部。这些数据和结论有悖现实。兰州和西北部是最缺水的地区。可用水资源十分有限，不可能丰富，建议调整。8. 第 398 页，核电环保，成本优势：避免“绿色能源”环保优势、成本优势等表达。换一个视角，这些优势均为劣势。9. 第 399 页，第 14 行：改 1989 为 1986。10. 第 400 页，将第二段转到(二)核资源问题，因为本段讨论不涉及核安全。11. 第 401 页，第一行，德国已明确在 2022 年全面退出核电，没有延长，请核查修改。12. 第401页，此处需讨论核废料处理问题。13. 第447页，青海的意见需要更进一步考虑，吸纳。14. 第474页，指标31、指标33、指标35、指标37中的土地面积不一致。15. 建议在以后的报告中，增加社会水平(基尼系数)和绿色消费内容。

范恒山：《2011中国绿色发展指数报告》(以下简称《报告》)从经济的绿色增长、资源和环境的承载、政府的绿色行动三个方面分析了我国“十一五”期间绿色发展总体情况和区域差异，并对“十二五”时期绿色发展的趋势进行了展望。《报告》内容丰富，数据翔实，点面结合，语言通俗，表现形式多样，充分运用图、表和专栏等形式直观地进行了描述和分析，较2010年报告体系更加完善，科学性更强，逻辑更为严谨。《报告》意义重大，有助于“十二五”时期更好地指导和测度各地区绿色发展进程，推动实现经济发展方式加快转变和进一步提高全民科学发展意识。但是，《报告》测算得出的西部地区省份资源环境承载能力排名较为靠前的结论，并不意味着这些地区生态资源环境承载能力较强，而在于目前的开发强度尚在资源环境承载能力可控范围内，建议报告对此问题予以必要说明，以免引起政府、企业和民众的误解。

夏光：《2011中国绿色发展指数报告——区域比较》(以下简称《报告》)长达500余页，我用了很长时间才把它通读完毕，读后感到这是一份很有意义、态度严谨、观点创新、结论可用的政策分析报告，在同类研究成果中具有较高的地位。第一，《报告》及时适应了全社会提高生态文明水平的现实需求。我国进入了绿色转型的发展时期，科学发展是主题，加快转变经济发展方式是主线，《“十二五”发展规划纲要》针对这个主题和主线，具体提出了提高生态文明水平的新要求。“提高生态文明水平”提法本身就表明，生态文明是有水平高低之分的。什么是高？什么是低？这就非常需要有一个定量描述的方法和结论。在这样的时刻，《报告》专门研究了绿色发展指数问题，回答了人们关心的“我国绿色发展达到了什么水平”和“各地区绿色发展水平有何不同”等现实问题，对于提高全社会的生态文明意识，科学进行生态文明建设的各级决策，具有很好的针对性和很强的现实意义。第二，《报告》对绿色发展指数的开发和应用具有很好的学术价值。人们对可持续发展指标体系等的研究已经进行了很长时间，这是人类探索科学真理的一项艰苦努力，绿色发展指数的研究是这些努力的延续和前进。中国绿色发展指数是基于中国国情、针对中国现实而研究制定的，其所选取的指标经过反复斟酌和试验，在中国具有客观性和易得性，因此是具有中国特色的可持续发展指标体系，我相信这些基础方法方面的研究创新具有长期的影响力，将会受到国际上有关研究机构和专家的关注和重视。第三，《报告》所得出的省际和各城市之间的绿色发展指数排名结果具有有益的引导作用。2011绿色发展指数的一级指标仍为经济增长绿化度、资源环境承载力、政府政策支持度。这种结构综合考虑了发展、自然、政策诸因素之间的平衡作用。尽管各地对于《报告》的排名可能会有一些疑虑，但从已有的情况看，各地还是十分重视的，且并未纠缠于排名先后问题，而是对本地的绿色发展水平进行了认真的反思和谋划，这就说明《报告》产生了正面和良好的激励作用。一份实证性的研究报告能够对各地的发展进程产生影响，这本身说明该报告的定位和目的是正确的。第四，《报告》的创新观点值得重视。《报告》专列了经济的绿色增长、资源与环境的承载、政府的绿色行为、绿色发展专题研究等大篇，共有十五章和十一个专题，所列各章和专题中不乏“经济增长绿化度测算及分析、政府绿色行动、战略性新兴产业引领绿色发展、道家思想与绿色发展、绿色发展的人本意义”等新颖和前沿话题。《报告》通过对众多内容的研究，得出了一些创新观点，例如绿色政治制度、污染经济时间弹性、多元主体环境治理模式、人本绿色发展等，都具有参考价值。第五，对《报告》改进的建议如下。越是篇幅长，越需要集中提炼。建议增加一篇摘要，把结论集中反映出来。现有的“总论”不能代替该摘要，因为总论是全文的一部分，而摘要是报告的高度浓缩。《报告》还可更加重视理论创新，增强思想冲击力。

苏伟：加快绿色低碳发展已成为全世界大势所趋，也是我国可持续发展的内在要求。《2011 中国绿色发展指数报告》(以下简称《报告》)围绕绿色发展这一主题，从中国绿色发展取得的成就、存在的问题、绿色发展区域比较等方面，在全面总结近年来中国绿色发展现状的基础上，通过完善中国绿色发展指数指标体系，进行科学分析，得出了具有一定参考价值的研究成果，体现了我国政府对绿色低碳发展的高度重视，同时也为我国开展绿色低碳发展相关政策文件汇编和各地开展绿色低碳发展相关工作提供了参考。为了进一步提高《报告》的知名度与权威性，对《报告》内容提出如下两点建议。第一，《报告》披露的中国城市绿色发展指数对各地开展低碳相关工作具有较大的参考意义，为了增强绿色发展指数测算的科学性、准确性，建议加强对中国绿色发展指数指标体系各项测算指标的深入研究，科学确定权重。第二，《报告》第四篇“绿色发展专题研究”中，为了便于读者阅读和查阅参考，建议根据专题内容进行简单分类。同时，建议专题主题内容的选择更加突出与本年度国家促进绿色低碳发展重大政策举措的关联，增强专题研究的时效性和针对性。供参考。

陈东琪：未来中国经济发展面临巨大的资源和环境压力。缓解这个压力的唯一出路是转变发展方式，是从数量型转向质量型，从资源消耗和环境破环型的“黑色增长”转向“绿色增长”。如何转？关键是从根本上改革旧的体制机制，调整过于追求速度的发展政策。而要使体制改革和政策调整立于科学基础之上，就必须对现有发展状况进行科学评估，并以此为依据确定“绿色发展”的未来方向。李晓西教授率领他的团队，在这方面做出了卓有成效的探索，《2011 中国绿色发展指数报告——区域比较》是这一探索的最新成果。这个报告，对中国绿色发展理论和政策最重要的贡献，至少有以下三点。第一，提出并论证了虽然很复杂但是很合理的“中国绿色发展指数”。这个指数，由三级、60 个指标构成，涵盖中国大陆 30 个省市区样本，研究工程之浩大，涉及数据之繁多，是同类其他成果所不可比拟的，具有显著的开拓性。第二，构建并分析了一个涵盖“产业绿色增长”、“资源和环境承载”、“政府绿色行动”的政策框架体系，这个框架体系以实证和规范相结合的分析方式，提供了一个信息量很大、政策性很强、导向性很明确的未来中国绿色发展思路，具有很强的战略性。第三，描述并展开了富有中国特色的绿色发展理论。正如作者自己所言，这个理论“具有更强烈的使命感，对维护好后代生存和发展的条件具有更深切的责任感”。因此，这个理论不是虚无缥缈的，而是有血有肉，看得见，用得着。作为本报告的读者，作为一个实际上很渺小的地球人，我要感谢李晓西教授和他的研究团队，因为你们的研究，你们的呼吁，你们的理论，不仅是对中国绿色发展的贡献，也是对绿色地球的贡献！绿色，是经济发展的灵魂，也是人类的生命！

贾康：《中国绿色发展指数年度报告》，在 2010 年成功推出之后，新近又形成了 2011 年的报告文本。以李晓西、潘建成两位教授、专家率领的研究群体，在各合作与支持单位的参与和协助下，付出辛勤劳动，做了大量的调研和数据分析，按照业已形成的研究框架，对于中国绿色发展的区域比较，给出了较为扎实的实证考察结果。研究者以指标化、数量化方式，勾画科学发展观指导下中国不同区域在“绿色发展”导向下的现实状态与演变轨迹，对于“十二五”时期我国在“加快发展方式转变”主线上的科学决策、有效管理、政策优化、区域协调、长远规划等，都具有十分鲜明的现实意义和参考价值。报告从“两型”社会视角把握生产方式转变的内在逻辑，分别考察了三次产业的现存问题、区域比较与展望，并深入研讨了资源与环境承载问题，形成承载潜力的测算结果并做省际、市际的比较分析，又从政府角度就职能、投资、基础设施建设及管理、环境治理诸方面，总结政策支持度区域比较的量化分析结论。此外，还形成了相关重大实践与理论问题的十一项专题研究报告，皆言之有物，可圈可点，可助益于国家现代化事业。我对这项研究工作的重要意义和显著成绩表示钦佩。我认为这是在我国绿色发展研究领域内殊为难得、具有领先水平的研究成果，代表着我国研究界对于经济社会可持续发展作出的高知识智慧含量的贡献。

张健华：《2011中国绿色指数报告》内容丰富，论证严密，结论清晰。指标选取既有科学性，也符合我国现阶段的社会发展实际。该报告出台，使得各地方政府对自身的绿色发展的现状和不足之处有了比较清晰和量化的认识，这对我国及各省市今后的低碳发展和绿色转型具有很强的政策指导意义。提出一点不成熟的意见，供参考。在报告第35页第二段中，提到我国经济增长方式是“高消耗、高污染和低效率”的粗放型特征，而主要证据是我国GDP能耗强度大约是德国、日本的5倍，美国的3倍。这种对比方式中存在汇率计算问题，即使采用PPP方法计算也依然存在，因此采用单位产品能耗进行对比较为可靠。我们根据报告的第72页表3-2“中国高耗能产品能耗的国际对比”中的数据简单计算发现，除了原油加工综合能耗和乙炔综合能耗分别比国际水平高了45%和55%之外，其他产品的单位能耗水平距离国际先进水平并不大，远达不到3～5倍的水平。如果该表统计完备，能够大部覆盖我国的主要高能耗产品，那么我国第二产业的能耗水平比国际先进水平大约低20%左右（见附表）。这与2007年OECD对中国能耗水平评估报告的结论基本一致。以上意见供参考！

附表：中国高耗能产品能耗的国际对比

	2009年	国际先进水平	能效差(%)	单位
煤炭生产电耗	21.5	17	26.5	千瓦时/吨
原油加工综合能耗	106	73	45.2	千克标准煤/吨
火电发电煤耗	320	299	7.0	克标准煤/千瓦时
火电供电煤耗	340	312	9.0	克标准煤/千瓦时
大中型企业钢可比能耗	697	610	14.3	千克标准煤/吨
铜锡联综合能耗	509	500	1.8	千克标准煤/吨
水泥综合能耗	139	118	17.8	千克标准煤/吨
平板玻璃综合能耗	16.5	15	10.0	千克标准煤/重量箱
乙烯综合能耗	976	629	55.2	千克标准煤/吨
		算术平均	20.7	

卢迈：由李晓西教授和潘建成副主任领衔的团队推出的《中国绿色发展指数报告》，从经济增长绿化度、资源环境承载潜力和政府政策支持度三个方面，评估中国各省、市的绿色经济发展，无论从学术研究还是从引导实践的角度，报告都具有重要价值。首先，报告突出“绿色发展”的理念，有利于澄清观念，明确方向。强调“绿色发展”，就是要同时处理好经济发展和环境保护的关系，这与中央提出的加快发展方式转变的基本方针是一致的。2011 年是我国“十二五”规划的开局之年，全国上下围绕转变发展方式而努力的时候，报告的发布，为这种努力提供了一个定量评估的考评体系。报告客观记录了中国在 2009 年这一时点上在绿色发展方面的进步和问题。如果指标体系不变，随着整体平均线的移动，为我们衡量未来五年中国发展方式转变的总体进展提供了依据。此外，课题组还结合我国城市化快速推进的背景，增加了城市绿色发展评估体系，基本构建出一个完整的评估体系。其次，报告突出了在绿色发展中政府的责任和义务。指标体系中的 60 个三级指标，绝大部分都指向政府工作，尤其单设了政府政策支持度这一维度，凸显了政府有效监督和治理在促进绿色发展过程中的关键作用。这有助于政府相关部门在实际工作中找到正确的抓手，也促进绿色发展理念的推广和应用。最后，报告在 2010 年的省际比较的基础上，进一步增加了市际比较。这对引导地方政府转变发展方式具有积极的意义。转变发展方式，落脚点还在地方政府，2010 年的报告发布后，许多地方政府有了正面反馈并采取了积极行动，相信本报告的发布，将使更多的地方政府以此为参考改善自身的工作。对于报告的后续完善，有两点个人考虑提出来供课题组商榷。第一，经济发展和环境可持续，最终的出发点还在于促进人的发展。人的发展既是经济发展与环境可持续的前提，也受益于后两者的发展。因此，建议在报告的分析中，更加重视与人相关的指标，如家庭人均可支配收入、教育水平/教育的可获得性、就业/失业等。第二，在城市绿色发展评估中，使用了许多人均的指标，这里城市人口的定义至关重要。2010 年，我国进城务工农民总量达到 2.6 亿人，这部分人口计入城市统计还是排除在城市人口统计之外，可能会对城市绿色排名的结果有重要的影响，特别是外来人口集中的城市如深圳、广州等。

陈宗胜：在《2010 中国绿色发展指数年度报告》的基础上，李晓西、潘建成等进一步推出《2011 中国绿色发展指数报告》(以下简称《2011 报告》)，该报告从中国的绿色发展这一独特视角出发，改进了中国省际绿色发展指数指标体系，建立起中国城市绿色发展指数指标体系，测算了 2009 年中国 30 个省份和 34 个城市的绿色发展指数。在对测算结果进行比较分析的基础上，对“十一五”期间中国的绿色发展进行总结，同时对“十二五”期间中国的绿色发展进行展望。

“十二五”规划对于中国的绿色发展提出了更高的要求，节能减排的任务依然艰巨，如何真正实现经济发展方式转变，加快构建资源节约型和环境友好型社会，成为“十二五”期间需要关注的重要课题。《2011 报告》综合考虑宏观经济、生态环境、资源能源和政府政策各方面，构建具有创新性的绿色发展指数指标体系，为各省份和各城市实现科学发展、实现人与自然和谐提供了重要的决策参考，也有利于提高社会公众对资源能源、生态环境等问题的认识和关注。在指标体系上，《2011 报告》显著改进了中国绿色发展指数的指标体系，形成省际和城市两套指标体系，有力地拓展了国内有关绿色发展指数测算方面的研究。《2011 报告》综合考虑经济增长绿化度、资源环境承载潜力和政府政策支持度，构建了包括 3 个一级指标、9 个二级指标和 60 个三级指标的省际绿色发展指数指标体系，建立起包括 3 个一级指标、9 个二级指标和 43 个三级指标的城市绿色发展指数指标体系，采用专家评分法确定每一指标的权重，最后计算出2009年中国30个省份和34个城市的绿色发展指数及其排名。无论是省际和城市绿色发展指数指标体系的构建，还是省际和城市绿色发展指数的测算，在绿色发展研究领域中都具有开创性。此外，《2011报告》一书所构建的指标体系，既强调绿色与发展的结合，强调绿色生产的重要性，又突出了各省份和各城市之间绿色发展水平的比较，还关注到政府在引导和督促绿色发展中的重要作用，由此也可以看出该书立意新颖。《2011报告》一书，论述结构逻辑严谨，通过总论统领全书，然后分别就中国省份和城市绿色发展指数指标体系的构建展开论述，分别是经济的绿色增长、资源与环境的承载和政府的绿色行动三篇，具体包括14章内容。其中，经济增长绿化度是对某一地区经济发展过程中绿色程度的综合评价，资源与环境承载潜力度是一个地区资源生态和环境气候对今后经济发展和人类活动的支撑力度，政府政策支持度则是一个地区政府在保护环境、建设生态文明、促进地区经济可持续发展方面的政策取向和政策实施力度，而每一篇的最后一章分别呈现对以上三个方面的测算结果，并将测算结果在各省份和各城市之间进行比较。由此可知，这三篇的设置分别对应于中国绿色发展指数指标体系的三个一级指标，从不同角度反映中国各省份和各城市绿色发展水平，而各篇内容相互之间又存在着联系，即“经济绿色增长是主体，资源环境是基础推动力，政府政策是引导拉力”，在这三个方面的共同作用下才能保证经济的绿色发展。《2011报告》一书的第四篇，分为11个专题，展示了不同学术背景的专家从不同侧面对于中国绿色发展所做的研究，内容非常丰富。接下来的最后一篇即第五篇则展示了2010年报告出版后得到的一些反馈意见。此外，《2011报告》一书包括大量图、表、数字以及专栏，使得整个报告更加充实。《2011报告》一书所呈现的研究成果，有助于引导社会公众加深对绿色发展的认识，使得投资者可以更加全面的衡量投资项目的成本收益，还为各地区实现绿色发展以及上级政府考核地方政府官员政绩提供了重要参考信息。《2011报告》一书的研究结论表明，经济发达的东部省份和城市绿色发展水平相对更好，这说明绿色和发展之间并不存在不可协调的矛盾，在保持经济快速发展的同时，可以取得“既发展又环保的较好效果”，实现绿色与发展的和谐统一。该书的研究结论还表明，中国各省份和各城市的绿色发展排名不尽相同，但并不矛盾，在一定程度上存在相互补充的关系。不论是经济发达省份和城市，还是资源丰富省份和城市，转变经济发展方式、实现绿色发展都具有必要性。当然，该书也还存在可改进之处，比如资源环境承载潜力指标的选取，环境脆弱程度和资源潜在数量的更好反映等，特别是各地区和各城市的位次似乎问题较多，还可以深入研究，应当力求更合理。简而言之，在我国实现转变经济发展方式的时期，出版“绿色年度报告”，必将对今后的理论研究和政策制定产生积极影响。我特此向理论界和政府部门工作者推荐此书。

目 录

专　栏

表 目

图 目

总 论

2010年11月22日，一封以“改写人类生存发展危机——实现全球经济绿色发展”为使命的宣言从北京发向世界。① 大意是说，随着全球资源的日趋枯竭和环境的日益恶化，全球经济正面临着前所未有的资源与环境考验：气候变暖，每年无数的自然灾难接踵而至，频繁发生；资源枯竭，赖以支撑的主要经济体正面对发展载体的转换和归宿的选择；环境恶化，人类健康也遭受着自身无法左右的环境恶果的挑战；经济争战，全球资源和环境趋向地球可承载力的边缘时，人类经济发展空间的争夺愈加激烈；环境与经济的交错发展让世界变得越来越小，也越来越影响到每个人的命运，维护人类发展与环境的安全是人类共同的也是唯一的选择。呼吁各国政要积极倡导与推行“绿色新政”，发达国家要争当表率；呼吁各国政府建立绿色市场，发展绿色贸易，大力促进绿色经济发展；呼吁全球各界专家领袖凝聚全球智慧，共建世界可持续发展的引领性智库平台；呼吁全球商界领袖坚守“推动人类经济与环境的可持续发展”的宗旨，推动全球绿色能力建设；呼吁全球民众自觉履行社会责任，节约资源，加强绿色管理，注意保护生态环境、维护与自然生态的平衡，保持与利益相关者的和谐。建言墨西哥坎昆峰会将“世界各国承担环境责任的争论”转变为“经济与环境可持续发展解决方案”的共商。

言犹在耳，感同身受。当特大自然灾害接踵而来的时候，当日本遭受九级地震并引发核事故后，人与自然和谐的话题越来越沉重。人们不得不承认，自然的力量是巨大的，人类的活动要适应自然的变化规律，而不能加剧自然条件的恶化，不能引发自然灾害的降临。这一切，使我们对绿色发展的讨论，具有更强烈的使命感，对维护好后代生存和发展的条件具有更深切的责任感。

在本次“总论”中，我们再次怀着一种责任感，汇报对绿色发展指数研究的新体会，汇报我们在绿色发展指数研究上的新进展。

>>一、中国绿色发展指数产生了广泛的影响<<

在《2010中国绿色发展指数年度报告——省际比较》的“总论”中，我们阐述了编制中国绿色发展指数的背景及意义，指出关键是要解决资源、环境与经济发展的矛盾，实现经济可持续发展；要应对气候变化的挑战，减少化石能源消耗和碳排放；要通过绿色新政来摆脱金融危机影响，把握新发展机遇。指出编制绿色发展指数有助于为各地区深入贯彻落实科学发展观、实现

① 2010年11月22日，全球绿色智库峰会在北京国家会议中心召开。峰会旨在为世界经济的全面绿色发展启动智库的杠杆力量，为世界各国在气候变化等相关能源环境方面的合作提供对策建议。“全球绿色智库俱乐部”(GGTTC)来自世界各国的智库权威、联合国与国家政要、全球500强CEO及致力于推动绿色发展与财富缔造的各界企业与权威专家。参见：《“全球绿色智库峰会”盛大召开》，载新浪财经网，2010-11-23。

经济发展方式转变提供参考思路，有助于为国内外投资者准确、便捷地寻找到恰当的投资机会，为企业家提高决策效率提供有效的帮助，同时也有助于聚焦社会公众对生态环境的关注，鼓励大众积极参与绿色发展。在"总论"中，我们还详尽地介绍了中国绿色发展指数指标体系的编制思路、结构、指标、测算方法和测算结果，并指出，我们在比较分析各类评价方法的基础上，结合中国实际，构造了一个包括 3 个一级指标、9 个二级指标和 55 个三级指标的结构体系。构建这个体系，特别注重突出绿色与发展的结合，突出了政府绿色管理的引导作用，突出绿色生产的重要性。根据测算结果，课题组还发布了 30 个省(区、市)(除西藏外)2008 年度的绿色发展指数排名。

2010 年 11 月，《2010 中国绿色发展指数年度报告——省际比较》公开出版并通过新闻发布会的形式正式对外发布，报告引起了各界的广泛关注，产生了广泛而深刻的影响。突出表现在以下四方面。

(一)国内外媒体给予高度关注并进行了广泛深入的报道

中央电视台、新华社、人民日报、光明日报、中国新闻社等 30 多家新闻媒体进行了及时广泛的报道。《中国教育报》用了一整版来探讨绿色经济的相关问题。《国际先驱导报》用整版篇幅对课题负责人进行了专访。《经济研究参考资料》用上、下两期十五万字的篇幅对报告进行了摘录。《参考消息》及时转载了路透社关于绿色发展指数年度报告发布会的相关报道，题为《外媒：中国推出"绿色发展指数"引关注》。报道称，"中国今天推出一项新的'绿色发展指数'，这是该国逐渐改变长期追求高速增长而忽视环境的发展路线的一个例子。这项指标将根据各省市在平衡经济扩张与环境保护方面的表现对其打分"。

网络媒体同样高度关注，不到一个月的时间里，"百度"网中"绿色发展指数"词条中文检索达 243 万篇，英文检索达 121 万篇，并专门建立了"绿色发展指数排行榜"的词条库；"谷歌"网中相关中文检索达 742 万篇，英文检索达 103 万篇。

令人感慨的是：没有一家媒体，没有一篇文章，没有一则消息，对发展绿色经济做负面的解释，对绿色发展指标体系的基本取向做负面的评价。

我们将媒体各类反响已汇编成约 5 万字的专辑，这里不再赘述。

(二)绿色发展指数的省际排序得到各省区的认同

对各省区的绿色发展指数进行排序，这是最容易引起争论的事。通常排名在后面的省份，会对排名的科学性和合理性提出质疑。但对 2010 年发布的绿色发展指数省际排序，各省区及其媒体反应都相当理解，非常合作。山西省是为国家经济发展作出了重大贡献的煤炭大省，但"绿色发展指数"排在最后一位。省政府经研中心兼省咨询专家委的领导对此表示理解，并向我们介绍了山西省被国务院批准为省级"资源型经济转型综合配套改革试验区"工作的新进展，表示愿提供省内绿色发展先进市区的案例，还建议我们与省领导沟通，研究与建议如何提升绿色发展水平。各地方的网站和报纸关注《2010 中国绿色发展指数年度报告——省际比较》，纷纷转载自己省份的排名。如江苏省政府门户网站列出了《江苏位列绿色发展指数年度第八名》的报道；合肥某网站上贴出了《首个绿色发展指数发布，安徽位居中部六省之首》的报道等。新浪网、财新网等多家媒体在报道中介绍分析了"中部地区绿色发展水平偏低"的原因。特别值得一提的是，排名在前的省区，既珍惜排序靠前来之不易，也分析排名靠前的原因。青海省排在第二位，省里高度重视，专门派专家来探询与研讨，针对个别数据的特殊影响，分析了排名中可能出现的“虚高”现象。这种不图排名，只为更好发展绿色经济的精神，与课题组的宗旨完全一致，得到课题组专家们的高度评价。

(三)多学科的评审专家结合，提出了近三万字的评审意见

鉴于绿色发展指数报告涉及经济、资源、环境、统计等多个学科，涉及政府、企业和学术界等多个方面，因此，《2010 中国绿色发展指数年度报告——省际比较》邀请了国内最有影响力的 30 位资深专家对报告进行了深度评论。这里既有德高望重的老一辈经济学家如吴敬琏、厉以宁、张卓元老师等，也有在国家决策机关和部委工作的专家如魏礼群、刘世锦、卢中原、辜胜阻、潘岳、苏伟等，还有一批国内最有影响的环境保护和可持续发展研究专家如张新时、牛文元、潘家华等。这些专家在相对短的时间里，非常认真地审阅了报告，并提出相当宝贵的意见。专家们的意见与建议，对我们修订 2011 年报告起了重大指导作用，不论是在主导思想的提炼上，还是在指标体系的完善上；不论是在评价方法上，还是在具体观点上，都发挥了重要作用。从专家们对报告的评审中，我们深深感受到了研究与测度中国绿色发展指数牵动着大家的关注，引发了专家们的深层思考。

(四)绿色发展指数的理念与方法正在走向国际

中国环境保护与发展国际合作委员会关注我们的工作。2010 年 9 月，中国环境与发展国际合作委员会(国合会)秘书处在开展《中国环境与发展展望》可行性研究中，对国内现有的研究报告进行了比较，提到有《中国人类发展报告 2009//2010》、《中国生态足迹报告》、《中国环境与发展：世纪挑战与战略选择》、《中国能源发展报告(2008)》、《中国环境政策》等 21 份报告。在 2011 年 1 月《中国环境与发展展望》可行性研究启动会上，国合会重点介绍了 5 本代表性的报告，分别是《中国人类发展报告 2009//2010》、《2010 中国绿色发展指数年度报告——省际比较》、《2008 中国可持续发展战略报告》、《绿皮书》、《中国发展报告》。在这 5 本报告里，对《2010 中国绿色发展指数年度报告——省际比较》着墨较多，并评价本报告的分析“严谨深入”，“建立了国内第一套绿色发展的监测指标体系和指数测算体系”，“数据集成具有客观性和准确性”。同时，项目聘请绿色发展指数课题负责人参与《中国环境与发展展望》的研究工作。

2011 年 5 月，《2011 中国绿色发展指数报告》通过“经典中国国际出版工程”专家评审会，将翻译成英文走向国际。“经典中国国际出版工程”是国家新闻出版总署设立并实施的项目，旨在鼓励和支持适合国外市场需求的外向型优秀图书选题的出版，力求全面、深入、客观、准确地介绍当代中国的发展状况和中国文化，让世界更好地了解中国，扩大中华文化的国际竞争力和影响力。这个项目资助范围为“中国学术名著”和“中国文学名著”两个系列的高水平优秀选题出版物。

>>二、绿色发展最新动向的启示<<

近两年，全球经济发展中始终透露着绿色的曙光。我们看到，2010 年版《BP 世界能源统计》显示，全球能源消费 27 年来首次下降，二氧化碳排放量也出现了自 1998 年以来的第一次下降。尽管这主要源自经济衰退，但全球一次能源消费下降了 1.1%，其中核能、天然气、石油消费均出现下降，煤炭消费基本持平。我们可以想象，放慢经济发展速度确实会产生出一种效果。当然，我们更希望能源消耗的降低来源于能源使用效率的提高，源于人类有意识地发展绿色经济。

(一)“绿色发展”逐渐显露中国特色[①]

全球范围内关于“低碳经济”、“绿色经济”、“绿色增长”等概念的讨论很多。在全球金融危机的背景下，2008年年底联合国环境规划署提出的“绿色新政”和“绿色经济”倡议，更提高了各国政府与学者们的研讨热情。绿色增长的战略和绿色经济的文章不断涌现。国际上流行的提法在中国也很流行，近两年，“绿色发展”在中国引起了越来越多的关注。

国际组织、政府机构和学术单位等对绿色发展的相关研究很多，但偏重在环境与资源上，并不特别强调经济的发展。比如，在国民经济核算上，强调绿色GDP核算、净经济福利指标、扩展的财富等；在生态环境方面，多强调评价环境质量或环境可持续性的“绿色指数”；在资源能源方面，则强调全球替代能源指数等；而在生活质量方面，强调“绿色消费”行为等。而对经济发展的强调，主要体现在可持续发展评价指标体系上，但这涉及经济、社会、生活的各个领域，从经济、资源、环境到社会发展，从国民经济各部门到社会生产与再生产各个环节。

经过一段时间的反复思考，我们似乎悟出：“绿色发展”就是既要发展，又要绿色，在经济发展过程中要尽量减少环境污染和生态破坏，朝着环境友好和资源节约的方向前进，探索代价小、效益好、排放低、可持续的环保新道路，着重处理好经济社会和环境两方面关系。概括讲，绿色发展，是兼顾发展质量和发展效益的又好又快发展，是对资源高效利用、对环境全面保护的发展，是以提高人民生活水平为目的的发展，是统筹兼顾、全面协调的发展。对一个发展中国家来说，这是上下一心的共识。而“低碳经济”这种提法，没有特别强调“经济发展”，对已经完成工业化、城市化的发达国家而言，可能易达成共识；但对正处在工业化和城市化过程中的发展中国家可能会引发疑虑。如果联系到发展中国家如何通过“既共同又有区别”的原则来保护自己的发展权，就更能理解“绿色发展”为什么更容易为各界接受了。有学者指出，国际能源署(IEA)认为，人类进入21世纪以后将会发生一场新的工业革命，叫做能源革命和环境革命即第四次工业革命——绿色工业革命。[②] 绿色发展是第四次工业革命的核心推动力。中国是绿色发展最主要的倡导者、响应者和参与者。[③]

(二)“绿色发展”论坛与活动方兴未艾

如果翻阅一下近两年的新闻报道，会发现有很多“绿色发展”相关的论坛与活动。“世界绿色论坛”首届年会于2011年5月26日至27日在中国香港召开。论坛历时两天，来自联合国环境规划署、欧盟地区委员会、中欧社会论坛、中华人民共和国国家发展和改革委员会、中华人民共和国环境保护部、中国社会科学院、中国科学院、中国欧洲经济研究会、美国哈佛大学、美国斯坦福大学、德国柏林洪堡大学、澳大利亚南澳大学、瑞典林雪平大学、北京大学、中国人民大学、北京工业大学、清华大学、南开大学、香港城市大学、中国环境科学学会、德国驻华大使馆等国内外著名学府及相关学术机构的专家，就世界绿色经济发展模式、国际绿色经济发展交流平台与体系的建立、东西方绿色经济经验等问题展开深入讨论与交流，还提出了绿色发展政策、绿色科技创新战略、绿色投融资方案，积极在政界、学术界、企业界之间搭建绿色创新的交流平台。[④]

---

① 俞海：《中国“十二五”绿色发展路线图》，载环保网，2011-01-19。

② 胡鞍钢：《以创新的精神迎接绿色工业革命》，载《金融时报》，2010-01-11。

③ 胡鞍钢：《中国应成为第四次工业革命领导者》，载《中国经济时报》，2011-06-09。

④ 载中国网，2011-06-02。

绿色发展与科技创新高层论坛在京召开。① 为促进科技创新，推动绿色发展，科技部、国家发改委、外交部、工业和信息化部、环境保护部、中国气象局六部门于 2010 年 11 月 18 日在京联合召开绿色发展与科技创新高层论坛。中共中央政治局委员、国务委员刘延东发来贺信。科技部部长万钢、中国气象局局长郑国光出席论坛开幕式并讲话。刘延东在贺信中指出，当今世界全球气候变化问题日益突出，引起广泛关注，依靠科技创新、实现绿色发展，已经成为人类的共同选择，也是世界经济发展的大势所趋。

后金融危机时代，绿色发展日益成为全球经济的新增长点。中国电子信息产业发展研究院副院长卢山 2010 年 6 月 27 日引用相关国际机构的预测数据称，到 2015 年，全球绿色 IT 服务市场规模或达 50 亿美元。据最乐观的分析，届时亚太地区绿色 IT 服务市场规模可能达到 20 亿美元，这当中，中国、日本和澳大利亚将占据重要份额。卢山是在“国际绿色 IT 服务合作论坛暨 2010 中国——欧洲 CIO 峰会”上做出上述表述的。该论坛由中国电子信息产业发展研究院等单位联合举办，会议的主题是“绿色 IT 服务，正在影响全球 CIO 的思维”。②

2011 年 4 月 21 日至 22 日，由中国企业家俱乐部、道农研究院《绿公司》杂志主办的“2011 中国绿色公司年会”在青岛举行。中国绿色科技(CGTI)发布了《中国绿色科技报告 2011》。报告指出，有五大趋势推动中国应用绿色科技方面已超越其他国家，成为全球绿色科技竞技的领军者。报告中覆盖了六大绿色科技行业：清洁常规能源、电力基础设施、绿色建筑、清洁交通、可再生能源和清洁水，包含了 19 个不同行业的重要发展机遇的研究发现。③

2011 年 6 月 7 日，一场别开生面的“绿色表彰”仪式在世博会世界贸易中心协会馆举行。重环保的海尔绿色发展业绩引全球关注。世界贸易中心协会向海尔颁发了“全球可持续发展杰出成就奖”。世界贸易中心协会(World Trade Center Association，WTCA)，是全球各城市世界贸易中心的合作组织，以促进全球贸易的扩展与繁荣为己任。该协会遍布 100 多个国家和地区，有 300 多个城市会员和 75 万多家企业会员，有着深厚的国际影响力。

西藏大力发展绿色经济应对全球气候变暖。④ 西藏自治区是南亚、东南亚地区的“江河源”和“生态源”，也是中国乃至东半球气候的“启动器”和“调节区”。为应对全球气候变暖，中央加大西藏生态环境保护与建设力度，西藏坚持走有“中国特色、西藏特点”的发展路子。2008 年 1 月，西藏制定并发布了《西藏自治区节能减排综合性工作方案》。西藏扎实推进生态屏障三大类十大工程建设，退耕还林、天然草原退牧还草、小水电代燃料、水土流失治理、防沙治沙等工程。总投资达 155 亿元的西藏生态安全屏障保护与建设，将在 2030 年基本完成。截至 2009 年，西藏森林活立木蓄积量达 22.73 亿立方米，森林生物总量达 18.98 亿吨，森林总碳汇量达 9.53 亿吨。这三项指标均居全国第一。

综上，各级政府、各类企业、各领域的学术界都在关注绿色发展，都有“绿色行动”。

(三)“绿色发展”有助于形成中外交流的平台

我们看到，“绿色发展”逐渐显露中国特色，另外，“绿色发展”也有助于形成中外交流的平台。

---

① 来源于中国气象报社相关报道，2010-11-19。

② 载中国新闻网，2010-06-27。

③ 载和讯网，2011-04-21。

④ 载新华网，2011-01-03。

当2010年6月10日国际能源署表示，墨西哥湾漏油事件可能是原油供给“游戏规则的改变者”时，美国总统奥巴马也在内阁会议上说，原油泄漏事件将对美国经济造成实质影响，而且这种影响将持续下去。因此，未来海底原油开发和原油供应可能产生限制类的规则。① 从中可以体会到，石油工业需要绿色化，这是美国朋友的呼声，也反映出各国都会出现的新问题，而这也正是绿色发展的关键内容之一。

2010年年底在墨西哥召开的坎昆会议通过了一揽子平衡的决定，促使所有政府更加坚定地迈向低排放的未来之路，并支持加强发展中国家应对气候变化的行动。大会下设的《联合国气候变化框架公约》缔约方(194个国家)会议有及《京都议定书》缔约方(184个国家)会议，通过了应对气候变化的两份重要决议，并决定设立绿色气候基金。进入21世纪，世界面临最大的挑战是全球气候变化及其影响，最大的机遇就是绿色革命与绿色发展。

人类进入工业社会后，发展步伐超过了以往一切时代。当人们享受经济增长带来的好处时，也不得不面对日益突出的资源环境问题。各方普遍认识到，发展绿色经济不仅可以节能减排，而且能够更加有效地利用资源和保护环境。② 发达国家不能要求发展中国家为绿色停止发展，甚至不能要求自己的国家为绿色停止发展。实践证明，发展就有成本，加快发展就要增加消耗。因此，各国应形成的共识是：如果不能阻止发展，那就让发展是绿色的吧！这就是中外沟通中交集最大的共同语言。

中国需要绿色发展，从国际范围看，已不仅是发展方式选择问题，也成为参与国际社会的形象问题。大家都看到，能源、资源和环境问题已超出自身范畴而成为外交和政治问题。中国需要从全球视野角度考虑建立国家的绿色发展战略。

(四)“十二五”规划成为中国首部绿色发展规划③

“十二五”规划强调了“绿色发展”，相比较而言，可以说是中国首部绿色发展规划。规划就“绿色发展，建设资源节约型、环境友好型社会”专设了一篇。规划明确提出：“面对日趋强化的资源环境约束，必须增强危机意识，树立绿色、低碳发展理念，以节能减排为重点，健全激励与约束机制，加快构建资源节约、环境友好的生产方式和消费模式，增强可持续发展能力，提高生态文明水平。”

首先，“十二五”规划中绿色指标的比重大幅度上升：资源环境指标“十一五”为7个，占27.2%，“十二五”为8个，占33.3%。如果以实际指标数来看，“十二五”资源环境指标达12个，占了42.9%。另外，还有1个服务业比重，以及4个教育科技指标，这些指标都间接促进了绿色发展，绿色发展的直接指标和间接指标达到了17个，占60.7%。其次，首次明确提出积极应对全球气候变化，制定了到2015年单位GDP二氧化碳排放减少17%的量化指标，提出了增加森林覆盖率、林木蓄积量量化指标。④ 最后，规划设定了支撑约束性指标，明确绿色发展激励约束机制。规划纲要还明确了绿色发展的激励约束机制，首次将深化资源型产品价格和环保收费改革作为五年规划改革攻坚的方向。规划中还要求强化节能减排目标责任考核，合理控制能源消费总量，使绿色发展贯穿经济活动的各个环节。

---

① 载凤凰网，2010-06-11。

② 李克强：《推动绿色发展，促进世界经济健康复苏和可持续发展》，载《中国总会计师》，2010(5)。

③ 本段吸收了胡鞍钢教授的若干思路与提法，但有修改。可参见胡鞍钢：《中国绿色发展与十二五规划》，载《农场经济管理》，2011(4)。

④ 胡鞍钢：《解码“十二五”规划纲要》，载《财经界》，2011(4)。

“十二五”规划中突出了绿色发展六大支柱：积极应对全球气候变化，加强资源节约和管理，大力发展循环经济，加大环境保护力量，促进生态保护和修复，加强水利和防灾减灾体系建设。如“十二五”明确提出中国积极应对全球气候变化的主要目标。制定了到2015年减少单位GDP二氧化碳排放量、增加非化石能源消费比重的相对减排的量化指标、增加森林覆盖率、林木蓄积量、新增森林面积直接增强固碳能力的量化指标。

总之，“十二五”规划成为真正意义上的“绿色发展规划”，标志着中国进入“绿色发展时代”，也标志着中国发动和参与了世界绿色革命的历史起点。

>>三、中国绿色发展指数的完善<<

2011中国绿色发展指数的修正与完善，一是进一步改进了中国省际绿色发展指数指标体系；二是构建了中国城市绿色发展指数指标体系。

(一)中国省际绿色发展指数指标体系的改进

在《2010中国绿色发展指数年度报告——省际比较》发布会上，我们曾说过，在很大程度上这还是一个实验版本，在指标选取、权重设计、评价结果上肯定会存在一些缺陷和不足，需要倾听专家和各界的反应与建议，力争在《2011中国绿色发展指数报告》中，对报告予以完善。

2010年年底以来，课题组为了修订并编制《2011中国绿色发展指数报告》，先后共召开了六次GIG小组讨论会、两次专家研讨会和一次初稿讨论会。课题组对绿色发展指数指标体系和测算方法均进行了完善。下面分别加以介绍。

与2010年相比，2011年的指标体系在以下几个方面进行了完善：一级指标原则上与2010年保持不变，二级指标做适当修改，三级指标在参考专家评审意见基础上，结合数据的可得性、直观性、重要性等进行调整。

2011年的绿色发展指数的一级指标仍为3个，分别是：经济增长绿化度、资源环境承载潜力、政府政策支持度。

2011年的绿色发展指数的二级指标有9个，分别为：绿色增长效率指标、第一产业指标、第二产业指标、第三产业指标、资源丰裕与生态保护指标、环境压力与气候变化指标、绿色投资指标、基础设施指标、环境治理指标。9个二级指标中，名称进行修订的有3个，一是“资源与生态保护指标”修订为“资源丰裕与生态保护指标”，主要侧重资源丰裕和生态保护这两个方面，从资源存量的角度进行衡量，所以用了“资源丰裕度”这样的专有名词；二是“环境与气候变化指标”修订为“环境压力与气候变化指标”，因为三级指标中涉及的排放量等指标都是对环境造成的压力，从压力角度反映资源环境承载潜力；三是“基础设施和城市管理指标”修订为“基础设施指标”，因为2011年专门针对城市建立了测度体系，所以就没有专门提及城市，不过基础设施还是针对城市的。

特别要指出，对二级指标、三级指标进一步的详细解释，请看本报告第五章、第十章、第十五章以及指标解释的附录。

下面，我们重点介绍三级指标的修改。

2011年的绿色发展指数三级指标有60个，数量上比2010年增加了5个。三级指标分布为：经济增长绿化度22个指标，资源环境承载潜力19个指标，政府政策支持度19个指标，较2010年更为均衡。

先请看包括三级指标在内的中国省际绿色指数指标框架(见表 0-1)。

表 0-1　　中国省际绿色发展指数指标体系

一级指标	二级指标	三级指标	
经济增长绿化度	绿色增长效率指标	1. 人均地区生产总值 2. 单位地区生产总值能耗 3. 非化石能源消费量占能源消费量的比重 4. 单位地区生产总值二氧化碳排放量 5. 单位地区生产总值二氧化硫排放量	6. 单位地区生产总值化学需氧量排放量 7. 单位地区生产总值氮氧化物排放量 8. 单位地区生产总值氨氮排放量 9. 人均城镇生活消费用电
	第一产业指标	10. 第一产业劳动生产率 11. 土地产出率	12. 节灌率 13. 有效灌溉面积占耕地面积比重
	第二产业指标	14. 第二产业劳动生产率 15. 单位工业增加值水耗 16. 规模以上单位工业增加值能耗	17. 工业固体废物综合利用率 18. 工业用水重复利用率 19. 六大高载能行业产值占工业总产值比重
	第三产业指标	20. 第三产业劳动生产率 21. 第三产业增加值比重	22. 第三产业就业人员比重
资源环境承载潜力	资源丰裕与生态保护指标	23. 人均水资源量 24. 人均森林面积 25. 森林覆盖率	26. 自然保护区面积占辖区面积比重 27. 湿地面积占国土面积比重 28. 人均活立木总蓄积量
	环境压力与气候变化指标	29. 单位土地面积二氧化碳排放量 30. 人均二氧化碳排放量 31. 单位土地面积二氧化硫排放量 32. 人均二氧化硫排放量 33. 单位土地面积化学需氧量排放量 34. 人均化学需氧量排放量 35. 单位土地面积氮氧化物排放量	36. 人均氮氧化物排放量 37. 单位土地面积氨氮排放量 38. 人均氨氮排放量 39. 单位耕地面积化肥施用量 40. 单位耕地面积农药使用量 41. 人均公路交通氮氧化物排放量
政府政策支持度	绿色投资指标	42. 环境保护支出占财政支出比重 43. 环境污染治理投资总额占地区生产总值比重 44. 农村人均改水、改厕的政府投资	45. 单位耕地面积退耕还林投资完成额 46. 科教文卫支出占财政支出比重
	基础设施指标	47. 城市人均绿地面积 48. 城市用水普及率 49. 城市污水处理率 50. 城市生活垃圾无害化处理率	51. 城市每万人拥有公交车辆 52. 人均城市公共交通运营线路网长度 53. 农村累计已改水受益人口占农村总人口比重 54. 建成区绿化覆盖率
	环境治理指标	55. 人均当年新增造林面积 56. 工业二氧化硫去除率 57. 工业废水化学需氧量去除率	58. 工业氮氧化物去除率 59. 工业废水氨氮去除率 60. 突发环境事件次数

现在，需要回答的问题是：表中的 60 个三级指标是如何再次评选并确定的？

2011 年，课题组以《2010 中国绿色发展指数年度报告——省际比较》中所确立的 55 个评价指标为基础，对指标进行适当的增减、修改，最终确立了 60 个三级指标。

第一项工作——初步增补了 50 个指标。课题组在仔细研究政府报告、评审专家意见、十余本国内权威统计年鉴、国内专业书籍、国外相关文献五大方面，最初增补了与绿色发展指数相关的50个指标(此处不再列出)，这些指标充分吸取了2010年报告评审专家的意见，评审专家的每一条意见都找到了对应的指标进行补充。

第二项工作——确定了新增10个指标。经过五次会商，从以上50个指标中初步梳理确定了31个指标；再经讨论后，最终确定为10个指标。分别为：①人均城镇生活消费用电；②节灌率；③有效灌溉面积占耕地面积比重；④湿地面积占国土面积的比重；⑤人均活立木总蓄积量；⑥人均公路交通氮氧化物排放量；⑦人均城市公共交通运营线路网长度；⑧农村累计已改水受益人口占农村总人口比重；⑨建成区绿化覆盖率；⑩突发环境事件次数。

第三项工作——对2010年报告中的指标删除了5个。根据评审专家意见，结合数据的可得性、连续性、直观性、重要性等，删除了5个2010年的指标，分别为：①火电供电煤耗(原第18个指标)；②单位地区生产总值工业固体废物排放量(原第9个指标)；③单位土地面积工业固体废物排放量(原第36个指标)；④人均工业固体废物排放量(原第37个指标)；⑤矿区生态环境恢复治理率(原第50个指标)。

第四项工作——对2010年报告中的指标修订了8个。分别为：①规模以上单位工业增加值能耗(原第14个指标——规模以上工业增加值能耗)；②六大高载能行业产值占工业总产值比重(原第17个指标——高载能工业产品产值占工业总产值比重)；③第三产业就业人员比重(原第21个指标——第三产业从业人员比重)；④人均水资源量(原第22个指标——人均当地水资源量)，因为该指标定义明确指出：水资源总量不包括过境水量，且计算式的分子为“水资源总量”，因此删除原“当地”二字；⑤环境污染治理投资总额占地区生产总值比重(原第41个指标——环境污染治理投资占地区生产总值比重)；⑥人均当年新增造林面积(原第51个指标——人均造林面积)；⑦工业废水化学需氧量去除率(原第53个指标——工业化学需氧量去除率)；⑧“工业废水氨氮去除率”(原第55个指标——工业氨氮去除率)。

第五项工作——重新确定了5个指标的计算方法：①单位土地面积二氧化碳排放量；②单位土地面积二氧化硫排放量；③单位土地面积化学需氧量排放量；④单位土地面积氮氧化物排放量；⑤单位土地面积氨氮排放量。以上5个指标计算方法，根据青海省专家建议并经本课题组研究后采纳，计算分母时，在原国土面积的基础上减掉境内的沙漠和戈壁的面积。

显然，进行增补和修改，有助于使指标名称与统计年鉴上的权威名称相一致，有助于使指标计算的范围更明晰。在此，要再次感谢评审专家们提出的宝贵意见，促使我们有针对性地完成了指标的修订工作。

(二)中国城市绿色发展指数指标体系的建立

为促进城市的绿色发展和比较省区与城市在绿色发展上的异同，2011年的中国绿色发展指数年度报告在2010年报告的基础上增加了对34个城市即4个直辖市、5个计划单列市和25个省会城市(因资料原因，拉萨和乌鲁木齐暂未列入)的评价。经过多次专家会议讨论，最终形成了由3个一级指标、9个二级指标和43个三级指标构成的测算体系。以下依次介绍体系的编制原则、测算城市的选择、评价体系的指标结构和指标权重的确定。

1. 编制原则

在编制中国城市绿色发展指数评价体系的过程中，遵循的原则如下。一是继续贯彻绿色与发展相结合的理念。与省区绿色发展指数评价体系一样，在评价城市绿色发展的时候，课题组综合经济、环保、生态、能源等多方面专家的意见，坚持“绿色”和“发展”两手抓的原则。二是突出了城市绿色发展的特色指标。在指标选取上，突出了城市绿色发展过程中尤其需要关注的特色指标，如对空气质量的评价等。这类指标的选取在一定程度上弥补了省区评价体系无法衡量区域空气质量的遗憾，突出了资源与环境承载潜力对城市发展的重要性。三是与省区绿色发展指数测算体系尽量相匹配。城市绿色发展指数指标体系以 2010 年报告中省级评价指标为基础，删除了部分无数据的指标，并新增一部分与城市有关的指标。四是坚持公开、公平、公正的原则，以公开权威的数据作为测算的基础数据。城市评价体系采用的基础数据全部来源于公开出版的年鉴或者相关部门公布的权威指标数据。

2. 测算城市的选择

课题组起初选择了环保部公布的 113 个环境监测重点城市。由于其中 33 个城市空气监测方面的数据不全，决定选择 80 个城市。在进一步核查数据的过程中，又发现一些城市存在数据缺失或者出现数据有奇异值现象(如百分比数值超过 100%)。为保证数据的稳定性，最后确定了 34 个城市进行测算。

3. 评价体系的指标结构

与省区绿色发展指数评价体系一样，中国城市绿色发展指数评价体系一级指标也包括 3 个，即经济增长绿化度、资源与环境承载潜力和政府政策支持度。

二级指标也与省区绿色发展指数评价体系基本相同，有 9 个，分别为：绿色增长效率指标、第一产业指标、第二产业指标、第三产业指标、资源丰裕与生态保护指标、环境压力与气候变化指标、绿色投资指标、基础设施指标和环境治理指标。

三级指标有 43 个，其中经济增长绿化度指标 17 个，资源环境承载潜力指标 13 个，政府政策支持度指标 13 个。三级指标以 2010 年绿色发展指数报告中的省际指标为基础开始选定。最初确定了 55 个，在接纳评审专家意见以后，指标增加到 86 个；经指标数据可得性查证后，将指标数调减为 52 个；最后经专家会议讨论，筛选和确定最后的三级指标为 43 个(见表 0-2)。

表 0-2　　中国城市绿色发展指数指标体系

一级指标	二级指标	三级指标	
经济增长绿化度	绿色增长效率指标	1. 人均地区生产总值 2. 单位地区生产总值能耗 3. 人均城镇生活消费用电 4. 单位地区生产总值二氧化碳排放量 5. 单位地区生产总值二氧化硫排放量	6. 单位地区生产总值化学需氧量排放量 7. 单位地区生产总值氮氧化物排放量 8. 单位地区生产总值氨氮排放量
	第一产业指标	9. 第一产业劳动生产率	
	第二产业指标	10. 第二产业劳动生产率 11. 单位工业增加值水耗	12. 单位工业增加值能耗 13. 工业固体废物综合利用率 14. 工业用水重复利用率
	第三产业指标	15. 第三产业劳动生产率 16. 第三产业增加值比重	17. 第三产业就业人员比重
资源环境承载潜力	资源丰裕与生态保护指标	18. 人均水资源量	
	环境压力与气候变化指标	19. 单位土地面积二氧化碳排放量 20. 人均二氧化碳排放量 21. 单位土地面积二氧化硫排放量 22. 人均二氧化硫排放量 23. 单位土地面积化学需氧量排放量 24. 人均化学需氧量排放量 25. 单位土地面积氮氧化物排放量	26. 人均氮氧化物排放量 27. 单位土地面积氨氮排放量 28. 人均氨氮排放量 29. 空气质量达到二级以上天数占全年比重 30. 首要污染物可吸入颗粒物天数占全年比重

续表

一级指标	二级指标	三级指标
政府政策支持度	绿色投资指标	31. 环境保护支出占财政支出比重 32. 工业环境污染治理投资占地区生产总值比重 33. 科教文卫支出占财政支出比重
	基础设施指标	34. 城市人均绿地面积 35. 建成区绿化覆盖率 36. 城市用水普及率 37. 城市生活污水处理率 38. 城市生活垃圾无害化处理率 39. 城市每万人拥有公交车辆
	环境治理指标	40. 工业二氧化硫去除率 41. 工业废水化学需氧量去除率 42. 工业氮氧化物去除率 43. 工业废水氨氮去除率

这里需要说明的是，在43个三级指标中有4个指标为无数列表指标，分别为“单位地区生产总值二氧化碳排放量”、“单位工业增加值能耗”、“单位土地面积二氧化碳排放量”、“人均二氧化碳排放量”。

4. 指标权重的确定

鉴于各指标要素的影响和作用颇不相同，进行比较评价测度时，需区别对待，即权重分配上要有所不同。本次测度工作，采用类似“德尔菲法”进行权重分配。课题组选择10名左右涉及经济、资源、环境、能源、统计等研究领域的专家，通过会议就指标体系征求意见，经过数次分析讨论，最终确定了每个指标的权重。特别要提出的是，专家组认为“资源与环境承载潜力”在省际指标体系中的重要性高于城市，因此在确定城市各级指标权重时，其权重略有下调。

表0-3中列出了一级、二级指标的权重，三级指标权重将分别在第五章、第十章和第十四章中进行说明。

表 0-3　　中国城市绿色发展指数一、二级指标及权重

一级指标	权重	二级指标	权重(占一级指标)
经济增长绿化度	33%	绿色增长效率指标	50%
		第一产业指标	5%
		第二产业指标	30%
		第三产业指标	10%
资源与环境承载潜力	34%	资源丰裕与生态保护指标	5%
		环境压力与气候变化指标	95%
政府政策支持度	33%	绿色投资指标	25%
		基础设施指标	45%
		环境治理指标	30%

以上简单介绍了2011年绿色发展报告在完善省际指数体系和构建城市指数体系方面所做的工作。

这里，特别需要简单介绍一下关于评价结果折算为百分数情况。为方便读者理解，有学者提出，可否用百分数来表达测算结果，从而不用出现有负值结果的平均值上下的比较方式。根据专家意见，课题组与中国科学院预测科学研究中心专家进行了深入交流探讨，以求改进。在科学家指导下，我们尝试用如下方法来将结果折算为百分数：即先对指数值进行一次正态分布转化后再进行均匀分布，从而将指数值映射到某一特定区间，即得到在 100 以内的数值。用这种方法所获百分数结果，较易为人们理解。但我们与科学家也共同认为这也会引出新问题：函数变换上下限的设定，如设 60～90 分，不仅主观性较大且会形成人为的不能突破的界线。考虑到 2011 年形成基期数值后，今后各年可以进行纵向比较，按其变化率进行排名，就可缓解指标负值的理解困难。有鉴于此，考虑仍以平均值上下的指数形式公布“绿色发展指数”。

>>四、中国绿色发展指数测算结果及分析①<<

在“中国绿色发展指数评价体系(省区)”(以下简称“省区测算体系”)和“中国绿色发展指数评价体系(城市)”(以下简称“城市测算体系”)的基础上，我们测算得到了 2009 年除西藏外的 30 个省份和 34 个参评城市的“绿色发展指数”。下面简介之。

(一)省区绿色发展指数测算结果

根据“省区绿色发展指数”指标体系以及各指标 2009 年的数据，测算出的中国 30 个省(自治区、直辖市) 2009 年绿色发展指数以及经济增长绿化度、资源与环境承载潜力和政府政策支持度三个分指数的结果如表 0-4 所示。

表 0-4　　2009 年中国 30 个省(区、市)绿色发展指数及排名

地　区	绿色发展指数		一级指标					
			经济增长绿化度		资源与环境承载潜力		政府政策支持度	
	100%		30%		40%		30%	
	指数值	排名	指数值	排名	指数值	排名	指数值	排名
北　京	0.770	1	0.556	1	−0.063	18	0.278	1
上　海	0.357	2	0.367	2	−0.117	24	0.107	3
青　海	0.273	3	−0.202	29	0.556	1	−0.082	27
天　津	0.206	4	0.320	3	−0.105	21	−0.009	17
海　南	0.169	5	0.059	9	0.160	4	−0.050	20
浙　江	0.165	6	0.161	4	−0.092	19	0.096	4
云　南	0.127	7	−0.163	26	0.241	3	0.049	9
福　建	0.121	8	0.107	8	−0.037	14	0.051	8
江　苏	0.116	9	0.153	5	−0.159	30	0.121	2
广　东	0.098	10	0.138	6	−0.117	23	0.077	7
内蒙古	0.095	11	−0.010	11	0.135	6	−0.030	19
山　东	0.091	12	0.112	7	−0.108	22	0.087	5
贵　州	−0.012	13	−0.204	30	0.269	2	−0.076	26
陕　西	−0.039	14	−0.046	14	−0.009	12	0.017	13
黑龙江	−0.040	15	−0.048	16	0.156	5	−0.147	28

① 鉴于数据的可获得性，本报告发布的结果依据的是 2009 年的数据，即发布年份与测算数据年份相差 2 年。

续表

地 区	绿色发展指数		一级指标					
			经济增长绿化度		资源与环境承载潜力		政府政策支持度	
	100%		30%		40%		30%	
	指数值	排名	指数值	排名	指数值	排名	指数值	排名
新 疆	−0.065	16	−0.058	17	0.056	9	−0.063	22
江 西	−0.067	17	−0.096	21	0.019	10	0.010	14
河 北	−0.095	18	−0.020	12	−0.118	25	0.043	10
四 川	−0.104	19	−0.112	23	0.081	7	−0.074	23
安 徽	−0.131	20	−0.081	19	−0.054	16	0.004	15
重 庆	−0.133	21	−0.113	25	−0.055	17	0.035	12
湖 北	−0.151	22	−0.048	15	−0.104	20	0.000	16
吉 林	−0.166	23	−0.023	13	0.011	11	−0.154	29
广 西	−0.174	24	−0.112	24	−0.031	13	−0.030	18
辽 宁	−0.193	25	−0.009	10	−0.123	27	−0.061	21
湖 南	−0.202	26	−0.081	18	−0.047	15	−0.075	24
宁 夏	−0.225	27	−0.170	27	−0.137	28	0.081	6
山 西	−0.232	28	−0.110	22	−0.158	29	0.036	11
甘 肃	−0.279	29	−0.184	28	0.070	8	−0.165	30
河 南	−0.280	30	−0.083	20	−0.121	26	−0.076	25

注：①本表根据省区绿色发展指数测算体系，依各指标2009年数据测算而得；②本表各省（区、市）按照绿色发展指数的指数值从大到小排序。

资料来源：根据《中国统计年鉴2010》、《中国环境统计年鉴2010》、《中国环境统计年报2009》、《中国工业经济统计年鉴2010》、《中国区域经济统计年鉴2010》、《中国城市统计年鉴2010》、《中国水利统计年鉴2010》、《中国农业统计年鉴2009》、《中国城市建设统计年鉴2009》以及《中国的沙漠及其治理》等测算。

由于本次测算采用的是“均值——标准差法”进行的无量纲化处理，因此“0”代表所有参评省份绿色发展的平均水平，得分高于“0”表示该省（区、市）的绿色发展水平高于全国平均水平，得分低于“0”表示该省（区、市）绿色发展水平低于全国平均水平。测算结果显示，在参与测算的30个省份中，有12个省份绿色发展水平高于全国平均水平，按指数值由高到低排序依次是：北京、上海、青海、海南、浙江、云南、福建、江苏、广东、内蒙古、山东，其他18个省份的绿色发展水平低于平均水平（见图0-1）。根据诸多专家的建议，2011年的测算指标和测算方法有了不少变动，不过总体来看，排在前十二位的省份全在2010年的测算结果中位列前十二名，只是其次序有所差异，说明绿色发展指数的测算方法具有一定的稳定性。

以上测算结果表明，各省的绿色发展水平差异十分明显。这种差异，主要来自两个不同的因素：其一是体现在经济增长的效率和单位产出的资源、环境消耗的“经济增长绿化度”及其与之相关度较高的比较依赖于经济发展水平的绿色发展的“政策支持度”方面；其二是体现在反映自然的资源环境禀赋的“资源与环境承载潜力”方面。从高于全国平均水平的前十二个省区来看，北京、上海、浙江、福建、江苏和广东主要受第一方面因素的影响，青海、云南、海南、内蒙古则主要受第二方面因素的影响。

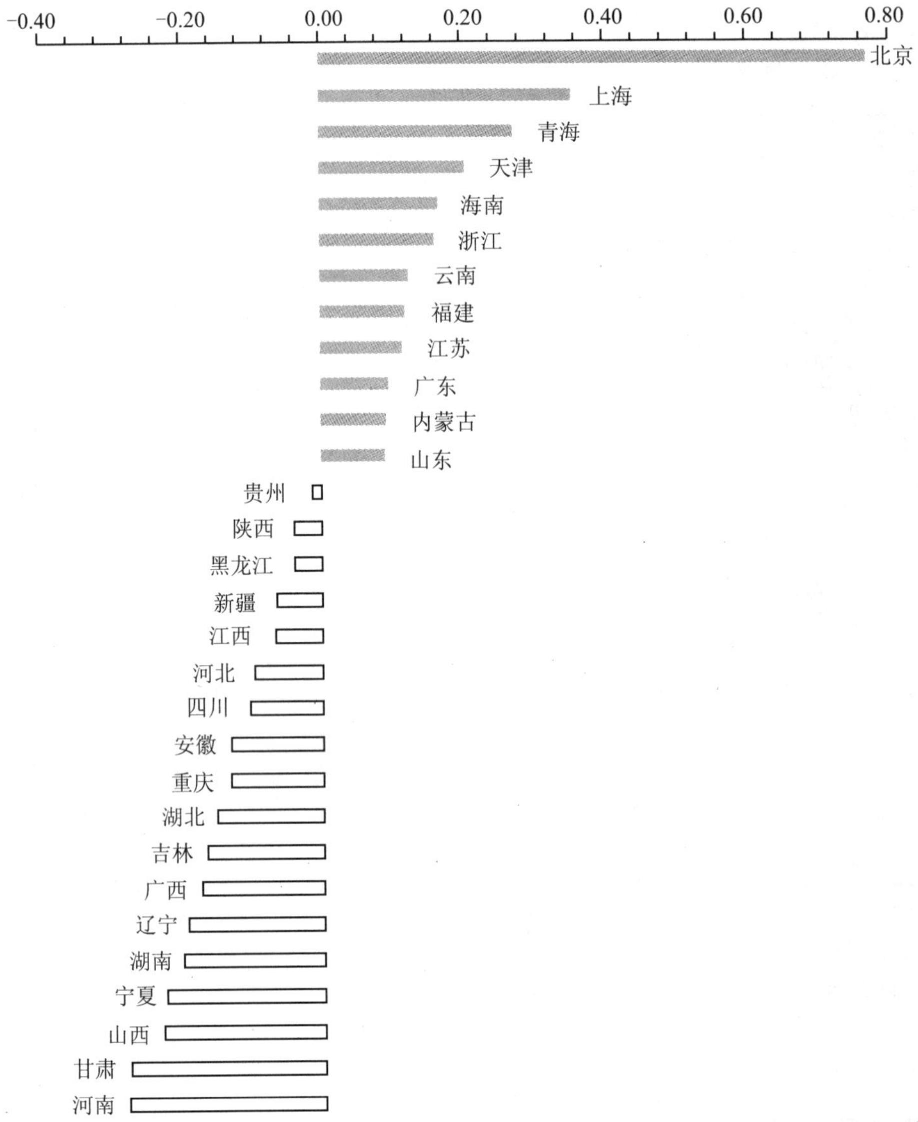

图 0-1　2009 年中国 30 个省(区、市)绿色发展指数排名比较图

(二)省区绿色发展指数的区域分布[①]与比较

从表 0-4 中可以看到，绿色发展指数排在前十位的省份依次是：北京、上海、青海、天津、海南、浙江、云南、福建、江苏和广东。从地理区位看，除青海和云南 2 个省位于西部外，其他 8 个省份均处于东部地区。位于第 11～20 名的 10 个省份中，西部的省份有 5 个，分别是贵州、内蒙古、陕西、新疆、四川，这些地区的人均资源量相对而言都比较丰富；有 2 个来自东部地区，分别为山东和河北，位列第 12 位和第 18 位，1 个来自东北地区，为黑龙江(第 15 名)，其余 2 个来自中部地区，分别为江西和安徽，位列第 17 位和第 20 位。位于第 21～30 名的省份中，

① 本报告根据“十一五”规划区域发展战略提出的四大区划即东、中、西和东北地区为区域比较的基础。其中，东部地区包括北京、天津、河北、上海、江苏、浙江、福建、山东、广东和海南十省市；中部地区包括山西、安徽、江西、河南、湖北和湖南六省；西部地区包括内蒙古、广西、重庆、四川、贵州、云南、西藏、陕西、甘肃、青海、宁夏和新疆十二省(市、区)；东北地区包括辽宁、吉林和黑龙江三省。

吉林和辽宁来自东北地区，其余 8 个省份来自中西部地区。为了直观地比较绿色发展指数的区域分布，我们绘制了如下地理分布图(见图 0-2)。其中，指数排在前十名为绿色发展水平好一些的地区，用深绿色表示；第 11～20 名为绿色发展水平较好的地区，用中度绿色表示；后十名为绿色发展水平一般的地区，用浅绿色表示。

图 0-2　2009 年中国 30 个省(区、市)绿色发展指数排名地区分布图

通过以上各表及图可以发现，省区绿色发展指数的区域分布呈现如下特点。

东部省份的绿色发展状况相对好一些。总体而言，东部省份在绿色发展水平上表现出一定的优势。在东部的 10 个省市中，有 8 个排在全国前十位。除河北外，其余 9 个省份的绿色发展水平均好于测评省份的平均水平。经过改革开放 30 多年的快速发展，外向型发展模式为主的东部省份的经济发展水平明显高于其他地区，经济发展达到了更高的一个阶段。但同时东部省份也受到了资源环境的约束，这从资源与环境承载潜力排序中就可明显看出。现在，东部省份更为重视经济、资源和环境之间的均衡发展。东部省份以“节能减排”为主要抓手，通过不断优化产业结构，调整产业布局等做法来缓解资源环境的制约，提高了经济的绿色发展水平。同时，由于发展较早，经济实力雄厚，所以，东部省份政府政策的支持力度相对大一些。因此，东部地区在较大环境约束的状况下，其绿色发展水平仍然较高。

西部省份资源环境禀赋的优势相对明显。西部 11 个省份中，有 3 个处于深度绿色区域，4 个处于中度绿色区域，4 个处于浅绿色区域。西部省份在资源与环境承载潜力上得分较高，推升绿色发展指数的排名位次，但没有一个西部省份是靠经济增长绿化度的优势进入绿色发展指数前列。这从一个侧面反映出，西部省份经济发展水平仍不高，绿色与发展还需要很好地结合起来。随着西部省份资源开发利用力度的加大，生态环保问题也会日益凸显。现在，西部省区地方政府也逐步加大了资源有效利用和环境保护方面的支持力度，在绿色投资这一指标上处于前列。

中部省份绿色发展水平有待进一步提高。测算结果显示，中部六省中只有江西和安徽位列第 17 位和第 20 位，处于中度绿色区域，其他 4 省均处于浅绿色区域。从 3 个二级指标看，中部 6 省在经济增长绿化度、资源与环境承载潜力和政府政策支持度上发展较为均衡，但整体处于中等偏后的位置。作为“承东接西”的重要区域，中部省份所面临的能源紧张状况和环境压力不小。近年来，中部 6 省经济虽获得了较快发展，但与东部仍有很大差距，经济实力的限制使得中部省份在经济增长与绿色发展之间难以兼顾。总之，中部省区绿色发展水平整体不高，有待进一步提升。

东北三省绿色发展水平差异显著。老工业基地和资源枯竭型城市集中的东北三省，在探索绿色发展的过程中承受着较大的压力。测算结果表明，东北三省的绿色发展指数排名整体处于中等偏后的位置。三省的绿色发展水平均低于参评省区的平均水平，且三省间绿色发展水平差异显著。其中，黑龙江在资源与环境承载潜力方面有优势明显，经济增长绿化度居中，绿色发展水平排名第 15 位，处于中等位置。吉林、辽宁分列第 23 位和第 25 位，排名较为靠后。

(三)城市绿色发展指数测算结果

衡量城市绿色发展程度具有重要的现实意义。利用 2009 年的数据，根据中国城市绿色发展指数指标体系测算，34 个城市的“绿色发展指数”指数值及排名如表 0-5 所示。

表 0-5　　2009 年中国 34 个城市绿色发展指数及排名

城　市	绿色发展指数		一级指标					
			经济增长绿化度		资源与环境承载潜力		政府政策支持度	
	100%		33%		34%		33%	
	指数值	排名	指数值	排名	指数值	排名	指数值	排名
深　圳	0.689	1	0.341	1	0.029	13	0.319	1
海　口	0.555	2	0.140	3	0.368	2	0.047	12
昆　明	0.496	3	−0.098	29	0.546	1	0.047	11
北　京	0.387	4	0.267	2	−0.101	24	0.222	2
合　肥	0.260	5	0.085	8	0.167	5	0.008	18
广　州	0.200	6	0.127	5	−0.068	21	0.141	4
大　连	0.184	7	0.090	7	0.029	11	0.065	9
青　岛	0.166	8	0.072	10	0.011	14	0.083	8
长　沙	0.156	9	0.124	6	0.042	10	−0.011	19
福　州	0.111	10	−0.024	17	0.087	6	0.048	10
厦　门	0.090	11	0.028	12	−0.107	26	0.168	3
南　宁	0.086	12	−0.093	27	0.201	4	−0.021	20
宁　波	0.075	13	−0.039	19	0.004	15	0.110	6

续表

城 市	绿色发展指数		一级指标					
			经济增长绿化度		资源与环境承载潜力		政府政策支持度	
	100%		33%		34%		33%	
	指数值	排名	指数值	排名	指数值	排名	指数值	排名
沈 阳	0.041	14	0.139	4	−0.064	19	−0.034	22
哈尔滨	0.028	15	−0.039	18	0.202	3	−0.135	31
石家庄	−0.029	16	−0.070	25	−0.091	23	0.133	5
杭 州	−0.029	17	0.000	16	−0.071	22	0.041	13
南 京	−0.032	18	0.021	15	−0.152	31	0.099	7
上 海	−0.053	19	0.083	9	−0.166	33	0.030	14
长 春	−0.066	20	0.026	14	0.072	8	−0.163	32
济 南	−0.075	21	0.026	13	−0.110	27	0.008	17
银 川	−0.097	22	−0.101	30	−0.020	17	0.024	15
南 昌	−0.103	23	−0.044	20	−0.014	16	−0.045	23
呼和浩特	−0.121	24	−0.052	24	0.029	12	−0.098	27
郑 州	−0.123	25	−0.049	22	−0.047	18	−0.027	21
贵 阳	−0.168	26	−0.184	32	0.073	7	−0.057	24
太 原	−0.168	27	−0.075	26	−0.102	25	0.009	16
天 津	−0.207	28	0.029	11	−0.136	30	−0.099	28
重 庆	−0.249	29	−0.188	33	0.060	9	−0.121	30
西 安	−0.274	30	−0.048	21	−0.131	28	−0.094	26
武 汉	−0.292	31	−0.050	23	−0.183	34	−0.059	25
成 都	−0.331	32	−0.094	28	−0.135	29	−0.102	29
兰 州	−0.390	33	−0.138	31	−0.067	20	−0.184	33
西 宁	−0.711	34	−0.206	34	−0.159	32	−0.346	34

注：①本表根据“城市绿色发展指数”体系，依据各指标2009年数据测算而得；②本表城市按绿色发展指数的指数值从大到小排序。

资料来源：根据《中国城市统计年鉴2010》、《中国环境统计年报2009》、《中国城市建设统计年鉴2009》、《中国区域经济统计年鉴2010》等测算。

与省区测算类似，指数值高于“0”表示该城市的绿色发展水平高于参评城市的平均水平，得分低于“0”表示该城市的绿色发展水平低于参评城市的平均水平。在参与测算的34个城市中，有15个城市的绿色发展水平高于平均水平，19个城市的绿色发展水平低于平均水平。其中高于全国城市平均水平的15个城市依次是：深圳、海口、昆明、北京、合肥、广州、大连、青岛、长沙、福州、厦门、南宁、宁波、沈阳、哈尔滨。

为方便读者，特根据表0-5数值，绘出中国城市发展指数排名的比较图(见图0-3)。

(四)城市绿色发展指数的区域分布与比较

本报告中参与测算的东部城市包括北京、天津、石家庄、上海、南京、杭州、宁波、福州、

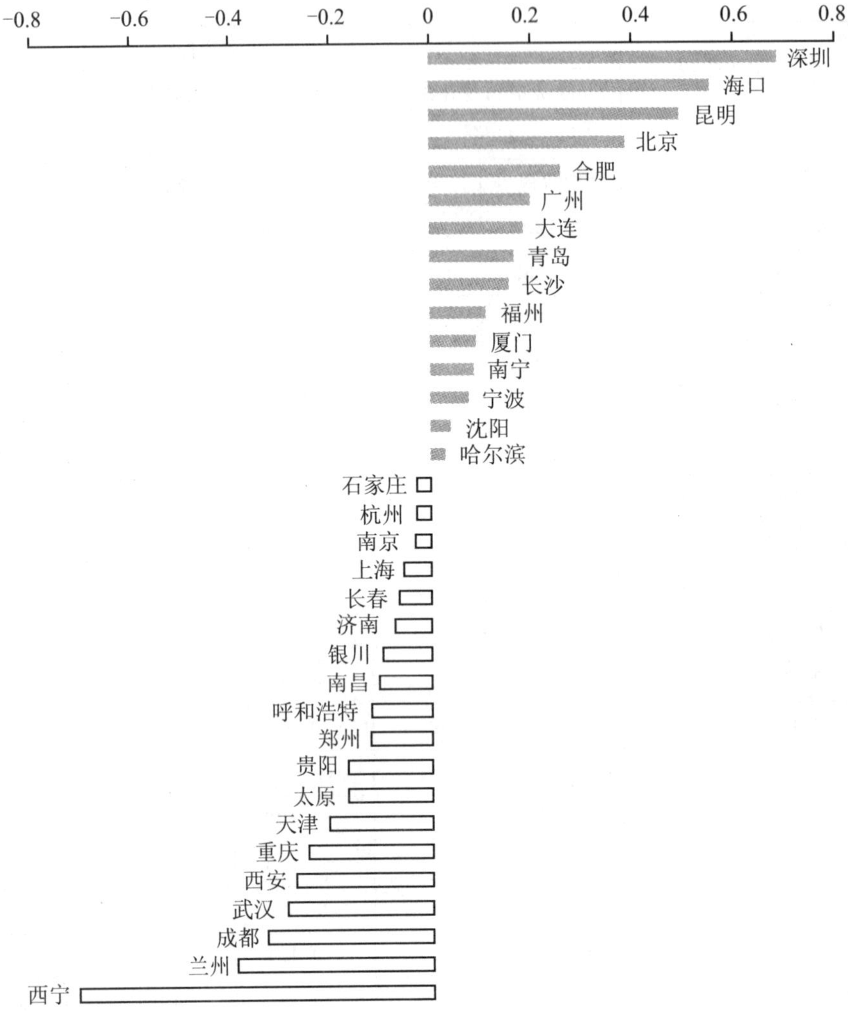

图 0-3　2009 年中国 34 个城市绿色发展指数排名比较图

厦门、济南、青岛、广州、深圳和海口 14 个城市；中部城市包括太原、合肥、南昌、郑州、武汉和长沙 6 个城市；西部城市包括呼和浩特、南宁、重庆、成都、贵阳、昆明、西安、兰州、西宁、银川 10 个城市；东北地区城市包括沈阳、大连、长春和哈尔滨 4 个城市。

从表 0-5 中可以看到，绿色发展指数排在前十位的城市依次是：深圳、海口、昆明、北京、合肥、广州、大连、青岛、长沙、福州。从地理区位看，有 6 个城市来自东部地区，1 个来自西部地区，2 个来自中部地区以及 1 个来自东北地区。虽然每个区域都有城市进入前 10 位，但东部城市的数量最多，优势明显。在绿色发展指数排名第 11～24 名的城市中，东部城市有 7 个，中部城市有 1 个，西部城市有 3 个，东北城市有 3 个。在绿色发展指数后十位的城市中，东部城市有 1 个，中部城市有 3 个，西部城市有 6 个。

城市绿色发展指数呈现以下区域特点：

东部城市的绿色发展状况整体较好。东部的 14 个城市中，除天津外，其余城市均处于中等偏上的位置。东部城市的绿色发展情况反映了我国区域经济发展的阶梯型特征，东部沿海城市率先发展，并逐渐向中西部城市递进。从 3 个二级指标看，东部城市更加重视单位生产总值能耗的降低和污染物排放的控制，三产比重逐渐提高。在政府的政策支持上，东部城市加大对绿色环保产业和战略性新兴产业的支持力度，逐步改善城市的基础设施水平，推动了城市向着绿色的方向发展。值得一提的是，在东部城市中，天津排在第 28 位。天津的经济增长绿化度排名第 11 位，资源与环境承载潜力和政府政策支持度分别排在第 30 位和第 28 位。虽然有原始数据填报上的原因，但城市排名偏后，仍值得关注。

中部城市的绿色发展水平不居中。中部的 6 个城市中，合肥和长沙位列第 5 位和第 9 位，高于平均水平，排名十分靠前；但其余 4 个城市则排在第 23 位之后，区域内部差异明显。显然，中部城市绿色发展水平需要提高。值得关注的是，武汉的资源与环境承载潜力居各城市末位，从三级指标来看，武汉的污染物排放量较大，在未来的发展中要格外注意工业企业的“节能减排”工作。

西部城市的绿色发展水平需提升。总体来看，西部的 10 个参评城市中，有 8 个城市处于第 22 位之后，有 6 个处于最后 10 名，兰州和西宁居末两位。西部城市的绿色发展水平需要进一步提升，西部是我国资源富集区，但同时也是经济的欠发达地区，西部 10 市的经济增长绿化度排名均在第 21 名之后。

数据显示，西部省区排名与城市排名有明显差异。省区排名中西部地区绿色发展水平大多处于中上位置，好于中部地区；但在城市排名中，则总体落后于中部城市。可见，西部省区的资源环境优势并不能完全反映到西部城市中。在政府政策支持度上，大部分西部城市排名靠后。虽然西部大开发政策给了西部地区很多优惠，但是碍于政府的财政状况，很多城市在经济发展过程中还是粗放型的发展模式，政府在面对环境污染和资源的无序利用时有些无能为力。

东北城市的绿色发展水平良好。在东北的 4 个城市中，排名最为靠前的是大连，排在第 7 位；其余 3 个省会城市排名居中。

(五)从绿色发展指数比较中得到的若干启示

第一，绿色发展指数测算结果显示，绿色与发展两者是相辅相成的，是可以同时实现的。绿色是发展应遵循的轨道，发展是实现绿色的基础和保障。在省区测算和城市测算中发现，东部地区经过改革开放 30 多年的积累，拥有雄厚的经济实力，为发展方式转变提供了有力的保障。中西部地区可以利用经济的后发优势，保证经济快速健康发展的同时完善绿色，毕竟伴随着发展的绿色才是真正的绿色。作为老工业基地和资源枯竭型城市集中的东北三省，绿色发展既有一定资源优势，但困难也很多，任重而道远。

第二，中国省区绿色发展排名与城市绿色发展排名在一些省表现出的不一致反映了当前绿色发展中值得关注的问题。对比省区测算结果和城市测算结果后发现，城市绿色发展指数排名与所在省份的绿色发展指数排名不尽相同，在西部省份表现的尤为突出，比较明显的例子是青海省和西宁市。在绿色发展指数中，青海省排在第 3 位，而西宁市则排在参评城市的末位。虽然省区测算体系和城市测算体系在指标选择和权重分配上都不尽相同，但西宁与青海在绿色发展指数排序中的差异还是反映了“点”与“面”的不同。显然，整体好，并不代表其局部表现也优秀；同样，局部好，整体也可能差点。青海省因其丰富的资源储量为其绿色发展奠定了难得的自然基础，但青海省同时也是生态极为脆弱的地区。省区的丰富资源并不代表所辖城市在资源环境承载潜力上具有明显优势。西宁作为全省有限的重要工业区之一，在妥善地处理好经济发展与节约资源保护环境的关系上，负有特别重大的责任。

第三，政府在绿色发展中的支持行动越来越多，但支持的力度和方向仍存在明显差别。虽在环境治理上差异不大，但在基础设施的完善程度和城市管理水平上差异明显。各省区如何加大环境保护支出和绿色产业投资力度，强化环境污染治理的成效，完善经济绿色发展的政府职能，还是要不断探索与解决的。

需要说明的是，绿色发展指数排名靠前的省份或城市并不代表在绿色发展中没有不足，同样，排名靠后的省份或城市也具备自身的绿色发展优势。在未来的发展中，扬长避短，实现经济与资源、环境的均衡发展，是长期的战略任务。在“十二五”期间，节能减排和经济发展方式的转变仍将是各地区工作的重点，这是经济绿色发展的强有力的保障。

>>五、本报告的框架结构及分析重点<<

《2011 中国绿色发展指数报告——区域比较》由五个部分组成：序、专家评议、总论、五大篇(15 章、31 个专栏、11 个专题)和附录。各部分围绕绿色发展这一主题，以“十一五”期间中国绿色发展总结和“十二五”期间中国绿色发展展望为主线，从中国绿色发展取得的成就、存在的问题、绿色发展区域比较以及未来绿色发展的机遇与挑战等多个方面，全面地阐释了近年来中国绿色发展的情况。

国家统计局局长马建堂欣然为本报告作序，是对绿色发展指数研究的方向性肯定，给予了本项目研究有力的鼓舞。北京师范大学校长钟秉林一如既往支持本课题的研究，增强了我们文理合作、共同攻关的信心。西南财经大学校长赵德武不仅为本报告做序，还承诺再次亲临发布会以示坚决的支持。相信他们的期待不会落空。

与《2010 中国绿色发展指数年度报告——省际比较》一样，为保证本报告的科学性和客观性，课题组继续聘请了 30 位资深专家为本报告进行专业评审。他们的热情肯定与具体建议，使我们再次受益。专家们的评审意见将编辑为“专家评议”，置于报告之前，并在下次报告中充分吸收。

总论作为本报告的大纲，介绍了 2010 中国绿色发展年度报告的社会影响，分析了近两年国内外绿色发展新动向，重点介绍了 2011 中国绿色发展指数省际指标的完善和城市指标体系的构建，展示了测算排序结果，并提出了进一步发展绿色经济的思考。

报告的主体内容为“五大篇”，增加的第五篇是反馈与交流篇。

前三篇与三个一级指标(经济增长绿化度、资源与环境承载潜力和政府政策支持度)相对应，每篇 5 章，共计 15 章。各篇第一章为总领章，中间三章与二级指标相对应，多角度反映中国绿色发展的特色。最后一章为测算章，介绍该篇指标测算具体情况，并展示了各省和城市的绿色发展各级指标的排名。

本报告前三篇中还包含了从全国 31 省(区、市)选取的 31 个先进典型案例，作为对应于主题的专栏，分布到各章中。其中，有些专栏是地方政府或地方院校提供的，如专栏 2-1“四川雅安：建设长江上游‘生态屏障’，青山变成林农‘绿色银行’”，由四川省雅安市宣传部提供；专栏 3-4“柴达木循环经济试验区建设进展”，由青海省生态环境保护研究指导中心提供；专栏 7-3“山西省右玉县开展生态建设，打造塞上绿洲的成功实践”，由山西省政府办公室提供；专栏 8-3“湖南省汨罗市——壮大循环经济，发展绿色产业”，由湖南商学院提供；专栏 12-2“‘东海绿洲’福建省东山县”，由福建省东山县国家可持续发展实验区办公室提供。今后，我们将继续加强与各地的联系。

第四篇为本报告的专题篇，包含了全书的 11 个专题。这 11 个专题都是对中国绿色发展指数的进一步论述与阐释。如“中国食品安全困局及出路”、“绿色发展的人本意义”等，从时下热议的食品安全、绿色人力资源等角度谈了中国的绿色发展路径；“推动绿色经济背景下的核电”一文，则从日本地震引发的核辐射分析了发展核电的安全性问题；“战略性新兴产业引领绿色发展”、“环境统计发展与改革探索”等专题，从科技与体制助力绿色发展展开论述；“‘十二五’时期我国绿色金融发展展望”、“构建中国绿色金融体系的基本框架”等，从绿色金融的角度谈绿色增长；“道家思想与绿色发展”则是从历史的角度看中国的绿色演变。各位专家学者多视角、多论点的绿色发展观念，极具学术价值与实践意义，丰富了绿色发展的研究思路。

第五篇是反馈与交流篇。这是2011年报告新增加的内容。我们认为，在比较各省区和大城市绿色发展的同时，听取省、市的意见是非常重要的。我们工作中的不足，通过交流可以克服；省、市理解上的误区，通过交流可能消除。只要我们有诚意，工作认真，省、市就会支持和理解我们的，这点在2010年报告发布后就得到充分的证实。本次“反馈与交流篇”中全文收录了青海省环保厅对2010年报告的肯定、质疑与建议，非常有价值，故没做任何改动全文登出。我们希望今后不断有省市的反馈意见，与我们以及与广大读者交流。只要能促进各地绿色经济发展，即使有尖锐的批评，我们也闻过则喜，并力求改进与完善。

全书的最后为“附录”。“附录一”是对中国绿色发展指数测度指标体系的介绍，摘自去年报告的总论部分。因为今年总论没再重复介绍指标体系的编制，可能会有不少读者不了解测度体系是如何形成的，指标是如何选定的。“附录二”是对中国绿色发展指数省际部分60个指标的定义及数据来源的解释。“附录三”是对中国绿色发展指数城市部分43个指标的定义及数据来源的解释。

在国家新的五年计划开篇之际，本报告从绿色发展的角度出发，探索与寻求绿色发展路径，力求全面、客观、科学地反映中国各省（区、市）及重点城市的绿色发展情况，并通过绿色发展推进经济发展方式的转变。当然，我们也深知，要建设资源节约型、环境友好型社会，实现社会经济的科学、和谐发展，任重而道远。我们要不断学习，进一步提高科学研究水平，为中国乃至全球的绿色发展作出应有的贡献！

第一篇

经济的绿色增长

第一章

绿色增长：构建资源节约、环境友好的生产方式

“十二五”规划中明确将“转变方式、开创科学发展新局面”定为我国国民经济和社会发展的主旋律，并把建设资源节约、环境友好型社会作为加快转变经济发展方式的重要着力点。经济的绿色增长是建设两型社会的重中之重，是应对日趋强化的资源环境约束的必然选择。增强危机意识、大力推进节能减排、加快构建节能环保的生产方式是推动绿色增长的当务之急。完善资源性产品价格形成机制和资源环境税费制度，形成合理的价格体系是实现绿色增长的根本要求。

>>一、绿色增长是建设两型社会的重中之重<<

资源问题与环境问题日趋成为我国经济社会可持续发展的重要约束，建设资源节约型、环境友好型社会已成为加快转变经济发展方式的重要着力点。建设两型社会要求在生活和生产两个领域都更加注重节约资源与保护环境，加快构建资源节约、环境友好的生产方式，实现经济的绿色增长是建设两型社会的重中之重。

(一)中国经济社会发展中的资源环境约束日趋严峻

近年来，我国经济社会快速发展，经济持续快速增长，人民生活水平不断提高，社会各项事业取得了长足发展。但与此同时，也付出了沉重的资源、环境代价，支撑经济社会快速发展的是大量消耗水、火(能源)、土等稀缺的自然资源，是大量的环境污染物的排放，是人类赖以生存的大自然生态环境的严重破坏。观察近10年来的能源消费情况与二氧化碳排放情况两个代表性指标有助于我们直观地理解我国经济社会发展中的资源消耗与环境污染的程度(如图1-1所示)。

图1-1显示，近10年来我国能源消费一直呈现上升趋势，尤其是自2002年以来增长加快。这是因为2002年起我国进入重化工业加速发展的阶段，工业耗能大量增加(图1-1中竖立的直线表明能源消费快速增长的转折点)。自2002—2008年，我国能源消费增长率一直保持在8%以上，最高达到了16%，一度超过GDP增长率。直至2008年以后受全球金融危机的影响能源消费速度才有所下降。

另外，伴随巨量的能源消费，随之而生的排放物和废弃物也对环境造成了巨大的压力，对生态环境造成了严重威胁，进而影响人民生活质量和社会的可持续发展。由于化石能源的大量消费，我国排放的二氧化碳量呈现稳步增加的趋势。这不仅直接影响气候环境，还导致我国在

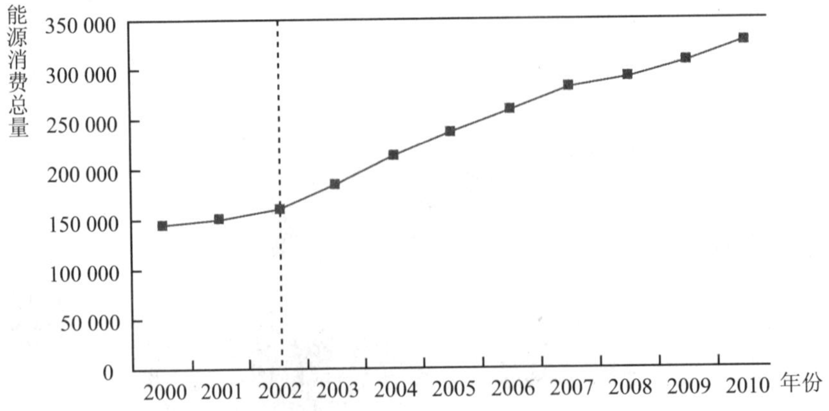

图 1-1 我国能源消费量

资料来源：数据来源于国家统计局网站(http://www.stats.gov.cn/)。

国际范围受到指责和种种限制。长远来看，二氧化碳排放的确是一个大问题，亟待解决。

大量的资源消耗与环境污染使得我国经济社会发展过程中的资源支撑力与环境承载力受到日趋严峻的挑战。仍以能源为例，根据BP2010年的统计数据，我国经济可开采的煤炭储量为1 145亿吨，石油21亿吨，天然气24 600亿立方米。而2010年国内能源生产快速发展，能源产量创下新高：原煤产量32.4亿吨，同比增长9%；原油产量2.03亿吨，首次突破2亿吨大关，增幅7.1%，为近年来最高增速；天然气产量达967.6亿立方米，同比增长13.5%。据此测算，我国煤炭、石油和天然气的储采比分别只有35、10和25，分别只有世界平均水平的29%、24%和42%(如表1-1、图1-2所示)。资源约束给我国经济社会的可持续发展提出了巨大的挑战。特别是石油，如果储量不变，即使保持现有开采规模，也只够再开采10年，能源瓶颈已近在眼前。

表 1-1 **中国与世界能源储采比**

能源种类	储量	产量	储采比	世界储采比
原煤	1 145 亿吨	32.4 亿吨	35	122
原油	21 亿吨	2.03 亿吨	10	42
天然气	24 600 亿立方米	967.6 亿立方米	25	60

资料来源：BP Statistical Review of World Energy，June 2010.

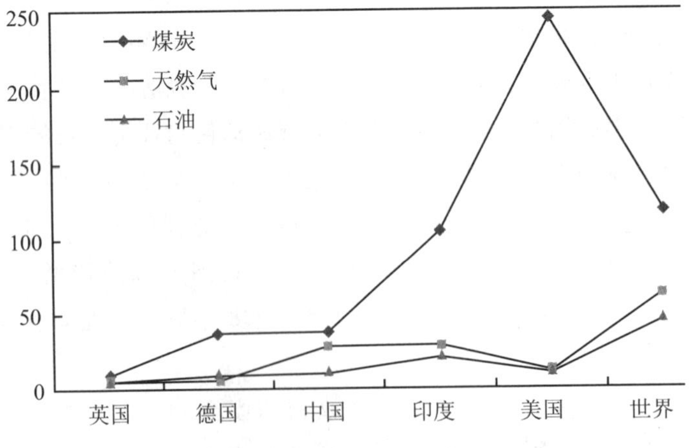

图 1-2 2009 年世界主要国家石油、天然气、煤炭储产比

资料来源：BP Statistical Review of World Energy，June 2010.

在环境方面，过去30多年里快速的经济社会发展也给环境造成了巨大的压力，大量有害气体、废水、废弃物的排放导致我国空气、水质、土壤的严重污染，生态问题突出，人民的生存环境颇为恶劣。从环保部公布的数据可知，我国空气质量不甚理想，尤其是重化工业集中及人口密集的城市，如北京、唐山等。水质下降直接影响了人民群众的安全用水，全国达到一类标准的流域仅占全部河长的4.6%，而劣V类水质占到总河长的近20%。我国1/4的居民没有清洁的饮用水，1/3的城市居民不得不呼吸污浊的空气，大量人口暴露在低质量的大气、水体和土壤环境中。近几年我国愈发严重的环境污染及生态破坏已经给人民生命财产和经济社会发展造成重大损失，不仅影响到经济进一步增长，而且威胁到人民生存。

（二）高消耗、高污染的生产方式是导致资源环境问题的核心原因

大量的资源消耗与环境污染极大地威胁了我国的资源支撑力与环境承载力，在当前，我国正处于工业化加速时期，大量的资源消耗与环境污染物的排放主要是出现在生产环节，即在创造GDP的过程中消耗了大量的资源，并导致了严重的环境污染与生态破坏。这反映了我国经济增长方式"高消耗、高污染和低效率"的粗放型特征。改革开放30余年来我国经济年均增长率高达9.9%，我国经济以其长期持续的高速增长令全球瞩目，被誉为"中国的奇迹"。但与此同时，我国经济增长的质量却日益受到质疑。特别是在经济增长过程的大量资源消耗和环境污染引起了广泛的关注。

若以能耗强度为主要指标反映我国经济增长的能源效率，即每单位GDP对应消耗的能源资源，图1-3表明我国仍然处于粗放低效的经济增长阶段，能源利用效率低，与发达国家的水平相差甚远。2009年我国能耗强度仍停留在高位，是德国的5倍多，接近日本的5倍左右，是美国的3倍。这反映了我国经济增长背后巨大的资源成本，也预示着现存经济增长方式的不可持续性，对我国经济社会带来巨大的负外部性，亟待转变。

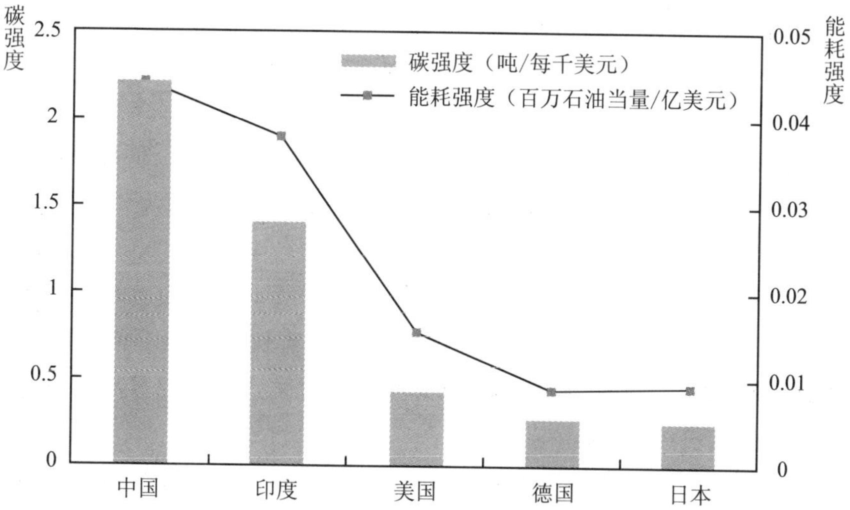

图1-3　2009年世界主要国家能耗强度与碳强度

资料来源：能耗强度来源于World Bank WDI Database，基于2005年ppp方法测算；碳强度来源于EIA，基于2005年美元价格。

每单位GDP对应的二氧化碳排放量，可作为反映我国经济增长环境代价的指标。图1-3中的碳排放指标走势表明我国现有经济增长方式排放大量的温室气体，对生态环境造成巨大压力。

这一问题已经引起各方关注。作为一个处于工业化阶段的发展中大国，我国的碳排放强度相对很高，不仅高于发达国家，也高于世界平均水平。图 1-3 中显示的差距反映了我国在追求经济增长过程中对环境的冲击，也反映了我国巨大的提升潜力。

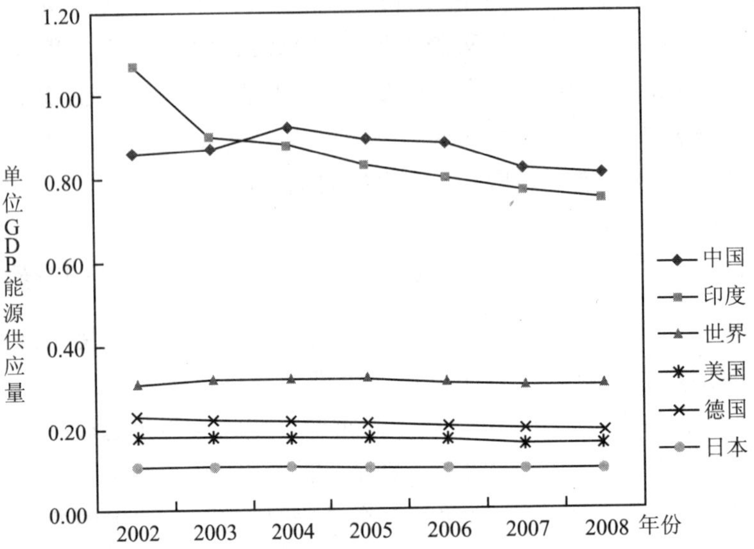

图 1-4 主要国家单位 GDP 能源供应量（吨标准油/千美元，2000 年价格）

资料来源：国家统计局：《中国能源统计年鉴 2010》，北京，中国统计出版社，2010。

能源方面的另一个指标即我国能源统计年鉴中的每单位 GDP 对应的能源供应量，也可从能源供应的角度反映我国与世界平均水平及主要国家水平的差距。从图 1-4 中可清晰看出我国与印度的每单位 GDP 能源供应量远高于世界平均水平，也远高于列举的主要发达国家，而世界平均水平又高于各发达国家。2008 年我国每单位 GDP 能源供应量是世界平均水平的 2.7 倍，美国的 4 倍多，OECD 国家和法国的 4.5 倍左右，德国的 5 倍，英国的 7 倍左右和日本的 8 倍多。

(三)构建绿色生产方式是实现绿色与增长有机统一的必然要求

面对日趋强化的资源环境约束，必须增强危机意识，树立绿色、低碳发展理念，加大节能减排的力度。但与此同时，我们同样必须意识到，我国仍是发展中国家，人均 GDP 不及世界平均水平的一半，不及发达国家 4 万美元的 1/10，在世界排名中位于 100 名左右①(2009 年按 6.8 的人民币美元汇率计算我国的人均 GDP 为 3 761 美元，不及世界平均水平的一半)。这就意味着我们仍然需要保持经济较快地增长。那么，如何处理经济增长与资源节约、环境保护的矛盾呢？出路在于转变经济增长方式，构建资源节约、环境友好的生产方式，实现经济与环境的协调发展，实现绿色与增长的有机统一。

在资源节约方面，需要：①抑制高耗能产业过快增长，突出抓好工业、建筑、交通、公共机构等领域节能，加强重点用能单位节能管理。通过完善的激励约束机制，加快推行合同能源管理和电力需求管理，完善能效标识、节能产品认证和节能产品政府强制采购制度。推广先进节能技术和产品。根据“十二五”规划，到 2015 年年底我国 GDP 的能耗强度要求比 2010 年下降

① 外交部：《我国人均 GDP 未达世界平均水平一半》，载 http://finance.ifeng.com/hk/sckx/20110215/3409279.shtml，2011-02-15。

16%。②加强水资源节约。实行最严格的水资源管理制度，加强用水总量控制与定额管理，严格水资源保护，加快制定江河流域水量分配方案，加强水权制度建设，建设节水型社会。加强城市节约用水，提高工业用水效率，促进重点用水行业节水技术改造和居民生活节水。③节约集约利用土地。坚持最严格的耕地保护制度，划定永久基本农田，建立保护补偿机制，从严控制各类建设占用耕地，落实耕地占补平衡，实行先补后占，确保耕地保有量不减少。实行最严格的节约用地制度，从严控制建设用地总规模。根据“十二五”规划，到2015年年底我国GDP的单位国内生产总值建设用地要求比2010年下降30%。

在环境保护方面，根据规划，“十二五”期间控制的主要污染物将增加至四项，同时二氧化碳排放强度也将成为约束性指标进入“十二五”环保规划。为落实减排目标责任制，强化污染物减排和治理，将增加主要污染物总量控制种类，把主要污染物由两项扩大到四项，即化学需氧量、氨氮、二氧化硫、氮氧化物。其中，化学需氧量、二氧化硫排放分别减少8%，氨氮、氮氧化物排放分别减少10%。此前，我国在环保方面只有化学需氧量和二氧化硫排放量两项约束性指标。近年来，在二氧化硫得到控制的同时，氮氧化物却超过二氧化硫成为我国主要的空气污染物。氨氮和氮氧化物的加入将使得控制范围进一步加大，有利于总量的更全面控制。另外，为了应对全球气候变暖问题，要求二氧化碳排放强度下降17%。

>>二、构建资源节约型生产方式<<

构建资源节约型的生产方式就是要在生产领域强调节约优先，提高资源使用效率，降低资源消耗强度，以最少的资源消耗获得最大的经济效益。构建资源节约型生产方式要求首先加强资源利用总量控制，避免无度、无序开发；要求理顺资源性产品价格体系，运用价格机制优化配置稀缺资源；要求大力发展循环型生产方式，提高资源的利用、再利用效率。

(一)合理控制资源利用总量，避免无度、无序开发

长期以来，我们都遵循“有水快流”的资源开发利用原则，造成了对自然资源的过度、无序开发。面对日益严峻的资源约束，我们首先加强资源的供给管理，改变自然资源无限供给的格局，合理控制资源利用总量，特别是对于不可再生的稀缺资源，要严格限制资源的投放总量。“十二五”规划中第六篇第二十二章开篇就明确提出了要“落实节约优先战略，全面实行资源利用总量控制……提升各类资源保障程度”。

在能源方面，最主要的是要控制不可再生的化石能源资源投放总量。按照我国确定的“十二五”能源总量控制目标：一次能源年消费总量控制在40亿吨标准煤。其中，煤炭年消费总量控制在40亿吨左右，净进口2亿吨；石油年消费总量控制在5亿吨左右，净进口3亿吨。因此，“十二五”期间，国内能源、资源对石油和化工行业的发展制约将会表现得越来越突出，合理控制能源消费总量是转变发展方式的关键。

在水资源方面，应加强用水总量控制与定额管理，严格水资源保护，加快制定江河流域水量分配方案，加强水权制度建设。在土地资源方面，应从严保护耕地、控制建设用地总规模，应强化规划控制。在矿产资源方面，应加强重要优势矿产保护和开采管理，完善矿产资源有偿使用制度，严格执行矿产资源规划分区管理制度，促进矿业权合理设置和勘查开发布局优化，保持矿产资源开采总量与经济社会发展水平相适应，提高矿产资源可持续供应能力。

(二)理顺资源性产品价格体系，充分发挥价格机制优化配置资源的作用

当前我国粗放低效的经济增长模式根源在于扭曲的市场价格无法传递出正确信号。资源价格过于低廉导致需求远远偏离正常水平，带来资源浪费和高耗能产业过度发展的问题。再进一步思考我国资源价格形成机制，会发现价格扭曲问题出自资源产权界定不清。我国土地、水源、矿产、能源等资源都尚未清晰界定产权，缺乏明确供需双方的市场难以有效进行价格调节，反映市场实际供需水平和资源真实价值。因此，现有价格机制无法有效反映资源的稀缺程度和成本，导致我国经济增长过多地依赖于要素投入，形成了高投入、高消耗、高污染、低效率的增长路径，导致问题不断积累以至于愈发严重，而且现有经济增长方式的边际收益递减；路径依赖又加强了价格体系的惯性，市场主体在现有情况下没有动力修正其行为，推进制度变迁。因此，构建完善的资源价格体系，使价格能够反映资源稀缺程度和价值，是建设资源节约型社会的必经之路，也是转变经济增长方式、解决资源环境问题的根本途径。

我国资源价格体系改革的大体方向是明确界定产权，理顺价格关系，坚持市场化，发挥市场在资源配置中的基础性作用，使得价格能够正确反映资源稀缺程度、市场供求关系和资源环境的外部性，促进经济增长方式的转变和产业结构的调整，为建设资源节约型社会提供有力保障。

首先应该清晰界定资源产权。只有产权明确，市场化改革才能发挥作用。“十二五”规划对此明确提出“引入市场机制，建立、健全矿业权有偿使用和交易制度。规范发展探矿权、采矿权交易市场，健全法律、法规和政策体系，促进资源环境产权有序流转和公开、公平、公正交易”。应对不同资源的各种权利归属做出明确界定，包括资源的所有权、使用权、流通权等各种权利的分配或分割；并根据资源的不同品种分别建立不同的产权体系。对于产权难以明确界定的资源，明确其公有性质，可以开放一级市场流通使用权和经营权，实现资源有偿使用；对产权能够清晰界定的资源，开放二级市场流通使用权和经营权，并培育完善资源市场体系，提高资源市场化程度，优化资源配置。通过完善资源产权制度，实现国家对资源产权的资产化管理，使所有权和经营权可分离，并以法律契约明确不同的权利义务，实现资源的有偿使用，确保国家作为所有者的权益，同时有效优化资源开发利用，促进经济社会的可持续发展。

其次要理顺价格关系，尤其是能源比价关系。调整不同能源品种之间的比价，使其维持在比较合理的水平，避免某些能源由于比价过低而出现过度需求和供需矛盾突出，即价格传递出错误信号。在“十二五”规划中明确提出“理顺天然气与可替代能源比价关系”。同时，理顺价格关系也要求实现国内外资源价格接轨。尤其是对成品油等受国际市场影响大的能源品种，应逐步调整价格向国际市场价格水平靠拢，实现国内外价格的接轨。

在前两者的基础上，坚持市场化改革，方能最大程度地发挥市场优化配置资源的作用。在放松政府管制的同时引入竞争机制，打破资源垄断经营格局，形成充分竞争的新格局。为保证市场作用的顺利发挥，需要培育、规范资源市场，制定完善运行规则，创造公平、公正、公开的氛围，形成统一、开放、有序的资源市场。“十二五”规划中明确指出要实现“按照价、税、费、租联动机制，适当提高资源税税负，完善计征方式，将重要资源产品由从量定额征收改为从价定率征收，促进资源合理开发利用”。

一旦资源价格体系发展完善，价格将开始正常发挥作用，传递市场供需和稀缺程度的信号，从而实现资源优化配置。在此基础上，为降低生产成本，各经济主体将自发采取各种方式提高资源利用效率，从根本上有了节约资源的内在动力。在这种情况下，各经济主体将主动修正行

为，遵守减量化、再利用、资源化原则，减量化优先，提高资源产出效率，大力发展循环型生产方式，建立、健全资源循环利用回收体系。只有这样激励整个社会参与转变，才能顺利实现“十二五”规划中制定的战略目标，真正实现经济增长方式的转变。

(三)大力发展循环经济，创新生产模式，提高资源综合利用效率

“十二五”规划明确指出，在未来五年，将大力推行循环型生产方式，按照循环经济要求规划、建设和改造各类产业园区，实现土地集约利用、废物交换利用、能量梯级利用、废水循环利用和污染物集中处理；推动产业循环式组合，构筑链接循环的产业体系；资源产出率提高15%。

农业方面，发展完善农业循环经济模式，构建高效联动的循环经济体系，大力推动生态农业、立体农业、绿色农业、有机农业和休闲农业等农业模式。应遵守“低开采、高利用、低排放、再利用”原则，最大限度地利用进入生产消费系统的物质和能力，提高整个系统运行的质量和效率，实现物质、能源的循环高效利用，达到农业生产与资源、环境协调发展，实现农业的可持续发展。

工业方面，通过区域规划、企业自律和政府监督形成合力，加快企业向循环型生产方式的转型，推进企业实现循环生产方式。实现工业园区内一个企业产生的废料或副产品用做另一个企业的投入或原材料，通过废物交换、循环利用、清洁生产等手段，最终实现最大限度地提高资源利用和能量转化效率以及尽量减少废物排放甚至实现零排放的目标。要实现循环经济，必然需要淘汰落后生产方式，调整产业结构，实现生产方式的创新和变革，只有这样才能实现从当前低效率高排放的生产方式到高效率低排放的循环经济模式的转变。

另外，完善的资源价格体系还能够促进建立、健全资源循环利用回收体系。“十二五”规划指示应完善再生资源回收体系，加快建设城市社区和乡村回收站点、分拣中心、集散市场“三位一体”的回收网络，推进再生资源规模化利用。加快完善再制造旧件回收体系，推进再制造产业发展。建立、健全垃圾分类回收制度，完善分类回收、密闭运输、集中处理体系，推进餐厨废弃物等垃圾资源化利用和无害化处理。

>>三、构建环境友好型生产方式<<

早在1992年联合国里约环发大会通过的《21世纪议程》中就正式提出了“环境友好的”(Environmentally Friendly)理念。20世纪90年代中后期，国际社会又提出实行环境友好土地利用和环境友好流域管理，建设环境友好城市，发展环境友好农业和环境友好建筑业等概念。2004年，日本政府在其《环境保护白皮书》中提出，要建立环境友好型社会。胡锦涛同志在2006年3月中央人口资源环境工作座谈会上首次提出了建设环境友好型社会的号召。第十六届五中全会上，中央正式将建设资源节约型和环境友好型社会确定为国民经济与社会发展中长期规划的一项战略任务。2011年发布的“十二五”规划中第六篇题为“绿色发展，建设资源节约型、环境友好型社会”，把环境友好型生产方式的构建提到一个前所未有的高度。

我国的环境问题是随着经济社会的发展逐步形成并加剧的。改革开放以来，随着经济高速发展，快速的重工业化、城镇化消耗大量资源的同时对环境造成巨大压力，经济社会发展与资源环境的矛盾日益突出。发达国家上百年工业化过程中分阶段出现的环境问题，在我国30多年

里集中出现，呈现结构型、复合型、压缩型特点。环境问题日益成为普通公众、社会舆论以及国际社会关注的热点问题，环境安全成为国家安全的重要组成部分和基本保障。在未来10年基本完成工业化、加快推进城市化过程中，污染控制和生态保护的任务更加艰巨，将面临许多新的环境问题，环境突发事故与隐患增多，由环境问题引发的社会冲突将上升和爆发。因此，协调好经济建设、社会发展与环境保护的关系是我国面临的重大历史性挑战。必须按照科学发展观要求，从根本上转变经济增长方式，走新型工业化道路，构建环境友好型生产方式，努力建设人与自然和谐的环境友好型社会。

环境友好型生产方式强调对自然生态环境的影响，强调人类必须将其生产强度控制在生态环境的承载能力范围之内，通过生态环境要素的质态变化形成对生产和消费活动进入有效调控的关键性反馈机制，特别是通过分析代谢废物流的产生和排放机理与途径，对生产和消费全过程进行有效监控，并采取多种措施降低污染产生量、实现污染无害化，最终降低社会经济系统对生态环境系统的不利影响。

在当前的情况下，为实现经济增长方式的转变，构建环境友好型生产方式，我们应该从根本上消除现存的引致污染环境危害生态行为的体制因素和制度因素，重建和完善能够激励社会主体保护环境、减少污染的社会制度，使用经济手段、政治手段、科技手段真正实现环境友好型生产方式在我国的构建和发展，实现经济增长与环境生态的和谐统一。

(一)经济手段：环境税费制度和环境产权交易机制

经济手段往往是解决问题的最好途径，能够最好地达到正向激励的作用。为构建环境友好型社会，实现经济增长方式的转变，改革完善现有的环境排污收费制度和环境税费制度，以及建立完善环境产权交易机制，将是最有效的途径。

我国现行的环境排污收费制度已有32年的历史，是我国最早提出并普遍实行的环境管理制度之一，旨在运用经济手段要求污染者承担损害环境的责任，在促进污染减排、筹集治理资金等领域发挥了重要作用。过去，我国通过排污收费制度管理保护生态环境，运用经济手段调节经济发展与生态环境的关系，要求污染者承担损害环境的成本，秉行“谁污染，谁治理”原则。30余年来，排污收费制度不断完善，为我国污染治理和减排作出了巨大贡献。1979年的《中华人民共和国环境保护法(试行)》在我国正式确立了排污收费制度。1982年国务院颁布的《征收排污费暂行办法》标志着我国排污收费制度正式建立，各省、自治区、直辖市均根据《暂行办法》制定了当地的实施办法或细则，全国形成了自上而下的征收排污费的法律、法规体系。为适应新的环境形势和污染治理要求，2003年国务院颁布了《排污费征收使用管理条例》。相应配套规章办法也随之出台，包括原国家计委、财政部、原国家环保总局、原国家经贸委联合发布的《排污费征收标准管理办法》，财政部、原国家计委、原国家环保总局联合发布的《排污费资金收缴使用管理办法》，财政部、原国家环保总局联合发布的《关于减免及缓缴排污费等有关问题的通知》。同时建立了排污收费计算机管理系统。我国排污收费主要项目是水污染物、大气污染物、固体废物和噪声，主要集中在火力发电、化工、钢铁、水泥、造纸等行业。地区分布来看，江苏、山西、山东和河北位居全国前列，都超过10亿元。

尽管排污收费制度为我国环境保护事业发挥了重要作用，但是随着经济社会发展和环境管理水平的提升，排污收费制度在执行中出现越来越多的问题，难以适应形势发展的需要，亟待变革。我国目前实行的排污收费属于欠量补偿形态，是环境税的初级阶段，调整升级是大势所趋。另外，从国家“清费立税”的改革趋势来看，“费改税”是排污收费制度改革的方向。“费改税”不仅解决了排污收费制度带来的不公平、低效率、难操作等弊端，最重要的是能够更好地保护资源环境，促进经济增长方式的转变，趋向于资源节约和环境友好。

“十二五”规划已经明确提出要“建立、健全污染者付费制度，提高排污费征收率。改革垃圾处理费征收方式，适度提高垃圾处理费标准和财政补贴水平，完善污水处理收费制度”。然而，由于收费制度本身存在种种局限，使得排污费改税成为历史的必然。应遵循税收法定、税收中性、公平与效益、专款专用、统收统支等原则进行改革，合理构建环境税费体系，增设相关的环境独立税种，并对原有税种进行“绿色化”改进，以充分发挥环境税费制度在构建环境友好型生产方式中的优势作用。在“十二五”规划中也已明确指出要“积极推进环境税费改革，选择防治任务繁重、技术标准成熟的税目开征环境保护税，逐步扩大征收范围”。

另外，我国应加快建立完善环境产权交易机制，主要包括产权界定制度、产权配置制度、产权交易(或称产权流动、流转)制度和产权保护制度四个方面。第一，应对环境产权进行清晰界定，主要是对产权体系中的诸种权利归属做出明确的界定和制度安排，包括归属的主体、份额以及对产权体系的各种权利的分割或分配。第二，应完善产权配置制度。这主要涉及各类主体的产权在特定范围内的置放、配比及组合问题(也包括中央和地方收益权的分配)。第三，应推进产权交易或流转制度的发展完善。产权交易或流转主要是指产权所有人通过一定程序的产权运作而获得产权收益。第四，加快构建产权保护制度。即对各类产权取得程序、行使的原则、方法及其保护范围等构成的法律保护体系。正是由于现行资源环境产权制度在产权界定、产权配置、产权交易和产权保护等方面存在某些缺陷，从而导致社会主体没有足够的动力激励减少排放、保护环境。2011 年发布的“十二五”规划中也明确指出要“引入市场机制，建立、健全排污权有偿使用和交易制度；发展排污权交易市场，规范排污权交易价格行为，健全法律、法规和政策体系，促进环境产权有序流转和公开、公平、公正交易”，为构建完善环境产权制度提供了战略指导和政策保障。

(二)行政手段：绿色政治制度

我国长期以来盲目追求 GDP，尤其是地方政府一直奉行高投入高增长的不科学的发展观，各级政府官员一味信奉“数字出政绩、政绩出干部”的政绩观，是导致环境问题的重要原因。各地竞相追求经济增长、政绩提高，片面崇拜 GDP，完全忽视了经济增长背后所付出的资源环境代价，导致资源的大量消耗浪费，环境的严重破坏恶化，行政管理中的观念偏差和政策失误直接导致了经济增长方式的不可持续性。因此，要构建环境友好型生产方式，实现经济增长方式的转变，在行政上转变观念、追求绿色增长已经成为必经之路和关键环节。

在行政上，应实现绿色的行政制度保障。绿色行政理念如果没有坚实的制度框架作为保障，在这个追求高速发展、竞争激烈的社会，极可能沦为一句空洞的口号。因此，当务之急是建立起一整套绿色、科学、可持续的行政制度，制度内容应包括全面协调和可持续的科学发展观、全面的政绩观和环境与经济综合决策机制三个方面，并蕴涵绿色行政文化价值观、绿色行政行为文明、绿色行政制度文明等多方面内涵，是保证建设环境友好型社会的基本制度保障。只有这些基本制度真正得以建立和落实，政府才可能进一步制定和实施绿色国民经济核算体系、绿色政绩考核制度、绿色贸易政策和绿色财税金融政策等环境友好型的管理制度和政策。只有这样，各级政府官员的内在激励得到根本上的改变，才能够保障绿色行政观念的普遍接受和真正实施，才能够从政府的层面实现追求绿色增长，构建环境友好型生产方式。

另外，绿色行政制度不仅要依靠追求绿色理念的政治家及政府，更要凭借公众的绿色力量，实行决策民主化和科学化。绿色行政中最核心的一点，就是必须为公众提供法律和行政上的保障和支持，以确保公众能够真正实施宪法赋予的权力，保护环境，保护公众的权益。应积极推进环境决策的民主化进程，包括推进环境信息公开制度与环境公益诉讼制度，实施重大环境事务公开听证制度等。

只有绿色、科学、可持续的行政理念以及相应的一整套行政制度相辅相成，才能确保政府大力推动经济增长方式的转型，构建环境友好型生产方式，实现人与自然和谐共存发展。

(三)科技手段：绿色科技

科学技术是第一生产力，是推动人类社会发展的强劲动力。绿色科技指环境友好的科学技术，立足于人与自然的和谐共存，在环境友好型生产方式的构建过程中能够发挥巨大作用。此概念源于 1992 年联合国环境发展大会通过的《21 世纪议程》。1997 年联合国教科文组织(UNESCO)进一步指出："没有科技就没有可持续发展。"绿色科技指能够把保护环境、改善生态与提高效率、发展经济统一起来的全新技术经济模式，在推动可持续发展方面重要性愈发突出，日益引起关注，已经在全球范围内形成一股强劲的绿色科技——可持续发展潮流。

绿色科技有三个层次：第一，污染防治技术，主要是传统的末端污染控制技术，如废水、废气、废物的净化处理技术等；第二，环境友好技术，主要指在生产、流通和消费的各个环节中，可以提高资源能源效率、减少污染物排放的技术，包括清洁生产、资源综合利用和再生技术等；第三，生态保护技术，主要指能够促进生态环境改善、维护生态平衡、提高生态服务功能的技术，包括生态修复、水土保持、生物多样性保护、生态景观建设等技术。国际上把直接以保护生态环境为目的的技术称为"深绿色技术"，包括专门处理环境污染问题的技术、工业废水和城市污水处理工艺、烟气除尘脱硫装置等；而把以间接保护生态环境为目标的，同时又具有多重目的的技术称为"淡绿色技术"，包括提高产品质量、降低废品率、减少废料和废弃物的产生，以及降低能耗等技术。

其中，清洁煤的技术尤其值得关注，这对我国这样一个富煤、贫油、贫气的发展中大国有着重大意义。清洁煤技术是指在开发利用煤炭的全过程中，能够减少污染排放和提高利用效率的加工、燃烧、转化和污染排放控制等技术的总称。主要包括直接烧煤洁净技术和煤转化为洁净燃料技术。清洁煤技术是当前国际上最先进也最主流的技术之一，能够有效改善煤炭开发利用对环境的负面影响，将对生态环境的破坏降低到最小。许多先进国家如日本、美国等都出台了一系列政策推动本国的清洁煤技术发展应用，取得了卓越成效。然而，清洁煤技术投资高、回收期长等特点导致我国企业没有足够的动力自发引入使用。在这种情况下，我国应加快开发利用清洁煤技术的步伐，有效利用国际平台，通过引入国外先进技术提高发展速度，推动清洁煤技术的广泛投入应用，发挥成效。

绿色科技的开发利用有助于构建资源消耗少、利用效率高、废弃物排放少的生产体系，使人类对自然的开发和利用能够控制在生态环境可自我更新的范围之内，真正实现经济社会与资源环境的和谐发展和可持续发展。各国政府都非常重视环境科技的研究、开发、利用和出口，并不断加大对环境保护技术研究开发的力度。我国环境友好型生产方式的构建可以以环境友好的绿色科技创新为动力，通过自主创新和国际间技术梯度转移，实现绿色科技大规模投入生产使用，加快推动我国经济增长方式的转变。

当然，构建环境友好型生产方式不是一朝一夕就可以实现的，需要的是持之以恒、坚持不懈的努力。我们相信，通过综合使用经济手段、政治手段和科技手段，在未来一定时间内，我们能够逐步构建发展环境友好型生产方式，成功实现经济增长方式转变的战略目标，保障经济社会的可持续发展。

>>参考文献<<

[1] 中华人民共和国国民经济和社会发展第十二个五年规划纲要.

[2] 国家发展改革委经济体制改革动态跟踪课题组. 进一步深化资源价格改革的政策建议——2009 年资源价格改革跟踪研究[J]. 我国经贸导刊，2011(11)：13-15.

[3] 冷淑莲，冷崇总. 转变经济发展方式面临的资源价格问题和对策研究[J]. 价格月刊，2010(7)：1-10.

[4] 环境保护部环境监察局. 我国排污收费制度 30 年回顾及经验启示[J]. 环境保护，2009(20)：13-16.

[5] 梁丽. 我国开征环境税：源起、机理与模式[J]. 财经问题研究，2010(9)：83-87.

[6] 潘岳. 我国环境问题的根源是我们扭曲的发展观[J]. 环境保护，2005(6)：9-10.

[7] 方世南. 环境友好型社会呼唤绿色政治文明[J]. 江苏行政学院学报，2006(4)：75-79.

[8] 董险峰. 环境科技可持续发展的国际比较与我国对策[J]. 北京大学学报(哲学社会科学版)，2000(3)：28-33.

[9] 李鸣. 绿色科技：生态文明建设的技术支撑[J]. 前沿，2010(19)：155-158.

[10] 胡军平. 推广清洁煤技术保障能源与经济安全[J]. 我国经贸，2010(11)：30-31.

第二章
第一产业的绿色增长

第一产业一直是中国国民经济和社会发展的基础，是中国构建社会主义和谐社会、建设社会主义新农村的重要保障。进入 21 世纪以来，中国的第一产业面临着耕地减少、农地污染、农产品安全堪忧等严重问题，直接威胁着中国经济和社会的可持续发展。为摆脱这些困境，党中央、国务院先后制定了多项政策、采取了多项措施，为实现第一产业的绿色发展做出了巨大努力。

本章从绿色发展的角度出发，试图分析和评价中国以“绿色增长”方式破解第一产业面临的难题的种种努力和尝试，并在总结“十一五”期间中国第一产业绿色增长经验教训的基础上，为“十二五”时期中国更好地推进第一产业的可持续发展提出了我们的初步想法与相关政策建议。

>>一、“十一五”第一产业绿色增长的特点及存在的问题<<

“十一五”期间，在党中央、国务院的高度重视下，在地方政府的全面配合下，在广大人民群众的积极参与下，中国在巨大的资源、人口、环境压力中积极探索第一产业的绿色增长，艰苦努力，成果丰硕。但与此同时，由于中国严峻的社会形势及复杂的“三农”问题，中国第一产业的绿色增长还存在着一定的问题，需要在下一阶段的发展中予以解决。

(一)中国第一产业绿色增长的主要特点

中国历来把第一产业的发展放在政府工作的首位。2004—2011 年，党中央、国务院连续八年发布以“三农”为主题的中央一号文件，强调农业的增长、农村的发展和农民的增收。在这样的背景下，中国第一产业资源利用效率逐步提高，环境污染影响逐年降低，生态系统建设取得重大进展，科技研发与创新成果显著，较好地支撑了中国第一产业的绿色发展。

1. 第一产业资源利用效率逐步提高

提高资源的利用效率，是建设资源节约型社会的重要任务，也是第一产业绿色增长的目标之一。“十一五”期间，在农业科技不断取得重大进步的情况下，中国单位土地面积产量的增长，极大地改善了第一产业对土地资源的使用效率。一方面，农业科技的推广与普及，使农民能够更多地利用科学技术来提高农业生产产量；另一方面，农作物品种的改良，也使得农产品质量有了很大提高。此外，农业耕作方式的改变，也较大地提高了土地资源的利用效率。2005—2009 年，中国主要农产品单位面积产量情况如表 2-1 所示。

表 2-1　　“十一五”中国主要农产品单位面积产量　　单位：公斤/公顷

年份＼农作物	谷物	棉花	花生	油菜籽	烤烟
2005	5 225	1 129	3 076	1 793	1 956
2006	5 310	1 295	3 254	1 833	2 072
2007	5 320	1 286	3 302	1 874	2 044
2008	5 548	1 302	3 365	1 835	2 133
2009	5 447	1 288	3 361	1 877	2 224

资料来源：国家统计局：《中国统计年鉴 2010》，北京，中国统计出版社，2010。

由表 2-1 可知，2005 年的谷物单产为每公顷 5 225 公斤，2009 年提高到了每公顷 5 447 公斤，每公顷产量提高了 222 公斤；棉花单产由 2005 年的 1 129 公斤/公顷提高到了 2009 年的 1 288公斤/公顷，增长了 14.08%；每公顷花生、油菜籽和烤烟的产量分别提高了 285 公斤、84 公斤和 268 公斤，2009 年与“十五”末年的 2005 年相比，单位土地面积的年产量分别增长了 9.27%、4.68%和 13.70%。

除了土地资源的利用效率有所提高外，“十一五”期间水资源的利用效率也有了较大改善。2005 年，中国节水灌溉面积为 2 133.8 万公顷，经过几年的农田水利基本建设加上农业节约用水的普及，到 2009 年，中国节水灌溉面积合计达到了 2 575.5 万公顷，4 年间全国新增节水灌溉农地 441.7 万公顷，增长了 20.70%①。同时，节灌率也由 2005 年的 38.78%上升到了 2009 年的 43.46%，提高了 4.68 个百分点。②

2. 第一产业环境污染影响逐年降低

第一产业的环境污染主要是指农业生产过程中农药、化肥、地膜造成的农业化工污染和畜禽养殖业造成的面源污染。前者由于化肥、农药等的施用过量，使它们无法被植物、土地等吸收和降解，时间一长，降低土壤肥力，导致水土流失。后者由于畜禽养殖产生的大量粪便、尿液等无法及时处理，既会使河流、湖泊等出现富营养化，引发水体有机污染，也会对农民的生活环境产生不利的影响，引发各种疾病。“十一五”期间，中国加强了对第一产业环境污染的治理与普查，成效显著。

2006 年 2 月，《中共中央国务院关于推进社会主义新农村建设的若干意见》(即 2006 年中央一号文件)提出，要保护和改善农村环境，提高农民生活质量和健康水平。2007 年 1 月，环境保护部、发改委、农业部等联合颁布《关于加强农村环境保护工作的意见》，明确了“十一五”期间中国农村环境保护的指导思想、基本原则和主要目标。2009 年 12 月，环境保护部颁布了《全国农村环境监测工作指导意见》，加强对农村环境的监测工作。

同时，为规范农药、化肥等的使用，减少农业化工产品对第一产业的污染，农业部、环境保护部等于 2007 年到 2010 年先后颁布了《农药管理条例实施办法》、《农药限制使用管理规定》、《农业部关于进一步加强农药管理工作的意见》、《农药使用环境安全技术导则》等多个规章条例，从各个方面降低农药等对环境的危害。为规范中国畜禽养殖业，控制畜禽养殖业造成的面源污染，农业部还先后出台了《农业部关于加强畜禽养殖管理的通知》、《农业部关于加快推进畜禽标

① 水利部：《中国水利统计年鉴 2010》，北京，中国水利水电出版社，2010。

② 根据水利部编《2010 中国水利统计年鉴》数据测算。

准化规模养殖的意见》，加强对畜禽养殖业的专业化管理。

经过一系列政策措施，"十一五"期间中国第一产业环境污染的影响逐渐降低。2005 年，中国每亿元第一产业增加值消耗的化肥为 2 125.88 吨，到 2009 年这一数值降低为 1 534.04 吨，4 年间下降了 27.83%；每亿元第一产业增加值消耗的农药从 2005 年的 65.12 吨降低到 2009 年的 48.51 吨，减少了 16.61 吨；每亿元第一产业增加值消耗的地膜 2005 年为 42.79 吨，2009 年为 32.02 吨，降幅高达 25.18 个百分点。① 畜禽养殖业造成的面源污染也得到有效控制，对农村环境的影响有所降低。

3. 第一产业生态系统建设取得重大进展

"十一五"期间，中国第一产业生态系统建设取得重大进展。经过多年的努力，生态系统建设呈现以林业生态系统为重点，草原、湿地和渔业生态系统为主体，生物多样性保护全面协调推进的局面。

首先，林业生态系统建设进一步加强。据第七次中国森林资源清查结果显示，中国林地面积已达 30 590.41 万公顷，森林面积达到 19 545 万公顷，森林覆盖率为 20.36%，活立木总蓄积量 149.13 亿立方米，森林蓄积量 137.21 亿立方米。到 2009 年，全国造林总面积达到 6 262 330 公顷，较上年同比增长 17%；其中林业重点工程造林面积达到 4 596 244 公顷，占总造林面积的 73.40%。

其次，草原、湿地和渔业生态系统保护成效明显。2008 年，全国天然草原鲜草总产量 94 715.5 万吨，折合干草约 29 626.8 万吨，载畜能力达到 23 178 万个羊单位；重点草原牲畜超载过牧率为 32%，同比下降 1 个百分点。全国建立湿地自然保护区 550 多处，建立国际重要湿地 36 处，国家湿地公园 38 处，49%的自然湿地得到有效保护。全国渔业生态环境监测对渤海、东海、南海、长江流域、黄河流域等 105 个重要渔业水域进行监测，涉及水域面积达到 31 980 千公顷。②

此外，生物多样性保护效果显著。到 2008 年，全国自然保护区为 2 538 个，相比"十五"每年增加 189 个；涉及面积达 14 894.3 万公顷，占辖区面积的比重为 15.1%，比 2005 年增加 0.1 个百分点；90%以上的陆地生态系统类型、生物多样性得到有效保护。③

专栏 2-1　四川雅安：建设长江上游"生态屏障"，青山变成林农"绿色银行"

十年来，快速发展的雅安林业，实现了生态建设与产业发展并举，为雅安的生态立市之路铺就了坚实基础。从退耕还林到天保工程，从野生动植物保护再到林业产业发展，雅安森林覆盖率跃居全省第一，全市七成以上的农民直接从退耕还林政策中受益，"砍树人"变成了"种树人"，青山变成了林农的"绿色银行"，以大熊猫为代表的野生动物得到了最好的保护，雅安林业产业正在从传统林业向现代林业转变。

2000 年，雅安全面启动退耕还林，至此，雅安的生态建设全面拉开了大幕。在退耕还林工程中，雅安的生态建设快速推进，广大群众的积极性被调动起来。据统计显示，截至 2009 年年底，雅安退耕还林工程共计投入国家、市级建设资金 21.93 亿元，完成退耕还林任务 94.27 万

① 根据国家统计局《中国统计年鉴 2006—2010》和国家统计局、环境保护部《中国环境统计年鉴 2006—2010》数据测算。

② 农业部：《中国农业年鉴 2010》，北京，中国农业出版社，2010。

③ 国家统计局：《中国统计年鉴 2006—2010》，北京，中国统计出版社，2006—2010。

亩，新增有林地面积约280万亩。

与此同时，2000年雅安正式实施天然林保护工程(以下简称为天保工程)，全面停止了天然林商品性采伐。按照“严管林、慎用钱、质为先”的要求，在天保工程实施的10年间，雅安率先制定了“天保工程管理流程图”，对工程实行“流程管理”，创新森林管护制度，全面完成各项工程建设任务，率先实现了建设长江上游生态屏障的目标，得到了国家核查组的高度肯定。1998—2010年，国家投入工程资金62 851.6万元，全市有林地面积增加142万亩，森林总蓄积增加1 943万立方米。

十年来，退耕还林和天保工程等生态建设给雅安生态带来了显著的改变：雅安的森林覆盖率从43%提高到61%，水土流失量减少32%以上，空气质量达到国家一级标准，水质达到国家二类标准；枯水期水电发电量增加1成以上……雅安在全面完成国家下达的各项建设任务的同时，取得了良好的生态、经济和社会效益，使长江上游的生态屏障初步建成。

雅安退耕还林和天保工程等生态建设，也得到了党和国家领导人的高度赞赏。2001年6月，朱镕基到雅安视察时指出：“生态就是你们的资源，就是你们的摇钱树，就是你们的生命线。”同时，对雅安的退耕还林等工程表示肯定：“雅安的退耕还林还草工作搞得很好、很扎实。”2002年5月19日，江泽民视察雅安时赞赏地说：“雅安的生态真好，要加大宣传。”

随着退耕还林、天保工程等工程的深入实施，深刻改变了农户广种薄收的耕种传统，大批农民从单一的农耕劳动中解放出来，逐步转向养殖、加工、劳务输出等行业，促进了农村经济社会结构的巨大变化，拓宽了农民增收致富的渠道，促进了农民持续增收。目前，全市已形成了多个林竹专业村，农民收入的主要来源依靠林竹产业。

雅安的生态建设，得到了林农、龙头企业、社会各界人士、新闻媒体的认可。站在雅安的森林公园中，游客毫不吝啬地坦言，来这里就是冲着这满眼的青山绿水。生态建设已为雅安成功竞选“中国优秀旅游城市”、“中国十佳魅力城市”、“中国低碳先锋城市”等荣誉作出了突出贡献。

十年来，雅安林业逐步从传统林业向现代林业转变，蓬勃发展的雅安林业产业，让林农增收致富，让龙头企业发展壮大、喜笑颜开。如今，雅安正奋力推进林业资源大市向生态经济强市的跨越。

资料来源：

本文由四川省雅安市宣传部研究人员提供.

4. 第一产业科技研发与创新成果显著

为全力推动第一产业的绿色发展，促进现代农业技术体系的建设，“十一五”期间，农业部、科技部加快了对第一产业的科技研发与创新，在农林高效生产、生态环境建设、先进农机装备及物资研究推广等方面取得了较大进展，成果丰硕。

农林高效生产方面，通过开展农作物种子创新利用研究，选育出了一批优质、高效、多抗的农作物及林果新品种，使中国农作物种子生产技术水平得到较大幅度提升；继续推广实施粮食丰产科技工程，在全国范围内集成创新了一批具有区域特色的丰产技术模式；采取高新技术与传统技术相结合的方法，培育出多个具有自主知识产权的畜禽新品系；筛选出多种抗旱、耐盐的优秀林木品种，建立了沙地植被快速恢复、草场恢复、湖库防沙等技术体系。①

① 科学技术部：《中国科学技术发展报告2006—2009》，北京，科学技术文献出版社，2006—2009。

生态环境建设方面，针对不同区域耕地类型，开展了耕地地力提升及耕地退化修复等研究，改善了耕地利用的可持续性；大力推广适合中国农业发展的免耕、少耕等先进农业耕作技术，使保护性耕作的社会、生态和经济效益得到体现；创新设计了环境友好型农作制度，提出了节水、省肥的农业种植模式；加强对农业清洁能源的开发利用，减少了传统能源污染物的排放；研究推广农村污染治理技术，着力解决农村环境问题。

先进农机装备及物资研究推广方面，开发制造一批高技术含量的农机装备，提高了第一产业劳动生产力；大力普及作物的机械化耕作模式，增强农业机械化作业水平；研发生产多套高效农药化肥施作装置，降低了农业化工产品的污染；攻克高效农药、肥料创制技术难题，提升了中国农业资源的利用效率。①

经过多年的投入与建设，“十一五”期间，中国第一产业共申请专利 32 605 项，占专利总申请量的 2.11％；专利授权量 16 478 项，占专利授权量的 2.01％；产生重大科技成果 20 539 项，占全国重大科技成果数量的 14.42％；获得国家科技进步奖 129 项，国家发明奖 17 项。同时，2006—2009 年，国家农业科技成果转化资金共立项 2 010 项，带动中央、地方和企业等投入转化资金超过 60 亿元，极大地促进了农业科技成果转化。②

专栏 2-2　陕西杨凌：农业科技成就中国“绿色硅谷”

杨凌地处陕西省关中平原中部，总面积 135 平方千米，是中国农业高新技术产业示范区。据《史记·周本纪》记载，“农师”后稷在 4 000 多年前就在杨凌一带“教民稼穑，树艺五谷”，开创了中华农耕文明的先河。从 1934 年至今，杨凌便聚集了大学、研究院所等 10 多家农业科教单位，吸引了农林水等 70 多个学科近 5 000 名农业科教专门人才，被誉为“农科城”，是中国农业高新技术产业的“绿色硅谷”。

杨凌“绿色硅谷”主要体现在农业科技研发、农业科技成果转化和农业技术产业示范与推广等方面，其高新技术产业模式不仅代表了中国干旱和半干旱地区农业的发展水平和方向，也是中国农业实现绿色增长的重要途径之一。

农业科技研究成果方面，“十一五”时期，杨凌累计农业科技成果和专利申报量达 1 500 件，其中发明专利授权量为 456 件，通过审(认)定动植物新品种 107 个。多项农业科技成果居国际和国内领先水平，2008 年仅西北农林科技大学就有 7 项科技成果处于世界前列，2 项成果国内领先，3 项成果获得国家科学技术进步二等奖。到 2010 年，杨凌由国家鉴定通过的农业科技成果有 14 项，审定农作物新品种 28 个，申报专利 457 件，其中发明专利 259 件。杨凌强大的农业技术研发能力为我国农业的绿色增长提供了坚实的科技支持。

立足强大的农业科研实力，杨凌积极推进农业技术成果转化，2010 年农技转化率高达 40％。“十二五”时期，杨凌示范区拟继续做好农业科技成果转化投入和转化渠道建设工作，积极创新转化方式，预计在未来五年将转化率提高到 60％以上。

杨凌示范区“科研＋成果转化＋产业示范＋农技推广”的模式，较好地促进了农业技术产业化及其示范推广，增加了农业科技在农业生产中的分量。杨凌“十一五”时期建成 100 平方千米的现代农业示范园区，展示了国内外新优品种 17 类 4 000 多个，形成了农作物良种、蔬菜、经济林果等一大批高新技术农业产业和产业链。杨凌示范区已经累计在全国 16 个省区建设示范推

① 科学技术部：《中国科学技术发展报告 2006—2009》，北京，科学技术文献出版社，2006—2009。

② 国家统计局、科学技术部：《中国科技统计年鉴 2006—2010》，北京，中国统计出版社，2006—2010。

广基地 163 个、专家大院 37 个，示范推广总面积 2 530 万亩，年科技示范推广效益达 69.5 亿元，有效地实现了农民的增收和农业的增产。

此外，杨凌示范区还积极在有机肥、生态农业循环产业体系、农牧废弃物综合处理、生态膜及新型薄膜等方面加大科研力度，以降低农业生产的化工污染，保证第一产业食品安全，为我国农业的绿色增长作出更大的贡献。

杨凌立足于农业科技创新和农业高技术产业示范推广的农业发展模式，是农业绿色发展的典范。示范区巨大的辐射作用提高了我国干旱半干旱地区的农业生产效率，提升了科技对农业生产的贡献率，有利于实现我国农业的绿色发展。

资料来源：

[1] 杨凌示范区公众信息网，http://www. ylagri. gov. cn/zjyl/introyl. htm? wbviewid=183.

[2] 杨凌农业高新技术产业示范区“十二五”发展规划纲要，http://www. ylagri. gov. cn/_info/zwgk/zwgkcont_27440. htm.

[3] 西北农林科技大学门户网站，http://www. nwsuaf. edu. cn/nwsuaf/export/sites/nwsuaf/column/kxyj/index. html.

[4] 2010 年杨凌示范区国民经济和社会发展统计公报，http://www. sei. gov. cn/ShowArticle. asp? ArticleID=212062.

(二)中国第一产业绿色增长存在的主要问题

中国政府高度重视第一产业的绿色发展，在多年的理论研究与实践探索中，取得了较为瞩目的成绩。但我们更应该理性地认识到，这一领域仍然有许多工作需要进行改善，以进一步促进中国第一产业的绿色增长。

1. 第一产业污染形势依旧比较严峻

“十一五”期间，虽然中国制定了一系列政策措施使第一产业对环境的污染逐年降低，但与美国、英国、日本等国家相比，中国第一产业污染的形势依旧比较严峻，对环境的负面影响仍然比较大。据世界银行世界发展指标的统计数据显示，2008 年，中国每公顷耕地消费的化肥为 46.80 千克，而同期世界的平均水平只有 11.77 千克，中国的消费量是世界平均水平的 3.98 倍。美国同期每公顷耕地消费的化肥为 10.31 千克，是中国平均消费量的 22.03%。加拿大、阿根廷等世界农业大国 2008 年每公顷化肥消费量分别只有 5.69 千克和 3.88 千克，远低于世界平均水平，分别仅占中国消费量的 12.16%和 8.29%。中国应该加强第一产业污染的防治工作，缩小与世界农业发达国家的差距，进一步提高第一产业的环境友好程度。

2. 第一产业生产力水平有待提高

中国第一产业生产力水平不高，主要体现在农业生产率和农业机械化程度较低两个方面。以 2000 年美元价格计算，“十一五”期间，中国每单位劳动力创造的农业增加值为 459 美元，而这一时间段世界的平均水平为 959 美元，中国农业生产率不到世界平均水平的一半。从国际比较来看，2005—2009 年，美国、加拿大、英国、日本、韩国每单位劳动力创造的年均农业增加值分别为 45 015 美元、46 138 美元、28 065 美元、39 368 美元和 14 501 美元，远远高于同期中国的水平。在农业机械化程度方面，“十一五”期间中国每 100 平方千米耕地拥有的拖拉机数量为 124.3 台，低于同期世界平均水平的 198.7 台。而美国、法国、韩国这一指标的数据分别为

258.9台、624.7台和1 458.2台，均大大高于中国同期的平均水平。[①]

3. 第一产业产品质量问题急需解决

近年来，中国接连发生三聚氰胺牛奶、猪肉精、地沟油、有色馒头等食品安全事件，严重影响中国第一产业形象，不利于中国第一产业的绿色增长。2008年9月，中国多个奶制品企业被查出其产品中添加了对人类身体健康有害的三聚氰胺等化学物质，致使全国1万多名婴儿入院，4名患儿死亡。整个奶制品行业因此受到极大影响，其产品质量问题受到全国人民的质疑。2011年3月，中国最大的肉制品企业被发现其产品中含有国家明令禁止的瘦肉精，长期食用此类肉制品会导致人头晕、乏力、心悸、心律失常等，对人体健康极为不利。这些事件与该企业长期标榜的"消费者的健康和安全高于一切"理念相违背，引发了消费者对肉制品的恐慌，造成消费者对整个行业食品安全的失信。

专栏2-3　河南新野：粮食主产区的绿色农产品

新野县位于河南省西南部，南襄盆地中心，号称"百里平川"，总面积1 062平方千米，总人口78万人。新野是典型的平原农业县，被称为全国优质棉生产基地县、无公害蔬菜生产基地示范县、绿色畜产品生产基地示范县和优化经济发展环境优秀县。

近年来，新野县以建设绿色农产品基地、打造生态绿色品牌、延伸绿色农业生产链等为农业基本策略，通过企业与农户合作的发展模式，大力推进农业标准化生产，发展绿色农业和生态农业，力图创建生态优良、产品安全的绿色农业大县。

一方面，新野县积极实施蔬菜产业园区建设，加强农产品质量安全监管，力争将新野打造成"绿城"。2010年新野蔬菜常年种植面积为44万亩，其中无公害蔬菜20.6万亩。新野县建成8万亩的蔬菜产业科技园区，其中18个蔬菜品种获农业部无公害农产品认证。绿色的发展战略大大提高了新野蔬菜的无公害率，从源头提升了农产品的质量，促进了农业的绿色发展。目前，蔬菜、畜牧已经成为新野的支柱产业，全县连续多年成为"全国无公害蔬菜生产基地示范县"、"河南省绿色畜产品生产基地示范县"，并成为北京市政府的"肉菜直供基地"。

另一方面，新野县依托绿色无公害蔬菜和优质肉牛产业，积极打造绿色、生态、安全的农产品品牌，以增加农产品的附加价值。2008年新野县加大无公害、绿色农（畜）产品的认证和产地认定工作，主打新野蔬菜、皮南肉牛品牌。在严格执行行业标准和国家标准的基础上，新野实施"产业品牌战略"，先后在蔬菜、花生、牛肉等方面注册了一批产品商标。新野的农业绿色品牌建设大大提升了新野农产品的市场价值。

此外，新野县在打造绿色产业基地和绿色农业品牌的同时，积极发展绿色农业产业链。新野县在蔬菜、畜产品等领域培育了一批深加工型龙头企业，形成了"龙头企业＋基地＋农户"的产业化发展格局。2009年全县限额以上食品加工业实现销售收入达20多亿元，其中仅康师傅嘉元食品公司年加工蔬菜就达4万多亩，产值2亿元以上。

新野县以绿色农产品为出发点，大力发展绿色农业产业，并积极培育绿色农产品品牌的农业发展模式，为新野县的农业赢得了良好的声誉。其绿色农产品健康、安全、生态的品质，极

---

① 世界银行：《世界发展指标2010》，北京，中国财政经济出版社，2010。

大地提高了农产品的质量；农业绿色环保的生产方式，增加了农民的绿色意识，促进了农业的绿色增长。

资料来源：
[1] 新野县人民政府网站，http://www.xinye.gov.cn/.
[2] 河南新野：绿色农业做出大文章，http://nc.mofcom.gov.cn/news/13290810.html.
[3] 新野县政府工作报告(2006—2010年)，http://www.xinye.gov.cn.
[4] 百度百科，http://baike.baidu.com/view/144364.htm.

4. 政府对第一产业的监管亟待加强

不管是第一产业的污染问题，还是第一产业的产品安全问题，都显现出政府对第一产业监管的相对薄弱。第一产业对环境等的影响往往具有滞后性和隐蔽性，需要较长的时间才能够体现出相关危害，因此当前形势下政府和公众对相关问题的意识和重视程度不够，监管缺乏力度。同时，较之于第二产业和第三产业，第一产业的从业地点主要是在居住分散的农村地区，政府监管存在一定困难。只有认识到相关问题的严重性，加强政府的立法与监管，进一步制定相关引导、鼓励措施，才能够切实解决第一产业面临的各种问题，实现第一产业的绿色增长。

>>二、"十一五"第一产业绿色增长区域比较<<

如果说中央政府是中国第一产业绿色发展的设计者与推动者，各地方政府就是第一产业绿色增长的具体实施者。"十一五"期间，各省市为做好第一产业的绿色增长工作，大力支持第一产业的绿色发展，在劳动生产力水平、土地生产效率、农业水资源利用等方面取得了较大进步。下面，我们以中国东部、中部、西部和东北地区第一产业的绿色发展情况为基础，对这几个区域第一产业的绿色增长进行比较，并对它们的发展特点和差异做一定的分析。

(一)第一产业劳动生产率水平的区域比较

第一产业的绿色增长除了要发展"绿色"以外，还要促进"增长"。因此，劳动生产率水平(单位从业人员所创造的增加值)是判断第一产业绿色增长的一项重要指标，提高劳动生产率是中国第一产业绿色发展的方向。2006—2009年，中国各区域第一产业劳动生产率如表2-2所示。

表2-2 "十一五"中国各区域第一产业劳动生产率 单位：元/人

	第一产业劳动生产率			
	2006年	2007年	2008年	2009年
全　国	8 118	9 582	11 636	12 272
东部地区	11 455	13 223	15 774	16 808
中部地区	6 874	8 118	10 251	10 895
西部地区	5 996	7 276	8 790	8 981
东北地区	11 754	14 090	16 644	17 853

注：①第一产业劳动生产率＝第一产业增加值/第一产业就业人数；②由于统计口径的原因，2006年第一产业就业人数用2005年第一产业就业人数代替。

资料来源：根据国家统计局《中国统计年鉴2006—2010》数据测算。

“十一五”期间，中国第一产业劳动生产率呈增加趋势，且增速相当快。2006年，每一位第一产业从业人员在第一产业创造的增加值为8 118元，到2009年，这一数值增长为12 272元，4年间劳动生产率增加了4 154元/人，增长率超过50%，年均增速达到14.77%。

具体到各区域，中国东部地区、中部地区、西部地区和东北地区的劳动生产率均逐年增长，但每个区域的特点各不相同。东北地区劳动生产率水平最高，每位从业人员创造的第一产业增加值高于全国平均水平40%以上，2006—2009年劳动生产率增加了6 099元/人，增长率为51.89%，年均增速达到14.95%。东部地区第一产业劳动生产率次之，仅低于东北地区第一产业劳动生产力发展水平，但高于全国平均水平35%以上；“十一五”前4年劳动生产率增长率为46.73%，年均增速超过13个百分点。中部地区劳动生产率较低，分别仅占全国、东部地区和东北地区平均水平的85%、64%和61%左右；但4年间劳动生产率增加了4 021元/人，增长率和年均增速都达到四个区域中最高的58.50%和16.59%。西部地区劳动生产率为最低，仅为全国平均水平的73%左右，2006—2009年增长了49.78%，增速达到14.42%。

中国四个区域第一产业劳动生产率出现如此的特点，与各个区域自身的发展情况是相吻合的。东北地区是中国传统的农业大区，是中国的粮食基地，其得天独厚的自然条件和高度普及的农业机械，使该区的第一产业劳动生产率水平最高。东部地区是中国经济和科技发展水平最高的地区，利用经济和科技优势推动第一产业的发展，是该区较大的特点。中部地区和西部地区自然条件相对较差，经济和科技也较为落后，农业机械化水平不高，因此劳动生产率水平相对较低。

(二)土地生产效率的区域比较

土地生产效率反映单位土地的生产能力，是衡量一个地区土地利用和农作物生产状况的重要指标。土地生产效率越高，代表土地的单位产出和土地利用效率越高，第一产业的绿色增长就越高效；土地生产效率越低，则代表第一产业是粗放式增长，农业经营的科技和管理禀赋差，第一产业增长的“绿色”含量不足。“十一五”期间，中国及各地区土地生产效率如表2-3所示。

表2-3　　“十一五”中国各区域土地产出率　　单位：万元/千公顷

	土地产出率			
	2006年	2007年	2008年	2009年
全　国	1 371	1 607	1 795	1 930
东部地区	2 076	2 421	2 661	2 899
中部地区	1 211	1 437	1 629	1 780
西部地区	1 085	1 315	1 482	1 577
东北地区	1 092	1 193	1 340	1 372

注：土地产出率＝农业总产值/农作物播种面积。

资料来源：根据国家统计局《中国统计年鉴2006—2010》数据测算。

从全国来看，“十一五”时期中国的土地产出率逐年持续增加，由2006年的1 371万元/千公顷增至2009年的1 930万元/千公顷。不考虑价格因素，2006—2009年中国土地产出率的年均增速达12.07%，相当于每公顷土地的产值每年增加1 863元，或每亩土地产值每年增加124元。

从四大地区来看，土地的产出率也是与年俱增，这与全国平均水平连年增加的总趋势是一致的，但各地区之间土地产出率及增速在“十一五”期间有明显差异。东部地区2006年和2009年的土地产出率分别为 2 076 万元/千公顷和 2 899 万元/千公顷，在整个“十一五”时期领先全国及其他三大地区平均水平。中部和西部地区的土地产出率则相对较低，次于东部及全国平均水平。但“十一五”期间，由于中部和西部地区土地产出率的年均增速高于东部平均水平约 1.5 个百分点，因此东、中、西三个地区之间的差距在逐年缩小。东北地区在“十一五”初土地产出率低于全国及东部、中部地区平均水平，高于西部地区水平，但到 2009 年东北地区在全国四大地区的土地产出率中垫底，仅为 1 372 万元/千公顷。该区 2006—2009 年 7.9%的低年均增速，造成其与东、中、西三个地区土地产出率的差异逐渐扩大。

土地产出率东部领先、中西部追赶和东北落后的格局有其内在原因。东部地区良好的自然条件、较完备的农业基础设施和较高的经济发展水平决定了其土地产出率的领先水平。“十一五”期间中部崛起和西部大开发积极推进，中西部地区加大了农技推广和良种及其他农资的投入，土地产出率快速提高。东北地区虽然土地肥沃，是中国的商品粮基地，但是由于地广人稀，规模化经营及机械化水平高，加之气候原因导致农作物生长周期长，土地单位产值低于精耕细作且农作物生长周期较短的其他三个地区。

(三)农业水资源利用的区域比较

水是生命之源，农业的绿色增长离不开水资源的有效利用。节水是农业绿色增长的关键，农业用地的有效灌溉不仅影响到土地的肥力状况和农业生产的生态系统，还会很大程度上影响土地的产出。用有效灌溉面积占耕地总面积的比重可以考察中国农业水资源的利用情况，具体见表 2-4。

表 2-4　“十一五”中国各区域有效灌溉面积比重　单位:%

	有效灌溉面积比重			
	2006 年	2007 年	2008 年	2009 年
全　国	42.87	46.43	48.04	48.69
东部地区	62.82	67.73	70.51	70.48
中部地区	52.43	56.05	57.18	57.56
西部地区	25.26	36.37	37.97	38.75
东北地区	27.00	28.34	29.23	30.77

注：有效灌溉面积比重=有效灌溉面积/耕地总面积。

资料来源：根据国家统计局《中国统计年鉴 2006—2010》和国家统计局农村经济社会调查司《中国农村统计年鉴 2006—2010》数据测算。

表 2-4 显示，“十一五”时期，全国有效灌溉面积占耕地总面积的比重连年上升，由 2006 年的 42.87%提高到 2009 年的 48.69%，共增加了 5.82 个百分点，年均增加 1.94 个百分点。但是，与前三年相比，2009 年全国有效灌溉面积比重的增速有所放缓。

从各区域角度来看，“十一五”期间，中国四大区域的有效灌溉面积比重差异较为明显。东部地区的有效灌溉面积比重逐年上升，且远远高于其他三个地区及全国的平均水平，2006 年东部地区的有效灌溉面积比重为 62.82%，分别是中部地区的 1.20 倍、西部地区的 2.49 倍和东北地区的 2.33 倍。到 2009 年，东部地区的有效灌溉面积比重进一步提高到了 70.48%，4 年内年均提高了 2.55 个百分点，高出全国平均水平 0.61 个百分点。中部、西部和东北地区有效灌溉面积比重也于2009年分别提高到了57.56%、38.75%和30.77%，“十一五”期间年均分别增加了1.71个、4.50个和1.26个百分点。从中我们可以看出，中部地区和东北地区的有效灌溉面积比重与东部地区的差距正在拉大，而西部与东部地区的差距却在逐渐缩小。与中部和西部相比，东北地区的有效灌溉面积比重的提高速度较慢，2007年西部地区比重已经超过东北地区的比重。随着2011年中央1号文件对中国水利建设的重视，我们预计全国及各地区有效灌溉面积将快速增加，中国第一产业的绿色增长有望进一步加速。

(四)化肥、农药消耗强度的区域比较

在比较各区域第一产业的绿色增长中，评估其对环境的友好度是主要研究内容之一。目前第一产业对环境造成的污染，主要是由化肥、农药的使用所引起的农业化工污染。化肥、农药的使用量越大，对环境造成的潜在危害也就越大；使用量越少，对环境的潜在危害也相对较小。因此，第一产业发展对环境的影响可以用各区域对化肥、农药的消耗来判断。“十一五”期间，中国各区域化肥、农药消耗强度见表2-5所示。

表2-5　“十一五”中国各区域化肥、农药消耗强度　单位：吨/亿元

指标	化肥消耗强度				农药消耗强度			
年份	2006	2007	2008	2009	2006	2007	2008	2009
全国	2 002.12	1 788.23	1 552.51	1 534.04	62.13	56.81	49.55	48.51
东部地区	1 773.56	1 603.66	1 372.69	1 304.14	64.73	57.91	51.41	49.45
中部地区	2 377.94	2 142.28	1 838.54	1 825.25	83.00	75.54	65.29	63.39
西部地区	1 982.15	1 754.29	1 546.63	1 592.90	38.16	35.56	31.99	32.61
东北地区	1 908.90	1 613.58	1 431.00	1 427.30	58.34	59.93	46.98	46.00

注：化肥消耗强度＝化肥使用量/第一产业增加值；农药消耗强度＝农药使用量/第一产业增加值。

资料来源：根据国家统计局《中国统计年鉴2007—2010》，国家统计局、环境保护部《中国环境统计年鉴2007—2010》数据测算。

由表2-5可知，2006—2009年，中国化肥消耗强度和农药消耗强度都呈递减趋势，且表现出稳定下降的良好态势。2006年，中国第一产业每产生1亿元的增加值将会消耗化肥2 002.12吨，消耗农药62.13吨；2009年，这两项物资的消耗量已分别下降到了1 534.04吨和48.51吨。4年间总降幅达到20%以上，年均下降速度约为8%。

各区域对化肥和农药的消耗也是逐年降低的，但化肥消耗下降速度更快，农药消耗的下降速度相对较慢。东部地区化肥消耗强度最低，低于全国平均水平约15个百分点，2006—2009年共下降了26.47%，年均下降9.74%；东部地区的农药消耗强度位于四个区域中的第三位，略高于全国平均水平，“十一五”期间降幅和年均降速分别为23.61%和8.58%。中部地区化肥和农药的消耗强度都是最高的，分别高于全国平均水平约18%和30%，两项指标的年均下降速度都为8%，但其对环境的潜在威胁是中国四个区域中最大的。西部地区化肥消耗强度位于第三位，基本与全国平均水平相当；其农药消费量全国最低，占全国平均水平的60%左右，2009年创造1亿元第一产业增加值只消耗农药32.61吨，仅为中部地区的一半。东北地区化肥和农药消耗强度都位于第二位，2006—2009年的降幅分别达到了25.23%和21.15%，年均降速为9.24%和7.62%。

从以上分析可以看到，西部地区第一产业生产过程中更注重对环境的保护，化肥、农药等化工产品对环境的潜在威胁最小。东部和东北地区在第一产业发展过程中也较为注意绿色增长问题，对面源污染的控制较为有效。中部地区由于自然条件、农业生产技术水平等限制，需要依靠更多地使用农药、化肥等来提高农产品产量，因此对环境的潜在污染也相对较大。总的来说，较之于“十五”期间，“十一五”前四年四个区域对化肥、农药的消耗量都在逐年减少，对环境的友好程度都在逐渐上升，有效地推动了第一产业的绿色增长。

（五）小结

根据我们对劳动生产力水平、土地生产效率、农业水资源利用、化肥农药消耗强度的分析与比较，“十一五”期间中国第一产业绿色增长的整体情况是：东部地区由于拥有经济、科技等方面的强大优势，因此在全国居于领先地位；中部和西部地区在“十一五”初期发展缓慢，但随着近一两年对第一产业绿色发展的进一步重视，正在积极追赶；东北地区在前几年领先于中西部地区，近年来增长却相对缓慢，已有被中部和西部赶上的趋势。总的来说，“十一五”期间中国各区域第一产业绿色增长情况良好，在下一个五年计划中仍有较大的增长空间。

>>三、“十二五”第一产业绿色增长展望<<

《中华人民共和国国民经济和社会发展第十二个五年规划纲要》（以下简称“十二五”规划纲要）明确指出了未来五年中国农业、农村发展的基本思路和方向，并具体阐述了扩宽农民增收渠道的政策措施。“十二五”期间，中国的农业与农村发展将进入到一个新的历史阶段，第一产业的绿色增长也将面临新的历史机遇与挑战。

（一）“十二五”第一产业绿色增长的机遇

“十二五”规划纲要关于农业和农村发展的基本思路是“强农惠农，加快社会主义新农村建设”。中国进入工业化、城镇化和农业现代化同步建设和发展的新时期，以保护环境和可持续发展为主题的绿色农业面临前所未有的发展机遇。

1. “十二五”农业的绿色增长

“十二五”规划纲要在绿色农业发展、农村环境治理、新农村建设重点工程、土地和水资源节约、循环经济重点工程和食品安全等方面做出了全面部署，其中农业绿色发展的主要任务体现在表 2-6 中的各个方面。

表 2-6　“十二五”中国农业绿色增长的机遇

耕地	最严格的土地制度，2015 年耕地保有量 18.18 亿亩； 建设旱涝保收高标准农田建设工程； 农村土地整治工程，补充耕地 2 000 亩。
水	大兴农田水利建设，2015 年农业灌溉用水有效利用系数达 0.53； 开展农村饮水安全工程。
农村环境整治	治理农药、化肥和农膜等面源污染，推进畜禽养殖污染防治。
能源	实施农村沼气工程，大力发展农村作物秸秆、风能和太阳能。

续表

循环经济重点工程	支持秸秆、畜禽养殖粪污、废弃木料综合利用。
科技	2015年耕种收综合机械化水平达60%，实施现代种业工程。
战略性新兴产业	生物产业重点发展生物农业等，发展农用新型塑料。
农业结构和空间布局	“七区二十三带”农业战略格局。
食品安全	建立食品质量追溯制度。

资料来源：国家发展和改革委员会：《中华人民共和国国民经济和社会发展第十二个五年规划纲要》，北京，人民出版社，2011。

表2-6中的信息不仅反映出“十二五”期间中国农业绿色发展的政策走向，也从不同方面确定了中国“十二五”农业绿色建设的整体目标，其核心是在保证粮食安全和农民增收的前提下，通过科技进步和管理创新，促使农业生产做到节能、减排和降污，以保证生态平衡和农业的可持续发展，实现高产、优质、高效、生态、安全的农业。未来五年甚至更长的一段时间内中国将从以下几个方面实现农业的绿色生产：

大规模建设旱涝保收高标准农田，改造中低产田。目前全国耕地中约70%为中低产田，有效灌溉面积只占48.6%，旱涝保收高标准农田比重较低。“十二五”时期中国将力争新建高标准农田4亿亩，更新提质高产田1亿亩。[①]

扩大保护性耕地规模。实践证明，实施保护性耕作可降低耕作成本、增强土壤有机质含量、减轻水土侵蚀和提高土壤蓄水保墒能力。2011年全国将新增保护性耕作实施面积1 500万亩以上。[②]

加快水利改革，大兴农田水利基本建设。2011年中央1号文件指出，到2020年，基本完成大型灌区、重点中型灌区续建配套和节水改造任务。大力发展节水灌溉，推广渠道防渗、管道输水、喷灌滴灌等技术，扩大节水、抗旱设备补贴范围。积极发展旱作农业，采用地膜覆盖、深松深耕、保护性耕作等技术。“十二五”期间中国将新增农田有效灌溉面积4 000万亩。

增强科技对农业生产的贡献率。建设现代农业，推进农业技术集成化、劳动过程机械化、生产经营信息化。到2015年，中国农业生产的耕种收综合机械化水平将达到60%，水稻种植和收获的机械化水平分别将达到45%和80%，东北地区、长江中下游单季稻区率先实现水稻生产全程机械化，农业生产率水平将因此而得到进一步提升。[③] 同时，“十二五”期间，国际先进农业科学技术计划(948计划)将重点支持中国的农业生物资源、农业科研、生物种业、低碳农业、生物质能源、转基因新技术等领域的技术引进，为中国农业的绿色生产提供科技保障。

控制和减少农业面源污染。“十二五”将积极推广测土配方施肥和新型有机肥，大力实施推进秸秆还田和使用农家肥；鼓励使用生物农药和低毒、低残留农药，推进农膜的回收利用。

扩大绿色产品的种植面积。“十二五”期末，中国农产品种植面积的无公害率将达60%，无公害产品产量占到总商品量的40%，获证产品质量安全合格率稳定在98%以上；绿色食品生产

---

① 韩长赋：《“十二五”发展粮食生产基本思考》，载《求是》，2011(3)。

② 农业部农业机械化管理司：《今年将新增保护性耕作实施面积1500万亩以上》，载http://www.moa.gov.cn/zwllm/zwdt/201103/t20110318_1950205.htm，2011-03-01。

③ 农业部：《农业部确定“十二五”水稻生产机械化发展目标，力争五年内水稻机种机收水平提高20个百分点以上》，载http://www.moa.gov.cn/zwllm/zwdt/201103/t20110321_1950804.htm，2011-03-21。

检测地达到3亿亩，企业总数7 500家，产品20 000个；①；有机农业示范园100个，原料标准化基地680个，有机农产品企业2 000家，产品总数11 000个，获证产品质量安全合格率稳定在98%以上。②

2. “十二五”林业的绿色增长

“十二五”时期中国林业将积极转变发展方式，加快林业改革、全面推进现代林业建设，继续承担兴林富民和环境保护的使命。“十二五”规划纲要中规定，继续实施天然林资源保护工程和退耕还林工程，加强森林防火和病虫害防治，并勾勒出了“十二五”期间中国林业发展的主要目标与任务：森林覆盖率将由2010年的20.36%增至2015年的21.66%，5年内增加1.3%；森林蓄积量由2010年的137亿立方米增至2015年的143亿立方米，5年内增长4.38个百分点；林地保有量达到3.09亿公顷，森林植被总碳储量达84亿吨，林业总产值达到3.5万亿元。“十二五”将是中国林业绿色发展大有可为的战略机遇期(见表2-7)。

表2-7　“十二五”林业绿色发展的机遇

天然林资源保护二期工程	监护天然林资源保护工程区内的1.07亿公顷森林。
退耕还林	重要生态区或生态脆弱地区继续实施退耕还林，重点治理25度以上的坡耕地。
防护林体系建设	继续实施“三北”、沿海、长江流域、珠江流域等防护林工程。
青藏高原、黄土高原三江源保护区等	大力进行森林植被保护，防沙治沙，水土保持，涵养水源。

资料来源：国家发展和改革委员会：《中华人民共和国国民经济和社会发展第十二个五年规划纲要》，北京，人民出版社，2011。

专栏2-4　新疆策勒县沙产业：荒漠的绿色产业

策勒县位于新疆维吾尔自治区最南部，总面积31 591.63平方千米，属于典型的大陆沙漠气候。该县总人口15万人，其中农业人口13万人，是中国传统的农业经济县。境内沙漠广布、风沙肆虐、土地沙漠化严重，是受沙漠影响较为严重的地区。

多年以来，因为风沙流动，策勒县城曾三次向以南的昆仑山方向迁移。但迁移以后，脆弱的生态和恶劣的自然条件，依然较大地制约着策勒县经济和社会的发展。

为了扭转“沙进人退”的局面，从根本上改善策勒的生态环境状况，近年来，策勒县从建立固沙网、种植低矮灌木、建造人工灌木林、发展绿洲内部林和提高经济林覆盖率入手，充分利用当地自然条件，大力发展沙产业，将劣势转化为优势。

经过多年的理论研究和实践探索，策勒逐步建立起了包括林业、果林业、药用植物等在内的沙产业，其中林业主要以杨、柳、沙枣、胡杨等为主，果林业主要以核桃、石榴、杏、桃、梨、苹果等为主，药用植物主要以甘草、大芸、麻黄等为主，成效十分显著。

2008年策勒县建造合格林共28 454亩，林果业、畜牧业和高效农作物发展迅速；建成以核桃、红枣、石榴、杏四大果品为主的经济林基地17.27万亩，水果年产量达到20 404吨，比上年增长35.93%。2009年策勒县薯类播种面积达1 254亩，比去年增长242%。2010年策勒县药

① 农业部：《“十二五”我国强力推进无公害农产品和农产品地理标志发展》，载http://www.moa.gov.cn/zwllm/zwdt/201103/t20110319_1950270.htm，2011-03-19。

② 农业部：《“十二五”我国绿色食品和有机食品要完善六大体系实现三大提升》，载http://www.moa.gov.cn/zwllm/zwdt/201103/t20110321 1951404.htm，2011-03-21。

材和瓜果类种植面积分别为85亩和11 409亩，比2009年分别增长26.9%和121.1%。值得一提的是，2004—2008年策勒县人工种植红柳大芸20 850亩，到现在已有超过16 000亩产生效益，年产值约1 600万元。红柳大芸产业已经成为策勒县实现生态保护和农民增收双赢的重要产业。

此外，在沙产业蓬勃发展的同时，策勒县的治沙防沙工作成绩也较为突出，大大削弱了流沙对人类的威胁。2009年，策勒共建造完成防风林17千米，固定流沙约17万亩，使沙丘后退了7.8千米。2010年，策勒完成造林面积42 960亩，比上年增长88%。2011年，策勒在原有绿洲外围的基础上建成了以带、片、网结构，乔木、灌木、草相结合的绿洲综合防护林体系，被流沙吞噬的25 373.2亩耕地得到治理并复耕。

策勒县的沙产业不仅大大缓解了土地沙化等对生态的破坏，改善了县内的环境和气候，还提高了第一产业的经济效益。同时，沙产业在一定程度上解决了环境治理和农民增收的矛盾，实现了环境友好与经济增长的协调发展，是我国沙漠和戈壁等自然条件恶劣地区实现第一产业绿色增长的新路径。

资料来源：

[1] 策勒县人民政府公众信息网，http://www.clx.gov.cn/Article/ShowArticle.aspx? ArticleID=68794.

[2] 凤凰财经网，http://finance.ifeng.com/roll/20081226/283798.shtml.

[3] 策勒国民经济和社会发展统计公报(2008—2010年)，http://www.clx.gov.cn/Article/ShowArticle.aspx? ArticleID=68953.

[4] 和田信息网，http://www.xjht.gov.cn/Article/ShowArticle.aspx? ArticleID=34695.

[5] 百度百科，http://baike.baidu.com/view/972497.htm.

3. “十二五”畜牧业的绿色增长

按照“十二五”发展规划纲要的总体要求，“十二五”期间畜牧业将转变发展方式，力图“保供给、保安全、保生态”，促进畜产品标准化生产，发展现代畜禽牧草种业、现代饲料产业、现代畜牧业服务，保障畜产品安全和保护草原生态。特别是要加强生猪、牛、羊等大宗畜的安全生产，保证肉蛋奶等畜产品的质量安全。① “十二五”规划纲要还提出实施退牧还草、南方草原开发利用和草原防灾减灾等工程及建设草原围栏等，推进畜牧业的绿色发展。“十二五”时期中国畜牧业的绿色增长如表2-8所示。

表2-8　“十二五”畜牧业绿色增长的机遇

畜禽养殖	建设畜禽水产品种资源场、良种场，规模化畜禽养殖场和水产健康养殖示范场，扩大畜牧业在第一产业中的比重。
草原生态保护与建设	改良草原3亿亩，人工种草1.5亿亩。
动物保护	建设六级动物疫病防控体系。

资料来源：国家发展和改革委员会：《中华人民共和国国民经济和社会发展第十二个五年规划纲要》，北京，人民出版社，2011。

表2-8显示，良种培育、疫病防治、规模化养殖、饲料改良、动物粪污处理与利用、肉类安全等将是未来中国畜牧业绿色发展的主要方向。草原生态保护力度的加大将有利于畜牧业的可持续发展，并在一定程度上提高肉类和奶类的质量。“十二五”现代农业发展规划和新农村建设重点工程为畜牧业的绿色发展提供了新的机遇。

① 中国畜牧杂志编辑部：《畜牧业“十二五”：开局之变》，载《中国畜牧杂志》，2011(2)。

4. “十二五”渔业的绿色增长

“十二五”规划纲要明确指出，中国将推进渔业的基础设施建设，渔业的发展将有更加完备的硬件支持。转变渔业发展方式，加快发展现代渔业将是“十二五”时期中国渔业发展的主要议题。中国将从资源消耗型渔业转向资源节约、资源养护和环境友好型渔业，严格执行伏季休渔和捕捞“双控”制度，推行健康养殖模式，使池塘养殖向节水健康养殖发展，工厂化养殖向循环用水模式发展，浅海滩涂增养殖向立体生态护养发展，湖泊、水库等大水面向净水型渔业发展。①

农业部2011年3月18日印发了《“十二五”期间加强渔船管理控制海洋捕捞强度通知》，明确指出“十二五”期间要继续实施海洋捕捞渔船数量和功率总量控制制度，并提出“十二五”期末全国海洋捕捞渔船船数和功率数，原则上不突破2010年控制指标②。这将减轻近海渔业对中国海洋自然环境和生态系统的压力，有利于近海渔业的可持续发展。与此同时，中国还将合理发展远洋捕捞业，渔业结构的调整将促进中国渔业的绿色发展。

(二)“十二五”第一产业绿色增长所面临的挑战

第一产业在新时期将有新的发展机遇，但制约第一产业绿色发展的传统因素依然存在，影响第一产业绿色增长新的不确定性因素将会出现，“十二五”期间第一产业的绿色增长仍将面临巨大的压力和挑战。

1. 第一产业绿色经营的意识不足

从中国农林牧渔生产发展的历程来看，农林牧渔民生产经营活动的决策基础是投入产出和收益最大化分析，很少考虑环境保护和生态平衡，所以出现过度开垦、滥伐森林、过度放牧、过量捕捞以及第一产业污染等现象。另外，农林牧渔民的环保教育没有引起足够重视，图书电视等媒介缺乏适合农民的环保教育和宣传内容。农林牧渔民绿色经营第一产业的意识不足，在实际操作中便忽视第一产业绿色增长的重要性和必要性，长时间困扰中国第一产业的绿色增长。在这样的背景下，中国政府和社会应该加大力度向农林牧渔民传授环保知识，让他们树立发展低碳、绿色、生态农业、林业、畜牧业和渔业的意识，为中国第一产业的绿色增长建立思想堡垒。

2. 土地经营细碎化严重

中国农户家庭的平均土地经营规模为7.5亩，户均承包土地5.7块，平均每块1.31亩。中国土地细碎化经营过于严重，极大阻碍了中国农业的绿色增长和现代化进程。一方面，细碎化地块造成了土地的浪费；另一方面，小规模土地分散的精耕细作从根本上限制了农业技术实施和机械化普及，阻碍了良种推广和合理使用农膜、农药，降低了灌溉效率和施肥效果，不利于农业生产率的提高和农业的绿色增长。③ “十二五”时期中国仍将面临土地细碎化经营所带来的负面影响，土地使用制度影响农业的绿色增长和现代农业的发展。

3. 农村居民增收与环境保护的矛盾突出

“十二五”时期中国农村居民人均纯收入年增长率预计将高于7%，首次超过GDP的预期增

---

① 侯英民：《以转变渔业发展方式为主线全面推进“十二五”现代渔业建设》，载《中国水产》，2010(11)。

② 农业部渔业局：《农业部印发“十二五”期间加强渔船管理控制海洋捕捞强度通知》，载 http://www.moa.gov.cn/zwllm/zwdt/201103/t20110318_1950202.htm，2011-03-18。

③ 刘强：《浅析农村承包土地细碎化问题》，载《农村经营管理》，2010(3)。

长速度。这就加大了中国第一产业绿色增长的压力，使科学合理地协调经济发展与环境保护的关系成为第一产业未来工作的重中之重。千方百计增加粮农、果农、林农、牧民、渔民的收入和实现农业、林业、畜牧业和渔业的生态、可持续、低碳发展是“十二五”中国第一产业的两大核心内容。转变农业、林业、畜牧业和渔业粗放、资源高消耗、高污染的生产方式，加大科技和管理的创新投入，发展循环的、生态的、绿色的第一产业，是实现农民增收和环境保护双重目标必由之路。

4. 鼓励和保证第一产业绿色增长的机制不健全

农业、林业、渔业和畜牧业等的生态绿色发展具有很明显的外部性。虽然《中华人民共和国森林法》、《中华人民共和国土地管理法》、《中华人民共和国草原法》、《中华人民共和国渔业法》等一系列的法律对合理使用经营森林、土地、水域等做出了规定，但近年来毁坏森林、耕地减少、草原沙化、水域污染等环境问题仍然突出。究其原因，在于管理公共资源的制度不健全或不合理。要充分考虑土地、森林、草原、水域等公共资源对可持续发展的积极意义，设置公共资源的管理和使用制度，从市场、政策、财政等方面支持和鼓励第一产业的绿色增长，为第一产业的绿色增长提供更加合理的制度保障。

(三)“十二五”第一产业绿色增长的对策与思路

“十二五”时期第一产业绿色增长的机遇与挑战，为中国下一阶段的工作提出了要求。在此基础上，为顺利实现未来第一产业绿色发展的目标，我们提出了相关的对策与思路，以供参考。

1. 加大第一产业绿色发展程度

继续执行最严格的土地制度，保证18.18亿亩的耕地保有量；重点实施天然林资源保护、退耕还林还草、防护林体系建设等林业保护工作，优化中国林业生态系统，改善森林环境；加强对草地、湿地、渔业生态系统的保护，保持其对第一产业可持续发展的支持；做好第一产业农药、化肥、地膜等化工污染的防治工作，保持耕地肥力，减少土地污染；规范农村畜禽养殖，控制畜禽排泄物面源污染的危害；综合利用秸秆、畜禽排泄物、废弃木料等，推广农村生物能源工程，提供农业清洁能源。

2. 提高第一产业资源利用效率

利用现代农业科学技术提高农业、林业、畜牧业等第一产业的生产力水平，缩小其与世界发达国家的差距；优化土地利用方式，提高土地产出率；改造中低产农田，更新提质现有高产农田，实施旱涝保收高标准农田工程；加强农业水利基础设施建设，节约对水资源的利用；增强农药、化肥等的效力，改善对农业化工生产资料的利用率。

3. 促进第一产业科技创新与推广

加大第一产业科研经费投入，保证农技研究的顺利进行；加强第一产业技术难题攻关，集中力量解决第一产业技术瓶颈；重视第一产业科研与技术人员的培养，与高校、企业、农业示范基地联合培养农技人才；加大农业试验基地、农业示范基地等的建设力度，保证农业科技的应用；创新第一产业科技转化方式和转化渠道，推动第一产业科技的产业化；加强对第一产业科技的推广，以农技下乡等方式普及农业技术知识。

4. 做好第一产业农产品安全工作

加大对农产品安全的教育，提高人们对农产品安全的认识；加强农产品生产者安全生产的意识，强调农产品安全的重要性；完善农产品安全监管机制，严厉惩处各种形式危害农产品安全的行为；大力发展绿色食品，提高绿色食品标准，繁荣中国绿色农产品市场。

5. 完善第一产业绿色发展政策

加强对第一产业绿色增长的立法，从国家法律的高度保障一产的绿色发展；加大对第一产业绿色生产的补贴，在财政上予以经费支持；鼓励农民、企业的绿色生产行为，在税费上对第一产业绿色生产进行优惠；强化对第一产业绿色增长的宣传，提高人们的绿色发展的意识；完善第一产业的绿色监管，避免非绿色增长事件出现；优化改革耕地、林地等的经营管理制度，以可持续的方式进行绿色生产。

>>参考文献<<

[1] 北京师范大学科学发展观与经济可持续发展研究基地等. 2010中国绿色发展指数年度报告——省际比较[R]. 北京：北京师范大学出版社，2010.

[2] 世界银行. 世界发展指标2010[R]. 北京：中国财政经济出版社，2010.

[3] 中华人民共和国国家统计局. 中国统计年鉴2006—2010[R]. 北京：中国统计出版社，2006—2010.

[4] 中华人民共和国国家统计局，中华人民共和国环境保护部. 中国环境统计年鉴2006—2010[R]. 北京：中国统计出版社，2006—2010.

[5] 中华人民共和国国家统计局农村经济社会调查司. 中国农村统计年鉴2006—2010[R]. 北京：中国统计出版社，2006—2010.

[6] 中华人民共和国水利部. 中国水利统计年鉴2010[R]. 北京：中国水利水电出版社，2010.

[7] 中华人民共和国农业部. 中国农业年鉴2010[R]. 北京：中国农业出版社，2010.

[8] 中华人民共和国科学技术部. 中国科学技术发展报告2006—2009[R]. 北京：科学技术文献出版社，2006—2010.

[9] 中华人民共和国国家统计局，中华人民共和国科学技术部. 中国科技统计年鉴2006—2010[R]. 北京：中国统计出版社，2006—2010.

[10] 中华人民共和国环境保护部. 中国环境统计年报2005—2009[R]. 北京：中国环境科学出版社，2006—2010.

[11] 中华人民共和国环境保护部. 2009中国环境状况公报[R]. 2010-05-31.

[12] 蒋和平. 中国现代农业建设的特征与模式[J]. 中国发展观察，2007(2).

[13] 韩长赋. “十二五”发展粮食生产基本思考[J]. 求是，2011(3).

[14] 祝列克. 关于中国林业发展“十二五”规划的几个重要问题[J]. 林业建设，2010(1).

[15] 中国畜牧杂志编辑部. 畜牧业“十二五”：开局之变[J]. 中国畜牧杂志，2011(2).

[16] 侯英民. 以转变渔业发展方式为主线全面推进“十二五”现代渔业建设[J]. 中国水产，2010(11).

[17] 刘强. 浅析农村承包土地细碎化问题[J]. 农村经营管理，2010(3).

[18] 中华人民共和国国家统计局网站，http://www.stats.gov.cn/.

[19] 中华人民共和国环境保护部网站，http://www.zhb.gov.cn/.

[20] 中华人民共和国国家发展和改革委员会网站，http://www.sdpc.gov.cn/.

[21] 中华人民共和国农业部网站，http://www.moa.gov.cn/.

第三章

第二产业的绿色增长

虽然改革开放以来，中国第二产业取得了举世瞩目的成就，但能源价格的大幅提高和环境质量的急剧恶化也对第二产业的绿色增长提出了新的挑战。本章在分析中国“十一五”第二产业绿色增长特点及存在问题的基础上，对省际和城市差异进行分析，并对“十二五”第二产业绿色增长进行展望，探析其发展的机遇与挑战。

>>一、“十一五”中国第二产业绿色增长的特点及存在问题<<

“十一五”期间，第二产业保持了较快的发展步伐，2006—2010年产值年均增长12.1%；第二产业在三次产业中的相对比重略有下降，从47.4%降为46.8%。同时产业发展理念实现了重要转变。第二产业向“绿色”增长模式的转变是从产业角度践行党的“十七大”科学发展观的重要体现。2010年6月“中国绿色工业论坛”的召开明确提出传统工业向“绿色工业”的发展路径。

(一)第二产业绿色增长的特点

提高投入产出效率是实现绿色增长的关键，只有提高资源利用效率才能实现“绿色”与“增长”的有机统一，实现经济与环境的协调发展。[①] 李克强在2010年5月召开的绿色经济与应对气候变化国际合作会议开幕式上讲道：“各国都应抓住绿色经济发展带来的契机，更加注重培育新能源、节能环保产业等新的增长点，更加注重推动生产、流通、分配、消费和建设等各个领域的节能增效，更加注重保护生态环境。”[②]对第二产业绿色增长的评价应从第二产业生产过程中的资源利用、环境影响以及与上述两方面紧密相关的产业结构三个角度进行。

第二产业的产业结构逐步优化。“十一五”期间，落后产能淘汰工作取得重大进展，已淘汰50%左右的工业落后产能。其中：全国共淘汰落后炼铁产能1.1亿吨，炼钢产能6 800多万吨，水泥产能3.3亿吨，焦炭产能1亿吨，造纸产能1 030万吨，玻璃产能3 800万重量箱。[③] 另外，六大高耗能行业增长受到抑制。“十一五”期间，通过差别电价、信贷限制及财税政策防止高耗

① 北京师范大学科学发展观与经济可持续发展研究基地等：《2010中国绿色发展指数年度报告》，北京，北京师范大学出版社，2010。

② 《李克强出席绿色经济与应对气候变化国际合作会议》，载http://www.most.gov.cn/yw/201005/t20100510_77353.htm,2010-05-10。

③ 中国统计信息网：《工业经济在保增长调结构中书写精彩答卷》，载http://www.stats.gov.cn/tjfx/ztfx/sywcj/t20110304_402707882.htm，2011-03-04。

能行业的盲目扩张。至 2010 年，石化行业等六大高耗能行业的增长速度相比 2006 年出现下降(见表 3-1)。

表 3-1　“十一五”六大高耗能行业工业增加值增速

单位：%

	2006 年	2007 年	2008 年	2009 年	2010 年
石油加工、炼焦及核燃料加工业	5.4	13.4	4.3	5.2	9.7
化学原料及化学制品制造业	20.0	21.0	10.0	14.6	16.4
非金属矿物制品业	21.0	24.7	16.9	14.7	20.1
黑色金属冶炼及压延加工业	19.3	21.4	8.2	9.9	13.0
有色金属冶炼及压延加工业	23.8	17.8	12.3	12.8	14.4
电力、热力的生产和供应业	13.2	13.8	8.6	6.0	12.1

资料来源：根据国家统计局网站、月度统计数据库相关数据测算。

资源利用方式集约化。首先，一方面，主要工业产品能耗明显下降。其中：单位铜冶炼综合能耗下降 35.9%，单位烧碱生产综合能耗下降 34.8%，吨水泥综合能耗下降 28.6%，原油加工单位综合能耗下降 28.4%，电厂火力发电标准煤耗下降 16.1%，吨钢综合能耗下降 12.1%，单位电解铝综合能耗下降 12.0%，单位乙烯生产综合能耗下降 11.5%。① 另一方面，工业用水效率明显提高。截至 2009 年，单位工业增加值用水量 116.4 立方米/万元，比 2005 年下降 30.05%，提前超额完成了“十一五”规划的 30%的目标。② 此外，在建筑业能耗方面，截至 2008 年，单位建筑业增加值能耗从 2005 年的 0.33 吨标准煤/万元降为 0.25 吨标准煤/万元。

环境友好程度提高，工业三废治理成效较为明显。截至 2009 年，单位工业增加值废水排放量为 17.46 吨/万元，比 2005 年下降了 44.54%。“十一五”期间，单位工业增加值废气排放量基本得到控制，自 2007 年的 3.88 立方米/元(最高值)，降为 2009 年的 3.64 立方米/元。工业固体废物排放量逐年大幅下降，2009 年，工业固体废物排放量为 710.45 万吨，仅为 2005 年排放量的 42.93%。

(二)第二产业绿色增长存在的问题

工业结构调整步伐缓慢。虽然从 2007 年起，六大高耗能行业产值比重开始下降，但 2006—2009 年，其产值在工业总产值中的平均比重达到 33.74%，高于“十五”时期年均 30.63%的比重 3 个百分点以上。且截至 2011 年第一季度，六大高耗能行业增加值增长 12.2%，比去年四季度上升 2.6 个百分点，增速回升明显快于整体工业增速回升速度。③ 此外，工业结构从“重型化”向“高加工度”的转变仍相对滞后。2010 年，装备制造业增加值占规模以上工业增加值的 29.6%，仅比 2005 年提升 0.9 个百分点。④

① 北京经济信息网：《“十一五”时期中国经济结构调整取得重要进展》，载 http://www.beinet.net.cn/fxyj/yjbg/201103/t769725.htm，2011 03-11。

② 国务院发展研究中心课题组：《“十二五”发展十二题》，北京，中国发展出版社，2010。

③ 机械设备网：《2011 年第一季度工业经济运行情况》，载 http://www.jx108.cn/news/zixun/jyzdao/20110423111704.html，2011-04-23。

④ 北京经济信息网：《“十一五”时期中国经济结构调整取得重要进展》，载 http://www.beinet.net.cn/fxyj/yjbg/201103/t769725.htm，2011-03-11。

工业能源利用效率低下。"十一五"时期，中国单位 GDP 能耗累计下降 19.06%，① 未能完成"十一五"能耗水平下降的总体目标。这在很大程度上是由于工业能源利用效率低下的问题所造成的，目前在工业领域仍存有 50%的落后产能有待淘汰，工业企业生产技术水平参差不齐，主要工业产品生产能耗水平与国际先进水平相比仍存在一定差距(见表 3-2)。

表 3-2　　中国高耗能产品能耗的国际对比

指标名称	中国水平	国际先进水平
煤炭生产电耗(千瓦时/吨)	21.5	17.0
原油加工综合能耗(千克标准煤/吨)	106	73
火电发电煤耗(克标准煤/千瓦时)	320	299
火电供电煤耗(克标准煤/千瓦时)	340	312
(大中型企业)钢可比能耗(千克标准煤/吨)	697	610
铜冶炼综合能耗(千克标准煤/吨)	509	500
水泥综合能耗(千克标准煤/吨)	139	118
平板玻璃综合能耗(千克标准煤/重量箱)	16.5	15
乙烯综合能耗(千克标准煤/吨)	976	629
烧碱综合能耗(千克标准煤/吨)	1 040	—

注："国际先进水平"是指居于世界先进水平的国家的能耗指标平均值。

资料来源：王庆一：《中国能源效率评估》，载《节能与环保》，2011(1)。

建筑资源消耗快速增长。从目前的统计看，"十一五"期间，单位建筑业增加值能耗水平出现了下降，但实际上建筑材料和建造过程消耗的能源一般只占到建筑生命周期能源消耗总量的 20%左右。② 截至 2008 年，作为建筑用能重要内容的居民生活用能占中国能源消费总量的 10.94%，比 2005 年上升 0.2%个百分点。而建筑运行用电(包括第三产业用电和居民生活用电)更是占到了中国电力消费总量的 22.87%，比 2005 年上升 1.18 个百分点。除能源消费增长之外，2009 年，中国钢材的表观消费量占世界的 46.4%③；水泥消费量比 2008 年增长 4%，同期全球水泥消费却缩减了 1.7%④。

环境污染治理形势依然严峻。第一，环境治理与经济发展的协调程度不够。"十一五"期间，一些地方生态环境有了较为明显的改善，但区域间生态环境治理程度存在较大差异，需要将环境治理与区域发展更为有机地结合起来。第二，各类污染物治理成效存在较大差异。废气治理步伐相对缓慢，特别是目前废气排放中，工业二氧化硫去除率仍处于较低水平；对温室气体排放的监测机制也尚未建立，这与中国面临较大国际减排压力的形势很不相适应。第三，建筑环境污染治理滞后。截至 2010 年年底，全国实施了 217 个绿色建筑示范工程，建筑面积超过 4 000 万平方米，在城镇既有建筑面积中的比例还不足 0.2%，城镇节能建筑面积占既有建筑面积的比例也仅为 23.1%。⑤

---

① 北京经济信息网：《"十一五"时期中国经济结构调整取得重要进展》，载 http://www.beinet.net.cn/fxyj/yjbg/201103/t769725.htm，2011-03-11。

② 清华大学建筑节能研究中心：《2008 中国建筑节能年度发展研究报告》，北京，中国建筑工业出版社，2008。

③ 国际钢铁协会：《2011 年全球钢消费量将增长》，载 http://futures.stockstar.com/IG 2011041900002214.shtml，2011-04-19。

④ 《2009 年全球水泥消费量缩减 1.7%》，载 http://www.ccement.com/news/Content/29652.html，2009-07-13。

⑤ 根据住建部《关于 2010 年全国住房城乡建设领域节能减排专项检查建筑节能检查情况通报》(建办科[2011]25 号)资料整理，载 http://www.mohurd.gov.cn/zcfg/jswj/jskj/201104/t20110421_203196.htm，2011-04-21。

二、"十一五"中国第二产业绿色增长的区域比较

根据前文对第二产业绿色增长的总体情况分析及本报告指标体系，我们将分产业结构与产业效率、资源利用情况、污染物治理情况三方面对"十一五"中国第二产业绿色增长进行省(区、市)与主要城市两个层次上的区域比较分析。

(一)各省(区、市)第二产业绿色增长比较分析

根据本报告省际绿色发展指数的指标体系，省(区、市)第二产业绿色增长的比较分析中，第二产业劳动生产率用以分析第二产业绿色增长的整体状况，产业结构与产业效率用高载能行业产值占工业总产值比重来比较；资源利用情况包括：单位工业增加值水耗、规模以上工业增加值能耗、工业固体废物综合利用率、工业用水重复利用率；污染物治理指标包括：工业二氧化硫去除率、工业废水化学需氧量去除率、工业氮氧化物去除率、工业废水氨氮去除率。这些指标是课题组在全面查找年鉴等资料后汇集的，基本涵盖了所有目前统计制度下反映第二产业绿色增长的指标。为便于对比分析，本部分采用四分法①。

东北、东部、中部地区第二产业劳动生产率快速提高(见表3-3)。截至2009年，第二产业劳动生产率最高的省(区、市)是内蒙古(21.57万元/人)，最低的省(区、市)是安徽(4.20万元/人)。2006—2009年，东部各省(区、市)第二产业劳动生产率从6.98万元/人，提高到9.20万元/人，年均增长10.60%；中部各省(区、市)第二产业劳动生产率从4.33万元/人，升至5.98万元/人，年均增速为9.53%；西部各省(区、市)第二产业劳动生产率从5.65万元/人，上升至6.96万元/人，三年平均增速达到5.80%；东北三省第二产业劳动生产率从8.25万元/人，提高为13.64万元/人，年均增长16.33%。可以看出，"十一五"期间，东北地区第二产业劳动生产率增长最快，东部、中部地区第二产业劳动生产率增速明显高于西部地区。

表3-3　各区域第二产业劳动生产率

	第二产业劳动生产率(万元/人)			
	东部地区	中部地区	西部地区	东北地区
2006年	6.98	4.33	5.65	8.25
2009年	9.20	5.98	6.96	13.64
年均变化(%)	10.60	9.53	5.80	16.33

注：①第二产业增加值按2005年价格计算；②本表包括西藏数据。

资料来源：国家统计局：《中国统计年鉴2007》，北京，中国统计出版社，2007；国家统计局：《中国统计年鉴2010》，北京，中国统计出版社，2010。

东北、中西部地区产业结构调整成效明显(见表3-4)。"十一五"期间，高载能行业产值占工业总产值比重最高的省是甘肃，最低的省是广东。全国大多数省(区、市)的高载能行业产值比

① 东部地区包括北京、天津、河北、上海、江苏、浙江、福建、山东、广东和海南10个省(区、市)，中部地区包括山西、安徽、江西、河南、湖北和湖南6个省(区、市)，西部地区包括内蒙古、广西、重庆、四川、贵州、云南、西藏、陕西、甘肃、青海、宁夏和新疆12个省(区、市)，东北地区包括辽宁、吉林和黑龙江3个省。但由于西藏数据缺失等原因，在计算时未将其包括在内，因此，总共参与比较的共30个省(区、市)。

重均呈现下降趋势，但天津、黑龙江、浙江、海南、青海、新疆五省(区、市)的高载能行业产值出现上升。分区域看，2006—2009年，东部地区高载能行业产值略有下降，从29.15%降为29.10%；中部地区高载能行业产值比重从43.79%下降为39.64%，年均降低3.16个百分点；西部地区高载能行业产值比重从45.39%降低至40.92%，年均下降3.28个百分点；东北地区高载能行业产值比重由40.70%降为35.01%，年均下降达到4.66个百分点。由此，东北地区产业结构调整成效最为明显，调整步伐快于其他区域。相比之下，“十一五”期间，东部地区产业结构调整相对缓慢，特别是海南省的高载能行业发展很快，产值比重年均增速达到18%以上。

表 3-4　　各区域高载能行业产值占工业总产值比重　　单位:%

	东部地区	中部地区	西部地区	东北地区
2006年	29.15	43.79	45.39	40.70
2009年	29.10	39.64	40.92	35.01
年均变化	−0.06	−3.16	−3.28	−4.66

资料来源：国家统计局：《中国工业经济统计年鉴2007》，北京，中国统计出版社，2007；国家统计局：《中国工业经济统计年鉴2010》，北京，中国统计出版社，2011。

从规模以上工业增加值能耗看，“十一五”期间，由于国家“单位GDP能耗下降20%”节能降耗目标的约束，除新疆外，各省(区、市)工业能耗均有所改善。截至2009年，工业增加值能耗水平最低的广东省与能耗水平最高的宁夏回族自治区相差7.04倍，与2006年的7.35倍相比有所缩小；3年间，能耗水平年均下降最快的是陕西省(年均降幅14.81%)。能耗水平年均降幅达到10%以上的省(区、市)还有湖南省、吉林省、江西省、黑龙江省、内蒙古自治区、北京市、天津市；分区域看，至2009年，东部地区第二产业能耗水平最低的是北京市(0.909吨标准煤/万元)，中部地区第二产业能耗水平最低的是江西省(1.57吨标准煤/万元)，西部地区第二产业能耗水平最低的是陕西省(1.37吨标准煤/万元)，东北地区第二产业能耗最低的省是黑龙江省(1.38吨标准煤/万元)，可见东部地区能耗利用效率与其他区域相比仍有一定优势，但相比2006年，差距有所缩小。中部地区工业能源利用效率改善较为迅速(见表3-5)。

表 3-5　　各区域第二产业单位规模以上工业增加值能耗情况　　单位：吨标准煤/万元，%

地区	省(区、市)	2006年	2009年	年均变化
东部地区	北　京	1.33	0.91	−10.55
	天　津	1.33	0.91	−10.50
	河　北	4.19	3.00	−9.47
	上　海	1.20	0.96	−6.75
	江　苏	1.57	1.11	−9.83
	浙　江	1.43	1.12	−7.16
	福　建	1.37	1.15	−5.35
	山　东	2.02	1.54	−7.87
	广　东	1.04	0.81	−7.40
	海　南	3.15	2.61	−5.68

续表

地区	省(区、市)	2006年	2009年	年均变化
中部地区	山　西	5.89	4.55	−7.58
	安　徽	2.86	2.10	−8.86
	江　西	2.72	1.67	−12.82
	河　南	3.78	2.71	−9.45
	湖　北	3.33	2.35	−9.81
	湖　南	2.74	1.57	−14.23
西部地区	内蒙古	5.37	3.56	−11.25
	广　西	2.88	2.24	−7.47
	重　庆	2.63	1.85	−9.84
	四　川	2.82	2.25	−6.75
	贵　州	5.21	4.32	−5.69
	云　南	3.40	2.74	−6.48
	陕　西	2.46	1.37	−14.81
	甘　肃	4.59	3.53	−7.70
	青　海	3.64	2.94	−6.45
	宁　夏	8.68	6.51	−8.34
	新　疆	2.91	3.10	2.12
东北地区	辽　宁	2.92	2.26	−7.57
	吉　林	2.80	1.62	−14.04
	黑龙江	2.23	1.38	−12.68

资料来源：国家统计局：《中国统计年鉴2007》，北京，中国统计出版社，2007；国家统计局：《中国统计年鉴2010》，北京，中国统计出版社，2010。

多数省(区、市)的工业固体废物综合利用率都有所上升，但北京市、新疆维吾尔自治区、浙江省、天津市四个省(区、市)该指标出现回落。2009年，工业固体废物综合利用率最高的是天津市(98.30%)，最低的是甘肃省(33.40%)。分区域看，"十一五"期间，中部地区工业固体废物综合利用率上升最快，年均提高5.09个百分点；东部地区工业固体废物综合利用率提高最为缓慢，仅为1.37%，但截至2009年，东部地区仍是全国工业固体废物综合利用效率最高的地区(见表3-6)。

表3-6　各区域工业固体废物综合利用率　单位:%

	东部地区	中部地区	西部地区	东北地区
2006年	80.90	57.79	47.08	48.35
2009年	85.04	66.62	53.36	54.59
年均变化	1.37	5.09	4.45	4.30

资料来源：国家统计局、环境保护部：《中国环境统计年鉴2007》，北京，中国统计出版社，2007；国家统计局、环境保护部：《中国环境统计年鉴2010》，北京，中国统计出版社，2010；环境保护部：《中国环境统计年报2006》，北京，中国环境科学出版社，2006。

在工业用水方面，全国各省(区、市)工业生产水耗相差很大，往往是缺水地区水资源利用效率更高，水资源丰裕地区的水资源节约利用程度不足。2009 年，单位工业增加值水耗最多的是贵州省(300.80 立方米/万元)，是单位工业增加值水耗最低的天津市(12.07 立方米/万元)的近 25 倍。“十一五”时期，各省(区、市)单位工业增加值水耗均有所降低，其中青海省单位工业增加值水耗从 289.53 立方米/万元降为 84.91 立方米/万元，下降幅度最快。分区域看，东部、东北地区单位工业增加值水耗下降快于中部和西部地区，且东部和东北地区的单位工业增加值水耗也明显低于中西部地区。从工业用水重复利用率指标来看，全国多数省(区、市)的工业用水重复利用率有所上升，但新疆维吾尔自治区、重庆市、黑龙江省、四川省、内蒙古自治区、宁夏回族自治区、广东省、江西省、云南省、福建省、海南省、吉林省 12 省(区、市)的工业用水重复利用率出现下降。分区域看，目前全国各区域工业用水重复利用率均已超过 80%，“十一五”期间，西部、东部、中部地区的工业用水重复利用率提高，东北地区则出现下降(见表 3-7)。

表 3-7　　各区域工业水耗及重复利用率情况

	单位工业增加值水耗(立方米/万元)			
	东部地区	中部地区	西部地区	东北地区
2006 年	105.34	206.59	180.22	113.88
2009 年	72.21	148.35	127.81	75.96
年均变化(%)	−10.48	−9.40	−9.69	−11.10
	工业用水重复利用率(%)			
	东部地区	中部地区	西部地区	东北地区
2006 年	81.69	88.29	75.63	82.13
2009 年	87.56	89.99	81.97	80.80
年均变化(%)	2.40	0.64	2.79	−0.54

注：①工业增加值按 2005 年价格计算，2009 年工业增加值指数用第二产业增加值指数替代。②本表包括西藏数据。

资料来源：国家统计局、环境保护部：《中国环境统计年鉴 2007》，北京，中国统计出版社，2007；国家统计局、环境保护部：《中国环境统计年鉴 2010》，北京，中国统计出版社，2010；环境保护部：《中国环境统计年报 2006》，北京，中国环境科学出版社，2006；环境保护部：《中国环境统计年报 2009》，北京，中国环境科学出版社，2009。

各区域第二产业废气污染物治理情况表现不一(见表 3-8)。2009 年，甘肃省工业二氧化硫去除率达到 82.68%，位居全国各省首位。2006—2009 年工业二氧化硫去除率上升最快的省(区、市)为宁夏，从 8.81%上升至 51.27%。分区域看，2009 年，工业二氧化硫去除率最高的地区是中部地区，达到 63.74%；其次是东部地区，达到 62.89%；2006—2009 年各区域工业二氧化硫去除率年均增速从高到低依次为：西部地区、东部地区、中部地区、东北地区；“十一五”期间，一些省(区、市)对工业氮氧化物的治理重视程度不够，天津市、河北省、辽宁省、吉林省、上海市、江苏省、福建省、江西省、山东省、河南省、广西壮族自治区、海南省、四川省、云南省、山西省、宁夏回族自治区的工业氮氧化物去除率均出现不同程度下降。2009 年，全国各省(区、市)中工业氮氧化物治理表现最好的是北京市，但其工业氮氧化物去除率也仅仅达到 36.27%。从各区域看，2006—2009 年，仅中部地区的工业氮氧化物去除率从 4.14%升为 7.72%，其他地区的工业氮氧化物去除率均出现下降。

表 3-8　各区域工业废气治理情况

	工业二氧化硫去除率(%)			
	东部地区	中部地区	西部地区	东北地区
2006 年	40.77	45.03	35.25	35.52
2009 年	62.89	63.74	59.64	42.77
年均变化(%)	18.09	13.85	23.07	6.80
	工业氮氧化物去除率(%)			
	东部地区	中部地区	西部地区	东北地区
2006 年	11.56	4.14	5.13	4.50
2009 年	5.41	7.72	3.24	1.96
年均变化(%)	−17.73	28.82	−12.28	−18.81

注：工业氮氧化物去除率指标未包含西藏自治区、青海省数据。

资料来源：国家统计局、环境保护部：《中国环境统计年鉴 2007》，北京，中国统计出版社，2007；国家统计局、环境保护部：《中国环境统计年鉴 2010》，北京，中国统计出版社，2010；环境保护部：《中国环境统计年报 2006》，北京，中国环境科学出版社，2006；环境保护部：《中国环境统计年报 2009》，北京，中国环境科学出版社，2009。

大多数省(区、市)工业废水化学需氧量去除率均有所上升，但吉林省、天津市、四川省、海南省该指标值出现下降。2009 年，工业废水化学需氧量去除率最高的省是福建省，达到 89.63%。2006—2009 年，工业废水化学需氧量去除率提高最快的省(区、市)是青海，从 4.22% 升至 16.65%。分区域看，到 2009 年，东部地区的工业废水化学需氧量去除率显著高于其他地区。“十一五”时期，东西部地区的工业废水化学需氧量去除率增幅明显快于中部地区和东北地区。而在工业废水氨氮去除率指标上，新疆、陕西、四川、宁夏、青海、内蒙古六个西部省(区、市)工业废水氨氮去除率出现下降。2009 年，全国各省(区、市)中，工业废水氨氮去除率最高的是北京市(92.84%)。2006—2009 年中，工业废水氨氮去除率上升最快的是黑龙江省，从 24.49%升至 80.07%。从区域角度看，至 2009 年，工业废水氨氮去除率最高的地区是东部地区，达到 81.03%，东北地区工业废水氨氮去除率达到 76.78%，东北地区也是“十一五”时期工业废水氨氮去除率增幅最快的地区，增速远高于全国其他区域。

表 3-9　各区域工业废水污染治理情况

	工业废水化学需氧量去除率(%)			
	东部地区	中部地区	西部地区	东北地区
2006 年	75.99	64.18	55.90	61.29
2009 年	84.60	69.40	63.58	62.46
年均变化(%)	3.78	2.71	4.58	0.64
	工业废水氨氮去除率(%)			
	东部地区	中部地区	西部地区	东北地区
2006 年	63.68	51.68	51.86	41.47
2009 年	81.03	61.73	60.19	76.78
年均变化(%)	6.58	6.48	5.35	28.38

注：工业废水化学需氧量指标包含西藏自治区数据。

资料来源：国家统计局、环境保护部：《中国环境统计年鉴 2007》，北京，中国统计出版社，2007；国家统计局、环境保护部：《中国环境统计年鉴 2010》，北京，中国统计出版社，2010；环境保护部：《中国环境统计年报 2006》，北京，中国环境科学出版社，2006；环境保护部：《中国环境统计年报 2009》，北京，中国环境科学出版社，2009。

(二)主要城市第二产业绿色增长比较分析

本部分将对“十一五”期间中国城市第二产业绿色增长情况进行比较分析，范围包括三类城市：4 个直辖市①、5 个计划单列市②和 25 个省会城市③。考虑到城市规模和政策因素，分析时将直辖市和计划单列市作为一类，其他省会城市归为另一类。城市部分第二产业绿色增长的指标也包括三类：第二产业劳动生产率、资源利用和污染物治理。

从劳动生产率上看，省会城市第二产业劳动生产率增速明显快于直辖市和计划单列市第二产业劳动生产率。2006—2009 年，直辖市和计划单列市第二产业劳动生产率从 17.58 万元/人增长到 21.67 万元/人，年均增长 7.75%；省会城市第二产业劳动生产率从 7.77 万元/人增长至 10.15 万元/人，年均增长 10.22%。可见，“十一五”期间，中国主要城市第二产业劳动生产率保持了较快的增长速度，省会城市与直辖市和计划单列市在第二产业劳动生产率上的差距不断缩小(见表 3-10)。

表 3-10　各城市第二产业劳动生产率　单位：万元/人

	2006 年	2009 年	年均变化(%)
直辖市和计划单列市	17.58	21.67	7.75
省会城市	7.77	10.15	10.22

注：第二产业增加值按 2005 年价格计算。

资料来源：国家统计局：《中国区域经济统计年鉴 2007—2010》，北京，中国统计出版社，2007—2010。

在资源利用指标上，直辖市和计划单列市、省会城市两类城市在各类指标上的表现各有优劣，总体来说省会城市第二产业在提高资源利用效率上略优于直辖市和计划单列市(见表 3-11)。工业用水方面，直辖市和计划单列市的单位工业增加值水耗从 2006 年的 260.58 吨/万元降为 2009 年的 185.75 吨/万元；同期，省会城市单位工业增加值水耗从 307.23 吨/万元降为 243.75 吨/万元，直辖市和计划单列市的单位工业增加值水耗明显低于省会城市，且“十一五”期间其改善的速度也快于省会城市的单位工业增加值水耗。而在工业用水重复利用率上，省会城市明显高于直辖市和计划单列市，但其工业用水重复利用率的增长幅度低于直辖市和计划单列市。2009 年，工业用水重复利用率超过 90%以上的城市有：北京、天津、厦门、石家庄、太原、呼和浩特、哈尔滨、合肥、济南、郑州、昆明；而宁波、广州、长沙三市的工业用水重复利用率尚未过半，可见，城市之间在该指标上的差距较大。在工业固体废物利用方面，2006—2009 年，直辖市和计划单列市的工业固体废物综合利用率从 85.17%提高为 85.66%；省会城市的工业固体废物综合利用率则从 68.10%升为 72.02%。直辖市和计划单列市整体工业固体废物综合利用率的低增速主要由北京、宁波、厦门三市工业固体废物综合利用率出现下降所致。在直辖市和计划单列市中，大连市的工业固体废物综合利用率从 78.7%升至 94.9%，提升最快。截至 2009 年，省会城市中，呼和浩特、太原、贵阳、昆明四个城市的工业固体废物综合利用率尚未超过 50%，与其他城市相差较大。

---

① 直辖市包括：北京、天津、上海、重庆。

② 计划单列市包括：深圳、青岛、大连、宁波、厦门。

③ 省会城市包括：石家庄、太原、呼和浩特、沈阳、长春、哈尔滨、南京、杭州、合肥、福州、南昌、济南、郑州、武汉、长沙、广州、南宁、海口、成都、贵阳、昆明、西安、银川、兰州、西安。

表 3-11　　主要城市第二产业资源利用情况

		2006 年	2009 年	年均变化(%)
单位工业增加值水耗(吨/万元)	直辖市和计划单列市	260.58	185.75	−9.57
	省会城市	307.23	243.75	−6.89
工业用水重复利用率(%)	直辖市和计划单列市	69.84	76.26	3.06
	省会城市	80.51	84.37	1.60
工业固体废物综合利用率(%)	直辖市和计划单列市	85.17	85.66	0.19
	省会城市	68.10	72.02	1.92

注：工业增加值数据按 2005 年价格计算。

资料来源：国家统计局：《中国区域经济统计年鉴 2007》，北京，中国统计出版社，2007；国家统计局：《中国区域经济统计年鉴 2010》，北京，中国统计出版社，2010。

污染物治理方面，各城市差别很大。工业环境污染治理投资制度仍有待完善，2006 年，直辖市和计划单列市的工业环境污染治理投资占到 GDP 的 0.17%，省会城市工业环境污染治理投资占其 GDP 的 0.14%；2009 年，两类城市工业环境污染治理投资占其 GDP 的比重则分别下降为 0.07%和 0.09%。“十一五”期间，各城市对工业生产产生的二氧化硫、化学需氧量、氨氮、氮氧化物有四种有害物质的治理取得了明显成效。直辖市和计划单列市、省会城市的工业二氧化硫去除率分别由 46.19%、44.04%上升为 65.77%和 67.67%。但截至 2009 年，仍有沈阳、长春、哈尔滨、杭州、合肥、南昌、郑州、武汉、长沙、南宁、西安 11 个城市的工业二氧化硫去除率尚未超过 50%，可见城市第二产业绿色增长在该指标上还存在着较大的改善空间。在工业废水污染物治理方面，省会城市工业废水化学需氧量治理表现优于直辖市，2009 年省会城市工业废水化学需氧量去除率突破 80%，已经超过直辖市工业废水化学需氧量去除率(79.37%)，年均 5.05%。目前大多数城市工业废水化学需氧量去除率在 70%以上，化学需氧量去除率较低的城市有西宁(18.86%)、长春(47.65%)、重庆(52.48%)。此外，天津、沈阳、长春、青岛、长沙、广州六市工业废水化学需氧量去除率出现下降趋势。而在工业废水氨氮治理上，直辖市和计划单列市成效更为明显，2006 年，直辖市和计划单列市与省会城市工业废水氨氮去除率分别为 69.39%、69.52%，两者差别不大；2009 年直辖市和计划单列市工业废水氨氮去除率已达 86.07%，而省会城市仅为 74.86%。各城市的工业废水氨氮去除率差别很大。在直辖市和计划单列市中，宁波、大连、北京三市已突破 90%，而天津仅为 29.78%。省会城市中，哈尔滨、南京、济南、广州也已经超过 90%，而西宁、沈阳的工业废水氨氮去除率仅达到 22.58%、27.18%。相比前几类污染物，目前中国在工业氮氧化物去除率的提高上仍需加强相应措施。至 2009 年，直辖市和计划单列市的工业氮氧化物去除率仅达到 10.50%，与 2006 年的 11.07%相比出现下降，据可查数据来看，仅有厦门市的工业氮氧化物去除率达到 50%以上的水平。

表 3-12　　主要城市第二产业污染物治理情况

		2006 年	2009 年	年均变化(%)
工业环境污染治理投资占 GDP 比重(%)	直辖市和计划单列市	0.17	0.07	−20.53
	省会城市	0.14	0.09	−12.38
工业二氧化硫去除率(%)	直辖市和计划单列市	46.19	65.77	14.13
	省会城市	44.04	67.67	17.89

续表

		2006年	2009年	年均变化(%)
工业废水化学需氧量去除率(%)	直辖市和计划单列市	75.06	79.37	1.92
	省会城市	69.87	80.46	5.05
工业废水氨氮去除率(%)	直辖市和计划单列市	69.39	86.07	8.02
	省会城市	69.52	74.86	2.56
工业氮氧化物去除率(%)	直辖市和计划单列市	11.07	10.50	−1.73
	省会城市	5.48	5.48	0.02

注：由于数据所限，省会城市的工业二氧化硫去除率未包括海口、西宁两市的数据；

资料来源：环境保护部：《中国环境统计年报2006》，北京，中国环境科学出版社，2006；环境保护部：《中国环境统计年报2009》，北京，中国环境科学出版社，2009。

>>三、“十二五”中国第二产业绿色增长展望<<

《中华人民共和国国民经济和社会发展第十二个五年规划纲要》(以下简称《“十二五”规划纲要》)明确指出要“坚持走中国特色新型工业化道路，适应市场需求变化，根据科技进步新趋势，发挥中国产业在全球经济中的比较优势，发展结构优化、技术先进、清洁安全、附加值高、吸纳就业能力强的现代产业体系”。“十二五”期间，第二产业的绿色增长会面临新的机遇和挑战。

(一)“十二五”第二产业绿色增长的机遇

“十二五”为第二产业绿色增长提供了机遇，具体体现在：强化技术改造，为传统产业发展指明了方向；新兴科技与新兴产业的深度融合，为培育战略性新兴产业提供了发展的契机；能源生产和利用方式变革，为开发利用新能源提供了有力的保障；大力发展循环经济，为提高资源产出效率提供了现实途径。

1. 强化技术改造，为传统产业发展指明了方向

技术是第二产业产业结构升级的根本动力，加强资源节约、环境保护技术的研发和引进消化吸收，能够改造提升传统产业，成功推动传统产业升级转型。目前，中国钢、煤、水泥、棉布等200多种工业品产量稳居世界第一，但是，制造业却面临“大而不强”的问题，特别是传统产业，其竞争力亟待提升。“十二五”规划纲要提出了“改造提升制造业”的目标，强调用新技术、新材料、新工艺、新装备改造提升传统产业，推动信息化和工业化深度融合，给传统产业的发展指明了方向。

为了促使企业有动力进行技术改造，“十二五”期间将通过各种政策措施，支持企业提高装备水平、优化生产流程，同时支持企业提高装备水平、优化生产流程，加快淘汰落后工艺技术和设备，提高能源资源综合利用水平。国家还将鼓励企业增强新产品开发能力，提高产品技术含量和附加值，加快产品升级换代。推动研发设计、生产流通、企业管理等环节信息化改造升级，推行先进质量管理，促进企业管理创新。

此外，《“十二五”规划纲要》还指出了重点产业转型升级的具体方式，使得转型升级路径更清晰、更有操作性，其中，对装备制造行业，今后要提高基础工艺、基础材料、基础元器件研发和系统集成水平，推动装备产品智能化。船舶行业要建立现代造船模式，发展高技术高附加

值船舶和配套设备。汽车行业要强化整车研发能力，实现关键零部件技术自主化。冶金和建材行业则要在严格控制总量扩张的同时，优化品种结构。轻纺行业要加强企业品牌建设。

专栏 3-1　江西樟树市新型工业主导“绿色增长”

为积极融入鄱阳湖生态经济区建设，樟树市突出绿色发展理念，在严把项目准入关、优化产业布局的同时，引导企业通过技术改造实现转型升级，以生物制药、旅游、食品、新能源等为代表的一批低能耗、低污染、低排放新型工业项目崭露头角，全市工业呈现绿色崛起的喜人态势。2010 年，该市规模以上工业增加值增速达 25.9%，而万元 GDP 综合能耗同比下降了 6%。

以绿色工业增长为突破口，变招商引资为择商选资。该市规定，凡不符合国家产业政策和环保法律、法规的建设项目，金融机构不得发放贷款，国土、规划、建设、环保等部门不得办理有关手续，将高能耗、高污染和资源性的“两高一资”项目拒之门外。另外，为科技含量高、经济效益好、资源消耗低、环境污染少的项目开辟绿色审批通道，做好全程跟踪服务，帮助其尽早落户开工。近两年，先后有 4 家投资上亿元的项目因未通过环保部门的评估审批被“一票否决”；而宏宇能源、四特“两城”、鸿远医药等一批“绿色项目”则迅速落户，推动该市工业经济绿色增长。

整合零星工业点，实施退城进园策略，打造各具特色的环保型经济产业带。该市以工业园区为平台，狠抓产业对接，强化产业基地建设，并出台了土地使用、工业园区规划等优惠政策，引导资金、人才、技术等生产要素流向园区，迅速组建了以食品、服装、机械制造等为主导产业的城北经济技术开发区，以生物制药、医药流通为主导产业的福城医药园，以盐化工为主导产业的新基山盐化工基地三大省级工业园区，架构起以产业龙头为引导，企业优势互补，资源合理配置，布局结构优化的工业经济发展新体系，实现资源集约利用、污染集中控制。仅 2010 年，该市引进的 19 个 5 000 万元以上重大项目中，有 17 个拟落户工业园区。目前，全市约 9 成规模以上企业扎堆园区。

此外，该市还通过资金扶持等措施，引导企业淘汰落后产能，加快推动技术改造升级，构建“资源—产品—再生资源—再生产品”的物质循环流动生产过程，最大限度地实现废弃物的减量化和再利用。科海化工有限公司投资 1 000 万元升级污水处理系统，不仅解决了工业废水处理难题，每年还可从中提取纯度高达 99%的邻氯苯胺 360 多吨，创造效益 500 多万元。仁和集团对锅炉进行技术改造，由原来的用煤作能源改为燃烧谷壳废渣，由此既减少了废物排放，一年还节约标准煤 4 300 多吨。据统计，该市规模以上企业连续 3 年技改投入不低于当年销售收入的 10%，9 成以上企业进行了 1～2 次技术改造，每年在废水、废渣、废气中“掏金”近亿元。如今，全市工业企业已步入增产不增污、增效不增耗的发展轨道，整个工业经济运行呈现“吃得少、产得多、排得少”的趋势。

资料来源：

中国江西网，http://www.jxcn.cn/34/2011-4-10/30093@886628.htm，2011-04-10.

2. 新兴科技与新兴产业的深度融合，为培育战略性新兴产业提供了发展的契机

技术创新和产业升级促使世界经济进入新一轮的发展周期，英国着眼发展低碳经济、数字经济，“构建英国未来”；欧盟宣布投资上千亿欧元发展绿色经济；俄罗斯提出开发纳米和核能技术。新兴产业，特别是先导性、支柱性的产业，对中国产业核心竞争力和发展后劲至关重要。

“十二五”期间要“以重大技术突破和重大发展需求为基础，促进新兴科技与新兴产业深度融合，在继续做强做大高技术产业基础上，把战略性新兴产业培育发展成为先导性、支柱性产业”，并提出“战略性新兴产业增加值占国内生产总值比重达到8%左右”的目标。这意味着，培育新兴产业将成为今后一段时期中国经济发展的重点。根据规划纲要，节能环保、新一代信息技术、生物、高端装备制造、新能源、新材料、新能源汽车将成为发展重点。

虽然新兴产业发展前景广阔，但同时风险也不容忽视。“十二五”期间，国家将设立战略性新兴产业发展专项资金和产业投资基金，扩大政府新兴产业创业投资规模，发挥多层次资本市场融资功能，带动社会资金投向处于创业早中期阶段的创新型企业。综合运用风险补偿等财政优惠政策，鼓励金融机构加大信贷支持力度。完善鼓励创新、引导投资和消费的税收支持政策。

专栏 3-2　安徽怀宁节能减排促进绿色经济发展

工业要增产，能耗要降低，如何实现“鱼与熊掌”兼得？怀宁县把节能减排作为调结构、转方式的重要抓手，坚持推动经济增长方式向少投入、低消耗、高产出方向转变，加快发展绿色经济。

打好扶优劣汰“组合拳”

怀宁县把工业节能、建筑节能、市政工程节能和机关节能四个方面作为节能工作的重点环节紧抓不放，万元GDP能耗呈逐年下降趋势。2009年，万元GDP能耗比上年度下降4.56%，列入省市县考核的10户重点用能企业全部超额完成节能目标任务，2010年万元GDP能耗预计同比下降5%以上，列入考核的9户重点用能企业节能任务即将完成。2009年，全县公共机构耗能量比上年度下降4.3%，2010年与2009年同期相比又有所下降。出台多项淘汰落后产能的奖励措施，相关部门积极组织企业申报国家和省级关闭小企业补助项目。“十一五”期间，淘汰水泥企业56家，71条生产线，总生产能力140万吨；2009年关闭黏土类轮窑厂14家，2010年关闭2家，共16家，现存38家计划在2011—2012两年淘汰75%以上；关闭烟花爆竹企业5家。

打开节能降耗“突破口”

该县把污水处理厂作为减排工程的重点项目，总投资6 057万元、日处理能力5万吨的县城污水处理厂启动建设，投资3 000万元、日处理能力1.5万吨的一期工程已于2010年1月正式投入运行。截至目前，县城区已建成污水管网97.4千米，在建16.3千米，充分保障了污水处理设施的正常运营。石牌镇通过招商引资方式，引进的日处理2千吨污水处理厂已基本建成投入使用，主要对该镇工业集聚区内企业生产废水进行统一处理。推进月山铜矿依法破产，海豚水泥通过产业调整变熟烧水泥为水泥粉磨，依法对县内一批小企业予以关闭。通过经济结构调整、关闭破产一批污染企业等工作，大大降低了污染企业的排放量，预计可以全额完成“十一五”期间污染减排工作目标。“十一五”期间，累计用于减排项目资金6 000万元。

扭住良性发展“牛鼻子”

该县成立节能及淘汰落后产能工作领导小组，并将节能及淘汰落后产能工作分解为14个方面，明确各部门节能及淘汰落后产能工作职责，建立起“分工负责、协作联动”的节能工作机制，有效推动了全县节能及淘汰落后产能工作的顺利开展。对年综合耗能3千吨以上标准煤的重点用能企业，下达节能目标任务，每年开展2次以上的节能督查，督促企业严格执行节能工作制度，落实节能工作措施。该县出台了《关于新建建筑节能管理工作实施方案》，从节能设计入手，落实各单位节能责任。2009年以来，新县城新建建筑面积83万平方米，节能设计率达100%，图纸审查合格率 100%，按图纸节能设计执行的达 54 万平方米，执行率达 65%。在建的四星级宾馆、商务中心等 5 大重点工程，建筑面积共 19 万平方米，均按节能设计严格执行。

资料来源：

搜材新闻中心，http://www.soci.com.cn/resource/37021.html，2010-12-07.

3. 能源生产和利用方式变革，为开发利用新能源提供了有力的保障

由于 20 世纪 70 年代石油危机的刺激，一些国家开始探索开发新能源，90 年代以来，新能源的开发得到越来越多国家的重视，与其相关的政策措施也越来越多。近几年来，石油价格的高涨促使各国对节能技术、节能产品加以关注。新能源的开发利用，如太阳能、生物能、风能、地热能、海洋能等，能够减少对高碳化石能源的消耗，发展绿色能源以促进能源的低碳化和绿色化是保障第二产业绿色发展的重要内容和关键环节。“十二五”规划纲要提出，要坚持节约优先、立足国内、多元发展、保护环境，加强国际互利合作，调整优化能源结构，构建安全、稳定、经济、清洁的现代能源产业体系。这为“十二五”时期能源发展指明了方向。

一是推进能源多元清洁发展。过去 5 年，中国迅速崛起为世界能源大国，一次能源生产总量和消费总量均跃居世界第一，但以煤为主的能源消费结构十分突出，煤炭占一次能源消费总量接近 70%。因此，推进能源多元清洁发展十分必要。发展安全高效煤矿，推进煤炭资源整合和煤矿企业兼并重组，发展大型煤炭企业集团。有序开展煤制天然气、煤制液体燃料和煤基多联产研发示范，稳步推进产业化发展。加大石油、天然气资源勘探开发力度，稳定国内石油产量，促进天然气产量快速增长，推进煤层气、页岩气等非常规油气资源开发利用。发展清洁高效、大容量燃煤机组，优先发展大中城市、工业园区热电联产机组，以及大型坑口燃煤电站和煤矸石等综合利用电站。在做好生态保护和移民安置的前提下积极发展水电，重点推进西南地区大型水电站建设，因地制宜开发中小河流水能资源，科学规划建设抽水蓄能电站。在确保安全的基础上高效发展核电。加强并网配套工程建设，有效发展风电。积极发展太阳能、生物质能、地热能等其他新能源。促进分布式能源系统的推广应用。

二是优化能源开发布局。中国能源资源主要分布在西部，能源消费主要集中在东部，长距离、大规模的北煤南运、西电东送、北油南运、西气东输是中国能源运输的基本格局。能源分布的不均，给中国能源利用带来了不小的压力。因此，《“十二五”规划纲要》明确提出，统筹规划全国能源开发布局和建设重点，建设山西、鄂尔多斯盆地、内蒙古东部地区、西南地区和新疆五大国家综合能源基地，重点在东部沿海和中部部分地区发展核电。提高能源就地加工转化水平，减少一次能源大规模长距离输送压力。合理规划建设能源储备设施，完善石油储备体系，加强天然气和煤炭储备与调峰应急能力建设。

三是加强能源输送通道建设。当前，中国能源分布和地区发展差异决定了能源仍需在东西部长距离运输。围绕如何提高能源在东西部流通和利用效率，《“十二五”规划纲要》明确提出，“十二五”时期加强能源输送通道建设。加快西北、东北、西南和海上进口油气战略通道建设，完善国内油气主干管网。统筹天然气进口管道、液化天然气接收站、跨区域骨干输气网和配气管网建设，初步形成天然气、煤层气、煤制气协调发展的供气格局。适应大规模跨区输电和新能源发电并网的要求，加快现代电网体系建设，进一步扩大西电东送规模，完善区域主干电网，发展特高压等大容量、高效率、远距离先进输电技术，依托信息、控制和储能等先进技术，推进智能电网建设，切实加强城乡电网建设与改造，增强电网优化配置电力能力和供电可靠性。

专栏 3-3　河北保定：国家高新区建成国内一流新能源产业园区

保定国家高新区自 1992 年成立以来，结合自身区位优势及产业特色，选择了以新能源产业为主攻方向的发展道路，已结出累累硕果。自 2000 年开始培育新能源产业，2006 年首次在中国香港地区推出“中国电谷”概念以来，保定高新区始终沿着新能源产业方向前进，连续创造出包括“中国第一座太阳能光伏电站与五星级酒店一体化建筑、中国第一块 240 kg 太阳能电池硅锭、第一片大功率风力发电叶片、第一个风电叶片研发中心、第一台大型风电整机传动检测平台、唯一的风力发电技术及设备国家重点实验室、唯一的光伏材料及技术国家重点实验室”等多项“中国第一”，已成为中国产业聚集度最高、产业链条最完整、创新能力最突出、产业定位最明晰的新能源产业园区。

风电、光电、节点、储电、输变电及电力自动化六大产业在“中国电谷”茁壮成长。保定已汇聚 200 余家新能源企业，形成了风电产业园、光伏产业园、储电产业园、节电产业园以及电力自动化产业园等产业聚集区。在光伏发电领域，已形成太阳能光伏产品研发、制造、应用完整产业链，并在光热发电、太阳能电站、太阳能建筑一体化技术领域取得突破。英利集团已成为国内唯一拥有全产业链的太阳能光伏电池生产企业和世界领先的光伏产品制造企业。2010 年光伏电池产量已达 1 000 兆瓦，国际市场占有率 10%，并成功赞助南非世界杯，成为第一家赞助世界杯的中国企业；天威薄膜光伏公司拥有全国最先进的薄膜光伏电池生产线，转化效率位居国内前三；大正太阳能公司拥有 20 多项 LED 专利，技术水平位居前列；维特瑞交通设施公司已成为国内最大的太阳能光伏交通设施生产商；荣毅集团研发的光电缆，为三网融合奠定了坚实基础。在风力发电领域，形成了从叶片、整机，到零部件、控制设备、原材料、风电设备维修维护等完整风电产业链。叶片生产龙头企业中航惠腾公司已发展成国内最大的风电叶片生产企业，目前已经成为中国规模第一、全球规模第二的风轮叶片专业化制造商。在“风”、“光”快速发展的同时，中国电谷电力自动化、节电、储能设备产业在国内同行业中也保持领先地位。节电与电力自动化领域企业达到 60 余家；拥有以大电网稳定系统、大型电动机节能内馈调速技术为代表的多项重大自主创新技术。

“十二五”时期，保定高新区将以“中国智慧电谷、北部低碳新城”为新时期的发展愿景，强调低碳理念引领、特色产业支撑、科技创新驱动、新城形态塑造，力争建成有国际影响力的新能源装备与技术中心、国家智能电网产业先导区和创新中心、保定市核心增长极和科技新城区。到“十二五”末，园区经济总量实现跨越式增长，主要经济指标年均增速 30%左右，到 2015 年，总收入达到 2 660 亿元，工业总产值 2 700 亿元，成为“千亿园区”领军者。

资料来源：

中国台湾网，http://www.chinataiwan.org/local/hebei/dongtaixinwen/201104/t20110426_1835202.htm.

4. 大力发展循环经济，为提高资源产出效率提供了现实途径

循环经济以资源的高效利用和循环利用为核心，以“减量化、再利用、资源化”为目标，实现“低消耗、低排放、高效率”的绿色发展。中国从 20 世纪 90 年代初开始推行清洁生产，通过采用先进的工艺技术和设备，改善管理，提高资源利用率。2003 年，中国正式颁布实施《清洁生产促进法》。为促进循环经济发展，2008 年通过了《循环经济促进法》，不仅建立了循环经济规划制度，而且强化了对高耗能、高耗水企业的监督管理，还明确了关于再利用和资源化的具体要求。中国还先后于 2005 年 10 月、2007 年 12 月分两批开展了循环经济示范试点工作，探索城市发展循环经济的思路，形成若干发展循环经济的示范城市。

国家《“十二五”规划纲要》提出大力发展循环经济，按照减量化、再利用、资源化的原则，

减量化优先，以提高资源产出效率为目标，推进生产、流通、消费各环节循环经济发展，加快构建覆盖全社会的资源循环利用体系。

具体而言，一是推行循环型生产方式。加快推行清洁生产，在农业、工业、建筑、商贸服务等重点领域推进清洁生产示范，从源头和全过程控制污染物产生和排放，降低资源消耗。加强共伴生矿产及尾矿综合利用，提高资源综合利用水平。推进大宗工业固体废物和建筑、道路废弃物以及农林废物资源化利用，工业固体废物综合利用率达到72%。按照循环经济要求规划、建设和改造各类产业园区，实现土地集约利用、废物交换利用、能量梯级利用、废水循环利用和污染物集中处理。推动产业循环式组合，构筑链接循环的产业体系。资源产出率提高15%。二是健全资源循环利用回收体系。完善再生资源回收体系，加快建设城市社区和乡村回收站点、分拣中心、集散市场"三位一体"的回收网络，推进再生资源规模化利用。加快完善再制造旧件回收体系，推进再制造产业发展。建立、健全垃圾分类回收制度，完善分类回收、密闭运输、集中处理体系，推进餐厨废弃物等垃圾资源化利用和无害化处理。三是推广绿色消费模式。倡导文明、节约、绿色、低碳消费理念，推动形成与中国国情相适应的绿色生活方式和消费模式。鼓励消费者购买使用节能节水产品、节能环保型汽车和节能省地型住宅，减少使用一次性用品，限制过度包装，抑制不合理消费。推行政府绿色采购，逐步提高节能节水产品和再生利用产品比重。四是强化政策和技术支撑。加强规划指导、财税金融等政策支持，完善法律法规和标准，实行生产者责任延伸制度，制定循环经济技术和产品名录，建立再生产品标识制度，建立完善循环经济统计评价制度。开发应用源头减量、循环利用、再制造、零排放和产业链接技术，推广循环经济典型模式。深入推进国家循环经济示范，组织实施循环经济"十百千示范"行动。推进甘肃省和青海柴达木循环经济示范区等循环经济示范试点、山西资源型经济转型综合配套改革试验区建设。

专栏 3-4　柴达木循环经济试验区建设取得重大进展

青海省柴达木循环经济试验区(以下简称"试验区")是2005年经国务院同意，国家发展改革委员会、原国家环保总局等六部委批准的国家首批13个循环经济试点园区之一，也是目前国内面积最大的区域性循环经济试点产业园区、国家唯一布局在青藏高原少数民族地区的循环经济试点园区。试验区总面积25.6万平方公里，总人口约56万人。2010年3月，国务院批复实施《青海省柴达木循环经济试验区总体规划》，将柴达木发展循环经济由地方发展战略上升为国家战略。

"十一五"以来，在青海省委、省政府的高度关注和大力支持下，试验区在创建高原地区循环经济发展模式方面做了大量卓有成效的工作。到2009年，试验区生产总值达到285亿元，年均增长16.7%；工业增加值达到223亿元，年均增长18.6%；全社会固定资产投资迈上200亿元大关，年均增长29.1%。城镇居民人均可支配收入达到15 077元，年均增长12.5%；农牧民人均纯收入达到4 544元，年均增长17.1%。全州工业企业达到348户，较2005年增加了155户，其中规模以上工业企业达到99户，较2005年增加了34户。

几年来，试验区重点做了以下几个方面的工作。

第一，科学谋划试验区发展，规划编制取得突破性进展。试验区高起点、高标准、高质量编制完成了《总体规划》，并从国家层面获得批准。按照"突出资源特色、强化技术创新、培育优势产业、实现循环发展"的要求，坚持"统筹规划，合理布局；保护生态，协调发展；科学发展，先行先试；集约利用，循环发展；科技支撑，市场引导"五大原则，重点建设"一区多园"，构建以盐湖化工为核心的循环经济六大主导产业体系，全力打造柴达木盐湖化工、大型钾肥和石油天然气化工基地，创建柴达木地区“开始即循环、生产即清洁”的循环经济发展新模式，探索资源型、生态脆弱型地区可持续发展新途径的总体发展思路。同时，先后编制完成《柴达木循环经济特色优势产业发展规划》、《海西州国家可持续发展实验区规划》、《柴达木循环经济试验区科技创新体系建设规划》、《柴达木循环经济试验区水资源配置规划》、《青海省海西州风电场规划》，以及格尔木、德令哈、乌兰、大柴旦工业园区产业发展规划等26项重大规划、开发方案，基本形成了一个较为系统的规划体系。

第二，全力推进项目建设，循环经济主导产业框架初步形成。几年来，共建成重点产业化项目30多个，其中：盐湖化工方面，建成盐湖集团综合利用一期、青海锂业和中信国安东西台盐湖碳酸锂及硫酸钾镁肥、青海碱业一期、德令哈纯碱蒸氨废液利用等产业项目，基本建成青海盐湖科技产业项目；油气化工方面，建成青海油田炼油厂扩建升级改造、中浩天然气化工公司燃气电站项目；煤化工方面，建成鱼卡和大煤沟煤炭开发及乌兰煤矸石烧结砖项目等；金属冶金方面，建成滩间山黄金扩建、肯德可克铁矿开发、西豫有色金属矿业铅冶炼、都兰黄龙沟红旗沟岩金开发项目；特色生物产业方面，建成百万亩枸杞、1万亩高原青稞繁种基地、格尔木市工厂化蔬菜育苗基地、德令哈万头仔猪繁育基地生产线项目；新能源开发方面，17个太阳能光伏(热)电站项目通过省发改委核准开展前期工作，其中6个项目开工建设。

第三，强化基础设施投资，发展环境显著改善。紧紧抓住国家加大基础设施建设的有利时机，以改善发展环境为重点，多渠道筹集落实建设资金91亿元，实施了一批重大交通、电力等基础设施项目，基础设施条件得到明显改善。交通方面，新增公路里程6 305千米，新增铁路专用线142千米，公路通车里程达11 430千米，公路密度提高到每百平方千米3千米。电网方面，新增330千伏输电线路744千米、110千伏输电线路990千米，35千伏输电线路352千米，大电网覆盖面积达到25万平方千米。水利方面，开工建设下湾水库和格尔木河、巴音河、布哈河河道治理工程，完成黑石山、怀头塔拉、西赛、英德尔等病险水库加固工程。

第四，着力加强科技攻关，科技支撑能力明显提高。2005年以来共实施各类科技项目386项，资助资金9 583万元，在油气勘探开发和加工，盐湖提钾、提锂、提镁、提硼，有色金属采选及废矿利用等方面共取得136项科技成果。建立了盐湖资源综合利用国家工程研究中心。被国务院西部开发办确定为“西部大开发特色优势产业基地”，被国家工业和信息化部批准为“柴达木盐湖化工及金属新材料国家新型工业化产业示范基地”，被科技部批准为国家“可持续发展实验区”、“盐湖特色材料国家高新技术产业化基地”。

第五，全方位开展招商引资工作，对外合作取得重大成果。通过上门招商、以商招商、以企招商、以会招商等方式，共签约项目188个，签订协议资金965亿元，其中，已落地项目116个，到位资金281亿元。

第六，狠抓节能减排和生态建设，可持续发展环境更趋优化。以实施退耕还林(草)、防护林、国家重点公益林、青海湖流域天峻段生态环境综合治理、青海湖流域周边地区生态环境综合治理、315国道和青藏铁路海西境内绿化工程等生态环境项目为重点，累计投入生态建设资金3.2亿元，重点整治沙化土地面积19.55万亩，保护沙生植被面积865.66万亩。

资料来源：

[1] 国务院，青海柴达木循环经济试验区总体规划，2010-04.

[2] 海西蒙古族藏族自治州人民政府在州十二届人大常委会第二十八次会议上的工作报告：柴达木循环经济试验区建设工作情况的报告，2010-01.

[3] 该专栏由青海省生态环境保护研究指导中心田俊量主任提供.

(二)“十二五”第二产业绿色增长的挑战

“十二五”时期，中国第二产业面临前所未有的新机遇，但与此同时，制约第二产业绿色发展的因素依然存在，第二产业绿色增长仍面临巨大的压力和挑战。

1. 高载能行业比重高导致节能减排任务艰巨

我国目前处于工业化中期阶段，高耗能、高排放行业在工业中占有相当比重，高污染的小钢铁、小焦炭、小水泥和小煤矿等屡禁不止，石化、钢铁、水泥等高载能工业行业在工业中所占的比重居高不下，工业增长对能源高度依赖的问题十分突出，造成能源资源利用效率不高，环境污染严重，二氧化碳和二氧化硫排放量位居世界前列。“十二五”时期我国将面临更大的减排压力，不仅国内经济发展面临的资源环境硬约束增大，而且发达国家也要求中国承担减排责任，这对中国转变经济发展方式提出了更高要求。因此，节能减排将是一项长期而艰巨的任务，面临诸多严峻的挑战。

2. 产业技术空心化制约第二产业长久发展

虽然目前我国已成为全球制造业大国和“世界工厂”，但主要集中在低附加值的非核心部件加工制造和劳动密集型装配环节，相比之下，先导性高技术领域科技力量薄弱，关键核心技术受制于人，自主知识产权、自主品牌缺失，难以形成对经济社会持续、健康发展的强有力支撑。另外，在全球分工中处于价值链低端，只赚取微薄利润，而研发设计、核心技术、销售渠道、品牌运作等上下游高附加值价值链环节则被牢牢掌握在海外跨国公司手中。因此，如何改变产业现状，寻求科技创新，实现新技术产业发展成为第二产业长久发展的挑战问题。

3. 第二产业绿色增长的机制仍需健全

“十二五”是中国全面转型的关键五年，以改变产业结构为重点推进二次转型与改革，在很大程度上取决于第二产业绿色转型的制度安排与制度创新。为此，有必要健全节能减排激励约束机制，优化能源结构，合理控制能源消费总量，完善资源性产品价格形成机制和资源环境税费制度，健全节能减排法律法规和标准，强化节能减排目标责任考核，把资源节约和环境保护贯穿于生产、流通、消费、建设各领域各环节，提升可持续发展能力。

>>参考文献<<

[1] 中华人民共和国国家统计局. 中国统计年鉴 2010[R]. 北京：中国统计出版社，2010.

[2] 中华人民共和国国家统计局，中华人民共和国环境保护部. 中国环境统计年鉴 2010[R]. 北京：中国统计出版社，2010.

[3] 陈诗一. 中国绿色工业革命：基于环境全要素生产率视角的解释(1980—2008)[J]. 经济研究，2010(11)：21-58.

[4] 陈诗一. 节能减排与中国工业的双赢发展：2009—2049[J]. 经济研究，2010(3)：129-143.

[5] 陶良虎. 中国低碳经济——面向未来的绿色产业革命[M]. 北京：研究出版社，2010：265.

[6] 邓光奇. 低碳战争——第四次产业革命的谋变[M]. 北京：中国经济出版社，2011：243.

[7] 清华大学建筑节能研究中心. 中国建筑节能年度发展研究报告 2010[R]. 北京：中国建筑工业出版社，2010：236.

[8] 冯建中. 欧盟能源战略，走向低碳经济[M]. 北京：时事出版社，2010：625.

[9] 王圳. 绿色工业能否成为亚洲经济新一轮增长的引擎[J]. 国际经济合作，2009(10)：85-87.

[10] 陈彦玲. 经济危机将加快"绿色工业革命进程"[J]. 中国流通经济，2009(7)：46-49.

第四章
第三产业的绿色增长

国民经济和社会发展第十二个五年规划明确提出要“通过绿色发展来转变经济发展方式，建立资源节约型、环境友好型社会”。具体来讲就是加强资源节约和管理、大力发展循环经济、加大环境保护力度。经济发展方式的“绿色”转变，既为经济发展提供了新的机遇，同时也对经济持续增长提出了巨大的挑战。

第三产业资源消耗强度低、环境污染小、劳动生产率高等特点决定了第三产业的“绿色”特性。因此，发展第三产业，尤其是大力发展代表更高科技水平、更高附加值的现代服务业符合经济发展方式“绿色”转变的要求。“十一五”期间，中国第三产业发展迅速，在国民经济中的重要性不断提升。同时，第三产业增长的“绿化度”也不断提高，资源利用效率稳步增加、对环境的污染不断降低、劳动生产率也有较大的进步。但是，另一方面，第三产业的绿色增长仍存在一些问题亟待解决。本章着重分析了“十一五”期间第三产业绿色增长的特点和存在的问题，对“十一五”期间第三产业的绿色增长进行了区域间比较，并对“十二五”期间中国第三产业的绿色增长进行了展望。

>>一、“十一五”中国第三产业绿色增长的特点及存在问题<<

在国家对经济绿色发展的重视和支持下，“十一五”期间，中国第三产业的增长表现出了明显的“绿色”特征：第三产业增加值比重提高较快、单位增加值能耗不断下降、劳动生产率逐年稳步提升。同时，第三产业的绿色增长中也显现出诸如吸纳劳动力不足、传统产业比重偏高、区域间发展不平衡等问题。本部分将对“十一五”期间中国第三产业绿色增长的特点及存在问题进行总结和分析。

(一)“十一五”第三产业绿色增长的特点

“十一五”期间，第三产业绿色增长的特点主要表现在以下三个方面：第三产业增加值比重迅速提高；单位增加值能耗不断下降；劳动生产率逐年稳步提升。

1. 第三产业增加值比重迅速得到提升

“十一五”期间，第三产业增加值占国内生产总值的比重不断提高，第三产业在国民经济中的重要性不断提升。由表 4-1 可见，“十一五”期间[①]第一产业、第二产业在国内生产总值中的比

① 由于 2010 年的最终数据尚未公布，因此本报告中只分析了“十一五”中 2006—2009 年的数据变化。

重持续下降，第三产业比重不断提高。2006—2009年，第三产业增加值占国内生产总值的比重由40.9%提高到43.4%，与此同时，第一产业的比重由11.1%下降到了10.3%，第二产业的比重由47.9%下降到了46.3%。4年间，第三产业的平均增速达到了18.6%，远高于同期第一产业和第二产业的平均增速。

表4-1 “十一五”中国三次产业增加值变化情况

年份		2006	2007	2008	2009
增加值（亿元）	国内生产总值	216 314	265 810	314 045	340 507
	第一产业	24 040	28 627	33 702	35 226
	第二产业	103 720	125 831	149 003	157 639
	第三产业	88 555	111 352	131 340	147 642
比重（%）	国内生产总值	100	100	100	100
	第一产业	11.1	10.8	10.7	10.3
	第二产业	47.9	47.3	47.4	46.3
	第三产业	40.9	41.9	41.8	43.4
平均增长速度（%）	国内生产总值	16.3			
	第一产业	13.6			
	第二产业	15.0			
	第三产业	18.6			

注：本表比重及增速按当年价格计算。

资料来源：国家统计局：《中国统计年鉴2010》，北京，中国统计出版社，2010。

2. 第三产业单位增加值能耗不断下降

三次产业中，第三产业的绿色程度比较高，与第二产业相比，第三产业的各个行业在能源消耗方面都处于较低的水平。从能源消耗总量来看，第三产业的能源消耗少，占能源消费总量的比重较低。由表4-2可见，“十一五”期间，中国第三产业能源消费占三次产业能源消费总量的比重维持在14%左右，远低于第二产业的能源消费量，维持在较低水平。2009年，第三产业能源消费比重不足第二产业的1/5。

表4-2 “十一五”中国三次产业能源消费构成表

指标	年份	消费总量	第一产业	第二产业	第三产业
能源消费量（万吨标准煤）	2006	258 676	6 331	188 706	35 874
	2007	280 508	6 228	204 659	38 807
	2008	291 448	6 013	213 115	40 422
	2009	306 647	6 251	223 759	42 794
能源消费比重（%）	2006	100	2.4	73.0	13.9
	2007	100	2.2	73.0	13.8
	2008	100	2.1	73.1	13.9
	2009	100	2.0	73.0	14.0

注：行业分类按照国家统计局分类标准，能源消费比重=各产业能源消耗量/能源消费总量。

资料来源：国家统计局能源统计司：《中国能源统计年鉴2010》，北京，中国统计出版社，2011。

从单位增加值的能源消耗量来看，第三产业的单位增加值能耗较低，且不断下降。由表4-3可见，“十一五”期间，第三产业的单位增加值能耗维持在较低水平，2009年，第三产业单位增加值能耗仅为单位GDP能耗的32%。2006—2009年第三产业的单位增加值能耗不断下降，由2006年的0.405吨标准煤/万元降低到了2009年的0.290吨标准煤/万元，降幅达到了28.5%。

表4-3　　“十一五”中国三次产业单位增加值能耗表

单位增加值能耗（吨标准煤/万元）	国内生产总值	第一产业	第二产业	第三产业
2006年	1.196	0.263	1.819	0.405
2007年	1.055	0.218	1.626	0.349
2008年	0.928	0.178	1.430	0.308
2009年	0.901	0.177	1.419	0.290

注：①本表按当年价格计算；②单位增加值能耗＝能源消费量/增加值。

资料来源：国家统计局能源统计司：《中国能源统计年鉴2010》，北京，中国统计出版社，2011；国家统计局：《中国统计年鉴2007—2010》，北京，中国统计出版社，2007—2010。

3. 第三产业劳动生产率逐年稳步提升

“十一五”期间，中国第三产业就业人员数不断增加，就业人员比重稳步提高。由表4-4可见，“十一五”期间，第三产业就业人员数从2006年的24 614万人增加到了2009年的26 603万人，增长幅度达到了8%，是三次产业中增幅最高的。同时，第三产业就业占总体就业的百分比也由2006年的32.2%增加到了2009年的34.1%，提高了1.9个百分点。

表4-4　　“十一五”中国三次产业劳动力就业情况

年　份		2006	2007	2008	2009
就业人员（万人）	总体	76 400	76 990	77 480	77 995
	第一产业	32 561	31 444	30 654	29 708
	第二产业	19 225	20 629	21 109	21 684
	第三产业	24 614	24 917	25 717	26 603
就业人员所占比例（%）	总体	100	100	100	100
	第一产业	42.6	40.8	39.6	38.1
	第二产业	25.2	26.8	27.2	27.8
	第三产业	32.2	32.4	33.2	34.1

资料来源：国家统计局：《中国统计年鉴2010》，北京，中国统计出版社，2010。

在第三产业就业人员数绝对增长和就业人员比重相对增长的同时，第三产业的劳动生产效率也稳步提升，进一步推动了第三产业的绿色增长。由表4-5可见，第三产业的劳动生产率远高于总体平均水平。“十一五”期间，第三产业的劳动生产率由2006年的3.6亿元/万人提高到了2009年的5.55亿元/万人，增长幅度达到了54%。

表4-5　　“十一五”中国三次产业劳动力生产率

年　份		2006	2007	2008	2009
增加值（亿元）	总体	216 314	265 810	314 045	340 507
	第一产业	24 040	28 627	33 702	35 226
	第二产业	103 720	125 831	149 003	157 639
	第三产业	88 555	111 352	131 340	147 642

续表

年　份		2006	2007	2008	2009
就业人员(万人)	总体	76 400	76 990	77 480	77 995
	第一产业	32 561	31 444	30 654	29 708
	第二产业	19 225	20 629	21 109	21 684
	第三产业	24 614	24 917	25 717	26 603
劳动生产率(亿元/万人)	总体	2.83	3.45	4.05	4.37
	第一产业	0.74	0.91	1.10	1.19
	第二产业	5.40	6.10	7.06	7.27
	第三产业	3.60	4.47	5.11	5.55

注：劳动生产率＝增加值/就业人员数。

资料来源：国家统计局：《中国统计年鉴2010》，北京，中国统计出版社，2010。

专栏4-1　重庆：从“棕色经济”向“绿色经济”转型

历史上重庆一直是西部地区重工业和制造业基地，历史原因形成了重庆工业布局不合理、能耗高、污染大的产业比重偏高的“棕色经济”格局。作为我国老工业城市，重庆在原有发展模式下，发展动力和环境承载能力均几乎达到了极限，以“十二五”经济发展方式转型为契机，重庆市在发展绿色经济方面进行了积极探索，运用绿色发展思路实现了经济、社会和环境的共赢，取得了明显的成效。从过去几年重庆市在实现“棕色经济”向“绿色经济”转型的实践中，可以总结出以下几点经验。

结构调整和转变经济发展方式是实现绿色经济转型最根本的途径。重庆市坚持走新型工业化道路，努力转变发展方式，增强自主创新能力，提升新兴信息产业等战略性产业，加大新技术对传统产业改造升级的力度，提速发展现代服务业，稳步发展现代农业，构建三次产业协同发展的现代产业体系，不断提高产业整体竞争力。可以看出，重庆市意图通过经济和产业结构调整，特别是通过改造传统制造业和培育新兴高技术产业，促进重庆市的经济增长与转型，推动产业的合理布局，提高经济的竞争力，优化城乡结构，逐步实现经济的绿色增长，扩大绿色就业。

严格的环境管理是实现绿色转型的助推器。重庆市依托国家支持和宏观政策参与地区发展的综合决策，建立了环境与发展综合决策机制，以长效机制推进环境保护与发展共赢。重庆市一方面淘汰落后产能，加强节能减排，从末端倒逼产业结构调整；另一方面加快主城污染企业退出和搬迁，促进企业产业升级；更为重要的，重庆市制定了严格的环境标准，提高企业准入门槛，从上游推动产业结构调整。正是严格的环境管理，对重庆市实现绿色转型起到了举足轻重的作用。

企业绿色投资与绿色技术创新是绿色转型的基本保障。绿色投资是“绿化”传统企业、培育新兴产业的必要条件。无论是“绿化”传统污染产业，还是培育新兴产业和发展环保产业，绿色投资都是必要条件和重要保障。绿色技术创新是确保企业实现绿色增长的有力支撑，是企业绿色转型的基本保障。拥有先进的核心绿色技术并不断提升技术实力是企业实现长期绿色发展的重要因素。

法规政策和标准创新是绿色经济发展的制度保障。法规政策与标准等指导经济运行的规则对发展绿色经济具有十分重要的作用。重庆市发布了《加强环境保护的决定》，重新修订了《重庆市环境保护条例》，印发了《重庆市主要污染物排放权交易试点方案》，通过这些法规政策的制定和标准的创新，重庆市调整了产业结构和布局，大力推行清洁生产，实行环境准入制度，严格污染物排放控制管理，建立污染物排放公报制度，全面实行排污许可证制度等，从政策层面促进了绿色经济的发展。

资料来源：

[1] 重庆：从“棕色经济”向绿色经济转型的探索，http://www.022net.com/2010/9-24/433658343095524-4.html.

[2] 从“棕色经济”到绿色经济“重庆模式”见成效，http://www.chinanews.com/ny/2010/09-25/2552658.shtml.

(二)“十一五”第三产业绿色增长存在的问题

在中国第三产业的绿色增长取得一定成效的情况下，“十一五”期间第三产业的绿色增长仍存在一些问题。与发达国家相比，中国第三产业的就业比重仍然偏低，这说明第三产业吸纳劳动力的潜力尚待挖掘。在第三产业各行业中，传统服务业依然是主导，现代服务业发展滞后。另外，不同区域之间第三产业发展不均衡现象明显。这些都影响了第三产业绿色增长的速度和质量。

1. 第三产业吸纳劳动力的潜力尚待挖掘

“十一五”期间，中国第三产业就业人数增长较快，就业比重提升迅速，第三产业正逐步成为吸纳劳动力就业的主力。但是，与部分发达国家和地区相比，中国第三产业就业比重仍然偏低，第三产业吸纳劳动力的潜力有待进一步发掘。

由表4-6可见，2007年美国、英国、加拿大的第三产业就业比重均在75%以上，这说明这些国家超过3/4的就业人口在第三产业从业；而中国第三产业就业比重仅为32.4%，远远低于这些发达国家的水平，甚至低于泰国。国际上不少国家和地区的第三产业就业比重远高于第二产业，美国、英国、加拿大、法国的第三产业就业比重是第二产业就业比重的3倍以上，而中国三产二产就业比重比仅为1.2。

将第三产业与第一产业相比，可见，中国第一产业就业比重远远高于发达国家水平，中国第一产业就业比重是美国的29倍，第三产业的就业比重仅为美国的30%。中国三产一产就业比重比为0.8，远远低于发达国家水平。这说明，虽然“十一五”期间，中国第三产业就业人数和就业比重都有较大的提高，但是与其他国家相比，中国第三产业吸纳劳动力的潜力有待进一步发掘。

表4-6　“十一五”期间三次产业就业构成的国际比较

国　家	第一产业	第二产业	第三产业	三产二产比	三产一产比
美　国	1.4	20.6	78.0	3.8	55.7
英　国	1.4	22.3	76.0	3.4	54.3
加拿大	2.5	21.6	75.9	3.5	30.4
法　国	3.4	23.2	73.1	3.2	21.5
德　国	2.2	29.8	67.9	2.3	30.9
日　本	4.2	27.9	66.7	2.4	15.9
韩　国	7.4	25.9	66.6	2.6	9.0
泰　国	41.7	20.7	37.4	1.8	0.9
中　国	40.8	26.8	32.4	1.2	0.8

注：①本表数据为2007年数据；②三产二产比＝三产就业比重/二产就业比重；三产一产比＝三产就业比重/一产就业比重。

资料来源：国家统计局：《中国统计年鉴2010》，北京，中国统计出版社，2010。

2. 第三产业内部产业结构有待升级

"十一五"期间，中国第三产业得到了长足的发展。然而，从第三产业的内部产业结构来看，传统服务业比重高，现代服务业发展滞后，影响了第三产业的绿色增长。现代服务业依托电子信息等高技术和先进管理、经营理念和组织方式，因而具有资源消耗少、环境污染小、产出附加值高等特点。现代服务业的发展能够提高整个第三产业增长的"绿化度"。与此相应，传统服务业虽然与第二产业相比"绿色"程度较高，但是"绿色"程度相较现代服务业仍有较大差距。因而，在第三产业的内部产业结构调整中，要大力发展现代服务业，才能够更好地促进第三产业的绿色增长。

由表4-7中数据可知，"十一五"期间，以批发和零售业、交通运输、仓储和邮政业为主的传统服务业仍在第三产业中占有较高比重。"十一五"期间，第三产业各行业中比重最高的行业是传统服务业中的批发和零售业，2006—2009年，批发和零售业增加值占第三产业的比重由18.8%提高到了19.6%。2009年，传统服务业中的批发和零售业、交通运输、仓储和邮政业、住宿和餐饮业增加值占第三产业增加值的比重总计达37%。同时，现代服务业发展速度缓慢，在第三产业中的比重仍然偏低。以信息传输、计算机服务和软件业为例，2006年，其增加值在第三产业中的比重为6.4%，2009年这一比例下降到了6.0%。而金融业、公共管理等现代服务业比重虽然有所提升，但是上升幅度不大。

表4-7 "十一五"第三产业各行业增加值情况 单位：亿元

行业	2006年	2007年	2008年	2009年
第三产业	88 555	111 352	131 340	147 642
交通运输、仓储和邮政业	12 183	14 601	16 363	17 058
信息传输、计算机服务和软件业	5 683	6 706	7 860	NA
批发和零售业	16 531	20 938	26 182	28 985
住宿和餐饮业	4 793	5 548	6 616	7 118
金融业	8 099	12 338	14 863	17 728
房地产业	10 370	13 810	14 739	18 655
租赁和商务服务业	3 791	4 695	5 608	NA
科学研究、技术服务和地质勘察业	2 685	3 441	3 993	NA
水利、环境和公共设施管理业	946	1 111	1 266	NA
居民服务和其他服务业	3 542	3 996	4 628	NA
教育	6 407	7 693	8 887	NA
卫生、社会保障和社会福利业	3 326	4 014	4 629	NA
文化、体育和娱乐业	1 363	1 631	1 922	NA
公共管理和社会组织	8 837	10 830	13 784	NA

注：2009年第三产业分行业的增加值情况只有部分行业的数据，因此2009年数据有部分不可获得。

资料来源：国家统计局：《中国统计年鉴2010》，北京，中国统计出版社，2010。

3. 第三产业区域间发展不平衡现象明显

"十一五"期间，中国第三产业在迅速发展的同时，也存在一些区域分布上的不平衡现象，不同地区第三产业的比重存在较大的差异。由表4-8可见，2009年全国第三产业占国民生产总值的比重为43.4%。各省(区、市)中，第三产业比重最高的北京市三产比重达到了75.5%，远远高于全国平均水平；而第三产业比重最低的河南省三产比重仅为29.3%，远远低于全国平均水平。

表4-8　　2009年按三次产业分地区生产总值构成表

地　区	构　成(地区生产总值=100)			地　区	构　成(地区生产总值=100)		
	第一产业	第二产业	第三产业		第一产业	第二产业	第三产业
全　国	10.3	46.3	43.4	河　南	14.2	56.5	29.3
北　京	1.0	23.5	75.5	湖　北	13.9	46.6	39.6
天　津	1.7	53.0	45.3	湖　南	15.1	43.5	41.4
河　北	12.8	52.0	35.2	广　东	5.1	49.2	45.7
山　西	6.5	54.3	39.2	广　西	18.8	43.6	37.6
内蒙古	9.5	52.5	38.0	海　南	27.9	26.8	45.3
辽　宁	9.3	52.0	38.7	重　庆	9.3	52.8	37.9
吉　林	13.5	48.7	37.9	四　川	15.8	47.4	36.7
黑龙江	13.4	47.3	39.3	贵　州	14.1	37.7	48.2
上　海	0.8	39.9	59.4	云　南	17.3	41.9	40.8
江　苏	6.6	53.9	39.6	西　藏	14.5	31.0	54.6
浙　江	5.1	51.8	43.1	陕　西	9.7	51.9	38.5
安　徽	14.9	48.7	36.4	甘　肃	14.7	45.1	40.2
福　建	9.7	49.1	41.3	青　海	9.9	53.2	36.9
江　西	14.4	51.2	34.4	宁　夏	9.4	48.9	41.7
山　东	9.5	55.8	34.7	新　疆	17.8	45.1	37.1

资料来源：国家统计局：《中国统计年鉴2010》，北京，中国统计出版社，2010。

>>二、"十一五"中国第三产业绿色增长的区域比较<<

"十一五"期间，中国第三产业得到了稳定快速的增长，第三产业在国民经济中的重要性越来越明显。无论是从资源消耗和对环境的影响来看，还是从第三产业在国民经济中所占的比重来看，第三产业都得到了非常显著的发展。这说明"十一五"期间，中国第三产业的绿色增长取得了非常大的成绩。然而，在中国，由于各地区之间自然地理环境、社会环境以及历史背景等的差异，导致各地区区域经济发展的不平衡。了解和分析这些不平衡现象有助于我们了解不平衡性的成因，有助于提出减小不平衡性的建议和措施，有助于经济的稳定平衡发展。

下面通过对中国东部、中部、西部、东北四个地区第三产业绿色增长的比较，以及对中国若干重点城市第三产业绿色增长的比较，来分析中国第三产业绿色增长的区域差异性。

(一)"十一五"期间中国第三产业绿色增长的地区比较

将不同地区第三产业的绿色增长进行比较，可以发现中国东部、中部、西部和东北地区第三产业发展差异性较大。不同地区第三产业增加值比重有较大的差异，这说明第三产业在不同地区发展程度的差距。此外，第三产业对环境的污染以及对劳动生产率的影响都存在地区差异，这体现了第三产业在不同地区发展质量的差距。

1. 第三产业增加值比重的地区比较

第三产业作为相对更加“绿色”的产业，其产业发展过程中对能源的消耗量比较小，单位增加值能耗比较低，对环境影响较小。因而第三产业在国民经济中比重的提升就意味着国民经济的绿色增长。“十一五”期间，第三产业增加值和从业人员的比重均有大幅增长，第三产业在国民经济中的重要性不断提升。2006—2009 年，中国第三产业增加值占国内生产总值的比重由 40.9%提高到了 43.4%，第一产业的比重由 11.1%下降到了 10.3%，第二产业的比重由 47.9%下降到了 46.3%。

在第三产业增加值比重整体提升的过程中，不容忽视的是中国各个地区之间第三产业的比重有较大的差距。由表 4-9 可见，2009 年，东部、中部、西部、东北地区第三产业增加值比重分别为：44.1%、36.0%、38.8%、38.7%。第三产业增加值比重最高的是东部地区，其次是西部、东北部，最低的是中部地区。第三产业从业人员比重最高的依然是东北地区，其次是东部地区、西部，最低的是中部地区。从业人员比重之间的地区差异小于第三产业增加值比重的地区差异。

表 4-9　　2009 年中国各地区产业结构情况表

指标	产业	东部地区	中部地区	西部地区	东北地区
增加值比重(%)	第一产业	6.5	13.6	13.7	11.4
	第二产业	49.3	50.4	47.5	49.9
	第三产业	44.1	36.0	38.8	38.7
从业人员比重(%)	第一产业	26.6	42.8	49.0	39.3
	第二产业	36.1	26.5	18.9	22.6
	第三产业	37.2	30.8	32.1	38.1

注：①各产业增加值比重＝各产业增加值/国内生产总值；各产业从业人员比重＝各产业就业人员数/就业人员总数。②表中地区划分依据国务院和国家统计局标准：东部地区包括北京、天津、河北、山东、上海、江苏、浙江、福建、广东和海南；中部地区包括陕西、山西、河南、内蒙古、湖北、湖南、江西、安徽；西部地区包括云南、贵州、四川、重庆、广西、甘肃、青海、宁夏、西藏、新疆；东北地区包括黑龙江、吉林和辽宁。

资料来源：国家统计局：《中国统计年鉴 2010》，北京，中国统计出版社，2010。

2. 第三产业环境污染的地区比较

“十一五”期间，中国经济的发展更加注重降低对环境的负面影响，逐步走上了低碳经济道路。在整个经济向低碳经济转型的过程中，第三产业在发展过程中也采取措施降低对环境的影响。在第三产业的各个行业中，以交通运输、仓储和邮政业对环境的影响最为直接和重要，这是因为这些行业的发展离不开机动车等交通工具的使用，因而对环境影响非常大。“十一五”期间，交通运输、仓储和邮政业行业的迅速发展，导致交通运输、仓储和邮政业的能源消耗大幅度增加，因而造成其对环境的影响越来越严重。2006—2009 年，全国人均公路交通氮氧化物排放量由 21.7 吨/万人上升到了 23.8 吨/万人，增长幅度达到了 9.8%。

中国不同地区间第三产业对环境的污染强度存在非常巨大的差距。由表 4-10 可知，“十一五”期间，东部地区的人均公路交通氮氧化物排放量远远高于全国平均水平；中部和西部的人均公路交通氮氧化物排放量略低于全国平均水平；而东北部地区的人均公路交通氮氧化物排放量远远低于全国平均水平。2006—2009 年，全国、东部、中部、西部、东北地区人均公路交通氮氧化物排放量增长幅度分别为 9.8%、0.8%、37.0%、8.4%、－12.1%。可见，东部地区虽然人均公路交通氮氧化物排放量绝对值较大，但是其增长率已经非常低。值得注意的是，中部地区的人均公路交通氮氧化物排放量增长幅度非常大，这说明中部地区的第三产业在发展过程中忽视了对环境的保护。西部地区人均公路交通氮氧化物排放量绝对值低于全国水平，增长率也接近全国平均水平。东北地区人均公路交通氮氧化物排放量绝对值远远低于全国水平，且处于负增长状态。

表 4-10　　“十一五”中国各地区人均公路交通氮氧化物排放量表　　单位：吨/万人

地　区	2006 年	2007 年	2008 年	2009 年
全　国	21.7	21.0	21.3	23.8
东　部	32.1	32.0	31.9	32.3
中　部	16.6	16.3	17.0	22.8
西　部	16.7	15.8	15.9	18.1
东　北	15.3	10.6	11.2	13.4

注：各地区人均公路交通氮氧化物排放量＝各地区公路交通氮氧化物排放量/各地区人口数。其中各地区公路交通氮氧化物排放量和各地区人口数由各省份数据加总求得。

资料来源：国家统计局：《中国统计年鉴 2006—2010》，北京，中国统计出版社，2006—2010；中华人民共和国环境保护部：《中国环境统计年报 2005—2010》，北京，中国环境科学出版社，2005—2010。

综上，目前最需要降低第三产业绿色增长对环境影响的是东部地区。同时，中部地区也需要控制对环境影响的进一步加大。只有各个地区协调发展，在第三产业的发展中着力降低对环境的影响，才能保证第三产业绿色增长的质量。

3. 第三产业劳动生产率的地区比较

“十一五”期间，中国第三产业劳动生产率逐年稳步提升。2006—2009 年，中国第三产业增加值从 88 555 亿元增加到 147 642 亿元，增幅达 66.7%；中国第三产业从业人员数由 24 614 万人增加到了 26 603 万人，增幅为 8.1%；中国第三产业劳动生产率由 3.6 亿元/万人提高到了 2009 年的 5.55 亿元/万人，增幅达 54%。然而，中国不同地区之间的劳动生产率存在非常大的差距。

整体来看，“十一五”期间，东部地区的第三产业劳动生产率远远高于全国平均水平，东北地区的第三产业劳动生产率略高于全国平均水平，而中部地区和西部地区的第三产业劳动生产率远远低于全国平均水平。从表 4-11 可见，2006—2009 年，东部地区的劳动生产率从 6.1 亿元/万人提高到了 8.4 亿元/万人；中部地区的劳动生产率从 2.8 亿元/万人提高到了 4.1 亿元/万人；西部地区的劳动生产率从 2.6 亿元/万人提高到了 4.0 亿元/万人；东北地区的劳动生产率从 4.4 亿元/万人提高到了 6.4 亿元/万人。

表 4-11　　“十一五”中国各地区第三产业劳动生产率表　　单位：亿元/万人

地　区	2006 年	2007 年	2008 年	2009 年
全　国	3.6	4.4	5.1	5.5
东　部	6.1	6.9	7.6	8.4
中　部	2.8	3.3	3.7	4.1
西　部	2.6	3.0	3.3	4.0
东　北	4.4	5.0	5.6	6.4

注：各地区劳动生产率＝各地区第三产业增加值/各地区第三产业从业人员数。其中各地区第三产业增加值和各地区第三产业从业人员数由各省份数据加总求得。

资料来源：国家统计局：《中国统计年鉴 2006—2010》，北京，中国统计出版社，2006—2010。

从第三产业劳动生产率的变动来看，2006—2009年，全国、东部、中部、西部、东北地区的第三产业劳动生产率分别提高了53.3%、38.9%、45.8%、54.2%、45.1%。这说明，西部地区第三产业的劳动生产率增长速度略高于全国平均水平，中部和东北地区第三产业的劳动生产率增长速度略低于全国平均水平，而东部地区第三产业的劳动生产率增长速度远远低于全国平均水平。可以看到，虽然目前中国各地区之间第三产业劳动生产率存在显著的差距，但是这种差距正在不断地缩小。中国第三产业劳动生产率正朝着地区间差距逐步缩小的方向发展。

专栏4-2 日照：蓝色经济，绿色追求

日照是座海滨城市，拥有自然海岸线99.6千米，其中沙滩64千米，旅游度假的天然资源得天独厚。日照对“蓝色”情有独钟，发展海洋经济成为首选目标。同时，日照又对“绿色”孜孜以求，在发展海洋经济中高度重视生态环境保护。1989年，山东将临沂、潍坊部分县市，组成地级日照市。1992年，日照编制城市规划，将城市定位为：以港口、工业、贸易、旅游为主的现代化花园式海滨城市。1989年至今，日照先后换了十任市长。值得称道的是，除2006年对规划做过局部小修编外，十任市长一张蓝图绘到底，始终遵循规划建设城市。2003年，日照市聘请国内外知名规划设计机构的专家充分论证，确定在万平口泻湖周围建设水上乐园和水上运动基地，把日照打造成“水上运动之都”。这个构想的提出，就是得益于1992年的总体规划中，在万平口周围预留出建设大型海滨公园的区域。如今，万平口区域9.2平方千米的“奥林匹克水上公园”，特别是其中的世界帆船赛基地和水上运动基地，是目前世界上可承办水上运动项目最多的场地，已举办了两届中国水上运动会和多次世界单项帆船赛。

随着山东半岛蓝色经济区、鲁南临港产业区、日照港、保税物流中心、国际海洋城、各大产业园区等发展平台的加快建设，日照市转型升级发展的优势更加突出。在园区内部，日照着力加强对全市工业园区的改造，努力实现企业间资源的循环利用与园区内废物的零排放。作为中欧环境管理合作计划在中国重点援助的4个环保试验区之一，日照市经济技术开发区统筹园区内企业，在能源、物资、基础设施和信息等方面进行循环利用和共享，实现资源利用最大化和废物排放最小化，形成完善的循环经济产业链。

作为新兴港口城市，日照的老工业项目少，能耗和污染物排放总量基数小。但近年来经济增长快，新项目块头大，依据节能减排细则计算出的增量较大，而原有项目和产业挖潜有限，全市节能减排陡然形势严峻。既要金山银山，更要碧海蓝天，日照市委、市政府以壮士断腕的决心推进节能减排。“我们要发展‘三色经济’，一是蓝色经济，这是主色调；二是绿色经济，坚持环保优先；三是特色经济，打造日照的新优势。”“十一五”以来，全市已淘汰更新250多家企业的1.6万多套落后设备，建成投运工程减排项目61项，所有区县均建起城市污水处理厂。2010年3月，又召开最高规格的节能减排动员大会，与各区县和企业签订责任状，实施了24项减排硬措施，投资10亿元，新建、改扩建10座污水处理厂，淘汰关停19条立窑水泥生产线。

日照市因出色的人居环境和生态环境规划荣获2009年度“联合国人居奖”。蓝色与绿色和谐相融，成为日照发展的真实写照。

资料来源：

[1] 日照：蓝色经济，绿色追求，http://news.163.com/10/1203/04/6MUVV20B00014AED.html.

[2] 蓝色经济绿色追求 山东日照十任市长一个规划，http://house.focus.cn/news/2011-02-10/1187823.html.

(二)"十一五"中国第三产业绿色增长的城市比较

下面选取中国若干有代表性的城市，从城市层面对中国第三产业绿色增长的区域差异性进行分析。选取的城市包括：四个直辖市(北京、天津、上海、重庆)、四个典型省会城市(南京、武汉、成都、长春，分别地处东部、中部、西部和东北地区)和五个计划单列市(大连、青岛、宁波、厦门和深圳)。

1. 第三产业增加值比重的城市比较

"十一五"期间，第三产业增加值占国内生产总值的比重由2006年40.9%提高到2009年的43.4%，但是各个城市之间第三产业增加值比重差异性非常大。由表4-12可见，2009年，中国重点城市的第三产业增加值比重差距非常明显。所选的城市中第三产业增加值比重最高的北京市，第三产业增加值比重为75.5%，比重最低的重庆市该指标值仅为37.9%。其他城市中，长春、宁波和重庆的第三产业增加值比重均低于全国平均水平，分别为41.5%、41.2%和37.9%。

表4-12　　2009年中国重点城市增加值比重情况表

城市分类	城市	第三产业增加值比重(%)
直辖市	北京	75.5
	天津	45.3
	上海	59.4
	重庆	37.9
典型省会城市	长春	41.5
	南京	51.3
	武汉	50.4
	成都	49.6
计划单列市	大连	43.9
	宁波	41.2
	厦门	51.6
	青岛	45.4
	深圳	53.3

注：增加值比重=第三产业增加值/国内生产总值的比重，第三产业就业人员比重=第三产业就业人员数/就业人员总数。

资料来源：国家统计局国民经济综合统计司：《中国区域经济统计年鉴2009》，北京，中国统计出版社，2010。

所选城市中第三产业增加值比重排名第二的是上海市，2009年其第三产业增加值比重为59.4%。紧随其后的深圳、厦门、南京、武汉2009年的第三产业增加值比重也都在50%以上，分别为53.3%、51.6%、51.3%、50.4%。可见，北京市第三产业增加值比重远远高于其他城市。这说明，不同城市之间第三产业的绿色增长存在巨大的差距。

2. 第三产业就业人员比重的城市比较

随着第三产业的迅速发展，其吸纳的就业劳动力逐步增加，第三产业从业人员的比重越来越高。"十一五"期间，第三产业就业人员数增幅达8%，而同期劳动力总体增幅为2%，第三产业就业人员数增长幅度远远高于劳动力平均增长水平。同时，第三产业就业占总体就业的百分比也由2006年的32.2%增加到了34.1%，第三产业就业占总体就业的比重不断提高。不同城市之间第三产业的就业比重存在较大的差异性。表4-13中数据显示，第三产业就业人员比重最高的是北京市，达73.8%，最低的是重庆市，仅为34.7%，北京市第三产业就业人员比重比重庆市高出39.1个百分点。

表4-13　　2009年中国重点城市第三产业就业人员比重表

城市分类	城市	第三产业就业人员比重(%)
直辖市	北京	73.8
	天津	47.3
	上海	55.7
	重庆	34.7
典型省会城市	长春	36.5
	南京	47.4
	武汉	49.0
	成都	44.3
计划单列市	大连	50.6
	宁波	30.5
	厦门	52.4
	青岛	35.6
	深圳	46.0

注：第三产业就业人员比重=第三产业就业人员数/就业人员总数。

资料来源：国家统计局国民经济综合统计司：《中国区域经济统计年鉴2009》，北京，中国统计出版社，2010。

与第三产业增加值比重指标的情况类似，北京市的第三产业就业人员比重远远高于其他城市。排名第二的上海市第三产业就业人员比重为55.7%，与北京市有较大的差距。紧随其后的厦门、大连、武汉、南京的第三产业就业人员比重分别为52.4%、50.6%、49.0%、47.4%。同时，在选择的城市中，宁波市的第三产业就业人员比重仅有30.5%，低于全国水平的34.1%。可见，重点城市第三产业的发展整体水平优于全国水平。

3. 第三产业劳动生产率的城市比较

“十一五”期间，中国第三产业的劳动生产率整体得到了较大的提升。2009年，全国第三产业劳动生产率为5.6万元/人，东部、中部、西部、东北地区第三产业劳动生产率分别为8.4万元/人、4.1万元/人、4.0万元/人、6.4万元/人。将表4-14中各个重点城市的数据与全国和各个地区的数据相比较可以看出，在列出的中国重点城市中，除重庆市以外的所有城市第三产业劳动生产率均高于全国平均水平，但是重庆市第三产业劳动生产率高于西部地区第三产业劳动生产率。

中国重点城市第三产业劳动生产率由高到低排列分别是：上海、深圳、宁波、青岛、北京、南京、天津、武汉、大连、长春、厦门、成都、重庆。第三产业劳动生产率最高的是上海市，2009年其第三产业劳动生产率为15.2万元/人，不仅远远高于全国平均水平的5.6万元/人，还远远高于东部地区的平均水平8.4万元/人。

表 4-14　　2009 年中国重点城市第三产业劳动生产率表

城市分类	城市	第三产业劳动生产率(万元/人)
直辖市	北京	12.7
	天津	11.0
	上海	15.2
	重庆	4.3
典型省会城市	长春	9.5
	南京	11.6
	武汉	10.4
	成都	6.9
计划单列市	大连	10.1
	宁波	12.8
	厦门	7.9
	青岛	12.7
	深圳	14.0

注：劳动生产率＝增加值/就业人员数。

资料来源：国家统计局国民经济综合统计司：《中国区域经济统计年鉴 2009》，北京，中国统计出版社，2010。

>>三、“十二五”中国第三产业绿色增长展望<<

“十二五”规划纲要明确提出，要“营造环境推动服务业大发展”。具体来讲，就是把推动服务业大发展作为产业结构优化升级的战略重点，营造有利于服务业发展的政策和体制环境，拓展新领域，发展新业态，培育新热点，推进服务业规模化、品牌化、网络化经营，不断提高服务业比重和水平。“十二五”期间，中国第三产业的绿色增长面临着重要的发展机遇，经济结构战略调整为第三产业的绿色增长提供了重要机遇；科技进步和创新为第三产业的绿色增长提供新的发展支撑；资源节约型、环境友好型社会的建设为第三产业营造有利发展环境。

同时，我们也应该看到，居民收入差距不断加大、国际金融危机的影响以及第三产业体制改革的滞后等不利因素也对中国第三产业的绿色增长提出了巨大的挑战。

(一)“十二五”中国第三产业绿色增长的机遇

展望“十二五”，加快转变经济发展方式仍然是中国科学发展的重中之重。要确保科学发展取得新的显著进步，确保转变经济发展方式取得实质性进展，就要坚持把经济结构战略调整作为加快转变经济发展方式的主攻方向，把科技进步和创新作为加快转变经济发展方式的重要支撑，把建设资源节约型、环境友好型社会作为加快转变经济发展方式的重要着力点。这些都为第三产业的绿色增长提供了重要的发展机遇。

1. 经济结构战略调整为第三产业的绿色增长提供了重要机遇

“十二五”期间，经济结构战略调整是中国加快转变经济发展方式的主攻方向。经济结构的战略调整，其中非常关键的一点就是要加快发展第三产业，促进经济增长向依靠第一、第二、第三产业协同带动转变。虽然“十一五”期间，中国第三产业得到了迅速发展，第三产业占国民经济的比重有所提高，但是与发达国家相比，中国第三产业比重严重落后。根据国家统计局公布数据，2007年，美国第一产业、第二产业、第三产业比重分别为1.4%、20.6%、78.0%，而中国第一产业、第二产业、第三产业比重分别为40.8%、26.8%、32.4%。为促进经济增长向依靠第一、第二、第三产业协同带动转变，《“十二五”规划纲要》中提出要加快发展生产性服务业、大力发展生活性服务业、营造有利于服务业发展的环境。经济结构的战略调整为第三产业的绿色增长提供了重要机遇。

加快发展生产性服务业，就是要深化专业化分工，加快服务产品和服务模式创新，促进生产性服务业与先进制造业融合，推动生产性服务业加速发展。具体来讲就是要有序拓展金融服务业、大力发展现代物流业、培育壮大高技术服务业、规范提升商务服务业。大力发展生活性服务业，就是要面向城乡居民生活，丰富服务产品类型，扩大服务供给，提高服务质量，满足多样化需求。具体来讲就是要优化发展商贸服务业、积极发展旅游业、鼓励发展家庭服务业、全面发展体育事业和体育产业。营造有利于服务业发展的环境，就是要以开放促改革，以竞争促发展，推动服务业制度创新，完善服务业政策体系，优化服务业发展环境。具体来讲就是要加快推进服务领域改革、完善服务业政策。这一系列举措将为“十二五”期间第三产业的大发展提供重要的机遇，进一步提高中国第三产业在国民经济中的比重，促进中国经济的绿色发展。

2. 科技进步和创新为第三产业的绿色增长提供新的发展支撑

科技进步和创新是加快转变经济发展方式的重要支撑。“十二五”期间，中国将深入实施科教兴国战略和人才强国战略，充分发挥科技第一生产力和人才第一资源作用，提高教育现代化水平，增强自主创新能力，壮大创新人才队伍，推动发展向主要依靠科技进步、劳动者素质提高、管理创新转变，加快建设创新型国家。科技进步和创新为第三产业的绿色增长提供了新的发展空间。

科技进步和创新能够从以下几个方面促进第三产业的绿色增长。首先，科技进步与创新能够提高资源利用率，降低第三产业的能耗和环境污染。一方面，科技的进步与创新，能够通过优化自然资源的使用方式直接提高自然资源的利用率；另一方面也能够通过更好的管理模式来降低自然资源的使用量。其次，科技进步与创新将进一步提高劳动生产率。科技进步，尤其是信息化和互联网技术普遍应用于第三产业中的各个领域，例如物流配送、交通运输、金融保险等，并极大地提高了这些领域的劳动生产率。最后，科技进步与创新能够推动第三产业结构升级。科技的进步能够催生出一些新行业、新业态，并通过向传统产业的不断渗透推动传统行业的升级。

3. 建设资源节约型、环境友好型社会为第三产业营造有利发展环境

“十二五”期间，中国经济增长的资源环境约束日趋强化，因此中国提出要把建设资源节约型、环境友好型社会作为加快转变经济发展方式的重要着力点。深入贯彻节约资源和保护环境基本国策，节约能源，降低温室气体排放强度，发展循环经济，推广低碳技术，积极应对全球气候变化，促进经济社会发展与人口资源环境相协调，走可持续发展之路。建设资源节约型、环境友好型社会为第三产业发展营造了有利环境。

第三产业作为“绿色”产业，其产业发展本身符合“资源节约型、环境友好型社会”的理念，其发展受到的资源和环境约束相对较少，因而经济发展方式的这种转变对第三产业发展的约束性较小。与此相对，第二产业则会受到较大的影响。同时，“建设资源节约型、环境友好型社会”对第三产业有较大的正向影响。为了建设资源节约型、环境友好型社会，《“十二五”规划纲要》提出要积极应对全球气候变化、加强资源节约和管理、大力发展循环经济、加大环境保护力度、促进生态保护和修复、加强水利和防灾减灾体系建设。这将为第三产业中的科学研究、技术服务、水利、环境和公共设施管理业等行业提供新的发展契机。

专栏4-3 蓝色火焰，绿色经济——黑龙江省鸡西市滴道河乡生态家园建设纪实

很久以来，城市的游客们喜欢游览、歌唱乡村的自然风光，甚至还乐于到“农家乐”住上几天，此所谓“生态旅游”。但其实游客们很少有人流连忘返的，因为乡村的生活条件普遍简陋、落后，卫生也无法讲究。有人幻想，干脆一夜之间把乡村变成城市得了，但这既不现实，也未必能达成幸福——城市的问题远远多于乡村，而且基本无法回归。面对这种困境，黑龙江省鸡西市滴道河乡的“生态家园”建设，也许是最切实有效、可持续发展的选择。

鸡西市是举国闻名的煤炭产地，鸡西百姓当然并不缺煤烧，但煤炭会造成严重的环境污染。在农村，秸秆是传统的、普遍的燃料，但使用秸秆也存在问题，每年秋收后，村里会堆积大量的稻草、秸秆，既污染环境又增加了火灾隐患，而且使用不便，热效率也低。针对这种情况，滴道河乡党委和政府放开眼界，学习外地先进经验，展开了新能源建设工程。2006年，在上级有关部门的支持下，滴道河乡投资156万元，在王家村试点建设秸秆气化站工程。这项工程不但方便了村民的生活，而且每年可直接节煤千余吨，每户每年可节约能源费用近千元。

王家村试点初步成功后，滴道河乡又组织人员外出考察、学习，决定建设更具有示范意义的生态家园。2007年，滴道河乡投资120万元，在王家村建设了10户“多位一体”生态家园。生态家园的运行模式是充分利用太阳能资源，以沼气、秸秆气化等技术为纽带，以日光温室为依托，形成能源良性循环的生态系统。

2008年，滴道河乡又投资200多万元，建立了鸡西市云祥生物质固化成型燃料加工厂。该技术把秸秆、稻壳、玉米芯等农产品加工的副产品，以及树叶、枯枝、薪柴等树木的退化物粉碎后固化，生产的颗粒燃料可供经过改造的炉具和小型锅炉使用。这些原料压缩成型后燃烧值大大提高，1吨以秸秆为主原料的成型燃料相当于0.8吨标准煤，销售价平均每吨350元，仅为当地优质煤价格的60%。该项目年产颗粒燃料5 000吨，受益农户达到2 000多户，占全乡总户数的40%。

生态家园名副其实，实现了环保、绿色、高效、节能等特征和功能，能源以及农药、化肥等污染降到最低。现在滴道河乡生态家园已经形成了餐饮、种植、垂钓、旅游为一体的绿色链条。

资料来源：

[1] 蓝色火焰·绿色经济·红色动脉——黑龙江省鸡西市滴道河乡生态家园建设纪实，中外企业家，2009(7).

[2] 黑龙江鸡西市滴道河乡新能源建设扮靓农民生活，http://nc.mofcom.gov.cn/news/6736305.html.

(二)“十二五”中国第三产业绿色增长的挑战

在看到“十二五”期间第三产业绿色增长机遇的同时，我们也应该看到，第三产业的绿色增长也面临着种种挑战。本部分从收入差距、国际金融危机的影响和体制因素等方面对“十二五”期间中国第三产业绿色增长面临的主要挑战进行分析。

1. 收入差距扩大约束了第三产业绿色增长的空间

《“十二五”规划纲要》中提出要大力发展生活性服务业，面向城乡居民生活，丰富服务产品类型，扩大服务供给，提高服务质量，满足多样化需求。生活性服务业包括以商贸服务业、旅游业、家庭服务业、体育事业和体育产业等为主的为城乡居民生活提供服务的行业。生活性服务业能耗低、对环境影响小，因而绿色程度较高。生活性服务业的发展能够促进第三产业的绿色增长。

收入差距的扩大约束了生活性服务业的发展，并进而约束了第三产业绿色增长的空间。生活性服务业的发展离不开居民收入的提高。改革开放以来，虽然中国居民收入得到了快速增长，然而居民收入差距却在不断扩大，严重影响了中国生活性服务业的绿色增长。这是因为，根据经济学基本原理，收入决定消费，而边际消费倾向随着收入的增加而递减。收入差距大意味着高收入群体增加的收入中用于消费的比例较低，而低收入群体由于收入低消费能力也不足。在国民收入总量一定的情况下，收入差距大将导致整个社会的消费不足，因而使得生活性服务业需求不足导致发展空间受到约束。总之，“十二五”期间，中国收入差距有进一步扩大的趋势，收入差距的扩大仍将会是第三产业绿色增长的约束因素。

2. 国际金融危机影响了第三产业绿色增长的活力

“十一五”期间，在国际金融危机对中国经济发展产生广泛而深入影响的情况下，中国第三产业仍然得到了稳定快速的增长。但是“十二五”期间，国际金融危机对中国经济发展的影响仍然不容忽视。国家“十二五”规划明确指出，“十二五”期间，国际金融危机影响深远，世界经济增长速度减缓。在这种情况下，中国经济发展，面临的外部环境更加复杂。中国第三产业绿色增长也将面临更大的挑战。

国际金融危机对生产性服务业和生活性服务业都将产生深远的影响。生产性服务业方面，最直接的影响是对金融服务业的影响。此次国际金融危机对金融服务业产生了比较重要的影响，在金融服务业的制度、运营、产品等方面都产生了深刻的影响。此外，国际金融危机对物流业、高技术服务业、商务服务业等行业也都产生了一定的负面影响。生活性服务业方面，由于金融危机期间及其后一段时间居民可支配收入的减少使得居民消费受到较长期的影响，因而生活性服务业的需求受到一定的压抑。《中华人民共和国 2010 年国民经济和社会发展统计公报》的数据显示，根据初步统计，2010 年中国第三产业增加值为 171 005 亿元，占 GDP 比重为 43%，比上年同期下降了 0.4 个百分点。这表明为了应对金融危机，政府的刺激性经济政策对于第三产业的侧重性不强，从而导致其发展受到较大影响。第三产业在金融危机后出现了逆向发展，其在“十一五”期间的转型任务仍然非常艰巨。

3. 体制改革滞后限制了第三产业绿色增长的效率

“十一五”期间，国家和各地方政府都出台了一系列的促进服务业发展的政策，这些政策在一定程度上促进了第三产业的体制改革，刺激了第三产业的快速发展。但是，第三产业的体制改革仍然滞后于产业的发展，影响了第三产业发展的活力和效率。体制改革的滞后包括两个方面，一方面是政策出台的滞后性；另一方面是政策的执行问题。这两方面的因素使得服务业体制改革的滞后影响了服务业发展的活力和效率。目前，服务业体制改革的滞后问题主要有以下几个方面。

首先是第三产业市场化进程的落后。由于自然垄断等影响，中国第三产业中的部分行业市场竞争不充分，甚至有部分行业处于垄断阶段。市场化进程的落后限制了第三产业的绿色发展。其次，服务业财政税收政策的配套支持政策有待进一步完善。虽然中国为了促进服务业的发展，在财政税收方面制订了一些优惠政策，但是具体的执行和配套支持政策不足，因而导致优惠政策难以执行。最后，服务业金融支持政策同样面临配套政策匮乏的窘境。国家为鼓励金融机构开发适应服务业需要的金融产品，出台了各种金融支持服务业的政策。但是，与之配套的企业资金审核系统、企业信用审核系统等配套机制没有能够即时建立起来，导致金融支持政策不能够有效发挥作用。

>>参考文献<<

[1] 中华人民共和国国家统计局．中国统计年鉴 2006—2010[R]．北京：中国统计出版社，2006—2010.

[2] 中华人民共和国国家统计局，中华人民共和国环境保护部．中国环境统计年报 2005—2010[R]．北京：中国环境科学出版社，2005—2010.

[3] 国家统计局能源统计司．中国能源统计年鉴 2006—2010[R]．北京：中国统计出版社，2006—2010.

[4] 北京师范大学科学发展观与经济可持续发展研究基地等．2010 中国绿色发展指数年度报告——省际比较[R]．北京：北京师范大学出版社，2010.

[5] 李晓西等．新世纪中国经济报告[R]．北京：人民出版社，2006.

[6] 李晓西．中国：新的发展观[M]．北京：中国经济出版社，2009.

[7] 李晓西等．国际金融危机下的中国经济发展[M]．北京：中国大百科全书出版社，2010.

[8] 北京师范大学经济与资源管理研究院．2008 中国市场经济发展报告[R]．北京：北京师范大学出版社，2008.

[9] 何德旭．中国服务业 30 年：1978－2008[M]．北京：社会科学文献出版社，2008.

[10] 荆林波．中国服务业发展报告——面向“十二五”的中国服务业[M]．北京：社会科学文献出版社，2011.

[11] 裴长洪．服务业：城市腾飞的新引擎[M]．北京：社会科学文献出版社，2010.

[12] 邓于君．服务业结构演进：内在机理与实证分析[M]．北京：科学出版社，2010.

[13] 杜秀敏．金融危机下第三产业发展探讨[J]．中国商贸，2010(10).

[14] 贺有利．三产化/服务化——中国特色第三产业/服务业道路探讨[M]．北京：人民出版社，2008.

[15] 来有为．生产性服务业的发展趋势和中国的战略选择[M]．北京：中国发展出版社，2010.

[16] 李丽．第三产业内部结构优化及对策研究[M]．北京：知识产权出版社，2007.

[17] 马智利，张丽芳．中国第三产业内部结构特征实证分析[J]．经济问题，2010(5).

[18] 上海市经济和信息化委员会，上海科学技术情报研究所．2009 世界服务业重点行业发展动态[M]．上海：上海科学技术文献出版社，2009.

[19] 苏华．我国第三产业地区发展差距形成的原因[J]．调研世界，2010(8).

[20] 魏作磊．中国服务业发展战略研究[M]．北京：经济科学出版社，2009.

[21] 周天勇，张弥．我国第三产业发展方略[J]．财经问题研究，2010(9).

第五章 经济增长绿化度测算及分析

随着“十二五”开局之年 2011 年的来临，“十一五”规划圆满收官。在这五年里中国经受了全球金融危机和一系列突发事件的挑战，经济总体实现了平稳较快增长，并一跃成为世界第二大经济体。2009 年，面对复杂多变的国内外经济形势，党中央、国务院及时出台了一系列应对危机的重要举措，以危机为契机加快经济发展方式转变，“节能减排”工作更是受到了前所未有的重视。经济的绿色发展作为转变经济发展方式的重要方面，在这一年得到了重要体现。大到全国，小到一个城市甚至区县都在以自己的行动展示着绿色增长的成果。

作为绿色发展指数的重要内涵之一，经济增长绿化度是对一个地区经济发展过程中绿色程度的综合评价。本章根据“中国绿色发展指数评价体系(省区)”(以下简称“省区测算体系”)和“中国绿色发展指数评价体系(城市)”(以下简称“城市测算体系”)中经济增长绿化度的测度标准，利用 2009 年的年度数据，从绿色增长效率和三次产业等四个角度分别对中国 30 个省(区、市)①和 34 个大中城市(包括 4 个直辖市、25 个省会城市和 5 个计划单列市，拉萨和乌鲁木齐除外)的经济增长绿化度指数进行了测度。

>>一、经济增长绿化度的测算结果<<

由于省际情况各异，同一省份的城市发展也相差较大。为充分体现省区和城市的特点，在指标体系的设计上，省区测算体系和城市测算体系中经济增长绿化度的三级指标名称及权重并不完全相同。因此，下面分别介绍省区的测算结果和城市的测算结果。

(一)省际经济增长绿化度指数测算结果

根据“省区测算体系”中经济增长绿化度的测度体系和权重标准，中国 30 个省(区、市)经济增长绿化度指数的测算结果如表 5-1 所示。

① 由于缺少主要测算数据，因此，西藏、中国香港地区、中国澳门地区和中国台湾地区未参与测算。

表 5-1　　2009 年中国 30 个省(区、市)经济增长绿化度指数及排名

指　标	经济增长绿化度		二级指标							
			绿色增长效率指标		第一产业指标		第二产业指标		第三产业指标	
权　重	100%		45%		15%		25%		15%	
地　区	指数值	排名	指数值	排名	指数值	排名	指数值	排名	指数值	排名
北　京	0.556	1	0.261	1	0.090	1	0.065	4	0.140	1
上　海	0.367	2	0.118	2	0.066	2	0.068	3	0.116	2
天　津	0.320	3	0.095	3	0.040	4	0.126	1	0.059	3
浙　江	0.161	4	0.070	4	0.045	3	0.037	7	0.008	5
江　苏	0.153	5	0.068	5	0.040	6	0.038	6	0.007	8
广　东	0.138	6	0.052	7	0.004	11	0.060	5	0.022	4
山　东	0.112	7	0.034	9	0.019	9	0.074	2	−0.016	20
福　建	0.107	8	0.036	8	0.040	5	0.030	8	0.001	10
海　南	0.059	9	0.058	6	0.022	8	−0.023	20	0.002	9
辽　宁	−0.009	10	−0.027	18	0.000	12	0.010	12	0.008	6
内蒙古	−0.010	11	−0.026	17	−0.002	13	0.011	11	0.007	7
河　北	−0.020	12	−0.008	11	0.017	10	−0.007	16	−0.022	24
吉　林	−0.023	13	−0.020	14	−0.022	22	0.024	9	−0.004	12
陕　西	−0.046	14	−0.035	22	−0.015	17	0.021	10	−0.017	21
湖　北	−0.048	15	−0.027	19	−0.008	14	−0.008	17	−0.004	13
黑龙江	−0.048	16	−0.020	13	−0.016	18	−0.004	14	−0.009	15
新　疆	−0.058	17	−0.035	23	0.037	7	−0.047	26	−0.013	17
湖　南	−0.081	18	−0.025	16	−0.015	16	−0.025	21	−0.015	18
安　徽	−0.081	19	−0.022	15	−0.025	24	−0.002	13	−0.032	28
河　南	−0.083	20	−0.017	12	−0.013	15	−0.005	15	−0.049	30
江　西	−0.096	21	−0.001	10	−0.021	20	−0.045	24	−0.029	27
山　西	−0.110	22	−0.066	26	−0.025	25	−0.008	18	−0.010	16
四　川	−0.112	23	−0.034	21	−0.016	19	−0.037	23	−0.025	25
广　西	−0.112	24	−0.041	25	−0.021	21	−0.017	19	−0.033	29
重　庆	−0.113	25	−0.028	20	−0.040	28	−0.029	22	−0.015	19
云　南	−0.163	26	−0.037	24	−0.045	29	−0.052	27	−0.028	26
宁　夏	−0.170	27	−0.097	30	−0.023	23	−0.045	25	−0.005	14
甘　肃	−0.184	28	−0.067	27	−0.028	26	−0.067	28	−0.021	23
青　海	−0.202	29	−0.080	29	−0.032	27	−0.071	30	−0.019	22
贵　州	−0.204	30	−0.078	28	−0.052	30	−0.070	29	−0.004	11

注：①本表根据省区测算体系中经济增长绿化度的指标体系，依各指标 2009 年数据测算而得；②本表各省(区、市)按照经济增长绿化度的指数值从大到小排序。

资料来源：根据《中国统计年鉴 2010》、《中国环境统计年鉴 2010》、《中国环境统计年报 2009》、《中国工业经济统计年鉴 2010》、《中国区域经济统计年鉴 2010》、《中国城市统计年鉴 2010》、《中国水利统计年鉴 2010》、《中国农业统计年鉴 2009》、《中国城市建设统计年鉴 2009》以及《中国的沙漠及其治理》等测算。

从表 5-1 中看到，排在经济增长绿化度前十位的省份依次是：北京、上海、天津、浙江、江苏、广东、山东、福建、海南和辽宁(见图 5-1)。其中，绿色增长效率指标排名前十位的省份依次是：北京、上海、天津、浙江、江苏、海南、广东、福建、山东和江西；第一产业指标排名前十位的省份依次是：北京、上海、浙江、天津、福建、江苏、新疆、海南、山东和河北；第二产业指标排名前十位的省份依次是：天津、山东、上海、北京、广东、江苏、浙江、福建、吉林和陕西；第三产业指标排名前十位的省份依次是：北京、上海、天津、广东、浙江、辽宁、内蒙古、江苏、海南和福建。

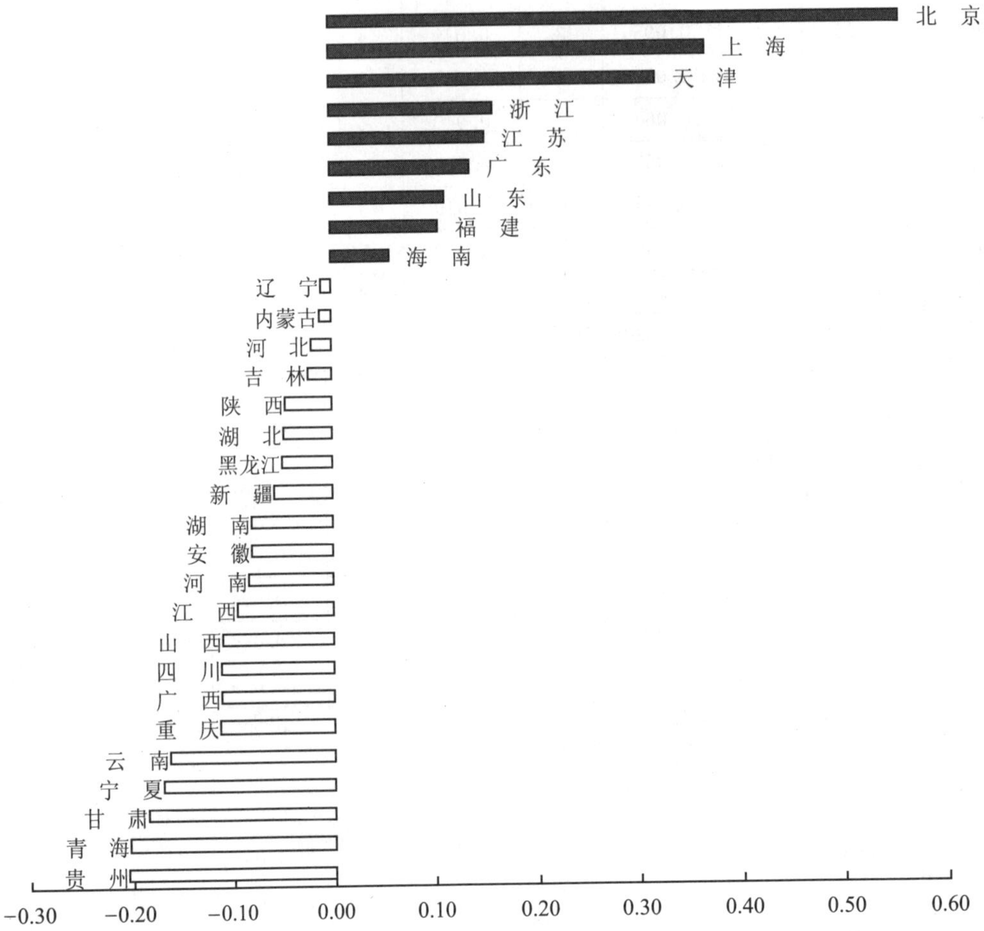

图 5-1　经济增长绿化度排名省际比较

各地区经济增长绿化度的地理分布见图 5-2，其中排在前十位的省份用“深绿色”表示；排在第 11～20 的省份用“中度绿色”来表示，排在后十位的省份用“浅绿色”表示。不同颜色代表经济增长绿化度的不同程度，颜色越深，表明经济增长绿化度越好。从地理区域来看，用“深绿色”代表的省份集中在中国的东部沿海地区，“中度绿色”省份集中在中国的中部偏东部的地区，“浅绿色”省份则集中在中国的中部偏西部的地区。

结合表 5-1 和图 5-1、图 5-2，中国 30 个省(区、市)经济增长绿化度的总体特点如下。

1. 经济增长绿化度区域差异明显，总体呈现东部较好，东北和中部居中，西部偏低的局面

从经济增长绿化度的区域分布来看，经济增长绿化度呈现东部较好、东北和中部居中，西部偏低的特点。

图 5-2　经济增长绿化度排名地区分布

注：根据表 5-1 制作。

在东部地区①的 10 个省份中，排在前十位的有 9 个，河北排在第 12 位。其中，北京更以 0.556 的高分居全国第 1 位，从各项指标来看，除第二产业指标外，北京在绿色增长效率指标、第一产业、第三产业指标上的得分均排在全国首位，整体较好。东北三省的排名分别为第 10、第 13 和第 16 位，处于中等偏上水平。中部 6 省中，湖北排第 15 位，其余五省份排在第 18～22 位，位次居中偏后。西部地区的 11 个(除西藏外)参评省份中，除内蒙古排在第 11 位、陕西排在第 14 位以及新疆排在第 17 位以外，其他 8 个省份排在第 23～30 位，依次为四川、广西、重庆、云南、宁夏、甘肃、青海和贵州，整体排名靠后。对比发现，这 8 个省份排名之所以靠后，其主要原因就在于绿色增长效率指标和第二产业指标拉低了最终排序。但值得说明的是贵州的第三产业指标排在第 11 位，处于中等偏上水平。

对比经济增长绿化度的分指标发现，中部、西部和东北地区的绿色增长效率指标与东部的差距最大，其次是第二产业指标，相对而言，四大区域在第三产业指标上的差距最小(见图 5-3)。由于绿色增长效率指标和第二产业指标的权重占经济增长绿化度指数的 70%，因此，这两项得分对经济增长绿化度最终排名的影响较大。其中，在绿色增长效率指标的 9 个指标中，有 7

---

① 东部地区包括：北京、天津、河北、上海、江苏、浙江、福建、山东、广东和海南；中部地区包括山西、安徽、江西、河南、湖北和湖南；西部地区包括内蒙古、广西、重庆、四川、贵州、云南、西藏、陕西、甘肃、青海、宁夏和新疆；东北地区包括辽宁、吉林和黑龙江。

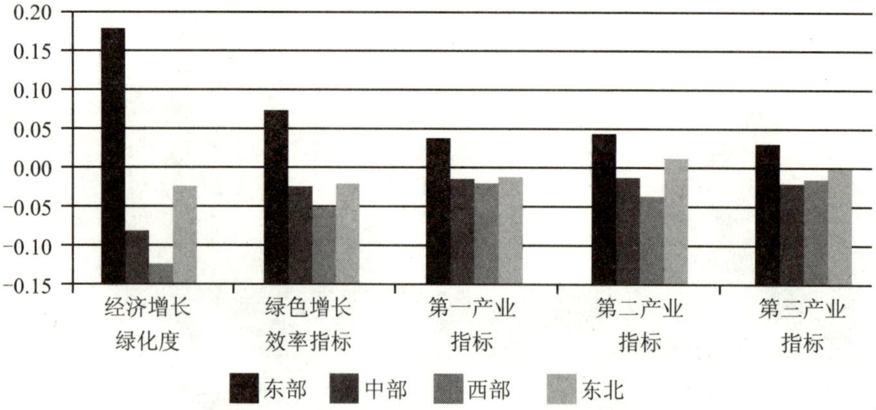

图 5-3 中国四大区域经济增长绿化度对照图

注：图中数据为四大区域中各省份指标值的算术平均值。

个与“节能减排”工作相关，分别是：单位地区生产总值能耗、非化石能源消费量占能源消费量的比重、单位地区生产总值二氧化碳排放量、单位地区生产总值二氧化硫排放量、单位地区生产总值化学需氧量排放量、单位地区生产总值氮氧化物排放量以及单位地区生产总值氨氮排放量，指标合计权重占总权重的10.4%，接近经济增长绿化度权重的35%①。“十一五”期间，应经济发展方式转变的需要，“节能减排”工作受到了前所未有的重视，但是对于仍处于发展起步阶段的中西部地区而言，很多省份依然需要依靠高投入、高耗能和高污染的工业行业来拉动经济快速增长，这必然给经济的绿色发展带来很大的压力。而东部地区经济相对发达，工业体系相对较为成熟，节能减排工作难度要小于中西部地区，绿色增长效率较高。

2. 经济增长绿化度排名与经济发展水平呈同向变动关系

经济增长绿化度指数的排名顺序与各省份经济发展水平呈同向变动的趋势，即经济发展水平越高，经济增长绿化度指数的排序越靠前，这也从一个侧面反映了经济增长的同时实现绿色发展是可行的。

从测算结果来看，绿色增长效率指标和第一产业指标前十名的省份中有9个处于经济发达的东部地区，第二产业指标和第三产业指标前十名中则有8个为东部省份；在各指标的后十名中绝大部分为西部省份。区域发展差异在中国的经济发展过程中表现十分突出。“十一五”期间，四大区在消费、投资以及外贸等方面的差距虽有缩小趋势，但总体的较大差距仍不容忽视。改革开放以来，东部地区实现了经济社会的迅速发展，工业化程度和城市化程度显著提高，随之而来的是三次产业结构的不断优化和经济运行质量的提升。三次产业指标在经济增长绿化度测算中占比55%，对经济增长绿化度排序的贡献较大。因此，对于三产结构相对较为发达的东部省份而言，经济增长绿化度排名较为靠前。

3. 经济增长绿化度的提高有利于促进绿色发展

对比各地区经济增长绿化度指数排序与绿色发展指数排序后发现，30个参评省份名次变动在5名及以内的省份达20个，占总参评省份的2/3。名次变动10个位次及以上的省份有6个，占参评省份数量的1/5，分别是青海、云南、贵州、辽宁、吉林以及河南(见表5-2)。

---

① 其中，非化石能源消费量占能源消费量的比重和单位地区生产总值二氧化碳排放量由于缺少数据而未参与测算。

表 5-2　　省际绿色发展指数与经济增长绿化度排名差异比较

地　区	绿色发展指数排名	经济增长绿化度排名	位次变化	地　区	绿色发展指数排名	经济增长绿化度排名	位次变化
北　京	1	1	0	新　疆	16	17	−1
上　海	2	2	0	江　西	17	21	−4
青　海	3	29	−26	河　北	18	12	6
天　津	4	3	1	四　川	19	23	−4
海　南	5	9	−4	安　徽	20	19	1
浙　江	6	4	2	重　庆	21	25	−4
云　南	7	26	−19	湖　北	22	15	7
福　建	8	8	0	吉　林	23	13	10
江　苏	9	5	4	广　西	24	24	0
广　东	10	6	4	辽　宁	25	10	15
内蒙古	11	11	0	湖　南	26	18	8
山　东	12	7	5	宁　夏	27	27	0
贵　州	13	30	−17	山　西	28	22	6
陕　西	14	14	0	甘　肃	29	28	1
黑龙江	15	16	−1	河　南	30	20	10

注：本表根据表 0-4 和表 5-1 整理而得。

在名次差异较大的 6 个省份中，西部省份占了一半。从表 5-2 中可以发现，这三个西部省份均经济增长绿化度指数排名靠后而绿色发展指数排名靠前，而其余三个省份则是经济增长绿化度排名靠前而绿色发展指数排名偏后。这并非偶然。绿色发展指数是由经济增长绿化度、资源环境承载潜力和政府政策支持度三部分构成的，具体到青海、云南和贵州三个省份，作为西部的资源大省，青海的资源环境承载潜力居全国首位，远超过第二位的贵州和第三位的云南，可见，西部地区的资源优势对个别省份的绿色发展指数排名起到了重要的拉动作用。但这些省份的经济发展水平相对落后，从经济增长绿化度四个分指标的排名中就可见一斑。

(二)城市经济增长绿化度指数测算结果

城市在经济社会的绿色发展过程中承担了越来越重要的角色。当今城市消耗了 75%以上的世界资源，产出了 60%～80%的温室气体，城市处在一个经济和生态的大环境当中。[①] 中国的城市发展在走过很多弯路以后逐步认识到了发展绿色城市，创建绿色家园的重要性，在城乡统筹稳步前进，国家大力促进城市化的今天，测度城市的经济增长绿化度有着较为积极的引导意义。根据“城市测算体系”中经济增长绿化度的测度体系和权重标准，34 个参评城市经济增长绿化度指数的测算结果如表 5-3 所示。

① 参见联合国副秘书长阿希姆·施泰纳关于“关注城市绿色经济”的讲话，载 http://finance.sina.com.cn/roll/20100703/11308228198.shtml。

表 5-3　　**2009 年中国 34 个城市经济增长绿化度指数及排名①**

指　标	经济增长绿化度		二级指标							
			绿色增长效率指标		第一产业指标		第二产业指标		第三产业指标	
权　重	100%		50%		5%		30%		15%	
地　区	指数值	排名	指数值	排名	指数值	排名	指数值	排名	指数值	排名
深　圳	0.341	1	0.153	1	0.083	1	0.072	2	0.033	6
北　京	0.267	2	0.134	2	−0.002	16	0.009	14	0.126	1
海　口	0.140	3	0.099	6	−0.003	19	−0.004	20	0.048	4
沈　阳	0.139	4	0.023	11	0.005	6	0.096	1	0.016	9
广　州	0.127	5	0.113	3	0.001	12	−0.050	30	0.063	3
长　沙	0.124	6	0.101	5	−0.005	24	0.042	4	−0.014	22
大　连	0.090	7	0.051	8	0.023	2	0.012	11	0.003	14
合　肥	0.085	8	0.111	4	−0.005	23	0.013	10	−0.034	30
上　海	0.083	9	−0.002	14	0.002	10	0.012	12	0.071	2
青　岛	0.072	10	0.060	7	0.002	11	0.020	8	−0.010	19
天　津	0.029	11	−0.011	17	−0.004	20	0.039	5	0.004	13
厦　门	0.028	12	0.015	12	−0.001	15	0.003	18	0.011	11
济　南	0.026	13	−0.009	16	0.003	8	0.021	7	0.010	12
长　春	0.026	14	0.008	13	−0.003	18	0.052	3	−0.032	28
南　京	0.021	15	−0.012	18	0.007	3	0.006	16	0.020	8
杭　州	0.000	16	0.024	10	0.003	9	−0.024	27	−0.003	16
福　州	−0.024	17	−0.022	21	0.005	7	0.009	13	−0.016	24
哈尔滨	−0.039	18	−0.027	23	0.005	5	−0.010	22	−0.008	17
宁　波	−0.039	19	0.049	9	0.006	4	−0.067	34	−0.028	26
南　昌	−0.044	20	−0.032	25	−0.005	22	0.026	6	−0.032	29
西　安	−0.048	21	−0.024	22	−0.011	29	−0.012	23	−0.001	15
郑　州	−0.049	22	−0.016	19	−0.010	28	0.006	17	−0.029	27
武　汉	−0.050	23	−0.071	30	0.000	13	0.007	15	0.015	10
呼和浩特	−0.052	24	−0.039	26	−0.003	17	−0.052	31	0.042	5
石家庄	−0.070	25	−0.018	20	0.000	14	−0.002	19	−0.051	32
太　原	−0.075	26	−0.069	29	−0.009	26	−0.024	28	0.027	7
南　宁	−0.093	27	−0.030	24	−0.010	27	−0.018	26	−0.036	31
成　都	−0.094	28	−0.067	28	−0.005	21	−0.009	21	−0.013	21
昆　明	−0.098	29	−0.008	15	−0.012	30	−0.053	32	−0.026	25
银　川	−0.101	30	−0.103	33	−0.006	25	0.017	9	−0.009	18
兰　州	−0.138	31	−0.101	32	−0.013	32	−0.014	24	−0.011	20
贵　阳	−0.184	32	−0.096	31	−0.013	33	−0.062	33	−0.014	23
重　庆	−0.188	33	−0.061	27	−0.012	31	−0.046	29	−0.069	34
西　宁	−0.206	34	−0.123	34	−0.015	34	−0.016	25	−0.053	33

注：①本表根据城市测算体系中经济增长绿化度的指标体系，依各指标 2009 年数据测算而得；②本表城市按照经济增长绿化度的指数值从大到小排序。

资料来源：根据《中国统计年鉴 2010》、《中国环境统计年鉴 2010》、《中国环境统计年报 2009》、《中国区域经济统计年鉴 2010》、《中国城市统计年鉴 2010》、《中国城市(镇)价格与生活统计年鉴 2010》以及《中国城市建设统计年鉴 2009》等测算。

① 由于缺少主要测算数据，故测算结果不包括拉萨和乌鲁木齐。

从表5-3中看到，排在经济增长绿化度前十位的城市依次是：深圳、北京、海口、沈阳、广州、长沙、大连、合肥、上海和青岛(见图5-3)。其中，绿色增长效率指标排名前十位的依次是：深圳、北京、广州、合肥、长沙、海口、青岛、大连、宁波和杭州；第一产业指标排名前十位的依次是：深圳、大连、南京、宁波、哈尔滨、沈阳、福州、济南、杭州和上海；第二产业指标排名前十位的依次是：沈阳、深圳、长春、长沙、天津、南昌、济南、青岛、银川和合肥；第三产业指标排名前十位的依次是：北京、上海、广州、海口、呼和浩特、深圳、太原、南京、沈阳和武汉。

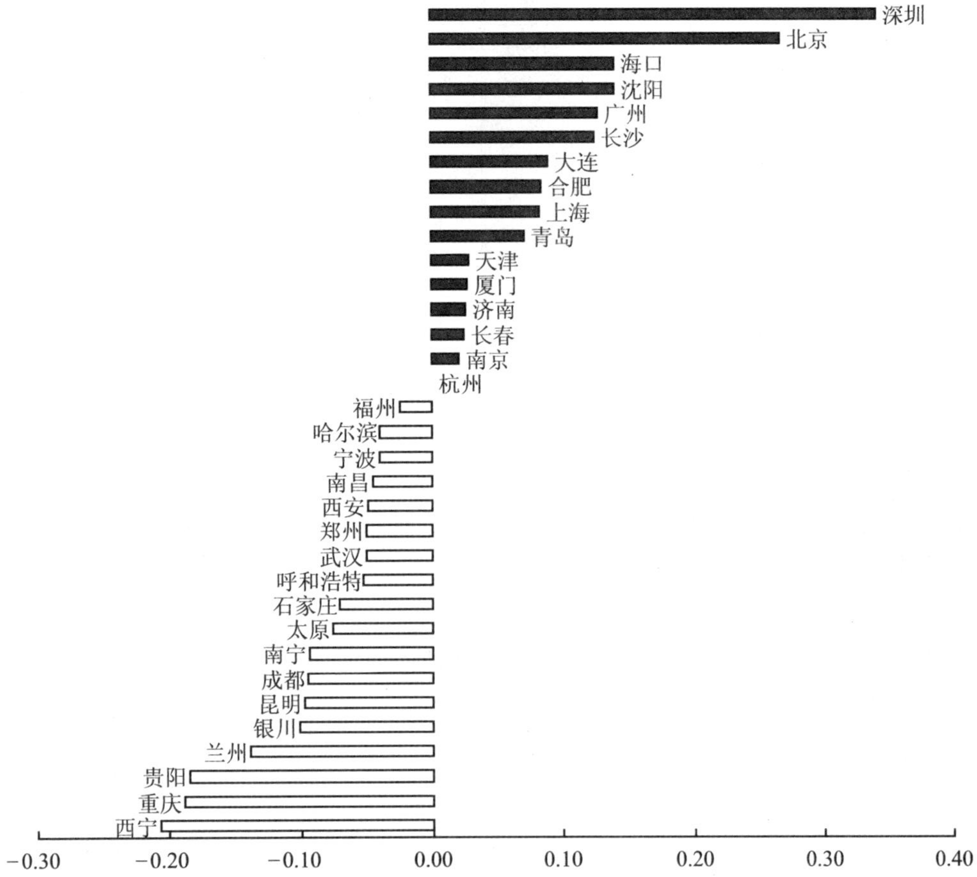

图5-4　经济增长绿化度排名城市比较

根据测算结果，34个测算城市经济增长绿化度的总体特点如下。

1. 城市经济增长绿化度与所在省的经济增长绿化度关系密切

通过比较经济增长绿化度的省区测算结果和城市测算结果后发现，虽然测算体系略有差别，但除五个计划单列市外，大部分省会城市排名与其所在省份的排名差异不大(见表5-4)。与所在省份排名相比，绝大部分省会城市与其所在省经济增长绿化度排名的位次变动都在10位以内，其中，名次变动在5个位次及以内的城市有14个。这从一个侧面反映了省会城市作为一个省份的经济中心，在经济的绿色增长上与所在省步调是基本一致的。值得注意的是，四个直辖市在城市组的排名较省区组排名均有不同程度的下降，除北京下降1位以外，其他三个直辖市的排名均下降了7～8位，直辖市在省区组排名中的优势更为明显。

表 5-4　　经济增长绿化度城市排名与所在省排名差异比较

城　市	城市排名	所在省排名	差　异	城　市	城市排名	所在省排名	差　异
北　京	2	1	−1	郑　州	22	20	−2
天　津	11	3	−8	武　汉	23	15	−8
石家庄	25	12	−13	长　沙	6	18	12
太　原	26	22	−4	广　州	5	6	1
呼和浩特	24	11	−13	南　宁	27	24	−3
沈　阳	4	10	6	海　口	3	9	6
长　春	14	13	−1	重　庆	33	25	−8
哈尔滨	18	16	−2	成　都	28	23	−5
上　海	9	2	−7	贵　阳	32	30	−2
南　京	15	5	−10	昆　明	29	26	−3
杭　州	16	4	−12	西　安	21	14	−7
合　肥	8	19	11	兰　州	31	28	−3
福　州	17	8	−9	西　宁	34	29	−5
南　昌	20	21	1	银　川	30	27	−3
济　南	13	7	−6				

资料来源：根据表 5-1 和表 5-3 整理而得。

2. 经济增长绿化度城市排名总体呈现东部城市相对靠前、东北和中部较为分散、西部城市相对靠后的局面①

从经济增长绿化度测算结果来看，城市排名的区域分布特征明显。东部地区的 14 个城市中，深圳、北京、海口、广州、上海和青岛排在全国前十位，其中深圳和北京以 0.341 和 0.267 高居全国前两位，远远超出其他城市，深圳的绿色增长效率指标和第一产业指标均居首位，同时，其第二产业指标和第三产业指标排名分列第 2 位和第 6 位，均十分靠前。北京的第三产业指标（第 1 名）和绿色增长效率指标（第 2 名）排名有效拉动了其经济增长绿化度的总体名次。其余 8 个东部城市除石家庄排名第 25 名外，剩下的 7 个城市排名介于第 11～19 名之间，较为集中，总体而言，东部城市的经济增长绿化度优势明显。中部地区城市排名出现了两极化趋势。其中，长沙和合肥排在前十位，南昌、郑州、武汉和太原则分别排在第 20、第 22、第 23、第 26 名，处于中间偏后的位置。与之类似，东北地区的沈阳、大连、长春和哈尔滨依次为第 4、第 7、第 14 和第 18 名。西部地区的 10 个城市中，除西安和呼和浩特位列第 21 位和第 24 位外，其他 8 个城市排在最后 8 位，劣势明显。

3. 城市经济增长绿化度排名与经济发展水平相关性明显

从排名来看，城市经济增长绿化度与经济发展水平有一定的正相关关系。若简单地以人均地区生产总值作为衡量城市经济发展水平的一个替代指标，对比各城市经济增长绿化度指数排序与人均地区生产总值排序后发现，34 个参评城市名次变动在 5 名及以内的有 18 个，占总参评

① 东部地区城市包括：北京、天津、石家庄、上海、南京、杭州、宁波、福州、厦门、济南、青岛、广州、深圳和海口；中部地区城市包括太原、合肥、南昌、郑州、武汉和长沙；西部地区城市包括呼和浩特、南宁、重庆、成都、贵阳、昆明、西安、兰州、西宁和银川；东北地区城市包括沈阳、大连、长春和哈尔滨。

省份的近60%(见表5-5)。基本呈现经济发展水平越高，在经济增长绿化度指数上的排序越靠前的态势。

表5-5　城市人均地区生产总值排名与经济增长绿化度排名差异比较

地区	人均地区生产总值排名	经济增长绿化度排名	位次变化	地区	人均地区生产总值排名	经济增长绿化度排名	位次变化
深圳	1	1	0	郑州	18	22	−4
广州	2	5	−3	合肥	19	8	11
上海	3	9	−6	南昌	20	20	0
大连	4	7	−3	福州	21	17	4
北京	5	2	3	长春	22	14	8
厦门	6	12	−6	成都	23	28	−5
南京	7	15	−8	银川	24	30	−6
杭州	8	16	−8	西安	25	21	4
天津	9	11	−2	哈尔滨	26	18	8
呼和浩特	10	24	−14	石家庄	27	25	2
宁波	11	19	−8	兰州	28	31	−3
青岛	12	10	2	海口	29	3	26
长沙	13	6	7	昆明	30	29	1
沈阳	14	4	10	贵阳	31	32	−1
武汉	15	23	−8	重庆	32	33	−1
济南	16	13	3	西宁	33	34	−1
太原	17	26	−9	南宁	34	27	7

资料来源：根据《中国统计年鉴2010》、《中国环境统计年鉴2010》、《中国环境统计年报2009》、《中国区域经济统计年鉴2010》、《中国城市统计年鉴2010》、《中国城市(镇)价格与生活统计年鉴2010》以及《中国城市建设统计年鉴2009》等测算。

在参评的34个城市中，名次变动最大的是海口市，在人均地区生产总值中是第29位，但在经济增长绿化度中则排在第3位，是所有参评城市中唯一一个名次变动超过20位的城市。虽然2009年海口市人均地区生产总值只有26 366元，但海口市紧抓国际旅游岛建设重大机遇，依靠当前优越的经济政策环境积极发展第三产业，海口的第三产业增加值比重和第三产业就业人员比重均位列第2位。同时，作为“全国城市环境综合整治优秀城市”，海口的单位地区生产总值二氧化硫排放量位列参评城市第34位、单位工业增加值水耗位列第32位、工业固体废物综合利用率位列第3位。综合而言，海口人均地区生产总值较低而经济绿色发展情况较好也就不足为怪了。

4. 城市经济增长绿化度对绿色发展指数贡献的区域差异明显

从最终测算结果来看，城市的经济增长绿化度对绿色发展指数影响较大，但区域差异明显。对比城市经济增长绿化度和绿色发展指数排名后发现，名次变动在5名及以内的省份有20个，占总参评省份近2/3。其中，名次变动最大的是昆明市，变动了26个位次(见表5-6)。对于主要以机械、冶金、烟草加工等为主的工业体系而言，昆明单位地区生产总值的污染物排放量相对较大，对其经济增长绿化度排名有所牵制。

表 5-6 城市绿色发展指数与经济增长绿化度排名差异比较

地　区	绿色发展指数排名	经济增长绿化度排名	位次变化	地　区	绿色发展指数排名	经济增长绿化度排名	位次变化
深　圳	1	1	0	南　京	18	15	3
海　口	2	3	−1	上　海	19	9	10
昆　明	3	29	−26	长　春	20	14	6
北　京	4	2	2	济　南	21	13	8
合　肥	5	8	−3	银　川	22	30	−8
广　州	6	5	1	南　昌	23	20	3
大　连	7	7	0	呼和浩特	24	24	0
青　岛	8	10	−2	郑　州	25	22	3
长　沙	9	6	3	贵　阳	26	32	−6
福　州	10	17	−7	太　原	27	26	1
厦　门	11	12	−1	天　津	28	11	17
南　宁	12	27	−15	重　庆	29	33	−4
宁　波	13	19	−6	西　安	30	21	9
沈　阳	14	4	10	武　汉	31	23	8
哈尔滨	15	18	−3	成　都	32	28	4
石家庄	16	25	−9	兰　州	33	31	2
杭　州	17	16	1	西　宁	34	34	0

资料来源：根据表 0-5 和表 5-3 整理而得。

经济增长绿化度对绿色发展指数贡献的区域差异表现在，相对于中西部地区的城市，东部城市经济增长绿化度指数对绿色发展指数的拉动作用最大，中西部地区在政府政策支持度和资源环境承载潜力上则更具优势。从绿色发展指数的三个分指数来看，在经济增长绿化度平均水平之上的城市中，东部城市占绝大多数；而在资源环境承载潜力指数上，东部城市大多处于中等偏后的位置，上海仅高于武汉居第 33 位。而经济增长绿化度对绿色发展指数的贡献又得益于绿色增长效率指标和第三产业指标的拉动，东部城市这两个指标明显优于其他区域，尤其是绿色增长效率指标(见图 5-5)。但与省际排名相比，东部城市的绝对优势有所下降，在第一产业和第二产业指标中，东北地区的城市都要略胜一筹。

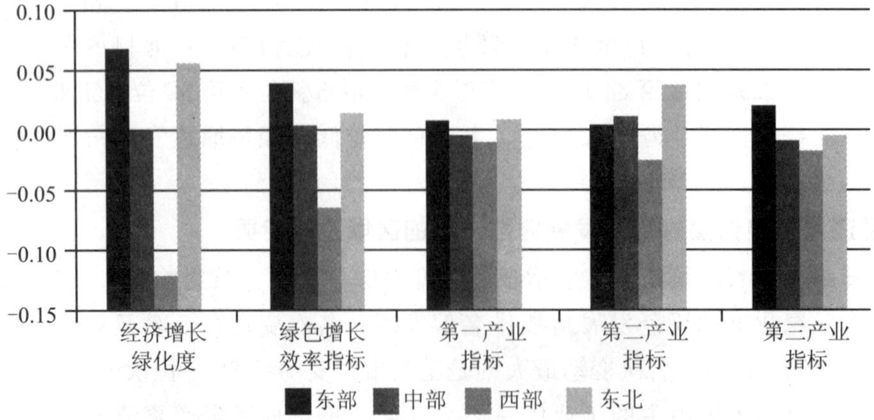

图 5-5 中国四大区域城市经济增长绿化度对照图

注：图中数据为四大区域中各城市指标值的算术平均值。

>>二、省际经济增长绿化度比较分析<<

省际经济增长绿化度指数占绿色发展指数总权重的30%，共由22个三级指标构成，正指标12个，逆指标10个。其中参与测算的指标有20个，三级指标权重分别为1.40%或1.70%。

(一)省际绿色增长效率指标测算结果及分析

在省际经济增长绿化度测度体系中，绿色增长效率指标占经济增长绿化度指数的权重为45%，占绿色发展指数的13.5%，相对于其他三个指标，这一指标对经济增长绿化度指数的贡献较大。从指标构成来看，绿色增长效率指标主要是由表5-7中的9个指标加权组合而成。

表5-7 省际绿色增长效率三级指标、权重及指标属性

指标序号	指　标	权　重(%)	指标属性
1	人均地区生产总值	1.70	正
2	单位地区生产总值能耗	1.70	逆
3	非化石能源消费量占能源消费量的比重	1.70	正
4	单位地区生产总值二氧化碳排放量	1.40	逆
5	单位地区生产总值二氧化硫排放量	1.40	逆
6	单位地区生产总值化学需氧量排放量	1.40	逆
7	单位地区生产总值氮氧化物排放量	1.40	逆
8	单位地区生产总值氨氮排放量	1.40	逆
9	人均城镇生活消费用电	1.40	逆

注：本表内容是由本报告课题组召开的多次专家座谈会研讨确定的。

绿色增长效率指标的9个三级指标中，指标1"人均地区生产总值"、指标2"单位地区生产总值能耗"、指标3"非化石能源消费量占能源消费量的比重"的权重均为1.70%，高于其他6个指标的权重(1.40%)。其原因在于，在衡量一个地区经济发展水平的指标中，测算体系只选择了

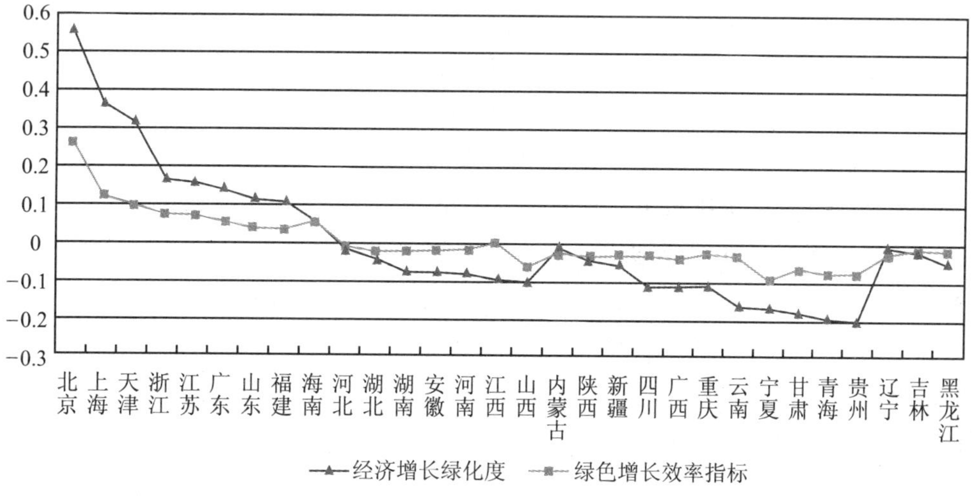

图5-6 省际绿色增长效率指标与经济增长绿化度指数对比

注：本图从东部、中部、西部和东北地区划分的角度，根据经济增长绿化度指数大小自左到右排列。

"人均地区生产总值"这一指标，因此，在权重上做了适当的倾斜。"十一五"期间，实现单位地区生产总值能耗降低是各地区经济发展中的重要目标。2009 年作为"十一五"承前启后的关键年份，各地区在金融危机的不利影响下，在保增长、促发展的基础上，始终将节能减排作为调整经济结构、转变发展方式的重要抓手。为此，绿色增长效率指标中"单位地区生产总值能耗"的权重略高于其他 6 个一般指标的权重。与之相对应，作为衡量一个地区能源结构转型的重要标准之一，"非化石能源消费量占能源消费量的比重"这一指标权重的提高有利于明确绿色发展的导向意义，但由于缺少部分省份的数据，故指标 3 未参与测算。除上述 3 个指标外，其他 6 个指标的权重均占总权重的 1.40%。可见，在绿色增长效率指标中，9 个三级指标相互补充但又各有所侧重，以期达到对各地区绿色增长效率进行综合测度和评价的目的。

从表 5-1 及图 5-6 中可以发现，在绿色增长效率指标中，东部省份整体较好，除河北外其余省份均高于全国平均水平，但内部差距较大，北京以 0.261 的绝对优势遥遥领先于其他省份；中部六省和东北三省内部差异不大，略低于平均水平；西部地区整体偏低。

在绿色增长效率指标的前十名中，前九个均来自东部地区，与经济增长绿化度前九名省份一致，位次稍有差异，但北京、上海、天津、浙江和江苏始终居前五名。从数据上看，2009 年，上海、北京、天津的人均地区生产总值排在全国前三位，分别为 78 989 元、70 452 元和 62 574 元。① 受产业结构的影响，北京、上海的第三产业比重较高，因此单位地区生产总值的污染物排放较少，在绿色增长效率指标中十分靠前。但作为人口集中度较高的大城市而言，北京、上海和天津的人均城镇生活用电量居全国前列。

绿色增长效率指标第 11～20 位的省份依次是河北、河南、黑龙江、吉林、安徽、湖南、内蒙古、辽宁、湖北和重庆。其中东部省份 1 个、中部省份 4 个，西部省份 2 个，东北三省全部在列。河北虽然处于东部地区，但除人均城镇生活用电量较少(第 27 位)外，其余指标均处于第 7～20 位之间。在绿色增长效率的三级指标中，河南、安徽、湖南和湖北的大部分指标均处于中间位置。对于排名最为靠前的西部省份内蒙古而言，其人均地区生产总值和城镇居民可支配收入分别排在第 7 位和第 9 位，对绿色增长效率排名起到了拉动作用，但单位地区生产总值的二氧化硫和氮氧化物排放量则排在第 3 位和第 2 位。因此，作为矿产资源开发的大省，内蒙古环境治理的任务依然艰巨。

在绿色增长效率指标的后十位省份中，山西是唯一的中部地区省份，其余 9 个省份都来自西部地区。值得注意的是，山西列第 26 位，在中部地区省份中得分最低，其万元地区生产总值能耗为 2.36 吨标准煤，远远高于各省份的简单平均值 1.37 吨标准煤，在该三级指标中排名第 2 位。其单位地区生产总值二氧化硫排放量、单位地区生产总值氮氧化物排放量和单位地区生产总值工业固体废物排放量也都排名十分靠前，显示出山西省依然是粗犷型的发展模式。以能源、冶金为主的工业体系限制了其产业结构的优化，节能减排的任务相对较重，这些不利因素都明显地反映到了其在绿色增长效率指标的排名上。针对山西发展的实际情况，2010 年 12 月国务院批准设立山西省为国家资源型经济转型综合配套改革试验区，旨在加快产业结构的优化升级和经济结构的战略性调整，将山西建设成为资源节约型和环境友好型社会。若这一政策落实得当，山西的绿色增长效率必然会有所提高。

值得说明的是，从图 5-6 来看，绿色增长效率指标对经济增长绿化度指数的贡献作用明显，

---

① 国家统计局：《中国统计年鉴 2010》，北京，中国统计出版社，2010。

这也符合在省际经济增长绿化度测度体系中绿色增长效率指标占经济增长绿化度指数的权重为45%的特点。

(二)省际第一产业指标测算结果及分析

在经济增长绿化度测算体系中，第一产业指标占经济增长绿化度指数的权重为15%，共由4个三级指标构成(见表5-8)，单个指标权重均为1.13%，是所有三级指标中权重最低的。

表5-8　省际第一产业三级指标、权重及指标属性

指标序号	指　标	权　重(%)	指标属性
10	第一产业劳动生产率	1.13	正
11	土地产出率	1.13	正
12	节灌率	1.13	正
13	有效灌溉面积占耕地面积比重	1.13	正

注：本表内容是由本报告课题组召开的多次专家座谈会研讨确定的。

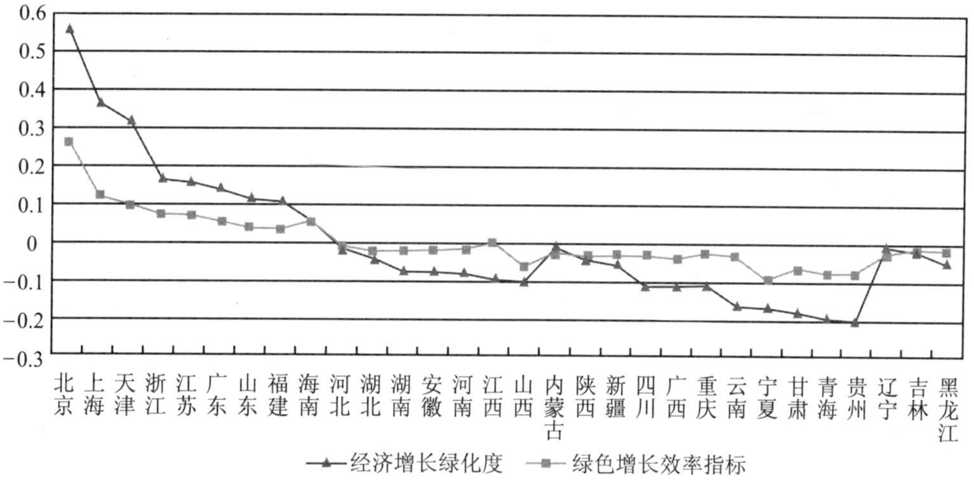

图5-7　省际第一产业指标与经济增长绿化度指数对比

注：本图从东部、中部、西部和东北地区划分的角度，根据经济增长绿化度指数大小自左到右排列。

从表5-1及图5-7中可以看到，四大区域第一产业指标差异不大。在前十名的省份中，除新疆为西部省份外，其他9个均为东部省份。北京以绝对优势居首，其第一产业指标指数得分为0.09，紧随其后的是上海。从三级指标来看，北京的土地产出率、节灌率和有效灌溉面积占耕地面积比重均列第1位，第一产业劳动生产率列第8位，排名均十分靠前。上海的第一产业劳动生产率和土地产出率均位列第2位，节灌率和有效灌溉面积占耕地面积比重均位列第3位。2009年，北京、上海的第一产业增加值比重分别为0.97%和0.76%，较2008年分别下降了0.11和0.06个百分点。① 可见，两者第一产业比重非常小，远低于全国平均水平，基本实现了第一产业“小而精”的发展。新疆在西部省份中异军突起，列第7位，其节灌率和有效灌溉面积占耕地面积比重均列第2位，第一产业劳动生产率列第7位，土地产出率列第17位，总体较好。

第一产业指标排名后十位依次为广西、吉林、宁夏、安徽、山西、甘肃、青海、重庆、云

① 数据根据《中国统计年鉴2010》、《新中国六十年统计资料汇编》计算而得。

南以及贵州，除吉林、安徽和山西外，其他 7 个省份均属于西部地区。虽然西部省份在第一产业劳动生产率等方面与全国及其他区域仍有较大差距，但“十一五”期间西部地区第一产业总体实现了快速发展，农村居民收入有了很大的提高，农村居民人均纯收入从 2006 年的 2 588.37 元增加到 2009 年的 3 816.47 元，年增长速度也从 2006 年的四大区末位转变成为 2009 年增速最快的区域，[①] 与其他区域间的差距在不断缩小。

从 13 个粮食主产省[②]的角度来看，江苏、山东和河北 3 个东部省份排在第一产业指标的前十位；辽宁、内蒙古、湖北、河南、湖南、黑龙江、四川以及江西 8 个省份排在第 11～20 位；吉林排在第22 位，安徽则排在第 24 位。对比这些省份的土地产出率后发现，每公顷种植业产值超过全国平均水平 2.17 万元的有河北、辽宁、江苏和山东，多为东部省份。在农田水利方面，只有河北、内蒙古和黑龙江的节灌率超过全国平均水平，江苏和山东接近于平均水平。作为中国粮食的主要供应地，部分粮食主产省在农业机械化程度和农业增长效率上仍有待进一步提高。

(三)省际第二产业指标测算结果及分析

在经济增长绿化度测算体系中，第二产业指标占经济增长绿化度指数的权重为 25%，由指标 14～19 共 6 个指标构成，单个指标权重均为 1.25%(见表 5-9)。

表 5-9　　省际第二产业三级指标、权重及指标属性

指标序号	指　标	权　重(%)	指标属性
14	第二产业劳动生产率	1.25	正
15	单位工业增加值水耗	1.25	逆
16	规模以上单位工业增加值能耗	1.25	逆
17	工业固体废物综合利用率	1.25	正
18	工业用水重复利用率	1.25	正
19	六大高载能行业产值占工业总产值比重	1.25	逆

注：本表内容是由本报告课题组召开的多次专家座谈会研讨确定的。

绿色工业是绿色发展的重要方面，加快发展绿色工业的意义重大。发展绿色工业，有利于加快经济增长方式的转变。发展绿色工业要求各地区合理布局和优化区域经济结构，以实现资源、能源的循环利用和废弃物的无害化。[③] 在第二产业指标中，除指标 14 代表第二产业的劳动效率以外，其余 5 个指标均代表了第二产业尤其工业中能源利用效率和资源的循环利用程度，体现了工业生产过程中要尽量减少物质消耗，同时实现工业废物减量化、资源化和无害化的理念，从不同角度反映了工业的“绿化度”。

从表 5-1 及图 5-8 中可以看到，东部地区除河北(第 16 位)和海南(第 20 位)外，其余省份占据前八个位次，依次为天津、山东、上海、北京、广东、江苏、浙江和福建；中部地区六省第二产业指标得分均在平均水平之下，安徽居中部之首(第 13 位)，江西垫底(第 24 位)；西部地区

---

① 数据来自《中国统计年鉴 2007》和《中国统计年鉴 2010》。

② 13 个粮食主产省(区)分别为：河北、内蒙古、辽宁、吉林、黑龙江、江苏、安徽、江西、山东、河南、湖北、湖南以及四川。

③ 参见国务院研究室工交司司长唐元在“2010 年中国绿色工业论坛”上的主题演讲，载 http://finance.sina.com.cn/hy/20100627/09208187224.shtml。

省份排名内部差异较大，陕西(第 10 位)和内蒙古(第 11 位)排名较为靠前，高于全国平均水平，其余 9 个省份排名均较为靠后，且排名最后六位均来自西部地区；东北部地区三个省份处于平均水平左右，总体居中偏上。

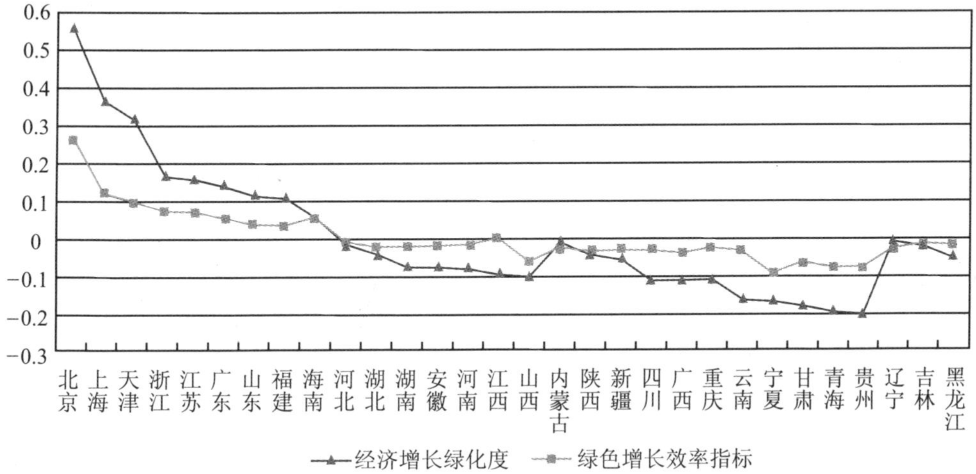

图 5-8 省际第二产业指标与经济增长绿化度指数对比

注：本图从东部、中部、西部和东北地区划分的角度，根据经济增长绿化度指数大小自左到右排列。

从第二产业指标排名来看，天津以绝对优势居首。为应对危机而采取的适度宽松的货币政策使得 2008 年天津工业产业迅速发展，冶金、装备制造业、汽车产业等行业的较快增长，使这一年天津第二产业增加值比重较 2007 年提高了 2.8 个百分点。2009 年年初开始，金融危机对天津经济发展的不利影响逐季减弱，第二产业增加值比重较 2008 年显著下降了 7.1 个百分点，产业结构进一步优化。[①] 在这种情况下，天津的每万元工业增加值水耗仅为 12.01 立方米，远低于 30 个省份的平均水平；工业固体废物综合利用率及工业用水重复利用率高达 98.3%和 96.4%，居各地区首位；每万元规模以上工业增加值能耗为 0.91 吨标准煤，排在第 28 位(见表 5-10)。总体而言，在金融危机的不利影响下，天津工业的绿色发展取得了重要进步。

表 5-10　　天津市第二产业指标与 30 个省份平均水平比较

指　标	单　位	平均水平	天津
第二产业劳动生产率	万元/人	10.17	19.30
单位工业增加值水耗	立方米/万元	103.51	12.01
规模以上单位工业增加值能耗	吨标准煤/万元	2.29	0.91
工业固体废物综合利用率	%	68.79	98.30
工业用水重复利用率	%	70.51	96.40
六大高载能行业产值占工业总产值比重	%	39.87	34.84

注：平均水平为 30 个参评省份的算术平均值。

资料来源：天津数据根据《中国统计年鉴 2010》、《中国环境统计年报 2009》以及《中国工业经济统计年鉴 2010》整理而得。

① 数据根据历年《中国统计年鉴》计算而得。

(四)省际第三产业指标测算结果及分析

在省际经济增长绿化度的测度体系中，第三产业指标占经济增长绿化度的权重为 15%，由指标 20～22 共 3 个三级指标构成。在指标权重设计上，采取均权的方法，即每个指标权重占总权重的 1.50%(见表 5-11)。

表 5-11　省际第三产业三级指标、权重及指标属性

指标序号	指　标	权　重(%)	指标属性
20	第三产业劳动生产率	1.50	正
21	第三产业增加值比重	1.50	正
22	第三产业就业人员比重	1.50	正

注：本表内容是由本报告课题组召开的多次专家座谈会研讨确定的。

第三产业各项指标在国民经济中的比重是衡量经济发展是否“绿色”的重要标准之一。第三产业的发展水平与经济发展的整体水平密切相关。这也就意味着，经济发展水平的地区差距将直接导致第三产业发展水平的差异。2010 年，东部地区第三产业增加值比重占全国第三产业增加值的比重为 58.6%，较 2009 年提高了 0.9 个百分点，高于东部地区地区生产总值占全国 GDP 的比重(57.7%)；而其他三个区域的第三产业增加值占全国比重均低于其地区生产总值占全国 GDP 的比重，第三产业发展的区域差异明显。①

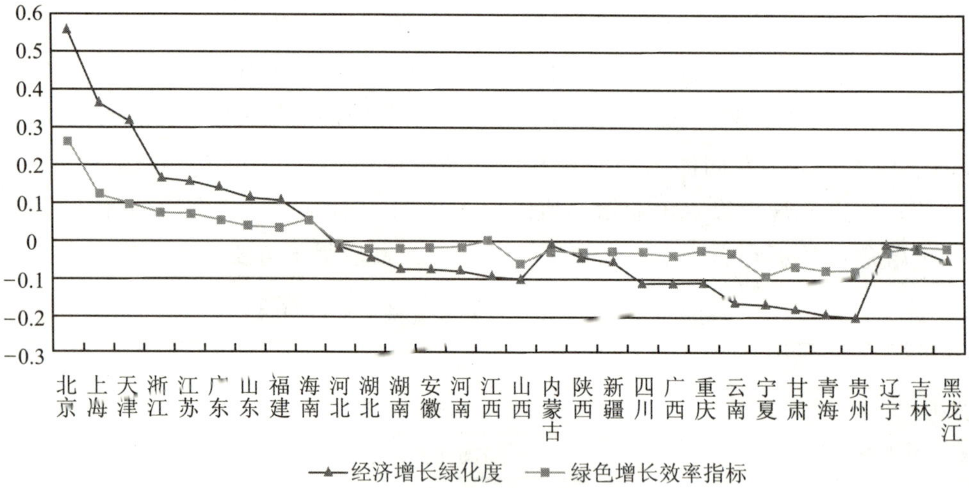

图 5-9　省际第三产业指标与经济增长绿化度指数对比

注：本图从东部、中部、西部和东北地区划分的角度，根据经济增长绿化度指数大小自左到右排列。

从区域角度来讲，东部地区在第三产业指标上具有相对优势，而其他三个区域在第三产业指标上的差异不大(见图 5-9)。在东部的 10 个省份中，除山东(第 20 位)和河北(第 24 位)外，其余省份均在前十位之内且都高于全国平均水平，依次为北京、上海、天津、广东、浙江、江苏、海南和福建，其中北京、上海和天津以 0.140、0.116 和 0.059 居前三位，高于东部地区其他省份，优势明显，其他东部省份在第三产业指标的得分上差异不大。分指标来看，北京和上海的

① 数据根据国家统计局中国经济景气监测中心《中国经济景气月报》2011 年第 2 期计算而得。

三个三级指标均居前三位，天津第三产业增加值比重居第 5 位，其他两个指标也居前三位。对于工业较为发达的山东而言，其之所以排在后面的原因主要是由于第三产业增加值比重较小。

中部地区除湖北(第 13 位)外，其余省份均处于排名后半段，其中江西(第 27 位)、安徽(第 28 位)和河南(第 30 位)排名较为靠后。西部地区内部排名差异较大，内蒙古(第 7 位)和贵州(第 11 位)排名较为靠前，但有 6 个省份排名介于第 21～29 位之间。值得注意的是，贵州的第三产业增加值比重和第三产业就业人员比重排名分列第 3 位和第 8 位，但第三产业劳动生产率排名列第 30 位，总体排名列第 11 位，略低于全国平均水平。东北三省中的辽宁排名较为靠前，列第 6 位，吉林和黑龙江则分别排在第 12 位和第 15 位，总体中等偏上。

第三产业指标得分介于－0.049～0.140，高低分之间差距为 0.189，远低于绿色增长效率指标的 0.358，略低于第二产业指标的 0.197，而稍高于第一产业指标的 0.142，从一个侧面反映出第三产业指标的得分对于经济增长绿化度指数的排序的贡献度，低于绿色增长效率指标与第二产业指标，而稍高于第一产业指标的特点。

>>三、城市经济增长绿化度比较分析<<

为了全面比较各城市经济增长绿化度的差异，了解中国城市间经济增长绿化度情况，同时考虑到数据的可得性、城市的代表性、地域的差异性，综合各方面因素选取了 34 个典型城市作为测度对象，从绿色增长效率指标、第一产业指标、第二产业指标和第三产业指标四个方面进行测算，在保证城市与省际经济增长绿化度在评价体系方向基本一致的基础上，同时具体考虑各城市发展绿色经济的不同特点，相对于省际经济增长绿化度的评价体系和权重标准，城市经济增长绿化度评价体系和权重标准有所调整。城市经济增长绿化度指数占绿色发展指数总权重的 33%，共由 17 个三级指标构成，正指标 8 个，逆指标 9 个。其中参与测算的指标有 15 个，三级指标权重介于 1.65%～2.36%。

(一)城市绿色增长效率指标测算结果及分析

在城市经济增长绿化度测度体系中，绿色增长效率指标占经济增长绿化度指数的权重为 50%，占绿色发展指数总权重的 16.5%，权重高于其他 3 个二级指标，共由 8 个三级指标构成，各项三级指标及其指标属性见表 5-12。

表 5-12　　城市绿色增长效率三级指标、权重及指标属性

指标序号	指　标	权　重(%)	指标属性
1	人均地区生产总值	2.02	正
2	单位地区生产总值能耗	2.36	逆
3	人均城镇生活消费用电	2.02	逆
4	单位地区生产总值二氧化碳排放量	2.02	逆
5	单位地区生产总值二氧化硫排放量	2.02	逆
6	单位地区生产总值化学需氧量排放量	2.02	逆
7	单位地区生产总值氮氧化物排放量	2.02	逆
8	单位地区生产总值氨氮排放量	2.02	逆

注：本表内容是由本报告课题组召开的多次专家座谈会研讨确定的。

由表 5-12 可知，与省际经济增长绿化度测算体系中绿色增长效率指标一样，单位地区生产总值能耗的权重为 2.36%，高于其他 7 个三级指标的权重(2.02%)。

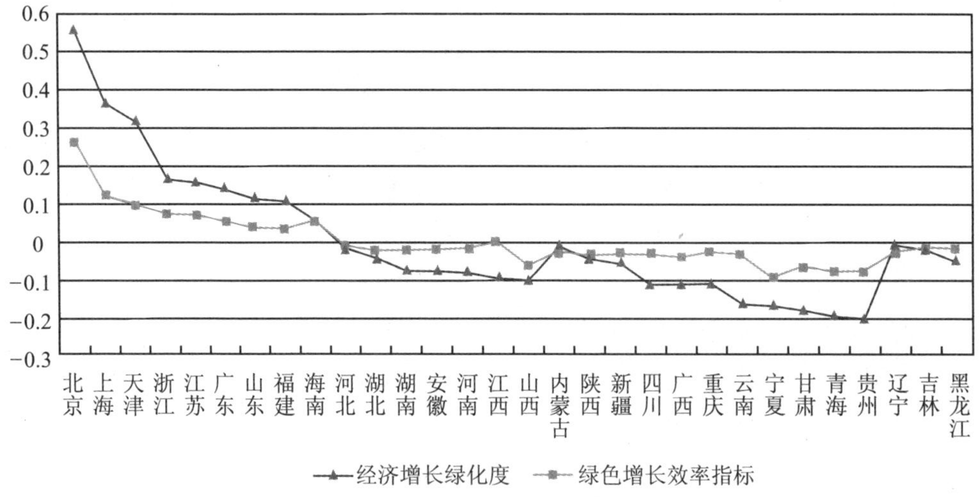

图 5-10　城市绿色增长效率指标与经济增长绿化度指数对比

注：本图从东部、中部、西部和东北地区划分的角度，根据经济增长绿化度指数大小自左到右排列。

从图 5-10 中可以看出，在绿色增长效率指标的城市排名中，总体呈现出东部沿海城市相对靠前、中部城市内部差异明显、西部地区城市整体靠后、东北地区城市居中偏上的态势。

东部的 14 个城市中，深圳、北京和广州居绿色增长效率指标前三位，海口、青岛、宁波和杭州位列前十位，厦门、上海、济南、天津和南京排名介于第 12～18 位，而石家庄(第 20 位)和福州(第 21 位)排名稍有靠后。从三级指标来看，石家庄人均地区生产总值以 30 428 元居第 27 位，在其余 6 个指标中，除人均城镇生活用电量居参评城市末位外，其他污染物排放指标均居各城市前 8 位，总体表现差强人意；而福州的各项三级指标排名均处于中等位置。

中部 6 个城市的排名跨度较大，其中合肥(第 4 位)、长沙(第 5 位)异军突起，遥遥领先其他中部城市，郑州(第 19 位)排名较为居中，南昌(第 25 位)、太原(第 29 位)和武汉(第 30 位)则处于参评城市的最后十位之中。从三级指标来看，合肥和长沙在单位地区生产总值能耗(分列第 31 位和第 34 位)、单位地区生产总值二氧化硫排放量(第 30 位和第 28 位)和单位地区生产总值氮氧化物排放量(第 34 位和第 33 位)上表现优异，其余指标大致处于中等位置。而武汉除人均地区生产总值以 51 144 元居第 15 位外，其余几个逆指标均处在中等偏上的位置，拉低了武汉绿色增长效率的总体位次。

在西部的 10 个城市中，除昆明居第 15 位外，其余城市均排在第 22 名之后。其中，贵阳、兰州、银川和西宁位列末四位，西部城市在绿色增长效率指标排名中处于劣势地位。从三级指标来看，西部城市的人均地区生产总值总体偏低，但单位地区生产总值的污染物排放量却居各城市前列，西部城市在发展过程中的粗放模式明显，应加快经济发展方式的转变。

东北地区参评的 4 个城市排名依次为大连(第 8 位)、沈阳(第 11 位)、长春(第 13 位)和哈尔滨(第 23 位)。从三级指标来看，哈尔滨的人均地区生产总值以 32 053 元居第 26 位，而单位地区生产总值能耗则居第 8 位，拉低了绿色发展效率指标的位次。作为中国的老工业基地，哈尔滨在城市发展过程中对第二产业的依赖较重，在未来发展中应继续优化工业产业结构，减少能源消耗量。

(二)城市第一产业指标测算结果及分析

在城市经济增长绿化度测度体系中，第一产业指标由“第一产业劳动生产率”这一个指标构成，占经济增长绿化度指数的权重为5%，占绿色发展指数总权重的1.65%(见表5-13)。

表5-13　　城市第一产业三级指标、权重及指标属性

指标序号	指　标	权　重	指标属性
9	第一产业劳动生产率	1.65%	正

注：本表内容是由本报告课题组召开的多次专家座谈会研讨确定的。

由于参评的34个城市在地级及以上城市中较为发达，因此，相对于第二产业和第三产业，第一产业在经济发展过程中的比重较小，2009年，第一产业增加值比重超过10%的城市仅有3个，分别是南宁13.93%、哈尔滨12.57%和石家庄10.27%。① 因此，在城市经济增长绿化度的测算中，第一产业指标只选择了一个代表性的指标，即“第一产业劳动生产率”作为衡量第一产业发展绿色与否的主要标准。

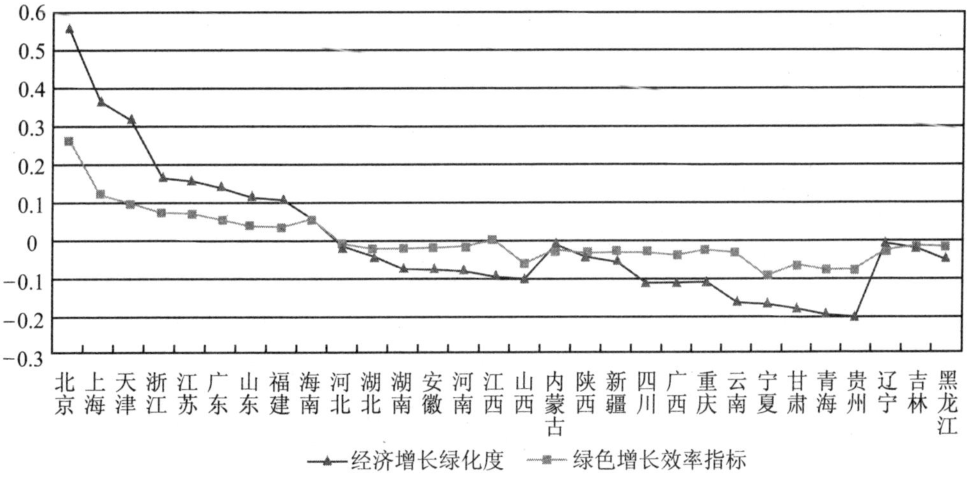

图5-11　城市第一产业指标与经济增长绿化度指数对比

注：本图从东部、中部、西部和东北地区划分的角度，根据经济增长绿化度指数大小自左到右排列。

通过表5-3和图5-11不难发现，城市第一产业指标得分区间为－0.015～0.083，高低分差距仅0.098。可见，第一产业指标得分在34个参评城市中的波动不大，各城市在第一产业发展上的差距较小。

在东部的14个城市中，有7个排在前十位，依次为深圳、南京、宁波、福州、济南、杭州和上海，其余7个城市排名介于第11～20位之间。东北的4个城市中，大连、哈尔滨和沈阳分别位列第2、第5和第6位，长春稍有靠后，居第18位。其中，深圳的第一产业劳动生产率为人均10.79万元，远高于人均2.07万元的全国平均水平，位列榜首；紧随其后的大连第一产业劳动生产率为人均4.53万元，虽不到深圳的一半，但与第三位的南京(人均2.82万元)拉开有一段差距，前三甲的城市在第一产业劳动生产率上显示出明显的差距。但总体而言，东部地区和东北地区的城市在第一产业指标上仍具有相对优势。中部地区的6个城市中，除武汉位列第13

① 数据根据《2010中国区域经济统计年鉴》计算而得。

名外，其余城市排名中等偏后。其中，武汉的第一产业劳动生产率略高于全国平均水平，是唯一一个超过全国平均水平的中部城市。郑州(第 28 位)是中部地区中排名最末的城市，其第一产业劳动生产率仅为人均 1.03 万元，相对较低。在西部的 10 个城市中，除呼和浩特(第 17 位)和成都(第 21 位)外，其他 8 个城市均处于第一产业指标的后十位之中，西部城市的整体排名较为靠后。西部城市第一产业劳动生产率的平均水平仅为人均 1.03 万元，远远低于全国平均水平和其他区域的平均水平。

(三)城市第二产业指标测算结果及分析

在城市经济增长绿化度测度体系中，第二产业指标占经济增长绿化度指数的权重为 30%，占绿色发展指数总权重的 9.9%，由指标 10～14 共 5 个指标构成，每个指标的权重为 1.98%(见表 5-14)。

表 5-14　　城市第二产业三级指标、权重及指标属性

指标序号	指　标	权　重(%)	指标属性
10	第二产业劳动生产率	1.98	正
11	单位工业增加值水耗	1.98	逆
12	单位工业增加值能耗	1.98	逆
13	工业固体废物综合利用率	1.98	正
14	工业用水重复利用率	1.98	正

注：本表内容是由本报告课题组召开的多次专家座谈会研讨确定的。

2009 年，34 个参评城市的第二产业增加值占地区生产总值比重多集中在 40%～55%的范围内。但受产业结构的影响，北京和海口的第二产业增加值比重较低，只有 23.5%和 23.1%。对于大多数城市而言，作为城市经济发展的主要拉动力量，第二产业尤其工业的节能减排难度较大，本次选取的衡量城市第二产业绿色发展的三级指标着重体现了工业过程中资源的节约利用和环境保护。

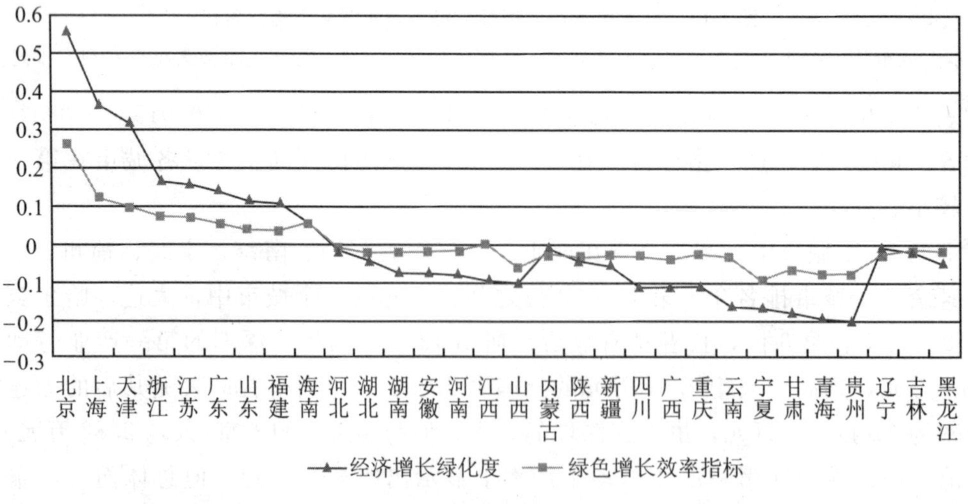

图 5-12　城市第二产业指标与经济增长绿化度指数对比

注：本图从东部、中部、西部和东北地区划分的角度，根据经济增长绿化度指数大小自左到右排列。

对比发现，东北和中部地区城市在第二产业指标上的优势明显，东北地区以绝对优势领先其他地区排名第一，扭转了东部地区始终居经济增长绿化度各指标之首的局面。东北的 4 个城市中，沈阳以绝对优势居首，长春排在第 3 位，大连排第 11 位，稍微靠后的是排第 22 位的哈尔滨。从三级指标来看，作为中国老工业城市，沈阳、大连和长春在第二产业劳动生产率和单位工业增加值水耗方面的优势明显。中部地区的 6 个城市第二产业指标排名差异较大，长沙(第 4 位)、南昌(第 9 位)和合肥(第 10 位)居前十位，武汉和郑州分列第 15 位和第 17 位，位次居中，太原居第 28 位，排名靠后。其中，太原的工业用水重复利用率居各城市首位，高达 96.9%；第二产业劳动生产率为人均 12.5 万元，位居第 12 位；其他两个测算指标的表现不佳，尤其单位工业增加值水耗(791.7 吨/万元)，仅次于合肥，但远远高于各城市平均水平(278.3 吨/万元)。

相对于其他二级指标，东部地区的平均水平在第二产业指标上的排名优势并不明显，仅超过西部地区，而落后于东北和中部地区。从其内部来说，14 个城市间的差异较大。其中，深圳(第 2 位)、天津(第 5 位)、济南(第 7 位)和青岛(第 8 位)排在前十位，而杭州(第 27 位)、广州(第 30 位)和宁波(第 34 位)排名则十分靠后。宁波则以－0.067 的得分列末位，考量其三级指标发现，除第二产业劳动生产率列第 19 位，排名相对居中外，其余 3 个指标的排名均很靠后，其中工业用水重复利用率(47.24%)更是远远落后于参评城市的平均水平(83.93%)而列第 33 位。

西部城市在第二产业指标上仍存在明显劣势。除银川排名第 9 位较为靠前外，其余 9 个城市排名均在第 20 名之后。从三级指标看，呼和浩特和银川的第二产业劳动生产率分别以人均 12.58 万元和 12.48 万元居第 10、第 11 位；成都的单位工业增加值水耗较少，每万元耗水 113.56 吨，低于其他西部城市；在工业固体废物综合利用率上，成都和西安分别以 98.9% 和 97.8%居第 2 位和第 7 位；贵阳和昆明的工业用水重复利用率高达 94%以上，居全国第 7、第 8 位。除去这些城市的上述指标外，其余指标的排名均十分靠后，西部城市在工业用水和生产效率方面还有待进一步提高。

(四)城市第三产业指标测算结果及分析

在城市经济增长绿化度测度体系中，第三产业指标占经济增长绿化度指数的权重为 15%，由指标 15～17 共三个指标构成，每个指标占总指标的权重为 1.65%(见表 5-15)。

表 5-15　　城市第三产业三级指标、权重及指标属性

指标序号	指　标	权　重(%)	指标属性
15	第三产业劳动生产率	1.65	正
16	第三产业增加值比重	1.65	正
17	第三产业就业人员比重	1.65	正

注：本表内容是由本报告课题组召开的多次专家座谈会研讨确定的。

第三产业作为衡量一个地区经济发展水平的重要标志，一般认为，经济越发达，第三产业在国民经济中的比重就越大。由于其本身“低碳”、污染小的特点，现代服务业有时也被称为“绿色产业”。随着城市化水平的提高，城市第三产业比重也在不断提升，这既包括产业增加值的比重，也包括相关就业人员的比重。可见，指标 15～17 是第三产业发展中极具代表性的指标，从一定程度上反映了第三产业的发展程度以至整个城市经济中的绿色服务业发展程度。

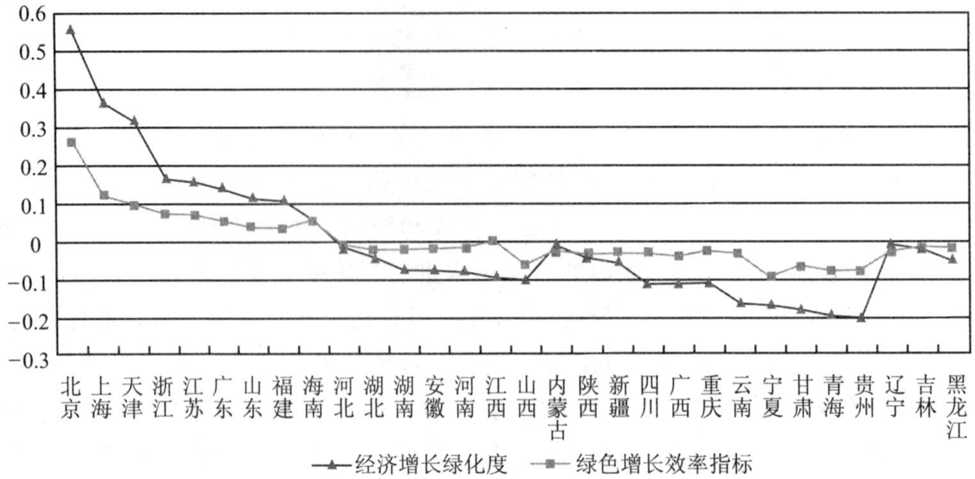

图 5-13　城市第三产业指标与经济增长绿化度指数对比

注：本图从东部、中部、西部和东北地区划分的角度，根据经济增长绿化度指数大小自左到右排列。

通过表 5-3 和图 5-13 可以看出，在东部地区的 10 个城市中，北京以绝对优势居首，上海和广州分别排在第 2、第 3 位，得分大致相当，海口紧随其后，居第 4 位，深圳以 0.033 居第 6 位。对比这 5 个城市的三级指标后发现，第三产业增加值比重均接近或者超过 60%，北京则高达 75%以上；第三产业从业人员比重接近或超过 50%，北京高达 73.78%，这 5 个城市第三产业都较为发达。其余东部城市除石家庄(第 32 位)、宁波(第 26 位)、福州(第 24 位)和青岛(第 19 位)位置偏后外，均处于中等偏上位置。其中，石家庄的第三产业劳动生产率、第三产业就业人员比重和第三产业增加值比重分列第 24、第 31 和第 32 位，基本决定了其在第三产业指标中的位次。

中部地区城市位次跨度较大，太原居中部之首排在第 7 位，而合肥则排在第 30 位；武汉、长沙、郑州和南昌分列第 10、第 22、第 27 和第 29 位。其中，太原的第三产业就业人员比重和第三产业增加值比重分列第 4 位和第 6 位，强势靠前，第三产业劳动生产率稍有靠后，列第 17 位。

西部地区城市除呼和浩特和西安之外，其余城市均处于排名的后半段，依次为银川、兰州、成都、贵阳、昆明、南宁、西宁和重庆。其中，呼和浩特列第 5 位，是非东部地区排名最为靠前的城市，其第三产业劳动生产率为人均 14.53 万元，与第 1 位的广州(人均 15.69 万元)差距不大，并大幅超过人均 9.25 万元的城市平均水平。重庆列末位，其第三产业劳动生产率、第三产业就业人员比重和第三产业增加值比重分别为人均 4.34 万元、34.72%和 37.89%，均远低于全国平均水平，分列第 33、第 32 和第 34 位，重庆在第三产业方面的劣势明显。

东北地区的 4 个城市排名依次为沈阳(第 9 位)、大连(第 14 位)、哈尔滨(第 17 位)和长春(第 28 位)。长春位列东北城市末位，且与其他三个城市的位次差距较大，从三级指标来看，长春的第三产业劳动生产率列第 16 位，排名居中，但第三产业就业人员比重(36.53%)和第三产业增加值比重(41.49%)分列第 28 位和第 30 位，拉低了总体位次。

>>简短的结论<<

通过省际经济增长绿化度的测算发现：第一，经济增长绿化度的区域差异明显，东部省份表现出较大优势，这从一个侧面反映了各地在实现经济发展的同时也可以兼顾绿色，对于经济落后地区的意义在于，在发展过程中可以避免东部发达地区“先污染、后治理”的发展道路，充分利用后发优势，在经济取得长足进步的同时实现绿色发展；第二，能源的节约使用和资源的有序利用始终是经济绿色发展的主要问题，测算结果显示，在“节能减排”工作上成绩突出的东部省份经济增长绿化度排名相对靠前，应该指出的是，主要受益于较为合理的产业结构(东部地区服务业比重较高，而服务业单位产出的能耗较低)，东部地区单位地区生产总值的能源消耗相对较低，但它仍是耗费资源和能源最多的区域；第三，相对于三次产业各自对经济绿色发展的拉动作用，东部地区在绿色增长效率方面更加突出。也就是说，就每增加一单位产出所耗费的资源来说，东部相对较少，可为其他区域提供有益的借鉴。

通过城市经济增长绿化度的测算发现：第一，在城市组别中，东部城市的优势有所下降，中西部城市与东部城市的差距在不断缩小，由于省份代表的是所在省各个城市的平均水平，而省会城市的发展大多明显优于所在省的平均发展水平，在绿色发展方面表现出明显优势；第二，与省际测算不同的是，相对于省份而言，城市在三次产业结构分配上更为合理，第一产业比重很小，第二产业比重居中，而第三产业比重相对较高，对经济的绿色发展起到了明显的拉动作用，第三产业本身所具有的“绿色低碳”的特点，能有效缓解能源资源短缺的制约，提高资源利用效率，对提高国民经济增长绿化度至关重要；第三，在城市发展的过程中，绿色增长的意识逐步增强，相对于省份而言，各城市在发展过程中更加重视产业结构优化和工业循环利用等方面的工作，因此其在经济增长绿化度方面所得到的成效也很显著。

>>参考文献<<

[1] 国家统计局. 中国城市统计年鉴2010[R]. 北京：中国统计出版社，2011.
[2] 国家统计局. 中国城市(镇)生活与价格年鉴2010[R]. 北京：中国统计出版社，2010.
[3] 国家统计局. 中国区域经济统计年鉴2010[R]. 北京：中国统计出版社，2011.
[4] 住房和城乡建设部. 中国城市建设统计年鉴2009[R]. 北京：中国城市建设出版社，2010.
[5] 国家统计局，环境保护部. 中国环境统计年鉴2010[R]. 北京：中国统计出版社，2010.
[6] 环境保护部. 中国环境统计公报2009[R]. 北京：中国环境科学出版社，2010.
[7] 国家统计局. 中国统计年鉴2010[R]. 北京：中国统计出版社，2010.
[8] 国家统计局国民经济综合统计司. 新中国六十年统计资料汇编[R]. 北京：中国统计出版社，2009.
[9] 吴正. 中国沙漠及其治理[R]. 北京：科学出版社，2009.
[10] 李晓西等. 新世纪中国经济报告[R]. 北京：人民出版社，2006.
[11] 李晓西. 中国：新的发展观[M]. 北京：中国经济出版社，2009.
[12] 北京师范大学经济与资源管理研究院. 2008中国市场经济发展报告[R]. 北京：北京师范大学出版社，2008.
[13] 北京师范大学科学发展观与经济可持续发展研究基地等. 2010中国绿色发展指数年度报告——省级比较[R]. 北京：北京师范大学出版社，2010.

第二篇

资源与环境的承载

第六章

绿色发展中的资源瓶颈与环境约束

资源和环境问题由来已久。工业革命以来，随着社会生产力的飞速发展，人类改造自然的能力持续增强，人口迅速膨胀，人均消费水平不断提高，人类向大自然索取的资源越来越多，返还给大自然的废弃物和污染也与日俱增。在中国，尽管资源总量比较丰富，但是由于人口基数巨大，中国大部分自然资源的人均水平远远低于世界的平均水平。中国目前仍然处于重化工业快速发展的阶段，经济发展中的高耗低效现象普遍存在，对资源的大量需求和对环境的严重污染令人担忧，极大地制约着经济和社会的发展。

贯穿于本章的绿色发展强调资源的有限性和污染物排放的限制性。为了保证社会的可持续发展，这两个特性要求必须减少对资源的消耗和对污染物的排放。本章的第一部分计算了中国各种自然资源的相对稀缺性指数、衡量了自然资源在各个产业部门的渗透性，同时将它们结合起来，以反映参与国民经济发展的各种瓶颈资源及其影响。然后从规模扩张、结构变化和技术进步三个方面来考察经济发展的资源消耗，为缓解资源紧缺提供路径分析。本章的第二部分通过对目前中国的环境污染、排污和治污的现状分析，考察中国当前环境问题的严重性。然后，延续第一部分的思路，通过分析中国经济规模扩张、结构变化和技术进步的排污效应，思考环境压力对经济发展在各个方面可能产生的约束。

>>一、中国绿色经济发展中的资源瓶颈<<

在论述自然资源对中国经济增长的瓶颈作用之前，首先明确“瓶颈”在本章中的含义。应该说，所有的资源，只要是按照经济学的概念来定义的，它就是稀缺的。所以，稀缺性是相对于利用而言的，即在特定的时空范围里，有限的资源供给总是小于人类无限的需求。在现实世界，人类的很多生产活动会在同一时空范围内使用两种或两种以上资源，各种资源之间存在着相对稀缺的关系。例如，当前土地资源和水资源在中国都是十分稀缺的资源，但是从农业的角度看，在中国还存在很多地区，由于缺水而引发土地低产出的情况，因此可以说水是相对土地更为稀缺的资源，也可以说水相对于土地对农业的产出具有更大的瓶颈作用。所以，本部分首先从利用量(或消耗量)与存量(或拥有量)的比较上考察中国自然资源的稀缺性，从多种资源稀缺性的比较中考察哪些资源更具稀缺性，也即更具“瓶颈性”。

资源对经济的瓶颈性还存在于另外一个方面，这就是不同资源在各个经济部门的参与程度有别。比如，水几乎参与所有的生产过程，可是铁矿砂则不然。作为对用相对稀缺性来分析“瓶颈性”的一个补充，我们把投入产出分析中的“感应度”概念用于说明自然资源在各国经济部门的参与程度——称之为资源对经济的渗透性，以考察这种资源对经济的重要性。

不过，考察自然资源的稀缺性，还有两点因素不能忽视。第一，所有资源的“地理位置性”，即任何资源都存在于地球上的某一地点，具有权属性。某一资源在全球的相对富裕并不意味着在某一国家或地区的相对富裕。例如，中国南方大部分地区全年降水量丰沛，江河湖泊数量众多，水资源相对更富裕；而西北地区全年降水量稀少，罕有河流湖泊等水系，水资源相对更匮乏。第二，资源的利用量是与当前的技术、经济条件紧密相关的。例如，石油的消耗量离不开利用石油的开采和加工技术以及石油的价格。石油的开采技术得到提高，石油在世界范围内的供给就会增加，进而国际油价下降，对石油的消耗量也会上升。综合考虑以上各因素，本章并不对中国资源总量做过多的讨论，而是采用相对稀缺性和渗透性分析来考察中国自然资源的瓶颈性。

(一)中国自然资源相对稀缺性分析

我们先分别以能源资源和耕地资源为例说明如何计算具体资源的相对稀缺性指数。参照庄立、刘洋和梁进社等人的研究，① 中国能源的相对稀缺性指数即为中国能源储量占世界能源储量的份额与中国对能源的消费量占世界能源消费量份额的比值，计算公式如(1)式所示：

$$\text{中国能源的相对稀缺指数}=\frac{\text{中国能源储量}\div\text{世界能源储量}}{\text{中国能源消费量}\div\text{世界能源消费量}} \tag{1}$$

显然，(1)式的分母是中国能源的相对消费量表达，分子是其能源的相对拥有量表达，它们两者的比值既考虑了消费与拥有，又兼顾了地域范围的因素。同时，世界能源消费量这一项间接地包含了全球的消费经济因素和平均的技术因素。

在计算中国耕地资源的相对稀缺性指数时，需要考虑到耕地资源的特殊性质，即全世界各个国家和地区对耕地资源投入的强度不同，受到需求的影响，耕地资源在产出上也存在地区差异性。此外，耕地资源还是一种可再生资源，在合理使用耕地的情况下，其储量并不会随着使用而减少。因此，简单地套用(1)式，无法应用统一的标准进行合理的比较，难以反映耕地资源真实的稀缺性。因此需要对计算相对稀缺性指数的公式分母进行调整，用人口数量替代消费量，则(1)式变成：

$$\text{中国耕地的相对稀缺指数}=\frac{\text{中国耕地数量}\div\text{世界耕地数量}}{\text{中国人口数量}\div\text{世界人口数量}} \tag{2}$$

调整后(2)式的含义依然是明确的，不仅兼顾了拥有量和地域性，还加入了对于耕地需求多样性的考虑，同时解决了耕地资源作为一种可再生资源的特殊性。例如，当前中国用占世界1/12的耕地面积养活了约占全世界1/5的人口，按照(2)式，耕地的相对稀缺性指数近似为2/5，视为稀缺资源。(2)式可做进一步调整，即：

$$\text{中国耕地的相对稀缺指数}=\frac{\text{中国耕地数量}\div\text{中国人口数}}{\text{世界耕地数量}\div\text{世界人口数量}} \tag{3}$$

(3)式表达的含义是中国的人均耕地占有量占世界人均耕地占有量的比重，从人均占有量的角度依然可以反映中国耕地资源的相对稀缺性。如果中国人均耕地占有量不足世界的平均水平，则相对稀缺性指数小于1；如果中国人均耕地占有量达到或超过世界平均水平，则相对稀缺性指数大于等于1。

① 庄立、刘洋、梁进社：《论中国自然资源的稀缺性和渗透性》，载《地理研究》，2011(7)。

通过(1)式和(2)式，可以计算各类资源的相对稀缺性指数，从一个方面来反映资源的瓶颈性。对于中国所拥有的全部资源来说，一种资源的相对稀缺性指数越小，说明这种资源相对越稀缺。同时，如果中国某种资源的相对稀缺性指数小于1，说明相对于世界平均水平而言，中国的这种资源更稀缺；反之如果大于1，则中国相对充裕。

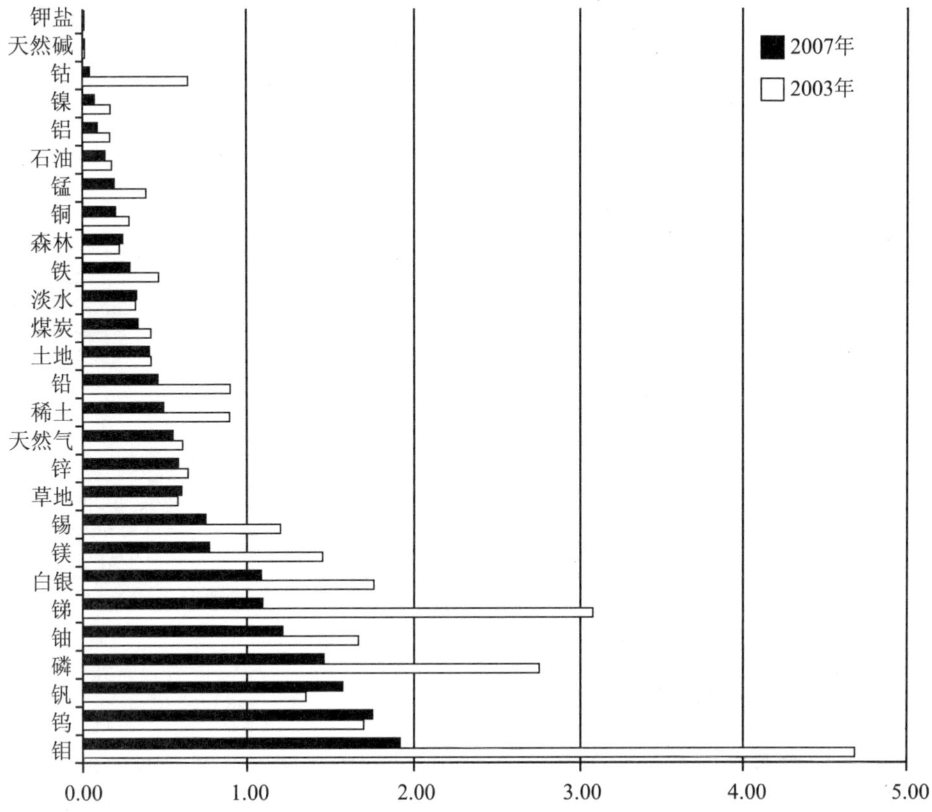

图 6-1　2003 年和 2007 年中国自然资源的相对稀缺性

资料来源：庄立、刘洋、梁进社：《论中国自然资源的稀缺性和渗透性》，载《地理研究》，2011(7)。

通过图 6-1 可以看出，中国自然资源相对稀缺的情况不容乐观，除少数相对富裕之外，中国大量的自然资源表现出相对稀缺。2003—2007 年，绝大多数自然资源的相对稀缺性指数呈现大幅度下降趋势，有些降幅甚至超过 50%，很多原先相对富裕的资源消耗严重，有些甚至出现了短缺。具体到 2007 年，除了白银、铀、磷、钒、钨和钼等元素外，相对于世界水平而言，中国其余的自然资源全面短缺，部分资源更是极度匮乏。以石油为例，其相对稀缺性指数不足 0.2，可以视为严重稀缺资源。

表 6-1 为 2000—2009 年中国石油和天然气及其制品的净进口量，其数据进一步证实了这一观点。2000—2009 年，尽管一些原油加工产品，如汽油、柴油等在某些年份存在净出口的现象，在表中所示为负值，但是作为石油制品的原材料，中国原油的净进口量仅在 2001 年有小幅度的回落，在 2005 年受股票市场严重低迷对中国经济的影响与 2004 年基本持平，其余年份均呈现较快速的增长，特别是在 2005 年后的 4 年，年均涨幅接近 2 000 万吨，原油净进口总量从 2000 年的 5 996 万吨增长至 2009 年的 19 858 万吨，增长的幅度超过了 200%。原油的对外依存度过高，受到国际油价的制约，严重威胁中国经济运行的安全。

此外，水资源和耕地资源由于其自身的性质，在移动性上受到很大局限，在中国广大的国土面积上区域性很强。在研究这两者的紧缺性和对经济发展的瓶颈作用时，应该给予更多的关注，不仅要考虑全国范围内水资源和耕地资源总量的稀缺性，还应结合它们的空间布局，来综合衡量水资源和耕地资源的紧缺性。即除相对稀缺性外，还要考虑资源的可移动性。

表 6-1　2000—2009 年中国石油和天然气及其制品的净进口量　单位：万吨

年份	原油	汽油	柴油	煤油	燃料油	液化石油气	其他石油制品	天然气（亿立方米）
2000	5 996	−455.2	−29.5	56.6	1 446.6	480.1	−119	0
2001	5 271	−572.5	1.9	19.7	1 779.5	486.8	−124.2	0
2002	6 175	−612	−76.3	44.5	1 595.7	620.6	138.3	0
2003	8 288.7	−754.2	−139.2	8.6	2 319.3	634.3	170.3	0
2004	11 722.8	−540.7	211.3	77	2 877.5	637.8	23.5	−24.4
2005	11 875	−560	−94.4	59.6	2 378.6	614.3	−29.6	−29.7
2006	13 883.3	−344.9	−7.1	189.8	2 541.3	520.5	−29.6	−19.5
2007	15 928	−441.6	96.1	76.3	2 037.4	371.6	272.8	14.2
2008	17 464.8	−4.7	561.4	111.4	1 454.4	191.4	247.3	13.6
2009	19 858	−487.5	−267.1	17.7	1 544.8	323.1	847.8	44.3

资料来源：数据来源于《中国统计年鉴 2010》、《中国能源统计年鉴 2010》相关部分。

(二)中国自然资源渗透性分析

所谓自然资源的渗透性，就是自然资源在国民经济中的参与程度。如前所述，不同的自然资源在经济中的参与程度是有差别的。稀缺程度相同的不同资源由于其在国民经济中的参与程度不同，对中国经济发展的瓶颈作用也会存在很大差异。下文将采用自然资源的渗透性分析以弥补仅仅从相对稀缺性来考虑自然资源对经济的制约作用的不足。

本文用投入分析法中的感应度系数来反映各种自然资源在中国国民经济中的参与程度。感应度系数即为投入产出法测度向前关联效应的量，其定义模式类似于经济学中对于弹性的定义，反映了国民经济的各部门均增加一个单位最终产品时，某一部门由此所受到的需求感应程度。感应度系数的高低反映了国民经济各部门对某种资源的需求程度，其值越大，说明需求量越多，即该资源在国民经济中的渗透性越强。由于国民经济各部门所消耗的是由自然资源开采部门所生产出的资源产品，因此可以由资源开采部门的感应度系数来衡量自然资源在国民经济各部门的渗透程度，如用农业的感应度系数表示耕地资源的渗透性，用煤炭开采业的感应度系数表示煤炭资源的渗透性等。

有一点需要说明的是，由于在投入产出表中，水的生产和供应仅能反映全部水资源消费的一小部分，不能真实反映水资源的感应度系数，在庄立、刘洋和梁进社等人的研究中，并未计算水资源的感应度系数。但是毋庸置疑，水资源的消费渗透于国民经济活动中的各个部门，任何部门的生产和经营均离不开对水资源的消费需求，因此尽管没有计算具体数值，依然可以肯定水资源具有相当高的感应度系数，在国民经济中的渗透性非常强。

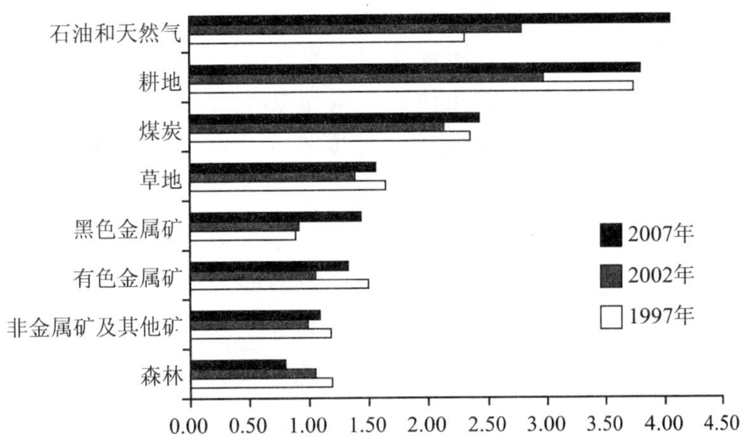

图 6-2 1997 年、2002 年、2007 年中国自然资源感应度系数

资料来源：庄立、刘洋、梁进社：《论中国自然资源的稀缺性和渗透性》，载《地理研究》，2011(7)。

从图 6-2 中可以清楚地看到，能源资源、耕地资源对国民经济的渗透性很强，在变化趋势上，它们的感应度系数在 1997—2007 年间都有不同程度的增长，说明这些资源对经济的渗透程度正在加深，影响着经济发展的方方面面。从数值上看，近些年来，石油天然气和黑色金属矿的感应度系数增长变化十分明显，尤其是石油天然气的感应度系数，在原先已经处于较高水平的基础上仍然大幅度增加，从 1997 年的 2.3 攀升至 2007 年的 4.04，在自然资源部门中渗透性最强。在关系到国民经济发展的各项基础性资源中，耕地资源的感应度系数相对最高，对中国经济社会的发展发挥了重要作用，其渗透性排名一直居于全部资源的前列。总体而言，中国的煤炭、石油、天然气以及耕地等自然资源在国民经济中的重要程度一直处于较高水平，而且存在上升的趋势，是国民经济发展的基础。

(三)相对稀缺性与渗透性的结合

本部分基于前面两部分的分析结果，将中国自然资源的相对稀缺性和渗透性结合起来，如图 6-3 所示，其中横轴表示自然资源的相对稀缺系数，纵轴表示自然资源的感应度系数。虽然由于无法准确计算水资源在国民经济中的感应度系数，图中并未表示水资源的具体位置，但正如

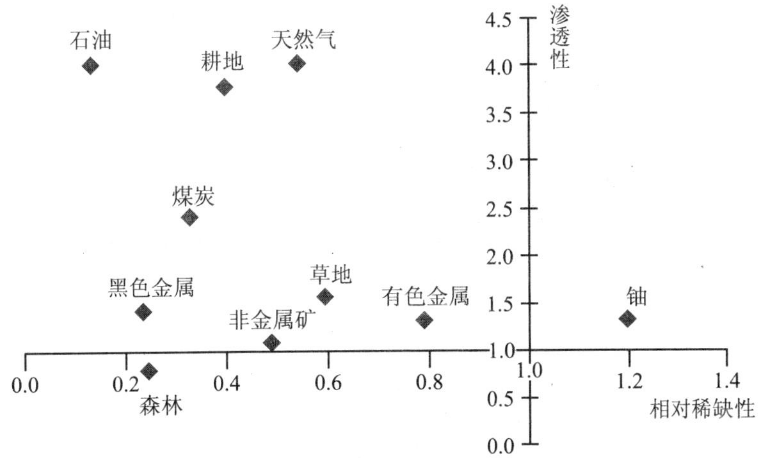

图 6-3 2007 年中国资源稀缺性和渗透性散点图

资料来源：庄立、刘洋、梁进社：《论中国自然资源的稀缺性和渗透性》，载《地理研究》，2011(7)。

上文分析，水资源应具有很强的渗透性，再加上其较低的相对稀缺性指数，可以推断水资源的位置大概靠近第二象限左上角，位于石油资源和耕地资源的附近。

由此，不难看出，在中国只有少数几种矿产资源处于第一象限且接近横轴，说明中国相对富裕的几种矿产资源对于国民经济发展的参与程度不高。中国大部分自然资源处于第二象限接近横轴的位置，说明这些资源虽然相对稀缺，但在各产业部门的渗透性不高，并非限制国民经济发展最严重的瓶颈资源。而能源资源和耕地资源、水资源等自然资源均处在第二象限远离原点的位置，它们具有以下主要特征：第一，这些资源的相对稀缺性非常高，都远小于1，煤炭、耕地、水和石油的相对稀缺度更是处于小于0.5的低位；第二，这些资源在国民经济中的渗透性非常强，影响国民经济发展的方方面面。因此，能源资源、耕地资源和水资源等自然资源是制约中国经济发展最主要的瓶颈资源，突破当前资源瓶颈的限制首先要解决好这些资源严重短缺所带来的压力。

(四)经济发展对资源瓶颈作用的影响

本节的前三部分通过分析中国自然资源的相对稀缺性指数、感应度系数，以及将这两者结合在一起，从总体上刻画出了中国自然资源对经济发展的瓶颈状况，得出了影响中国国民经济发展最严重的瓶颈资源为能源资源、水资源和耕地资源的结论。事实上，经济可以通过调整它的发展规模、结构和采用的技术来减少对资源的消耗。由于资源对经济的瓶颈性不仅仅产生于它的存量，而且还起因于经济对它的消耗量，所以经济发展路径的选择可以改变资源消耗，进而影响资源的瓶颈性。由于篇幅的限制，本节以能源消耗为例，首先说明经济在这三个方面的耗能效应，然后在此基础上归纳有助于缓解和改善中国经济发展与资源消费日益紧张关系的途径。

本部分采用梁进社、洪丽璇和蔡建明等人提出的能源消费增长分解方法，[①] 分析经济发展在规模扩张、结构变化和技术进步的能耗效应，具体公式[②]如下：

---

① 梁进社、洪丽璇、蔡建明：《中国城市化进程中的能源消费增长——基于分解的1985—2006年间时序比较》，载《自然资源学报》，2009，24(1)。

② 用 Y_t 表示t时期的GDP，Y_0 表示0时期的GDP。A_t 代表t时期部门产出比重列向量，其中的每一个元素分别表示各个行业的增加值占GDP的比重，这些元素之和为1。B_t 表示t时期部门单位产出能耗列向量，其中的每一个元素分别表示各个行业的单位增加值所需的能耗。A_0 为0时期部门产出比重行向量，B_0 为0时期部门单位产出能耗列向量。

有两种分解。

第一种分解是：能源消费增长(用 ΔE_{tot} 表示)为

$$\Delta E_{tot}=A_t^T B_t Y_t-A_0^T B_0 Y_0=(A_t^T-A_0^T)B_t Y_t+A_0^T(B_t-B_0)Y_t+A_0^T B_0(Y_t-Y_0) \quad (A1)$$

上式中，第二个等号右边的第一项是由于各行业的份额的变化引起的能源消费的变化，称为能源消费的结构效应，以t时期能源单耗为基础来计算。第二项是由于各行业能源单耗变化所引起的能源消费变化，称为能源消费的技术效应，以0时期行业结构为基础来计算。第三项是仅仅由于GDP的变化所引起的能源消费的变化，称为能源消费的规模效应。

第二种分解是：

$$\Delta E_{tot}=A_t^T B_t Y_t-A_0^T B_0 Y_0=(A_t^T-A_0^T)B_0 Y_t+A_0^T(B_t-B_0)Y_t+A_0^T B_0(Y_t-Y_0) \quad (A2)$$

其含义基本上与(A1)的相同，差别是对于结构相应和技术效应的计算所参考的能源单耗和行业结构有所不同。

将以和上两式结合之：

$$\Delta E_{tot}=A_t^T B_t Y_t-A_0^T B_0 Y_0=0.5(A_t^T-A_0^T)(B_0+B_t)Y_t+0.5(A_0^T+A_0^T)(B_t-B_0)Y_t+A_0^T B_0(Y_t-Y_0) \quad (A3)$$

令：$\Delta E_{tot}=A_t^T B_t Y_t-A_0^T B_0 Y_0$，$\Delta E_{str}=0.5(A_t^T-A_0^T)(B_0+B_t)Y_t$，$\Delta E_{tec}=0.5(A_t^T+A_0^T)(B_t-B_0)Y_t$，$\Delta E_{sca}=A_0 B_0(A_t^T-A_0^T)$，任何两个时期能源消费的变化量可以分解为结构效应、技术效应和规模增长效应，即(4)式。

$$\Delta E_{tot}=\Delta E_{str}+\Delta E_{tec}+\Delta E_{sca} \quad (4)$$

其中，$\Delta E_{tot}=A_t^T B_t Y_t-A_0^T B_0 Y_0$，表示两个时间点(0 和 t)之间能源消费的增长量；$\Delta E_{str}=0.5(A_t^T-A_0^T)(B_0+B_t)Y_t$，表示这个时间段上由于产业结构变化而引发的能源消费增加量，称为结构效应；$\Delta E_{tec}=0.5(A_t^T+A_0^T)(B_t-B_0)Y_t$，表示在这个时间段上单位能耗的变化，或由于生产技术变化引起的能源消费增加量，称为技术效应；$\Delta E_{sca}=A_0^T B_0(Y_t-Y_0)$，为这段时间中，剔除结构效应和技术效应，仅仅由于经济规模扩张造成的能源消费增加量，称为规模效应。需要说明的是，结构变化和生产技术的变化对能源消费趋势的影响并不确定，其增加量可以为正值也可以为负值，而经济规模的扩大只会增加对能源消费的需求，因此其增加量始终是正值。

表 6-2　　中国能源消费增长量的分解(1985—2007 年)　　单位：104 t 标准煤

时间	能源消费增长量	结构效应	技术效应	规模效应
1985—1986	4 058	938	−1 573	4 691
1986—1987	4 567	670	−6 224	10 121
1987—1988	4 662	5 257	−6 538	5 942
1988—1989	3 606	−2 333	4 866	1 073
1989—1990	1 145	4 594	−6 901	3 452
1990—1991	4 381	513	−1 514	5 382
1991—1992	5 688	6 427	−11 305	10 566
1992—1994	20 690	11 520	−21 481	30 651
1994—1996	13 635	3 416	−9 888	20 107
1996—1997	472	−661	−10 341	11 474
1997—1998	−3 600	−3 016	−6 559	5 976
1998—1999	−2 264	2 207	−15 043	10 571
1999—2000	7 021	1 519	−7 521	13 023
2000—2001	4 016	2 533	−11 673	13 157
2001—2002	7 665	781	−9 446	16 330
2002—2003	20 893	3 788	−5 046	22 152
2003—2004	26 783	4 911	9 305	12 566
2004—2005	17 980	1 168	−37 775	54 586
2005—2006	20 956	1 458	−17 983	37 481
2006—2007	17 911	2 199	−33 934	49 646

资料来源：根据历年《中国统计年鉴》和《工业经济统计年鉴》数据计算。能源单位为 104 t 标准煤，单位产出能耗以 104 t 标准煤/108 元产值表示；为了剔除通货膨胀对计算结果的影响，对分行业的增加值做不变价处理；为统一进行计算并使数据具有可比性，将各行业使用的不同能源根据能源统计的折算系数转换成 104 t 标准煤。

根据上述的分解方法，受个别年份(1993 年、1995 年)数据缺失的影响，1985—2007 年共 20 个时段的结构效应、技术效应和规模效应如表 6-2 所示。从此表可以看出，在整体趋势上，中国的能源消费仅在 1998 年和 1999 年实现了负增长，其余年份均为正增长，且在 2002 年后增速较快；其中规模增长效应是导致能源消费量增长的主要因素，技术进步是能源消费减少的关键因素，结构效应总体上没有起到减少能源消费的作用，除个别年份外，产业结构调整都是朝着增加能源消费的方向发展。1986—1991 年，中国的能源消费增长量较小且相对趋于平稳。由经济规模扩张带来的能源消费量增长并不十分显著，虽然这一时期的平均经济增长速度达到了8.52%，但是由于经济总量小，所以经济增长量小，由此带来的能源消费增长量也较小。这一时期能源消费的另一个特征是结构效应变动的幅度较大，说明此时中国处于产业结构调整的阶段，但是总体趋势是能源消费增加。

1992—2002年，各年能源消费增长量的差异较大，造成差异的主要原因在于技术效应和结构效应的不稳定。总体上讲，技术效应相对于20世纪80年代有了一定的进步，对抑制能源消费增长起到至关重要的作用。结构效应延续了上一时期变动幅度较大的特征，虽然在特殊年份出现负增长，但总体上依然是增加的趋势，产业结构调整仍在进行中且任重道远。规模效应相对比较稳定，基本上都在10 000×10^4 t～15 000×10^4 t标准煤之间波动。

其中，1992—1996年各时段能源消费增长量明显高于20世纪80年代，尽管技术效应较前一时期有了很大改善，但仍然追赶不上规模效应和结构效应的步伐。1997—1999年的三年间，能源消费增长的形势有所好转，尤其是在1998年和1999年甚至出现了能源消费的负增长。这两年出现能源消费负增长的主要原因有以下两点：第一，1997年全国首次出现买方市场，生产过剩导致市场上供给大于需求，企业为了降低库存只能减少生产规模，加上亚洲金融危机的冲击，国内需求疲软，导致对能源产品消费需求的减少；第二，在这几年的结构调整中，有相当一批耗能高、效率低、污染大的“五小”企业相继被关闭，从而有效地降低了能源的生产量和消费量。

总的看来，20世纪90年代中国能源消费的规模效应比80年代显著增加，原因是90年代GDP平均增长速度惊人，高达10.25%；这一时期中国的对外贸易出口总量也大幅度增加，而90年代中国出口企业多数进行的是来料加工、来样加工、来料装配和补偿贸易的“三来一补”贸易生产，能源消费量大，经济效益不高。另一方面，这一时期的技术效应表现良好，在一定程度上抵消了规模效应对能源消耗量的增加，生产和节能技术的进步使得中国能够以较小的能源代价支撑经济的高速增长。

2003—2007年，中国能源消费量迅猛增长，其中规模效应的贡献最大，技术效应起伏不定，结构效应增长趋势不变。虽然这几年，中国经济以平均10.5%左右的高速增长，但能源消费的平均增长率为10.9%，能源消费相对经济增长的弹性系数超过1。造成这一时期能源消费增长快于经济增长的原因有三个：第一，规模效应增长过快，平均增速超过30 000×10^4 t标准煤，且在2005年达到峰值54 586×10^4 t标准煤；第二，产业的技术进步表现不佳，这些年来，为了取得经济快速增长，消费大量能源和原材料，更多的强调了高投入，而对技术进步重视不够，在个别高能耗部门如石油化工业，单位产出能耗不降反升，尽管技术效应在2005年取得重大进展，但受到规模效应增长顶峰的抵消，整体能源消费的情况并没有实质性好转；第三，结构效应突出。2004年，第二产业比重为52.9%，比2002年上升了2.5个百分点，其中工业比重为45.9%，比2002年上升了2.2个百分点，而第三产业比重为31.9%，比2002年下降2.4个百分点。由于工业的单位产出能耗远大于第三产业，工业比重上升和第三产业比重下降意味着整个能源消费的加速上升。另外在工业内部，钢铁、水泥、电解铝等高耗能产业迅速扩张，使整个工业能源消费增长加快。

本节至此，以能源消费为例，说明了如何从技术效应、结构效应和规模效应这三个维度来分析经济发展对资源瓶颈的影响。需要说明的是，在分析能源消费时所使用的万吨标准煤并不适用于分析其他自然资源，在具体分析某一种资源的消费时，要根据统计换算系数统一单位标准，这样三个维度之间的数据才具有可比性。

根据上文的分析，可以得出改善经济发展与资源消费日益紧张关系的三个方面：第一，严格控制经济规模的扩张，不能一味注重经济规模和GDP的增长，要根据自然资源的承载力制定经济发展的目标；第二，进一步改进生产技术，大力鼓励企业创新以减少资源消耗，或者提升产品的价值量以改善资源消耗与价值比；第三，加快调整产业结构，将经济发展的重心由高耗的第二产业，向低耗的第三产业转变，调整对外贸易模式，提高自主创新能力，改变中国在全球产业链中世界工厂的角色。

>>二、中国经济发展中的环境约束<<

人口增长与消费水平的提高共同推动生产的扩张，在消耗大量资源的同时，还向环境排放各种废弃物。若排放的有害物质超过其有限的自净能力或环境容量，就会使环境质量恶化，从而危害人体健康，破坏生态环境，对人类的生存与发展造成重大妨碍，这正是环境对经济发展的约束所在。

本节从环境污染现状、污染物排放的增长趋势和治理进展三个方面来考察中国环境问题的严重性。显然，若是污染的现状已经比较严重，而污染物排放量又高于治理量，势必会导致环境的进一步恶化，中国经济的绿色发展便无从谈起。在认清环境形势的基础上，采用与能源消费增长分解相同的方法，将中国经济发展过程中的污染物排放增长分解为规模效应、结构效应和技术效应三部分，并结合治理投入等角度来分析环境压力对中国经济发展可能产生的约束。

(一)中国环境问题

1. 环境污染十分严重，环境形势依然严峻

经过近三十多年的迅速发展，中国已跻身世界经济大国行列，但同时也成为环境污染严重的国家之一。中国地表水污染较重，七大水系总体为轻度污染，“三湖一库”富营养化问题突出，“水华”现象时有发生。全国202个城市的地下水水质以良好到较差为主，总体呈恶化趋势或好转趋势的分布较为分散。近岸海域水质总体为轻度污染。大气污染的程度不亚于水体污染，光化学烟雾、大气灰霾和酸沉降污染频发。2010年，113个环保重点城市环境空气中，26.5%的城市达不到国家环境空气质量二级标准。① 全国酸雨(pH年均值低于5.6)面积约占国土面积的12.6%。此外，生活垃圾、工业固体废弃物、危险废弃物的总量也在持续增长，堆存的危险废弃物产生的废气、渗透液、淋溶水成为了重要的污染源，固体废弃物污染程度日益加剧，影响范围不断扩大。

2. “三废”排放逐年上升，环境压力持续加大

中国社会经济飞速发展的同时，向环境排放的各种废弃物也不断增多，废水、废气和固体废弃物的排放量都呈逐年上升趋势。中国废水排放总量从2000年的432.9亿吨上升到2009年的589.2亿吨，其中生活污水排放量所占的比重要高于工业废水。中国工业废气排放总量同样增长迅速，从2000年的138 145亿标立方米上升到2009年的436 064亿标立方米。此外，中国工业固体废弃物排放量也与日俱增，由2000年的81 608万吨上升到2009年的203 943万吨；城市生

---

① 环境保护部公告：《关于发布2010年重点流域水环境质量状况和环境保护重点城市环境空气质量状况的公告》，2011年第8号。

活垃圾清运量在2006年有所下降后又呈缓慢上升趋势，2009年达到15 734万吨。而在工业化和城市化快速发展的背景下，污染物的产生量还会增加，中国面临的环境压力将继续加大。

3. 环境治理初见成效，环境保护任重道远

随着环境污染问题的日益严重，环境保护也越来越受到重视，环境治理初见成效。中国的环境污染治理投资总额逐年增加，环境污染治理投资占GDP比重正稳步提高，中国各种污染的排放达标率和处理率也都呈上升趋势。在工业废水处理率不断上升的同时，城市污水处理能力也快速提高，2009年分别达到94.2%和75.3%；工业SO_2、烟尘和粉尘的排放达标率也稳步增长，2009年分别达到91%、90.3%和89.9%；生活垃圾无害化处理达标率在2006年后开始迅速提高，工业固体废弃物综合利用率则稳步上升，2009年分别达到71.4%和67%。

总体看来，中国的环境状况可以概括为：局部有所改善，总体尚未遏制，形势依然严峻，压力继续加大。[①] 自然环境脆弱、人口众多、经济增长方式粗放、环境监管滞后，加之经济、社会快速发展，使得发达国家工业化百年来分阶段出现的问题，在中国短短几十年发展过程中集中出现，环境与发展的矛盾日益突出。污染带来的环境质量下降、生态平衡破坏以及公共健康危害，越来越成为制约经济持续增长和影响社会和谐发展的关键因素，环境问题是中国当前和今后一个时期面临的最严峻挑战之一。

(二)环境对发展的约束

正如前文所指，环境对于经济发展的约束在于有限的环境容量无法消纳不断增长的污染排放。经济增长对环境造成的压力在一定程度上取决于污染排放和治理，排放的增加将对环境产生负面影响，治理则产生正面影响。然而，治理的加强则需要更多包括人力、物力、财力和技术在内的投入。已有的研究成果表明，经济增长通过规模效应、结构效应与技术效应三种途径影响污染的排放。[②] 其中，规模效应是指，其他条件不变时，由于经济规模扩张所导致的污染物排放量的增长。若保持总的经济规模和各行业部门污染排放强度不变，由经济结构的变化所导致污染排放的变化，称之为结构效应。在经济增长的过程中，如果经济结构向污染减轻的方向转变，污染物的总排放量有可能保持稳定甚至下降，如果经济结构向污染加重的方向转变，污染物的总排放量则可能迅速增长，加快环境恶化的步伐。技术效应则为，在相同的经济规模和结构下，由于技术水平的差异所导致的污染排放的变化。体现在两个方面：一是其他不变时，技术进步提高生产率，改善资源的使用效率，降低单位产出的要素投入，削弱生产对自然与环境的影响；二是清洁技术不断开发和取代旧技术，并有效地循环利用资源，从而降低单位产出的污染排放。[③] 不难想象：由于中国环境问题的严重性，必须限制污染物的排放，同时加强其治理力度；但是经济发展在排污上又具有规模、结构和技术效应，所以对污染物总量排放的限制必然地对经济的增速和规模、产业结构和技术等产生了约束。为了表明上述论点，本节仍然采用与能源消费增长分解相同的方法，考察近十几年来中国经济在规模扩张、结构变化和技术进步三方面的排污效应。我们能够从中领会到，排污总量限制可以对经济规模和速度、产业结构和技术产生约束作用；也可以在此基础上探索缓解环境污染、改善环境质量的可能路径。

---

① 中国工程院、环境保护部：《中国环境宏观战略研究》，北京，中国环境科学出版社，2011。

② Grossman G，Krueger A，Environmental Impact of a North American Free Trade Agreement，*NBER* WorkingPaper，1991，3914.

③ 钟茂初、张学刚：《环境库兹涅茨曲线理论及研究的批评综论》，载《中国人口、资源与环境》，2010，20(2)。

表 6-3　　**1991—2007 年中国工业"三废"排放增长量的分解**

时间	工业废水排放(单位:万吨)				工业废气排放(单位:亿标立方米)				工业固体废弃物排放(单位:万吨)			
	增长量	结构效应	技术效应	规模效应	增长量	结构效应	技术效应	规模效应	增长量	结构效应	技术效应	规模效应
1991—1992	−20 154	26 095	−545 557	499 308	4 979	10 608	−23 550	17 920	−789	414	−1 918	714
1992—1993	−143 613	−198 924	−414 502	469 812	3 790	−7 566	−6 651	18 007	−434	−217	−736	520
1993—1994	−39 810	30 279	−485 176	415 088	4 042	1 201	−14 827	17 667	−221	54	−682	407
1994—1995	63 830	97 839	−336 631	302 622	10 012	10 542	−14 216	13 686	312	255	−215	271
1995—1996	−279 758	30 315	−587 564	277 491	−1 138	−5 578	−9 000	13 441	−661	−82	−859	280
1996—1997	133 890	−56 387	−29 248	219 525	17 366	721	4 607	12 038	1 236	−25	1 082	179
1997—1998	−67 082	−38 003	−213 581	184 502	−2 513	1 570	−15 093	11 010	4 309	−303	4 361	251
1998—1999	−85 047	7 321	−263 206	170 839	5 576	2 822	−7 567	10 321	−3 256	−4	−3 859	607
1999—2000	−27 390	−17 582	−197 790	187 983	11 356	−4 338	3 289	12 405	−599	403	−1 381	379
2000—2001	−36 355	704	−201 235	164 176	25 124	1 191	11 958	11 976	−1 261	−232	−1 313	284
2001—2002	−17 266	−7 010	−195 428	185 171	11 988	−2 188	−2 100	16 277	−177	−115	−262	201
2002—2003	59 351	−20 343	−154 912	234 606	23 839	−585	2 080	22 344	−115	19	−368	234
2003—2004	79 095	−4 061	−135 451	218 607	38 105	11 278	3 913	22 914	−149	197	−544	198
2004—2005	181 401	−8 651	−38 976	229 029	30 872	−12 398	15 813	27 457	−77	39	−297	182
2005—2006	−79 340	−45 602	−311 833	278 095	62 936	−1995	30 417	34 515	−293	6	−491	192
2006—2007	127 128	4 958	−187 958	310 128	57 151	5 248	2 563	49 340	−124	−38	−265	179

注:①表中数据由历年各行业工业增加值及各行业工业废水、工业废气和工业固体废弃物排放量计算而得;②为了剔除通货膨胀对计算结果的影响,对分行业工业增加值数据做不变价处理;③为统一进行计算并使数据具有可比性,将行业合并为 19 个部门(采掘业,食品、烟草及饮料制造业,纺织业,皮革、毛皮、羽绒及制品业,造纸及纸制品业,印刷业、记录媒介的复制,石油加工及炼焦业,化工原料及化学制品制造业,医药制造业,化学纤维制造业,橡胶制品业,塑料制品业,非金属矿物制造业,黑色金属冶炼及压延业,有色金属冶炼及压延业,金属制品业,机械、电器、电子设备制造业,电力、煤气及水的生产供应业,其他行业)。

资料来源:历年《中国环境统计年鉴》和《中国工业经济统计年鉴》。

考虑到数据的可获取性，本文仅对工业部门的污染物排放增长进行分解，利用工业部门分行业增加值和污染物排放量的数据，分别计算了1991—2007年结构、技术和规模变化对中国工业废水、废气和固体废弃物排放增长的贡献。以此为切入点，进一步说明环境对于经济发展的约束作用。

三种污染物排放增长量分解的计算结果如表6-3所示。可以看出，1991—2007年，中国工业废水排放在多数年份都呈现出负增长的良好态势，但是在近些年有恶化的趋势，2003—2007年的5年间，有4个年份的废水排放出现正增长。而工业废气的排放量除了1996年和1998年之外都在增加，特别是在2000年之后，工业废气排放量大幅增长。而工业固体废弃物的排放情况较好，除了个别年份增长外，固体废弃物的排放量基本处于负增长的态势。

而从分解的结果来看，类似于能源消费增长量分解的结果，三种废弃物所有年份的规模效应都为正，是导致污染物排放增长的主要因素。工业废水排放和固体废弃物排放的技术效应总体上都是负的，是污染排放减少的关键因素，但工业废气排放增长的技术效应在2000年之后却主要表现为增加排放。而“三废”排放的结构效应则有正有负，也就是产业结构的调整在有的年份倾向于减少污染排放，而在有的年份则增加排放。

表6-3给我们的第一个重要的信号是，中国的工业结构调整和技术革新没有起到全面和持续的减污作用，在今后的发展中若不改变这种发展状态，势必会因环境因素而减缓经济发展的速度。

结构效应虽然对环境污染物排放增长的贡献比例不是很大，但是分解数据清晰地反映了结构效应在近些年的上下波动，说明中国正处在产业结构的调整过程，但是在考虑工业减少污染物排放上方向不甚明确。在未来的发展中，若结构效应不能起到较为显著的减污作用，同时还必须保持一定的经济增长速度，技术效应在减污中的压力将会大大增加。

技术效应是减少环境污染排放的主要动力，然而在近些年表现不佳，在有些年份甚至增加了环境污染物的排放。这一方面说明，中国工业生产中所采用的技术还比较落后，中国经济增长的粗放型特征明显；另一方面说明，通过技术进步，中国的污染物减排空间还很大。政府应该约束排放强度大的传统生产技术，使相关企业不再通过污染环境而获取利润。同时通过倡导生态文明消费，减少最终消费中的污染物排放。

>>参考文献<<

[1] 北京师范大学科学发展观与经济可持续发展研究基地等. 2010中国绿色发展指数年度报告——省际比较[R]. 北京：北京师范大学出版社，2010.

[2]庄立，刘洋，梁进社. 论中国自然资源的稀缺性和渗透性[J]. 地理研究，2011(7).

[3]梁进社，洪丽璇，蔡建明. 中国城市化进程中的能源消费增长——基于分解的1985—2006年间时序比较[J]. 自然资源学报，2009，24(1).

[4]环境保护部. 关于发布2010年重点流域水环境质量状况和环境保护重点城市环境空气质量状况的公告(环境保护部公告，2011年第8号)[EB/OL]. http://www.zhb.gov.cn/gkml/hbb/bgg/201102/t20110217_200906.htm，2011-02-10.

[5]中国工程院，环境保护部. 中国环境宏观战略研究[M]. 北京：中国环境科学出版社，2011.

[6]钟茂初，张学刚. 环境库兹涅茨曲线理论及研究的批评综论[J]. 中国人口、资源与环境，2010，20(2).

[7]环境保护部. 2009年中国环境状况公报[EB/OL]. http://www.mep.gov.cn/gkml/hbb/qt/201008/t20100827_193813.htm，2010-06-30.

第七章
绿色发展与资源支撑

“十一五”期间，中国自然资源对经济增长起到了重要的支撑作用。为了更好地支撑经济发展，缩小区域发展差距，能源资源、水资源实现了跨区域流动，森林和土地资源在支撑绿色发展中也发挥了重要作用。展望“十二五”，绿色发展和低碳经济的重要性凸显，需要合理利用能源资源，提高能源利用效率，保护水资源和耕地资源，逐步实现向资源节约型和环境友好型社会过渡。

>>一、“十一五”中国绿色经济发展中的资源支撑<<

绿色发展离不开自然资源的支撑，在“十一五”期间，中国绿色经济的发展迈出了坚实的一步。

(一)能源资源使用情况

能源资源是人类生存和发展的重要物质基础，没有能源资源的支撑就没有经济发展和社会进步。“十一五”期间，以石油、天然气、煤炭、生物质能源等多种类型为基础的能源构成，为经济发展提供了重要的支撑。在这一时期，中国能源行业的生产能力大幅度提高，天然气和新能源等优质能源开发与利用规模不断增大，节能降耗成果显著。

1. 油气资源的开发与利用

“十一五”期间，中国石油的产量基本保持稳定，2009 年为 1.89 亿吨，成为世界第四大产油国。一批千万吨级炼油、百万吨乙烯基地迅速崛起，原油加工能力已跃居世界第二位。油气管道建设以规模大、速度快、亮点多创造了世界油气管道建设史上的奇迹(见表 7-1)。

表 7-1　　中国石油的生产总量及进出口情况

年份	生产量(亿吨)	同比增速(%)	消费量(亿吨)	出口量(万吨)	进口量(万吨)
2005	1.81	3.1	3.25	806.7	12 681.7
2006	1.84	1.66	3.49	633.7	14 517.0
2007	1.87	1.63	3.67	389.0	16 317.0
2008	1.90	1.60	3.73	423.8	17 888.5
2009	1.89	−0.53	3.84	507.3	20 365.3

资料来源：根据《中国统计年鉴(2010)》和《中国能源发展报告 2010》计算整理。

从表7-1中可以看出，中国石油消费量不断增加，而同期石油的产量并未呈现同步增加，消费量与产量之间存在巨大缺口。随着国内需求的不断增加，石油的进口量不断攀升。2005—2009年，原油产量基本维持在1.8亿～1.9亿吨的水平，已基本达到了顶峰，而原油的进口量呈跳跃式发展，从2005年开始，年均以近2 000万吨的绝对量增长。到2009年，石油进口量已超过2亿吨，对外依存度超过50%，能源供需矛盾加剧。

随着经济的发展，中国能源消费呈现高速增长的趋势，大力发展天然气已经成为改善环境和促进经济可持续发展的选择之一。2009年，中国天然气产量达到853亿立方米，同比增长6.22%；消费量895亿立方米，同比增长10.01%；天然气消费量及其增速都高于生产量及其增速(见表7-2)。但与世界水平相比，人均水平只是世界的1/16，人均天然气消费量很低；天然气消费量约占一次能源的3.6%，远低于世界平均水平。当前中国天然气产量还比较低，天然气利用主要是临近天然气产地的城镇和工业区受益，处于"以产定用"阶段。据业内人士分析，未来几年内，天然气需求增长将快于煤炭和石油，天然气市场在全国范围内将得到发展。

表7-2　天然气生产和消费情况　单位：亿立方米

年份	2005	2006	2007	2008	2009
生产量	493	586	692	803	853
消费量	468	561	705	813	895

资料来源：国家统计局：《中国能源统计年鉴2010》，北京，中国统计出版社，2011。

2. 煤炭资源的开发与利用

《煤炭工业发展"十一五"规划》明确指出，"十一五"时期要大力发展循环经济，加快煤层气开发和利用，有序推进煤炭转化示范工程建设。"十一五"期间，中国煤炭行业发展理念发生了较大变化，煤炭市场化改革进一步加快。

一是煤炭产量持续增加。"十一五"时期，在市场的强劲拉动和国家政策的支持下，煤炭开发建设的步伐加快，产业结构不断优化，全国煤炭产量稳步增长。2009年，原煤产量完成29.7亿吨(见表7-3)，同比增长12.7%。产煤大的省份有山西省、内蒙古自治区，紧随其后的是陕西省、河南省、山东省。

表7-3　中国煤炭生产情况　单位：亿吨

年份	2005	2006	2007	2008	2009
生产量	23.5	25.3	26.9	28.0	29.7
消费量	23.2	25.5	27.3	28.1	29.6

资料来源：国家统计局：《中国能源统计年鉴2010》，北京，中国统计出版社，2011。

二是煤炭消费趋于平稳。2005年以来，中国宏观经济步入快速发展的通道，经济增长带动煤炭消费较快增长，并逐渐过渡至平稳发展阶段。这是因为经过2003年的高速增长之后，随着国家宏观调控政策的实施，主要耗煤行业耗煤指标逐渐下降，煤炭消费量开始回落。由于中国正处在重化工业发展阶段，煤炭消费与经济发展增速的相关性加大，但随着国家宏观调控力度的加大，经济和煤炭消费增速都将逐渐趋于平缓，经济增长对煤炭消费的依赖程度将有所缓和。

三是煤炭净出口快速下降。2003年以后，煤炭出口量开始不断下降，进口量则迅速增加，净出口量也开始呈现明显下降的趋势。为了缓解供应紧张状况，国家从2004年开始先后多次调整煤炭进出口税收政策，旨在控制煤炭出口，鼓励煤炭进口。在国家的宏观调控下，煤炭出口量迅速增长的势头得到了有效遏制，煤炭进口量大幅度增长。到2009年，进口量已经远远高于出口量，实现了10 344万吨的煤炭净进口量，创下了近年来的最高纪录(见表7-4)。

表7-4　煤炭进出口情况

年份	2005	2006	2007	2008	2009
进口量	2 617.1	3 810.5	5 101.6	4 034.1	12 584.0
出口量	7 172.4	6 327.3	5 318.7	4 543.4	2 239.6
净出口量	4 555.3	2 516.8	217.1	509.3	－10 344.4

资料来源：国家统计局：《中国能源统计年鉴2010》，北京，中国统计出版社，2011。

四是煤炭市场化改革取得突破。“十一五”时期，在加强发展战略研究、形成了比较清晰的发展思路的同时，更加注重煤炭市场化改革，基本建立了市场化的价格形成机制，供需双方自主订货机制逐步建立。五年间，煤炭市场化改革取得实质性进展，区域性煤炭交易中心和国家煤炭储备体系开始建立，煤炭投融资体制改革，企业主体地位提升，行业自主创新能力增强。具体表现在：2005年，延续了几十年的全国煤炭订货会改为煤炭产运需衔接会；2006年，取消延续了由政府主导的煤炭订货制度；2007年，全国煤炭产运需衔接会改为电视电话会；2009年，国家明确宣布不再组织召开任何形式的年度煤炭产运需衔接会。“十一五”期间，全行业煤炭固定资产投资总额完成11 578.4亿元，有31家企业上市，融资达1 800多亿元。

3. 生物质能源的开发与利用

生物质能源是排在化石能源(煤、油、气)之后的第四位能源。生物质能源的消费在全球能源消费中约占14%，可以在一定程度上满足人类对能源的需求。中国是传统的农业大国，生物质能源十分丰富，每年可作为能源使用的农作物秸秆资源量约为1.5亿吨标准煤，林业剩余物资源量约为2亿吨标准煤，加之其他资源，现在每年可作为能源利用的生物质资源量相当于约5亿吨标准煤，但实际利用量只有约2.5亿吨，而且利用效率较低。

生物质能源在中国是仅次于煤与石油的第三大能源，在全部能源消耗中约占15%，是唯一可运输和储存的可再生能源，既可作为燃料，又可发电。近年来，中国能源供需矛盾加剧，开发生物质资源，形成新的能源产业，是解决能源问题的重要途径。因此，“十一五”期间，国家支撑计划、高技术发展计划和高技术产业发展计划等各种项目都纷纷加大对生物能源的研发投入。政府对此高度重视，2006年出台的《国家中长期科学和技术发展规划纲要》和2007年出台的《生物产业发展规划纲要》都将生物能源的研究开发列为重点。2007年9月政府专门发布了《可再生能源中长期发展规划》，将生物能源确立为可再生能源的重要组成部分，制定了到2020年中国生物能源的具体发展目标。近年来，有关部门和地方各级政府制定和实施了一系列法规政策，大力促进生物质能源的发展。国家发展和改革委员会提出“生物燃料产业发展三步走”计划：“十一五”实现技术产业化；“十二五”实现产业规模化；2015年以后实现大发展；2020年生物燃料消费量占到全部交通燃料的15%左右。①

4. 新能源的开发与利用

在传统能源储量有限、污染大、价格波动剧烈等现实情况下，新能源成为充足且安全的能源替代形式，对于降低温室气体排放和生产成本等方面都有不可低估的作用，将成为未来可持

① 国家发改委：《未来15年生物燃料产业发展三步走》，载慧聪网，2006-04-25。

续能源体系中的重要支柱。

一是风能。风能作为一种清洁可再生的能源，能够有效减少化石能源发电所产生的污染，大规模推广风能可以有效地节能减排。中国风能资源十分丰富，初步估算，陆地上离地面 10 米高度处计算的风能资源理论储量约为 43 亿千瓦。风能资源主要分布在西北、华北、东北地区以及沿海及其附近岛屿，技术可开发量约为 3.8 亿千瓦，技术可开发面积约 20 万平方千米。①

随着技术的不断进步，中国风电开发规模迅速扩大。据初步统计，到 2009 年年底，风电累积装机容量达 2 580 万千瓦。近年来风电装机规模连续增长，风电发展达到了新的水平(见表 7-5)。从 2005 年开始，中国风电总装机连续 5 年实现翻番，风电总装机位列世界第一。全国共有 24 个省市建设了风电场，河北、内蒙古、甘肃等地的国家级风电基地进入快速成长期。

表 7-5　　2005—2009 年中国风电发展规模

年份	2005	2006	2007	2008	2009
累积装机容量(MW)	1 267	2 555	5 866	12 020	25 805
年增长率(%)	66	106	126	106	115

资料来源：中国节能环保集团公司等：《2010 中国节能减排产业发展报告——探索低碳经济之路》，北京，中国水利水电出版社，2010。

二是太阳能。太阳能是各种可再生能源中最重要的基本能源，生物质能、风能、海洋能、水能等都来自太阳能。广义地说，太阳能包含以上各种可再生能源。太阳能作为可再生能源的一种，则指太阳能的直接转化和利用。太阳能不同于石油、煤炭等燃料，不会导致“温室效应”，也不会造成环境污染，它是未来最清洁、安全和可靠的能源，是节能减排、开发新能源的理想能源之选。中国的太阳能资源十分丰富，全国 2/3 以上的地区年辐射量大于 502 万千焦/平方米，年日照时数超过 2 000 小时，中国陆地表面每年接受的太阳能相当于 1 700 亿吨标准煤。

目前，太阳能应用主要集中于太阳能热利用和太阳能光伏发电两大产业。中国已成为世界光伏第一产能大国，产品占据世界主要市场的主要份额。2010 年，全国光伏发电装机规模达到 60 万千瓦，主要企业已形成完整产业链，年产量达到 800 万千瓦。根据《可再生能源发展“十一五”规划》制定的发展目标，到 2010 年，太阳能热水器累积安装量达到 1.5 亿平方米。但中国太阳能行业也存在产能过剩、光伏发电转化效率较低，发电成本较高等问题，值得关注和改进。

专栏 7-1　中国最大太阳能发电站在敦煌发光

敦煌市位于甘肃省河西走廊最西端，是古“丝绸之路”重镇，因莫高窟闻名于世。敦煌得天独厚的气候条件和地理环境，诸如年平均日照时数达 3 362 小时，全年降雨日不到 10 天，沙尘天数少，地势平坦开阔等，具备了太阳能发电所需的所有条件，能够保持稳定的发电，被称为中国太阳能的黄金地带。

2008 年全球金融危机成为太阳能电池的发展契机。由于欧洲地区太阳能电池需求量剧减，太阳能电池的国际价格大幅下跌，而在太阳能发电站建设成本中占大部分比例的太阳能电池价格的下跌，又大幅提高了太阳能发电站的收益性。随着收益性的好转，中国原计划截至 2020 年建设 1 800 兆瓦规模的太阳能发电站，现正在考虑扩至 2 万兆瓦的方案，这相当于 20 家核电站

① 中国节能环保集团公司等：《2010 中国节能减排产业发展报告——探索低碳经济之路》，北京，中国水利水电出版社，2010。

的发电量。

2009年，中国政府正式批准建设的中国首个大规模太阳能发电站落户敦煌，发电量共达20兆瓦(MW)，这在中国居首位，在亚洲居第3位。国家投资开发公司和中国广东核电集团分别建设10兆瓦规模，敦煌成为中国太阳能发电站的里程碑。2010年12月27日中广核敦煌光伏电站正式接入系统全部建成，敦煌光伏电站工程全部完工。由于敦煌有丰富的太阳光资源和便利的电力输送条件，能保证较大的电力负荷和光伏并网发电系统，是中国“大漠光电工程”规划的理想区域，因此这个项目的影响不仅在于敦煌和甘肃，更重要的是，将带动西部其他省市的太阳能发电项目的发展，从而提升中国的太阳能发电产业的整体水准。

敦煌市不仅拥有独特的旅游、文化资源，其特殊的气候和地理条件，为敦煌发展新能源提供了条件，取得了可喜的成绩。2007年，敦煌市被甘肃省科技厅确定为省级可持续发展实验区，2009年开始申报国家级可持续发展实验区，2010年1月15日至16日，由科技部会同发改委等18个部委相关司局代表召开了国家可持续发展实验区部门联席评审会，敦煌市最终被确定为国家级可持续发展实验区。

资料来源：

[1]全球最大太阳能发电站将在敦煌发光，http://club.business.sohu.com/read_elite.php?b=zz0775&a=1039148.

[2]酒泉市敦煌被科技部确定为国家级可持续发展实验区，http://www.sipo.gov.cn/dfzz/gansu/xwdt/ywdt/201004/t20100415_512392.htm.

三是核能。中国是世界上第七个能自主设计和建造核电站的国家。2007年，中国核电发电量和装机容量的比重分别为1.92%和1.24%，在拥有核电的国家中是最低的。2008年中国核电总装机容量和发电量分别是885万千瓦和684亿千瓦时，仅仅占全国总装机容量的1.1%和总发电量的2%，与世界核电17%的水平相比，在保证核电机组运行安全的前提下，国内核电仍有很大的发展空间。2005年以来，国家先后核准了辽宁红沿河、福建宁德、福建福清等13个核电项目，共34台机组。“十一五”期间在建的机组有28台、3 097万千瓦，在建规模占全球的40%以上。

表7-6 中国正在运行的核电机组 单位：万千瓦

机组名称	额度功率	开网时间	机组名称	额度功率	开网时间
秦山核电站	30	1991-02-05	岭澳核电站2号机组	98.4	2002-12-15
大亚湾核电站1号机组	90	1993-08-31	秦山三期1号机组	72.8	2002-11-10
大亚湾核电站2号机组	90	1994-02-07	秦山三期2号机组	72.8	2003-06-12
秦山二期1号机组	60	2002-02-01	秦山二期2号机组	60	2004-03-11
岭澳核电站1号机组	98.4	2002-04-05	田湾核电站1号机组	100	2006-05-12

资料来源：中国节能环保集团公司等：《2010中国节能减排产业发展报告——探索低碳经济之路》，北京，中国水利水电出版社，2010。

(二)水资源利用

“十一五”以来，中国节水型社会建设全面铺开，以总量控制与定额管理为核心的水资源管理体系基本建立，水资源管理水平得到较大提升；与水资源承载力相适应的经济结构体系建设力度加大，各地产业发展加速趋向节水减排。节水型社会建设有力促进了水资源可持续利用，在经济总量持续快速增长的同时，用水总量保持小幅度的微增长，水资源利用效率和效益进一步提高。

1. 综合用水效率

“十一五”的前四年，全国人口从13.14亿增加到了13.35亿，增长了1.6%，GDP从21.63亿元增加到了34.05亿元，用水量从5 633亿立方米增加到了5 965亿立方米，用水总量增长明显放缓。综合用水效率不断提高，2009年全国万元GDP用水量比2005年下降43%(见表7-7)。

表 7-7　　中国水资源利用效率

年份	GDP(万元)	用水总量（亿立方米）	万元GDP用水量（立方米）	工业增加值（万元）	工业用水量（立方米）	万元工业增加值用水量(立方米)
2005	184 937.4	5 633	304.6	77 230.78	1 285.2	166.4
2006	216 314.4	5 795	267.9	91 310.94	1 343.8	147.2
2007	265 810.3	5 818.7	218.9	110 534.9	1 403.0	126.9
2008	314 045.4	5 910	188.2	130 260.2	1 397.1	107.3
2009	340 506.9	5 965.2	175.2	135 239.9	1 390.9	102.8

资料来源：根据《中国统计年鉴2010》计算整理。

2. 农业节水

长期以来，中国农业用水占用水总量的比重大，为60%左右。由于管理粗放，用水效率低下，因此，中国的节水首先要从农业灌溉节水开始。“十一五”时期，农业用水总量仍然缓慢增长，但是农业灌溉水有效利用系数有所提高，达到0.49(见表7-8)。

表 7-8　　中国水资源供给和利用情况

年份	供水总量（亿立方米）	用水总量（亿立方米）	用水情况(亿立方米)				人均用水量（立方米/人）
			农　业	工　业	生　活	生　态	
2005	5 633.0	5 633.0	3 580.0	1 285.2	675.1	92.7	432.1
2006	5 795.0	5 795.0	3 664.4	1 343.8	693.8	93.0	442.0
2007	5 818.7	5 818.7	3 599.5	1 403.0	710.4	105.7	441.5
2008	5 910.0	5 910.0	3 663.5	1 397.1	729.3	120.2	446.2
2009	5 965.2	5 965.2	3 723.1	1 390.9	748.2	103.0	448.0

资料来源：国家统计局：《中国统计年鉴2010》，北京，中国统计出版社，2010。

3. 工业和城市生活节水情况

从表7-8中单位用水量可以看出工业用水情况。2009年，全国万元工业增加值用水量为102.8立方米，比2005年下降38%，提前完成“十一五”规划确定的目标。

从表7-8中可以看出生活用水变化趋势，生活用水总量随人口的增加持续缓慢增长。其中，由于城镇化水平提高，城镇生活用水比重逐步提高，2005年为56.5%，2008年提高到58.8%。农村人均生活用水量低于城镇，但农村生活耗水率高于城镇耗水率，这主要是由于农村缺乏集中排水设施所致。此外，公共用水和服务业用水呈不断增长的趋势。

(三)森林和耕地资源的变化情况

1. 森林资源变化情况

森林是陆地生态系统的主体，是国民经济和社会发展的物质基础，是维持生态平衡和改善生态环境的重要保障，在应对全球气候变化中发挥不可替代的作用。中国第七次全国森林资源清查(2004—2008年)结果显示：全国森林面积1.95亿公顷，森林覆盖率20.36%，森林蓄积量137.21亿立方米；人工林保存面积0.62亿公顷，蓄积量为19.61亿立方米；森林植被总碳储量78.11亿吨，年生态服务功能价值10.01万亿元。中国森林面积居俄罗斯、巴西、加拿大、美国之后，列第5位；森林蓄积量居巴西、俄罗斯、加拿大、美国、刚果(民)之后，列第6位。与第六次清查结果相比，中国森林资源呈现出以下三个显著变化。

一是森林面积蓄积持续增长，全国森林覆盖率稳步提高。森林面积净增2 054.30万公顷，全国森林覆盖率由18.21%提高到20.36%，上升了2.15个百分点。活立木总蓄积净增11.28亿立方米，森林蓄积净增11.23亿立方米。

二是天然林面积蓄积明显增加，天然林保护工程区增幅明显。天然林面积净增393.05万公顷，天然林蓄积净增6.76亿立方米。天然林保护区的天然林面积净增量比第六次清查增加26.37%，天然林蓄积净增量是第六次清查的2.23倍。

三是人工林面积蓄积快速增长，后备森林资源呈增加趋势。人工林面积净增843.11万公顷，人工林蓄积净增4.47亿立方米。未成林造林地面积1 046.18万公顷，其中乔木树种面积637.01万公顷，比第六次清查增加30.17%。

但即便如此，与世界水平相比，中国的森林资源总量仍然不足，森林覆盖率只有全球平均水平的2/3，排在世界第139位。人均森林面积0.145公顷，不足世界人均占有量的1/4。

2. 耕地资源变化情况

中国耕地资源的特点，一是人均耕地数量少、空间分布失衡以及耕地总体质量差；二是工业化与城市化进程的加快，导致国内耕地急剧减少。“十一五”期间，中国实行了最为严格的耕地保护制度，坚守18亿亩耕地的红线不动摇，为保障国家粮食安全、经济发展和社会稳定发挥了重要作用。

几年时间里，通过采取多种措施，强化地方政府和主要领导耕地保护责任，运用经济手段，调动农民保护耕地的积极性，全国耕地减少过快的势头得到了有效遏止，基本农田保护面积稳定在15.6亿亩以上。2006—2009年全国共补充耕地面积1 600多万亩，多于同期建设占用的1 250多万亩耕地，做到了占补有余。除少数国家重大工程外，97%以上的建设项目做到了“先补后占”，逐步形成了对耕地占用的倒逼机制，农田产出率普遍提高10%～20%，生产成本降低5%～15%。①

专栏7-2　云南省普洱市古茶树生态产业区

普洱茶是云南的优势特色产业，有久远的文化底蕴，独特的生产工艺，加之本身的特性和保健功效，深受国内外消费者的喜爱。云南省普洱市境内有着136万多亩古茶园和野生茶树居

① 金融界：《“十一五”国土资源坚守18亿亩耕地红线》，载http://finance.jrj.com.cn/2010/11/0918038523645—1.shtml，2010-11-09。

群，这些茶树因为长期与森林混生，一直保持着生态茶状态；同时普洱市还有着90多万亩现代茶园。

近年来，消费者对纯天然、无污染、高品质普洱茶的需求越来越强烈。然而，多数普洱茶产区茶园耕作方式相对落后，自然生态环境也遭到人为破坏，其中有部分茶园使用了化肥和农药，或多或少影响了茶叶品质，造成茶园生态环境恶化，茶叶品质下降，影响了茶农的经济收入，制约了普洱茶产业的发展。

针对上述问题，为从源头提升普洱茶品质，云南省普洱市着力加强生态茶园基地建设。2008年全面实施“科学普洱行动计划”，把提升和发展普洱茶产业作为政府工作的重中之重，着力推进普洱茶产业快速高效发展。科技部“十一五”国家支撑项目课题——普洱茶生态茶园关键技术研究与示范，采用立体复合茶园生态系统构建技术、生态茶园有害生物无害化治理技术、生态茶园无害化施肥技术、生态茶园废弃物循环利用技术和衰老茶园更新复壮技术，除了形成了一定的技术效果外，还产生了良好的经济效益。

2010年1月29日，普洱市召开了生态茶园规划建设暨产业推进研讨会，出台《关于普洱市生态茶园工程建设的实施意见》，成立普洱市生态茶园建设及组建农民茶叶专业合作社工作领导小组办公室，就“如何组建农民专业合作社”，“生态茶园建设项目总体规划、构图、套种树种种植技术”等内容对全市80多名生态茶园建设及组建茶农专业合作社技术骨干进行了培训，全面启动生态茶园建设及茶农专业合作社组建工作，掀起建设生态茶园高潮。通过做好茶园配套种植规划工作，配套树种指导工作，因地制宜，山、水、田、林、路合理布局，保护茶区原有的树林、植被，在茶园四周和不宜种茶的陡坡、山顶、沟边及空隙地等大力植树造林，改善茶园宏观环境条件，创造一个适宜茶树生育的生态环境，形成一个以茶树为主的生物群落，发挥生物多样性的作用。普洱市通过建设立体复合生态茶园，一方面，提升了普洱茶产业，再造秀美山川，森林普洱；另一方面，扩大了生态恢复面积，发挥了茶园的生态服务功能，起到了耕地生态保护的作用，使普洱市的可持续发展能力全面增强。

资料来源：

[1]杨丽仙，普洱市全面改造生态茶园从源头提升茶品质，中华合作时报，2010-07-27.

[2]郭桂松、朱克西，普洱茶生态茶园关键技术的经济效益分析，安徽农学通报，2011(5).

>>二、“十一五”中国绿色经济发展中资源支撑的区域比较<<

中国地域辽阔、人口众多，区域发展不平衡和区域自然资源禀赋的差异较大，为了缩小差距，统筹区域发展，能源资源和水资源的跨区域流动项目发挥了重要作用，有力地支撑了绿色经济发展。

(一)西气东输

西气东输工程是中国在“十一五”期间由国家安排建设的特大型基础设施，其主要任务是将新疆塔里木盆地的天然气送往长江三角洲等中东部地区，沿线经过新疆、甘肃、宁夏、陕西、山西、河南、安徽、江苏、上海、浙江十个省市区。这项巨大的工程包括塔里木盆地天然气资源勘探开发、塔里木至上海天然气长输管道建设以及下游天然气利用配套设施建设。作为中国进入21世纪后的第一个重大建设项目和西部大开发的标志性工程，它把西部资源优势转化为经济优势，把西部的清洁能源输送到能源紧缺的东、中部，对促进中国能源结构调整具有重要意义。①

西气东输工程2000年8月由国务院批准立项，2002年7月4日全线开工建设，是中国迄今为止建设距离最长、管径最大、压力最高、输气量最大、技术含量最高的输气管道工程。截至2010年，塔里木油田油气产量当量累计超过9 000万吨，成为中国第四大油气田和重要的天然气生产基地，累计向东部地区输送天然气超过760亿立方米。其中，2010年塔里木油田向西气东输供气158亿立方米，已连续3年保持生产、输送天然气100亿立方米以上，国内80多个大中型城市3亿多人口从中受益，成功担当起为长江三角洲经济圈和中原地区主供气、为环渤海经济圈和华中地区补充供气的重任。②

(二)西煤东运

中国煤炭资源禀赋差异较大，交通地理状况复杂，宏观经济和区域经济发展水平状况决定了西煤东运的基本格局。“西煤东运”主要是指西部地区煤炭向东部沿海地区运送。从表7-9中可以看出，2009年西部地区整体煤炭的调出量为6.56亿吨，东部地区的煤炭调入量为10.32亿吨，西煤东运的格局十分明显。

表7-9 中国各省份原煤平衡表(2009年) 单位：万吨

地区(省份)	生产量	消费量	调入量	调出量(一)
东部地区	34 832.49	138 012.13	103 182.09	−4 732.02
中部地区	123 074.72	120 713.14	34 689.21	−50 600.14
西部地区	146 620.74	97 447.7	16 290.6	−65 604.61
山　东	14 377.72	36 740.8	22 543.26	−26.5
河　北	8 494.6	24 050.59	18 161.49	−2 183.23
江　苏	2 215.42	19 465.22	16 898.41	−318.85
浙　江	13.2	13 076.91	12 529.47	—
广　东	—	12 508.9	9 551.62	—
山　西	61 535	32 207.71	4 612.77	−37 845.83
内蒙古	60 058.45	24 528.82	1 400.49	−37 900.49
陕　西	29 611.13	9 799.9	—	−18 000

资料来源：根据《中国能源统计年鉴2010》计算整理。

各省份煤炭资源平衡表列出了调入量和调出量前几位的省份。其中，煤炭资源调入量前五位的省份分别是：山东、河北、江苏、浙江、广东，这五个省份煤炭资源调入总量为7.97亿吨，占总调入量的51.7%；煤炭资源主要调出省份有三个，分别是内蒙古、山西和陕西，占总调出量的77.5%(见表7-9)。同时可以看出，煤炭调入区大部分位于中国的东部地区，这些地区经济

① 《西气东输对东西部社会经济发展将产生深远影响》，载 http://news.xinhuanet.com/fortune/2004-12/26/content_2381822_1.htm，2004-12-26。

② 《回眸十一五 展望十二五：西气东输工程惠及西东》，载 http://www.gov.cn/jrzg/2011-02/19/content_1806323.htm，2011-02-19。

发展水平较高，但煤炭资源储量少，不能满足消费需求，有相当部分的煤炭需外部调入。

煤炭供应区主要包括华北的山西、内蒙古，西北的陕西，三省煤炭资源保有储量约为 6 300 亿吨，占全国煤炭资源保有储量的 64%左右，这些地区煤炭资源不仅储量丰富，煤种齐全，煤质优良，而且从地理位置上看，距离煤炭调入区相对较近，已经成为中国最重要的煤炭工业基地。

(三)西电东送

2010 年正值实施“西部大开发”战略实施 10 周年。作为西部大开发重要组成部分的“西电东送”战略，不仅推动了中国电力行业的跨越式发展，也深刻影响了东西部经济社会发展的格局。“西电东送”是指开发贵州、云南、广西、四川、内蒙古、山西等西部省区的电力资源，将其输送到电力紧缺的广东、上海、江苏、浙江和北京、天津、唐山等地区。在南方区域内，将贵州乌江和桂、滇、黔三省交界处的南盘江、北盘江、红水河的水电资源，以及黔、滇两省坑口火电厂的电能开发出来送往广东。

西电东送是西部大开发的标志性工程之一，是西部开发三大标志工程中投资最大，工程量最大的工程。2000—2010 年，西电东送项目总投资 5 265 亿以上，形成北、中、南三路送电格局。北线由内蒙古、陕西等省(区)向华北电网输电；中线由四川等省向华中、华东电网输电；南线由云南、贵州、广西等省区向华南输电。随着西电东送规模的快速发展，西电东送的作用已经不只是局限于最初的省间余缺电量调剂，而成为关系到东西部电力行业发展、电网安全稳定运行乃至经济社会发展的重要因素。

(四)南水北调

南水北调工程是中国水资源跨区域流动的标志性工程，是缓解北方水资源严重短缺局面的重大战略性工程，也是党中央、国务院根据经济社会发展需要做出的一项重大决策。中国南涝北旱，南水北调工程通过跨流域的水资源合理配置，大大缓解北方水资源严重短缺问题，促进南北方经济、社会与人口、资源、环境的协调发展。“南水北调”工程是人类历史上最大的水利工程，其工程量和投入资金量要超过举世闻名的三峡大坝工程。

南水北调分东线、中线、西线三条调水线，西线工程在最高一级的青藏高原上，地形上可以控制整个西北和华北，因长江上游水量有限，只能为黄河上中游的西北地区和华北部分地区补水；中线工程从第三阶梯西侧通过，从长江中游及其支流汉江引水，可自流供水给黄淮海平原大部分地区；东线工程位于第三阶梯东部，因地势低，需抽水北送。“十一五”时期，南水北调东、中线一期工程建设全面展开并取得积极成果。

(五)植树造林工程

中国大力推进植树造林和保护森林工程，旨在改善生态环境，增加碳汇能力。2009 年 6 月，政府召开全国林业工作会议，这是 60 年来首次以中央政府名义召开的林业工作会议。这次会议明确指出：林业在应对气候变化中具有特殊地位，应对气候变化必须把发展林业作为战略选择。2009 年 11 月，国家林业局发布了《应对气候变化林业行动计划》，确定了林业发展规划目标和主要行动。

第一，继续实施三北防护林与长江中下游地区等重点防护林工程、退耕还林工程、天然林保护工程、京津风沙源治理工程以及速生林基地建设工程等生态建设项目。一是2009年8月，国务院办公厅印发了《关于进一步推进三北防护林体系建设的意见》，要求进一步优化工程建设布局，要以建设百万亩以上人工林为基础，规划一批各具特色、功能多样的重点建设项目，在三北地区建设一批规模宏大、集中连片的人工林基地，构建点线面结合的绿色生态屏障。二是2009—2010年，退耕还林工程的重点转向完善后续工程规划、巩固建设成果阶段。在重点生态脆弱区和重要生态区位，结合扶贫开发和库区移民，适当增加安排退耕还林，稳步推进封山育林。为巩固退耕还林成果，建立长效机制，政府还加强投入和政策引导，激励和推动农民转变生产和生活方式，着力解决贫困问题。1999—2009年，累计实施退耕还林4.03亿亩，工程范围涉及全国3 200多万农户。三是京津风沙源治理工程稳步推进。2009年全年完成沙化土地治理面积近1 500万亩。

专栏7-3 山西省右玉县开展生态建设，打造塞上绿洲的成功实践

右玉县地处晋西北边陲，位于毛乌素沙漠前沿，属高寒冷凉干旱区。新中国成立初期，全县仅有残次林8 000亩，森林覆盖率只有0.3%，风蚀、干旱形成的土地沙化面积占总土地面积的76.2%。由于生态环境极度恶化，风沙干旱、水土流失、霜冻冰雹等自然灾害频发，全县农牧业发展极其缓慢，人民生活贫苦落后。

新中国成立以后，右玉历届县委、县政府确立了“右玉要想富，必须风沙住，要想风沙住，必须多栽树”的指导思想，一届接着一届干，一张蓝图绘到底。主要体现在三方面：一是领导率先干，为官先过林业关，搞好植树造林是右玉县、乡、村三级领导干部的第一要务，也是履行职责的第一要求，在右玉，许多乡镇书记都成了“树书记”，不少部门领导也成了“林局长”；二是干部带头干，一个系统一座山，县里七大系统一百多家单位，一个系统一座山、一个单位一道梁，以人头定任务，以领导定责任，分年治理，集中会战，群众监督；三是群众同心干，一张铁锹两只手，全县干部群众就这样一棵一棵、一年一年把树种活，营造出一片人工绿洲。

其一，生态效益明显提升。一是锁住了风沙。近年来全县沙尘暴天数比解放初减少了50%，在林地影响的有效范围内平均风速降低了29.7%。二是保持了水土。由于林草植被的逐年增加，现在地表径流和河水含沙量比造林前减少60%，过去山洪暴发、冲毁粮田、泥沙横流的现象不复出现。三是涵养了水源。田间林网水分蒸发比旷野年平均减少8.8%，在作物生长需水量较多的6～8月，林网蒸发量为784.8毫米，而对照点蒸发量为832.1毫米，减少47.3毫米。与此同时，降水量明显增多，近五年平均降水量较周边县区高出40多毫米。四是减少了霜冻、冰雹等自然灾害。右玉县气候寒冷，无霜期较短，对农作物的生长有明显的制约。通过加强生态建设，林内日平均气温比旷野提高了0.5℃，田间温度比林网外提高0.7℃，同时在霜冻来临较早的年份，林带百米以内的霜冻比百米外霜冻要推迟7天左右。冰雹也由过去年平均7.2次减少到1.5次。

其二，经济效益明显提升。由于生态环境改善，全县生长期长的高产优质作物品种得以大面积推广，牧草产量和品质也得到大幅度提高。全县经济作物播种面积占到总播种面积的50%以上，青饲料与当年生牧草占到总播种面积的40%，基本实现了由传统种植业向优质、高效生态农业转变。养殖业规模不断扩大，全县基本形成了苍头河沿岸以奶牛为主、周边山区地带以肉羊为主的养殖格局。到2010年年底，全县羊、大畜的饲养量达到70万只、4万头，各类规模养殖户达到2 000多户。农副产品加工业得到了迅速发展，沙棘果汁加工企业达到30多家，年创利税1 000多万元，北京汇源果汁、太原六味斋等企业相继落户右玉县。同时，林改的实施，有力地激活了生态产业，解放发展了林业生产力。全县苗圃达到300多家，成为辐射周边地区的重要苗木研发、培育和供应基地。大力发展林药、林菌、林下苗圃和林下养鸡、养鸭等林下经济，成为推动农村经济发展的重要支柱。

其三，旅游效益明显提升。随着生态建设力度的不断加大，全县建成了南山公园、苍头河风景旅游区、辛堡梁生态景区、杀虎口森林公园等为重点的一批生态观光旅游景区，生态旅游业正在逐步成为全县一大新兴产业和新的经济增长点。特别是近年来，依托优美的生态环境，连续举办了五届生态旅游节和西口风情生态旅游文化节，生态旅游业发展后劲明显增强。随着右玉精神的宣传推广，生态度假游、西口长城游以及农家乐、野战军营休验等特色旅游持续火热。据不完全统计，2010年全县游客达70多万人，旅游产值明显提高，充分展示了右玉的生态建设成果，极大地提升了右玉的知名度和美誉度，提高了右玉的对外形象，促进了当地以旅游业为龙头的服务业快速发展。

右玉县通过坚持不懈的努力，植树造林，改善生态环境，先后获得全国治沙先进单位、全国绿化模范县、国家三北防护林建设先进县、山西省生态建设红旗县、山西省林业建设突出贡献奖、山西省林业生态县等荣誉称号，成为国家级生态示范区和国家可持续发展实验区。右玉生态建设使一个曾经的不毛之地，变成了今天的“塞上绿洲”，其成功的经验和做法，对山西省乃至全国的生态建设具有带动示范作用。

资料来源：山西省政府办公室.

第二，积极实施碳汇造林项目。碳汇造林是中国林业应对气候变化的重要举措之一。2010年，国家林业局进一步加强碳汇造林管理工作，对现有碳汇造林项目实施备案管理制度；对新开展的项目实施注册登记制度；进一步规范碳汇造林项目管理工作，促进碳汇林业健康有序发展。如国家林业局开展碳汇造林试点，引导企业自愿捐资造林增汇。制定了《碳汇造林技术规定(试行)》与《碳汇造林检查验收办法(试行)》，在土地合格性、造林地选择、基线调查、作业设计、树种选择、造林方式、整地栽植、未成林抚育、检查验收、档案管理等方面做出规定，以指导各地规范开展碳汇造林试点。

第三，深入开展城市绿化造林。城市绿化造林工作重点关注人居生态建设，通过全民义务植树运动和“创绿色家园、建富裕新村”活动，动员全社会力量植树造林，抓好铁路、公路等通道绿化，努力建设森林城市、森林乡镇、森林村庄、森林校园。加强城市中心区公园、广场、绿地建设，不断提高绿化覆盖率和人均公共绿地面积，在城乡结合部大力营造环城林带和隔离片林，建立森林公园，加快建设城市森林生态屏障。截至2009年年底，全国城市建成区绿化覆盖率达38.22%，建成区绿地率达到34.13%，人均公园及公共绿地面积已有10.66平方米，对增加碳汇也起到了一定作用。

>>三、“十二五”中国绿色经济发展中资源支撑展望<<

现阶段中国经济的主要特征是速度高、经济结构粗放。未来五年，中国将面对日趋严重的资源约束，因此，《国民经济和社会发展第十二个五年规划纲要》中特别强调绿色发展，强调建设资源节约型、环境友好型社会。

(一)能源资源

从能源消费总量来看，中国已是世界第二大能源消费大国。随着经济的进一步发展，中国或将超越美国，成为世界第一能源消费大国，“十二五”时期经济增长无疑会受到能源资源的严重制约。为了协调经济发展和能源消费，必须制定国家能源战略，包括三个层次：国家能源战略、国家能源战略发展中长期规划、“十二五”能源规划。其中“十二五”能源规划被定位为能源攻坚的关键。

从中国实际出发，能源战略理念应该有六大转变：从偏重保障供给为主转变到科学调控能源生产和消费总量，以能源消费调控来促进经济发展方式转变；从严重依赖煤炭资源向绿色、多元、低碳化能源发展；从过度依赖国内能源供应转向立足国内和加强国际合作；从生态环境保护滞后于能源发展向生态环境保护和能源协调发展转变；从资源依赖型的发展模式向科技创新驱动型的发展模式转变；从各能源品种独立发展向多种能源互补与系统的融合协调转变。其中，发展的重点应该包括：坚持节能优先、大力实施能源科技自主创新、促进煤炭绿色生产与清洁利用，以及发展以电力为核心的智慧能源网络四个方向。

展望“十二五”能源发展，应该以减少能源约束为工作重点，逐步实现非化石能源占一次能源消费比重的11.4%，单位生产总值能耗下降16%的能源发展总体目标。① 具体来看：一是能源结构进一步优化，能源结构逐步实现由“单一”转向“多元”，即由过去的以煤炭为主，转换成由煤炭、石油、天然气、水电、核电及新能源多元品种构成的供应结构；二是能源价格将大幅提高，过去由于能源价格偏低，一些不合理的能源需求被纵容，电解铝、小钢铁等高能耗、高污染、高排放的行业得以畸形发展，一方面，浪费了资源，污染了生态环境；另一方面，也加剧了相关行业的产能过剩，不利于可持续发展和产业结构调整；三是能源利用效率将显著提高，提高能源利用效率是当前缓解能源供需矛盾最有效的方式，通过提高能源价格和推广节能技术，纠正由于长期能源价格偏低导致的高能耗行业不合理发展，纠正居民生产生活中节能意识不强的现象。

(二)水资源

“十二五”时期，水资源保护的总体思路重点包括三个方面：控制污染物排放总量、改善环境质量、防范风险。这实际上是从以污染治理为主，向污染治理与预防结合的过渡，从消减污染物向质量改善的过渡。“十五”期间总量控制只是作为一个指导，国家并没有考核，效果不是很理想；“十一五”期间总量控制是约束性的，国家需要进行考核，在这种形势下，总量控制得到了很好的贯彻落实；“十二五”期间，总量控制是一个总量约束和质量引导并重的阶段，国家开始关注质量改善，而且消减污染物可以跟质量改善有初步的对应关系。2015—2020年，总量控制和质量改善同时约束。2025—2030年则开始重点控制质量改善。

展望“十二五”，水资源保护与发展的总体目标是，单位工业增加值用水量降低30%，农业灌溉用水有效利用系数提高到0.53。具体来看，就是实现水资源利用的总量下降和效率提高问题，循环利用是有效的解决办法。但是，最关键的是要解决重化工业和制造业对水资源的污染

① 《能源局副局长解读“十二五”规划能源领域关键词》，载 http://www.gov.cn/jrzg/2010-10/30/content_1734205.htm，2010-10-30。

问题，主要任务包括以下方面。一是排放控制。对于工业企业达标排放进行深度治理，特别是按照区域总量控制的要求深化治理。二是新增污染物的预防。主要是按照与工业结构调整相结合的产业政策确定哪些产业需要鼓励，哪些需要限制，哪些需要淘汰，以此来解决新增污染问题和产业结构优化问题。三是区域综合治理。主要是通过人工湿地、生态修复、区域截污等措施，在排放达标和总量控制的基础上，使水质得到进一步改善。四是水环境监管体系建设。当前中国水质监控和污染源监控都有基础，需要把两者结合起来，从污染源监控到水质监控速度更快，这是“十二五”规划的一个关键。

(三)耕地资源

耕地资源关系到粮食安全保障、社会保障和生态环境保护等方面的问题，因此，保护耕地资源关系到社会稳定和国家安全。然而，近年来，随着城市化进程的不断加快，大量的城郊农地转为城市建设用地，势必要大量占用农地，尤其是占用耕地，使耕地资源出现紧张局面。数据显示，与 2005 年相比，2008 年中国耕地面积减少了近 0.9 万公顷(见表 7-10)，这使得耕地和粮食供给状况更为严峻。从供给方面看，生产粮食的基础越来越脆弱；从需求方面看，越来越多的农民，转移成为粮食的消费者。随着经济社会的快速发展，特别是工业化和城镇化的不断推进，人地矛盾十分突出，耕地保护的压力很大。

表 7-10　　中国历年耕地面积

年份	2005	2006	2007	2008
耕地面积(万公顷)	13 004	13 004	12 174	12 172

资料来源：国家统计局：《中国统计年鉴 2005—2008》，北京，中国统计出版社，2005—2008。

从目前的情况来看，中国有耕地 12 172 万公顷，相当于 18.25 亿亩。展望“十二五”，要守住 18 亿亩耕地的底线，参照以往耕地占有量的经验数据及其变化趋势，这个总体目标的实现任务仍然艰巨。此外，一是污染问题成为保护耕地的重大障碍，因土质、水质以及空气受到污染必然会导致耕地质量的降低，甚至还使耕地丧失功能，从而使耕地数量减少；二是耕地减少在数据统计方面比较困难，也使实现耕地保护的目标隐含了更多的不利变数。温家宝同志在十一届全国人民代表大会第四次会议上作政府工作报告时提出，“十二五”时期中国城镇化率将从 47.5%提高到 51.5%。与此同时，要把加大耕地保护力度，纳入“十二五”时期中国重点工作和任务。一是严格执行基本农田保护制度，切实做到基本农田面积不减少、用途不改变、质量不降低。二是坚持土地用途管制制度，严格建设用地审批管理。三是严格执行耕地占补平衡制度，落实补充耕地责任。四是坚持执行法定的征地补偿安置制度，确保农民合法权益。五是加大土地开发整理力度，积极补充耕地，确保实现耕地保护目标。

>>参考文献<<

[1]林伯强. 2010 中国能源发展报告[R]. 北京：清华大学出版社，2010.

[2]中国节能环保集团公司，中国工业节能与清洁生产协会. 2010 中国节能减排产业发展报告——探索低碳经济之路[R]. 北京：中国水利水电出版社，2010.

[3]崔民选. 中国能源发展报告 2010[R]. 北京：社会科学文献出版社，2010.

[4]张国宝. 中国能源发展报告2010[R]. 北京：经济科学出版社，2009.
[5]王浩. 中国水资源问题可持续发展战略研究[M]. 北京：中国电力出版社，2010.
[6]刘学敏等. 首都区——实现区域可持续发展的战略构想[M]. 北京：科学出版社，2010.
[7]司晶星. 生物质能源的开发利用[J]. 科技信息，2009(11).
[8]赵家荣. "十一五"节能减排成效及"十二五"节能思路的初步考虑[J]. 有色冶金节能，2011(1).
[9]陈兆栋. "十一五"期间 南水北调建设有力有序快速推进[N]. 中国水利报，2010-10-01(03).
[10]宏观经济研究院国地所课题组. "十一五"我国节能减排工作回顾及"十二五"政策建议[J]. 宏观经济管理，2011(1).
[11]何晓亮. "十一五"我国能源发展实现巨大飞跃——传统能源继续发力，新兴能源起步迅猛[N]. 科技日报，2011-01-25(01).
[12]鲍丹. "十一五"期间，我国能源发展成就举世瞩目——绿色能源，在转型中跨越[N]. 人民日报，2011-01-24(05).
[13]张有生. 能源规划："十一五"回顾与"十二五"展望[J]. 国际石油经济，2010(12).
[14]国家林业局森林资源管理司. 第七次全国森林资源清查及森林资源状况[J]. 林业资源管理，2010(2).
[15]中国"十二五"能源应思变[N]. 中国国土资源报，2010-03-19.
[16]李玉梅. 改革创新善治善为管好用好国土资源[N]. 学习时报，2011-04-18.
[17]周怀龙，刘维. 城镇化浪潮下，如何坚守耕地红线[N]. 中国国土资源报，2011-03-11.

第八章 绿色发展与环境承载

早期的承载力研究首先与生态学的发展密切相关。1921年，帕克和伯吉斯就在有关的人类生态学杂志中，提出了承载力的概念："某一特定环境条件下(主要指生存空间、营养物质、阳光等生态因子的组合)，某种个体存在数量的最高极限。"后来这一术语被应用于环境科学中，便形成了"环境承载力"的概念，环境承载力反映了人类活动强度与环境的相互作用关系。①

本章所叙及的"环境承载力"，其落脚点是人类活动，即环境系统对人类活动支持能力的阈值，是包含时间、空间和经济行为等自变量的函数。同时，本章对"绿色发展与环境承载"的解读更多地倾向于评论"合理利用环境容量，提高剩余环境容量，改善环境承载状况或形势，从而改善环境质量"的工作或效果。

本章，我们将利用"污染—经济时间弹性(PETE)"概念，即一个国家或地区环境污染指标的年际变化率与相应的该国家或地区经济指标年际变化率的比值，用以反映一定时期一国(或地区、行业)污染状况与经济增长的关系，揭示污染变化与经济发展之间的动态变化情况，反映经济发展的环境效率。② 绿色发展与环境承载，更多地体现为"流量"，而非"存量"。因此，本章采用"污染—经济时间弹性(PETE)"描述全国及区域"绿色发展与环境承载"情况的动态变化。

>>一、"十一五"中国绿色经济发展中的环境承载<<

2006年3月全国十届人大四次会议批准的《国民经济和社会发展第十一个五年规划纲要》明确提出将单位国内生产总值(GDP)能源消耗降低20%左右，主要污染物(二氧化硫和化学需氧量)排放总量减少10%，确定为"十一五"经济社会发展的约束性指标。这在中国环境保护史上具有里程碑的意义。

(一)环境质量状况

"十一五"期间，中国经济平稳较快增长，国内生产总值(GDP)年均实际增长11.2%，不仅远高于同期世界经济年均增速，而且比"十五"时期年平均增速快1.4个百分点，是改革开放以

① 郭秀锐、毛显强、冉圣宏：《国内环境承载力研究进展》，载《中国人口、资源与环境》，2000(3)。

② 毛显强、杨舒茜：《污染—经济时间弹性(PETE)概念、方法与应用》，载《中国人口、资源与环境》，2010(11)。

来最快的时期之一。① 经济社会持续快速发展，给中国资源环境带来了巨大压力。在党中央、国务院的领导下，"十一五"期间，中国将建设资源节约型、环境友好型社会作为加快转变经济发展方式的重要着力点，大力促进环保事业发展。五年来，中国环境保护力度不断加大，污染治理投资保持较快增加，主要污染物排放总量得到控制，环境污染防治取得阶段性成果，生态保护全面加强，环境质量持续改善。2010 年，七大水系的水质监测断面中，Ⅰ～Ⅲ类水质断面比例占 59.6%，比 2005 年提高 18.6 个百分点。在监测城市中空气质量达到二级以上(含二级)标准的城市占监测城市数的 82.7%，比 2005 年提高 22.4 个百分点。2010 年年底，城市污水处理厂日处理能力达 10 262 万立方米，比 2005 年年底增长 79.2%；城市污水处理率达到 76.9%，提高 24.9 个百分点。②

环境质量的改善离不开环境保护投入的增加。"十一五"期间，国家采取一系列政策措施，进一步拓宽环境污染治理投资的资金渠道，强化环境污染防治管理，污染治理投资保持较快增加，重点领域投入力度加大。2009 年，全国环境污染治理投资总额为 4 525 亿元，比 2005 年增长 89.5%；环境污染治理投资占 GDP 比重由 2005 年的 1.30%提高到 2009 年的 1.33%。其中，城市环境基础设施建设投资 2 512 亿元，比 2005 年增长 94.8%；城市燃气、集中供热、排水、园林绿化和市容环境卫生五项投资增长幅度分别是 27.9%、67.4%、98.3%、122.4%和 114.1%；实际执行"三同时"项目环保投资 1 570.7 亿元，比 2005 年增长 1.5 倍(见表 8-1)。2009 年营林固定资产投资 1 351 亿元，比 2005 年增长 1.9 倍；其中国家投资 710 亿元，增长 101.4%。③

表 8-1　　环境污染治理投资情况

指标	计量单位	2005 年	2006 年	2007 年	2008 年	2009 年
环境污染治理投资总额	亿元	2 388.0	2 566.0	3 387.3	4 490.3	4 525.3
城市环境基础设施建设投资	亿元	1 289.7	1 314.9	1 467.5	1 801.0	2 512.0
工业污染源治理投资	亿元	458.2	483.9	552.4	542.6	442.6
建设项目"三同时"环保投资	亿元	640.1	767.2	1 367.4	2 146.7	1 570.7
环境污染治理投资占 GDP 比重	%	1.30	1.22	1.36	1.49	1.33

资料来源：国家统计局：《"十一五"经济社会发展成就系列报告之十四：环境保护事业取得积极进展》，载 http://www.stats.gov.cn/tjfx/ztfx/sywcj/t20110310_402709535.htm，2011-03-10。

从环境污染与破坏事故次数来看，2009 年，中国环境污染与破坏事故为 418 次，其中，水污染与破坏事故 116 次，大气污染与破坏事故 130 次，固体废物污染与破坏事故 55 次，海洋污染与破坏事故 2 次，其他污染与破坏事故 115 次，污染直接经济损失高达 43 354.4 万元。从最近几年的数据来看(见图 8-1 和图 8-2)，中国环境污染与破坏事故次数虽然呈明显下降趋势，但造成的直接经济损失却仍居高位震荡，表明中国环境危机预警及处理系统亟待改善，从而为良好的环境质量提供有力保障。

① 国家统计局：《"十一五"经济社会发展成就系列报告之一：新发展 新跨越 新篇章》，载 http://www.stats.gov.cn/tjfx/ztfx/sywcj/t20110301_402706119.htm，2011-03-01。

② 同上。

③ 国家统计局：《"十一五"经济社会发展成就系列报告之十四：环境保护事业取得积极进展》，载 http://www.stats.gov.cn/tjfx/ztfx/sywcj/t20110310_402709535.htm，2011-03-10。

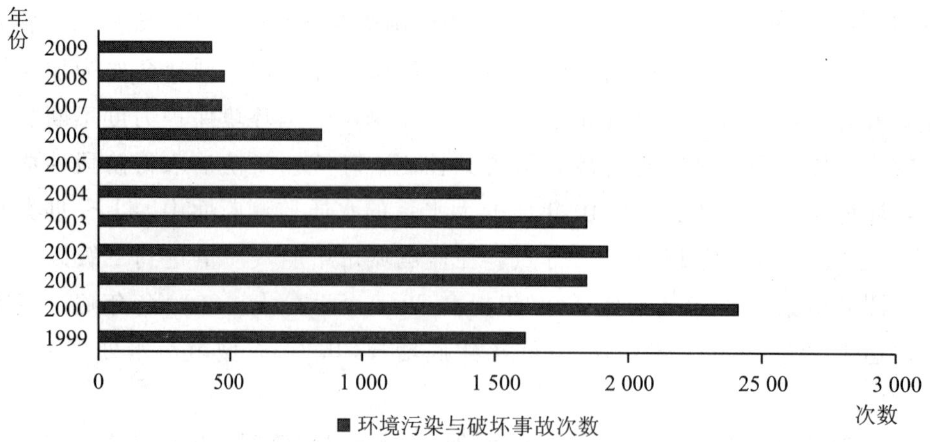

图 8-1　1999—2009 年中国环境污染与破坏事故次数

资料来源：国家统计局：《中国统计年鉴 2009》，北京，中国统计出版社，2009；国家统计局：《中国统计年鉴 2010》，北京，中国统计出版社，2010。

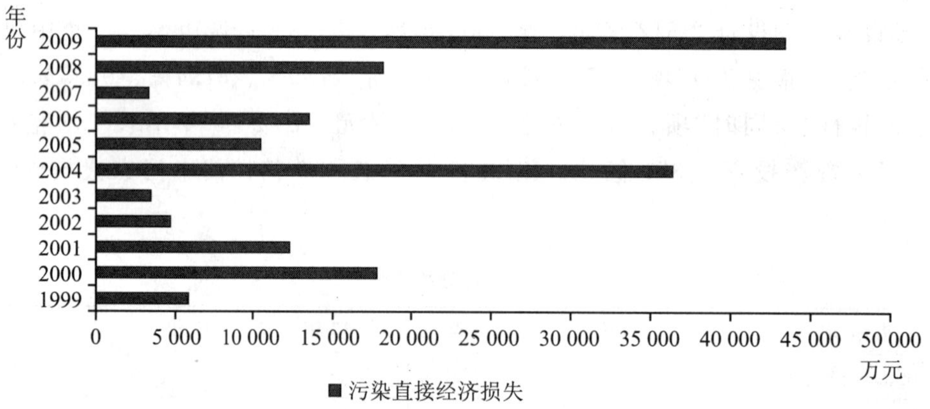

图 8-2　1999—2009 年中国污染直接经济损失

资料来源：国家统计局：《中国统计年鉴 2009》，北京，中国统计出版社，2009；国家统计局：《中国统计年鉴 2010》，北京，中国统计出版社，2010。

现阶段，环境污染问题仍是中国经济发展中面临的重要问题。经济与环境既相辅相成又相互制约，经济的快速发展是在一定的自然环境和社会环境中进行的，它们既受环境条件的约束，又会对环境产生影响，而变化了的环境再反作用于物质资料的生产与人类自身的发展。因此，在一定的环境承载力下，寻求绿色发展路径，努力减少污染物排放，改善环境现状，对于促进经济社会的可持续发展来说至关重要。

(二)污染物减排进展

自《国民经济与社会发展"十一五"规划》首次提出节能环保的约束性指标以来，节能减排成为从中央到地方一项十分重要的工作。各级政府非常重视此项任务，纷纷制定了一系列措施与政策，以推动节能减排工作的顺利开展。"十一五"期间中国主要污染减排取得明显成效，部分环境质量指标持续好转(见表 8-2)。

表 8-2　　“十一五”期间主要环保指标

指标	2005 年	2010 年	“十一五”增减情况
化学需氧量排放总量(万吨)	1 414.2	1 272.8	−10%
二氧化硫排放总量(万吨)	2 549.4	2 294.4	−10%
地表水国控断面劣Ⅴ类水质的比例(%)	26.1	<22	−4.1 个百分点
七大水系国控断面好于Ⅲ类的比例(%)	41	>43	2 个百分点
重点城市空气质量好于Ⅱ级标准的天数超过 292 天的比例(%)	69.4	75	5.6 个百分点

资料来源：《国务院关于印发国家环境保护“十一五”规划的通知》，载 http://www.gov.cn/zwgk/2007-11/26/content_815498.htm，2007-11-26。

“十一五”时期的五年，是节能减排得到空前重视并取得积极进展的五年。其间，污染物排放总量逐步得到控制，二氧化硫减排目标提前一年实现，化学需氧量减排目标提前半年实现。据初步测算，2010 年全国化学需氧量排放量比 2005 年下降 12.45%，二氧化硫下降 14.29%，均超额完成“十一五”规划确定的减排任务。淘汰高排放的落后产能成效突出。“十一五”期间，全国累计淘汰炼铁落后产能约 11 172 万吨，炼钢落后产能约 6 683 万吨，焦炭落后产能约 10 538 万吨，铁合金落后产能约 663 万吨。①

1. 大气污染物减排

“十一五”期间，三种主要空气污染物：二氧化硫、烟尘及工业粉尘，均出现排放量连年下降的态势。截至 2009 年，二氧化硫、烟尘以及工业粉尘排放量分别下降 14.46%、22.19%、35.23%，排放量分别减少 374.4 万吨、241.6 万吨、284.8 万吨，各种主要空气污染物减排效果显著(见图 8-3)。

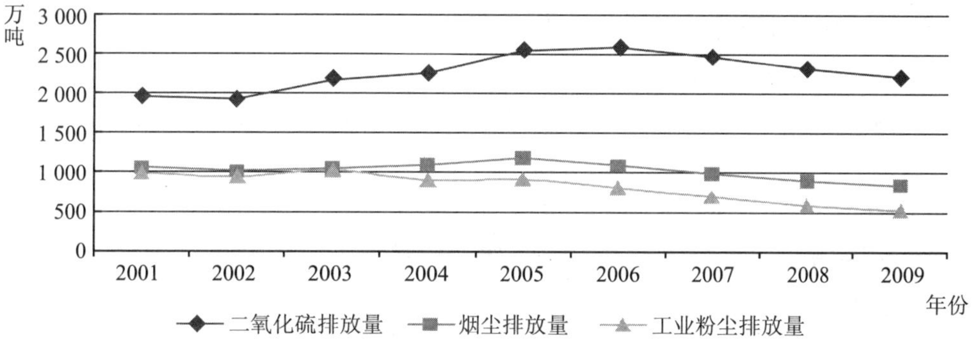

图 8-3　大气中主要污染物排放情况

资料来源：国家统计局：《中国统计年鉴 2002—2010》，北京，中国统计出版社，2002—2010。

具体来看(见表 8-3)，2008 年，全国二氧化硫排放量2 321.2万吨，较 2007 年下降 5.95%；其中工业二氧化硫排放量较 2007 年下降 6.95%，生活二氧化硫排放量则出现了略微上升，较上年增加 0.55%。2009 年，全国二氧化硫排放继续保持下降的良好态势，排放总量为 2 214.4 万吨，较 2008 年下降 4.60%；与 2005 年相比，二氧化硫排放总量下降 13.14%，提前完成“十一五”减排目标 10% 的任务。根据最新的《中国统计摘要 2011》，2010 年全国二氧化硫排放量 2 185.1 万吨，比 2005 年下降 14.29%，超额完成“十一五”规划确定的减排任务。

① 国家统计局：《“十一五”经济社会发展成就系列报告之一：新发展 新跨越 新篇章》，载 http://www.stats.gov.cn/tjfx/ztfx/sywcj/t20110301_402706119.htm，2011-03-01。

烟尘和工业粉尘自2006年开始也出现排放减少的情况。2008年全国烟尘排放量为901.6万吨，较2007年减少8.6%，其中工业烟尘排放量较2007年减少13.02%；生活烟尘排放量则增加7.15%。2009年全国烟尘排放量为847.2万吨，较2008年减少6.03%，其中工业烟尘排放量较2008年减少9.96%；生活烟尘排放量则增加5.37%。

表8-3　　全国大气主要污染物排放情况　　单位：万吨

项目/年份	二氧化硫排放量			烟尘排放量			工业粉尘排放量	氮氧化物排放量		
	总量	工业	生活	总量	工业	生活		总量	工业	生活
2005	2 549.4	2 168.4	381.0	1 182.5	948.9	233.6	911.2	—	—	—
2006	2 588.8	2 234.8	354.0	1 088.8	864.5	224.3	808.4	1 523.8	1 136.0	387.8
2007	2 468.1	2 140.0	328.1	986.6	771.1	215.5	698.7	1 643.4	1 261.3	382.0
2008	2 321.2	1 991.3	329.9	901.6	670.7	230.9	584.9	1 624.5	1 250.5	374.0
2009	2 214.4	1 866.1	348.3	847.2	603.9	243.3	523.6	—	—	—

注：中国从2006年开始统计氮氧化物排放量，生活排放量中包含交通源排放的氮氧化物。

资料来源：国家统计局：《中国统计年鉴2006—2010》，北京，中国统计出版社，2006—2010；环境保护部：《中国环境状况公报2009》，载http://www.zhb.gov.cn/gzfw/xzzx/wdxz/201006/P020100603551633387739.pdf；环境保护部：《中国环境统计年报2008》，北京，中国环境科学出版社，2009。

2008年全国工业粉尘排放量为584.9万吨，较2007年减少16.3%；工业和生活氮氧化物排放总量分别为1 250.5和374万吨，较2007年均略微有所下降。2009年全国工业粉尘排放量为523.6万吨，较2008年减少10.48%。

2. 水污染物减排

"十一五"期间，全国废水排放量呈现连年增加趋势，但化学需氧量排放量则逐年下降，并提前半年实现10%的减排目标。根据最新的《中国统计摘要2011》，2010年全国化学需氧量排放量为1 238.1万吨，较2005年下降12.45%，超额完成减排任务。另外，氨氮排放量在"十一五"期间没有太大变化，从2001—2009年统计数据来看，总体呈现出排放量先增加后减少的态势(见图8-4)。

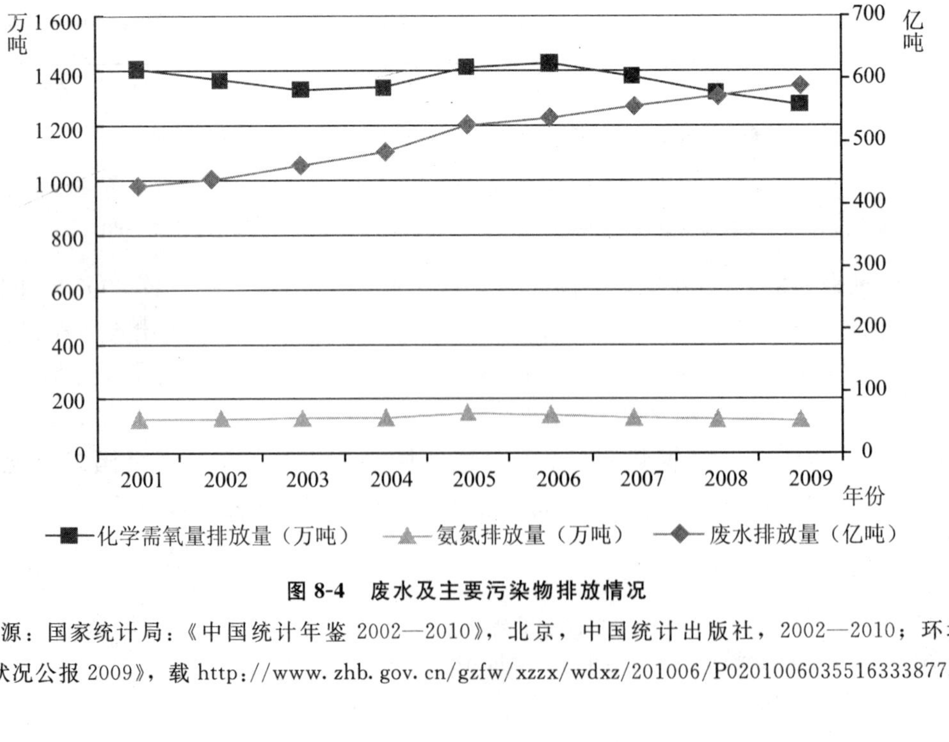

图8-4　废水及主要污染物排放情况

资料来源：国家统计局：《中国统计年鉴2002—2010》，北京，中国统计出版社，2002—2010；环境保护部：《中国环境状况公报2009》，载http://www.zhb.gov.cn/gzfw/xzzx/wdxz/201006/P020100603551633387739.pdf。

具体来看(见表 8-4)，2008 年全国废水排放总量为 571.7 亿吨，较 2007 年增加 2.66%，其中，工业废水排放量为 241.7 亿吨，较 2007 年减少 2.0%；城镇生活污水排放量为 330.0 亿吨，较 2007 年增加 6.4%。2009 年，全国废水排放总量为 589.2 亿吨，较 2007 年增加 3.0%。废水排放量呈现逐年增加趋势。

2008 年，全国化学需氧量排放量为 1 320.7 万吨，较 2007 年下降 4.42%，较 2005 年下降 6.61%，其中工业化学需氧量排放较 2007 年减少 10.47%，生活污水中化学需氧量排放较 2007 年减少 0.88%。2009 年，全国化学需氧量排放总量为 1 277.5 万吨，较 2008 年下降 3.27%，较 2005 年下降 9.66%，其中工业化学需氧量排放较 2008 年减少 3.91%，生活污水中化学需氧量排放较 2008 年减少 2.93%。2010 年全国化学需氧量排放量为 1 238.1 万吨，较 2009 年下降 3.2%。

2006—2009 年废水中氨氮排放量分别为 141.3 万吨、132.4 万吨、127.0 万吨、122.6 万吨，分别比上一年减少 5.64%、6.36%、4.06%和 3.46%。工业氨氮排放量减少明显，2009 年比 2006 年减少 48%，而同期生活污水中氨氮排放量减少仅为 2.06%。

表 8-4　　全国废水及主要污染物排放情况　　单位：亿吨

项目 年份	废水排放量			化学需氧量排放量			氨氮排放量		
	总量	工业	生活	总量	工业	生活	总量	工业	生活
2005	524.5	243.1	281.4	1 414.2	554.8	859.4	149.8	52.5	97.3
2006	536.8	240.2	296.6	1 428.2	541.5	886.7	141.3	42.5	98.8
2007	556.8	246.6	310.2	1 381.8	511.1	870.8	132.3	34.1	98.3
2008	572	241.9	330.1	1 320.7	457.6	863.1	127	29.7	97.3
2009	589.2	234.4	354.8	1 277.5	439.7	837.8	122.6	27.3	95.3

资料来源：国家统计局：《中国统计年鉴 2006—2010》，北京，中国统计出版社，2006—2010；环境保护部：《中国环境状况公报 2009》，载 http://www.zhb.gov.cn/gzfw/xzzx/wdxz/201006/P020100603551633387739.pdf。

3. 固体废物减排

“十一五”时期，中国积极开展固体废物的综合整治工作、“全国大中城市固体废物污染防治信息发布”工作等，继续推动《危险废物经营许可证管理办法》的实施，先后发布了《危险废物经营单位记录和报告经营情况指南》和《危险废物经营单位审查和许可指南》，发布了《废弃电器电子产品回收处理管理条例》，严把进口废物审批以及危险废物出口，工业固体废物排放情况也有了很大的改观。

“十一五”期间，工业固体废物产生量连年增长，2009 年工业固体废物产生量是 2001 年的 2 倍之多。这期间全国工业固体废物处理量(包括综合利用量、贮存量和处置量)持续增加。所以工业固体废物排放量与产生量相比，呈现相反的发展趋势，2009 年工业固体废物排放量不及 2001 年的 1/3。

2008 年全国工业固体废物产生量为 19.01 亿吨，较 2007 年增加 8.3%；工业固体废物排放量为 782 万吨，较 2007 年减少 34.7%。2009 年，全国工业固体废物产生量为 20.41 亿吨，较 2007 年增加 7.3%；工业固体废物排放量为 710.7 万吨，较 2007 年减少 9.1%。

在生活固废方面，虽然城市生活垃圾产生量不断增多，但生活垃圾无害化处理量加速攀升，从 2005 年的 8 051.1 万吨升高至 2009 年的 11 232.29 万吨；生活垃圾无害化处理率也不断上升，从

2005年的51.69%上升至2009年的71.39%。无害化处理能力也由256 132吨/日提高到356 130吨/日，提高了将近100 000吨/日。

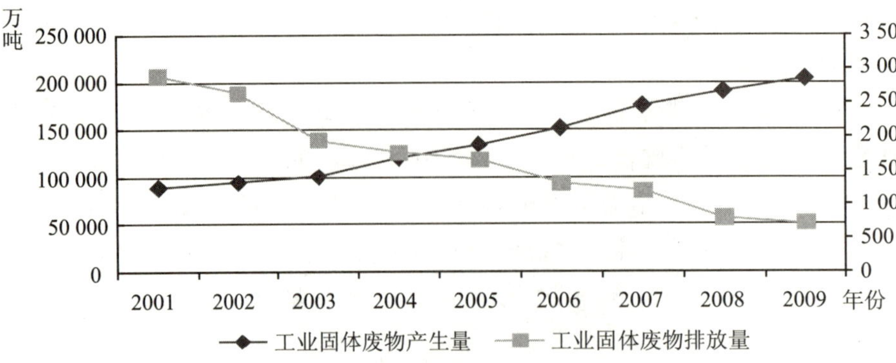

图8-5　工业固体废物产生与排放情况

资料来源：国家统计局：《中国统计年鉴2002—2010》，北京，中国统计出版社，2002—2010；环境保护部：《中国环境状况公报2009》，载http://www.zhb.gov.cn/gzfw/xzzx/wdxz/201006/P020100603551633387739.pdf；环境保护部：《中国环境统计年报2009》，北京，中国环境科学出版社，2010。

专栏8-1　湖北省恩施市——多管齐下齐心协力　减排工作成效显著

“十一五”期间，恩施市围绕主要污染物减排工作，以改善生态和环境质量为目标，采取积极减排政策、增加环保投入、调整产业结构、加快减排工程治理等有效措施，减排取得显著成效。

(1)硬指标考量政府减排决心

通过与政府签订主要污染物减排责任状，恩施市“十一五”期间共削减化学需氧量1 877.56吨，二氧化硫2 362.65吨。在经济高增长背景下，恩施市积极采取加快淘汰落后产能、加快重点节能减排技改项目建设、加大环保投资、实施节能预警调控等一系列措施，确保“十一五”节能减排目标任务完成。为保障减排工作落到实处，恩施市每年都制定《主要污染物总量削减任务的通知》,《环境保护限期治理工作的通知》、《环境治理项目和乡镇、办事处环境保护工作目标考核奖励办法》等政策性文件。把减排任务划分到具体企事业单位，与乡镇、街道办事处签订《环保目标责任状》，实施环保目标责任考核，严格落实减排责任，加大对限期治理单位的督办力度，对未完成减排任务的单位，实施环保“一票否决”。

(2)环保监管严控新污染源产生

“十一五”期间，恩施市加强环保监管，依法关闭不符合产业政策、不能满足环保要求的三家水泥企业(恩施市新塘水泥厂、恩施州连珠水泥有限责任公司立窑水泥生产线和市富民水泥有限公司立窑水泥生产线)、一家造纸企业(恩施市东昌造纸厂)、一家化工企业(恩施市八龙化肥有限责任公司)。仅此一项，实现了削减化学需氧量129.21吨，削减二氧化硫排放量92.52吨。2008年，对齐洋坝火电站实现了停产，可削减二氧化硫1 000多吨。

同时，恩施市从源头抓减排措施，严格执行建设项目环境管理“四不批”制度，从源头上控制新上建设项目污染物的排放。对新、改、扩建项目严格按照《中华人民共和国环境影响评价法》、《建设项目环境保护管理条例》等有关法律法规和国家产业政策，符合环境功能区划或环境质量目标及污染物总量控制要求，切实提高建设项目准入“门槛”。从源头上控制新污染源的产生，是恩施市主要污染物减排的重要举措之一。

(3)污染治理项目助力企业减排

经济技术方面存在困难，导致原恩施九洲牧业有限公司污水处理技术落后，出水水质不达标。为此，恩施市积极争取中央环保专项污染治理资金，帮助其在原污水处理池的基础上投资60多万元修建了新的污水处理站。2008—2009年，又争取到中央环保专项污染治理资金，在崔坝肉食加工基地投入1 000多万元新建了高标准的污水处理站，利用现代UASB厌氧污水处理技术，处理污水能力达700吨/日，处理后的排放废水达到《肉类加工工业污水排放标准》(GB13457-92)中一级标准，实现了环境与经济“双赢”。

在恩施市政府的大力支持下，恩施市山寨皮革公司、湖北锦华纸业有限公司、湖北圣峰药业有限公司、湖北成城药业有限公司等也先后获得中央专项污染治理资金共计1 000多万元，这五家企业污水处理项目建设后，日处理污水能力总计将达到4 000多吨，每年可实现削减化学需氧量94吨。

(4)污水管网护佑州城“碧水一方”

位于清江河恩施城区段下游的恩施首创水务有限公司每天处理城市生活污水量近6万吨，处理后的水质达到一级B排放标准。自该厂投入试运行以来，已完成桔园泵站至红庙小河沟截污干管工程，龙洞河桔园泵站至湖北民院科技学院排污口，污水管网长度共计35公里，建设污水排放口300余处，污水收集区域南至六角亭，北至红庙街，西至航空路，东至龙洞湾(民院学生宿舍)。

随着近年来经济社会发展加快，恩施市加紧建设屯堡污水收集管网建设和引水泵站。“十一五”期间累计投入污水管网建设资金5 474万元。随着污水管网的不断延伸和贯通，“十二五”期间，将有更多区域实现污水排放入网，进一步改善恩施市水环境质量。

资料来源：

恩施市环保局网站，http://www.eshbj.com.cn/news/huanbaoxinwen/2010/1214/101214169323FG3F8F271AE1C434KK2.shtml.

(三)污染与经济发展关系分析

本节运用中国“主要污染物排放量—经济时间弹性”①，即中国全社会污染物排放量年增长率对经济年增长率的比值，选取2000—2009年主要污染物指标和经济指标，探究“十五”期间和“十一五”期间中国环境承载的变化趋势。

考虑到社会关注度及数据可获得性，本节研究的污染物指标主要包括化学需氧量(COD)、二氧化硫(SO_2)和烟尘；经济指标为“国内生产总值(GDP)”，使用1990年可比价格计算。所用数据来自《中国统计年鉴》、《中国环境年鉴》和《新中国50年统计资料汇编》等资料。

2000—2009年的十年间，中国全社会COD、SO_2和烟尘的排放量—经济时间弹性表现出相似的起伏特征(见表8-5、图8-6)。

① 毛显强、杨舒茜等：《污染—经济时间弹性(PETE)概念、方法与应用》，载《中国人口、资源与环境》，2010(11)。

表 8-5　　2000—2009 年中国主要全社会污染物排放量—经济时间弹性

年份		2000	2001	2002	2003	2004	2005	2006	2007	2008	2009
PETE 值	COD	0.481	−0.619	−0.523	0.209	0.046	0.538	0.086	−0.25	−0.491	−0.376
	SO_2	0.882	−0.668	−0.047	1.503	0.442	1.256	0.133	−0.358	−0.661	−0.529
	烟尘	0.066	−0.989	−0.586	0.353	0.439	0.768	−0.685	−0.720	−0.957	−0.693

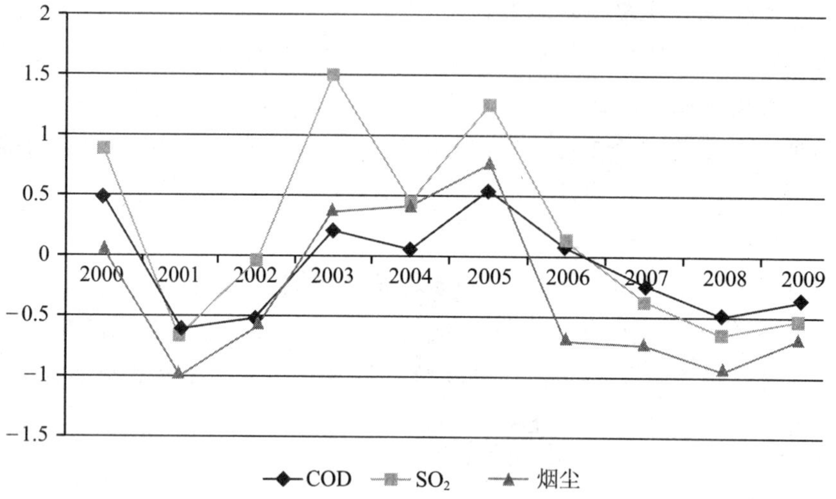

图 8-6　2000—2009 年中国主要污染物排放量—经济时间弹性波动特征

2000 年以来，中国国内生产总值和企业工业总产值一直保持增长态势，因此，PETE 为正的情况表明污染与经济同步增长，PETE 为负则表明污染物排放量较上一年减少。

由表 8-5 和图 8-6 可知，“十五”期间，三种污染物的 PETE 值波动明显，其中，2001 年和 2002 年为负值，表明污染物排放量较上年有一定程度的减少，经济增长方式相对清洁，其余年份则均为正值，污染物排放量随着经济规模的扩大逐年增加，甚至 SO_2 的 PETE 值在 2003 年和 2005 年大于 1，排放量增加率高于 GDP 增长率，增长模式相对“黑灰”，经济发展所付出的环境代价较大，环境面临较大承载压力。

从 2006 年开始，三种污染物的 PETE 值明显出现不同程度的下降，并分别在 2006 年或 2007 年转入负值，而 GDP 逐年提高，表明：与“十五”相比，“十一五”期间污染发展的方向与经济发展方向相反，经济发展在“清洁”的轨道上前进，“干净、高效”的行业在替代“黑灰、低效”的行业或者“经济产出增大使得用于污染治理的投入增加，并且成效显著”。值得注意的是，2009 年 PETE 值较 2008 年有所上升，虽然仍为负值，但也可以看出“十一五”后期减排难度有增大倾向。

>>二、“十一五”中国绿色经济发展中环境承载的区域比较<<

为反映“十一五”期间中国绿色经济发展中环境承载形势的空间差异和变化趋势，我们对全国进行区域尺度上的污染减排与经济发展关系分析。

(一)区域减排进展比较

根据《中共中央、国务院关于促进中部地区崛起的若干意见》、《国务院发布关于西部大开发若干政策措施的实施意见》以及党的“十六大”报告的精神，为了科学反映我国不同区域的社会经济发展状况，同时为党中央、国务院制定区域发展政策提供依据，2006 年国务院将我国的经济区域划分为东部、中部、西部和东北四大地区。其中东部地区包括北京、天津、河北、上海、江苏、浙江、福建、山东、广东和海南；中部地区包括：山西、安徽、江西、河南、湖北和湖南；西部地区包括内蒙古、广西、重庆、四川、贵州、云南、西藏、陕西、甘肃、青海、宁夏和新疆；东北地区包括辽宁、吉林和黑龙江。本节将基于这四大区域，对中国减排进展和“污染弹性”指标进行区域比较分析。

1. 大气污染物减排比较

“十一五”期间，全国三种主要空气污染物——二氧化硫、烟尘及工业粉尘均出现排放量连年下降的态势。分地区来看(见表 8-6)，2008 年、2009 年全国二氧化硫排放继续减少，分别较上年减少 5.95%和 4.60%，2009 年东部、东北地区减排率高于全国水平，中部和西部地区减排率略低于全国水平。与 2005 年相比，2009 年东部地区二氧化硫累计减排率达到 19.02%，远远高于 13.14%的全国平均水平，山东、江苏与河北三省的减排量位列东部地区前三甲。同时期西部地区的累计减排率最低，只有全国平均水平的 66%。

表 8-6　　分地区大气主要污染物减排情况　　单位:%

二氧化硫减排率					
	2005—2006 年	2006—2007 年	2007—2008 年	2008—2009 年	2009 年与 2005 年相比累计减排率
全国	−1.55	4.66	5.95	4.60	13.14
东部	1.29	5.63	7.53	6.00	19.02
东北	−4.74	1.73	6.22	5.45	8.73
中部	−0.89	4.30	6.01	4.21	13.08
西部	−3.69	4.51	4.44	3.45	8.65
烟尘减排率					
	2005—2006 年	2006—2007 年	2007—2008 年	2008—2009 年	2009 年与 2005 年相比累计减排率
全国	7.95	9.36	8.62	5.99	28.32
东部	2.89	12.80	3.91	4.63	22.40
东北	2.17	2.82	5.38	6.85	16.21
中部	7.71	11.44	13.59	8.17	35.14
西部	14.16	7.96	9.24	4.68	31.64
工业粉尘减排率					
	2005—2006 年	2006—2007 年	2007—2008 年	2008—2009 年	2009 年与 2005 年相比累计减排率
全国	11.28	13.56	16.29	10.48	42.53
东部	11.28	11.50	12.26	17.53	43.18
东北	5.74	3.61	29.79	13.49	44.81
中部	8.89	14.17	17.80	7.02	40.23
西部	15.47	17.35	13.47	7.57	44.12

资料来源：根据国家统计局《中国统计年鉴 2006—2010》相关数据整理计算得到。

2008 年相比 2007 年二氧化硫减排量最多的十个省市分别是：北京、海南、上海、贵州、河北、辽宁、江苏、河南、山东以及湖南。截至 2008 年，依据“十一五”时期全国各省、自治区、直辖市二氧化硫排放总量控制计划，北京、海南、甘肃率先完成了“十一五”时期减排计划；天津、山西、江苏、浙江、湖南、广西、四川、云南完成了“十一五”时期减排计划的 90％以上；陕西、内蒙古、吉林、辽宁、黑龙江未能达到“十一五”时期减排计划的 50％，未来两年减排压力仍然很大，形势较为严峻；而青海、新疆与宁夏则出现了二氧化硫排放量增加的情况。2009 年二氧化硫减排量最多的十个省市与 2008 年情况有很大不同，它们分别是：山东、河南、河北、山西、辽宁、上海、广东、贵州、江苏与山西，而西藏、海南、青海与新疆四省、自治区的二氧化硫排放增加。

分地区来看烟尘和工业粉尘减排情况，2008 年、2009 年中部地区烟尘排放量较 2007 年分别减少了 13.59％和 8.17％，东部地区分别减少了 3.91％和 4.63％。2008 年、2009 年各地区工业粉尘排放较 2007 年均呈现较大幅度的降低，东部、东北以及西部地区 2005—2009 年的累计减排率均高于全国平均水平。

2. 水污染物减排比较

“十一五”期间，全国废水排放量呈现连年增加的趋势，但化学需氧量排放量则逐年下降，并提前半年实现 10％的减排目标。分地区来看(见表 8-7)，2008 年、2009 年全国化学需氧量排放继续减少，分别比上年减少 4.42％和 3.27％；2009 年东部与东北地区减排率高于全国水平，而西部和中部地区的减排率则低于全国水平。2005—2009 年，东部地区化学需氧量累计减排率达到 13.52％，远远高于 9.66％的全国平均水平，同时期西部地区的累计减排率最低，只有全国平均水平的 63％。

表 8-7 分地区废水主要污染物减排情况 单位：％

化学需氧量减排率					
	2005—2006 年	2006—2007 年	2007—2008 年	2008—2009 年	2009 年与 2005 年相比累计减排率
全国	－0.99	3.25	4.42	3.27	9.66
东部	0.75	3.64	5.44	4.37	13.52
东北	－0.06	2.58	5.36	3.42	10.90
中部	－1.92	2.62	3.86	3.10	7.54
西部	－2.51	3.31	3.30	2.02	6.08
氨氮减排率					
	2005—2006 年	2006—2007 年	2007—2008 年	2008—2009 年	2009 年与 2005 年相比累计减排率
全国	5.64	6.36	4.06	3.44	18.14
东部	4.23	3.87	4.24	5.80	16.95
东北	10.33	7.74	3.77	4.04	23.60
中部	1.67	5.04	7.76	2.62	16.13
西部	9.69	10.93	－0.78	0.53	19.36

资料来源：根据国家统计局《中国统计年鉴 2006—2010》相关数据整理计算得到。

2008 年相比 2007 年化学需氧量减排量最多的十个省市分别是：河北、上海、辽宁、吉林、河南、山东、广东、江西、北京以及广西。截至 2008 年，依据“十一五”时期全国各省、自治区、直辖市化学需氧量排放总量控制计划，只有天津、湖北、重庆完成了“十一五”时期减排计划任务的90%以上；安徽、广西、湖南、贵州、云南没有达到“十一五”时期减排任务的50%；而西藏、青海和新疆则出现了化学需氧量排放增加的情况。2009年化学需氧量减排量最多的十个省市分别为：广东、广西、湖南、河北、山东、江苏、浙江、河南、上海和辽宁，只有青海出现了排放量增加的情况。

分地区来看氨氮排放量的变化情况。2006—2009年氨氮排放量连年下降。2008年与2007年相比，西部地区在连续两年氨氮排放量减少的情况下出现了排放量的增加，较上年增加0.78%，而东部、东北与中部地区继续实现氨氮排放量的减少，较上年分别减排4.24%、3.77%和7.76%，东部与中部地区减排率均高于全国水平。2009年，东部与东北地区的减排率同样高于全国水平，西部地区减排率最低，仅为0.53%。

3. 固体废物减排比较

2001—2009年，工业固体废物产生量连年增长，2009年工业固体废物产生量是2001年的2倍之多。这期间全国工业固体废物处理量(包括综合利用量、贮存量和处置量)持续增加。所以工业固体废物排放量与产生量相比，呈现相反的发展趋势，2009年工业固体废物排放量不及2001年的1/3。

2008年相比2007年工业固体废物减排量最多的十个省市分别是：四川、山西、云南、贵州、山西、甘肃、辽宁、新疆、湖南以及湖北。这十个省市的工业固体废物排放量占到了全年全国总排放量的61.37%。同时期工业固体废物排放量超过100万吨的省份有山西和重庆，排放量分别为232.39万吨和148.84万吨。其中，山西省的工业固体废物减排量为181.87万吨，较2007年减少43.9%，而重庆则略微上升。2009年工业固体废物减排量最多的十个省市分别是：山西、河北、内蒙古、湖南、陕西、四川、宁夏、河南、浙江和湖北。同时期工业固体废物排放量超过100万吨的省份有重庆、山西和新疆，排放量分别为149.86万吨、141.57万吨和105.2万吨。

在生活固废方面，“十一五”期间，城市生活垃圾产生量、生活垃圾无害化处理量、生活垃圾无害化处理率和无害化处理能力均呈上升趋势。

分地区来看，2008年生活垃圾无害化处理率最高的十个省市分别是：北京、天津、江苏、浙江、重庆、福建、广西、四川、云南和江西；其中，北京、天津和江苏三省市无害化处理率高于90%，分别为97.71%、93.52%和90.84%；浙江、重庆、福建、广西和四川均高于80%；云南和江西接近80%，分别为79.96%和79.71%；远高于全国66.76%的平均水平。2009年生活垃圾无害化处理率无论整体水平上还是具体到各省市水平，均比2008年出现显著提高，排名前十的省市分别是：北京、浙江、重庆、天津、福建、江苏、山东、广西、江西和四川，其中，无害化处理率高于90%的省市有七个，而其余省市则均高于83%，均远高于全国平均的71.39%。

(二)污染与经济发展关系评价指标的区域比较

1. 大气污染弹性

分地区大气污染—经济弹性分析具体见表8-8。

分地区来看，2006年仅有东部地区的二氧化硫排放量—经济时间弹性值为负值，东北地区、中部与西部地区的弹性值为正，分别为0.37、0.07与0.29，可以看出，东北与西部地区的二氧化硫污染状况没有得到明显改善。从 2007 年开始，伴随着经济的高速发展，东部、东北、中部及西部地区的二氧化硫排放都有所减少，二氧化硫排放量—经济时间弹性值均表现为负值。其中 2007 年东部地区二氧化硫减排情况好于全国平均水平，西部紧随其后，而东北与中部地区减排情况持平。2008 年、2009 年二氧化硫排放量—经济时间弹性值继续降低，全国及各地区在经济发展的同时，二氧化硫的排放量继续降低，大气环境得到进一步改善。连续两年东部与东北地区二氧化硫减排高于全国平均水平，中部次之，西部最低。东部地区二氧化硫排放状况得到很大改善的原因与东部地区经济率先发展分不开的，在取得一定经济发展的同时，东部地区积极调整产业结构，发展清洁产业，加大环境治理投资，从而实现环境质量的积极改善。

“十一五”时期，烟尘与工业粉尘排放保持不断下降态势。从 2006—2009 年，全国及各地区的烟尘与工业粉尘排放量—经济时间弹性值均为负值，这表明“十一五”时期在经济增长的同时烟尘和工业粉尘的排放表现出“双下降”态势，经济增长带来了污染的减少，与“十五”时期相比中国大气环境质量显著提高，环境污染状况得到了明显改善。

分地区来看烟尘的排放情况，2006—2009 年，各地区烟尘排放波动较大。2006 年除西部地区的烟尘减排水平显著高于全国平均水平外，其余地区的减排情况均未达到全国平均水平。2007 年东部与中部地区的烟尘减排效果较好，烟尘排放量—经济时间弹性值分别为－0.9 和－0.81。而 2008 年与 2009 年中部地区的烟尘减排位居各地之首。

对于工业粉尘来说，2006 年东部地区工业粉尘减排速度与全国持平，而西部地区工业粉尘减排速度远远高于其他地区和全国，东北地区则相对缓慢。2007 年中部与西部地区的工业粉尘减排速度略高于全国平均水平，同样是东北地区的减排效果最不显著。2008 年，不同于以往态势，东北地区工业粉尘减排速度跃居各地区之首，并且远远高于全国平均水平，东部与西部地区的速度要慢于全国平均水平。而 2009 年东部与东北地区的工业粉尘减排水平显著高于全国平均水平。

表 8-8　　2006—2009 年全国主要大气污染物排放量—经济时间弹性(PETE)

二氧化硫				
	2006 年	2007 年	2008 年	2009 年
全国	0.13	－0.36	－0.66	－0.53
东部	－0.10	－0.40	－0.78	－0.66
东北	0.37	－0.12	－0.65	－0.60
中部	0.07	－0.30	－0.63	－0.46
西部	0.29	－0.32	－0.46	－0.38
烟　尘				
	2006 年	2007 年	2008 年	2009 年
全国	－0.69	－0.72	－0.96	－0.69
东部	－0.23	－0.90	－0.41	－0.51
东北	－0.17	－0.20	－0.56	－0.75
中部	－0.61	－0.81	－1.42	－0.90
西部	－1.11	－0.56	－0.96	－0.51

续表

工业粉尘				
	2006 年	2007 年	2008 年	2009 年
全国	－0.89	－0.96	－1.70	－1.15
东部	－0.89	－0.81	－1.28	－1.93
东北	－0.45	－0.25	－3.10	－1.48
中部	－0.70	－1.00	－1.85	－0.77
西部	－1.22	－1.22	－1.40	－0.83

注：①本表污染物排放量—经济时间弹性(PETE)的计算，所用不变价 GDP 是采用世界银行 WDI 数据库的 2000 年不变价 GDP；②各种污染物数据来自于《中国统计年鉴 2006—2010》；③污染物排放量—经济时间弹性(PETE)计算方法为污染物排放的变化率与 GDP 变化率之比；④2006—2009 年中国经济保持高速增长，所以当污染量也同向增加时，污染—经济时间弹性系数为正值。并且 PETE 值越小，表明该国家(或地区、行业)为提高其 GDP(或地区生产总值、增加值)所付出的污染代价较小，当 PETE 值小于 1 时，表明污染恶化的速度小于经济增长速度；如果 PETE 值大于 1，则表明污染增加的速率高于经济增长速度；当污染—经济弹性系数为负值时，表明经济增长的同时污染物的排放是减少的，表明经济发展在“清洁”的轨道上前进。

2. 水污染弹性

“十一五”时期，中国新建成一批废水深度治理工程，全国城市污水日处理能力极大提高，工程减排力度不断加强。在工业废水和生活污水排放增加的情况下，由于废水治理工程的完善和技术的提高，主要污染物化学需氧量和氨氮的排放量逐年降低，水环境也得到明显改善。

表 8-9　　2006—2009 年全国主要废水污染物排放量—经济时间弹性(PETE)

化学需氧量				
	2006 年	2007 年	2008 年	2009 年
全国	0.09	－0.25	－0.49	－0.38
东部	－0.06	－0.26	－0.57	－0.48
东北	0.01	－0.18	－0.56	－0.38
中部	0.15	－0.18	－0.40	－0.34
西部	0.20	－0.23	－0.34	－0.22
氨氮				
	2006 年	2007 年	2008 年	2009 年
全国	－0.44	－0.45	－0.42	－0.38
东部	－0.33	－0.27	－0.44	－0.64
东北	－0.81	－0.55	－0.39	－0.44
中部	－0.13	－0.35	－0.81	－0.29
西部	－0.76	－0.77	0.08	－0.06

注：①本表污染物排放量—经济时间弹性(PETE)的计算，所用不变价 GDP 是采用世界银行 WDI 数据库的 2000 年不变价 GDP；②各种污染物数据来自于《中国统计年鉴 2006—2010》；③污染物排放量—经济时间弹性(PETE)计算方法为污染物排放的变化率与 GDP 变化率之比；④2006—2009 年中国经济保持高速增长，所以当污染量也同向增加时，污染—经济时间弹性系数为正值。并且 PETE 值越小，表明该国家(或地区、行业)为提高其 GDP(或地区生产总值、增加值)所付出的污染代价较小，当 PETE 值小于 1 时，表明污染恶化的速度小于经济增长速度；如果 PETE 值大于 1，则表明污染增加的速率高于经济增长速度；当污染—经济弹性系数为负值时，表明经济增长的同时污染物的排放是减少的，表明经济发展在“清洁”的轨道上前进。

2006 年全国化学需氧量排放量—经济时间弹性值为正。同期只有东部地区在经济增长的同时伴随着化学需氧量排放的减少，东北、中部及西部地区的化学需氧量排放都是增加的，可见东部地区污水治理水平明显高于其他地区。从 2007 年到 2009 年，全国及各地区化学需氧量排放量—经济时间弹性均为负值，经济增长的同时化学需氧量的排放量却不断减少。2007 年，西部地区化学需氧量减排与全国平均水平持平，东部地区略高于全国平均水平，中部与东北地区持平，均低于全国水平。2008 年与 2009 年，东部与东北地区的化学需氧量减排均高于全国平均水平。

2006—2009 年氨氮排放量—经济时间弹性值均为负，其中 2006—2007 年，东北与西部地区氨氮污染物减排力度较大，减排水平高于全国平均水平。2008 年，西部地区出现了氨氮污染物排放增加的情况，氨氮排放量—经济时间弹性值由负变正，同年中部地区氨氮减排水平远远高于国家平均水平。2009 年除西部地区氨氮减排效果不明显外，其余地区减排水平相差不大。总体来说，随着全国及各地经济的发展，水污染状况也有了明显的改善。

3. 固废排放弹性

“十一五”时期，全国工业固体废物排放量—经济时间弹性均为负数，其中 2008 年全国工业固体废物减排力度最大。除了 2007 年外，其余年份均有一些地区出现了工业固体废物排放量—经济时间弹性为正的情况，且数值较大，这些地区污染物排放增加的速度远远大于经济增长的速度，经济增长所付出的“代价”较大。除此之外，2006 年东部、中部、西部地区，2008 年东北、中部及西部地区，2009 年东部、中部地区的工业固体废物减排均取得了一定的成效。

表 8-10　　2006—2009 年全国固体废物排放量—经济时间弹性(PETE)

工业固体废物				
	2006 年	2007 年	2008 年	2009 年
全国	−1.68	−0.57	−3.61	−1.00
东部	−1.25	−1.04	4.14	−3.92
东北	11.50	−5.57	−5.11	6.21
中部	−2.21	−0.47	−4.09	−3.96
西部	−1.46	−0.40	−3.89	1.46
城市生活垃圾				
	2006 年	2007 年	2008 年	2009 年
全国	−0.27	0.07	0.16	0.21
东部	−0.01	0.52	0.31	0.39
东北	−0.37	−0.23	−0.21	−0.06
中部	−0.89	−0.3	0.2	−0.02
西部	−0.12	0.1	0.01	0.26

注：城市生活垃圾排放量由城市“生活垃圾无害化处理率”和“无害化处理量”指标计算得出。①本表污染物排放量—经济时间弹性(PETE)的计算，所用不变价 GDP 是采用世界银行 WDI 数据库的 2000 年不变价 GDP；②各种污染物数据来自于《中国统计年鉴 2006—2010》；③污染物排放量—经济时间弹性(PETE)计算方法为污染物排放的变化率与 GDP 变化率之比；④2006—2009 年中国经济保持高速增长，所以当污染量也同向增加时，污染—经济时间弹性系数为正值。并且 PETE 值越小，表明该国家(或地区、行业)为提高其 GDP(或地区生产总值、增加值)所付出的污染代价较小，当 PETE 值小于 1 时，表明污染恶化的速度小于经济增长速度；如果 PETE 值大于 1，则表明污染增加的速率高于经济增长速度；当污染—经济弹性系数为负值时，表明经济增长的同时污染物的排放是减少的，表明经济发展在“清洁”的轨道上前进。.

反观城市生活垃圾排放量—经济时间弹性，除2006年全为负值外，其他年份均有正值出现，而且在全国水平上出现由负转正并逐年上升的趋势，表明城市生活垃圾随经济同向增长，减排生活固废的压力加大。在区域层面上，东北地区城市生活垃圾排放量—经济时间弹性一直为负，相对“清洁”，其他区域则有正有负，但波动幅度不大，数值均小于1。

专栏8-2　浙江省宁波市北仑区——收获物质财富与环境财富的和谐硕果

北仑区依托得天独厚的港口优势，初步形成了石化、能源、钢铁、纸业、汽车、船舶六大临港产业，成为浙江省重大项目规模最大、企业最为密集、产业配套较为完善的临港产业基地，“十一五”期间，北仑区区域经济总量增长134%、集装箱吞吐量增长200%，然而在产出巨额物质财富的同时，造成紧缺的土地、水、电等资源的大量消耗(“十一五”期间，北仑区的用煤量增加50%)，产生大量的“三废”，环境承载能力和资源支撑能力受到严峻挑战。

面对区域发展巨大的环境压力，北仑区通过环境综合整治、污染减排、环境监管和智慧环保等努力，在全省率先通过“811”环境整治验收，累计削减化学需氧量、二氧化硫排放量53%和76%，单位生产总值能耗累计下降23.8%。全区日污水处理能力达42万吨，建成污水管网329公里，均居宁波市首位，提前完成“十一五”减排任务；日再生水生产能力达12.5万吨，居全国前列；累计完成清水河道建设210公里；饮用水源水质达标率达100%。全面启动“森林北仑”创建工作，建成区绿化覆盖率达38.5%，人均公共绿地面积达13.5平方米，分别比2005年增长2.7%和3.7%，建成省市级生态乡镇3个、市级生态村36个。在共同的努力下，北仑区城区空气质量优良率连续五年均保持在90%以上，2010年为90.4%，高于宁波中心城区3.8个百分点，被评为全国环保模范城区和ISO 14000国家级示范区。

(1)环境综合整治——全面统筹推动环境整治驶入“快车道”

北仑区采取“统一部署、明确标准、落实责任、强化督查、上下联动、营造氛围”等方法，先后投入26亿元完成54项临港工业废气整治工程，全力推进大气环境污染整治工作；先后投入巨资建设四通八达的排污管网，完善了大碶、柴桥、霞浦、春晓排污管网和污水处理厂建设，累计建成管网总长329公里，形成了较为完善的污水收集处理系统，并继续开展清水河道整治，累计完成“千里清水河道”整治9公里，推进水污染整治；并开展电镀行业、印染行业转型以及燃煤锅炉淘汰和铸造行业污染治理专项整治工作，推动环境整治驶入“快车道”。

(2)污染减排——多管齐下打好污染减排攻坚战

北仑区环境问题呈现结构性、复合型的特点，已成为制约区域经济社会发展的“瓶颈”。为此，北仑区委、区政府通过工程治理、结构优化、产业循环和监督管理等手段，积极推进污染减排，“十一五”期间，经国家环保部核定，全区新增削减化学需氧量(COD)和二氧化硫(SO_2)5 421吨和95 982吨，分别占全市总量的18.21%和47.65%，超额完成减排任务，先后于2007年、2009年两次被省政府表彰为污染减排先进单位。

(3)环境监管——全放全控倾力环境监管体系网

通过严厉执法促关停，对污染减排重点企业实施了重点监管和跟踪监测；通过综合监管务长效，在形式上构建了全天候、全时制、全方位、多层次的“三全一多”监管体系，在方法上创建了集驻厂监管、跟踪监管、包案监管、错时监管、逆向监管等于一体的监管新模式，形成了横向到边、纵向到底的全方位的监管网络，并被《中国环境报》头版头条宣传报道；通过专项行动求实效，开展“碧水行动”、“环安行动”、“蓝天行动”和“辐射放心行动”；通过源头把关促转型，杜绝“两高一资”等不符合环保规范的项目。

(4)智慧环保——五大平台打造“智慧环保”新道路

为进一步提高政府环境管理能力，推进生态文明建设，北仑区启动了“智慧环保”建设项目。北仑环境信息化战略的实施，通过重点建设五大平台，确保实现由传统环保向智能环保的转变：建设基础数据管理平台，提升环境数据支撑能力；建设核心业务管理平台，健全环境行政管理能力；建设环境监控预警平台，完善环境风险防范能力；建设移动执法平台，提高执法力度和透明度；构建“图上数字环保”，实现环境管理信息整合和量化管理。

资料来源：

浙江省环保厅网站，http://www.zjepb.gov.cn/root14/auto506/201104/t20110419_95431.html.

>>三、“十二五”中国绿色经济发展中环境承载的展望<<

“十二五”时期是继往开来，继续落实科学发展观，大力发展绿色经济的关键时期。展望未来，持续推进污染减排，仍然是摆在我们面前重要而艰巨的任务。通过创新“协同控制”机制，实现“多污染减排”，是优化环境承载的必由之路。

(一)多污染物减排目标

在2009年的联合国大会上，胡锦涛同志向全世界做出承诺，[①] 到2020年，中国单位国内生产总值二氧化碳排放比2005年下降40%～45%，可再生能源比重提高到15%左右。在2009年年底哥本哈根气候变化大会上，温家宝同志进一步承诺，将减排目标作为约束性指标纳入国民经济和社会发展中长期规划，保证承诺的执行受到法律和舆论的监督。2011年政府工作报告和“十二五”规划纲要确立了“十二五”节能减排目标：非化石能源占一次能源消费比重提高到11.4%，单位国内生产总值能耗和二氧化碳排放分别降低16%和17%，主要污染物排放总量减少8%～10%，森林蓄积量增加6亿立方米，森林覆盖率达到21.66%(见表8-11)。继两会期间发布的“十二五规划纲要”提出将化学需氧量、二氧化硫、氨氮、氮氧化物四项主要污染物排放总量减少8%～10%的约束性控制目标要求后，在2011年4月举行的中国环境宏观战略研究成果发布会上，环保部首次正式明确提出“十二五”减排目标：二氧化硫、化学需氧量排放总量分别比2010年减少8%，氨氮、氮氧化物排放总量分别减少10%，并确定了2011年减排目标为：四种主要污染物排放均比2010年减少1.5%(见表8-12)。

表8-11 “十二五”节能减排目标

指标	“十二五”目标
非化石能源占一次能源消费比重	提高到11.4%
单位国内生产总值能耗	降低16%
单位国内生产总值二氧化碳排放	降低17%
化学需氧量排放量	减少8%
二氧化硫排放量	减少8%

① 参见十一届全国人大四次会议记者会摘要，http://gb.cri.cn/1321/2011/03/06/661s3174141.htm。

续表

指标	“十二五”目标
氨氮排放量	减少10%
氮氧化物排放量	减少10%
森林蓄积量	增加6亿立方米
森林覆盖率	达到21.66%

资料来源：《中华人民共和国国民经济和社会发展第十二个五年规划纲要》，载新华网，http://news.xinhuanet.com/politics/2011-03/16/c_121193916.htm，2011-03-16。

表8-12　　2011年资源节约环境保护目标

指标	2011年目标
单位国内生产总值能耗	较2010年下降3.5%
万元工业增加值用水量	较2010年下降7%
工业固体废物综合利用率	较2010年提高1%
化学需氧量排放量	较2010年减少1.5%
二氧化硫排放量	较2010年减少1.5%
氨氮排放量	较2010年减少1.5%
氮氧化物排放量	较2010年减少1.5%
城市污水处理率	达到80%
城市生活垃圾无害化处理率	达到74%

资料来源：详见国家发展和改革委员会网，载http://www.ndrc.gov.cn/xwfb/t20110329_402293.htm。

专栏8-3　湖南省汨罗市——壮大循环经济　发展绿色产业

近年来，在素有“蓝墨水上游、文化人圣地”之称的汨罗，循环经济风起云涌，绿色发展生机蓬勃，走出了一条跨越发展之路、资源节约之路、生态环保之路。

(1)拾荒传统演绎朝阳产业

早在清朝末年，汨罗人就开始收购废品。到20世纪90年代，从新市镇至汨罗市城区6公里的公路两旁已经形成了一条废品回收走廊。汨罗市委、市政府先后投资5 000万元，建起了占地5万平方米的中南再生资源交易市场。蓬勃发展的再生资源产业为汨罗带来了巨大经济效益和社会效益。截至2010年，汨罗市再生资源行业已培育资产达百万元以上的私营企业主近8 000人，共安排就业人员12万人，其中回收人员5万余人，实现工资性收入4.5亿元。2010年8月，国家发改委、财政部下发专文，明确将汨罗循环经济工业园列为“十二五”国家首批7个“城市矿产”示范基地之一，汨罗循环经济赢得前所未有发展空间。

(2)绿色发展打造不竭“矿山”

四面八方大量废弃物集中涌入，如处理不当很容易造成“二次污染”。汨罗将绿色发展作为最高理念，把发展再生资源产业与保护环境有机结合起来，探索了一条“将矿山建立在城市”的循环经济发展之路。2010年，汨罗从全国各地回收废旧物资145万吨，生产再生铜、铝等原材料56万吨，成为全国重要的再生铜、铝、不锈钢、塑料等原材料供应基地之一，相当于每年为国家建起一座总量过千万吨、价值过千亿元的再生资源矿山，为社会减少了大量的分散污染和废水、废气排放通过再资源化实现最大节能减排的同时，形成了取之不竭的城市“矿山”。

(3)国家试点探索“两型”经验

2005年10月汨罗再生资源集散市场被列为首批国家循环经济试点。五年来，汨罗切实把握国家首批试点机遇和国家政策利好，进行有益试点探索，为建设“两型社会”积累了宝贵经验。第一，市场体系健全，资源聚散网络化。依托辐射全国的中南再生资源市场，逐步建设了“三网”(再生资源回收网、物流网、电子交易网)和“三场”(再生资源交易市场、再生原料交易市场、再生产品交易市场)。目前，全市再生资源回收公司发展到206家、经营户3 550余家，5 100多个收购网点遍布全国。第二，园区平台扎实，资源利用集群化。汨罗循环经济工业园打造再生铜、铝、钢、塑料、橡胶五大特色加工板块，园区再生资源加工企业发展到247家，年就地加工废旧物资超过50万吨。第三，科学技术创新，企业发展高新化。走产学研结合之路，不断引导企业技改升级，最大限度地提高再生资源的利用率和产出率，如湘北铜业生产的无氧铜棒达到国内先进水平，中天科技龙舟铝业再生铝生产技术领先全国。第四，诚信建设有力，行业管理规范化。组建再生资源行业信用协会、会计咨询公司、资产管理公司、中小企业信用担保公司，构建了“一会三公司”信用平台。

(4)优化升级建示范品牌

“十二五”期间，汨罗将瞄准“打造中南地区最大、全国最有影响力、最具汨罗特色的‘城市矿产’示范基地”这一目标，着力推进“四个升级和完善”。一是升级和完善基础设施。投入资金近20亿元，升级园区路网系统、能源系统、供水系统，完善消防、环卫设施，建设居民集中安置区，以此提升园区的承载能力。二是升级和完善环保设施。重点投资7亿元建设废水收集管网、重金废污水处理厂、中水回用管网、工业固废集中处置中心等环保项目，以此提高“三废”处理能力。三是升级和完善回收网络。依托中南再生资源市场和便捷的交通运输条件，大力发展专业回收公司，力争5年内将再生资源年回收量提高到400万吨。四是升级和完善产业链条。围绕废铜、铝、不锈钢、塑料、橡胶加工，建设32个产业升级重点项目，5年后，力争园区再生资源加工量达到240万吨以上。通过5年时间的努力，将在全国率先建成技术先进、环保达标、管理规范、规模利用、辐射作用强的“城市矿产”示范基地，促进资源再生利用产业化发展，为“两型社会”建设作出新的贡献。

资料来源：

湖南商学院院长欧阳峣提供.

(二)创新减排机制：协同控制

回顾“十一五”，中国环境保护和节能减排得到空前重视，并取得积极进展；展望“十二五”，节能减排形势同样严峻。相较于“十一五”的节能减排目标，“十二五”目标更加注重节能减排的全面性。其中，主要污染物种类的减排目标又增加了两个，一个是氨氮总量要下降10%；另一个是氮氧化物总量也要下降10%；更为重要的是，国务院政府工作报告中明确提出，“十二五”单位GDP能耗下降目标为16%，并且新增二氧化碳减排的约束性指标，即“十二五”期间，中国单位GDP二氧化碳排放量降低17%。明确将二氧化碳排放量列为约束性指标，既是应对气候变化，建设环境友好型社会的需要，也是中国汲取“十一五”注重单一污染物末端减排，忽视多污染物协同控制的经验教训的表现。

“十一五”节能减排侧重于主要污染物排放量的减少和单位GDP能耗强度的降低，但没有能够很好的兼顾各种大气污染物以及温室气体减排的协同效应。比如，目前中国的大气污染控制目标单一，而且由于环保部门管理权限的限制，大气污染以“末端控制”为主，结果在控制一种污染物的同时，却增加了其他类型的污染物排放，削弱了“外部性成本”内部化的效果。同时，在考虑多种污染物控制目标的情况下，这些控制措施或政策的成本效益不一定是最优化。例如，单纯的末端脱硫措施并未考虑温室气体控制，脱硫设施的运行将增加能源消耗和温室气体排放。

“十二五”节能减排任务，明显加强了对协同效应的要求，对中国下一阶段的节能减排工作提出了更加全面和更高的挑战。

要实现主要大气污染物及温室气体同时减排的协同效应，就要从末端效应前移至前端控制，即对主要大气污染物及温室气体开展协同控制，进行协同减排。由于在能源及工业活动中，SO_2、NOx 等大气污染物与温室气体排放都主要来自于化石能源的燃烧，具有“同源性”，因此，协同控制存在相当的潜力。

协同控制定义为，通过政策设计与技术选择，协调一致共同控制大气污染物与温室气体。其原理为，在所有大气污染物和温室气体控制政策或技术措施(包括虚拟措施)中，尽可能地使所选择的协同控制政策或技术措施的综合成本—效益(包括协同效益)最大化。

协同控制要求转变单一控制某一种大气污染物或者温室气体的思路而实施综合控制，以获取整体效益最大化。具体来说，针对现有的若干大气污染物和温室气体，从源头控制到生产过程控制、再到末端治理的所有控制措施(包括虚拟的可替代的控制措施、宏观政策措施等)，综合考虑大气污染物和温室气体的控制效果，选择单位控制成本效果最好或单位减排效果成本最低的控制措施，作为污染控制的最优措施，实现大气污染物和温室气体协同控制的效益/效果最大化。如果将所有环境成本完全内部化，则协同控制措施可以低成本最有效的实现双赢。

“十二五”期间，针对主要大气污染物和温室气体减排实施协同控制策略，可以在综合考虑总量、结构和效率的基础上，从以下三条基本途径入手。

第一，提高效率：通过加强管理与技术进步，提高每个生产环节和污染控制措施的效率，从而降低单位产值的碳、硫、氮等污染排放量。在微观层面上，从高碳、高污染生产工艺(或污染控制措施)转为低碳、低污染生产工艺，从末端控制措施向源头控制措施转变，从而降低各个行业部门的单位产值能耗及污染物排放。

第二，调整结构：推进产业和能源结构的调整，推动经济资源从高碳、高污染部门向低碳、低污染部门转移，从高碳、高污染产品向低碳、低污染产品的转移，从能源密集型产业向以技术密集型产业和服务业转变。

第三，优化规模：通过优化经济发展规模、控制部门经济或区域经济增长速度，实现污染物排放量的降低。中国目前处于经济高速发展时期，发展仍是第一要务，为统筹和协调经济发展与环境的关系，但限制经济发展规模过大和速度过快，控制经济总量适度增长仍是需要斟酌考虑的有效减排策略。

>>参考文献<<

[1]郭秀锐，毛显强，冉圣宏. 国内环境承载力研究进展[J]. 中国人口、资源与环境，2000(3).
[2]毛显强，杨舒茜. 污染—经济时间弹性(PETE)概念、方法与应用[J]. 中国人口、资源与环境，2010(11).

[3]国家统计局．“十一五”经济社会发展成就系列报告之一：新发展 新跨越 新篇章[EB/OL]．http://www.stats.gov.cn/tjfx/ztfx/sywcj/t20110301_402706119.htm，2011-03-01.
[4]国家统计局．“十一五”经济社会发展成就系列报告之十四：环境保护事业取得积极进展[EB/OL]．http://www.stats.gov.cn/tjfx/ztfx/sywcj/t20110310_402709535.htm，2011-03-10.
[5]国家统计局．中国统计年鉴2009[R]．北京：中国统计出版社，2009.
[6]国家统计局．中国统计年鉴2010[R]．北京：中国统计出版社，2010.
[7]国务院关于印发国家环境保护“十一五”规划的通知[EB/OL]．http://www.gov.cn/zwgk/2007-11/26/content_815498.htm，2007-11-26.
[8]国家统计局．中国统计年鉴2002—2008[R]．北京：中国统计出版社，2002—2008.
[9]环境保护部．中国环境状况公报2009[EB/OL]．http://www.zhb.gov.cn/gzfw/xzzx/wdxz/201006/P020100603551633387739.pdf，2010-06.
[10]环境保护部．中国环境统计年报2008—2009[R]．北京：中国环境科学出版社，2009—2010.
[11]恩施市环保局网站．http://www.eshbj.com.cn/news/huanbaoxinwen/2010/1214/101214169323FG3F8F271AE1C434KK2.shtml.
[12]浙江省环保厅网站．http://www.zjepb.gov.cn/root14/auto506/201104/t20110419_95431.html.
[13]中华人民共和国国民经济和社会发展第十二个五年规划纲要[EB/OL]．http://news.xinhuanet.com/politics/2011-03/16/c_121193916.htm，2011-03-16.
[14]国家发展和改革委员会网站．http://www.ndrc.gov.cn/xwfb/t20110329_402293.htm.

第九章

绿色发展与生态建设

生态建设是绿色发展的重要组成和应有之义，绿色发展以充分考虑生态与环境的影响及其重要性为主要特征。长期以来，中国政府在绿色发展过程中持续关注生态系统保护与建设。“十一五”期间中国在生态建设政策与方法方面进行了重要创新，并取得了显著成效。不同尺度的生态工程建设，使全国各地的生态系统得到一定程度的恢复和保护，自然保护区建设也获得了大面积推进。生态建设呈现出新的特点：生态工程建设由数量增加转向质量提升；不同生态功能区的连接带来了整体生态功能的改善；生态的经济功能开始显现出来。这些特点将反映在“十二五”时期的生态建设中，带来中国生态系统质量和生态服务功能的进一步提高与优化，为绿色发展增添新的动力。

>>一、“十一五”期间中国生态建设取得的成就<<

《2011中国绿色发展指数报告》共选取6个三级正向指标衡量中国绿色经济发展过程中的生态建设状况，分别为：人均水资源量、人均森林面积、人均活立木总蓄积量、森林覆盖率、自然保护区面积占辖区面积比重、湿地面积占国土面积比重，也就是说，国土绿化、生物物种多样性及水资源保护是中国生态建设的重要内容。过去五年，中国通过颁布实施一系列配套的政策及制度安排，在正确原则和方法的指导下，动员全社会的力量参与生态环境保护工作，因此，“十一五”期间中国的生态建设取得了很大成就。

2000年国务院《全国生态环境保护纲要》明确提出，要通过建立生态功能保护区，实施保护措施，来防止生态环境的破坏和生态功能的退化；2004年，国务院办公厅《关于加强生物物种资源保护和管理的通知》要求国家环保总局会同有关部门制定全国生物物种资源保护利用规划；《中国国民经济和社会发展第十一个五年规划》和《国务院关于落实科学发展观加强环境保护的决定》均指出：将重要生态功能区建设作为推进形成主体功能区的重要任务之一、保持重点生态功能保护区生态功能基本稳定、合理利用物种资源和严格防范物种资源流失；2007年10月，经国务院同意，国家环保总局同时印发颁布《全国生物物种资源保护与利用规划纲要》(简称《物种规划纲要》)、《国家重点生态功能保护区规划纲要》(简称《生态功能保护区规划纲要》)，这两个重要的规划纲要大致指明了“十一五”期间中国生态建设的主要原则和方法。

《物种规划纲要》提出了生物物种资源保护和利用的战略思想和战略任务：一是确定了保护和利用物种资源的五大原则，即国家主权原则、科学性原则、优先保护原则、保护与利用相协调原则、各方参与原则；二是提出了今后15年全国生物物种资源保护与利用的总体目标，并划分了3个五年规划阶段来实施，到2010年，基本遏制住目前生物物种资源急剧减少的趋势；到2015年，基本控制生物物种资源的丧失与流失；到2020年，生物物种资源得到有效保护；三是确定了涵盖动物、植物、微生物及传统知识和物种出入境管理等12个重点领域的近期和中长期规划任务；四是提出了"十一五"期间全国生物物种资源保护和利用的10项优先行动和55个优先项目，进而明确了财政资金的重点投入方向。

《生态功能保护区规划纲要》针对生态功能区保护的特点，明确了生态功能保护区建设的指导思想、基本原则和主要任务。首先，生态功能保护区是指在涵养水源、保持水土、调蓄洪水、防风固沙、维系生物多样性等方面具有重要生态调节作用的区域内，划定一定面积予以重点保护和限制开发建设的区域。其次，重点生态功能保护区属于限制开发区，生态功能保护区建设要坚持保护优先、限制开发、避免重复、互为补充的原则，在保护优先的前提下，合理选择发展方向，发展特色优势产业，加强生态环境保护和修复，加大生态环境监管力度，保护和恢复区域生态功能。最后，纲要指出，"十一五"期间，各地要在生态功能保护区重点开展以下三方面工作。一是合理引导产业发展。依据资源禀赋的差异，积极发展生态农业、生态林业、生态旅游业；因地制宜，发展产业；限制高污染、高能耗、高物耗产业的发展；依法淘汰严重污染环境、严重破坏区域生态、严重浪费资源的产业，依法关闭破坏资源、污染环境和损害生态系统功能的企业；积极推广沼气、风能、小水电、太阳能、地热能及其他清洁能源，解决农村能源需求，减少对自然生态系统的破坏。二是保护和恢复生态功能。遵循先急后缓、突出重点、保护优先、积极治理、因地制宜、因害设防的原则，结合已实施或规划实施的生态治理工程，加大区域自然生态系统的保护和恢复力度，提高水源涵养能力、恢复水土保持功能、增强防风固沙功能、提高调洪蓄洪能力，改善和提高区域环境质量。三是强化生态环境监管。通过加强法律法规和监管能力建设，提高环境执法能力；通过强化监测和科研，提高生态环境监测、预报、预警水平；通过强化宣传教育，增强公众认识，自觉维护区域和流域生态安全。①

总之，"十一五"期间是中国发展史上极不平凡的五年，也是中国生态环保建设事业大有作为的五年。在这五年中，国家着力加强重点生态功能区建设，保护物种多样性，并将主要污染物减排作为国民经济和社会发展规划的约束性指标，生态环保从认识到实践发生重要变化。"十一五"期间，中国生态建设与环境保护的工作力度不断加大，水资源得到有效保护，国土绿化程度不断提高，自然保护区和湿地建设持续推进。

(一)水资源得到有效保护

2008年年初，胡锦涛同志从生态文明建设的战略高度，提出让江河湖泊休养生息，成为全国水环境与水资源综合治理的指导思想。随后，国务院办公厅转发《重点流域水污染防治专项规划实施情况考核暂行办法》，国家全面建立重点流域省界断面水质考核制度。截至2009年年底，列入规划的治污项目完成64.9%，80.1%的断面水质达标。黑龙江、吉林、内蒙古三省(自治区)联合，松花江流域综合整治取得明显进展。河北省在全省七大水系201个断面实行水质考核，并建立全流域生态补偿机制。江苏省率先实行"河长制"，太湖水质有所改善。山东省采取

① 环境保护部：《国家重点生态功能保护区规划纲要》、《全国生物物种资源保护与利用规划纲要》，载 http://news.xinhuanet.com/politics/2007-12/24/content_7304472_3.htm，2011-04-13。

“治、用、保”方式，省控重点污染河流全部恢复鱼类生长。[①] 2009 年，全国地表水国控断面高锰酸盐指数平均浓度 5.1 毫克/升，比 2005 年下降 29%，七大水系国控断面好于Ⅲ类水质的比例由 2005 年的 41%提高到 57%。

此外，“十一五”期间，全国还扎实推进居民饮用水的安全保障工作。环保部组织开展全国县级以上城市和乡镇的饮用水水源地环境状况调查，组织评估环保重点城市 226 个集中式饮用水水源环境状况，督促落实环保要求。编制发布《全国城市饮用水水源地环境保护规划(2008—2020 年)》，提出到 2015 年，全国水质达标的饮用水水源地比例不低于 90%，到 2020 年达到并稳定在 95%以上。

(二)国土绿化程度不断提高

2011 年 3 月 12 日，全国绿化委员会办公室发布《2010 中国国土绿化状况公报》，根据公报的相关数据显示，“十一五”期间，全国国土绿化程度不断提高，主要表现为以下七个方面。一是全民义务植树蓬勃开展。据统计，2010 年全国共有 5.9 亿人次参加义务植树，植树 26.03 亿株。截至 2010 年年底，累计有 127 亿人次参加义务植树，植树 589 亿株。二是林业重点造林工程成效显著。中国政府以林业重点生态工程建设为龙头，以集体林权制度改革为动力，以机制创新为重点，大力开展荒山造林、四旁植树，以及特色经济林、碳汇林、能源林基地建设，加强优质乡土和珍贵树种培育，2010 年全年完成造林面积 592.25 万公顷。三是城市绿化稳步推进。“十一五”期末，即截至 2010 年年底，全国城市建成区绿化覆盖面积已达 149.45 万公顷，绿地面积 138.81 万公顷，公园绿地面积 40.16 万公顷。建成区绿化覆盖率 38.22%，绿地率 34.17%，人均公园绿地面积 10.66 平方米。四是部门绿化扎实开展。中央直属机关、中央国家机关绿化委员会积极组织各直属机关开展义务植树和庭院绿化美化活动。2010 年，中直机关全年新建绿地 12 万余平方米，改建绿地 20 万余平方米。中央国家机关通过城乡手拉手开展义务植树活动，积极支援首都郊区绿化和新农村建设。五是草原建设效果明显。“十一五”期间，全国实施草原退牧还草、京津风沙源治理、西南岩溶地区草地治理和游牧民定居等草原保护建设工程项目。工程区草原植被呈现良性恢复势头，植被盖度、高度、产草量明显提高，草原生态环境明显改善。截至 2010 年年底，全国累计种草保留面积 2 266.67 万公顷，草原围栏面积 7 333.33 万公顷，禁牧休牧轮牧草原面积 1.07 亿公顷。六是森林、草原保护得到加强。“十一五”期间，全国森林、草原有害生物防治取得新进展，主要是加强了松材线虫、美国白蛾、鼠兔害和薇甘菊等重大危险性林业有害生物防控，松材线虫病首次呈现县级疫点数量减少趋势，扩散蔓延得到初步遏制。2010 年全国主要林业有害生物发生面积 1 198.93 万公顷，防治面积 829.67 万公顷，其中无公害防治 654.8 万公顷。防治草原鼠害 666.67 万公顷，防治草原虫灾 400 公顷，治虫灭鼠减少直接经济损失约 16 亿元。七是造林绿化政策机制不断完善，尤其是集体林权制度改革成效显著。截至 2010 年年底，全国有 18 个省、自治区、直辖市基本完成了集体林地明晰产权、承包到户的改革任务。确权集体林地 1.62 亿公顷，占总面积的 88.6%，其中已发林权证面积 1.34 亿公顷，7 260多万农户拿到了林权证，3 亿多农民直接受益，集体林权制度改革使农民成为山

① 周生贤：《紧紧围绕主题主线新要求 努力开创环保工作新局面——周生贤部长在 2011 年全国环境保护工作会议上的讲话》，载环境保护部官方网站，2011-04-13。

林主人，广大农民育林护林积极性空前高涨。①

专栏 9-1　贵州荔波——地球腰带上的绿宝石

贵州荔波被誉为地球腰带上的绿宝石，地处黔南边陲，是贵州省南部的一个少数民族山区县，位于地球东经107°37′至108°18′、北纬25°7′至25°9′。东北与黔东南苗族侗族自治州的从江、榕江县接壤，东南与广西壮族自治州的环江、南丹县毗邻，西与独山相连，北与三都水族自治县交界，全县耕地面积 8 459 公顷，森林覆盖率 53.96%。辖 6 个镇，11 个乡(其中 5 个民族乡)，170 个村民委员会，4 个居民委员会。地广人稀，雨热条件优越，植被生长旺盛，地被物充分。荔波同时又是国家重点扶持的九万大山贫困县之一，县境内山高谷深，切割度大，喀斯特地貌发育强烈，是典型的南方喀斯特地貌代表，交通比较闭塞，文化较为落后，生产力水平低下，广大农村社区和林区农户长期处于极贫状态。国家实施“八七”扶贫攻坚计划后，该县坚持走“生态发展产业化、产业发展生态化”的道路，以“国际化专业旅游城市”为目标，着力打造旅游主导城市。1989 年荔波县启动旅游开发，2007 年以南方喀斯特地貌典型代表成功申请世界自然遗产，仅仅一年之后，2008 年，荔波年接待游客量为 168 万人次，同比增长 71.7%；旅游直接收入 1 998 万元，同比增长 84.32%；实现旅游综合收入 3.26 亿元，同比增长 83.52%；该县社会消费品零售总额达 32 317 万元，增长 26.24%，农民人均纯收入 2 618 元，增长 21.27%。“世界遗产”不仅有力推动了荔波旅游跨越式的发展，也切实推动了服务业的增长和民生的改善，与此同时，荔波县的生态环境得到明显改善和修复。

2011 年 3 月 1 日，《荔波县国家级生态县建设规划》(以下简称《规划》)在贵州省环保厅召开主持的会议上审查通过，《规划》明确指出：2011—2018 年，荔波县预计投资 17 亿元，在生态产业体系、生态环境保护与建设、市政设施及环境污染治理、生态人居建设、综合能力建设五大重点领域，实施 86 个重点项目，基本达到国家级生态县标准要求。这是继赤水市、绥阳县、正安县、三都县之后，贵州省第五个开展国家级生态县建设的县(市)，标志着贵州以生态县为载体，以生产发展、生活富裕、生态良好为特征的生态文明建设又向前迈进了一步。

资料来源：

[1]百度百科，http://baike.baidu.com/view/339007.htm，2011-05-12.

[2]裴钰，荔波的“世遗”发展之路，贵州民族报，2011-03-21.

[3]荔波县国家级生态县建设规划通过审查，贵州省环保厅官方网站，2011-05-13.

(三)自然保护区和湿地建设持续推进

中国的自然保护区和湿地建设持续推进，旨在加强重点生态功能区建设，保护生物多样性。2010 年，中国成立了由李克强同志任主席的国际生物多样性年中国国家委员会，并发布“2010 国际生物多样性年中国行动方案”，国务院常务会议审议通过《中国生物多样性保护战略与行动计划(2011—2030 年)》，全面开展国际生物多样性年活动。

截至 2010 年年底，全国林业自然保护区(包括森林生态系统、湿地生态系统、荒漠生态系统和野生动植物类型保护区)2 035 处、面积 1.24 亿公顷，占国土面积的 12.87%。这些自然保护区有效保护了中国 90%的陆地生态系统类型、85%的野生动物种群和 65%的高等植物群落，

① 全国绿化委员会办公室：《2010 年中国国土绿化状况公报》，载新华网，2011-03-12。

对维护生物多样性发挥了重要作用。此外，中国湿地生态系统保护恢复取得进展：实施了《中国湿地保护工程实施规划(2005—2010年)》，建立了中央财政湿地保护补助专项资金，大力建设湿地公园，认真履行《湿地公约》，不断完善湿地保护体系建设，有效改善生态脆弱和退化湿地的生态状况。2010年全国新增国家湿地公园45处，目前，全国已建立国家湿地公园145处，国际重要湿地37处，共计1 820万公顷，50.3%的自然湿地受到有效保护。

"十一五"期间，全国新建各类自然保护区192处，陆地自然保护区面积约占国土面积的14.72%，与此同时，中国不断完善生态建设示范区工作体系，建成11个国家生态县(市)。发布了《国家重点生态功能保护区规划纲要》、《全国生态功能区划》等重要政策。一些生态功能重点省区不断强化生态安全保障，西藏自治区安排超过100亿元资金建设生态安全屏障工程，云南省成立生物多样性保护基金会，青海省大力加强三江源生态监测与保护。

专栏9-2　拉萨之肺——拉鲁湿地

拉鲁湿地，位于西藏自治区首府拉萨市城区北部，总面积12.2平方公里，核心区面积6.6平方公里，占拉萨市建成区面积的11.7%，平均海拔3 645米，是典型的青藏高原湿地，属于芦苇泥炭沼泽。拉鲁湿地是世界上海拔最高、面积最大的城市天然湿地，也是全国唯一的城市内陆天然湿地，自20世纪90年代末被列为省级自然保护区后，这里逐渐成为黄鸭、斑头雁等候鸟的家，黑颈鹤、胡兀鹫等国家一级保护鸟类也栖息在此，拉鲁湿地成为名副其实的城市"鸟巢"。2005年7月23日，国务院正式批准拉鲁湿地建立为国家级自然保护区。

拉鲁湿地内有植物300多种，陆生野生动物43种，水生野生动物30余种，昆虫101种，是一个高原生物物种"基因库"。植被占拉鲁湿地核心区的50%以上，拉鲁湿地的野生植物植被主要以芦苇群落和中生型莎草科植物为主。由于植物生长茂盛，水分通过植物向环境空气中的蒸腾量大，是草原植被群落的3倍，因此，拉鲁湿地中的水分可通过草甸植物在阳光作用下不断蒸腾，从而增加拉萨市区空气中水分含量，增加湿度。从这个意义上说，拉鲁湿地是天然的"加湿器"。这里每年大约有3 000只左右的野生候鸟飞来过冬，成为生态和谐画面中的生动一景。

拉鲁湿地还是拉萨市氧气的主要补给源。拉鲁湿地有生长良好的草地，通过光合作用每年可吸收7.88万吨二氧化碳，产生5.37万吨氧气。此外，拉鲁湿地还是一个巨大的空气净化器和污水过滤器，每年可吸附拉萨市区空气中5 475吨尘埃，处理1 000万吨以上的城市污水，因而被誉为"拉萨之肺"。

从拉萨城区规划伊始，区政府就决定把生态环境保护作为重中之重，放弃把位置优越、土壤肥沃的拉鲁湿地地区变为建筑用地和农业用地的计划，在建造拉鲁湿地自然保护区的过程中，区政府克服了各种困难，关闭了湿地周围采石厂等污染源，做到"出现一家，关闭一家"。目前，拉鲁湿地已成为西藏环境保护教育的宣传基地，展示自治区生态环境保护成就的窗口。

像拉鲁湿地这样的保护区，西藏一共有40多个，其中国家级自然保护区9个，省级自然保护区6个。"十一五"期间，西藏自治区用于环境保护和生态建设的资金达101亿，是"十五"期间的3倍多。数据显示，截至2010年，西藏已经建立47个自然保护区，保护区面积达41.37万平方公里，约占西藏国土面积的35%，这在全国范围内也是首屈一指的，为国家的生态保护工作作出了巨大的贡献。全区125种国家重点保护野生动物和39种国家重点保护野生植物得到了较好保护。此外，西藏在全国率先启动草原生态保护奖励机制试点，建立了森林生态效益补偿制度，全区65个县1.5亿多亩公益林全部纳入补偿范围；植树造林172.1万亩，防沙治沙64万亩，退耕还林 58.5 万亩，退牧还草 5 911 万亩；开展了国家重点生态功能区转移支付工作。

2011 年 3 月 1 日，《西藏自治区湿地保护条例》正式实施，其成为中国首批依法保护湿地资源的省区，这对拥有全国最大湿地面积的西藏意义非凡。保护湿地资源是西藏保护生态环境系统工程的一个重要组成部分。西藏坚持保护与发展并重，大力实施"西藏生态安全屏障保护与建设"工程，生态环境已经好转，并会越来越好。

资料来源：

[1]扎西，西藏倾力建设生态安全屏障，http://www.chinadaily.com.cn/hqgj/jryw/2011-03-20/content_2069048.html，2011-03-20.

[2]德永健，海拔最高的城市"鸟巢"——拉萨拉鲁湿地探幽，http://www.chinadaily.com.cn/dfpd/xizang_hjbh/2011-04-14/content_2307360.html，2011-04-14.

>>二、"十一五"中国绿色经济发展中生态建设的区域比较<<

(一)生态系统状况的区域比较

《国民经济和社会发展第十一个五年规划纲要》在保护和修复自然生态系统方面已经有了明显转变。从区域格局上看，着重强调了生态功能区的修复，包括天然林保护区和重要水源涵养区等，营造区域安全生态格局。

1. 水生态系统

水污染是严重影响水体生态功能的重要因素，"十一五"规划中对水生态的关注体现在水污染治理和水源地保护上。由于区位因素及区域发展特征的影响，水污染治理难度较大。"十一五"期间(2007 年)启动了"国家水体污染控制与治理科技重大专项"等技术支撑体系，一定程度上缓解了水污染状况。与不同地区经济发展状况相联系，水生态系统质量表现出明显的区域差异。

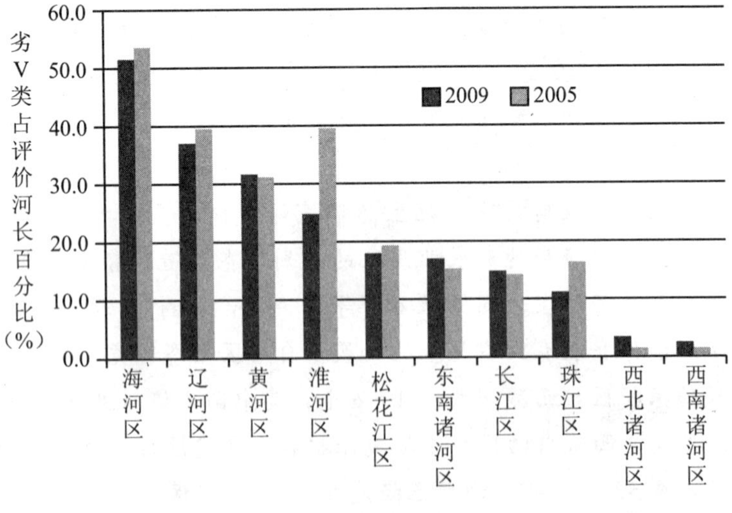

图 9-1 中国各流域分区河流水质状况

注：劣V类水则属于污染严重、不具备生态功能和环境功能的脏水。

资料来源：国家统计局：《中国环境统计年鉴 2006》、《中国环境统计年鉴 2009》，北京，中国统计出版社，2006、2009。

从劣Ⅴ类水所占比例可以看出中国各流域分区的水生态状况具有明显差异(见图 9-1)。劣Ⅴ类水是受到严重污染，不能发挥生态功能的水质，劣Ⅴ类水所占比重可以反映流域水生态系统的健康程度。2009 年各流域分区中，以海河区污染最为严重，劣Ⅴ类水所占比重超过 50%；其次是辽河区、黄河区和淮河区，均超过 20%，这些污染与当地工业发展有着密切关系；东南诸河区、长江区以及珠江区污染相对较轻；而西北、西南诸河区由于工业发展较为落后，污染程度最轻。与 2005 年相比，污染严重的流域均有不同程度的改善，其中以淮河水质改善最明显，珠江区改善也很明显，而东南、西北、西南诸河区水质则有轻微恶化。

在水生态系统中，湖泊较为特殊，由于相对封闭，水质状况往往给生态系统带来灾难性影响，而且不易去除，治理难度大。由表 9-1 可以看出，2009 年处于劣Ⅴ类水质下的依然是滇池，巢湖从 2005 年的Ⅳ-Ⅴ类降到劣Ⅴ类，太湖则从 2005 年的Ⅲ类降到劣Ⅴ类，而白洋淀、南四湖、纳木错、鄱阳湖和洪湖水质为Ⅴ类或Ⅳ类，属于污水，只有青海湖和抚仙湖水质较好，为Ⅱ类。不过，在统计的 15 个大型湖泊中，超过一半的湖泊均存在不同程度的富营养化现象。富营养化预示着湖泊生态系统生物群落失衡，并有崩溃的危险。

表 9-1　　中国大型湖泊生态系统水质状况(2009 年)

湖泊名称	所属行政区	评价面积(平方公里)	水质类别		营养状况
			2009 年	对照 2005 年	
白洋淀	河北	113.5	Ⅴ		中度富营养
太湖	江苏、浙江	2 338.0	劣Ⅴ	Ⅲ	中度富营养
洪泽湖	江苏	2 152.0	Ⅲ		中度富营养
骆马湖	江苏	625.0	Ⅲ		轻度富营养
巢湖	安徽	110.0	劣Ⅴ	Ⅳ-Ⅴ	中度富营养
鄱阳湖	江西	2 184.0	Ⅳ		中营养
南四湖	山东	1 266.0	Ⅴ		轻度富营养
洪湖	湖北	395.4	Ⅳ		中营养
滇池	云南	300.0	劣Ⅴ	劣Ⅴ	中度富营养
抚仙湖	云南	212.0	Ⅱ		中营养
洱海	云南	250.0	Ⅲ	Ⅱ	中营养
纳木错	西藏	1 920.0	Ⅴ		中营养
普莫雍错	西藏	284.0	Ⅲ		中营养
青海湖	青海	4 247.0	Ⅱ		轻度富营养
博斯腾湖	新疆	251.0	Ⅲ	Ⅳ-劣Ⅴ	轻度富营养

注：①所选湖泊均为 2009 年评价面积在 100 平方公里以上的大型湖泊，2005 年部分数据缺；不包括中国台湾省；太湖含上海的五里湖。②根据地表水环境质量标准(GB 3838-2002)，Ⅰ类水主要适用于源头水、国家自然保护区，Ⅱ类水主要适用于集中式生活饮用水地表水源地一级保护区、珍稀水生生物栖息地、鱼虾类产场、仔稚幼鱼的索饵场等，Ⅲ类水主要适用于集中式生活饮用水地表水源地二级保护区、鱼虾类越冬场、洄游通道、水产养殖区等渔业水域及游泳区，Ⅳ类水主要适用于一般工业用水区及人体非直接接触的娱乐用水区，Ⅴ类水主要适用于农业用水区及一般景观要求水域，劣Ⅴ类水则属于污染严重、不具备生态功能和环境功能的脏水。③根据湖泊(水库)富营养化评价方法及分级技术规定，湖泊(水库)富营养化状况评价指标采用叶绿素 a(chla)、总磷(TP)、总氮(TN)、透明度(SD)、高锰酸盐指数(CODMn)作为水体综合营养状态评价指标。营养程度越高，水质越恶化。

资料来源：国家统计局：《中国环境统计年鉴 2006》、《中国环境统计年鉴 2009》，北京，中国统计出版社，2006、2009。

湿地被称作“地球之肾”，是最重要的生态系统类型之一，生态功能强大，一个地区的湿地将在当地的生态系统调节和发展可持续性中扮演重要角色。2010 年，全国建立各级湿地自然保护区 550 多处，国家湿地公园 100 处，地方湿地公园 120 多处，国际重要湿地 37 处，全国有 2.73 亿亩的自然湿地得到有效保护，占自然湿地总面积的 50.3%。① 从湿地面积比重来看，上海凭借河口的区位优势占到了 50%以上，超过 10%的有江苏、天津、山东三个省(市)，贵州、重庆、云南、新疆、陕西等西南和西北省(自治区)最少(见图 9-2)。如果考虑绝对量，则湿地面积最大的五个地区依次是西藏(523.2 万公顷)、黑龙江(431.48 万公顷)、内蒙古(424.51 万公顷)、青海(412.60 万公顷)、山东(178.41 万公顷)，最小的依次是北京(3.44 万公顷)、重庆(4.32 万公顷)、贵州(7.94 万公顷)、天津(17.18 万公顷)、云南(23.53 万公顷)。② 这些地区的湿地生态系统与“十一五”时期的 201 个湿地保护与恢复工程项目相结合，已经初步形成了湿地保护网络，并日益发挥其整体效益。③

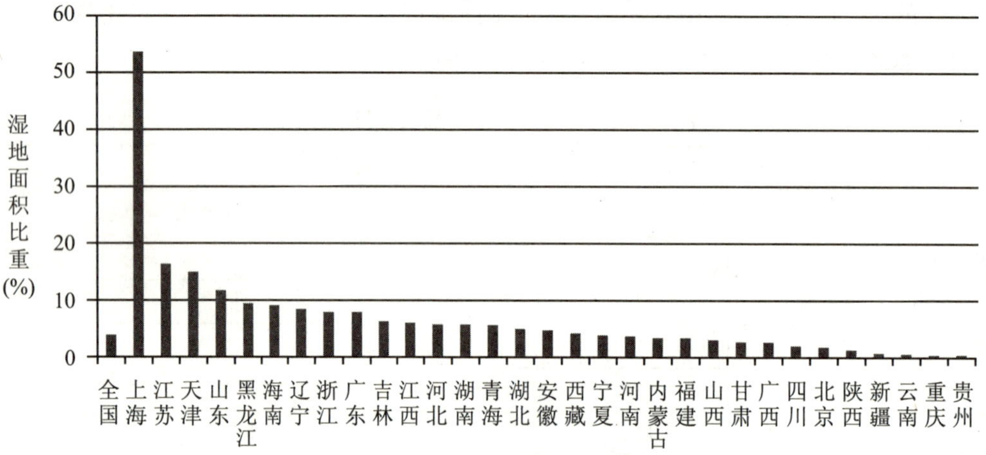

图 9-2　中国各地区湿地面积占国土面积的比重

注：本图绘制根据中国首次湿地调查(1995—2003)资料，不包括中国台湾省、中国香港和中国澳门特别行政区；湿地面积不包括水稻田湿地。

资料来源：国家统计局：《中国统计年鉴 2010》，北京，中国统计出版社，2010。

2. 森林生态系统

森林作为最重要的陆地生态系统类型，发挥着涵养水源、保持土壤、固碳释氧、积累营养物、净化大气与生物多样性保护等重要生态功能。反映“十一五”时期森林生态系统状况的第七次全国森林资源清查(2004—2008)资料的统计显示，在全国 31 个省级行政区，有 21 个地区的森林覆盖率不低于 20%，有 5 个超过 50%，依次是福建(63.10%)、江西(58.32%)、浙江(57.41%)、广西(52.71%)、海南(51.98%)，而 5 个不足 10%的省级行政区依次是新疆(4.02%)、青海(4.57%)、天津(8.24%)、上海(9.41%)、宁夏(9.84%)(见图 9-3)。森林覆盖率比较低的地区，多集中在西北内陆干旱区和某些沿海经济发达地区，这说明气候环境和经济发展状况都可以成为制约森林分布特征的因素。

---

① 国家林业局：《2010 年林业经济运行状况报告》，载 http://www.forestry.gov.cn/portal/main/s/304/content-458701.html。

② 国家统计局：《中国统计年鉴 2010》，北京，中国统计出版社，2010。

③ 中国统计信息网：《“十一五”经济社会发展成就系列报告之十四：环境保护事业取得积极进展》，载 http://www.stats.gov.cn/tjfx/ztfx/sywcj/t20110310_402709535.htm。

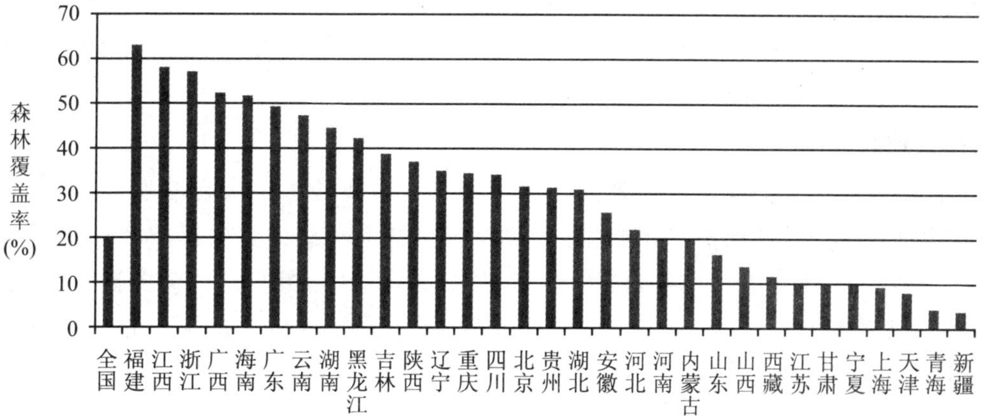

图 9-3 中国各地区森林覆盖率

注：数据取自第七次全国森林资源清查(2004—2008)资料，全国总计数包括中国台湾省、中国香港和澳门特别行政区数据。

资料来源：国家统计局：《中国统计年鉴 2010》，北京，中国统计出版社，2010。

通过比较不同地区第六次全国森林资源清查(1993—2004)和第七次全国森林资源清查(2004—2008)的结果，可以看出“十一五”时期森林生态系统变化的区域特征(见图 9-4)。内蒙古以 2 344.26 万公顷的森林面积净增量遥居全国之首，约占全国森林面积净增量的 1/10。据监测结果显示，“十一五”时期内蒙古全区荒漠化和沙化土地面积继续实现“双减少”，五大沙漠(巴丹吉林、腾格里、库布其、乌兰布和、巴彦温都尔)周边重点治理区域沙漠扩展现象得到遏制，沙漠面积相对稳定，五大沙地(毛乌素、浑善达克、科尔沁、呼伦贝尔、乌珠穆沁)林草盖度均有提高，沙地内缩，科尔沁沙地、毛乌素沙地生态状况呈现整体逆转态势，全区 2.4 亿亩风沙危害面积和 1.5 亿亩水土流失面积得到了初步治理，6 000 多万亩农田、8 000 多万亩基本草牧场受到林网保护。① 森林面积增加较多的还有云南(916.08 万公顷)、四川(847.32 万公顷)、甘肃(655.81万公顷)、新疆(582.50万公顷)、山西(546.39万公顷)、陕西(535.41万公顷)、广西

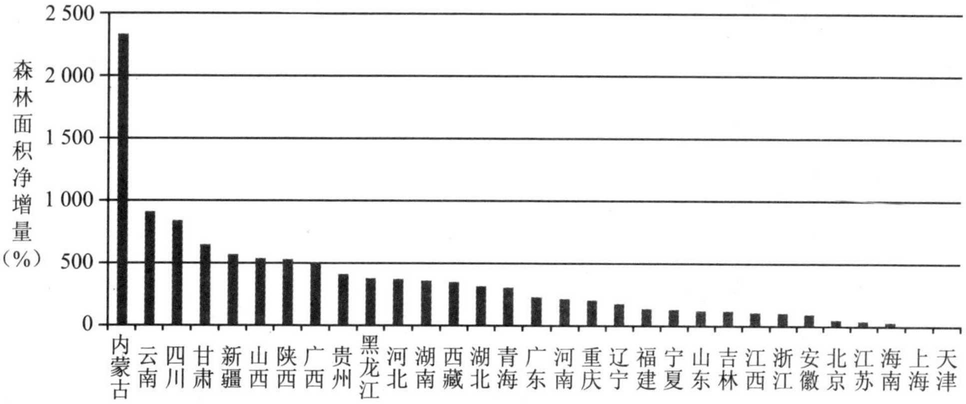

图 9-4 中国各地区两次森林资源清查之间的面积净增量

注：数据取自第六次全国森林资源清查(1993—2004)资料和第七次全国森林资源清查(2004—2008)资料，全国总计数包括中国台湾省、中国香港和中国澳门特别行政区数据。

资料来源：国家统计局：《中国统计年鉴 2006》、《中国统计年鉴 2010》，北京，中国统计出版社，2006、2010。

① 内蒙古广播网：《回眸十一五 展望十二五——全区 5 年完成林业生态建设 5 000 多万亩》，载 http://www.nmrb.cn/Item/240455.aspx。

(512.62万公顷)等地。这些地区自然植被较少或生态破坏较为严重，存在较大造林空间的区域；而海南、浙江、江西等地因森林覆盖率高，北京、上海、天津等城市发达地区因造林空间小，所以森林面积上升空间小，净增量与其他地区相比并不明显。

3. **自然保护区**

“十一五”时期自然保护区建设的重点是建设和完善重要的国家级自然保护区，对极度濒危野生动植物物种进行拯救性保护，并加强三江源等重要生态系统的自然保护区建设。① 在这一思路的指导下，形成了“十一五”时期的自然保护区的分布特征(见图9-5)。全国自然保护区面积比重超过15%，已完成了“十一五”规划中自然保护区面积占国土面积的13%的目标。② 自然保护区面积占国土面积比重最高的省份是西藏和青海，其中西藏34.51%，青海30.28%，这反映了国家对江河源头重要生态系统保护的重视。以三江源自然保护区为例，2004—2009年三江源地区五年间主要湖泊的面积净增加245平方公里，荒漠生态系统面积净减少95.63平方公里，草地沙化防治区植被覆盖度平均提高23.2%，黑土滩治理区植被覆盖度提高到80%，退牧还草围栏内草地植被覆盖度达到90%，每年向下游供水168.9亿立方米，比1975—2004年的124.3亿立方米新增44.6亿立方米。③ 其余自然保护区比重较高的地区多是有重要生态系统分布的地区，如四川、上海、黑龙江、新疆等，或是生态系统脆弱区，如甘肃、天津、内蒙古等。自然保护区面积比重较少的地区有浙江、河北、福建、安徽和河南等。

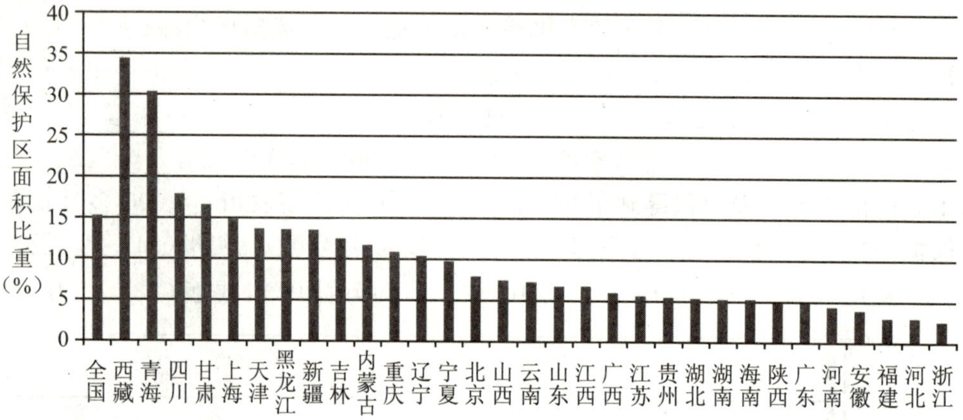

图9-5 中国各地区自然保护区占国土面积的比重(2008年)

资料来源：国家统计局：《中国统计年鉴2010》，北京，中国统计出版社，2010。

(二)重点生态工程及实施的主要区域

“十一五”规划继续推进重点生态工程建设，主要包括天然林资源保护工程、退耕还林工程、三北及长江流域等防护林建设工程和京津风沙源治理工程等。这些工程根据不同区域的生态系统特点，在保证生态资源量增加的同时，又进一步提高质量，以保证其生态功能良好发挥。

“十一五”时期，天然林资源保护工程、退耕还林工程、三北及长江流域等防护林建设工程

① 参见《中华人民共和国国民经济和社会发展第十一个五年规划纲要》。

② 国家林业局：《林业发展“十一五”和中长期规划》。

③ 《绘就大美三江源——“十一五”三江源生态保护和建设工程综述之一》，载青海新闻网，http://www.qh-news.com/2010zt/system/2011/01/08/010267811.shtml，2011-01-08。

和京津风沙源治理工程林业重点生态工程每年造林成果显著，五年(2006—2009)累计造林达到1 687万公顷(见图 9-6)。

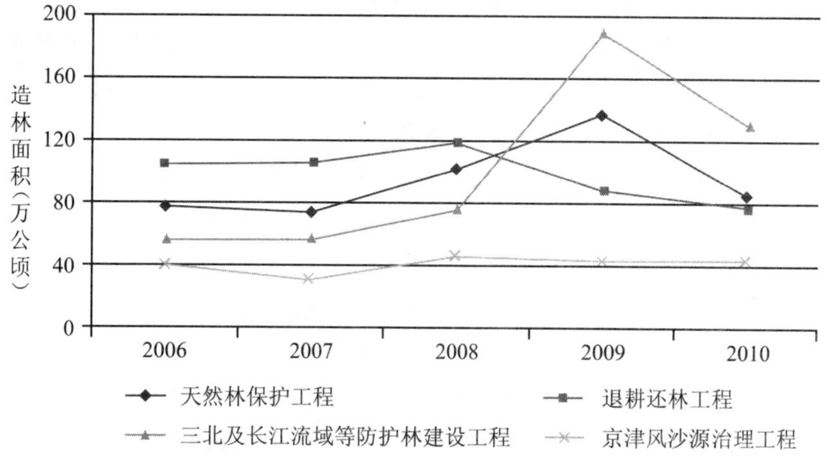

图 9-6　“十一五”林业重点生态工程造林面积

注：2009 年退耕还林工程中包括军事管理区 2.67 万公顷荒山荒地造林。

资料来源：国家统计局：《中国统计年鉴 2010》，北京，中国统计出版社，2010；全国绿化委员会：《2010 年中国国土绿化状况公报》，载新华网，2010-03-12。

天然林资源保护工程旨在保护和抚育森林生态系统这一最重要的陆地生态系统，包括三个层次：全面停止长江上游、黄河上中游地区天然林采伐；大幅度调减东北、内蒙古等重点国有林区的木材产量；由地方负责保护好其他地区的天然林。“十一五”时期继续全面停止长江上游、黄河上中游工程区天然林商品性采伐，进一步调减东北、内蒙古等重点国有林区木材产量，对工程区内的 9 418 万公顷天然林和其他森林实行全面有效管护，加快宜林荒山荒地造林种草。天然林资源保护工程五年(2006—2010)累计造林 473.06 万公顷，① 使江河上游、重点国有林区等重要森林生态系统的数量呈现恢复性增长，质量不断提高。

专栏 9-3　赤峰市敖汉旗打造绿色增长极实现可持续发展

按照循环经济发展要求，赤峰市敖汉旗以“绿色增长”为方向，加快转变经济发展方式，坚持走资源节约、环境友好的新型工业化之路。把生产规模小、技术含量低、资源浪费严重的矿产资源采选企业淘汰出局，扶持生产规模大、资金实力强、技术力量雄厚的大企业、大集团，加快发展新型产业，吸引了油页岩采炼、化工、机械制造、服装加工、风电等一大批低碳、高新技术大项目落户敖汉。2011 年，在资源整合工作中，把铁矿资源企业由原来的 80 多家整合为 20 多家，金矿资源企业由原来的 20 多家整合为 10 多家。

被誉为“华夏第一村”的敖汉旗，是联合国“全球 500 佳”环境奖获得者，各类旅游资源极为丰富。敖汉旗把旅游开发作为发展现代服务业的重点大力推进，编制旅游业发展规划，充分挖掘敖汉旗的历史文化、自然景观、生态景观，打造有特色的旅游业。2010 年，完成热水温泉开发项目一期工程，并已经着手开展蒙古族风情园、黄河园、历史遗址公园建设的前期工作。在坚持政府主导、部门联动、社会参与、市场运作、规划引领、项目支撑的前提下，着力构建以

① 国家统计局：《中国统计年鉴 2010》，北京，中国统计出版社，2010；全国绿化委员会：《2010 年中国国土绿化状况公报》，载新华网，2010-03-12。

“华夏第一村”兴隆洼遗址为代表的“村之旅”、以黄羊洼草牧场防护林为代表的“绿之旅”、以敖汉温泉为目的地的“泉之旅”、以祭祀中心城子山遗址为目的地的“天之旅”的文化旅游格局，打造敖汉文化旅游独特的产品与服务，尽早融入赤峰和辽西旅游圈，使文化旅游产业成为拉动全旗经济增长的强大引擎。在敖汉旗热水温泉开发项目区，记者见到这里的 6 栋温泉客房楼主体工程、西山垂钓园已经完成，酒店主体工程进度过半，兴隆洼遗址典型场景复原工程正在规划设计，融入观光旅游、保健理疗等多种敖汉元素的秀美山庄已见雏形。

在“三化互动”的带动下，敖汉旗在改造旧城、开发新区、完善设施、拉大框架、提高品位上做好文章，使一个功能齐全、生态良好、适宜人居、产业兴旺、特色突出的精品城镇呈现在世人面前。

据了解，敖汉旗把加快城镇化作为拉动经济增长、促进社会发展的重要动力，以创建“中国北方半干旱地区生态宜居城市”为目标，科学规划城市路网、水网、绿网、公共设施和功能分区。2011 年在栽种 2 000 棵乔木、5 万余株灌木和 25 万株花卉的基础上，还将继续加大投入，相继启动总投资 1.9 亿元的外环路、城区道路、孟克河新惠城区段综合治理工程，使绿色城镇更加生态宜居、绿色环保。同时，吸纳农畜产品加工、加工制造等环保企业的新惠工业园区，能改善投资环境，降低企业运营成本，增强园区竞争力的新惠物流园区，即将开工建设，将成为绿色城镇经济发展的新增长点。

资料来源：

国家财政部网站，http://www.mof.gov.cn/xinwenlianbo/neimengguc aizhengxinxilianbo/201007/t20100706_325859.html.

退耕还林工程是国家针对水土流失日趋加剧的现状而做出的一项重大战略决策。计划到 2010 年控制水土流失面积 3.4 亿亩，防风固沙控制面积 4 亿亩，年均减少输入长江、黄河的泥沙量 2.6 亿吨。“十一五”时期工程进一步突出长江上游、黄河上中游、京津风沙源区、南方重点石漠化地区和南水北调中线工程水源区、东北西部风沙区等重点区域的退耕还林工程项目，以 25°以上坡耕地和严重沙化耕地的退耕还林为重点。退耕还林工程五年（2006—2010）累计造林 496.69 万公顷，2010 年退耕地造林保存率达 99%，[①]，减少了工程区域的水土流失和风沙威胁，增加了森林资源，使生态系统得到一定程度的恢复和重建。

三北及长江流域等防护林建设工程是中国涵盖面最大的防护林工程，囊括了“三北”地区、沿海、珠江、淮河、太行山、平原地区和洞庭湖、鄱阳湖、长江中下游地区的防护林建设。工程计划造林 3.4 亿亩，并对 10.78 亿亩森林实行有效保护。“十一五”期间，三北及长江流域等防护林体系建设工程强化了治理区域和植被恢复方式的针对性，通过人工造林和飞播造林等途径增加森林面积。沿海防护林体系建设工程以海峡西岸、长三角、珠三角、环渤海湾、海南岛及北部湾等为重点区域，全面推进防护林体系建设，建设了大量基干林带和防护林，保护和恢复了大批红树林湿地，并建设了一系列各类示范区。该系列工程五年（2006—2010）累计造林 510.67 万公顷。[②] 2010 年，“三北”防护林建设工程完成造林 85.79 万公顷，工程区森林覆盖率由 1977 年的 5.05%提高到现在的 12.4%，沿海防护林工程完成造林 23.15 万公顷，对台风、风

① 全国绿化委员会：《2010 年中国国土绿化状况公报》，载 http://www.gov.cn/jrzg/2011-03/12/content_1823576.htm，2011-03-12。

② 国家统计局：《中国统计年鉴 2010》，北京，中国统计出版社，2010。

暴潮等自然灾害的防护能力将不断增强。①

京津风沙源治理工程是从首都北京所处位置特殊性及改善这一地区生态的紧迫性出发实施的重点生态工程，主要解决首都周围地区风沙危害问题。“十一五”期间，工程突出重点，强化了治理区域和植被恢复方式的针对性采取退耕还林、配套宜林荒山荒沙造林、人工造林、飞播造林、封沙育林育草、草地治理、小流域治理、配套水利设施建设和生态移民等手段，治理沙化土地。工程五年(2006—2010)累计造林 206.55 万公顷，北京及其周边地区土地植被覆盖得到了很大改善，沙尘天气明显减少。

>>三、“十二五”中国绿色经济发展中生态建设的展望<<

(一)构建国家生态安全战略格局

中国“十一五”时期生态建设进行了重点突破，成果显著，“十二五”时期，生态建设逐渐迎来各地联合建设的时期。将重要的生态功能区通过科学的保护和管理手段连接起来，形成新的国家生态安全战略格局，为国家绿色发展提供保障。

生态安全指人的生活、健康、安乐、基本权利、生活保障来源、必要资源、社会秩序和人类适应环境变化的能力等方面不受威胁的状态，包括自然生态安全、经济生态安全和社会生态安全，组成一个复合人工生态安全系统。② 国土尺度的生态安全格局是国家生态系统功能正常发挥和可持续发展的重要支撑，它是由森林、草原、河流、湿地及其他自然生态系统共同构成的相互连接的有机的生态网络，具有生物多样性保育、提供生态资源、为经济发展提供良好环境和有力支撑、提高国民生存质量等重要作用。有研究表明，最低标准安全水平(保护级别最高)的生态安全格局面积占中国陆地总面积的 35.7%。③

重点生态功能区是生态安全格局的重要组成部分，是在涵养水源、保持水土、调蓄洪水、防风固沙、维系生物多样性等方面具有重要作用的区域。保护和管理重点生态功能区，对于减轻和防止自然灾害，协调流域及区域生态保护与经济社会发展，保障国家和地方生态安全具有重要意义。原国家环境保护总局发布的《国家重点生态功能保护区规划纲要》(环发[2007]165 号)指出，中国重要生态功能区生态破坏严重，部分区域生态功能整体退化甚至丧失，严重威胁国家和区域的生态安全，突出表现在：大江大河源头区生态功能退化，水源涵养功能下降，对下游地区的生态安全带来威胁；北方重要防风固沙区植被破坏和绿洲萎缩，沙尘暴威胁严重；江河、湖泊湿地萎缩，生态系统退化，洪水调蓄功能下降；部分地区水土流失加剧，威胁区域可持续发展；近岸海域生态系统遭到破坏，重要渔业水域生产能力衰退；部分重要物种资源集中分布区自然生境退化加剧，生物多样性维系功能衰退。这种情况形成的原因既有经济发展和环境保护的深层次矛盾，又有历史原因和管理问题。

由此可见，“十二五”时期构建国家生态安全战略格局面临双重任务：一方面，必须巩固和

---

① 全国绿化委员会：《2010 年中国国土绿化状况公报》，载 http://www.gov.cn/jrzg/2011-03/12/content_1823576.htm，2011-03-12。

② 马克明等：《区域生态安全格局：概念与理论基础》，载《生态学报》，2004，24(4)。

③ 俞孔坚等：《国土尺度生态安全格局》，载《生态学报》，2009，29(10)。

发展已有的重点生态功能区的建设成果，加大生态和环境保护力度，提高管理水平，以保证其涵养水源、保持水土、防风固沙能力、生物多样性保育等生态功能的正常发挥；另一方面，需要将以后的生态功能单位进行连接和统筹管理，即“十二五”规划中提到的构建以青藏高原生态屏障、黄土高原—川滇生态屏障、东北森林带、北方防沙带和南方丘陵山地带以及大江大河重要水系为骨架，以其他国家重点生态功能区为重要支撑，以点状分布的国家禁止开发区域为重要组成的生态安全战略格局。

(二)加强生态保护与治理

中国自然保护区发展迅速。2009 年年底，全国自然保护区数量达到 2 541 个，比 2005 年增加 192 个，面积达到 14 775 万公顷，约占国土面积的 14.7%。[①] 目前自然保护区存在问题：盲目建设和扩展导致的误划行为和一些自然保护区管理质量下降；[②] 保护的速度赶不上破坏的速度；一些保护区周边人为干扰较大，不利于保护工作开展；保护区大多孤立存在，之间缺少必要的连接，影响物种迁移和生物多样性恢复。因此“十二五”时期需要强化自然保护区建设监管，规范保护区建设机制和日常管理，建立各个保护区之间的有机联系，逐步形成全国自然保护区网络体系，并将生态保护放在经济发展中来考虑和统筹。

生物多样性是生态系统质量的重要组成部分，也是经济社会可持续发展的基础、生态安全和粮食安全的保障。环境保护部发布的《中国生物多样性保护战略与行动计划(2011—2030 年)》(环发[2010]106 号)指出，生物多样性保护法律和政策体系尚不完善，生物多样性监测和预警体系尚未建立，生物多样性投入不足，管护水平有待提高，基础科研能力较弱，应对生物多样性保护新问题的能力不足。此外，生物多样性日益受到城镇化、工业化加速的影响，物种栖息地受到威胁，外来入侵物种和转基因生物的环境释放增加了生物安全的压力。并提出到 2015 年力争使重点区域生物多样性下降的趋势得到有效遏制的目标：加强就地保护，陆地自然保护区总面积占陆地国土面积的比例维持在 15%左右，使 90%的国家重点保护物种和典型生态系统类型得到保护。合理开展迁地保护，使 80%以上的就地保护能力不足和野外现存种群量极小的受威胁物种得到有效保护。此外，需要加强生物安全管理，加大生物物种资源保护和管理力度，有效防范物种资源丧失与流失，完善物种监测和准入机制，积极防治外来物种入侵。

“十一五”时期全国森林覆盖率虽然已经提高到 20.36%，但仍存在很大问题，具体表现为：总量不足，森林覆盖率仅为世界平均水平的 2/3，居世界第 139 位；逆转日趋严重，第七次全国森林资源清查数据表明，清查 5 年间隔期内因毁林开垦、自然灾害、工程建设等导致林地转为非林地面积达 832 万公顷，其中近 85%逆转为其他农用地；质量不高，生产力低下，现有森林呈现人工纯林多、混交林少，单层林多、复层林少，中幼林多、成过熟林少等现象，总量 60%的集体林地，单位面积蓄积量只有 53 立方米/公顷；林地退化明显，宜林荒山荒地、沙荒地等占到 14.5%，尤其是西部地区、南方地区以及集体林区的林地退化十分严重。[③] 因此在“十二五”期间，一方面要加速生态修复与造林绿化进程，天然林保护、“三北”及长江流域、沿海等防护

① 国家统计局：《“十一五”经济社会发展成就系列报告之十四：环境保护事业取得积极进展》，载 http://www.stats.gov.cn/tjfx/ztfx/sywcj/t20110310_402709535.htm，2011-03-10。

② 雷光春：《中国自然保护区面临的问题和挑战》，载《世界环境》，2008(4)。

③ 参见《全国林地保护利用规划纲要(2010—2020 年)》。

林体系、野生动植物保护及自然保护区建设等林业重点工程建设，加快实施防沙治沙、南方岩溶地区石漠化综合治理和森林保护与恢复等重点生态工程，启动后续重大生态工程，加快宜林地造林绿化步伐，可持续利用林地资源；另一方面，需要加强重点区域退化林地生态治理，以植被恢复和生态修复为重点，尽快实现生态治理重点区域的生态状况明显好转。

(三)建立并优化生态补偿机制

生态补偿机制的尝试是“十一五”时期生态建设的一大亮点。生态补偿机制依靠经济手段，最大限度地保护现存生态资源，保证生态系统服务功能的有效发挥。中国从2005年开始生态补偿试点，这五年全国有近400个重点生态区域在生态补偿中受益，未来五年中国将加快建立生态补偿机制，提高生态文明水平。① 国内生态补偿可以分为以下几个方面：区域补偿(东部地区对西部地区的补偿)、流域补偿(跨省界流域的补偿、地方行政辖区的流域补偿等)、生态系统补偿(森林、草地、湿地、海洋、农田等生态系统提供的服务)、资源开发补偿(矿业开发、土地复垦、植被修复等)等。② “十二五”规划明确提出：按照谁开发谁保护、谁受益谁补偿的原则，加快建立生态补偿机制。

生态补偿目前存在的问题可概括如下：生态补偿机制理论还不完善，尚处于探索阶段。生态补偿的地区性差异很大，在补偿标准等方面尚存在较多争论，还没有成熟的方案可选；生态补偿法律体系不健全，主观随意性较大；补偿金额普遍偏低，不能切实保证生态补偿机制的顺利实施；补偿多靠转移支付，增加财政负担，没有很好地发挥市场作用；没有处理好与经济发展之间的关系，在一定程度上限制了补偿地区的发展。

针对以上问题，开展生态补偿应当注意两个问题。基于生态系统服务价值理论确定生态补偿的额度，以及引入市场化机制。对于每一种补偿类型，需要明确补偿范围，避免资金浪费；明确补偿机制中的利益主体，避免产生社会矛盾；制定合理的量化标准，保证补偿资金有效运行；建立合理的生态补偿效益评估体系，评价生态补偿的效果，对产生的问题及时修正。另外，对一些经济困难地区，应考虑加大财政支持力度，增加补偿金额度。改变当前生态补偿政府财政支付的单一现状，引入企业、个人加入生态补偿机制，并积极探索和鼓励市场机制，通过多种方式增加生态系统服务，最终将生态补偿引入增加国家生态安全的轨道上来。

>>参考文献<<

[1]国家环境保护总局. 国家重点生态功能保护区规划纲要.

[2]国家环境保护总局. 全国生物物种资源保护与利用规划纲要.

[3]国家林业局. 林业发展“十一五”和中长期规划.

[4]国家林业局. 2010年林业经济运行状况报告[EB/OL]. http://www.forestry.gov.cn/portal/main/s/304/content-458701.html，2011-01-13.

[5]国家统计局，国家环境保护总局. 中国环境统计年鉴2006[R]. 北京：中国统计出版

① 国家发展和改革委员会：《经济杠杆治污，生态补偿机制尽显成效》，载 http://www.sdpc.gov.cn/zjgx/t20101224_387531.htm，2010-12-24。

② 李文华等：《关于中国生态补偿机制建设的几点思考》，载《资源科学》，2010，32(5)。

社，2006.
[6]国家统计局，环境保护部. 中国环境统计年鉴 2010[R]. 北京：中国统计出版社，2010.
[7]李文华，刘某承. 关于中国生态补偿机制建设的几点思考[J]. 资源科学，2010，32(5).
[8]马克明，傅伯杰，黎晓亚，关文彬. 区域生态安全格局：概念与理论基础[J]. 生态学报，2004，24(4).
[9]全国绿化委员会. 2010 年中国国土绿化状况公报[EB/OL]. http://www.gov.cn/jrzg/2011-03/12/content_1823576.htm，2011-03-12。
[10]俞孔坚，李海龙，李迪华，乔青，奚雪松. 国土尺度生态安全格局[J]. 生态学报，2009，29(10).
[11]国家统计局. 中国统计年鉴 2006 [R]. 北京：中国统计出版社，2006.
[12]国家统计局. 中国统计年鉴 2010[R]. 北京：中国统计出版社，2010.
[13]全国林地保护利用规划纲要(2010—2020 年).
[14]中华人民共和国国民经济和社会发展第十二个五年规划纲要.
[15]中华人民共和国国民经济和社会发展第十一个五年规划纲要.

第十章

资源环境承载潜力测算及分析

加快经济发展方式转变，就要统筹协调经济与资源、环境的协调发展，在经济社会的发展进程中，有必要充分注意并考虑资源丰裕、生态保护、环境压力与气候变化等问题。资源环境承载潜力衡量的是一个地区资源丰裕、生态保护、环境压力与气候变化对今后经济发展和人类活动的承载能力。它是各地区自然资源和生态的禀赋条件拥有水平、人类活动对资源环境生态气候等影响程度的综合反映，是绿色发展指数的重要内涵之一。

本章从地区比较的视角，采用“中国绿色发展指数评价体系(省区)”和“中国绿色发展指数评价体系(城市)”两套分析体系，分别测算了中国30个省(区、市)和34个省会城市(直辖市、计划单列市)的资源环境承载潜力，分析并刻画这些地区在资源丰裕和生态保护、环境压力与气候变化两个方面承载潜力的特点及基本格局，比较各地区资源环境承载潜力的差异，同时提出我们在资源环境承载潜力比较中得到的启示。

>>一、资源环境承载潜力的测算结果<<

根据“中国绿色发展指数评价体系(省区)”和“中国绿色发展指数评价体系(城市)”中资源环境承载潜力的评价体系和权重标准，GIG对中国30个省(区、市)和34个省会城市(直辖市、计划单列市)的资源环境承载潜力进行了测度，并对各地区的资源丰裕与生态保护、环境压力与气候变化这两个二级指标进行了测算和排名。

(一)省际资源环境承载潜力指数测算结果

根据“中国绿色发展指数评价体系(省区)”中资源环境承载潜力的评价体系和权重标准，中国30个省(区、市)资源环境承载潜力的测算结果见表10-1。

表10-1　　2009年中国30个省(区、市)资源环境承载潜力指数及排名

指　标	资源环境承载潜力		二级指标			
			资源丰裕与生态保护指标		环境压力与气候变化指标	
权　重	100%		30%		70%	
地　区	指数值	排名	指数值	排名	指数值	排名
青　海	0.556	1	0.143	1	0.413	1
贵　州	0.269	2	−0.026	20	0.295	2

续表

指　标	资源环境承载潜力		二级指标			
			资源丰裕与生态保护指标		环境压力与气候变化指标	
权　重	100%		30%		70%	
地　区	指数值	排名	指数值	排名	指数值	排名
云　南	0.241	3	0.078	4	0.163	3
海　南	0.160	4	0.060	5	0.100	4
黑龙江	0.156	5	0.121	3	0.035	7
内蒙古	0.135	6	0.130	2	0.006	10
四　川	0.081	7	0.052	6	0.029	8
甘　肃	0.070	8	−0.022	18	0.092	5
新　疆	0.056	9	0.011	12	0.045	6
江　西	0.019	10	0.033	9	−0.014	13
吉　林	0.011	11	0.050	7	−0.039	15
陕　西	−0.009	12	−0.026	19	0.016	9
广　西	−0.031	13	0.027	10	−0.058	20
福　建	−0.037	14	0.023	11	−0.059	21
湖　南	−0.047	15	−0.005	13	−0.042	17
安　徽	−0.054	16	−0.058	23	0.004	11
重　庆	−0.055	17	−0.021	17	−0.033	14
北　京	−0.063	18	−0.062	26	−0.001	12
浙　江	−0.092	19	−0.007	14	−0.085	26
湖　北	−0.104	20	−0.038	21	−0.065	23
天　津	−0.105	21	−0.046	22	−0.059	22
山　东	−0.108	22	−0.062	24	−0.047	19
广　东	−0.117	23	−0.013	15	−0.104	29
上　海	−0.117	24	0.040	8	−0.157	30
河　北	−0.118	25	−0.077	29	−0.041	16
河　南	−0.121	26	−0.079	30	−0.042	18
辽　宁	−0.123	27	−0.019	16	−0.103	28
宁　夏	−0.137	28	−0.071	27	−0.066	24
山　西	−0.158	29	−0.074	28	−0.084	25
江　苏	−0.159	30	−0.062	25	−0.097	27

注：①本表根据资源环境承载潜力的指标体系，依据各指标2008年和2009年数据测算而得；②本表各省(区、市)按照资源环境承载潜力的指数值从大到小排序。

资料来源：根据《中国统计年鉴2010》、《中国统计年鉴2009》、《中国沙漠及其治理》、《中国环境统计年报2009》、《中国环境统计年鉴2010》等测算。

从表10-1中可以看到，排在资源环境承载潜力前十位的省份依次是：青海、贵州、云南、海南、黑龙江、内蒙古、四川、甘肃、新疆和江西。资源丰裕与生态保护指标排名前十位的省份依次是：青海、内蒙古、黑龙江、云南、海南、四川、吉林、上海、江西和广西。环境压力与气候变化指标排名前十位的省份依次是：青海、贵州、云南、海南、甘肃、新疆、黑龙江、四川、陕西和内蒙古。

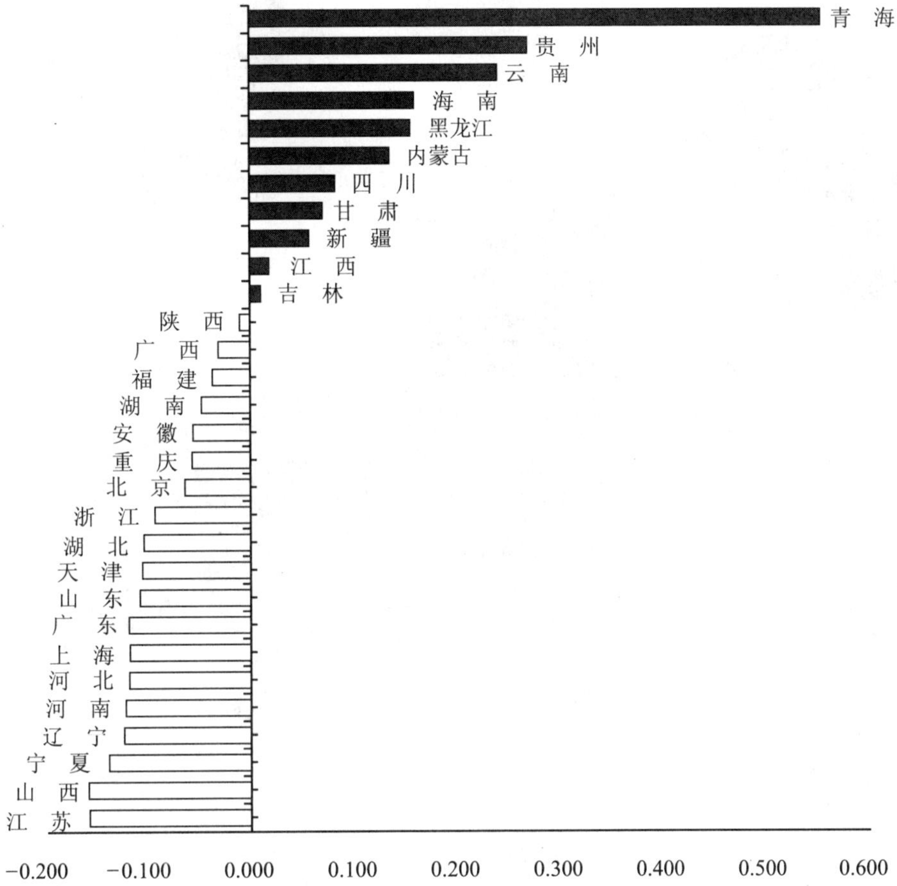

图 10-1　资源环境承载潜力排名省际比较

根据表 10-1 中各地区的资源环境承载潜力的指数值可绘制出图 10-1。其中，横轴为资源环境承载潜力指数值，其中 0 点为 30 个省份资源环境承载潜力的平均水平。资源环境承载潜力指数值高于全国平均水平的省(区、市)用灰色条框表示，资源环境承载潜力指数值越高，其灰色条框就越长；相反，资源环境承载潜力指数值低于全国平均水平的省(区、市)则用白色条框表示，资源环境承载潜力指数值越低，其白色条框就越长。

各地区资源环境承载潜力的地理分布状况见图 10-2，其中，资源环境承载潜力指数值排在前十位的省份用“深绿色”表示；排在第 11～20 位的省份用“中度绿色”来表示，排在后十位的省份用“浅绿色”表示。不同颜色代表资源环境承载潜力的不同程度，颜色越深，表明资源环境承载潜力越好。从地理区域来看，用“深绿色”代表的省份集中在中国的西部地区，“中度绿色”省份集中在中国的中部地区，“浅绿色”省份则集中在中国东部地区。

结合表 10-1 和图 10-1，可以发现，各地区资源环境承载潜力呈现出如下几个特点。

第一，资源环境承载潜力的地域差异明显。

从全国来看，资源环境承载潜力的省际差异非常明显。排名第 1 名的青海与第 2 名、第 3 名的贵州、云南，资源环境承载潜力得分相差 1 倍以上，仅有 3 个地区得分在 0.2 以上，有 19 个地区得分低于全国平均水平，30 个省份得分值的极差达到标准差的 4.5 倍。

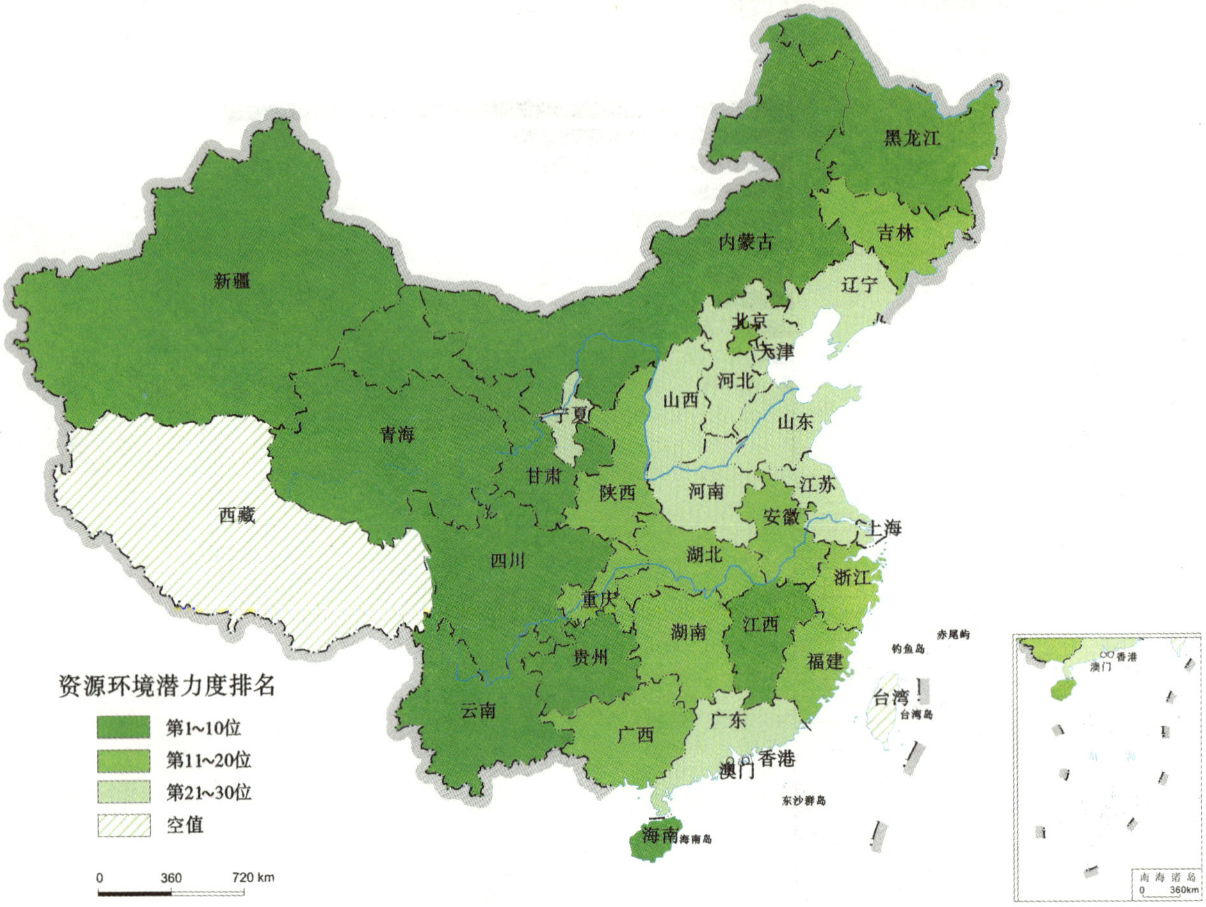

图 10-2 资源环境承载潜力排名地区分布

从东部、中部、东北、西部四大区域①看，资源环境承载潜力的区域差异性也很明显。如图 10-3 所示，西部资源环境承载潜力明显较好，东、中部相对较弱，东北居中且接近全国平均水平，处在明显不同的三个层面上。区域之间的上述差异性，一是来源于西部和东北部地区在资源丰裕与生态保护方面，与东部及中部地区城市间的明显差距；二是来源于西部地区在环境压力和气候变化方面的相对优势(见图 10-3)。

从四大区域内部各省(区、市)的资源环境承载潜力来看，东部地区 10 个省(区、市)中，仅海南列第 4 位；福建、北京和浙江位于全国中游，分别排名在第 14 位、第 18 位和第 19 位；而山东、广东、河北、天津、江苏、上海 6 个省(区、市)排名相对靠后，在第 21～29 位之间，并且，江苏排名全国倒数第 1 位。中部地区 6 个省(区、市)中，江西最靠前，列第 10 位；湖南、安徽、湖北处于中游水平，分别列第 15 位、第 16 位和第 20 位；河南和山西排名靠后，分别列第 26 位和第 29 位。西部地区的 11 个(西藏未参评)省(区、市)中，青海、贵州、云南、内蒙古、四川、甘肃、新疆 7 个省(区、市)位列前十位。其中，青海、贵州、云南列前三甲，青海更以 0.5561 的高分居全国第 1 位；陕西(－0.009)、广西(－0.031)略低于全国平均水平，分别居第 12 位和第 13 位；重庆、宁夏排名较后，列第 17 位和第 28 位(倒数第三)。东北三省中，黑龙江

① 东部地区包括北京、天津、河北、上海、江苏、浙江、福建、山东、广东和海南 10 个省(区、市)；中部地区包括山西、安徽、江西、河南、湖北和湖南 6 个省(区、市)；西部地区包括内蒙古、广西、重庆、四川、贵州、云南、西藏、陕西、甘肃、青海、宁夏和新疆 12 个省(区、市)；东北地区包括辽宁、吉林和黑龙江 3 个省。

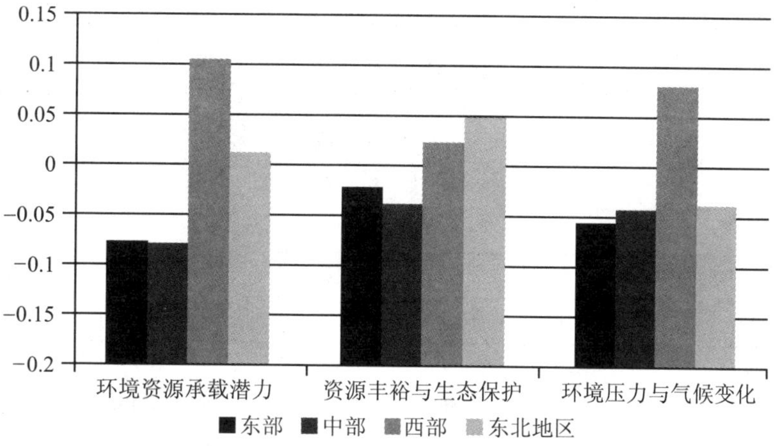

图 10-3 中国四大区域资源环境承载潜力对照图

注：图中数据为四大区域中各省份指标值的算术平均值。

的资源环境承载潜力相对最好，列第 5 位；吉林略高于全国平均水平，列第 11 位；辽宁排名则相对靠后，列第 27 位。

第二，资源环境承载潜力的大小，更多的取决于环境压力和气候变化指标的得分值。

从表 10-1 中可以发现，资源环境承载潜力的大小，主要取决于环境压力和气候变化指标的得分值。进一步的统计分析表明，资源环境承载潜力与环境压力和气候变化指标的相关性较大，达 0.935，明显大于其与资源丰裕与生态保护指标的相关度(0.745)。一般而言，一个地区的环境压力和气候变化指标对资源环境承载潜力的影响较为重要。尤其是因为环境压力和气候变化指标与该地区的生产方式、污染物排放和治理等人为因素密切相关。

第三，资源环境承载潜力与经济发展水平有一定的负相关关系。

人均地区生产总值是衡量一个地区经济发展水平最主要的指标。在研究资源环境承载潜力与经济发展水平关系时我们发现，各省(区、市)资源环境承载潜力指数与其人均地区生产总值之间有着负相关关系：人均地区生产总值较高的地区，其资源环境承载潜力较低；而资源环境承载潜力较高的地区，其人均地区生产总值较低(见表 10-2)。

表 10-2 省际人均地区生产总值排名与资源环境承载潜力排名差异表

地　区	人均地区生产总值排名	资源环境承载潜力排名	位次差异	地　区	人均地区生产总值排名	资源环境承载潜力排名	位次差异
上　海	1	24	−23	宁　夏	16	28	−12
北　京	2	18	−16	陕　西	17	12	5
天　津	3	21	−18	山　西	18	29	−11
江　苏	4	30	−26	河　南	19	26	−7
浙　江	5	19	−14	湖　南	20	15	5
广　东	6	23	−17	新　疆	21	9	12
内蒙古	7	6	1	青　海	22	1	21
山　东	8	22	−14	海　南	23	4	19
辽　宁	9	27	−18	四　川	24	7	17
福　建	10	14	−4	江　西	25	10	15

续表

地　区	人均地区生产总值排名	资源环境承载潜力排名	位次差异	地　区	人均地区生产总值排名	资源环境承载潜力排名	位次差异
吉　林	11	11	0	安　徽	26	16	10
河　北	12	25	−13	广　西	27	13	14
重　庆	13	17	−4	云　南	28	3	25
湖　北	14	20	−6	甘　肃	29	8	21
黑龙江	15	5	10	贵　州	30	2	28

从表10-2中可以看出，2009年，人均地区生产总值排名前五位的是上海、北京、天津、江苏、浙江，但是它们在资源环境承载潜力中的排名均位于全国下游，排名相对最高的是北京，列第18位，江苏排名全国倒数第一，浙江、天津、上海分别列第19位、第21位和第24位。人均地区生产总值排名末十位的地区是贵州、甘肃、云南、广西、安徽、江西、四川、海南、青海、新疆，但除广西和安徽外，其他8个地区在30个地区资源环境承载潜力排名中位居前十名，且青海、贵州、云南、海南分别位居前四名。

人均地区生产总值排名和资源环境承载潜力排名的差异在10个名次(包含10个)以上的地区高达24个；差异在15个(包含15个)以上的地区有13个；甚至，差异在20个名次(包含20个)以上的地区也有6个。两项指标之间的位次差异越大，说明了它们之间存在着较强的序列反向关系。进一步地统计测算可见，人均地区生产总值排名和资源环境承载潜力排名间的相关系数为−0.5791。由此可见，资源环境承载潜力与人均地区生产总值之间正好形成了一个反向的梯度关系。

第四，资源环境承载潜力与绿色发展指数的排名之间序列相关性很弱。

大多数省份(区、市)绿色发展指数排名与资源环境承载潜力指数排名之间也存在着显著的差异：两者位次差异值在10个名次(含10个)以上的地区多达14个，分别是：北京、天津、浙江、江苏、广东、山东、贵州、黑龙江、四川、吉林、广西、湖南和甘肃。其中，东部地区有7个；中部地区有1个；西部地区有4个；东北地区有2个(见表10-3)。

表10-3　　省际绿色发展指数与资源环境承载潜力排名差异比较

地　区	绿色发展指数排名	资源环境承载潜力排名	位次变化	地　区	绿色发展指数排名	资源环境承载潜力排名	位次变化
北　京	1	18	−17	新　疆	16	9	7
上　海	2	24	−22	江　西	17	10	7
青　海	3	1	2	河　北	18	25	−7
天　津	4	21	−17	四　川	19	7	12
海　南	5	4	1	安　徽	20	16	4
浙　江	6	19	−13	重　庆	21	17	4
云　南	7	3	4	湖　北	22	20	2
福　建	8	14	−6	吉　林	23	11	12
江　苏	9	30	−21	广　西	24	13	11
广　东	10	23	−13	辽　宁	25	27	−2

续表

地　区	绿色发展指数排名	资源环境承载潜力排名	位次变化	地　区	绿色发展指数排名	资源环境承载潜力排名	位次变化
内蒙古	11	6	5	湖　南	26	15	11
山　东	12	22	－10	宁　夏	27	28	－1
贵　州	13	2	11	山　西	28	29	－1
陕　西	14	12	2	甘　肃	29	8	21
黑龙江	15	5	10	河　南	30	26	4

通过对绿色发展指数与资源环境承载潜力排名之间的相关性分析我们发现，绿色发展指数与资源环境承载潜力排名的显著性水平仅为0.205，远大于0.05，说明两个变量相关性不显著，即序列相关性很弱。资源环境承载潜力较小但绿色发展指数排名靠前的地区，主要是东部一些省区，如上海、江苏、北京、天津、浙江、广东和山东，这些地区经济增长绿化度和政策支持度均较高。而资源环境承载潜力较大但绿色发展指数排名较后的地区，如甘肃、四川、吉林、贵州、广西、湖南、黑龙江，均属于经济增长的绿化度和政府政策支持度不高的地区。

资源环境承载潜力与绿色发展指数排名之间的这种差异性或反差，主要是由中国经济空间发展模式和特殊国情所形成的。对东部地区而言，由于经济发展水平较高，经济增长绿化度及政府政策支持度较大，虽然绿色发展指数整体较高，但本身存在着资源环境承载潜力不足的隐忧。对部分中部、西部或东北地区而言，尽管资源丰富、生态环境较好，资源环境的承载潜力较大，但产业结构的层次较低，经济效率也较低，经济增长绿化度不高，导致绿色发展指数整体水平较低。

因此，各地区发展方式转变的重点是不同的，必须因地制宜，扬长避短。资源环境承载潜力较高，但绿色发展整体水平不高的地区，发展的战略重点应当是大力推进经济的绿色增长；同时，尽可能地加大资源环境问题的政策支持力度。而资源环境承载潜力较低的地区，主要是一部分东部经济发达地区，则必须尽快转变发展方式，调整经济结构，减少对环境的损害和对资源的过度依赖，进一步提升绿色发展水平。

(二)城市资源环境承载潜力指数测算结果

根据“中国绿色发展指数评价体系(城市)”中资源环境承载潜力的评价体系和权重标准，中国34个省会城市(直辖市、计划单列市)的资源环境承载潜力的测算结果见表10-4。

表10-4　　2009年中国34个城市资源环境承载潜力指数及排名

指　标	资源环境承载潜力		二级指标			
			资源丰裕与生态保护指标		环境压力与气候变化指标	
权　重	100%		5%		95%	
城　市	指数值	排名	指数值	排名	指数值	排名
昆　明	0.546	1	0.003	5	0.543	1
海　口	0.368	2	－0.009	33	0.377	2
哈尔滨	0.202	3	－0.001	12	0.204	3

续表

指　标	资源环境承载潜力		二级指标			
			资源丰裕与生态保护指标		环境压力与气候变化指标	
权　重	100%		5%		95%	
城　市	指数值	排名	指数值	排名	指数值	排名
南　宁	0.201	4	0.010	3	0.190	4
合　肥	0.167	5	−0.006	22	0.173	5
福　州	0.087	6	−0.005	18	0.092	6
贵　阳	0.073	7	0.003	6	0.071	8
长　春	0.072	8	−0.006	21	0.078	7
重　庆	0.060	9	0.008	4	0.052	9
长　沙	0.042	10	0.003	7	0.040	10
大　连	0.029	11	−0.006	23	0.036	11
呼和浩特	0.029	12	−0.004	16	0.034	12
深　圳	0.029	13	0.002	9	0.027	13
青　岛	0.011	14	−0.006	24	0.017	14
宁　波	0.004	15	0.002	8	0.002	15
南　昌	−0.014	16	0.001	11	−0.015	17
银　川	−0.020	17	−0.009	34	−0.011	16
郑　州	−0.047	18	−0.008	31	−0.039	18
沈　阳	−0.064	19	−0.006	19	−0.059	19
兰　州	−0.067	20	0.091	1	−0.158	32
广　州	−0.068	21	0.002	10	−0.070	20
杭　州	−0.071	22	0.013	2	−0.084	22
石家庄	−0.091	23	−0.007	28	−0.084	21
北　京	−0.101	24	−0.007	27	−0.094	24
太　原	−0.102	25	−0.008	32	−0.093	23
厦　门	−0.107	26	−0.002	13	−0.105	26
济　南	−0.110	27	−0.007	26	−0.103	25
西　安	−0.131	28	−0.007	25	−0.124	27
成　都	−0.135	29	−0.004	15	−0.131	29
天　津	−0.136	30	−0.008	30	−0.129	28
南　京	−0.152	31	−0.006	20	−0.146	30
西　宁	−0.159	32	−0.004	14	−0.155	31
上　海	−0.166	33	−0.008	29	−0.158	33
武　汉	−0.183	34	−0.005	17	−0.178	34

注：①本表根据资源环境承载潜力的指标体系，依据各指标2008年和2009年数据测算而得；②本表各城市按照资源环境承载潜力的指数值从大到小排序。

资料来源：根据《中国城市统计年鉴2008》、《中国城市统计年鉴2009》、《2010中国城市（镇）生活与价格年鉴》、《中国环境统计年报2008》、《中国环境统计年报2009》、中华人民共和国环境保护部数据中心网站等测算。

从表10-4中可以看到，排在资源环境承载潜力前十位的城市依次是：昆明、海口、哈尔滨、南宁、合肥、福州、贵阳、长春、重庆、长沙。资源丰裕与生态保护指标排名前十位的城市依次是：兰州、杭州、南宁、重庆、昆明、贵阳、长沙、宁波、深圳、广州。环境压力与气候变化指标排名前十位的城市依次是：昆明、海口、哈尔滨、南宁、合肥、福州、长春、贵阳、重庆、长沙。

根据表10-4中各城市的资源环境承载潜力的指数值绘制出图10-4，其中，横轴为资源环境承载潜力指数值，其中0点为34个城市资源环境承载潜力的平均水平。资源环境承载潜力指数值高于全国平均水平的城市用灰色条框表示，资源环境承载潜力指数值越高，其灰色条框就越长；相反，资源环境承载潜力指数值低于全国平均水平的城市则用白色条框表示，资源环境承载潜力指数值越低，其白色条框就越长。

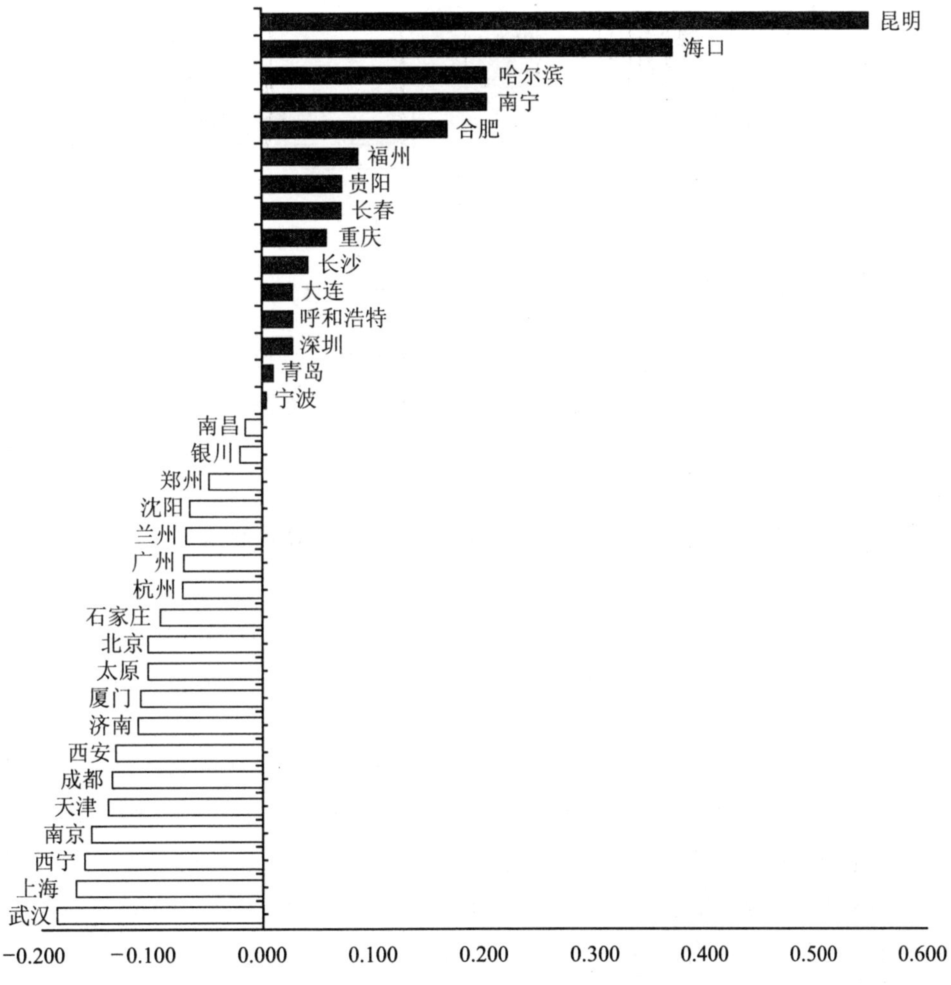

图10-4　资源环境承载潜力排名城市比较

结合表10-4和图10-4，可以发现，城市资源环境承载潜力呈现出如下几个特点。

第一，资源环境承载潜力城市间差异也非常明显，总体呈现西部和东北地区明显好于东部和中部地区的格局。

34个城市间的资源环境承载潜力的差异比省际间更大，也非常明显。序列排名第1的昆明与第2～5名的海口、哈尔滨、南宁、合肥相比、得分分别是后者的1.5倍、2.7倍、2.7倍和3.3倍。其他32个城市得分在－0.2～0.2。34个省份得分值的极差达到标准差的4.7倍。

将34个省会城市(直辖市、计划单列市)按照东部、中部、东北、西部划分成四大区域①。可以看出，资源环境承载潜力具有西部和东北地区明显好于东部和中部地区的地域分化格局。东北地区城市平均得分值达到0.06，而西部城市平均为0.04，但东部、中部地区城市平均则低于全部城市平均水平。区域之间资源环境承载潜力差异性，主要是与环境压力和气候变化方面的优劣相关(见图10-5)。各大区域间在资源丰裕与生态保护方面的差异程度较小，对资源环境承载潜力差异影响较小。

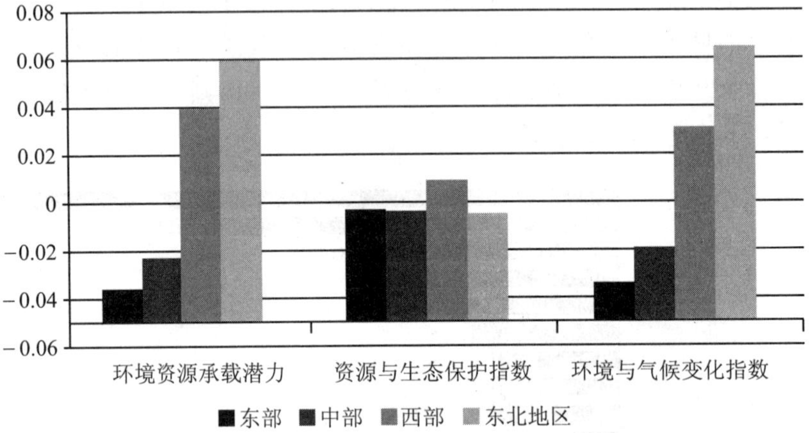

图10-5 中国四大区域城市资源环境承载潜力对照图

从具体地区看，西部地区的10个参评城市中，有4个城市位于全国前十位，分别是昆明、南宁、贵阳、重庆。其中，昆明排名第一，得分值为0.546，远高于全国其他城市；呼和浩特、银川、兰州居于全国中游，其中呼和浩特略高于全国平均水平，银川、兰州略低于平均水平；其他西部城市排名较为靠后，并且西宁排名全国倒数第三。在东北地区参评的4个城市中，有2个城市位于全国前十位，是排名第3的哈尔滨和排名第8的长春；另外两个城市排名也较高，分别是大连(列11位)、沈阳(列19位)。东部地区14个城市中，排名最高的是海口，列第2位；北京、天津、石家庄、南京等大多数东部城市均位于中游以及中游偏下位置，并且上海还排名全国倒数第二。中部的6个参评城市中，有2个排名全国前十名，分别是排名第5位的合肥和排名第10位的长沙，但是中部城市武汉排名全国倒数第一。

第二，资源环境承载潜力的大小，主要取决于环境压力和气候变化指标的得分值。

根据表10-4，各城市资源环境承载潜力的大小，主要受环境压力和气候变化指标的得分值影响。通过相关性分析可以发现，城市资源环境承载潜力与环境压力和气候变化指标的相关性较大，相关系数达到0.994，明显大于其与资源丰裕与生态保护指标的相关度(0.023)。这说明，一个城市的环境压力和气候变化指标对资源环境承载潜力的影响至关重要。同省区一样，由于环境压力和气候变化指标与该城市的生产方式、污染物排放和治理等人为因素都密切相关，因此，具有更强的政策隐含意义。

第三，资源环境承载潜力与经济发展水平有一定的序列负相关关系。

从排名来看，34个省会城市(直辖市、计划单列市)资源环境承载潜力指数与其经济发展水

---

① 东部城市包括北京、天津、石家庄、上海、南京、杭州、宁波、福州、厦门、济南、青岛、广州、深圳和海口14个城市；中部城市包括太原、合肥、南昌、郑州、武汉和长沙6个城市；西部城市包括呼和浩特、南宁、重庆、成都、贵阳、昆明、西安、兰州、西宁和银川10个城市；东北城市包括沈阳、大连、长春和哈尔滨4个城市。

平也存在着一定的序列负相关：经济发展水平较高的城市，其资源环境承载潜力较低；而资源环境承载潜力较高的城市，其经济发展水平较为落后。下面通过表10-5的数据来进行具体分析。

表10-5　　城市人均地区生产排名与资源环境承载潜力排名差异表

地　区	人均地区生产总值排名	资源环境承载潜力排名	位次差异	地　区	人均地区生产总值排名	资源环境承载潜力排名	位次差异
深　圳	1	13	−12	郑　州	18	18	0
广　州	2	21	−19	合　肥	19	5	14
上　海	3	33	−30	南　昌	20	16	4
大　连	4	11	−7	福　州	21	6	15
北　京	5	24	−19	长　春	22	8	14
厦　门	6	26	−20	成　都	23	29	−6
南　京	7	31	−24	银　川	24	17	7
杭　州	8	22	−14	西　安	25	28	−3
天　津	9	30	−21	哈尔滨	26	3	23
呼和浩特	10	12	−2	石家庄	27	23	4
宁　波	11	15	−4	兰　州	28	20	8
青　岛	12	14	−2	海　口	29	2	27
长　沙	13	10	3	昆　明	30	1	29
沈　阳	14	19	−5	贵　阳	31	7	24
武　汉	15	34	−19	重　庆	32	9	23
济　南	16	27	−11	西　宁	33	32	1
太　原	17	25	−8	南　宁	34	4	30

从表10-5中可以看出，2009年，人均地区生产总值的前五位是深圳、广州、上海、大连、北京，但是它们在资源环境承载潜力中的排名均位于全国下游，排名相对较高的是大连，列第11位；上海排名全国倒数第二；深圳、广州、北京分别列第13位、第21位和第24位。人均地区生产总值排名末十位的城市分别是：西安、哈尔滨、石家庄、兰州、海口、昆明、贵阳、重庆、西宁、南宁，其中有6个地区位列资源环境承载潜力的前十名，并且包揽了前四名；昆明更是位列资源环境承载潜力的首位。①

总体而言，34个城市人均地区生产总值排名和资源环境承载潜力排名之间的差异也较大，差异在10个名次(包含10个)以上的城市高达19个；差异在15个(包含15个)以上的城市有14个；差异在20个名次(包含20个)以上的城市也有9个；甚至还有2个城市差异在30个名次。进一步地，两项指标之间的相关系数仅为−0.366 5，表明二者之间虽存在着序列负相关，但相关性不强。

① 但是西宁比较特殊，其人均生产总值和资源环境承载潜力均排名靠后，分别为第33位和第32位。在资源环境承载潜力的三级指标中，由于西宁地广人稀，使得四项人均污染物排放量：人均二氧化硫排放量、人均化学需氧量排放量、人均氮氧化物排放量、人均氨氮排放量都排名全国倒数十位，并且首要污染物可吸入颗粒物天数全年占比排名全国倒数第一，最终使得西宁在资源环境承载潜力上排名靠后。然而西宁的经济发展水平并不高，虽然资源环境优越，但开发程度有限，因此使得人均地区生产总值也偏低。

第四，资源环境承载潜力与绿色发展指数排名变动的城市差异显著。

测算结果显示，多数参评城市绿色发展指数排名与资源环境承载潜力指数排名有显著差异，两者位次差异值在10个名次(含10个)以上的城市多达12个，占所有测算城市的35%，分别是：北京、呼和浩特、长春、哈尔滨、上海、南京、厦门、广州、深圳、重庆、贵阳和兰州。其中，东部地区有6个；西部地区有4个；东北地区有2个(见表10-6)。

表10-6　城市绿色发展指数与资源环境承载潜力排名差异比较

城　市	绿色发展指数排名	资源环境承载潜力排名	位次变化	城　市	绿色发展指数排名	资源环境承载潜力排名	位次变化
深　圳	1	13	－12	南　京	18	31	－13
海　口	2	2	0	上　海	19	33	－14
昆　明	3	1	2	长　春	20	8	12
北　京	4	24	－20	济　南	21	27	－6
合　肥	5	5	0	银　川	22	17	5
广　州	6	21	－15	南　昌	23	16	7
大　连	7	11	－4	呼和浩特	24	12	12
青　岛	8	14	－6	郑　州	25	18	7
长　沙	9	10	－1	贵　阳	26	7	19
福　州	10	6	4	太　原	27	25	2
厦　门	11	26	－15	天　津	28	30	－2
南　宁	12	4	8	重　庆	29	9	20
宁　波	13	15	－2	西　安	30	28	2
沈　阳	14	19	－5	武　汉	31	34	－3
哈尔滨	15	3	12	成　都	32	29	3
石家庄	16	23	－7	兰　州	33	20	13
杭　州	17	22	－5	西　宁	34	32	2

表10-6数据中显示，东部地区某些发达城市，如深圳、南京、上海、广州、厦门、北京，由于经济发展水平较高，并且经济增长绿化度及政府政策支持度明显较大，在绿色发展指数排名占优。但是，这些城市由于污染排放量大，对环境造成的压力也就较大，资源环境承载潜力的排名相对较低，导致这些城市资源环境承载潜力与绿色发展指数排名变动显著；部分经济欠发达的城市，如重庆、贵阳、兰州、呼和浩特等，资源环境承载潜力的排名具有较大的优势，但由于经济发展绿化度不高，且因排放压力也较小或财力所限，政府的支持度也低于其他地区，致使其绿化发展总体水平较低。

通过对资源环境承载潜力指数到绿色发展指数的排名差异最大的城市北京和重庆进行剖析，发现两项指标排名差异的原因。北京，在资源环境承载潜力的全国排名位列34个测算城市的第24名。其中，资源与生态保护指标、环境与气候变化指标两个二级指标分别列第27位和第24位。在资源与生态保护的三级指标中，北京的人均水资源总量仅排名全国第27位；在环境与气候变化的三级指标中，北京的地均污染物排放量排名为全国下游、人均污染物排放量位于全国中游。但是，由于北京具有优越的经济发展状况和政府政策条件，在经济增长绿化度和政府政策支持度这两个二级指标的排名均位于第2位，由此，弥补了其自身发展中客观存在的资源环境的缺陷，绿色发展整体水平在34个城市中仍居前列。重庆，在经济增长绿化度和政府政策支持度排名都很靠后，分别排在第33位和第30位，但是重庆在资源环境承载潜力指标的排名为第9位，因此，也造成资源环境承载潜力与绿色发展指数排名变动显著。

>>二、省际资源环境承载潜力比较分析<<

为了全面比较各地区资源环境承载潜力的差异，我们根据"中国绿色发展指数评价体系（省区）"对30个省（区、市）的资源丰裕与生态保护指标和环境压力与气候变化指标的测度结果进行分析。

（一）省际资源丰裕与生态保护指标测算结果及分析

在中国绿色发展指数评价体系（省区）中，资源丰裕与生态保护指标由人均水资源量、人均森林面积、森林覆盖率、自然保护区面积占辖区面积比重、湿地面积占国土面积的比重、人均活立木总蓄积量6项三级指标构成。各项三级指标的权重及其指标属性见表10-7。

表10-7　省际资源丰裕与生态保护三级指标、权重及指标属性

指标序号	指标	权重(%)	指标属性
1	人均水资源量	2.00	正
2	人均森林面积	2.00	正
3	森林覆盖率	2.00	正
4	自然保护区面积占辖区面积比重	2.00	正
5	湿地面积占国土面积的比重	2.00	正
6	人均活立木总蓄积量	2.00	正

注：本表内容是由本报告课题组召开的多次专家座谈会研讨确定的。

在对三级指标的原始数据进行标准化处理基础上，根据表10-7中的权重，计算得出了各省（区、市）资源丰裕与生态保护指标测算结果如下（见表10-8）。

表10-8　省际资源丰裕与生态保护指标指数值及排名

指　标	资源丰裕与生态保护指标		指　标	资源丰裕与生态保护指标	
地　区	指数值	排名	地　区	指数值	排名
青　海	0.143	1	辽　宁	−0.019	16
内蒙古	0.130	2	重　庆	−0.021	17
黑龙江	0.121	3	甘　肃	−0.022	18
云　南	0.078	4	陕　西	−0.026	19
海　南	0.060	5	贵　州	−0.026	20
四　川	0.052	6	湖　北	−0.038	21
吉　林	0.050	7	天　津	−0.046	22
上　海	0.040	8	安　徽	−0.058	23

续表

指　标	资源丰裕与生态保护指标		指　标	资源丰裕与生态保护指标	
地　区	指数值	排名	地　区	指数值	排名
江　西	0.033	9	山　东	−0.062	24
广　西	0.027	10	江　苏	−0.062	25
福　建	0.023	11	北　京	−0.062	26
新　疆	0.011	12	宁　夏	−0.071	27
湖　南	−0.005	13	山　西	−0.074	28
浙　江	−0.007	14	河　北	−0.077	29
广　东	−0.013	15	河　南	−0.079	30

资料来源：根据《中国统计年鉴2010》、《中国统计年鉴2009》、《中国沙漠及其治理》、《中国环境统计年报2009》、《中国环境统计年鉴2010》等测算。

从表10-8和图10-6中可以看出，整体而言，资源丰裕与生态保护指标多数地区差异较小，指数得分介于−0.08～0.08，仅有青海、内蒙古、黑龙江3个地区得分略高。

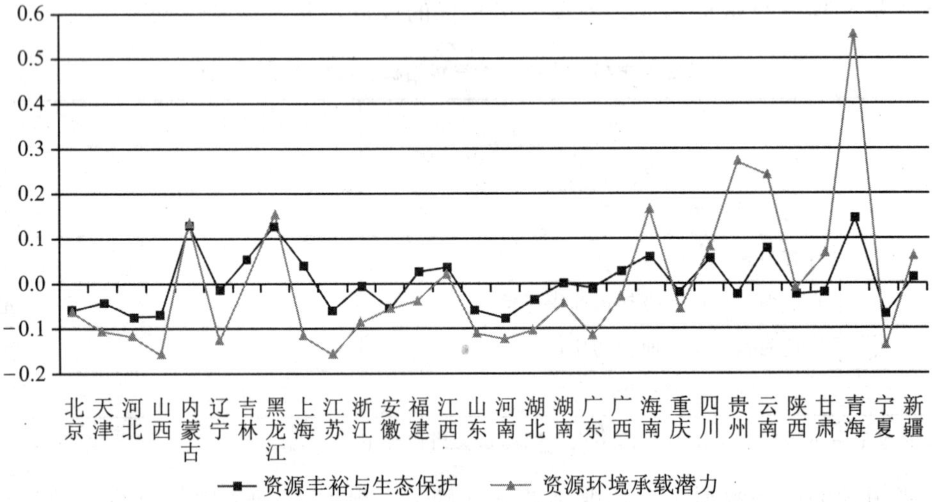

图10-6　省际资源丰裕与生态保护与资源环境承载潜力指数对比

从排名情况上看，排在资源丰裕与生态保护指标前十位的是：青海、内蒙古、黑龙江、云南、海南、四川、吉林、上海、江西、广西。其中，西部地区有5个，并且占据前两名位置；东北地区有2个；中部地区有1个；东部地区有2个。

排在资源丰裕与生态保护指标第11～20位的地区，在地域分布上，西部地区占到一半，且排序较为靠后，分别为新疆(列12位)、重庆(列17位)、甘肃(列18位)、陕西(列19位)、贵州(列20位)；东部地区有3个省，中部地区有1个省；东北地区1个省。

排在资源丰裕与生态保护指标后十位的地区有5个省(区、市)在东部地区，分别是天津(列22位)、山东(列24位)、江苏(列25位)、北京(列26位)、河北(列29位)；有4个省(区、市)位于中部地区；1个省(区、市)位于西部地区。

资源丰裕与生态保护指标排名中排名第一的是青海，且指数值远高于其他各省。从三级指标来看，青海人均水资源量、自然保护区面积占辖区面积比重均为各地区之首；人均森林面积位列第2位；但森林覆盖率却排名全国倒数第二。内蒙古人均森林面积和人均活立木总蓄积量均排名第1位，这与其“三北”防护林工程建设和天然林资源保护工程等重大决策有一定关系。

对于东部地区，如北京、上海、江苏等地，除自然保护区面积占辖区面积比重指标稍微靠前外，其他三个指标(人均当地水资源量、人均森林面积、森林覆盖率)均排在全国倒数的位次；中部地区6个省份中，有4个地区排名倒数十位，这些数据反映了东部和中部地区面临的巨大资源压力。另外，西部地区的宁夏在资源丰裕与生态保护指标排名中居第27位，与位居首位的青海相差较大，这反映了西部地区在资源丰裕与生态保护中存在较大的内部差异。

(二)省际环境压力与气候变化指标测算结果及分析

在中国绿色发展指数评价体系(省区)中，环境压力与气候变化指标由13个三级指标构成，分别是：单位土地面积二氧化碳排放量、人均二氧化碳排放量、单位土地面积二氧化硫排放量、人均二氧化硫排放量、单位土地面积化学需氧量排放量、人均化学需氧量排放量、单位土地面积氮氧化物排放量、人均氮氧化物排放量、单位土地面积氨氮排放量、人均氨氮排放量、单位耕地面积化肥施用量、单位耕地面积农药使用量、人均公路交通氮氧化物排放量。具体指标及其权重和指标属性见表10-9。

表10-9　　省际环境压力与气候变化三级指标、权重及指标属性

指标序号	指标	权重(%)	指标属性
1	单位土地面积二氧化碳排放量	2.45	逆
2	人均二氧化碳排放量	2.45	逆
3	单位土地面积二氧化硫排放量	2.10	逆
4	人均二氧化硫排放量	2.10	逆
5	单位土地面积化学需氧量排放量	2.10	逆
6	人均化学需氧量排放量	2.10	逆
7	单位土地面积氮氧化物排放量	2.10	逆
8	人均氮氧化物排放量	2.10	逆
9	单位土地面积氨氮排放量	2.10	逆
10	人均氨氮排放量	2.10	逆
11	单位耕地面积化肥施用量	2.10	逆
12	单位耕地面积农药使用量	2.10	逆
13	人均公路交通氮氧化物排放量	2.10	逆

注：本表内容是由本报告课题组召开的多次专家座谈会研讨确定的。

在对三级指标的原始数据进行标准化处理基础上，根据表10-9中的权重，计算得出了各省(区、市)环境压力与气候变化指标的指数值，排名情况见表10-10。

表 10-10　　省际环境压力与气候变化指标指数值及排名

指　标	环境压力与气候变化指标		指　标	环境压力与气候变化指标	
地　区	指数值	排名	地　区	指数值	排名
青　海	0.413	1	河　北	−0.041	16
贵　州	0.295	2	湖　南	−0.042	17
云　南	0.163	3	河　南	−0.042	18
海　南	0.100	4	山　东	−0.047	19
甘　肃	0.092	5	广　西	−0.058	20
新　疆	0.045	6	福　建	−0.059	21
黑龙江	0.035	7	天　津	−0.059	22
四　川	0.029	8	湖　北	−0.065	23
陕　西	0.016	9	宁　夏	−0.066	24
内蒙古	0.006	10	山　西	−0.084	25
安　徽	0.004	11	浙　江	−0.085	26
北　京	−0.001	12	江　苏	−0.097	27
江　西	−0.014	13	辽　宁	−0.103	28
重　庆	−0.033	14	广　东	−0.104	29
吉　林	−0.039	15	上　海	−0.157	30

资料来源：根据《中国统计年鉴 2010》、《中国统计年鉴 2009》、《中国沙漠及其治理》、《中国环境统计年报 2009》、《中国环境统计年鉴 2010》等测算。

从表 10-10 和图 10-7 中可以看出，26 个省(区市)环境压力与气候变化指标得分值差异并不明显，指数得分基本介于−0.1～0.1(包括辽宁和广东)。仅青海、贵州、云南三省得分明显偏高，上海明显偏低。总体上看省际间差异比较大，30 个省份得分值的极差达到标准差的 4.5 倍。

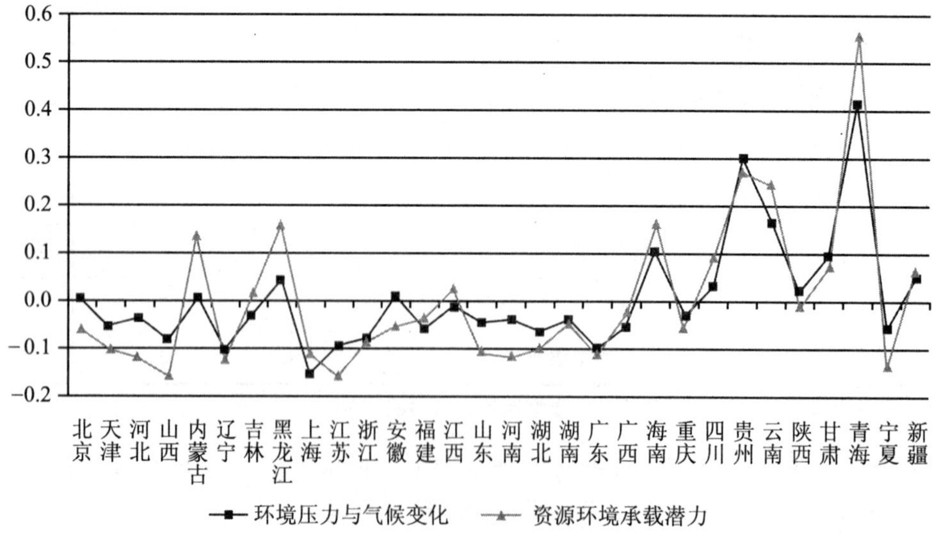

图 10-7　省际环境压力与气候变化与资源环境承载潜力指数对比

整体而言，西部地区各省份得分明显高于其他三个地区；东北地区、中部地区和东部地区相对最低，且得分差距较小。

从排名上看，环境压力与气候变化指标排名前十位的省(区、市)分别是：青海、贵州、云南、海南、甘肃、新疆、黑龙江、四川、陕西、内蒙古。从地域上看，西部地区有8个地区位列前十名之中，分别为青海(列1位)、贵州(列2位)、云南(列3位)、甘肃(列5位)、新疆(列6位)、四川(列8位)、陕西(列9位)、内蒙古(列10位)。排名前十位的省(区、市)中有1个来自东部地区，即海南；还有1个来自东北地区，即排名第7位的黑龙江。

环境压力与气候变化指标排名位于第11～20名的地区分别为安徽、北京、江西、重庆、吉林、河北、湖南、河南、山东、广西，得分除安徽外，均略低于全国平均水平，并且各地区的得分相对差异不大。从地域分布看，中部地区的省份有4个，为安徽(列11位)、江西(列13位)、湖南(列17位)、河南(列18位)；西部地区有2个，为重庆(列14位)、广西(列20位)；东部地区有3个，为北京(列12位)、河北(列16位)、山东(列19位)；东北地区仅吉林(列15位)。

环境压力与气候变化指标排名位于后十位的地区分别为福建、天津、湖北、宁夏、山西、浙江、江苏、辽宁、广东、上海。从地域分布看，有6个省来自东部地区，分别是：福建(列21位)、天津(列22位)、浙江(列26位)、江苏(列27位)、广东(列29位)、上海(列30位)；中部地区有2个，湖北(列23位)、山西(列25位)；西部地区有1个，宁夏(列24位)；东北地区仅辽宁(列28位)。

排名前三位的省份是青海、贵州、云南。主要原因是，青海、贵州、云南等西部地区的地均和人均的二氧化硫排放量、化学需氧量排放量、氮氧化物排放量和氨氮排放量的指标值明显较低，得分较高。

海南在环境压力与气候变化指标排名第4位，主要是因为海南是一个以服务业为主要产业的省份，2009年占GDP的45.3%，第二产业仅占27.9%，因此人均二氧化硫排放量、人均氮氧化物排放量均排名全国第1位。海南的污染物排放总量也相对较低。

上海、广东的环境压力与气候变化指标排名全国倒数第一和第二，主要原因是单位土地面积的污染物排放总量很高。上海单位土地面积二氧化硫、化学需氧量、氮氧化物、氨氮排放量都是排名全国倒数第一位；广东的这5个指标也均排名全国末尾，同时广东的单位耕地面积化肥施用量和单位耕地面积农药使用量也排名全国倒数第二和倒数第三。

>>三、城市资源环境承载潜力比较分析<<

为了全面比较各城市资源环境承载潜力的差异，我们根据“中国绿色发展指数评价体系(城市)”对34个省会城市(直辖市、计划单列市)的资源丰裕与生态保护指标和环境压力与气候变化指标的测度结果进行分析。

(一)城市资源丰裕与生态保护指标测算结果及分析

在中国绿色发展指数评价体系(城市)中，资源丰裕与生态保护指标占资源环境承载潜力指数的权重为5.00%，相对于环境压力与气候变化指标，该指标对资源环境承载潜力的贡献很小。从指标结构上看，资源丰裕与生态保护指标只包括人均水资源量这1个三级指标，该指标占绿色发展指数的权重仅为1.60%，为正向指标①。

① 资源丰裕与生态保护指标中三级指标名称、权重及其属性均由本报告课题组召开的多次专家座谈会研讨确定。

在对三级指标的原始数据进行标准化处理基础上，根据上表中的权重，计算得出了各城市环境压力与气候变化指标的指数值，排名情况见表10-11。

表10-11 城市资源丰裕与生态保护指数值及排名

指　标	资源丰裕与生态保护指标		指　标	资源丰裕与生态保护指标	
城　市	指数值	排名	城　市	指数值	排名
兰　州	0.091	1	福　州	−0.005	18
杭　州	0.013	2	沈　阳	−0.006	19
南　宁	0.010	3	南　京	−0.006	20
重　庆	0.008	4	长　春	−0.006	21
昆　明	0.003	5	合　肥	−0.006	22
贵　阳	0.003	6	大　连	−0.006	23
长　沙	0.003	7	青　岛	−0.006	24
宁　波	0.002	8	西　安	−0.007	25
深　圳	0.002	9	济　南	−0.007	26
广　州	0.002	10	北　京	−0.007	27
南　昌	0.001	11	石家庄	−0.007	28
哈尔滨	−0.001	12	上　海	−0.008	29
厦　门	−0.002	13	天　津	−0.008	30
西　宁	−0.004	14	郑　州	−0.008	31
成　都	−0.004	15	太　原	−0.008	32
呼和浩特	−0.004	16	海　口	−0.009	33
武　汉	−0.005	17	银　川	−0.009	34

资料来源：根据《中国城市统计年鉴2008》、《中国城市统计年鉴2009》、《2010中国城市(镇)生活与价格年鉴》、《中国环境统计年报2008》、《中国环境统计年报2009》、中华人民共和国环境保护部数据中心网站等测算。

表10-11显示，34个城市资源丰裕与生态保护指标得分区间为−0.009～0.013，且各城市之间差距较小，仅兰州明显较高。

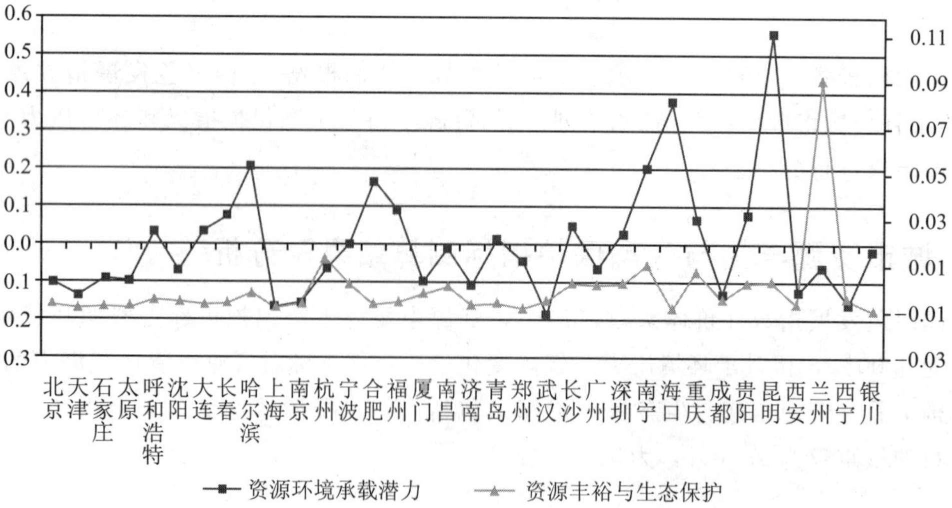

图10-8 城市资源丰裕与生态保护与资源环境承载潜力指数对比

整体而言，在34个参评城市的第一产业指标排名中，有11个城市资源丰裕与生态保护指数高于全国平均水平。从区域角度而言，四大区域在该指标上的得分差距很小，西部地区略高于其他三大地区，东部地区得分最低。

排在资源丰裕与生态保护指标前十位的城市分别是：兰州、杭州、南宁、重庆、昆明、贵阳、长沙、宁波、深圳、广州。其中，西部地区有5个，并且全部位于前6名；中部地区有1个；东部地区有4个。

兰州在资源丰裕与生态保护指标排名中位居第1，且指数值远高于其他各省，其原因是人均水资源量相当高，达到10 189.59立方米/人。从表10-12中可以看出，兰州的水资源总量明显高于其他各个地区的平均值，除西部地区以外，其他地区的平均值还不及兰州的1/10。

表10-12 兰州与各地区人均水资源量平均水平的差异 单位：立方米/人

地区	人均水资源量	与兰州的差异
东部地区	646.34	−9 543.25
中部地区	577.93	−9 611.65
西部地区	1 865.07	−8 324.52
东北地区	489.34	−9 700.25

排在资源丰裕与生态保护指标后十位的城市分别是：西安、济南、北京、石家庄、上海、天津、郑州、太原、海口、银川。有6个城市在东部地区，接近东部测算城市总数的一半，说明东部城市在资源丰裕与生态保护指标上整体较差；有2个城市位于中部地区；2个城市位于西部地区，并且银川排名全国倒数第一。

东北地区的4个城市排名均位于全国中等水平，分别为哈尔滨(列12位)、沈阳(列19位)、长春(列21位)、大连(列23位)。并且这4个城市的资源丰裕与生态保护指数均低于全国平均水平，说明东北地区的水资源情况也不乐观。

(二)城市环境压力与气候变化指标测算结果及分析

在中国绿色发展指数评价体系(城市)中，环境压力与气候变化指标由12个三级指标构成，分别是：单位土地面积二氧化碳排放量、人均二氧化碳排放量、单位土地面积二氧化硫排放量、人均二氧化硫排放量、单位土地面积化学需氧量排放量、人均化学需氧量排放量、单位土地面积氮氧化物排放量、人均氮氧化物排放量、单位土地面积氨氮排放量、人均氨氮排放量、空气质量达到二级以上天数占全年比重、首要污染物可吸入颗粒物天数占全年比重。具体指标及其权重和指标属性见表10-13。

表10-13 城市环境压力与气候变化三级指标、权重及指标属性

指标序号	指标	权重(%)	指标属性
1	单位土地面积二氧化碳排放量	2.81	逆
2	人均二氧化碳排放量	2.81	逆
3	单位土地面积二氧化硫排放量	2.67	逆
4	人均二氧化硫排放量	2.67	逆
5	单位土地面积化学需氧量排放量	2.67	逆

续表

指标序号	指标	权重(%)	指标属性
6	人均化学需氧量排放量	2.67	逆
7	单位土地面积氮氧化物排放量	2.67	逆
8	人均氮氧化物排放量	2.67	逆
9	单位土地面积氨氮排放量	2.67	逆
10	人均氨氮排放量	2.67	逆
11	空气质量达到二级以上天数占全年比重	2.67	正
12	首要污染物可吸入颗粒物天数占全年比重	2.67	逆

注：本表内容是由本报告课题组召开的多次专家座谈会研讨确定的。

在对三级指标的原始数据进行标准化处理基础上，根据上表中的权重，计算得出了各城市环境压力与气候变化指标的指数值，排名情况见表 10-14。

表 10-14　　城市环境压力与气候变化指标指数值及排名

指　标	环境压力与气候变化指标		指　标	环境压力与气候变化指标	
城　市	指数值	排名	城　市	指数值	排名
昆　明	0.543	1	郑　州	−0.039	18
海　口	0.377	2	沈　阳	−0.059	19
哈尔滨	0.204	3	广　州	−0.070	20
南　宁	0.190	4	石家庄	−0.084	21
合　肥	0.173	5	杭　州	−0.084	22
福　州	0.092	6	太　原	−0.093	23
长　春	0.078	7	北　京	−0.094	24
贵　阳	0.071	8	济　南	−0.103	25
重　庆	0.052	9	厦　门	−0.105	26
长　沙	0.040	10	西　安	−0.124	27
大　连	0.036	11	天　津	−0.129	28
呼和浩特	0.034	12	成　都	−0.131	29
深　圳	0.027	13	南　京	−0.146	30
青　岛	0.017	14	西　宁	−0.155	31
宁　波	0.002	15	兰　州	−0.158	32
银　川	−0.011	16	上　海	−0.158	33
南　昌	−0.015	17	武　汉	−0.178	34

资料来源：根据《中国城市统计年鉴 2008》、《中国城市统计年鉴 2009》、《2010 中国城市(镇)生活与价格年鉴》、《中国环境统计年报 2008》、《中国环境统计年报 2009》、中华人民共和国环境保护部数据中心网站等测算。

从表 10-14 和图 10-9 中可以看出，34 个城市环境压力与气候变化指标得分介于−0.178～0.543，城市间差异较大，个别城市该指数的得分明显高于其他城市，例如昆明、海口等。另外，环境压力与气候变化指标指数曲线与资源环境承载潜力指数曲线趋势十分相似，这是因为环境压力与气候变化指标占的权重很高，为 95%，说明相对于资源丰裕与生态保护指标，环境压力与气候变化指标对资源环境承载潜力指数的贡献作用更加明显。

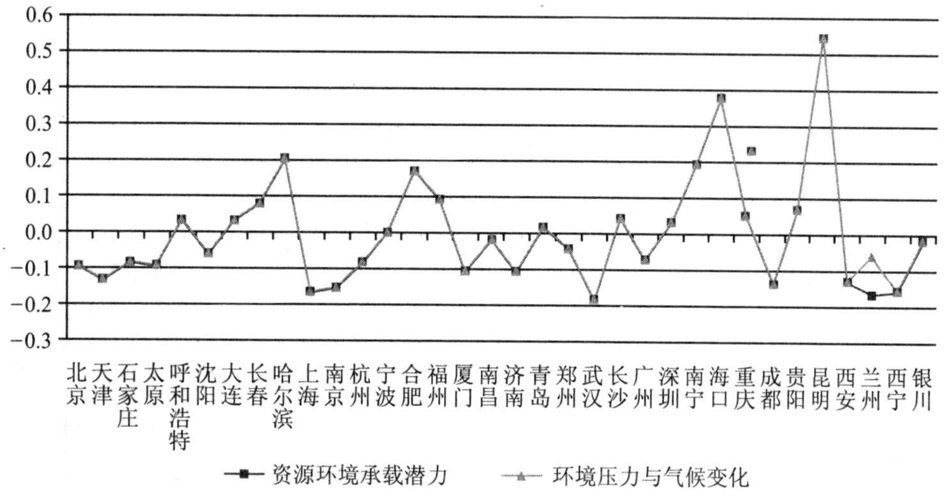

图 10-9　城市环境压力与气候变化与资源环境承载潜力指数对比

整体而言，东北城市和西部城市得分明显高于其他地区城市，东部城市得分最低，但中部城市和东部城市得分差距较小。

从排名上看，环境压力与气候变化指标排名前十位的城市分别是：昆明、海口、哈尔滨、南宁、合肥、福州、长春、贵阳、重庆、长沙。从地域上看，前十名涵盖了来自各地区的参评城市。其中，西部地区有 4 个城市位列前十名之中，分别为昆明(列 1 位)、南宁(列 4 位)、贵阳(列 8 位)、重庆(列 9 位)。排名前十位的城市中有 2 个来自东部城市，分别为海口(列 2 位)、福州(列 6 位)；有 2 个来自东北城市，即哈尔滨(列 3 位)、长春(列 7 位)；还有 2 个中部城市，分别是合肥(列 5 位)和长沙(列 10 位)。

环境压力与气候变化指标排名位于第 11～24 名的城市分别：大连、呼和浩特、深圳、青岛、宁波、银川、南昌、郑州、沈阳、广州、石家庄、杭州、太原、北京。其中大连、呼和浩特、深圳、青岛、宁波的指数值超过全国平均水平，其他城市均低于全国平均水平。从地域分布看，中部城市的省份有 3 个；西部城市有 2 个；东部城市有 7 个；东北城市有 2 个。

环境压力与气候变化指标排名位于后十位的城市分别是：济南、厦门、西安、天津、成都、南京、西宁、兰州、上海、武汉。从地域分布看，后十位中没有东北城市；东部城市有 5 个，分别是济南(列 25 位)、厦门(列 26 位)、天津(列 28 位)、南京(列 30 位)、上海(列 33 位)；中部城市有 1 个，即排名倒数第一位的武汉；西部城市有 4 个，分别为西安(列 27 位)、成都(列 29 位)、西宁(列 31 位)、兰州(列 32 位)。

从三级指标的得分可以看出，昆明的单位土地面积化学需氧量排放量、人均化学需氧量排放量、单位土地面积氨氮排放量、人均氨氮排放量、空气质量达到二级以上天数占全年比重这些指标均排名全国第 1 位，因此使其在环境压力与气候变化指标上的得分很高，最终排名第 1 位。西部其他城市中，南宁与重庆的人均和地均污染物排放量也很低，这与西部城市地广人稀的特点是分不开的。但是贵阳的人均和地均污染物排放量相对其他西部城市较高，并且人均二氧化硫排放量排名全国倒数第一，说明西部城市产业结构差异较大。

海南是一个以旅游业为主要产业的省份，并且地广人稀，自然环境优越。单位土地面积二氧化硫排放量、人均二氧化硫排放量、空气质量达到二级以上天数占全年比重、首要污染物可吸入颗粒物天数全年占比均排名全国第 1 位，最终使得海南在环境压力与气候变化指标排名第 2 位。

对于排名倒数第一的武汉，该市除了人均二氧化硫排放量以外，各项三级指标均排名全国后十名，因此，武汉在环境压力与气候变化指标的得分很低。

>>简短的结论<<

总的来看，无论是30个省(区、市)之间，还是34个省会城市(直辖市、计划单列市)之间，资源环境承载潜力都存在较大区域差异，整体呈现西部地区优于东部地区的分布，并且东、西部地区在绿色发展水平以及资源环境承载潜力方面存在着明显的区位反差。这种差异性，既与经济发展水平有关，也与自然禀赋有关。但更重要的是，资源环境承载潜力更多地受环境压力与气候变化指标影响，因此，减少资源消耗和污染物排放以缓解环境压力，是提高各地区资源环境承载潜力的重要途径。

资源环境承载潜力存在较大区域差异，为我们选择合适的发展模式提供了可能和契机。各地区应当因地制宜，扬长避短，立足当地的资源环境承载潜力，加快调整经济结构和转变发展方式，同时，加强地区间多元、多方位合作，做到优势互补，从而全面提升各地乃至全国的绿色发展水平。具体而言，经济欠发达地区应积极探索绿色发展的新路子，提升经济实力，不能为了单纯谋求自身经济增长而走高污染、高能耗的老路，而需要重视对自然环境的保护，走绿色发展之路；经济较为发达地区要在节能降耗、减排、绿化等方面多做文章。东西部地区还要尽快建立环境资源补偿机制和绿色发展联动机制。西部地区大力促进资源的合理有效流动，参与并支持东部地区的发展，而东部地区应在发展经验、资金、技术、人才及市场机会等多方面与西部开展广泛合作，拉动西部经济发展水平进一步提升。

>>参考文献<<

[1]国家统计局，环境保护部．中国环境统计年鉴2008—2010[R]．北京：中国统计出版社，2009—2011.

[2]国家统计局．中国统计年鉴2009—2010[R]．北京：中国统计出版社，2009—2011.

[3]吴正．中国沙漠及其治理[M]．北京：科学出版社，2009.

[4]国家统计局．中国城市统计年鉴2008—2009[R]．北京：中国统计出版社，2009—2010.

[5]国家统计局．2010中国城市(镇)生活与价格年鉴[R]．北京：中国统计出版社，2010.

[6]李晓西等．新世纪中国经济报告[R]．北京：人民出版社，2006.

[7]李晓西．中国：新的发展观[M]．北京：中国经济出版社，2009.

第三篇

政府的绿色行动

第十一章 中国绿色发展中的政府行动

“十一五”期间，中国政府高度重视绿色发展，首次提出了生态文明，将建设资源节约型、环境友好型社会作为加快转变经济发展方式的重要着力点。五年来，各级政府不断加大绿色发展方面的投资，完善绿色发展的基础设施，加强环境治理，取得了显著成效。“十二五”时期，中国政府将促进经济发展与环境保护高度融合，加快推进绿色发展步伐。

>>一、绿色经济发展与政府职能<<

(一)政府推动绿色发展的政策理论

绿色发展就是以节约资源和保护环境为特征的发展进程，发展是本体，绿色既是约束又是方向，核心是处理好发展与环境的关系。环境是公共产品，具有非排他性和非竞争性，产权不易界定。在没有外部约束的情况下，生产者倾向于过度使用环境，使自己的私人成本低于社会成本，以环境污染为代价追求额外利润。因此，环境保护存在着市场失灵，需要政府干预，包括微观和宏观两个层面。

1. 微观层面干预包括直接的行政管制、采用经济手段间接控制、建立排污权市场

行政管制，是指政府制定强制性的排放标准，企业必须通过建设环保设施或应用环保技术来保证产品符合排放要求；经济手段间接控制主要是指政府对污染活动征税或收费，当税收超过控制污染的边际成本时，企业就会选择消除污染排放以避税；建立排污权市场，是指政府颁发排污许可证，并允许其在不同排污水平的企业间进行交易。

微观干预的核心是政府施加约束，使生产者的外部成本内部化。而政府约束力的大小，受到政府法规完善程度、执法能力以及公众环保意识、环境知情权的影响。一般说来，由于信息优势，地方政府在环境保护监管方面起很大的作用。如果政府监管不严，就可能产生政府失灵，对生产者的约束失效。

2. 宏观层面干预包括影响产出规模、产业结构和排放效率的经济政策

从宏观角度来看，经济活动的规模越大，消耗的资源就越多，对环境产生的损害就越大；低污染的产业比重越高，产业结构就越优化，对环境的损害就越小；排放效率越高，单位产出所排放的污染就越少，对环境的压力也就越小。

政府可以通过财政、金融和产业政策，来限制某一行业或地区的产出规模；限制高污染产业的发展，鼓励低污染产业的发展，促进产业结构优化；促进采用清洁技术、清洁管理或环境友好型替代产品，减少单位投入和产出中的环境损耗，提高排放效率。运用经济政策的核心在于调整有关各方的经济利益关系，把环境保护的目标与企业的行为有机地结合起来，防止企业经济活动的外部不经济。

一般认为，发展中国家污染程度较高主要是由于相对高的环境监督和污染标准的实施成本，以及这些国家在工业化过程中制造业产出份额的逐步上升。因此，发展中国家的环境保护更需要政府微观管制和宏观经济政策的配合使用。

(二)发达国家绿色发展政策概要

从全球来看，国际社会对发展与环境问题的认识经历了一个深化的过程，大致经历了五个阶段。第一阶段：将环境污染看做是经济增长的负面影响。污染者将环境保护看做是主管部门采取的不必要措施，是小题大做。因而，企业对环境治理有抵触情绪。在这一阶段控制污染排放的措施是“末端治理”，并被大多数人认为是增加生产成本的做法。第二阶段：将环境污染看做是生产成本的组成部分。这时候，污染者开始认识到降低污染水平可能会带来好处。因而，他们在生产过程中开始采取措施来减少废弃物的排放。第三阶段：将环境看做是决策考虑的因素之一。污染者在做新的投资规划时必须考虑环境因素，并被迫采取不同的措施，在产品的生产和消费过程中保护环境。第四阶段：将环境看作是极其重要的因素。当污染者优化其经济活动时，就会采用不同的系统设计，即从系统上采取措施保护环境。第五阶段：环境作为发展的目标之一。将环境问题作为社会和经济政策的目标，引导生产和消费模式的变化，在结构上采取措施改变人们对环境的态度。

与此同时，环境政策也从消极走向积极。很多国家逐渐将环境因素与经济因素、能源因素结合起来，制定了包括保护环境在内的发展社会经济的长期政策。不同国家国情不同，具体政策也不同，但总的趋势是在强化政府监管的同时，更加重视引入市场激励机制，更加重视公众参与，更加重视发挥司法的作用。此外，加大政府投资力度，鼓励社会投资，改善基础设施条件，也是发达国家推动绿色发展的重要经验。

1. 各国采用的管制和经济政策工具，主要有环境规章、环境税、排污权交易、补贴废除或应用抵押等

其一，运用环境规章，是政府制定有关的“标准”、“禁令”、“许可”和“配额”等，对污染活动进行直接的管制，这是各国政府通行的做法。其二，环境税(或者对污染者收费)是将环境成本内在化、防止“市场失灵”的重要途径。目前，世界各国征收的环境税已达数百种之多，如燃油税、污染产品税等。其三，排污权交易，是运用市场机制控制污染物排放总量的又一制度设计。政府通过排污许可证制度，对每年的排污量或资源消费量规定上限，许可证可以进行交易，其价格由市场供求关系决定。其四，取消或者实施补贴，是指对有利于环境保护的技术开发和推广进行补贴，同时取消不利于环保的补贴。如美国对节能产品的补贴就很成功。其五，押金返还制度，是指对可能污染环境的产品收取押金，当这些产品回到指定地点或处理厂时押金返还。其六，一些国家还通过赔偿、责任保险等手段，为环境保护积累资金。

2. 大力发展循环经济和环保产业，促进和推动企业的环保行为，也是发达国家政府环境保护工作的重点

在20世纪70年代OECD国家实施“污染者付费”的环保政策后，企业界也开始探索新的生产方式，大力发展循环经济。例如，从20世纪80年代末起，杜邦化学公司将减少(Reduce)、再用(Reuse)和循环(Recycle)作为指导原则，组织企业内部的物料循环，创造性地形成了化学工业的“3R制造法”，大大减少了废弃物的排放，也节省了大量开支。这一做法得到了政府的大力支持和推广。

通过废弃物交换将企业联系起来，建立生态工业园(Eco-Industrial Parks)是循环经济的另一种重要形式。加拿大、美国等国的实践表明，废弃的石油产品和有机物的综合利用，可以形成生态产业链，进而形成生态工业园。

很多国家还提倡ISO 14000环境管理体系标准认证工作，许多企业主动申请ISO 14000的认证。一旦获得认证，企业将获得很高的社会声誉，也会增强其产品在市场上的竞争力。

各国都重视发展环保产业。比如，美国和加拿大的环保工作市场化程度很高，投资主体亦实现了多元化，环保产业成为一个重要的新兴产业。

3. 为保障政策效果，发达国家都建立了完善的法规体系和独立的监管体系，并动员公众参与

美国、加拿大等国家各级政府的环保法规都很完善，法律不仅对企业施加约束，还保障监管机构的独立性，以及公众的环保知情权。比如加拿大的《环境保护法》规定，环保结构负责人由政府任命，但他不受控于政府，享有独立的执法权。安大略省还专门通过了一部法律(即《“安大略省比尔环境权利”法案》)用以保证公民对环境信息的知情权。

>>二、“十一五”政府绿色行动：政策、成就及问题<<

(一)“十一五”推动绿色发展的重大举措

“十一五”期间，中国政府从严峻的环境形势出发，按照相关规划的部署，综合采取各项措施，加快推动绿色发展。

1. 进一步完善法律法规

到“十五”末期，中国已经形成了以《中华人民共和国宪法》为基础、以《中华人民共和国环境保护法》为主体、能适应生态文明建设要求的法律和标准体系，对中国加快绿色发展，起了重要的促进作用。“十一五”期间，中国政府进一步完善相关法律法规，为建设“两型社会”提供了更好的法律依据。

一是根据新形势需要制定和修订了一批法律。2008年颁布了《循环经济促进法》，明确提出了“减量化、再利用和资源化”的基本原则，使我国循环经济发展进入了法制化阶段。2007年颁布了《中华人民共和国城乡规划法》，修订了《节约能源法》、《水污染防治法》、《可再生能源法》等法律，使之更好地适用新时期绿色发展的要求。

二是出台了一大批法规和条例。主要有《防治海洋工程建设项目污染损害海洋环境管理条例》、《全国污染源普查条例》、《民用建筑节能条例》、《规划环境影响评价条例》、《气象灾害防御条例》、《废弃电子产品回收处理管理条例》、《公共机构节能条例》和《水文条例》等。

三是相关主管部门也出台了一批行政规章，规范行业管理。国家环保总局发布了《行业类生态工业园区标准(试行)》(2006)、《国家级自然保护区监督检查办法》(2006)、《电子废物污染环境防治管理办法》(2007)和《环境监测管理办法》(2007)；商务部等六部委下达了《再生资源回收管理办法》(2007)；建设部出台了《绿色建筑评价标识管理办法》(2007)；国家发展改革委颁布了

《节能减排综合性工作方案》(2007)；国有资产监督管理委员会颁布了《中央企业节能减排监督管理暂行办法》(2007)。

2. 大幅增加污染治理投资，加大重点领域投入力度

绿色发展离不开环境保护投入的增加。“十一五”期间，国家采取一系列政策措施，进一步拓宽了环境污染治理投资的资金渠道，使污染治理投资保持较快增长，重点领域投入力度加大。

2009 年，全国环境污染治理投资总额为 4 525 亿元，比 2005 年增长 89.5%；环境污染治理投资占 GDP 比重由 2005 年的 1.30%提高到 2009 年的 1.33%。其中，城市环境基础设施建设投资 2 512 亿元，比 2005 年增长 94.8%；城市燃气、集中供热、排水、园林绿化和市容环境卫生五项投资的增长幅度分别是 27.9%、67.4%、98.3%、122.4%和 114.1%；实际执行“三同时”项目环保投资 1 570.7 亿元，比 2005 年增长了 150%(见表 11-1)。

表 11-1　　环境污染治理投资情况

指标	计量单位	2005 年	2006 年	2007 年	2008 年	2009 年
环境污染治理投资总额	亿元	2 388.0	2 566.0	3 387.3	4 490.3	4 525.3
城市环境基础设施建设投资	亿元	1 289.7	1 314.9	1 467.5	1 801.0	2 512.0
工业污染源治理投资	亿元	458.2	483.9	552.4	542.6	442.6
建设项目“三同时”环保投资	亿元	640.1	767.2	1 367.4	2 146.7	1 570.7
环境污染治理投资占 GDP 比重	%	1.30	1.22	1.36	1.49	1.33

注：建设项目“三同时”环保投资是指当年建成投产的实际执行“三同时”制度的建设项目的环保设施实际投资额。其中“三同时”制度指建设项目中防治污染的设施，必须与主体工程同时设计、同时施工、同时投产使用。

资料来源：国家统计局：《“十一五”经济社会发展成就系列报告之十四：环境保护事业取得积极进展》。

3. 加大执法力度，强化政府监管

“十一五”期间，各级政府主管部门普遍加大了执法力度，强化政府监管。

一是采取“区域限批”、“行业限批”措施，有效遏制了环境违法行为。环保部门共对总投资 2.9 万多亿元的 813 个违规项目做出不予受理、不予审批或暂缓审批等决定，给“两高一资”、低水平重复建设和产能过剩项目设置了不可逾越的“防火墙”。组织完成环渤海、海峡西岸、北部湾、成渝和黄河中上游能源化工区五大区域重点产业发展战略环评。

二是加大重点流域区域污染防治力度。环保等部门采取有效措施，深入推进江河湖泊休养生息，全面建立重点流域省界断面水质考核制度。大力开展区域性环境执法督查，着力构建“统一规划、统一监测、统一监管、统一评估、统一协调”的区域空气联防联控机制，圆满完成上海世博会、广州亚运会的空气质量保障任务。

三是着力解决损害群众健康的突出环境问题。开展全国县级以上城市和乡镇的饮用水水源地环境状况调查，编制发布城市饮用水水源地环境保护规划，加大重金属污染防治和检查力度。2006 年以来，全国共出动执法人员 1 100 余万人次，查处环境违法企业 14 万多家次，取缔关闭违法排污企业 2 万多家，严厉打击了环境违法行为。

4. 健全激励和约束政策

“十一五”期间，国家在产业、财政、税收、金融、消费等领域出台了一系列的激励和约束措施，逐步形成了有利于资源节约和环境保护的政策体系。

在产业政策上，加强了对钢铁、煤炭、电力、化工等高能耗、高污染行业的调控。国土资源部和国家发改委联合发布了《限用土地项目目录》(2006年)和《禁用土地项目目录》，将不利于资源节约和环境保护的项目列入了限制和禁止用地项目目录；国家发改委发布了《关于加强电力工业结构调整、促进健康有序发展有关工作的通知》、《国家发展改革委办公厅关于做好小火电机组关停调查工作的通知》、《国务院转批发展改革委、能源办关于加快关停小火电若干意见的通知》等文件，督导电力企业节能减排。

在财税政策上，通过激励性税收政策促进资源节约和保护环境。新的《企业所得税法》(2007年通过)明确规定，对企业从事符合条件的环境保护、节能节水项目所得税免征或减征企业所得税；对企业购置用于环境保护、节能节水等专用设备的投资额，可以按一定比例实行税额抵免。财政部、国家税务总局2006年出台了《关于调整和完善消费税政策的通知》，新增了木制一次性筷子、实木地板等税目，同时降低了部分小排量乘用车的税负，并提高了大排量乘用车的税负。

在信贷政策上，通过金融手段引导企业绿色投资。2007年，中国人民银行发布《关于改进和加强节能环保领域金融服务的指导意见》，提出要有针对性地做好有关节能环保领域的金融服务工作。2007年7月，国家环保总局首次联合人民银行、银监会发布《关于落实环保政策法规防范信贷风险的意见》，规定各级环保部门要依法查处未批先建或越级审批行为。“十一五”期间，有4万余条环境违法信息、7 000余条项目环评审批验收信息进入银行征信管理系统，10余家保险企业推出环境污染责任保险产品。

5. 实施重大专项工程

国家环境保护“十一五”规划提出要重点实施十项环境保护工程，包括环境监管能力建设工程、危险废物和医疗废物处置工程、铬渣污染治理工程、城市污水处理工程、重点流域水污染防治工程、城市垃圾处理工程、燃煤电厂及钢铁行业烧结机烟气脱硫工程、重点生态功能区和自然保护区建设工程、核与辐射安全工程、农村小康环保行动工程等，其他部委也提出了村村通公路工程、农村饮水安全工程等重大工程，通过绿色行动改善民生。

其中，“农村饮水安全工程”由国家发改委、水利部和卫生部共同实施，是“十一五”期间的重点建设工程，要求在“十一五”期间解决1.6亿农村人口的饮水安全问题(约涉及15万多个行政村)，使农村饮水不安全人数减少一半，集中式供水受益人口比例提高到55%，供水质量和水平有较大提高。为实施好农村饮水安全工程，有关部门和各地政府创新机制，因地制宜地采用集中供水、分散供水、城乡供水管网向农村延伸等方式，加快解决农村饮水安全问题。5年间，中央财政累计投入590亿元(投资强度是“十五”期间的5倍)，地方政府和群众投资443亿元，社会融资12.2亿元，农村饮水安全工程总投入达到1 045亿元。5年来，全国累计解决了2.1亿农村人口的饮水安全问题，超额完成了“十一五”规划提出的解决1.6亿农村人口饮水安全的建设任务。

6. 加强国际合作

环境污染无国界，保护环境、绿色发展需要全球合作。“十一五”期间，中国政府以多种形式积极参与全球环境问题的治理，加强国际合作。

一是积极承担国际义务，履行环保承诺。2007年制定了《中国应对气候变化国家方案》，明确了到2010年中国应对气候变化的具体目标、基本原则、重点领域及政策措施。2009年9月，胡锦涛同志参加联合国气候变化峰会，并发表了《携手应对气候变化挑战》的重要讲话。2009年12月，温家宝同志在哥本哈根全球气候大会上宣布，到2020年中国单位GDP二氧化碳排放将比2005年下降40%～45%。

二是积极参与国际环境组织，推动世界环境合作。中国有关部门先后与联合国环境署(UN-

EP)、全球环境基金会(GEF)等 10 多个国际(全球性)政府间组织，以及国际自然保护同盟(IUCN)以及世界野生动物基金会(WWF)等近 10 个国际非政府组织开展沟通与合作。

三是积极推动国家间双边环境合作。中美环境合作已上升到战略层面，中俄环境合作已形成机制。通过与瑞典、世界银行以及亚洲开发银行等开展合作项目，逐渐建立起项目/规划环境影响评价法律体系，并在实践中取得了积极效果。

(二)“十一五”政府绿色行动取得的主要成就

“十一五”期间，中国环境保护力度不断加大，污染治理投资保持较快增长，基础设施建设力度加大，主要污染物排放总量得到控制，环境污染防治取得了阶段性成果，绿色发展迈出了新的步伐。

1. 环境治理成效显著增强

一是降污减排任务超额完成。在经济增速和能源消费总量均超过规划预期的情况下，二氧化硫减排目标提前一年实现，化学需氧量减排目标提前半年实现，污染减排任务超额完成。据初步测算，2010 年全国化学需氧量排放量较 2005 年下降 12%左右，二氧化硫下降 14%左右，均超额完成减排任务。

二是主要工业污染物排放量大大减少。2009 年二氧化硫排放量为 1 865.9 万吨，比 2005 年下降了 302.5 万吨，下降幅度为 13.95%，年均下降 3.68%。工业废水化学需氧量排放量2005—2009 年呈直线下降的趋势，2009 年工业废水化学需氧量排放量为 439.68 万吨，比 2005 年下降了 115.02 万吨，下降幅度为 20.74%，年均下降 5.64%。工业废水氨氮排放量也呈逐年下降的趋势，2009 年工业废水氨氮排放量为 27.35 万吨，比 2005 年下降了 25.15 万吨，下降幅度为 47.91%，年均下降 15.04%。

表 11-2　2005—2009 年主要工业污染物排放量　单位：万吨

指标	2005 年	2006 年	2007 年	2008 年	2009 年
工业二氧化硫排放量	2 168.4	2 234.8	2 140	1 991.4	1 865.9
工业废水化学需要量排放量	554.7	541.5	511.1	457.58	439.68
工业废水氨氮排放量	52.5	42.5	34.1	29.69	27.35

资料来源：国家统计局：《中国统计年鉴 2006—2010》，北京，中国统计出版社，2006—2010。

三是突发环境事件次数呈整体下降趋势。2009 年的突发环境事件次数已经降到了 418 次，与 2005 年相比，减少了 988 次，下降幅度为 70.27%，年均下降 26.16%。

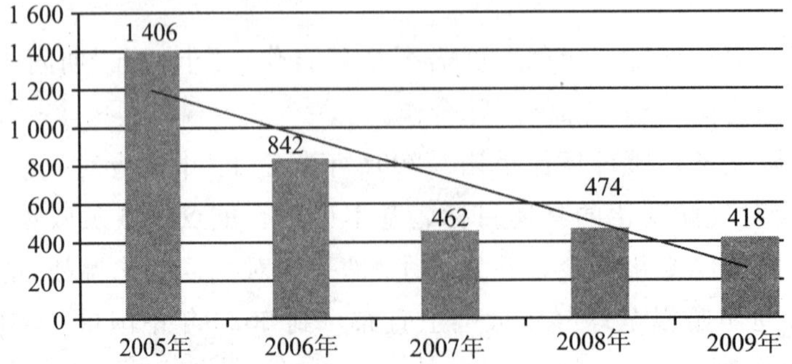

图 11-1　2005—2009 年突发环境事件次数

资料来源：国家统计局：《中国统计年鉴 2006—2010》，北京，中国统计出版社，2006—2010。

四是工业“三废”治理效率逐年提高。“十一五”期间，工业废水排放达标率、工业二氧化硫排放达标率、工业烟尘排放达标率、工业粉尘排放达标率和工业固体废物综合利用率等指标都呈逐年上升的趋势。

2. 基础设施对绿色发展的保障能力进一步增强

一是城市绿色固定资产投资稳步增长。2005—2009 年，全国城市维护建设资金支出增长了 12.3%，年均增长率为 12.1%；城市市政公用设施建设固定资产投资完成额从 5 602.2 亿元增加到 10 641.5 亿元，增长近一倍，年均增长速度为 19.53%。其中，城市环境基础设施建设投资 2 512亿元，比 2005 年增长 94.8%，城市燃气、集中供热、排水、园林绿化和市容环境卫生五项投资增长幅度分别是 27.9%、67.4%、98.3%、122.4%和 114.1%。

表 11-3　　2005—2009 年中国城市固定资产投资情况　　单位：亿元

指标	2005 年	2006 年	2007 年	2008 年	2009 年
城市维护建设资金支出	5 275.7	3 349.5	4 247.3	5 008.3	5 927.1
城市市政公用设施建设固定资产投资完成额	5 602.2	5 765.1	6 418.9	7 368.2	10 641.5
城市环境基础设施建设投资	1 289.7	1 314.9	1 467.5	1 801.0	2 512.0

资料来源：国家建设部：《中国城市建设统计年鉴 2006—2010》，北京，中国建筑工业出版社，2006—2010；国家统计局：《“十一五”经济社会发展成就系列报告》，载 http://www.stats.gov.cn/tjfx/ztfx/sywcj/t20110310_402709535.htm，2011-03-10。

二是城市供水和污水处理能力大幅提高。截至 2009 年年底，全国城市用水普及率达到了 96.12%，比 2005 年提高 5.5%，城市供水能力显著提高；全国城市污水处理厂日处理能力达9 052 万立方米，比 2005 年提高 58.1%；城市污水处理率由 2005 年的 52.0%提高到了 2009 年的 75.3%。

表 11-4　　2005—2009 年中国城市供水和污水处理能力各项指标

指标	单位	2005 年	2006 年	2007 年	2008 年	2009 年
城市供水总量	亿立方米	502.1	540.5	502.0	500.1	496.8
城市用水普及率	%	91.1	86.67	93.8	94.7	96.1
城市用水人口	万人	32 723.4	32 304.1	34 766.5	35 086.7	36 214.2
城市人均日生活用水量	升	204.1	188.3	178.4	178.2	176.6
城市排水管道长度	万公里	8.5	26.1	29.2	31.5	34.4
城市污水排放量	亿立方米	359.5	362.5	361.0	364.9	371.2
城市污水处理厂	座	792	815	883	1 018	1 214
城市污水处理厂处理能力	万立方米/日	5 725.2	6 366	7 146	8 106	9 052
污水年处理总量	亿立方米	186.8	202.6	227.0	256.0	279.4
污水处理率	%	52	55.7	62.9	70.2	75.3

资料来源：国家统计局：《中国环境统计年鉴(2006—2010)》，北京，中国统计出版社，2006—2010。

三是城市环卫设施建设不断完善。2009 年城市生活垃圾无害化处理厂为 567 座，比 2005 年增加了 96 座；城市生活垃圾无害化日处理能力达到了 356 130 吨；城市生活垃圾无害化处理率为 71.4%，比 2005 年增加了 19.7%。建成区绿化覆盖率显著提高，由 2005 年的 32.6%提高到 2009 年的 38.2%，人均公园绿地面积也增加了 2.7%。

表 11-5　　2005—2009 年中国环境卫生设施建设情况

指标	单位	2005 年	2006 年	2007 年	2008 年	2009 年
城市生活垃圾无害化处理厂	座	471	419	460	509	567
城市生活垃圾无害化处理能力	吨/日	256 312	258 048	271 791	315 153	356 130
城市生活垃圾无害化处理率	%	51.7	52.2	62.0	66.8	71.4
城市建成区绿化覆盖率	%	32.6	35.1	35.3	37.4	38.2
城市人均公园绿地面积	平方米	7.9	8.3	9.0	9.7	10.7

资料来源：国家统计局：《中国环境统计年鉴 2006—2010》，北京，中国统计出版社，2006—2010。

四是城市道路和公共交通设施发展迅速。2009 年年末，全国城市公共交通运营线路网长度达 209 249 公里；每万人拥有公交车辆达 11.1 标台，比 2005 年增加了 2.5 标台；城市公交客运总量达 677 亿人，为 2005 年的 39.92 倍。

表 11-6　　2005—2009 年中国城市道路和公共交通设施建设情况

指标	单位	2005 年	2006 年	2007 年	2008 年	2009 年
运营线路网长度	公里	—	125 857	140 801	147 349	209 249
年末公共交通运营数	辆	313 296	315 576	347 969	371 822	370 640
每万人拥有公交车辆	标台	8.6	9.05	10.2	11.1	11.1
公共交通客运总量	万人次	4 836 930	4 659 247	5 546 439	7 029 996	6 767 589
轨道交通年末运营数	辆	2 364	2 764	3 480	4 530	5 479
轨道交通客运总量	万人次	—	181 599	220 582	337 390	365 770

资料来源：国家统计局：《中国环境统计年鉴 2006—2010》，北京，中国统计出版社，2006—2010。

3. 农村环境保护工作和基础设施条件有较大改善

一是农村改厕工作进展顺利。2009 年年底，农村改厕投资达到 114.4 亿元，其中国家投资为 42.5 亿元，比 2005 年增加了约 330%。2009 年农村卫生厕所普及率由 2005 年的 55.3%上升到了 63.2%，使用卫生厕所的户数达到了 16 056 万户。

表 11-7　　2005—2009 年中国农村改厕情况

指标	单位	2005 年	2006 年	2007 年	2008 年	2009 年
农村改厕投资	亿元	47.3	69.5	72.9	93.9	114.4
国家投资	亿元	12.8	20.8	25.5	37.6	42.5
国家投资占总投资比重	%	27	30	35	40.1	37.2
累计使用卫生厕所户数	万户	13 740	13 873	14 442	15 166	16 056
卫生厕所普及率	%	55.3	55.0	57.0	59.7	63.2

资料来源：国家统计局：《中国环境统计年鉴 2006—2010》，北京，中国统计出版社，2006—2010。

二是农村能源结构不断优化，可再生能源利用量显著增加。2009 年年底，农村沼气池产量为 130.8 亿立方米，比 2009 年增长了 79.4%；太阳能热水器为 4 997.1 万平方米，比 2005 年增长了 55.8%；太阳灶为 1 484 271 台，比 2005 年增长了 53.8%。

表 11-8　　2005—2009 年中国农村能源利用情况

指标	单位	2005 年	2006 年	2007 年	2008 年	2009 年
农村沼气池产气量	亿立方米	72.9	83.6	101.7	118.4	130.8
太阳能热水器	万平方米	3 205.6	3 941	4 286.4	4 758.7	4 997.1
太阳灶	台	685 552	865 238	1 118 763	1 356 755	1 484 271

资料来源：国家统计局：《中国环境统计年鉴 2006—2010》，北京，中国统计出版社，2006—2010。

三是农村交通条件进一步改善，"十一五"农村公路建设目标全部实现。随着"村村通公路工程"的实施，2010 年全国农村公路(含县道、乡道、村道)里程达 350.66 万公里，全国通公路的乡(镇)占全国乡(镇)总数的 99.97%，通公路的建制村占全国建制村总数的 99.21%，比"十五"末分别提高了 6.33 个百分点和 22.30 个百分点，基本实现全国所有具备条件的乡镇通沥青(水泥)路，东、中部地区所有具备条件的建制村通沥青(水泥)路，西部地区具备条件的建制村通公路。

(三)中国绿色发展存在的主要问题及成因

1. 中国绿色发展存在的主要问题

一是环境质量恶化的趋势虽有好转，但尚未彻底遏制。尽管"十一五"中后期，在国家加大投资、加强监管和经济增长放缓等多重因素的共同作用下，环境质量出现好转的势头，但"十二五"期间乃至 2020 年以前，环境形势总体仍是"局部有所改善、总体尚未遏制、形势依然严峻、压力继续加大"，环境压力比世界上任何国家都大，资源环境问题比任何国家都突出，解决起来比任何国家都困难。首先，这一期间，中国经济仍将保持较快增长，污染物排放压力依然较大。其次，由于电厂脱硫等相对容易的环保措施在"十一五"已经实施，"十二五"环境保护工作的难度相对加大，如工业废水排放达标率、城市生活污水处理率、工业燃料燃烧 SO_2 排放达标率等指标在 2006 年后上升速度明显放缓，今后再大幅上升的难度非常大。再次，工业排放量开始绝对下降或增速放缓，而城镇居民生活排放量却仍在增长，城镇化的加快发展对环境的影响日益显现。由于城镇居民的生活排放量还在增长，废水等污染物排放量还将继续增长。

表 11-9　　2000—2009 年中国相关环保技术指标　　单位：%

年份	工业废水排放达标率	城市生活污水处理率	工业燃料燃烧 SO_2 排放达标率	工业生产工艺 SO_2 排放达标率
2000	82.1	—	—	—
2001	85.6	18.5	62.8	51.0
2002	88.3	22.3	72.9	55.1
2003	89.2	25.8	75.4	59.3
2004	90.7	32.3	78.6	59.4
2005	91.2	37.4	80.9	71.0
2006	92.1	43.8	82.3	81.0
2007	91.7	49.1	87.4	81.8
2008	92.4	57.4	89.3	86.5
2009	94.2	63.3	—	—

资料来源：根据相关年份《全国环境统计公报》整理得出。

二是中小企业成为环境污染的重点和治理难点。“十一五”期间，随着国家环境监管更加严厉，大企业的环保设施、环保投入水平都有很大提高，污染物排放有明显好转，但中小企业污染物排放的比重进一步上升。造成这种情况的原因包括：中小企业发展迅速，在经济总量中所占比重迅速上升；中小企业的技术设备水平较低，单位产值排污量高。在排污量日趋增大的情况下，由于中小企业的污染治理能力落后于大型企业，因此在整个工业污染负荷中所占比例迅速上升。目前，改善中小企业污染治理状况的重点在于污染治理成本和环境监管这两个方面。但由于中小企业的自身规模小、过于分散，治理成本和监管成本过高，这两个方面又成为环保工作的难点。

三是环境污染向中西部地区和农村转移。我国环境污染在20世纪70年代呈点状分布，80年代城市的河流和大气污染严重，90年代则呈区域扩大的态势，进入21世纪后呈加速扩大的趋势。尤其是沿海地区劳动密集型、资源密集型产业在加快向中西部地区转移。进入省市级开发区的企业，大都经过环评，污染物排放基本能够达标；进入县乡级的企业，很多污染问题严重，使得中部地区农村污染日趋严重，并引发不少群体性事件。由于农村地区的环保设施和农民的环保意识薄弱，面源污染本来就很严重，农村的环保压力日益加大。

四是环境污染通过国际贸易和投资向中国转移的趋势日趋严重。国际贸易和投资通过影响国内生产活动的结构而影响环境。一个环境管制较为宽松的国家可能会在污染产业方面具有比较优势。因此，污染可能通过贸易和投资从发达国家向欠发达国家转移。在中国也出现了这种趋势，不仅有高污染项目加速向中国转移，还有高污染产品乃至环境垃圾向国内出口。同时，国内产品的出口又遇到了越来越多的“绿色”壁垒。国际化给中国的环境保护工作增加了新的困难。

2. 制约中国绿色发展的深层次原因

从宏观角度看，环境问题产生的原因有两个：一是经济增长速度较快，二是污染排放强度(单位产值的污染物排放水平)较高。从微观角度看，主要原因在于企业的过度排放，而企业过度排放行为的根源又在于现行的政策体制缺陷。

第一，工业化和城市化发展的特殊阶段是中国环境问题产生的客观基础。

从发达国家的发展历史来看，环境问题因工业化而出现，因工业化和城市化加速而严重，又因工业化和城市化水平大大提高而好转。如美国1900—1970年间，二氧化硫年排放总量从900万吨上升到2 800万吨，但此后逐年下降。1990年为2 093.5万吨，是1970年的74.4%；2005年为1 334.8万吨，是1970年的47.5%。因此，工业化和城市化发展过程是环境问题产生和解决的客观基础。

一般认为，“十五”以来，中国逐渐进入重工业化和城市化快速发展的时期。2003年以后，中国的重工业化进程明显加速，重工业增长速度明显快于轻工业，环境保护压力持续增加。从“十五”以来的数据看，废水及废水中的化学需氧量主要是受城镇化的影响，二氧化硫、烟尘主要是受工业化的影响。在废水及化学需氧量排放量中，城镇生活比重一直在50%以上，并逐年上升；二氧化硫排放量中，工业所占比重一直在80%以上，并持续上升，2008年和2009年略有下降；烟尘排放量中，工业占比从2000年的81.8%下降到2009年的71.3%，生活排放量比重则呈上升趋势。

表 11-10　　2000—2009 年中国主要污染物排放量的行业分布　　单位：%

年份	废水		化学需氧量		二氧化硫		烟尘	
	工业比重	城镇生活比重	工业比重	城镇生活比重	工业比重	城镇生活比重	工业比重	城镇生活比重
2000	46.8	53.2	48.8	51.2	80.8	19.2	81.8	18.2
2001	46.9	53.1	43.2	56.8	80.4	19.6	79.4	20.6
2002	47.1	52.9	42.7	57.3	81.1	18.9	79.4	20.6
2003	46.2	53.8	38.4	61.6	83.0	17.0	80.7	19.3
2004	45.8	54.2	38.1	61.9	83.9	16.1	81.0	19.0
2005	46.3	53.7	39.2	60.8	85.1	14.9	80.2	19.8
2006	44.7	55.3	37.9	62.1	86.3	13.7	79.4	20.6
2007	44.3	55.7	37.0	63.0	86.7	13.3	78.2	21.8
2008	42.3	57.7	34.6	65.4	85.8	14.2	74.4	25.6
2009	39.8	60.2	34.4	65.6	84.3	15.7	71.3	28.7

资料来源：环境保护部：《中国环境统计年报 2009》，北京，中国环境科学出版社，2010。

第二，资金投入不足、技术落后、环保产业和环保市场不发达是中国环境问题的直接原因。

一是环保投入严重不足。发达国家对环境保护的投入一般占国民生产总值的 2%左右，而中国在“七五”、“八五”期间仅在 0.8%左右，“九五”期间加大了对环境保护的投入，但也仅在 1%左右。“十五”期间，国家对环境保护的投资年均增长 17.6%，但环保投资占 GDP 的比重最高只有 1.4%(2004 年)，平均只有 1.32%，比重仍然较低。“十一五”期间，国家对环保的投资显著增加，2007 年、2008 年的投资增速都在 30%以上，环保投资占 GDP 的比重也呈恢复性上涨。但 2009 年环保投资占 GDP 的比重只有 1.33%，不仅低于发达国家的水平，占国内 GDP 的比重还出现下降。

二是环保技术比较落后。中国环保设施本来就缺乏，大多数环保设施的工艺水平还处于国际七八十年代的水平，环保技术本来就落后。而且，大部分企业规模小，没有能力进行环保科技开发和科技成果引进，环保技术进步速度很慢。专业的环保技术服务十分薄弱，社会化程度低，致使技术和市场信息传递不畅，技术转化的市场化程度低，中介服务机构也不健全，进一步制约了中国环保技术水平的整体提高。

三是环保产业发展滞后。中国环保产业主要集中在环保产品生产和三废综合利用两个领域，而在低公害产品生产、环保技术服务和自然生态保护等领域还很落后。即使在传统的环保产业，发展水平也较低。如工业用水重复利用率虽然从 2000 年的 69.6%上升到 2009 年的 85.0%，但仍然低于国际先进水平，而且上升速度越来越慢；工业固体废物综合利用率 2009 年仍然只有 67.0%，大大低于国际先进水平。同时，环保产业在全国的发展极不平衡，中西部地区十分薄弱。

第三，监管缺失、执法不严造成事实上的政府失灵，使环境成本不能充分内部化，是中国环境问题的根本原因。

从理论上说，环境保护工作尤其需要政府发挥作用，环境质量恶化的根源恰在于事实上存在的政府失灵，主要表现在以下三个方面：

一是监管缺失。中国对环境违法行为的处罚规定普遍过松，而且没有引入刑事责任。更重要的是，在地方保护主义的影响下，很多地方环保管理机构普遍存在执法不严，甚至行政不作为的现象，使得企业违法成本低、守法成本高，在实际上鼓励了企业的污染行为。比如，国家法律规定，环保设施必须与主体工程同时设计、同时施工、同时投产，但这一制度并没有得到很好实施。“三同时”项目投资占污染治理项目总投资的比重在2001—2004年曾一度下降，后虽有较快上升，但2009年又大幅下降，只有34.7%。而且，很多中小企业的投资项目根本就没有做到“三同时”。

表11-11　2001—2009年中国环保“三同时”项目投资增长情况

年份	污染治理项目投资		“三同时”项目环保工程投资		“三同时”项目投资占比(%)
	总额(亿元)	增长率(%)	总额(亿元)	增长率(%)	
2001	1 106.6	—	336.4	—	30.4
2002	1 363.4	23.2	389.7	15.8	28.6
2003	1 627.3	19.4	333.5	−14.4	20.5
2004	1 908.6	17.3	460.5	38.1	24.1
2005	2 388.0	25.1	640.1	39.0	26.8
2006	2 567.8	7.5	767.2	19.9	29.9
2007	3 387.6	31.9	1 367.4	78.2	40.4
2008	4 490.3	32.6	2 146.7	57.0	47.8
2009	4 525.2	0.8	1 570.7	−26.8	34.7

资料来源：相关年份《全国环境统计公报》；环境保护部：《中国环境统计年报2009》，北京，中国环境科学出版社，2010。

二是政策偏差。中国目前实行的是“谁污染、谁治理”环保政策，但在一定技术条件下，污染治理设施有比较苛刻的经济运行规模要求，而大多数单个中小企业的污染排放规模与处理设施的经济运行规模之间存在着较大的差距。同时，中小企业自身财力不足，筹集污染治理设施所需建设资金困难大、代价大。这就使得中小企业污染治理的成本相对较高，造成一些企业的污染治理流于形式，有人检查就应付一下，或者交一些罚款，还留下了“寻租”的隐患。另外，在垃圾处理、水处理、能源领域的价格管制和价格补贴政策，实际上也在鼓励企业和居民排放。

三是战略扭曲。在中国，以经济建设为中心已经扭曲为以GDP增长为中心，环境保护在政府工作中的实际地位其实很低。受发展战略扭曲的影响，粗放型的工业化、城市化方式并未得到改善，污染排放强度长期居高不下。一些生态环境原本就很脆弱的地区，为了GDP的增长，超环境容量大上工业项目，甚至是污染强度大的重化工业项目，使环境问题雪上加霜。

>>三、“十二五”政府绿色行动：规划与展望<<

(一)“十二五”经济社会发展对政府绿色行动的新要求

“十二五”规划纲要提出，“十二五”经济社会发展要以科学发展为主题，以加快转变经济发展方式为主线，深化改革开放，保障和改善民生，巩固和扩大应对国际金融危机冲击成果，促进经济长期平稳较快发展和社会和谐稳定，为全面建成小康社会打下具有决定性意义的基础。

这一指导思想对“十二五”绿色发展提出了新的要求。

1. 新定位，对两型社会建设提出了新要求

“十二五”规划纲要明确提出，坚持把建设资源节约型、环境友好型社会作为加快转变经济发展方式的重要着力点。深入贯彻节约资源和保护环境基本国策，节约能源，降低温室气体排放强度，发展循环经济，推广低碳技术，积极应对全球气候变化，促进经济社会发展与人口资源环境相协调，走可持续发展之路。

2. 新目标，对绿色发展结果提出了新要求

“十二五”规划纲要提出了“单位国内生产总值能源消耗降低 16%，单位国内生产总值二氧化碳排放降低 17%；化学需氧量、二氧化硫排放分别减少 8%，氨氮、氮氧化物排放分别减少 10%；森林覆盖率提高到 21.66%，森林蓄积量增加 6 亿立方米”等具体目标。

3. 新部署，对绿色发展举措提出了新要求

“十二五”规划纲要从积极应对全球气候变化、加强资源节约和管理、大力发展循环经济、加大环境保护力度、促进生态保护和修复等方面，对加快绿色发展，建设资源节约型、环境友好型社会进行了部署。

表 11-12　“十二五”规划纲要环境治理重点工程

	环境治理重点工程
01	城镇生活污水、垃圾处理设施建设工程 加快建设城镇生活污水、污泥、垃圾处理处置设施，同步建设和合理配套污水收集管网、垃圾收运设施。
02	重点流域水环境整治工程 加强“三河三湖”、松花江、三峡库区及上游、丹江口库区及上游、黄河中上游等重点流域综合治理，加大长江中下游、珠江流域和生态脆弱的高原湖泊水污染防治力度，推进渤海等重点海域综合治理。
03	脱硫硝工程 新建燃煤机组配套建设脱硫、脱硝装置，新建水泥生产线安装效率不低于 60%的脱硝装置，钢铁烧结机和石化行业安装脱硫装置。
04	重金属污染防治工程 加强重点区域、重点行业和重点企业重金属污染防治，重点企业基本实现稳定达标排放，湘江等流域、区域重金属污染治理取得明显成效。

资料来源：《国民经济和社会发展第十二个五年规划纲要》，载 http://www.gov.cn/test/2011-03/16/content_1825941_7.htm，2011-03-16。

(二)“十二五”政府绿色行动战略措施

综合国家“十二五”规划纲要及相关部门规划来看，“十二五”政府绿色行动的基本取向是“促进经济发展与环境保护高度融合”：一方面，将继续采取从紧和严厉的宏观环境政策；另一方面，在特殊区域和领域实行环境优先的战略方针。主要举措包括以下方面：

1. 充分发挥环境保护在推进经济发展方式转变中的综合作用

积极开展规划环评，加快推进水电开发、开发区、工业园区等重点领域规划环评，及时推进五大区域战略环评成果应用。深化建设项目环评，严格控制高耗能、高排放行业低水平重复建设，加快推进落后产能淘汰和兼并重组。深入开展整治违法排污企业、保障群众身体健康环保专项行动，保持环境执法监管高压态势。健全环境风险防范与应急管理工作机制，集中开展沿江沿河沿湖化工企业综合整治，遏制化工行业环境事件高发势头。加强应急能力建设。全面实施重金属污染防治规划，下大力气整治重点防控地区、重点防控行业重金属排放企业的环境违法问题。继续推进化学品环境管理，开展持久性有机污染物和汞污染防治，完善危险废物规范化管理指标体系。

2. 采取综合措施，深入推进降污减排

把结构减排放在更加突出的位置，继续强化工程减排和管理减排，提高并严格执行造纸、纺织、皮革、化工等行业的主要污染物排放标准，全面启动县县建设污水处理厂工程，大力开展农业水源污染减排工程建设，加强燃煤电厂脱硫、脱硝工作，严格控制机动车尾气排放，深入研究城镇污水处理厂脱氮等关键技术，督促已建成污染治理设施有效稳定运行，加大交通运输行业的节能减排工作。力争实现四种主要污染物的排放量均下降1.5%。

3. 进一步加强重点流域区域海域污染防治

全面落实《全国城市饮用水水源地环境保护规划》，开展地级以上城市饮用水水源地评估工作，建立重点湖库流域生态安全评估的技术和管理体系。以京津冀、长三角和珠三角区域为重点，加快推进区域联防联控新机制，以及城市空气质量达标和分级管理工作，加大颗粒物、挥发性有机物污染防治力度，严控机动车尾气污染。加强工业污染防治和城市环境管理，完善上市公司环保核查制度，深化国家环保模范城市创建工作。

4. 着力解决关系民生的突出环境问题

坚持以人为本、环保为民的理念，扎实抓好饮用水环境安全保障工作；加强重金属、危险废物、土壤污染治理，维护人民群众切身利益。完善基础工作，严格企业环境监管；加大执法力度，采取严格措施整治违法企业；实施信息公开，接受社会监督。同时，积极有效防范环境风险，确保经济和环境安全，使广大人民喝上干净的水，呼吸上清洁的空气，吃上放心的食品，在优美环境中生产生活。

5. 大力推进农村地区绿色发展

不断深化“以奖促治”政策举措，扎实开展农村环境连片整治和环境成效评估。推进农村环境综合整治目标责任制试点，做好全国重点地区土壤污染加密调查各项准备工作。开展生物多样性保护、恢复和减贫示范，强化对涉及自然保护区的开发建设活动的监管。实施绿色能源示范县建设，加快农村可再生能源开发利用步伐。进一步加强对农村的基础设施投资，投资重点由“以建为主”向“建管并重”转变。

6. 深化投融资体制改革，加大绿色发展投资力度

发挥产业政策作用，引导投资进一步向生态环保、资源节约等领域倾斜。抓紧出台政府投资条例、企业投资项目核准和备案管理条例，尽快制定中央预算内直接投资项目、资本金注入项目管理办法，进一步简化企业债券核准程序。强化规划指导、财税金融等政策支持，加强城市公用设施建设，预防和治理“城市病”。继续加强环境监测、监察、应急、信息等基础能力建设，提高政府绿色管理能力。

7. 进一步完善环境税收和市场政策

进一步完善消费税，将部分容易产生环境污染、大量消耗资源的产品，以及部分高档的奢侈消费品纳入消费税的征收范围；完善排污费征收使用管理制度，提高排污费的征收率，适时试点开征“环境保护税”，并逐步推广；建立健全环境产权的交易机制，推进排污权有偿使用和交易。

>>参考文献<<

[1]国务院．中华人民共和国国民经济和社会发展第十二个五年规划纲要[EB/OL]．新华网，2011-07-06.

[2]国家统计局社会和科技统计司．“十一五”经济社会发展成就系列报告之十四：环境保护事业取得积极进展[EB/OL]．中华人民共和国国家统计局网站，2011-07-06.

[3]夏光．“十二五”环境保护规划的理念创新[N]．中国经济时报，2010-05-19.

[4]夏光．“十二五”时期的环境保护与绿色发展：目标与政策[N]．中国经济时报，2011-03-22.

[5]经典中国·辉煌60年：环境保护成就[EB/OL]．人民网，2011-07-06.

[6]国家统计局综合司．系列报告之十七：环境保护成就斐然[EB/OL]．中华人民共和国国家统计局网站，2011-07-06.

[7]周生贤．“十二五”中国将积极探索环境保护新路[EB/OL]．中国新闻网，2011-07-06.

[8]周生贤．回顾“十一五”展望“十二五”[N]．人民日报，2010-11-29.

[9]周生贤．牢牢把握战略机遇期，在新的起点上奋力推动“十二五”环保事业大发展[N]．中国环境报，2011-01-10.

[10]周生贤．努力实现“十二五”环保事业良好开局[EB/OL]．中华人民共和国中央人民政府网站，2011-07-06.

[11]石亚东，李传永．我国城市基础设施投融资体制改革的难点分析[J]．中央财经大学学报，2010(7).

[12]张绍鸿等．建立健全节能减排法律法规体系[J]．科技法制研究，2010(4).

[13]国家统计局．中国统计年鉴2006—2010[R]．北京：中国统计出版社，2006—2010.

[14]国家统计局，环境保护部．中国环境统计年鉴2006—2010[R]．北京：中国统计出版社，2006—2010.

[15]环境保护部．中国环境统计年报2009[R]．北京：中国环境科学出版社，2010.

[16]国家建设部．中国城市建设统计年鉴2006—2010[R]．北京：中国建筑工业出版社，2006—2010.

第十二章

政府的绿色投资

政府的绿色投资是国家绿色发展的前提和基础，对企业的绿色生产、民众的绿色消费、生态环境的保护等有积极的引导意义。“十一五”期间，在科学发展观的指导下，各级政府以“节能减排”作为工作目标，加大绿色投资力度，以促进国家资源节约型、环境友好型社会建设，推动国家经济结构的调整与转型。

本章以中国各级政府的绿色投资为主线，通过分析“十一五”期间政府绿色投资情况，比较各区域间政府的绿色投资，并展望政府绿色投资在“十二五”期间的发展前景，为中国政府未来的绿色投资工作提供有价值的参考。

>>一、“十一五”中国政府绿色投资概况<<

“十一五”期间，在党中央、国务院可持续发展战略的正确引导下，我国中央和地方各级政府加强了对绿色投资的重视，成果丰硕。但与此同时，我国政府绿色投资还存在投资渠道单一、投资长效机制不完善等问题，需要在未来的工作中予以解决。

(一)“十一五”时期中国政府绿色投资取得的主要成就

中国政府历来注重绿色发展投资工作。在“十一五”期间的理论探索与实践工作中，中国政府绿色投资理念日益明确、绿色投资资金稳步增长、绿色投资成效显著增强、绿色投资法制逐步完善，取得了一系列成就。

1. 政府绿色投资理念日益明确

中国政府绿色投资理念的演变与发展有着清晰的历史轨迹，“十一五”期间，政府对这一理念的理解更加透彻。2006 年以前，传统的政府绿色投资主要是指环境保护支出和污染治理投资支出。2006 年，国家在建设资源节约型社会与环境友好型社会的背景下，提出要充分发挥政府绿色投资的引导作用，加强我国绿色发展的投入，并将自然生态保护支出、天然林保护支出、退耕还林支出、新能源研究支出、农村环境综合治理支出等纳入绿色投资体系中，从而使我国政府绿色投资的理念由传统的绿色投资向广义的绿色投资发展。

同时，“十一五”以前，作为政府绿色投资重要组成部分的环境保护支出，并没有被列入政府收支分类科目中，而是被列入“城市维护建设支出”科目下的“环境保护与城市水资源建设支出”。2006 年 2 月，财政部从中国政府职能构成和财政管理的实际需要出发，借鉴国外政府支出的职能分类办法，颁发了《政府收支分类改革方案》。该改革方案规定从 2007 年开始，将“环境保护”作为一大类政府支出科目，下设环境保护管理事务、环境监测与监察、污染防治、风沙荒漠治理、退牧还草等细化科目，分别进行列支与统计，使政府对环境保护工作的安排与实施更为规范、合理。

党的十七大以后，政府的绿色投资在国家绿色发展中的地位越来越显著，已经成为落实科学发展观、构建社会主义和谐社会的主要内容，成为促进我国经济又好又快发展的重要方式。到目前为止，我国政府的绿色投资已经形成了以中央政府为主导，中央各部门进行监督评估，地方政府推动实施的新格局，政府对绿色投资的理解更加深刻与清晰。

专栏 12-1　吉林通榆：科学推动绿色发展

通榆县位于吉林省西北部，隶属于白城市，是建于科尔沁草原上的县城。通榆县现有耕地300多万亩、草原400多万亩、林地260万亩，在吉林省人均耕地面积、人均草原面积和人均林地面积中居于首位。境内向海是国家级自然保护区、世界A级湿地，拥有世界15个鹤种中的7个品种，因此通榆也有鹤乡之美誉。

近年来，在县委县政府的正确决策下，在县财政的大力支持和投资下，在人民群众的认可下，通榆县从实际情况出发，全面贯彻落实可持续发展思想，逐步形成了以绿色农业产业、绿色能源产业和绿色生态旅游为主体的经济产业结构，绿色发展成效显著。

在绿色农业产业方面，“十一五”期间，通榆县政府投资建设绿色无公害食品基地150万亩，约占全县耕地面积的一半左右；依托绿色食品优势，积极引进培育绿色农产品龙头企业，做大做强农产品市场；大力开展百万亩节水灌溉稳产高效基本农田工程建设，2006年以来新增抗旱井近1万眼；购置节水喷灌设备1.5万套，实施膜下滴灌技术的有3 000亩；加大县内农机农具补贴力度，使全县农机综合作业水平接近50%。同时，2009年通榆县还在畜牧业领域投资1.2亿元，新建、改建各类标准化养殖小区75个，有效控制了养殖业的面源污染。

在绿色能源产业方面，通榆县借助国家在苏北沿海、甘肃河西走廊和内蒙古东部、吉林西部建设“风电三峡”的规划，在吉林省委、省政府的支持下，被打造成全国最大的风电基地和吉林省风电装备制造基地。早在1996年，吉林省电力公司就在通榆建造了全省第一个规模化并网发电的风电场。随后，县政府在积极引进华能、龙源等国际知名的风电力企业的同时，培育本地风电企业，并提出风电产业化的发展思路。此外，通榆县还积极支持太阳能、生物能等的开发利用，为国家清洁能源的探索与发展贡献力量。

在绿色生态旅游方面，通榆县利用其国家级自然保护区、世界A级湿地、国家AAAA级旅游景区等自然优势，投入大量的人力、物力、财力改善生态环境，全力建设生态旅游县。

此外，为有效保护生态环境，通榆县实施“水滞留”等工程，以客水补充农业用水和生态用水，向海水库和湿地充分补充了水源。为全面改善生态系统，县政府大力实施“治碱、治沙”工程，已治理盐碱化草原114.15万亩；为加大生态建设和保护力度，通榆县还积极开展植树造林、退耕还林等工作，有效遏制了土地的沙化。

在各级政府的高度重视下，在全县人民的积极参与下，通榆县经过多年的研究与探索，开辟出了一条适合自己的绿色发展之路，有效地用科学推动了绿色发展。

资料来源：

[1]通榆县绿色农业产业化发展纪事，中华人民共和国农业部网站.

[2]科学构筑县域经济绿色发展格局，通榆生态旅游网.

[3]吉林通榆：绿色发展之路，中国共产党新闻网.

[4]通榆县，百度百科.

2. 政府绿色投资资金稳步增长

“十一五”期间，在中国政府绿色投资理念日益明确的同时，政府绿色投资资金稳步增长，每年都有一定的突破。2005—2009 年，中国政府各项绿色投资的情况如表 12-1 所示。

表 12-1　“十一五”期间中国政府的绿色投资　单位：亿元，%

	2005 年	2006 年	2007 年	2008 年	2009 年
国家财政支出	33 930	40 423	49 781	62 593	76 300
环境保护投资	—	—	996	1 451	1 934
占国家财政支出比重	—	—	2.00	2.32	2.53
污染治理投资	2 388	2 566	3 387	4 490	4 525
占国家财政支出比重	7.04	6.35	6.80	7.17	5.93
林业建设投资	459	478	622	837	1 351
占国家财政支出比重	1.35	1.18	1.25	1.34	1.77
农村环境综合治理投资	144	198	209	282	369
占国家财政支出比重	0.42	0.49	0.42	0.45	0.48

注：由于统计口径发生变化，因此 2006 年环境保护投资的数据与以后几年的数据没有可比性，故本表的数据从 2007 年开始。

资料来源：国家统计局：《中国统计年鉴 2007—2010》，北京，中国统计出版社，2007—2010；国家统计局、环境保护部：《中国环境统计年鉴 2007—2010》，北京，中国统计出版社，2007—2010。

在环境保护投资方面，2007 年我国政府投资总额为 996 亿元，占国家财政支出的 2.00%。到 2008 年，政府对这一方面的支持达到了 1 451 亿元，占国家财政支出的比例比上年增加了 0.32 个百分点。2009 年，政府环境保护投资实现新的增长，总额接近 2 000 亿元，比 2008 年增长了 483 亿元，占国家财政支出的比重增加了 0.21 个百分点。三年内，我国环境保护投资总额基本实现翻倍，增速达到 40%。

在污染治理投资方面，“十一五”期间，国家污染治理投资的平均增速为 17.3%，个别年份增长相对缓慢，但并不影响其整体增长的趋势。投资总额从 2005 年的 2 388 亿元到 2009 年的 4 525亿元，每年都呈增长态势。其中 2008 年增长量达到峰值，为 1 103 亿元，2009 年增长量为谷值，仅有 35 亿元。占国家财政支出的比重 2006 年和 2009 年出现一定降低，中间三年逐年增长，且增速稳定。

林业建设投资和农村环境综合治理投资占政府绿色投资的比例相对较小，但其在“十一五”期间的增速却比较快，分别达到 31.0%和 26.5%，均超过国家财政支出的平均增长速度。其中林业建设投资 2009 年达到 1 351 亿元，是“十五”末年的 2.94 倍；农村环境综合治理投资在 2009 年达到 369 亿元，比“十五”末年增加了 225 亿元。这两项政府绿色投资都出现较大增长。

进入“十一五”以后，我国政府对绿色发展工作越来越重视，各项政府绿色投资均以较高的速度增长，一年一个新台阶，为我国的绿色发展事业作出了巨大贡献。

3. 政府绿色投资成效显著增强

为促进绿色发展，实现经济结构又好又快的转型，中国政府紧紧围绕绿色增长目标，把绿色与经济的协调发展作为工作重点，加大绿色投资强度，在环境污染治理、林业发展、农村环境整治、清洁能源发展等方面成效显著。

《国民经济和社会发展第十一个五年规划纲要》提出了“十一五”期间单位国内生产总值能耗

降低20%左右，主要污染物排放总量减少10%的约束性指标。到2010年，“十一五”能耗降低目标已基本实现，降污减排的两项约束性指标化学需氧量和二氧化硫排放量降幅均超过10%，提前完成了“十一五”目标。①

中国的林业发展工作在“十一五”期间也取得了显著成就，尤其是几项重点造林工程，成绩尤为突出。2006—2009年，天然林保护工程、退耕还林工程、三北及长江流域等防护林建设工程、京津风沙源治理工程分别完成造林3 877 626公顷、4 183 559公顷、3 799 889公顷和1 628 532公顷，其中天然林保护工程、三北及长江流域等防护林建设工程已经超过“十五”期间的造林面积318 957公顷和639 274公顷，退耕还林工程和京津风沙源治理工程造林面积也已接近“十五”期间的完成量。② 据全国第七次森林资源清查(2004—2008)显示，在过去的五年中，我国森林面积净增2 054.3公顷，人均森林面积增加0.13公顷，森林覆盖率增长了2.15个百分点。

农村环境治理工作是国家建设和谐社会的重要内容，是构建社会主义新农村需要实现的重大目标，“十一五”期间中国政府在这一领域也取得了较好的成绩。2005年，全国农村改水累计受益人口为888 934万人，到2009年则达到90 251万人，四年间增长了1 358万人；农村改水累计受益率由2005年的94.1%上升为2009年的94.3%，增长了0.2个百分点。“十一五”前四年全国新增使用卫生厕所家庭2 316万户，年均增速接近4%；卫生厕所普及率提高7.9个百分点，平均每年增长2%。农药使用量和地膜使用量较前几年也有所减少，在保证农业产量的同时减少了农地污染。③

“十一五”期间政府绿色投资取得了多方面的成就，为下一阶段的工作做了坚实的铺垫。“十二五”时期我国政府有望在现有基础加大工作力度，实现绿色发展事业新的突破。

专栏12-2　“东海绿洲”福建省东山县

东山县(岛)地处福建省南端，介于东海和南海的交汇处，位于厦门、汕头两个特区之间。与台湾一水之隔，是大陆距台湾最近的海岛。东山是个海岛县，土地、水等资源贫乏，生态基础相对脆弱。自明代以来，因战争与人为的破坏，岛上植被稀少，风沙危害，民不聊生。新中国成立后，在原县委书记谷文昌的带领下，饱受其苦的东山人挥洒血汗，上战秃头山，下战飞沙滩，掀起一场绿色革命，用绿色改写风沙肆虐的历史。

经过多年的艰苦努力，植树造林，彻底改变了东山恶劣的生态环境，完成了多少代人想做而做不了的工程，东山人才能在此基础上乘改革开放的东风过上小康幸福的生活。因此，形成了从恢复生态入手发展社会经济事业的、带有朴素可持续发展观的谷文昌精神，并激励东山历届县委、县政府领导班子和广大的东山人民自觉坚持保护生态环境的朴素可持续发展观念。

近年来，东山县积极推进可持续发展，做了大量的工作。首先是保护生态环境，建设环境友好型社会。主要包括：禁止农田特别是沙地芦笋园改建为海水养殖池；禁止擅自建设鲍鱼养殖场，加强鲍鱼养殖污水的处理；禁止破坏沿海防风林带；控制网箱养殖密度和饵料投放量；改善养殖结构，推行生态养殖模式，发展清洁或少污染水产养殖技术，建立良性循环的海洋生态养殖系统，避免海洋资源的过度利用和海洋环境污染，做到利用与保护相结合，确保海洋资

① 环境保护部：《中国环境状况公报2009》，2010-05-31。

② 国家统计局：《中国统计年鉴2010》，北京，中国统计出版社，2010。

③ 国家统计局、环境保护部：《中国环境统计年鉴2010》，北京，中国统计出版社，2010。

源得到健康、合理、持续的利用；禁止旅游岸线的岩石开采和沙滩的开采沙活动。其次，严格环保执法，强化环境监管。加强对工业污染的治理和污染治理设施的监管力度，保证建成的污染治理设施都能得到充分的运行；加强对新建项目的管理，严格执行建设项目环境影响评价制度和"三同时"制度，减少新建项目污染物的产生与排放。最后，制定可持续发展制度框架，加快重点工程的建设。按照可持续发展的指标体系，构建可持续发展的制度框架。加强国家级可持续发展实验区和生态示范区试点县的建设，全面实施《福建东山国家级可持续发展实验区规划》和《福建省东山县国家级生态示范区建设总体规划》。推进生态工业、生态农业、生态海洋、生态旅游、生态林业等领域的建设。加快东山湾和诏安湾贝类无公害食品生产区项目、废水资源化及节水灌溉项目、可再生清洁能源开发风力发电项目、沿海防护林更新改造项目、农林复合生态系统建设项目、立体种养生态农业项目、珊瑚自然保护区和东山海域生物多样性保护项目、建设八尺门导流工程等项目的建设，特别是加快城市污水处理厂、城市垃圾无害化处理场的建设，减轻城市污水、生活垃圾对环境的影响。

1997年东山县被福建省计委确定为全省社会经济协调发展改革试点县，并开始了建立社会发展综合实验区的筹划工作，在全省率先制定了社会发展综合实验区规划，1998年成为福建省首批可持续发展实验区，2002年成为国家可持续发展实验区并于2009年通过验收，科学的可持续发展理论开始在东山实践，可持续发展观念已深入人心。如今岛上绿树成荫，森林覆盖率已近40%，绿化率达98.3%，成为全国造林绿化先进县，有"东海绿洲"之称。

资料来源：

本文由福建省东山县国家可持续发展实验区办公室提供.

4. 政府绿色投资法制逐步完善

在多年的研究与探索中，中国政府绿色投资的法律体制逐步完善，并已经形成了一个以《中华人民共和国宪法》为基础，以绿色投资专项资金管理、绿色投资财务规划、绿色投资财务监管等为主要内容，包含多项专门法、行政规章和地方性法规的完整框架体系。

2007年5月，国家环境保护总局、财政部印发《中央财政主要污染物减排专项资金项目管理暂行办法》。该办法以规范中央财政主要污染物减排专项资金项目管理为主要目的，确保主要污染物减排指标、监测和考核体系建设顺利实施，推动"十一五"期间主要污染物减排目标的实现。2009年4月，环境保护部、财政部两部门联合颁布《中央农村环境保护专项资金环境综合整治项目管理暂行办法》。该管理办法为建设社会主义新农村，有效解决农村突出环境问题，改善农村环境质量提供了新思路。2009年5月，环保部出台了《关于加强中央环境保护专项资金项目监管工作的通知》。该通知对加强和规范中央环境保护专项资金的管理、改善资金使用效益、提高项目建设质量、强化项目监管有积极的意义。

此外，中央政府、中央各部门以及地方政府还出台了一系列关于财务规划、"小金库"治理等的规章制度，如《中国环保系统规划财务工作要点》、《关于深入开展"小金库"专项治理工作的通知》、《关于建立环境保护部治理"小金库"工作长效机制的通知》等，对加强中国绿色发展财政投入资金规划、提高绿色投资资金使用效率、完善绿色投资监管机制有积极的意义。

(二)中国政府绿色投资存在的主要问题

中国政府高度重视绿色发展中的绿色投资问题，积极制定和完善投资政策，加大政府投资力度，为中国的绿色发展作出了巨大贡献。但同时也应该清醒地看到，在目前严峻的社会形势下，政府的绿色投资还存在着一些问题，需要在下一个五年计划中进一步完善。

1. 政府绿色投资资金来源渠道单一

尽管近年来中国政府绿色投资的资金规模呈稳定增长趋势，但与其他投资形式相比，政府的绿色投资资金来源渠道相对单一，绿色投资的市场机制尚需建立。由于环境保护、污染治理、林业建设、农村环境综合治理等绿色投资对象均为公共品，因此，到目前为止，绿色发展所需的资金大部分来自于中央和各级地方政府，通过市场机制获得的绿色投资资金比重较小。

然而，社会主义市场经济的发展历程告诉我们，具有较高效率和较高稳定性的投资项目，其资金来源应该多元化、市场化，应该由市场来决定资金的来源和去向。因此，在未来的工作中，政府应该充分发挥市场在绿色投资中的作用，完善绿色投资的市场机制，利用市场资源配置的功能，为中国的绿色发展寻求新的资金来源，为绿色发展事业注入新的活力。在实践当中，通过明确产权而进行的招标投标等市场行为，可为绿色投资提供有价值的参考；建立绿色金融、绿色信贷等金融市场体系，则是绿色投资未来的发展方向。

2. 存在资金配置失衡的现象

2006 年以来，在党中央、国务院的重视下，中国政府绿色投资资金逐年增长，绿色投资效果显著增强。但在绿色投资资金的细化配置中，由于各种各样的原因，存在资金配置失衡的现象。每年国家将会安排财政支出约 10%的经费用于绿色发展事业，在这 10%的国家财政支出中，用于污染治理的投资所占比重最大，且与其他几项绿色投资内容相比优势明显，约占了 6%的份额。环境保护投资所占的比例也相对较大，约为 2%，且呈稳定上升趋势。而林业建设投资与农村环境治理投资所占的比例则相对较小，分别为 1.5%和 0.5%左右。这样的资金分配格局使每年污染治理和环境保护所占用的资金太多，资金利用效率不高。而我国日益严峻的林业建设问题和农村污染问题却由于得不到足够的资金支持而发展缓慢。

3. 政府绿色投资法律体系仍需健全

中国政府绿色投资法律体系建设已经有了较大的进步，但是目前这一领域的立法还远不能满足实践中政府绿色投资的要求，制约着中国绿色发展事业。第一，政府绿色投资的监管评价法律体系还需完善。由于监管机制缺位，部分地方资金使用的透明性较弱，因此存在绿色投资资金少用、专项资金挪用等现象；由于评价机制缺失，我国的绿色发展资金多被投入到各种形象工程和面子工程中，导致这些资金难以发挥实际作用。第二，重复立法的现象仍然存在。不同的法律法规是由不同的部门根据不同的利益立法，在缺乏长效、协调的系统机制情况下，法律法规的管制对象相互交叉重叠，使得实施起来不甚明确。执法部门在进行执法时有法难依，严重降低了法律的效益，制约了中国的绿色发展。第三，法律法规的实施滞后，实际操作性较弱。绿色投资的相关法律中有相当一部分已不能够适应现行绿色发展的需要，这要求立法部门与时俱进，根据新时期的新情况，及时调整立法策略与法律定位。绿色发展立法思路应该从事后责罚，调整为事前预防；从规定限制，调整为支持指导；从重复模糊，调整为清晰明确，将绿色发展的理念彻底融入法律法规中，保障绿色发展顺利进行。

>>二、“十一五”中国政府绿色投资区域比较<<

“十一五”期间，中国经济迅猛发展，经济总量跃居世界第二。同时，经济发展也受到资源短缺与环境污染双瓶颈制约。为此，各级政府加快转变经济发展方式，大力提倡绿色发展，积极支持绿色投资。根据 2011 绿色发展指数测算体系，本节分别从省际和重点城市两大角度，对 2009 年政府绿色投资进行比较分析，为未来五年中国政府大力推进绿色事业发展和开创政府绿色投资的新局面提供强有力的数据和理论支撑。

(一)中国政府绿色投资的省际比较

2009 年，各级政府为做好绿色发展工作，大力支持绿色投资，在环境保护、污染治理、园林绿化投资、农村改水、改厕投资等方面取得了一定成就。根据测算体系，我们选取相关指标，分别对东、中、西、东北四大区域内部绿色投资进行分析，并进一步比较四大区域间政府绿色投资的特点和差异。

1. 东部地区的绿色投资

一直以来，我国东部地区经济增长速度远快于中西部以及东北地区。伴随着经济的高速发展，东部地区出现了高污染、高能耗等严重的环境问题。为此，东部各省级政府大力推进绿色发展，增强绿色投资力度。2009 年中国东部地区 10 个省市的绿色投资情况如表 12-2 所示。

表 12-2　　2009 年中国东部地区绿色投资　　单位：亿元，%

省　份	绿色投资项目					
	环境保护投资	污染治理投资	园林绿化投资	农村改水、改厕的政府投资	政府的绿色投资总额	总额占财政支出比重
北　京	54.1	208.7	44.4	6.8	314.0	13.54
天　津	13.4	103.7	18.1	4.2	139.3	12.39
河　北	104.2	248.6	72.6	4.2	429.6	18.30
上　海	34.0	160.1	7.8	7.6	209.5	7.01
江　苏	147.6	369.9	139.4	21.9	678.8	16.90
浙　江	55.4	198.0	34.3	26.9	314.6	11.86
福　建	33.8	87.2	6.9	6.3	134.2	9.51
山　东	76.2	459.5	125.2	15.8	676.6	20.71
广　东	100.8	240.1	9.9	23.5	374.3	8.63
海　南	18.5	19.7	2.4	4.5	45.1	9.27

资料来源：国家统计局：《中国统计年鉴 2010》，北京，中国统计出版社，2010；环境保护部：《中国环境统计年报 2009》，北京，中国环境科学出版社，2010；国家统计局、环境保护部：《中国环境统计年鉴 2010》，北京，中国统计出版社，2010。

如上表所示，在东部地区，2009 年江苏省和山东省绿色投资最多，分别为 678.8 亿元和 676.6 亿元，占当年该省财政支出的比重分别为 16.90％和 20.71％。海南省与前两者的差距较大，仅是它们的 6％左右，投资总额为 45.1 亿元，占当年该省财政支出的比重为 9.27％。从绿色投资总额占财政支出的比重看，上海、福建、广东和海南的占比均在 10％以下，分别为 6.75％、9.01％、8.41％和 9.16％，低于东部地区其他省份。北京、天津、上海、江苏、浙江、福建和山东七个东部发达地区投资总额占财政支出比重均在 10％以上；并且山东最高，为 20.71％。

具体到各个投资项目，在环境保护领域江苏投资最多，投资额为 147.6 亿元，占东部地区中该投资项目总额的21.28%；在污染治理领域，山东投资为第一，总额是459.5亿元，占山东总的绿色投资比重为67.91%，占东部地区该项目投资总额的19.97%；在园林绿化投资领域，江苏遥遥领先，总额为139.4亿元，广东则最少，仅有9.9亿元投资额；在农村改水、改厕政府投资领域，浙江、广东和江苏三大省投资额位于前三名，分别为26.9亿元、23.5亿元和21.9亿元，占东部地区该投资项目的比重分别是20.84%、18.16%和16.97%。

东部地区对全国经济发展的重要引领和支撑作用，在转变经济发展方式、调整经济结构和自主创新中走在全国前列。东部地区政府绿色投资呈现以上特点，与东部各省的经济发展水平、资源开发强度以及政府实施政策等因素有关。2009年，江苏省和山东省经济总量分别居全国第二和第三，伴随着经济的大发展，开发强度比较大，环境污染和工业污染程度也相对较大。江苏省面对发展瓶颈，加快经济转型，实施了一系列投资举措，如打造“绿色钢铁”、建立绿色生态高等级航道、强化污水集中处理设施监管、治理工程建设领域的突出环境问题等，因此在环保和污染治理上支出相对比较多；在农村改水、改厕政府投资方面，为了大力建设社会主义新农村，浙江、广东和江苏不断加快城镇化进程，特别是浙江省农村经济发展走在全国前列。2009年，浙江省印发了《浙江省2009年重大公共卫生项目农村改厕项目定海区实施方案》，以改水改厕为重点，推进农村环境卫生整治。此外，还要求农村新建住房必须同步配套建造粪便和生活污水无害化处理设施，老住宅要加快户厕和生活污水处理改造，因此这方面的投入较多。

2. 中部地区的绿色投资

中部地区一直是我国重要的农副产品生产基地和能源原材料生产基地，经济实力较为雄厚，但中部地区的工业化水平较低，重工业所占比重较大，优势工业主要集中在一些技术含量不高、附加价值较低、污染比较严重、资源和能源消耗大的传统产业上。为此，中部地区应加大政府绿色投资，推进绿色发展，走新型工业化道路。2009年中国中部地区6个省市的绿色投资情况如表12-3所示。

表12-3　　2009年中国中部地区绿色投资　　单位：亿元，%

省份	绿色投资项目					
	环境保护投资	污染治理投资	园林绿化投资	农村改水、改厕的政府投资	政府的绿色投资总额	总额占财政支出比重
山西	70.6	157.8	14.6	5.1	248.2	15.89
安徽	59.3	139.2	52.8	12.9	264.2	12.33
江西	43.1	70.4	29.7	6.8	150.0	9.60
河南	93.0	121.3	17.4	17.0	248.7	8.56
湖北	74.2	150.6	21.2	21.6	267.6	12.80
湖南	73.6	146.4	32.9	13.3	266.2	12.04

资料来源：国家统计局：《中国统计年鉴2010》，北京，中国统计出版社，2010；环境保护部：《中国环境统计年报2009》，北京，中国环境科学出版社，2010；国家统计局、环境保护部：《中国环境统计年鉴2010》，北京，中国统计出版社，2010。

如上表所示，在中部地区，2009年湖北省和湖南省绿色投资最多，分别为267.6亿元和266.2亿元，占当年该省财政支出的比重分别为12.80%和12.04%。江西省与前两者的差距较大，投资总额仅是它们的56%左右，投资总额145.0亿元，占当年该省财政支出的比重为9.60%。此外，河南省的绿色投资总额占财政支出的比重也较低，仅占8.56%。

具体到各个投资项目中，在环境保护领域，河南的投资最多，投资额为93.0亿元，占中部地区该投资项目的17.80%；在污染治理领域，山西投资第一，总额是157.8亿元，占山西绿色投资总额的比重为64.78%，占中部地区该项目投资的16.44%；在园林绿化领域，安徽投资额最多，为52.8亿元，山西最少，仅为14.6亿元；在农村改水、改厕政府投资领域，湖北省、河南省位于前两位，投资额分别为21.6亿元和17.0亿元，占中部地区该投资项目的比重分别是24.19%和19.07%。

中部地区的各省资源禀赋状况存在差距，经济发展水平高低不一。2009年，湖北省和湖南省经济发展水平位于中部地区的前列，伴随着经济的发展，绿色环保的支出必然也较多；山西是全国的煤炭大省，由于煤炭是高污染、高能耗的传统能源，环境污染比较严重，在此领域的污染治理投入相应较多；在园林绿化领域，安徽省始终走在中部地区前列，不断加快城市园林绿化专业规划、建立健全城市园林绿化管理机构，在此方面投入较多。在农村改水、改厕政府投资方面，湖北省的城镇化进程比较快，在改水、改厕投资方面投入比较多，到2009年，湖北省已解决了1 082万农民的饮水安全问题，农村卫生厕所普及率达到68%①。

3. 西部地区的绿色投资

实施西部大开发战略十多年来，西部地区经济发展、社会进步，各项事业都取得了显著成就，有力地促进了区域经济协调发展。未来，西部地区将抓住机遇，加快转变发展方式，着力提高发展质量。在绿色发展和绿色投资上，2009年中国西部地区11个省市的投资情况如表12-4所示。

表12-4　　2009年中国西部地区绿色投资　　单位：亿元，%

省份	绿色投资项目					
	环境保护投资	污染治理投资	园林绿化投资	农村改水、改厕的政府投资	政府的绿色投资总额	总额占财政支出比重
四川	114.5	103.5	27.6	69.3	314.9	8.77
重庆	50.1	109.7	42.1	10.9	212.8	16.47
贵州	55.3	21.2	0.6	9.1	86.2	6.28
云南	82.2	79.6	7.0	8.6	177.4	9.09
陕西	79.5	119.1	33.7	10.4	242.7	13.18
甘肃	53.2	44.4	2.8	7.2	107.5	8.63
青海	29.0	12.3	1.2	1.2	43.7	8.97
宁夏	22.6	28.7	4.3	2.4	57.9	13.39
新疆	36.4	78.2	16.1	6.8	137.5	10.21
广西	49.9	132.3	41.0	15.4	238.7	14.72
内蒙古	97.9	155.2	49.3	7.0	309.3	16.05

资料来源：国家统计局：《中国统计年鉴2010》，北京，中国统计出版社，2010；环境保护部：《中国环境统计年报2009》，北京，中国环境科学出版社，2010；国家统计局、环境保护部：《中国环境统计年鉴2010》，北京，中国统计出版社，2010。

① 详见中华人民共和国卫生部网站，www.moh.gov.cn/publicfiles/business/htmlfiles/wsb/pmtxwbd/200906/41517.htm。

如表12-4所示，在西部地区，2009年四川省绿色投资最多，总额为314.9亿元，占当年该省财政支出的比重为8.77%。青海省的绿色投资最少，仅为43.7亿元，仅占四川省投资总额的14%左右。此外，宁夏回族自治区的绿色投资总额投入较低，仅为57.9亿元。从政府绿色投资占财政支出的比重来看，重庆、宁夏、内蒙古均在14%左右，四川、贵州、云南、甘肃、青海五个省或自治区占比均在10%以下，其中贵州占比最低，仅有6.28%。

具体到各个投资项目，在环境保护领域，四川的投资最多，投资额为114.5亿元，占西部地区该投资项目的17.07%；在污染治理领域，内蒙古名列第一，投资总额为155.2亿元，青海投资最少，仅为12.3亿元；在园林绿化投资领域，内蒙古位居第一，投资额为49.3亿元，贵州、青海、甘肃和宁夏四省的投资额分别仅为0.6亿元、1.2亿元、2.8亿元和4.3亿元。在农村改水、改厕政府投资领域，四川省位居第一，投资额69.3亿元，占西部地区该项目的46.76%，青海和宁夏两省的投资额仅为1.2亿元和2.4亿元，分别仅占四川该领域投资额的1.67%和3.39%。

长期以来，西部地区各省的整体经济发展水平不高、资源禀赋以及开发状况也参差不齐，因此该地区各省政府绿色投入也存在差异。2009年，四川省经济发展水平位于西部地区的前列，大力推进基础设施建设，特别是在灾后重建工作中，大力推进城市和农村的基础设施建设，因此在绿色投资、环境保护和农村改水、改厕等方面支出较多；青海和宁夏两省绿色投资比较少，一是和其经济发展水平较低，环境污染相对较少有关；二是在强化环境综合治理方面还存在不足，特别是青海省今后要加强“三江源”自然保护区等重点生态工程建设；内蒙古乌海和鄂尔多斯是我国北方最大的能源资源富集区，也是我国西部地区最集中的煤炭、电力、冶金、化工建材产区，由于传统粗放型的能源消耗观念和工业生产方式造成了严重的环境污染和资源浪费，因此内蒙古加大了工业三废综合整治和淘汰落后产能的力度，污染治理投资较多。①

专栏12-3　广西桂林：科学保护漓江，实现绿色发展

桂林市位于广西壮族自治区东北部，地处湘桂走廊南端，是中国历史文化名城，全国重点旅游城市。桂林山川秀美，景观奇特，其境内的漓江风光使桂林享有“山水甲天下”的美誉。

1973年，邓小平同志在视察漓江时曾说道：“如果为了发展生产而破坏了漓江的环境，那是功不抵过。”多年以来，桂林市人民谨记小平同志的嘱托，在市委市政府的领导下，以绿色发展为基本思想，探索出一条科学保护漓江的道路。

“十一五”期间，桂林市提出要着力打造现代化国际旅游名城、历史文化名城和生态山水名城的城市发展战略，因此投入了大量的人力、物力和财力，关停、转移漓江岸边几十家污染严重、环境友好度差的工厂和企业。通过对漓江及其支流的污染治理和环境保护，漓江的水质有了较大改善，市区的水环境也有了极大提高。同时，为减少机动车等的气体排放对漓江空气质量的影响，桂林市大力支持新能源开发，并投资建设了电动汽车充电站等，用科学技术保护漓江。此外，桂林市投入大量资金，在严格控制沿江风景区内基建项目的同时，对漓江两岸实行封山育林和植树造林，大力引入绿色植被，增强了桂林的生态文明水平。

为改变目前桂林市城市发展和产业布局对漓江山水的影响，使城市化进程和经济增长对自然风光的负面作用降到最低，桂林市跳出传统依江而建、依江发展的思维模式，巨资规划建设

① 详见内蒙古财政信息网，http://www.nmgcz.gov.cn/ztbd/xxgk/mx.ASP? id=877。

了临桂新区，将桂林市的城市和产业重心西移。“保护漓江，发展临桂，再造一个新桂林”，被确定为桂林市保护漓江新的发展战略和举措。降低老城区的人口密度，腾出漓江沿岸的绿地空间，还地于绿、还地于景、还景于江、还景于民，从而实现桂林城市发展和漓江生态保护和谐发展的目的，全面贯彻落实国家建设资源节约型和环境友好型社会的发展战略。如今，临桂新区正在紧锣密鼓的建设当中，漓江的环境保护将会上一个新台阶。

在保护漓江的道路中，桂林市还积极调动人民的力量，让广大人民群众参与其中，为漓江的生态环境出一份力。桂林市先后成立开办了青少年保护母亲河志愿服务队、桂林青年漓江论坛、青年文明号环保活动、漓江流域鱼苗放生、保护漓江生态监护等品牌活动，组织漓江人民在漓江沿岸及其源头植树造林，用人民的力量保护漓江。

经过桂林市政府及桂林人民的努力，如今漓江的水依然清澈见底，漓江两岸依旧绿树成荫。漓江在市委市政府的领导下，以多种形式和手段科学保护漓江，实现了漓江的绿色发展。

资料来源：

[1]“绿色政绩观”呵护“中国名片”—— 桂林市科学保护漓江生态环境纪实.

[2]保护好桂林山水这张“中国名片”，桂林破解漓江保护与发展难题.

[3]桂林环境保护网.

[4]百度百科：桂林.

4. 东北地区的绿色投资

作为老工业基地，东北许多地区饱受高耗能、高污染之苦，并产生了一大批资源枯竭型城市，河流、空气污染等环境和生态问题已成为东北经济快速发展的羁绊。为了促进东北地区经济增长方式的转型，该地区增加了政府绿色投资，促进了绿色经济发展。2009 年我国东北三省绿色投资情况如表 12-5 所示。

表 12-5　　2009 年中国东北地区绿色投资　　单位：亿元，%

省　份	绿色投资项目					
	环境保护投资	污染治理投资	园林绿化投资	农村改水、改厕的政府投资	政府的绿色投资总额	总额占财政支出比重
辽　宁	55.7	204.9	29.9	7.5	298.0	11.11
吉　林	49.5	66.1	7.8	9.3	132.7	8.97
黑龙江	59.1	107.8	19.2	3.3	189.3	10.08

资料来源：国家统计局：《中国统计年鉴 2010》，北京，中国统计出版社，2010；环境保护部：《中国环境统计年报 2009》，北京，中国环境科学出版社，2010；国家统计局、环境保护部：《中国环境统计年鉴 2010》，北京，中国统计出版社，2010。

如上表所示，在东北地区，2009 年辽宁省绿色投资最多，总额为 298.0 亿元，占当年该省财政支出的比重为 11.11%；黑龙江次之，绿色投资总额为 189.3 亿元，占当年该省财政支出的比重为 10.08%；吉林省的绿色投资最少，总额为 132.7 亿元，占当年该省财政支出的比重为 8.97%，仅为辽宁省绿色投资总额的 45%左右。

具体到各个投资项目中，在环境保护领域，三省差距不大，黑龙江和辽宁两省的投资较多，分别为 59.1 亿元和 55.7 亿元；吉林省次之，投资额为 49.5 亿元。在污染治理领域，辽宁省投资最多，总额为 204.9 亿元；其次是黑龙江，投资额为 107.8 亿元；而吉林省投资最少，仅为 66.1 亿元，分别仅占辽宁省和黑龙江省的 32%和 61%左右。在园林绿化投资方面，辽宁省投资额为29.9亿元，居首位；黑龙江省居次位，投资额为19.2亿元；吉林省居末位，投资额为7.8亿元。在农村人均改水、改厕领域，吉林省投资额位居第一，总额为9.3亿元；辽宁次之。黑龙江最少，投资额分别为7.5亿元和3.3亿元。

东北三省经济发展水平不一。近年来，东北三省政府树立明确目标，促进资源枯竭地区转型和全国老工业基地调整改造。其中，辽宁省不断加大对高耗能、高污染行业的治理力度，推动全省“绿色”发展，在绿色环保上的支出比较多；吉林省将以林区生态保护与经济转型为核心，着眼于东北地区“大生态”保护建设，逐步提高园林绿化投资；黑龙江省森林草原资源比较丰富，着力保护好黑土地、湿地、森林和草原，在园林绿化投资方面投入较多。此外，黑龙江、吉林、辽宁和西部地区内蒙古自治区将着手加强生态合作，联手对大小兴安岭和长白山林区进行生态保护，合力建设中国最大的森林生态区。

5. 东、中、西以及东北地区政府绿色投资的差异分析

长期以来，中国各区域在经济发展水平、资源禀赋状况、资源开发强度等方面存在较大差异。与之相对应，四大区在政府绿色投资上的差异也较为明显。表12-6具体分析了2009年四大区政府绿色投资的差异。

表12-6　　2009年中国东、中、西以及东北地区政府绿色投资差异比较　　单位：亿元，%

省　份	绿色投资项目					
	环境保护投资	污染治理投资	园林绿化投资	农村改水、改厕的政府投资	政府的绿色投资总额	总额占财政支出比重
东部地区	693.6	2 300.4	461.0	129.2	3 584.2	14.36
中部地区	522.3	959.6	168.7	89.2	1 739.9	13.95
西部地区	670.5	884.2	225.7	148.3	1 928.6	11.27
东北地区	164.3	378.8	56.8	20.1	620.0	10.27

资料来源：国家统计局：《中国统计年鉴2010》，北京，中国统计出版社，2010；环境保护部：《中国环境统计年报2009》，北京，中国环境科学出版社，2010；国家统计局、环境保护部：《中国环境统计年鉴2010》，北京，中国统计出版社，2010。

如上表所示，从比重上看，绿色投资总额占财政支出比重的排名依次为东部、中部、西部、东北，比重依次为14.36%、13.95%、11.27%、10.27%。由于东北三省内森林等自然资源比较丰富，需要投入的费用比较多，所以园林绿化投资相对较高，由于东北地区只有三个省份，因此其他方面的投资额均远远低于东、中、西部地区，没有可比性。所以，此部分主要对东、中、西部三大地区进行比较。2009年，与中西部相比，中国东部地区政府的绿色投资额遥遥领先，为3 584.2亿元，中西部地区分别为1 739.9亿元和1 928.6亿元，分别占东部地区总额的48.54%和53.80%。

具体到各个投资项目，在环境保护领域，东部地区的投资最多，投资额为693.6亿元，占全国该投资项目的37.77%；中部地区投资额最低，为522.3亿元，占该投资项目的27.69%。在污染治理领域，东部地区的政府投资额遥遥领先，为2 300.4亿元，占该项目投资的55.51%；中西部地区相差不大，投资额分别为959.6亿元和884.2亿元，分别占该项目投资的23.16%和21.34%。在园林绿化投资方面，排名先后依次为东部、西部和中部，投资额分别为461.0亿元、225.7亿元和168.7亿元，占该项目投资的比重分别为50.54%、24.73%和18.50%。在农村改水、改厕政府投资方面，排名先后前后依次为西部、东部和中部，投资额分别为148.3亿元、

129.2亿元和89.2亿元，占该项目投资的比重分别为40.43%、35.23%和24.34%。

中国东、中、西部地区政府绿色投资出现以上的这些特点，除了与三大区域的地区经济发展水平差异以及资源开发利用强度等因素有着内在的联系外，一个重要的因素是各地区的区域经济政策和区域功能定位不同。中国东部地区着力培育产业竞争新优势，加快发展战略性新兴产业，加大环境污染治理力度，化解资源环境瓶颈制约；中部地区具有承东启西的区位优势，是全国重要粮食生产基地、能源原材料基地、现代装备制造及高技术产业基地和综合交通运输枢纽地位；西部地区坚持把深入实施西部大开发战略，不断加强基础设施建设，加强生态环境保护，强化地质灾害防治，推进重点生态功能区建设。正是因为以上东、中、西部各自具有的特点和发展政策，中国东部地区在政府环境保护投资、特别是在污染治理方面的投资必然比较多；而在园林绿化投资和农村改水、改厕政府投资方面，中国西部地区投入的比较多，这与西部地区自身的资源承载状况、推进基础设施建设和城乡统筹协调发展的政策导向有一定的关系。

(二)政府绿色投资重点城市分析

绿色发展不仅是中央和各省级政府的责任，各城市对此也责无旁贷。“十一五”期间，各城市为做好绿色发展工作，大力支持绿色投资，在环境保护、废水治理、废气治理、园林绿化、市容环境卫生建设等方面取得了较大成就。根据我国城市行政区划原则，我们分别选取四个直辖市、四个典型省会城市和五个计划单列市的绿色投资进行比较，并对这几个城市的投资特点和差异进行分析。

1. 四个直辖市的绿色投资

在中国，直辖市是由中央政府直接管辖的城市，是拥有和省相同行政等级的一级行政区。直辖市既有省的特点，又是一个独立的城市。它们具有其他城市不具备的地位，拥有其他城市没有的政策和优惠。因此，在绿色发展和绿色投资上，直辖市有着自己鲜明的特点，值得我们分析与比较。2009年，中国四个直辖市的绿色投资情况如表12-7所示。

表12-7　2009年中国四个直辖市的绿色投资　单位：万元,%

绿色投资项目	环境保护投资	废水治理投资	废气治理投资	园林绿化投资	市容环境卫生投资	政府的绿色投资总额	总额占财政支出比重
北　京	354 688	1 205	25 718	444 321	599 432	1 425 365	6.15
天　津	109 789	40 867	75 921	180 727	24 398	431 702	3.84
上　海	250 758	9 703	40 746	77 791	82 800	461 798	1.54
重　庆	529 297	28 813	37 522	420 780	1 982	1 018 394	7.73

资料来源：国家统计局、环境保护部：《中国环境统计年鉴2010》，北京，中国统计出版社，2010；环境保护部：《中国环境统计年报2009》，北京，中国环境科学出版社，2010；住房和城乡建设部：《中国城市建设统计年鉴2009》，北京，中国计划出版社，2010。

2009年，在四个直辖市中，北京和重庆绿色投资最多，分别为1 425 365万元和1 018 394万元，占当年该城市财政支出的比重为6.15%和7.73%。上海、天津与前两者的差距较大，投资总额仅是它们的40%左右，分别为461 798万元和431 702万元，占当年地区财政支出的比重为1.54%和3.84%。其中，北京在市容环境卫生建设上的投资力度最大，占北京当年政府绿色投资总额的42.05%；天津在园林绿化方面的投资最多，占当年政府绿色投资总额的41.86%；

上海和重庆都是在环境保护方面的投资力度最大，分别占当年政府绿色投资总额的54.30%和51.97%。

具体到各个投资项目，在环境保护领域，重庆的投资最多，投资额为529 297万元，占四个直辖市中该投资项目的42.53%；在废水治理项目中，天津投资为第一，总额为40 867万元，占该投资项目的比重为50.71%；在废气治理方面，同样是天津居首位，总额为75 921万元，占该投资项目的42.2%；在园林绿化和市容环境卫生建设中，北京的投资额均为最大，分别为444 321万元和599 432万元，占该投资项目的比重分别为39.54%和84.59%。

北京、天津、上海和重庆的政府绿色投资出现以上的这些特点，跟这几个城市自身的发展情况是相吻合的。"十一五"期间，北京为举办2008奥运会及建设世界城市，大力进行市区园林及市容市貌的规划整治，因此这两个领域投入的经费较多；天津在四个直辖市中废水和废气问题相对严重，所以在这两方面加大了投入；上海为举办2010世博会，加大了市内环境保护和环境改善力度，配置了大量的人力和财力；而重庆作为中国最年轻的直辖市，辖区面积大，农村区域多，城镇化率相对较低，使其绿色投资具有四川、湖南等省级政府的特点，再加上近年来重庆市政府对绿色发展和绿色投资的高度重视，全面加强了环境保护、园林绿化、废水废气治理等多方面的绿色工作，因此绿色投资资金较为充足，占政府财政支出的比例最高。

专栏12-4　上海城市绿地建设：都市生态风景线

上海是中国大陆第一大城市，是四个中央直辖市之一，总面积为6 340平方公里(2009年年末)，城镇总人口为1 702万人(2009年年末)。近年来，上海城市生态建设已全面提升。2009年上海城市绿地面积为11.69万公顷，居全国前五名；城市人均绿地面积达87.81公顷/万人，居全国前三名。在"一城九镇"的开发模式指导下，上海城市建设以多个"居住生活圈"为核心，由城市公共"活动中心"形成"集中居住圈"分散发展，其中这些城市绿地公园的建成形成了上海都市的靓丽生态风景线，是上海市推进政府绿色投资事业取得的重要成果。

(1)十年前：两大"主题公园"开启上海都市生态生活

2000年，上海先后完成了浦东"世纪公园"、长宁"虹桥公园"的绿地建设。两大公园的建成，进一步提升了上海城市居民人均绿化面积，改善了居民生活质量。其中，世纪公园占地总面积140.3公顷，总投资为10亿元。公园主要设施有气象站、大草坪、银杏大道、大温室、溪流、四季花坛、蒙特利尔园等。虹桥公园是一座能满足市民娱乐和休闲的敞开式主题公园，也是虹桥地区的大型观赏性花园。公园占地面积为2万多平方米，绿化面积1.3万多平方米，各类乔木约4 000株，共122个品种。

(2)五年前：多点"城市绿地"形成上海居民健康生活

2006年，上海城市绿地建设从杨浦区的"黄兴绿地"到闸北区"大宁绿地"，从闵行区"七宝体育公园"到宝山区"顾村生活公园"的建设，上海"城市公园"建设由"中内环线"向"外环线"及以外转移，完全体现了上海"一城九镇"的城市发展战略，让更多的居民感受到了"城市绿地"带来的健康生态生活。

(3)当前：再建"城市风景"汇成上海多个生态居住核心圈

2009年，"顾村生态公园"一期已经完成，弥补了北上海城市生态的空白。"顾村生态公园"位于上海市的西北部，宝山区的顾村镇，属于宝山区最具活力的新城发展轴，是上海环城生态规划系统上的重要节点，是上海最重要的绿色生态核心之一。"顾村生态公园"总规划用地为

434.5公顷，是上海最大的城市绿地，面积相当于三个浦东世纪公园。其中，公园一期占地180公顷，有郊野森林园、异域风情园、森林烧烤园、森林漫步、植物观赏园等主题园区。目前，“顾村生态公园”已成为上海市环城生态乃至整个城市建设发展的新亮点，其规划特色为：“一轴”即陈富路公园景观发展轴，“一带”即外环200米生态功能林带，“三片”即文化森林片区、康健森林片区、保育森林片区。

十余年来，随着“虹桥公园”、“世纪公园”、“大宁绿地”、“顾村生态公园”等大型城市绿地的建设完成，上海市已形成中山公园、鲁迅公园、古城公园、新天地、七宝体育公园、大宁绿地区、顾村生态区等多个“生态居住核心圈”，大大改善了上海市民的生活质量，提升了上海市民的绿色生活理念。

资料来源：

[1]上海市政府网站.

[2]国家统计局，中国统计年鉴2010，中国统计出版社，2010.

[3]住房和城乡建设部，中国城市建设统计年鉴2009，中国计划出版社，2010.

2. 典型省会城市的绿色投资

省会城市一般是各省的政治经济中心，是各省发展的重心。省会城市依据其在全省特殊的地位，拥有省内最优秀的资源和最便利的政策，经济增长最为迅速。在绿色发展这一事业中，省会绿色投资意识强，资金充足，因此绿色投资工作做得非常出色。为考察中国省会的绿色投资情况，我们从中国的东部、中部、西部和东北部各选择一个具有代表性的典型省会城市，列出他们2009年在相关领域的绿色投资，如表12-8所示。

表12-8　　2009年中国典型省会城市的绿色投资　　单位：万元，%

绿色投资项目	环境保护投资	废水治理投资	废气治理投资	园林绿化投资	市容环境卫生投资	政府的绿色投资总额	总额占财政支出比重
南　京	70 751	16 818	24 872	291 105	39 082	442 628	9.60
武　汉	30 063	24 475	46 496	125 966	90 091	317 091	6.30
成　都	88 179	9 185	7 985	219 282	10 546	335 176	5.58
长　春	66 679	4 202	19 962	31 424	39 516	161 783	5.29

资料来源：国家统计局、环境保护部：《中国环境统计年鉴2010》，北京，中国统计出版社，2010；环境保护部：《中国环境统计年报2009》，北京，中国环境科学出版社，2010；住房和城乡建设部：《中国城市建设统计年鉴2009》，北京，中国计划出版社，2010。

由上表可知，在南京、武汉、成都和长春四个省会城市中，东部省会城市南京的政府绿色投资是最多的，为442 628万元，占其当年财政支出9.60%；西部省会城市成都的政府绿色投资总额居第二位，为335 176万元，占当年政府财政支出5.58%；中部省会城市武汉的政府绿色投资排名第三位，总量为335 176万元，占其当年财政支出6.30%；东北地区的省会城市长春的政府绿色投资最少，不到其他几个省会城市的一半，占当年政府财政支出的比重为5.29%。其中，南京、武汉、成都这三个城市都在园林绿化建设中投入最多，分别占当年政府绿色投资总额的65.77%、39.73%和65.42，长春则是在环境保护方面的投入力度最大，占当年政府绿色投资总额的41.22%。

从政府绿色投资项目的角度分析，在环境保护领域，成都的投资额最大，为88 179万元，占该投资项目的34.49%；在废水治理、废气治理和市容环境卫生建设方面，武汉均居首位，分别占该投资项目的44.76%、46.82%和50.26%；在园林绿化投资方面，则是南京的投资为第一，投资额为291 105万元，占该投资项目的比重是43.59%。

上述分析表明，政府的绿色投资与城市所处的地理区位有较大关系。在南京、武汉、成都、长春四个典型省会城市中，东部地区城市经济发达，社会发展水平较高，因此在各个绿色项目中的投入较为合理，呈现多个绿色领域均衡发展的特点；中部城市正处于以工业进步带动区域发展的关键时期，因此工业污染相对严重，政府在工业污染治理上的投入较多；西部城市环境形势比较严峻，因此在环境保护上的投入较大；东北老工业基地城市建设较早，城市基础设施较为陈旧，所以其着力加大在市容环境卫生方面的投入。

3. 五个计划单列市的绿色投资

计划单列市是享有省级经济管理权限而比省行政级别低的非省会副省级城市，其经济社会发展的特殊性使其在中国的行政区划中有着特殊的地位。中国的计划单列市为大连、青岛、宁波、厦门和深圳这五个城市，他们与省会城市一样拥有丰富的资源和优惠的政策，绿色发展成果十分显著。2009年五个计划单列市的绿色投资情况如表12-9所示。

表12-9　2009年中国五个计划单列市的绿色投资　　单位：万元，%

绿色投资项目	环境保护投资	废水治理投资	废气治理投资	园林绿化投资	市容环境卫生投资	政府的绿色投资总额	总额占财政支出比重
大　连	65 699	3 401	10 913	28 501	10 007	118 521	2.52
青　岛	38 706	5 975	2 021	82 654	20 349	149 706	3.45
宁　波	60 231	4 979	17 036	17 998	785	101 029	2.00
厦　门	18 804	2 554	1 398	7 159	41 641	71 556	2.67
深　圳	128 052	16 915	637	20 729	11 405	177 738	1.78

资料来源：国家统计局、环境保护部：《中国环境统计年鉴2010》，北京，中国统计出版社，2010；环境保护部：《中国环境统计年报2009》，北京，中国环境科学出版社，2010；住房和城乡建设部：《中国城市建设统计年鉴2009》，北京，中国计划出版社，2010。

在五个计划单列市中，深圳进行绿色投资的力度最大，其投入的金额为177 738万元，占其当年财政支出的比重为1.78%；青岛、大连和宁波三个城市绿色投资差别不大，都保持在100 000万元到150 000万元之间；厦门政府绿色发展支出最少，为71 556万元，占当年财政支出的2.67%。其中，大连、宁波和深圳主要以对环境保护的投资为主，分别占其当年政府绿色投资总额的55.43%、59.62%和72.05%；青岛以园林绿化投资为主，占其当年政府绿色投资总额的55.21%；厦门以市容环境卫生投资为主，占其当年政府绿色投资总额的58.19%。

各投资项目中，在环境保护和废水治理领域，深圳的投资位列第一，投资额为128 052万元和16 915万元，分别占该投资项目的41.11%和50.01%；在废气治理方面，则是宁波居首位，总额为17 036万元，占该投资项目的53.23%；在园林绿化建设中，青岛的投资额为最大，为82 654万元，占该投资项目的比重是52.63%；市容环境卫生投资中，厦门的投资最多，占该投资项目的49.46%。

在以上五个计划单列市的绿色投资中，大连、青岛和厦门以其环境优美闻名中外，因此在环境保护、园林绿化、市容环境卫生投资方面的投资最多；宁波近年来大力发展工业，所以其加大了在工业废气废水方面的投资力度；深圳经济发展水平最高，环境问题相对严重，所以在环境保护方面的投入力度最大。

4. 小结

2009 年各重点城市绿色投资的比较表明，政府的绿色投资因各个城市的功能、定位和特点不同而显示出较大的差别。直辖市因其特殊的政治经济地位，在资源、政策方面享有明显的优势，因此绿色发展方面的投入最大，政府进行的绿色投资最多；省会城市和计划单列市拥有的资源、政策及资金逐级减少，因此绿色投资也相对较少。2009 年直辖市、省会城市和计划单列市平均每个城市的政府绿色投资分别为 834 314 万元、314 169 万元和 123 710 万元，其中省会城市政府绿色投资不到直辖市的一半，计划单列市仅为直辖市政府绿色投资的七分之一，差距十分突出。

>>三、“十二五”中国政府绿色投资展望<<

“十二五”期间，中国政府坚持把建设资源节约型、环境友好型社会作为加快经济发展方式转变的重要着力点，深入贯彻资源节约和环境保护的基本国策，加大节能减排工作力度，发展循环经济，积极应对全球气候变化，把握绿色投资的正确方向，树立绿色投资的准确目标，大力推进绿色发展事业，开创政府绿色投资的新局面。

在《中华人民共和国国民经济和社会发展第十二个五年规划纲要》(以下简称“十二五”规划纲要)中明确指出了未来五年绿色投资的基本思路和发展方向(见表 12-10)。

表 12-10　“十二五”中国政府绿色投资的目标

资源节约	耕地保有量保持在 18.18 亿亩，单位工业增加值用水量降低 30%，农业灌溉用水有效利用系数提高到 0.53；推进农业节水增效，推广普及管道输水、膜下滴灌等高效节水灌溉技术，新增 5 000 万亩高效节水灌溉面积；单位国内生产总值建设用地下降 30%。
环境保护	单位国内生产总值能源消耗降低 16%，单位国内生产总值二氧化碳排放量降低 17%；森林覆盖率提高到 21.66%，森林蓄积量增加 6 亿立方米。
污染治理	主要污染物排放总量显著减少，化学需氧量、二氧化硫排放量分别减少 8%；氨氮、氮氧化物排放量分别减少 10%；城市污水处理率和生活垃圾无害化处理率分别达到 85%和 80%。
应对全球气候变化	控制温室气体排放，利用增加森林碳汇等手段，有效控制温室气体排放；推进植树造林，新增森林面积 1 250 万公顷。
发展循环经济	推行循环型生产方式，使工业固体废物综合利用率达到 72%，资源产出率提高 15%。

资料来源：《中华人民共和国国民经济和社会发展第十二个五年规划纲要》，北京，人民出版社，2011。

如上表所示，未来五年中国政府确立了资源节约、环境保护、污染治理、应对全球气候变化、发展循环经济以及培育战略新兴产业等领域的具体目标。据此，综合判断国内发展形势，中国政府绿色投资仍处于大有作为的重要战略机遇期。我国政府要牢牢把握机遇，大力推进政府绿色投资发展，树立危机意识，随时迎接诸多挑战。在此基础上，各级政府必须施行一系列行之有效的措施，推进我国政府绿色投资事业的蓬勃发展。

(一)不断健全中国政府绿色投资体系①

绿色投资体系是以保护环境、促进循环经济发展、建立人与自然和谐社会为主要目的而建

① 马秀岩、孟耀：《中国发展绿色投资的思路和对策》，载《经济与管理》，2005(12)。

立起来的投资体系，它是防治污染、保护和改善生态环境方面一系列投资的总称，是建立资源节约型和循环型社会的必要手段。随着科学发展观的确立，中国政府已明确表示要大力发展循环经济，从而使得绿色投资体系在中国的投资结构中占据越来越重要的地位。未来五年内，中国政府要不断建立健全绿色投资制度，保证绿色投资的顺利实施与推进。[①] 首先，建立包括环境保护制度、资源合理利用制度、污染治理制度(清洁生产制度)和物资循环利用制度等正式制度，用制度保证企业和有关部门用于环境保护的投入；其次，加大对政府绿色投资资金的监管，避免出现资金被挪用等情况，使政府绿色投资资金用到实处。此外，培养人们环境保护、资源节约、循环利用和绿色消费等非正式制度，加大政府对环境保护的宣传力度，使绿色投资成为人们的普遍习惯和社会意识。

(二)切实加大政府对绿色投资的财政和金融支持

未来，中国政府应加大力度制定一系列财政和金融政策，支持政府的绿色投资。一方面，制定绿色投资的财政政策，通过税收优惠、提供绿色补贴等，降低投资者的成本，增加投资者的利润，并通过征收资源环境税等，增加资源使用者和环境污染者的成本，从而刺激投资者进行绿色投资；另一方面，建立支持绿色投资的金融体系，如国有商业银行建立对企业绿色投资的优先贷款制度，政策性银行贷款主要投向符合国家产业政策和社会经济发展需要的产业和领域，建立民间金融组织，发挥民间投资者的融资作用，继续扩大和深化国际融资渠道，充分利用国内、国外两个市场和两种资金等，从资本市场支持绿色投资事业。

(三)全面加强政府绿色投资重点领域培育

在中国政府绿色投资体系不断完善的前提下，政府应该明确未来绿色投资的重点领域，确保绿色投资资金的高效利用。

首先，促进绿色产业投资。一方面，大力发展现代生态农业，不断加快转变农业发展方式。提高农业综合生产能力、抗风险能力、市场竞争能力；不断推进农业科技创新，健全公益性农业技术推广体系，发展现代种植业，加快农业机械化；促进农业生产经营专业化、标准化、规模化、集约化，形成发展高产、优质、高效、生态、安全农业等的现代农业产业体系；不断发展节水农业，推广清洁环保生产方式，治理农业面源污染。另一方面，大力发展现代生态工业，实现中国工业的绿色转型。坚持充分发挥市场的基础性作用与政府引导推动相结合，企业自身不断优化升级传统工业，政府不断加强财税金融政策支持，积极培育战略性新兴产业，立足中国国情和科技、产业基础，现阶段重点培育和发展节能环保、新能源、新材料、新能源汽车等产业，加快形成先导性、支柱性产业，切实提高产业核心竞争力和经济效益。此外，进一步推动第三产业的绿色发展，提高其对资源与环境的友好度。

其次，加大绿色园区投资。绿色园区是以工业代谢和共生原理为指导，将若干个相互关联的企业共建于一个园区。在园区内，各个企业相互协调，实现生产、物流、废弃物处理等设施资源共享，从而节约了用地和投资。政府在绿色园区的建设投资上要起到政策引导和鼓励企业的作用，加强对企业绿色理念的培训。通过绿色园区建设，政府将城市进一步建设成绿色城市。

---

① 黄海峰、孙涛、曹燕辉：《建立绿色投资体系，推进中国循环经济发展》，中国环境保护优秀论文集，2005。

最后，完善绿色城市投资。在绿色园区的基础上，为了实现循环型社会的目标，我国政府积极实施绿色城市投资。绿色城市应当遵照循环经济的 3R 原则；大力发展再生资源回收利用，实现城市内物质和能量的闭路循环。许多城市集工业、商业、服务、生活于一体，其中循环型城市是一个重要环节。在基础设施方面，政府应通过绿色投资实现绿色交通、绿色建筑；在城市绿地方面，政府应该科学制定规划，建立符合城市生态发展的绿地公园，形成健康的生活环境。

绿色产业投资、绿色园区投资以及绿色城市投资是一脉相承、有机联系的整体。绿色事业的发展离不开政府的参与、支持和引导，当然也要发挥市场机制的作用。我国应合理发挥“政府宏观调控”和“市场自我调节”这两只手的相互作用，共同推进绿色投资发展，促进社会可持续发展和经济新转型。

>>参考文献<<

[1]北京师范大学科学发展观与经济可持续发展研究基地等. 2010 中国绿色发展指数年度报告——省际比较[R]. 北京：北京师范大学出版社，2010.

[2]中华人民共和国国民经济和社会发展第十二个五年规划纲要[R]. 北京：人民出版社，2011.

[3]李晓西等. 国际金融危机下的中国经济发展[M]. 北京：中国大百科全书出版社，2010.

[4]国家统计局. 中国统计年鉴 2006—2010[R]. 北京：中国统计出版社，2006—2010.

[5]国家统计局，环境保护部. 中国环境统计年鉴 2006—2010[R]. 北京，中国统计出版社，2006—2010.

[6]住房和城乡建设部. 中国城市建设统计年鉴 2005—2009[R]. 北京：中国计划出版社，2006—2010.

[7]环境保护部. 中国环境统计年报 2005—2009[R]. 北京：中国环境科学出版社，2006—2010.

[8]环境保护部. 中国环境状况公报 2009[R]. 2010-05-31.

[9]金长宏. 对中国发展绿色投资的思考[J]. 科技与产业，2008(7).

[10]孟耀. 基于资源环境保护的绿色投资及其发展思路[J]. 财经问题研究，2005(7).

[11]石碧华. 中部地区工业发展的现状、特点与战略选择[J]. 中州学刊，2005(9).

[12]马秀岩，孟耀. 中国发展绿色投资的思路和对策[J]. 经济与管理，2005(12).

[13]黄海峰，孙涛，曹燕辉. 建立绿色投资体系，推进中国循环经济发展[C]. 中国环境保护优秀论文集，2005.

[14]苏杨，周宏春. 关于当前我国促进循环经济发展的若干问题的讨论[J]. 经济研究参考，2005(10).

[15]中华人民共和国国家统计局网站，http://www.stats.gov.cn/.

[16]中华人民共和国环境保护部网站，http://www.zhb.gov.cn/.

[17]中华人民共和国国家发展和改革委员会网站，http://www.sdpc.gov.cn/.

[18]内蒙古财政信息网，http://www.nmgcz.gov.cn/.

[19]中华人民共和国卫生部网站，http://www.moh.gov.cn/.

第十三章 绿色发展中的城市基础设施建设及管理

城市基础设施建设及管理是城市经济和社会发展的重要支撑，对绿色经济发展产生着重要影响。“十一五”期间，在推动“两型社会”建设的背景下，各级政府高度重视城市绿色发展下的基础设施建设和城市管理，制定了一系列城市绿色发展规划，逐步建立和完善了城市基础设施建设和管理的制度体系。但是，随着中国经济社会持续稳定发展，尤其是城市化速度的加快，对城市基础设施建设的需求也会不断加大，未来的城市管理也面临更多的新问题和新矛盾，树立绿色、低碳的发展理念，继续坚持节能减排，走可持续发展的道路，提升城市绿色发展水平，成为大势所趋。

>>一、“十一五”中国城市绿色发展中的基础设施建设<<

“十一五”期间，在中国推动城市绿色发展中，城市基础设施建设取得了显著成就，尤其是伴随着北京奥运会、上海世博会的成功举办和一系列区域规划的出台，中国城市基础设施建设投入大幅提升，城市绿色发展取得了长足进步。

(一)“十一五”期间中国城市基础设施建设成就

“十一五”期间中国城市基础设施建设在城市市政公用设施投入、供水、排水、能源供应、交通运输和环境卫生等方面取得了较大成就。主要表现在以下几个方面：

第一，城市公共设施建设和维护的投入量大幅增加。2006 年中国城市市政公共设施建设固定资产投资完成额为 5 765.1 亿元，2009 年增长到 10 641.5 亿元，几乎翻了一番。在 2006—2009 年间，城市维护建设资金支出一直保持增长态势，相对于 2006 年来说，2009 年的城市维护建设资金支出增长了 77%，由此可见，政府对城市建设的重视程度越来越高、投入的力度越来越大(如表 13-1 所示)。

表 13-1　　城市市政公用设施固定资产投资情况表

指标	单位	2006 年	2007 年	2008 年	2009 年
城市市政公用设施建设固定资产投资完成额①	亿元	5 765.1	6 418.9	7 368.2	10 641.5

① 城市市政公用设施建设的固定资产投资完成额，所含行业为供水、燃气、集中供热、轨道交通、道路和桥梁、排水和污水处理、园林绿化、市容环卫行业。不包含住宅投资。

续表

指标	单位	2006 年	2007 年	2008 年	2009 年
全社会固定资产投资完成额	亿元	109 998.2	137 323.9	172 291.1	224 598.8
占全社会固定资产投资完成额比重	%	5.25	4.68	4.28	4.74
城市维护建设资金支出	亿元	3 349.5	4 247.3	5 008.3	5 927.1

注：①城市维护建设资金支出仅包含财政性资金，不含社会融资；②2009 年的数据不包含城市公共交通，仅包含其中的轨道交通建设。

资料来源：住房和城乡建设部：《中国城市建设统计年鉴 2009》，北京，中国计划出版社，2010。

第二，在城市供水能力提高的同时，节约用水的能力也得以提升。“十一五”期间，中国城市供水在供水能力和节约用水两个方面都取得了较大进步。表 13-2 的数据显示了中国 2006—2009 年间的城市供水和节水情况。从表中数据可以看出，城市供水综合生产能力得以提升，用水普及率不断提高，2006 年的用水普及率仅为 86.67%，2009 年上升到 96.12%。与此同时，中国城市节约用水的能力和水平也得以提升。从数据中可以看出中国城市用水人口不断增加，城市供水总量却不断下降，人均日生活用水量从 2006 年的 188.3 升下降为 2009 年的 176.6 升；工业用水重复利用量不断上升，2009 年比 2006 年提高了 17.8%；2008 年全国设有节约用水管理机构的城市节约用水量已经突破 60 亿立方米，高达 65.91 亿立方米。

表 13-2　　城市供水节水情况表

指标	单位	2006 年	2007 年	2008 年	2009 年
城市供水综合生产能力	万立方米/日	26 965.6	25 708.4	26 604.1	27 046.8
用水普及率	%	86.67	93.83	94.73	96.12
城市供水总量	亿立方米	540.52	501.95	500.08	496.75
用水人口	万人	32 304.1	34 766.5	35 086.7	36 214.2
人均日生活用水量	升	188.3	178.4	178.2	176.6
工业用水重复利用量	亿立方米	553.55	602.60	654.73	652.31
节约用水量	亿立方米	41.58	45.48	65.91	62.87

注：①用水普及率指标按城区人口和城区暂住人口合计为分母计算；②工业用水重复利用量和节约用水量只统计设有节约用水管理机构的城市。

资料来源：住房和城乡建设部：《中国城市建设统计年鉴 2009》，北京，中国计划出版社，2010。

第三，城市排水工程建设快速加强，污水处理能力大幅改善。如表 13-3 所示，“十一五”期间中国城市排水建设取得较大进步，排水管道长度由 2006 年的 26.14 万公里，上升到 2009 年的 34.39 万公里，增幅达 31.6%。城市污水处理建设进展突出，污水处理能力大幅提升。2006 年城市污水处理厂仅为 815 座，经过三年时间增加到 1 214 座，是 2006 年的 1.5 倍；城市污水处理厂处理能力也由 2006 年的 6 366 万立方米/日，迅速增加到 2009 年的 9 052 万立方米/日，增幅达 42.2%；2009 年污水年处理总量达 279.35 亿立方米，污水处理率高达 75.25%，实现了水的高效循环利用。

表 13-3 城市排水和污水处理情况表

指标	单位	2006 年	2007 年	2008 年	2009 年
城市排水管道长度	万公里	26.14	29.19	31.52	34.39
城市污水排放量	亿立方米	362.53	361.01	364.88	371.21
城市污水处理厂	座	815	883	1018	1214
城市污水处理厂处理能力	万立方米/日	6 366	7 146	8 106	9 052
污水年处理总量	亿立方米	202.62	226.98	256.00	279.35
污水处理率	%	55.67	62.87	70.16	75.25

资料来源：住房和城乡建设部：《中国城市建设统计年鉴 2009》，北京，中国计划出版社，2010。

第四，城市能源供应总量增加，能源供应结构不断优化。“十一五”期间中国城市能源供应结构不断调整。总体来说，电能和天然气的供应量持续升高，2006 年城市全年用电量为 15 118.80亿千瓦时，2009 年升高为 19 246.62 亿千瓦时；天然气作为公认的“绿色能源”，其供应总量由 2006 年的 244.77 亿立方米上升到了 2009 年的 405.10 亿立方米，增幅为 65.5%，天然气占燃气供应比重在 2006 年和 2009 年分别为 13.56% 和 19.23%，四年来上升了 5.67 个百分点，可见“十一五”期间我国燃气能源供应结构在不断优化。2006 年天然气的使用人口为 8 319 万人，2007 年突破了 1 亿人，2009 年已达到 14 544 万人，是 2006 年的 1.75 倍；人工煤气的使用人口和管道长度都相应下降，液化石油气的使用人口和管道长度也有所下降(如表 13-4 所示)。

表 13-4 城市能源供应和消费情况表

指标	单位	2006 年	2007 年	2008 年	2009 年
城市全年用电量	亿千瓦时	15 118.80	16 979.80	17 812.66	19 246.62
城镇生活消费用电量	亿千瓦时	1 778.43	1 947.13	2 078.87	2 434.45
天然气供气总量	亿立方米	244.77	308.64	368.04	405.10
天然气占燃气供气比重	%	13.56	14.71	17.93	19.23
天然气用气人口	万人	8 319	10 190	12 167	14 544
天然气管道长度	万公里	12.15	15.53	18.41	21.88
人工煤气供气总量	亿立方米	296.45	322.35	355.83	361.55
人工煤气占燃气供气比重	%	16.42	15.37	17.33	17.16
人工煤气用气人口	万人	4 067	4 022	3 370	2 971
人工煤气管道长度	万公里	5.05	4.86	4.52	4.04
液化石油气供气总量	亿立方米	1 263.66	1 466.77	1 329.11	1 340.03
液化石油气占燃气供气比重	%	70.01	69.92	64.74	63.61
液化石油气用气人口	万人	17 100	18 172	17 632	16 924
液化石油气管道长度	万公里	1.75	1.72	2.86	1.42
城市蒸汽供热能力	万吨/小时	9.52	9.4	9.45	9.32
城市热水供热能力	万兆瓦	21.77	22.47	30.57	28.61
城市蒸汽供热总量	亿吉焦	6.78	6.64	6.91	6.31
城市热水供热总量	亿吉焦	14.8	15.86	18.75	20.01
城市蒸汽供热比重	%	31.42	29.51	26.93	23.97

续表

指标	单位	2006年	2007年	2008年	2009年
城市热水供热比重	%	47.11	53.74	69.63	83.46
城市蒸汽管道长度	万公里	1.4	1.41	1.6	1.43
城市热水管道长度	万公里	7.99	8.89	10.46	11.05
城市集中供热面积	亿平方米	26.59	30.06	34.89	37.96

注：2009年的城市全年用电量和城镇生活消费用电量分别为全社会用电量和城乡居民生活用电量。

资料来源：国家统计局：《中国城市统计年鉴2007—2010》，北京，中国统计出版社，2007—2010。

在城市供热方面，热水供热能力和供热总量大幅提高，2009年城市热水供热能力比2006年增加了31.4%，城市热水供热总量增加了35.2%。城市供热的能源结构也不断优化，2006年城市热水供热比重为47.11%，2009年该比重大幅上升为83.46%，可见供热效率更高的热水供热水平得到大幅提升。2008年城市热水管道长度超过10万公里，2009年达到11.05万公里。相对于更加节能的热水供热，蒸汽供热的能力和供热总量基本持平。此外，城市集中供热的覆盖面积也有所提高，2009年城市集中供热的面积为37.96亿平方米，是2006年的1.43倍。

第五，城市公共交通建设快速发展，尤其是轨道交通取得长足进展。"十一五"期间，在政府高度重视下，中国城市公共交通建设速度显著加快。2006年城市年末公共交通运营数为315 576辆，2009年增加到370 640辆；2009年城市标准运营车数为418 883标台，是2006年的1.2倍；公共交通运营线路网长度增幅尤其明显，2009年城市公共交通运营线路网长度比2006年增加了83 392公里，增幅达66.3%。随着公共交通运营数量的增多，公共交通运输总量也不断攀升，2009年城市公共交通客运总量为676.76亿人次，比2006年增加了210.83亿人次(如表13-5所示)。

表13-5　城市公共交通情况表

指标	单位	2006年	2007年	2008年	2009年
年末公共交通运营数	辆	315 576	347 969	371 822	370 640
标准运营车数	标台	337 240	379 021	412 080	418 883
运营线路网长度	公里	125 857	140 801	147 349	209 249
公共交通客运总量	亿人次	465.92	554.64	703.00	676.76
每万人拥有公交车辆	标台	9.05	10.2	11.1	11.1
年末轨道交通运营数	辆	2 764	3 480	4 530	5 479
轨道交通客运总量	万人次	181 599	220 582	337 390	365 770

资料来源：国家统计局、环境保护部：《中国环境统计年鉴2007—2010》，北京，中国统计出版社，2007—2010。

从上表还可以看出，城市轨道交通也迅速发展。2006年城市年末轨道交通运营数为2 764辆，到2009年已经达到5 479辆，是2006年的1.98倍；城市轨道交通客运总量在2006—2009年之间翻了一番。截至2009年年末，全国有10个城市已建成轨道交通线路33条，长度839公里，车站数558个，其中换乘站116个，配置车辆数4 801辆。全国有28个城市在建轨道交通线路81条，长度1 991公里，车站数1 342个，其中换乘站306个。①

第六，城市生活垃圾无害化处理能力提升，环卫设施建设力度不断加大。垃圾处理设施数

① 住房和城乡建设部：《中国城市建设统计年鉴2009》，北京，中国计划出版社，2010。

量和能力有较大增长，2009年城市生活垃圾无害化处理厂为567座，比2006年增加了148座。生活垃圾无害化日处理能力持续上升，2009年达到35.61万吨/日，生活垃圾无害化处理率为71.4%，较2006年都有大幅度提升(如表13-6所示)。

表13-6 **城市环卫设施情况表**

指标	单位	2006年	2007年	2008年	2009年
城市生活垃圾无害化处理厂	座	419	460	509	567
城市生活垃圾无害化处理能力	万吨/日	25.80	27.18	31.52	35.61
城市生活垃圾无害化处理率	%	52.2	62.03	66.76	71.4
城市建成区绿化覆盖率	%	35.11	35.29	37.37	38.22
城市人均公园绿地面积	平方米	8.30	8.98	9.71	10.66

资料来源：国家统计局、环境保护部：《中国环境统计年鉴2007—2010》，北京，中国统计出版社，2007—2010。

城市园林绿化建设成绩显著。2009年城市建成区绿化覆盖率为38.22%，较2006年增加了3.11个百分点；城市人均公园绿地面积由8.30平方米上升到10.66平方米，增加了2.36平方米。

(二)中国城市基础设施建设的区域比较分析

总体来说，"十一五"期间，中国城市绿色发展的基础设施建设取得了巨大成就，但是，区域间发展还呈现出明显的不平衡性。根据中国东、中、西和东北四个区域的通常划分方法①，对区域间城市市政公用设施投资情况、城市供水节水情况、城市排水和污水处理情况、城市燃气供应情况以及城市环境卫生情况进行了比较，体现在以下几方面：

第一，在市政维护和投资方面，中部地区和西部地区相对更为突出。如表13-7所示，中部地区在城市维护建设方面的固定资产投资所占地区生产总值的比重最高，为1.26%；在城市市政公共设施建设固定资产投资占地区生产总值比重方面，西部地区的比重为3.20%，在四个区域中的比重最高，其次是东北地区为3.13%，仅次于西部地区。

表13-7 **分地区城市市政公用设施固定资产投资情况表**

指标	单位	东部地区	中部地区	西部地区	东北地区
地区生产总值	亿元	196 674.4	70 577.6	66 973.5	31 078.2
城市维护建设固定资产投资	亿元	2 004.99	890.60	653.90	263.05
城市市政公用设施建设固定资产投资	亿元	5 697.63	1 829.64	2 142.64	971.57
城市维护建设固定资产投资占地区生产总值比重	%	1.02	1.26	0.98	0.85
城市市政公用设施建设固定资产投资占地区生产总值比重	%	2.90	2.59	3.20	3.13

注：地区生产总值的统计口径是包含城乡在内的各地区生产总值。

资料来源：国家统计局：《中国区域经济统计年鉴2010》，北京，中国统计出版社，2011；住房和城乡建设部：《中国城市建设统计年鉴2010》，北京，中国统计出版社，2010。

① 东部地区包括北京、天津、河北、上海、江苏、浙江、福建、山东、广东和海南10个省市；中部地区包括山西、安徽、江西、河南、湖北和湖南6个省；西部地区包括内蒙古、广西、重庆、四川、贵州、云南、西藏、陕西、甘肃、宁夏、青海和新疆12个省、市和自治区；东北地区包括辽宁、吉林和黑龙江3个省。

第二，东部地区城市供水能力最强，中部地区水资源利用率最高。如表13-8所示，东部地区城市供水综合生产能力达到13 889.50万立方米/日，占全国城市供水综合生产能力的一半左右；东部、中部、西部和东北地区的人均日用水量分别为410.93、351.04、317.98和366.57升/日，可见东部地区的人均日用水量最高，西部地区最低；在城市供水总量方面，东部地区也是最多的，占四个地区总和的一半以上。而中部地区的水资源重复利用率最高，达到82.71%，其次为东部地区和东北地区，分别为75.25%和74.80%；在节约用水方面，也是中部地区的人均节约用水量最多，高达47.79立方米/人，远远高于其他三个地区，由此可见，中部地区的水资源利用相对更充分。

表13-8　　　　分地区城市供水节水情况表

指标	单位	东部地区	中部地区	西部地区	东北地区
城市供水综合生产能力	万立方米/日	13 889.50	6 214.60	4 023.20	2 919.50
城市供水总量	亿立方米	266.53	93.89	81.19	55.14
城市用水人口	万人	17 769.97	7 327.48	6 995.42	4 121.34
人均日用水量	升/日	410.93	351.04	317.98	366.57
重复利用水量	亿立方米	287.14	152.71	71.58	140.89
节约用水量	亿立方米	17.46	29.70	9.96	5.76
水资源重复利用率	%	75.25	82.71	68.74	74.80
人均节约用水量	立方米/人	12.57	47.79	24.75	19.71

资料来源：住房和城乡建设部：《中国城市建设统计年鉴2010》，北京，中国计划出版社，2010。

第三，东部地区排水和污水处理的设施配置最多，城市污水处理厂处理能力最高，而东北地区单厂污水处理能力最高。如表13-9所示，东部地区的城市排水管道长度和污水管道长度均为各地区中最高，分别为20.23万公里和7.32万公里，城市污水处理厂的数量也为各地区中最高，共有643座污水处理厂，占全国总数的52.97%，城市污水处理厂处理能力为5019.9万立方米/日，大大高于其他地区水平。而东北地区的单位污水处理厂的污水处理能力和处理量最高，分别为9.45万立方米/日座和0.29亿立方米/座；其次为中部地区，两个指标分别为7.81万立方米/日座和0.24亿立方米/座；西部地区的污水处理厂处理能力和处理总量则相对较小。

表13-9　　　　分地区城市排水和污水处理情况表

指标	单位	东部地区	中部地区	西部地区	东北地区
城市排水管道长度	万公里	20.23	5.94	5.41	2.81
城市污水管道长度	万公里	7.32	1.79	2.30	0.69
城市污水处理厂处理能力	万立方米/日	5 019.9	1 730.9	1 488.8	812.6
城市污水处理总量	亿立方米	157.15	52.62	44.43	25.15
城市污水处理厂数量	座	643	241	244	86
每污水处理厂污水处理能力	万立方米/日座	7.81	7.18	6.10	9.45
每污水处理厂污水处理量	亿立方米/座	0.24	0.22	0.18	0.29

资料来源：住房和城乡建设部：《中国城市建设统计年鉴2010》，北京，中国计划出版社，2010。

第四，在燃气供应结构中，西部地区的燃气清洁度最高，四个地区的液化石油气供气比重均较大。如表13-10所示，西部地区的人工煤气供应和公认的“绿色能源”天然气供应比重最大，分别占该地区所有燃气供应的25.79%和28.64%；东北地区的液化石油气供应占所有燃气供应的比重最高，为77.30%，相对而言西部地区的燃气清洁度最高。四个地区的液化石油气仍是燃气供应中最多的成分，除了西部地区的比重为45.57%，其他三个地区的比重均超过50%。

表 13-10　　分地区城市燃气供应情况表

指标	单位	东部地区	中部地区	西部地区	东北地区
人工煤气供气总量	亿立方米	200.93	33.49	117.29	9.84
人工煤气占所有燃气供气总量比重	%	15.52	13.28	25.79	9.35
天然气供气总量	亿立方米	206.92	53.89	130.23	14.06
天然气占所有燃气供气总量比重	%	15.98	21.37	28.64	13.35
液化石油气供气总量	亿立方米	886.65	164.80	207.20	81.39
液化石油气占所有燃气供气总量比重	%	68.49	65.35	45.57	77.30

资料来源：住房和城乡建设部：《中国城市建设统计年鉴2010》，北京，中国计划出版社，2010。

第五，在城市环境卫生方面，东部地区无论是垃圾处理还是城区绿化率都最高。表13-11反映了中国东、中、西和东北各地区的城市环境卫生基本状况：东部地区的城市生活垃圾无害化处理量和处理厂数量最多，分别为6 116万吨和268座；东北地区每座城市生活垃圾无害化处理厂的处理能力最强，为23.99万吨/座。在城市绿化方面，东部地区的建成区绿化覆盖面积和建成区绿化覆盖率均最高，分别为7 563.23平方公里和42.95%；西部地区的城市绿化覆盖程度较低，其建成区绿化覆盖率为34.70%。

表 13-11　　分地区城市环境卫生情况表

指标	单位	东部地区	中部地区	西部地区	东北地区
城市生活垃圾无害化处理量	万吨	6 116	1 967.8	2 176.9	959.6
城市生活垃圾无害化处理厂数	座	268	114	144	40
每处理厂生活垃圾无害化处理量	万吨/座	22.82	17.26	15.12	23.99
建成区绿化覆盖面积	平方公里	7 563.23	2 950.63	2 734.88	1 696.12
建成区面积	平方公里	17 610.44	7 825.72	7 880.95	4 790.15
建成区绿化覆盖率	%	42.95	37.70	34.70	35.41

注：建成区绿化覆盖率根据建成区绿化覆盖面积和建成区面积相除计算得出。

资料来源：住房和城乡建设部：《中国城市建设统计年鉴2010》，北京，中国计划出版社，2010。

>>二、“十一五”中国绿色发展中的城市管理<<

城市的绿色发展离不开城市的科学管理。“十一五”期间，中国在科学发展观的引领下，非常重视城市管理的改善，各级政府不断推出绿色发展政策，全方位、多层次地构建资源节约、环境友好型社会，大力推进节水用水、节约用地和节能减排工作，并出台了大量法律法规。

(一)“十一五”期间绿色城市管理政策不断强化

《国民经济和社会发展第十一个五年规划纲要》(以下简称为“十一五”规划纲要)中明确提出:“落实节约资源和保护环境基本国策，建设低投入、高产出，低消耗、少排放，能循环、可持续的国民经济体系和资源节约型、环境友好型社会”。“十一五”规划纲要指出建设资源节约型、环境友好型社会应该着重发展循环经济，保护修复自然生态，加大环保力度，强化资源管理和合理利用海洋和气候资源等方面的工作。各城市纷纷制定具体落实措施。北京市出台了《加快发展循环经济，建设资源节约型城市2006年行动计划的通知》，要求各区、县政府，各部门认真实施。2006年11月3日北京市人大常委会通过了《关于发展循环经济，建设节约型城市的决议》进一步促进首都循环经济的发展，建设“两型”城市。全国多座城市也相继提出了建设资源节约型和环境友好型城市的具体目标。

第一，在城市节约用水方面，各级政府出台了一系列措施。国家环保总局印发了《2006年全国环境监测工作要点》，提出开展城市集中式饮用水源地水质监测的要求。在该要求的指导下，南京市出台了《南京水资源保护条例》，宁夏回族自治区通过了《银川市水资源管理条例》等。此外，多个城市进行了水务统一管理方面的探索，北京、上海等地纷纷实现了辖区内的水务统一管理。

第二，在生态补偿方面，积极开展试点工作，推动建立生态补偿机制的政策。2007年8月国家环保总局发布《关于开展生态补偿试点工作的指导意见》，提出政府引导与市场调控相结合，因地制宜，通过创新、试点等方式，建立试点区域生态环境共建共享的长效机制，推动相关生态补偿政策法规的制定和完善，为全面建立生态补偿机制奠定基础。

第三，在绿色融资方面，为环保型产业提供财政、金融和税收优惠政策。2007年6月19日，财政部和国家税务总局发布关于调低部分商品出口退税的通知，鼓励环保型产业的发展。中国人民银行提出改进和加强节能环保领域金融服务工作的指导意见，要求各分支机构、城市商业银行等加强沟通，密切协作提高节能环保领域金融服务工作水平。2007年8月13日，国家环保总局发布《关于进一步规范重污染行业生产经营公司申请上市或再融资环境保护核查工作的通知》，对从事火力发电、钢铁、水泥、电解铝行业的公司和其他重污染行业公司的环保核查工作作进一步规范，引导环保型产业的健康发展，严格控制“高污染，高环境风险”产业的发展。2008年国家环保总局和保监会联合建立绿色保险制度，提出要实现从主要依赖行政手段引导环保产业发展向以经济手段引导为主的转变，在重点行业和区域开展环境污染责任保险的试点示范工作，初步建立环境污染责任保险制度。截至2009年，已有9个省市开展绿色保险试点工作，同时，河北省、沈阳市和上海市等地在地方环保立法中写入了环境污染责任保险条款。2010年4月，国家发改委、中国人民银行、银监会和证监会联合发布了《关于支持循环经济发展的投融资政策措施意见的通知》，就充分扩大发展循环经济的投资、融资渠道，加强各级循环经济发展综合管理部门的相互协调，推动该政策的落实等方面提出了全面的指导意见。

第四，在城市低碳发展方面，积极推动发展低碳产业、建设低碳城市政策。2008年年初，住房与城乡建设部与WWF(世界自然基金会)联合在中国试点推出“低碳城市”以后，“低碳城市”迅速成为各城市追求的目标。2010年，国家发改委应多个省、市和自治区的申请，发布开展低碳省区和低碳城市试点工作的通知，开始在全国范围内探索经济发展和应对气候变化、实现绿色发展的做法和经验。

(二)"十一五"期间城市绿色管理制度体系不断健全和完善

中国在重视城市管理政策完善的同时也不断建立健全法律体系，目前已经逐步建立起由全国人民代表大会立法监督，各级政府负责实施，环保部门以及各有关部门依照法律规定实施监督管理的体制。

表 13-12　　中国"十一五"期间颁布的部分城市绿色管理制度

级别	法律法规名称	颁布机构	实施日期
全国	中华人民共和国水污染防治法	全国人大常委会	2008 年 6 月 1 日
全国	中华人民共和国循环经济促进法	全国人大常委会	2009 年 1 月 1 日
全国	中华人民共和国可再生能源法	全国人大常委会	2010 年 4 月 1 日
全国	取水许可和水资源费征收管理条例	国务院	2006 年 4 月 15 日
全国	全国污染源普查条例	国务院	2007 年 10 月 9 日
全国	民用建筑节能条例	国务院	2008 年 10 月 1 日
全国	公共机构节能条例	国务院	2008 年 10 月 1 日
全国	城镇燃气管理条例	国务院	2011 年 3 月 1 日
地方	湖南省长株潭城市群区域规划条例	湖南省人大常委会	2008 年 1 月 1 日
地方	海南省城镇园林绿化条例	海南省人大常委会	2009 年 1 月 1 日
地方	福建省固体废物污染环境防治若干规定	福建省人大常委会	2010 年 1 月 1 日
地方	城市市容和环境卫生管理条例	广西壮族自治区政府	2008 年 1 月 1 日
地方	河北省环境污染防治监督管理办法	河北省政府	2008 年 3 月 1 日
地方	河北省节能监察办法	河北省政府	2008 年 3 月 1 日
地方	天津市生活废弃物管理规定	天津市政府	2008 年 5 月 1 日
地方	天津市城市管理规定	天津市政府	2008 年 6 月 1 日
地方	中新天津生态城管理规定	天津市政府	2008 年 9 月 28 日
地方	海南省城镇生活垃圾处理费征收使用管理办法	海南省政府	2009 年 12 月 1 日

资料来源：中华人民共和国中央人民政府网站，http://www.gov.cn。

"十一五"期间，中国各级人民代表大会、各级政府机构以科学发展观为指导，先后下发了一系列法律法规等文件(如表 13-12 所示)，从各个方面规范了国家环境保护工作的程序、考核指标、实施办法、管理机制和法律责任等相关内容，对中国走可持续发展的道路、实现城市绿色发展发挥了重要作用。从上表中可以看出，"十一五"期间中国城市绿色发展的管理法律法规颁布具有以下特点：

一是绿色发展立法覆盖面不断扩大。如上表所示，中国在环境方面的立法覆盖面很广，涵盖了节能、供水、能源供应、城市卫生、绿化和污染评价等多个方面。中央和省市各级政府高度重视绿色发展管理的规章制度形成。全国人大和国务院主要针对全国普遍的绿色发展问题进行立法，各地方根据自身的特点和具体情况制定规章制度，落实绿色发展的各项工作。

专栏 13-1　建设节水型社会，大连市节约用水取得重大突破

大连把建设节水型社会作为全市水安全的重大战略举措，政府和相关部门高度重视节约用水工作，成立了大连市节水型社会建设工作领导小组，由市领导任组长，对全市节水工作进行一体化管理，加大对节水的投资力度，2008—2010年间在城市供水设施改造等方面投入资金20亿元。与此同时，加强法规和制度建设，制定和颁布了一系列节水的法规。大连市的节水型社会建设的做法主要有以下几个方面：

第一，加强节约用水管理体系建设和宣传力度。“十一五”期间，大连市在调整充实节水管理的组织领导机构，完善节水管理系统工作中取得了很大进步，形成了五级节水管理网。在教育宣传方面，积极开展世界水日、城市节水宣传周、环境博览会等专题宣传活动，通过开展节水政策法规培训班、报纸、电视、广播和企事业单位内部小黑板、小墙报等途径对市民进行节水教育。

第二，建立健全法律法规，确保节水工作有序进行。“十一五”期间，大连市制定了《大连市水资源管理条例》、《大连市城市供水用水管理条例》和《大连市引水供水工程设施保护条例》三部地方性用水管理条例；制定了《大连市城市中水设施建设管理办法》、《大连市城市节约用水管理办法》等多项用水行政规章，下发了涉及地下水管理、二次供水管理、海水利用、卫生洁具推广、压水节水等17项内容50余项规范性文件。

第三，建立初始水权制度，使用水价机制促进节水工作。大连市以发放《取水许可证》并用定额核定用水指标为载体，来推动初始水权的建立，逐渐形成较健全的总量控制与定额管理相结合的用水管理体系。与此同时，通过改革水价形成机制，征收水资源费，调整城市供水价格，规范再生水价格形成等手段，充分发挥价格的杠杆作用，促进节水社会建设。

第四，调整优化工业产业布局，大力开展工业企业节水工作。“十一五”期间，大连市大力发展循环经济和节水经济，加大对电子信息、生物工程、新材料等高新产业、旅游会展业、商贸流通业、金融信息业等节水高效型产业的扶持，编制工业企业的用水定额量，实行用水指标管理，开展水平衡测试等相关工作，推动工业企业节约用水工作的开展。

第五，扩大水资源的供应范围，实现多种水资源的整体配置。大连市不仅加强节约用水的工作，还积极开拓更多的水资源提供，大力推广非常规水资源的利用。在海水利用方面，大连市海水日均利用量达360万立方米。此外，海水淡化也取得了较大的发展，建成了5座海水淡化厂，海水淡化能力达1.19万立方米/日。在污水再生回用方面，大连市城市主城区具有建成运行的污水处理厂9座，污水处理量为49.5万立方米/日，主城区污水处理率达到71%。

在各级政府的高度重视下，大连市节水工作取得了较大突破。“十一五”期间大连市万元地区生产总值和万元工业增加值取用水量年平均下降9.8%和6.4%，分别降至44.6立方米/万元和26.4立方米/万元，均位居全国和辽宁省前列，城区和县市节水器具普及率分别提高了28%和25%，水资源综合利用水平在全国和辽宁省均保持领先地位。①

资料来源：

十一五大连市节水型社会建设工作总结，水利部网站，http://www.mwr.gov.cn/ztpd/2010ztbd/2010_jszgx/ckzl/201011/t20101109_245165.html.

二是绿色发展立法紧跟绿色发展政策的要求，及时把绿色发展政策规范化、法制化。“十一五”纲要中提出要积极构建循环经济，在北京、大连和深圳等地不断出台实现循环经济的政策之后，2008年第十一届全国人民代表大会常务委员会第四次会议通过了《中华人民共和国循环经济促进法》，在全国范围内统一规范生产、流通和消费等领域的减少资源耗费和废物产生的做法，

① 《十一五大连市节水型社会建设工作总结》，载水利部网站，http://www.mwr.gov.cn/ztpd/2010ztbd/2010_jszgx/ckzl/201011/t20101109_245165.html。

从而促进循环经济发展，提高资源利用效率，实现可持续发展。

三是城市绿色管理制度建设步伐加快。随着城市管理经验的积累，城市管理制度形成的步伐趋于加快。在2006—2007年之间出台的城市绿色管理的制度较少，在表13-12中，仅有《全国污染源普查条例》于2007年实施，进入2008年，随着城市绿色发展管理经验的增加，规整制度的颁布效率越来越高，2008年开始实施的法律法规达10项，其中天津在2008年5月到9月之间，陆续出台了3部城市绿色发展管理的规定，分别是《天津市生活废弃物管理规定》、《天津市城市管理规定》和《中新天津生态城管理规定》。

>>三、中国城市基础设施建设与城市管理的绿色发展展望<<

"十一五"期间，中国在绿色城市建设方面取得了很大的成就，"十二五"期间，城市的绿色发展仍然是一个重点话题。"十二五"规划纲要要求："深入贯彻节约资源和保护环境基本国策，节约能源，降低温室气体排放强度，发展循环经济，推广低碳技术，积极应对全球气候变化，促进经济社会发展与人口资源环境相协调，走可持续发展之路。"因此，应该以生态环境建设和社会发展为核心，加大城市基础设施建设，完善城市绿色管理，建设人与自然和谐共处的城市环境，实现城市的绿色发展。

(一)"十二五"期间中国城市基础设施建设的新趋势

城市基础设施建设是城市实现绿色发展的重要支撑，"十一五"期间中国在城市基础设施建设方面取得了巨大进步，积累了大量经验。但还应看到，进入"十二五"后，随着中国城镇化进一步加快，城市人口将越来越多，城市规模也将继续扩大，城市的承载力将面临新的挑战。与此同时，在中国进入到"十二五"这一发展方式转变的新的战略关键期之时，城市绿色发展方向正像"十二五"规划纲要中提出的那样，"十二五"的城市基础设施建设将会是"统筹地上地下市政公用设施建设，全面提升交通、通信、供电、供热、供气、供排水、污水垃圾处理等基础设施水平"。

推进能源多元清洁发展，加强能源输送通道建设，成为未来中国城市基础设施建设的重要任务。随着中国经济的持续较快发展，中国对能源的需求不断扩大，能源问题已经成为制约中国经济持续发展的重要问题。"十二五"规划纲要要求："坚持节约优先、立足国内、多元发展、保护环境，加强国际互利合作，调整优化能源结构，构建安全、稳定、经济、清洁的现代能源产业体系。"城市是中国能源消费量最大的区域，实现减少能源消耗，推进能源清洁发展的重点工作也在城市。"十二五"规划纲要指出，应该优先发展大中城市、工业园区热电联产机组，大力发展大型坑口燃煤电站和煤矸石等综合利用电站，推进水电站建设，在确保安全的基础上高效发展核电站，推广分布式能源系统的应用。完善电网体系建设，发展特高压等先进输电技术，加强城市电网改造，增强电网优化配置和供应能力。

专栏13-2　中新天津生态城规划大力提高能源清洁综合利用

中新天津生态城是中国、新加坡两国政府的战略性合作项目。2008年中新天津生态城总体规划获得通过，根据规划的要求，中新天津生态城不仅要促进土地使用和城市交通整合，还要平衡就业和住房供应。生态城将通过采用一系列创新型技术以及环境友好型的政策和投资，促进资源的循环利用。

在能源综合利用方面，总规划要求积极推广新能源技术，加强能源梯级利用，促进能源节约，提高能源利用效率，大力发展循环经济，推行清洁生产和节能减排，禁止非清洁煤的使用，构建安全、高效、可持续的能源供应体系。

根据总规划的安排，中新天津生态城计划使用80%的传统能源，20%的可再生能源。依靠两个热电厂向天津生态城供热，热能将以热水的形式通过两大传输管道输送给生态城，中新天津生态城约有1 632万平方米的建筑面积需要采暖和制冷，预计将有1 232万平方米的供暖由两大热电厂提供，其余面积由当地的地热能源和热泵供应；同时，热电厂还向国家电网输电，国家电网则供应生态城的绝大部分用电。生态城内天然气的网络分布将覆盖全市，天然气主要由甘肃和陕西提供。生态城的采暖、制冷、家用热水和街道照明等能源供应主要采用可再生能源，其中太阳能将占可再生能源总量的30.7%，可再生能源将占到民用住宅耗能总量的10%，公共建筑耗能总量的15%。

此外，中新天津生态城还制定了关键绩效指标，用于指导中新天津生态城的城市规划和建设，评估项目进展。到2020年，生态城的单位GDP碳排放将控制在每百万美元GDP 150吨，绿色建筑比例将达100%。可再生能源应至少占总能源供应的20%，集中供暖覆盖率达到100%。

资料来源：

[1]中新天津生态城网站，http://www.eco-city.gov.cn/eco/shouye/main.html.

[2]世界银行，中新天津生态城：中国新兴生态城市案例研究.

[3]中新天津生态城，载《城市住宅》，2011.

大力推进节能降耗，推动绿色建筑发展，将成为城市基础设施建设的基本要求。高污染、高能耗的后果将迫使中国转变经济发展方式。推广先进的节能环保技术，将成为中国促进节能减排、走可持续发展道路的重要方式。“十二五”期间中国将大力发展节能环保产业，促进资源循环利用产业的发展。“十二五”规划纲要把推进节能降耗放在重要的位置，要求继续实施热电联产、能量系统优化、节约和替代石油、建筑节能、交通节能、绿色照明节能等项目，加大对高效节能家电、汽车、电机和照明产品的补贴力度，推动节能技术产品规模化生产等。2011年4月21日，住房和城乡建设部发布《关于2010年全国住房城乡建设领域节能减排专项监督检查建筑节能检查情况通报》，要求“十二五”期间在重点市县推动实施“节能暖房工程”，并规定力争2015年在北方地区完成具备改造价值的老旧住宅的供热计量及节能改造面积的35%以上。① 此外，湖北省建筑节能工作会议确定了“十二五”期间绿色建筑的工作目标：新增节能能力520万吨标煤，可再生能源建筑应用面积2 500万平方米，发展绿色建筑面积1 000万平方米。②

积极发展循环经济，加大环境保护力度，将成为中国城市基础设施建设的基本条件。循环经济把清洁生产与废弃物利用相结合，以“减量化、再利用和资源化”为基本原则，采用适当的方式有效利用资源、保护环境。“十一五”期间，中国在发展循环经济方面取得了较大发展，“十二五”规划纲要对新时期的循环经济发展提出了进一步的要求：应当实现土地集约利用、能量梯级利用、废水循环利用和污染物集中处理，使工业固体废物综合利用率达到72%，资源产出率提高15%。随着城市人口的增多，城市环境污染已经成为不可忽视的“城市病”之一，“十二五”

---

① 载http://www.mohurd.gov.cn/zcfg/jswj/jskj/201104/t20110421_203196.htm，2011-05-06。

② 载http://www.mohurd.gov.cn/dfxx/201104/t20110427_203258.htm，2011-05-06。

期间，中国将综合治理饮水安全、空气污染和土壤污染等问题，加大环境污染监控范围和力度，加快城镇生活污水、污泥、垃圾处理设施建设。到2015年，全国城市生活垃圾无害化处理率达到80%以上，直辖市、省会城市和计划单列市生活垃圾全部实现无害化处理。每个省(区)建成一个以上生活垃圾分类示范城市。50%的社区城市初步实现餐厨垃圾分类收运处理。城市生活垃圾资源化利用比例达到30%，直辖市、省会城市和计划单列市达到50%。① 地级以上城市空气质量达到二级标准以上的比例达到80%，城镇生活污水处理率和生活垃圾无害化处理率分别达到85%和80%。②

发展城市公共交通，提高城市交通服务水平，将是未来中国城市基础设施建设的优先领域。"十二五"规划纲要提出："实施公共交通优先发展战略，大力发展城市公共交通系统，提高公共交通出行分担比率。"鼓励发展轻轨、地铁和有轨电车等城市轨道交通运输，并制定了城市轨道运输的基本目标，明确指出"十二五"期间建设北京、上海、广州、深圳等城市轨道交通网络化系统，在天津、重庆、沈阳、长春、武汉、西安、杭州、福州、南昌和昆明等城市，初步建成城市轨道交通运输的骨架，在合肥、贵阳、石家庄、太原、济南以及乌鲁木齐等城市完成城市轨道交通运输骨干线路规划。全面提高城市公共交通的站点覆盖率，发展城市快速公交系统，规范出租车行业行为，鼓励非机动车出行，大力发展节能环保的运输方式等。

专栏 13-3 深圳加大城市公共交通投入，荣获全国优先发展城市公共交通示范城市

面对日益严峻的城市交通问题，深圳市把优先发展公共交通作为解决城市交通拥堵的重要举措，确立了"政府主导、市场运作、规模经营、政策扶持、优先发展"的思路，从多方面入手优化政府管理职能、完善市场机制、加大城市公共交通基础设施建设，提高公共交通服务水平，实现了城市公共交通的跨越式发展。2006—2009年深圳市每万人拥有公共汽车数从99辆③上升为103.02辆④，远远高于全国其他城市。"十一五"期间，深圳市在城市公共交通建设方面主要采取了三大措施：

第一，完善城市公共交通规划体系，相继完成了《深圳市公共交通总体规划》(第三次修编)、《深圳市公共交通十一五规划》、《深圳市轨道交通近中期建设规划》、《深圳市公交场站近期建设计划》及《深圳市快速公交系统(BRT)规划》等多项公交专项规划，保障了规划的准确执行和公共交通的健康发展。

第二，加大城市公共交通基础设施的财政投入力度，积极发展城市公共交通基础设施建设。深圳地铁一期工程总投资115.53亿元，其中政府直接投资70%，公交场站及站点设施全部由政府投资建设。另外，为了确保公共交通优先长期、稳定的资金来源，深圳市建立了由市财政支付的用于发展公共交通的专项基金。在城市公共交通的基础设施方面，深圳市大力发展公交专用道路和推进港湾式停靠站及双站台停靠站的建设，使公交运送速度大幅提高。

第三，不断推进经营模式创新，完善市场运作机制，深圳市坚持"政策引导、市场运作、扶强扶优、资源整合"的原则，通过兼并重组的方式，提高公交行业经营的集中程度，实施公交区

① 《国务院批转住房城乡建设部等部门关于进一步加强城市生活垃圾处理工作意见的通知》(国发[2011]9号)，载 http://www.mohurd.gov.cn/zcfg/gwywj/201104/t20110426_203240.htm，2011-05-06。

② 《中华人民共和国国民经济和社会发展第十二个五年规划纲要》，第70页，北京，人民出版社，2011。

③ 国家统计局：《中国城市统计年鉴2007》，北京，中国统计出版社，2007。

④ 国家统计局：《中国城市(镇)生活与价格年鉴2010》，北京，中国统计出版社，2010。

域专营，推动规模化、集约化和适度竞争的市场竞争平台的建立，优化公交市场资源，推动公交服务水平的持续提升。①

2007年，深圳市与北京市、上海市等11个城市被国家城乡与住房建设部授予优先发展城市公共交通示范城市称号。

资料来源：

[1]深圳市副市长张思平，完善政策体系保障公交优先，中国市长协会网站，http://www.citieschina.org/ArticleShow.Asp? ID=5054&CatId=334.

[2]深圳荣获全国优先发展城市公共交通示范城市，深圳新闻网，http://www.sznews.com/zhuanti/content/2007-02/14/content_873910.htm.

(二)未来中国城市管理展望

“十二五”期间是中国全面建设小康社会的关键时期，城镇化进程将深入发展，促使城市必须从外延式发展向内涵式发展转变，进一步提升城市管理水平。今后的城市管理将以科学发展观为指导，在现有的城市管理经验为基础，进行制度创新，加快城市管理的制度建设；创新城市管理体制，充分整合社会各种力量参与城市管理；实施主体功能区战略，有重点地推进城市管理；以人为本，提高城市管理的科学性、民主性。

进行制度创新，使城市管理的制度建设进一步深化。在城市绿色发展方面，中国各级政府制定了一系列城市管理法律法规，初步形成了城市绿色管理体系，这些法律法规使城市执法工作有法可依，避免了执法的随意性。“十二五”期间，中国城市管理的法律法规建设将更加全面，使城市规划、建设和管理的各个环节都有法可依，严格要求城市管理工作人员，认真学习法律，严格执法，真正实现城市管理的法制化、规范化。

创新城市管理体制，充分整合社会各种力量参与城市管理的力度将会持续强化。“十二五”规划纲要指出，坚持多方参与、共同治理、统筹兼顾、动态协调是创新社会管理体制的原则，要以健全党委领导、政府负责、社会协同、公众参与的要求，健全社会管理格局，推动管理重心下移，发动社会力量管理城市事务。城市绿色发展应该允许政府与全社会共同行动，建立协同联动的机制，完善政府内部各部门之间和政府与社会组织之间两方面的协同作用，健全城市管理体制，清晰定位各职能部门的职能，综合治理，通过宣传、教育等方式，整合各方面资源，充分利用行政和市场两种方式，调动各方面的积极性，实现城市管理的健康发展。

实施主体功能区战略，有重点地稳步推进城市管理。按照《全国主体功能区规划》的要求，针对优先开发、重点开发、限制开发和禁止开发等不同地区的历史、自然条件和资源环境承载力的不同，实施分类管理、差异化控制开发强度的政策，把城市发展控制在自然生态承载力范围之内。积极推进生态城市建设试点工作，对不同主体功能区实行不同的污染排放控制和排放标准，使用差别化的业绩考核体系，将生态文明建设指标纳入考核体系，彻底扭转环境恶化的趋势，逐步实现经济、社会、资源和环境的可持续发展。

以人为本，不断完善未来城市管理的科学性、民主性。以人为本的科学发展观要求社会各界参与城市管理。现代城市管理是一个庞大的系统工程，社会参与城市管理不仅可以降低城市管理的成本，还可以满足不同利益团体的需要，实现人性化、民主化管理。“十二五”期间，应

① 《深圳荣获全国优先发展城市公共交通示范城市》，载深圳新闻网，2007-02-14。

当发挥政府的规划、协调、组织和监督作用，使城市重大规划、建设对社会开放，实行民主化管理，建立城市管理的社会化体系，加强城市管理的民主建设，构建政府、社会组织和个人平等协作的关系，降低管理成本，提高管理效率，满足城市规划、城市建设和城市管理科学化的要求。

>>参考文献<<

[1]国家统计局．中国城市建设统计年鉴 2009[R]．北京：中国计划出版社，2010.
[2]国家统计局．中国城市统计年鉴 2007[R]．北京：中国统计出版社，2007—2010.
[3]国家统计局，环境保护部．中国环境统计年鉴 2007[R]．北京：中国统计出版社，2007—2010.
[4]国家统计局．中国区域经济统计年鉴 2010[R]．北京：中国统计出版社，2010.
[5]国家统计局．中国城市(镇)生活与价格年鉴 2010[R]．中国统计出版社，2010.
[6]北京师范大学科学发展观与经济可持续发展研究基地等．2010 中国绿色发展指数年度报告——省际比较[R]．北京：北京师范大学出版社，2010.
[7]中华人民共和国国民经济与社会发展第十二个五年规划纲要[R]．北京：人民出版社，2011.
[8]连玉明．中国城市“十二五”核心问题研究报告[R]．北京：中国时代经济出版社，2010.
[9]刘文俭．城市管理的发展趋势与应对策略[J]．城市，2011(2).
[10]陈海秋．城市环境治理新理念及其对城市管理的理论突破[J]．上海城市管理，2011(1).
[11]岳金柱．加快推进首都城市管理与环境建设的几点思考[J]．城市管理与科技，2010(4).
[12]黄娇．浅析城市管理法治化与体制改革[J]．法制与社会，2011(7).
[13]十一五大连市节水型社会建设工作总结[EB/OL]．水利部网站，2011-05-02.
[14]深圳荣获全国优先发展城市公共交通示范城市[EB/OL]．深圳新闻网，2011-05-02.
[15]中华人民共和国中央人民政府网站，http://www.gov.cn.
[16]关于 2010 年全国住房城乡建设领域节能减排专项监督检查建筑节能检查情况通报[EB/OL]．住房与城市建设部网站，2011-05-06.
[17]湖北确定“十二五”建筑节能目标[EB/OL]．住房与城乡建设部网站，2011-05-06.
[18]国务院批转住房城乡建设部等部门关于进一步加强城市生活垃圾处理工作意见的通知(国发[2011]9 号).
[19]中新天津生态城网站，http://www.eco-city.gov.cn/eco/shouye/main.html.

第十四章 绿色发展中的环境治理

环境问题是关系到国家和地区可持续发展的重大问题。改革开放以来，我国经济持续快速增长，工业化、城市化进程不断加快，综合国力得到显著提升，人民物质生活得到了普遍改善。但与此同时，伴随着我国经济的高速增长，环境问题日益严重，明显制约了我国经济和社会的持续发展。“十一五”期间，党中央、国务院将建设资源节约型、环境友好型社会作为加快转变经济发展方式的重要着力点，环境治理力度不断加大，污染减排任务提前完成，环境污染防治取得阶段性成果。但是，我国在环境治理领域仍然存在不足，仍然与经济可持续发展的要求存在差距。面对经济社会快速发展的新形势以及日趋强化的资源环境约束，迫切需要在“十二五”时期，紧紧围绕加快转变经济发展方式的主线和提高生态文明水平的新要求，加强环境治理能力建设，探索环境治理新道路，确保我国经济社会长期可持续发展。

>>一、“十一五”我国环境治理的成效与问题<<

“十一五”时期，我国环境治理工作在国民经济发展中的作用更加显著，环境治理法制体系逐渐完善，环境治理公众参与水平日益提升，环境治理成效显著增强，已经成为落实科学发展观、构建社会主义和谐社会的重要内容，成为转变经济发展方式的重要手段和强大动力。但我们也应该清醒地认识到，目前中国环境形势仍然相当严峻，新的环境问题伴随经济规模扩大和经济增长步伐也在不断凸显，中国环境治理在体制、机制方面还存在着许多亟待解决的问题。

(一)“十一五”时期我国环境治理的主要成效

“十一五”时期，我国坚持把探索环境治理新道路作为重要主题，积极制定和改善环境政策，加强环境政策实施力度，污染治理投资保持较快增长，主要污染物排放总量得到控制，建立健全了与我国基本国情相适应的环境治理宏观战略体系、全防全控的防范体系、法规政策标准体系以及全民参与体系，环境治理能力不断增强，在环境治理方面取得了很好的效果。

1. 法律法规不断完善，执法水平逐步提高

“十一五”时期，我国的环境治理立法发展迅速，《水污染防治法》修订颁布，《循环经济法》制定实施，《规划环境影响评价条例》、《废弃电器电子产品回收处理管理条例》等 7 项环境保护行政法规相继出台，《节能减排综合性工作方案》、《应对气候变化国家方案》等法规性文件先后发布。国家环保标准的数量以每年 100 项的速度递增，填补了环境质量标准的空白，完成了 60 余项重点行业污染排放标准的制修订，开展了 1 050 项国家环保标准的制修订工作。现行国家环

保标准达 1 300 项，比“十五”期间新增 502 项。立法工作的不断完善使我国环境治理的主要领域基本都实现了有法可依。各地方人大和政府也相应制定了地方性环境治理法规和地方政府规章，初步形成了适应市场经济体系的环境治理法律和标准体系。这些法律法规，对限制破坏资源环境的活动，加快治理污染的进程，起到了重要的促进作用。

在保证环境治理有法可依的基础上，国家进一步加大执法力度，在强化日常检查的基础上开展了大量如针对重金属污染、造纸企业、污水处理厂和垃圾填埋场等重点问题的专项检查，逐步形成了集中式执法检查和日常监督执法相结合的执法工作体系，环境执法能力和水平正在不断提高。同时，许多地区积极借鉴国内外其他地区的经验和做法，开展环境司法领域的创新与实践，通过成立环境保护审判庭等形式，维护环保执法权威，整合行政与司法各方面力量，为打击环境违法行为、遏制环境污染和环境犯罪提供了司法保障。

专栏 14-1　北京延庆县　成立环境保护审判庭，加强环境执法力度

2010 年 11 月 10 日，北京市首家环境保护审判庭在延庆县法院成立。延庆县法院环境保护审判庭主要借鉴国内外其他地区的经验和做法，实行“三合一”和“双轨制”模式。“三合一”就是将刑事、民事、行政三大诉讼程序整合为一体，只要是与环保有关的案件，包括环境污染侵权行为案件，因行政相对人不服行政机关有关生态环境保护、资源行政管理等具体行政行为或行政不作为引起的行政诉讼案件，因行政机关落实环境政策、进行环境治理等具体行政行为引发的行政赔偿案件等，涉及破坏生态环境、生活环境保护的刑事案件，均由环保审判庭负责审理。“双轨制”是通过以行政手段和司法手段并举的形式，整合行政与司法各方力量，形成环保合力。同时，延庆环保审判庭成立后，还将建立联络员、联席会议及信息通报制度，建立起环保部门与环保审判庭以及其他环境执法机构的环境执法协调机制。此外，除审理好环境案件、加强与行政机关联动外，环境审判庭还会采取各种举措，积极参与到社会管理活动中，以司法建议督促指导相关部门完善环保措施，加强环境违法行为的预防工作；通过以案讲法深入景区、景点、社区、农村开展普法宣传，提高各阶层、各群体的环保意识。

延庆县环境保护审判庭是在现行法律框架内进行的一项审判机制改革探索，其旨在最大限度地保护生态环境和公众合法权益，所实行的“三合一”和“双轨制”模式不仅为司法手段在环保中的应用提供了新途径，还在一定程度上弥补了行政处罚无法强制执行，不能追究当事人的刑事责任，很难从根本上制止环境侵害行为的发生的缺陷，充分强化了审判职能对环保的特殊作用，为打击环境违法行为、遏制环境污染和环境犯罪提供了司法保障。

资料来源：

《北京成立首家环境保护审判庭》，载《科技日报》，2011-11-18.

2. 治理理念日益明确，公众参与水平提升

“十一五”以来，党中央、国务院提出了建设生态文明、推进环境保护历史性转变、探索中国环保新道路等一系列新思想、新观点，并特别注重用先进理念指导实践，把环境治理放在全局工作的突出位置，确定环境保护的目标任务，解决了许多环境保护领域的重大问题。各地区在经济社会发展实践中，也日益意识到了环境治理的重要性和紧迫性，许多地区紧密结合地方发展实际，积极探索与创新，将生态文明与经济发展结合起来，围绕环境治理和生态保护专门编制专项规划，从指导思想、治理目标、保障措施、政策体系等多方面对环境治理理念的贯彻实施进行明确和规范，更推动了环境治理理念的实践。

同时，全民参与的环境治理理念也得到进一步明确和保障。“十一五”时期，我国环境治理更加强调公众权利的保护，特别注重对社会公众的吸纳和利益诉求，注重社会各界在环境治理过程中的参与，并通过制度建设保障公众的有效参与。近年来，国家印发了《节能减排全民行动实施方案》，动员全社会积极参与节能减排和应对气候变化，形成以政府为主导、企业为主体、全社会共同推进的节能减排工作格局；发布了我国第一部推进公众参与环境保护的部门规章——《环境影响评价公众参与暂行办法》；发布了落实《政府信息公开条例》的第一个部门规章——《环境信息公开办法(试行)》，并特别注重利用报纸、网站、电视等新闻媒体和公开渠道，普及环境治理知识，曝光环境违法行为，弘扬环境保护文化，营造全民环保氛围，保障了公众对环境的知情权、参与权和监督权，有力地推动了政府环保决策公开化、民主化、科学化进程，提升了环境治理的公众参与水平。

专栏14-2　江苏张家港　编制国内首份生态文明建设规划

张家港市在经济快速发展的同时，高度重视和大力推进环境保护和生态建设，先后荣获首家全国环境保护模范城市、全国绿化模范城市、中国人居环境范例奖、国际花园城市、联合国人居奖和中国县域社会经济综合发展指数百强县(市)等荣誉称号。为进一步巩固生态建设成效，提升可持续发展能力，张家港市又及时提出生态文明建设的倡议，并编制了国内首份生态文明建设规划。

《张家港市生态文明建设规划》在吸收借鉴国内外先进经验和思想的基础上，以促进人与自然和谐、推动可持续发展为核心，针对张家港市的环境质量、资源消耗与经济协调性等特点编制。其目标评估体系由生态意识文明、生态行为文明、生态制度文明、生态环境文明和生态人居文明五大系统构成，提出了生态文明建设的主体框架和具体可行的规划方案，建立了生态文明建设的评估指标体系。①生态意识文明包括加大文化教育投入，建设学习型张家港；全面发展生态教育，培育全民生态文化；广泛进行生态宣传，提高全民生态意识；大力弘扬长江文化，共建流域生态文明。②生产行为文明包括加快循环经济发展，建设节约低碳文明工业体系；加强高端农业建设，打造多功能生态农业体系；加快清洁服务业发展，构建高效环保服务业体系；深化生态环境保护意识教育，培养节约环保消费模式；开展“三减”行动，倡导文明俭朴生活和工作方式。③生态环境文明包括优化水系水体功能，营造生命河流；遵循自然规律，合理定位区域生态功能；优化空间组团，构建区域生态安全格局；依托水路网络优势，打造生物和谐共生体系。④生态人居文明包括实施调控引导战略，构建适度人口体系；优化城市居住环境，建设绿色宜居城市；凸显村庄建设特色，建设苏南水乡村居；秉承以人为本理念，打造节约高效生态社区。⑤生态制度文明包括构建高效清明政府行政体系；建设协调有序企业制度文明；建立高效公众参与机制。

环境保护和生态建设是一项复杂的社会系统工程。《张家港市生态文明建设规划》首次提出了较为系统和完善的生态文明规划建设体系，不仅对指导张家港生态文明建设具有重要作用和意义，还是对全国进一步深化生态文明建设进行的有益探索，也将为其他地区生态文明建设规划提供范例。

资料来源：

高吉喜、黄钦、聂忆黄、徐美健，生态文明建设区域实践与探索——张家港市生态文明建设规划，北京，中国环境科学出版社，2010.

3. 管理体系日益完善，治理能力明显增强

“十一五”期间，我国逐步建立起由全国人民代表大会立法监督，各级政府负责实施，环境保护行政主管部门统一监督管理，各有关部门依照法律规定实施的监督管理体系。2008 年，环境保护部被批准设立，成为国务院的组成部门，使得环境保护部门的重要性得到极大提升。强化了统筹协调、宏观调控、监督执法和公共服务等职能，为推进环境治理历史性转变提供了更加有力的组织保障。随着国家环保部门的升格，各地区环保部门的作用也更加突出，环境治理能力明显增强，在防污治污、改善环境工作中，许多地方的环保部门都采取了严厉的环境治理措施，使得环境污染和生态破坏加剧的趋势减缓，城乡环境质量不断改善。

同时，在环境治理实践中，我国环境治理的工具也日益丰富，环境经济政策的作用日益显现。例如，高污染、高环境风险产品名录的颁布，排污权交易、生态补偿试点的展开，“绿色信贷”、“绿色保险”、“绿色税收”政策的出台，都有效地增强了环境治理能力，完善了环境保护和可持续利用资源环境的激励和约束机制，支持和鼓励了企业和社会的环境保护行为。此外，国家环境保护重点实验室、国家环境保护工程技术中心相继成立，环境监测预警体系也逐渐实现了海、陆、空全面覆盖，环境应急处置体制机制日益完善，全国很多省、市级环保部门成立了专门的环境应急管理机构，一批社会高度关注的重特大环境事件得到妥善处置，使得我国环境治理的一般能力和应急能力都有明显增强。

专栏 14-3　宁夏石嘴山市　从全国污染城市到治污典型城市的蜕变之路

地处贺兰山和黄河交汇之处的宁夏石嘴山市，因煤而建，因煤而兴，而煤炭工业的发展也给石嘴山市的发展带来了大量的生态问题。2003 年，石嘴山市被列入“全国十大空气污染严重城市”的黑名单。近年来，石嘴山市着力加强环境治理，促进资源枯竭型城市转型，走出了一条经济效益优良、资源消耗降低、环境污染减少的可持续发展道路，目前全市建成区绿化覆盖率达 36%，人均公共绿地面积达 14 平方米，节能减排主要指标居宁夏第一，并获得了“中国人居环境范例奖”、“全国水土保持生态环境建设示范城市”等多项殊荣。从全国污染城市到治污典型城市，这一历史性的华丽转变主要得益于石嘴山市“铁腕”治污、严格环境监管监测的环境治理实践。

一方面，“铁腕”治污，改善环境面貌。2004 年以来，石嘴山市大力开展“三废治理”，取得了积极的成效。在治理空气污染方面，一举关停城区 98 家小型污染企业，搬迁了市区周边 182 家煤炭加工企业，对 64 家落后生产能力和工艺的企业进行依法取缔，5 家铁路站台被限期停止煤炭发运；在治理工业废渣方面，投资近 10 亿元对矿区采煤洗煤形成的煤矸石山进行推平、覆土、绿化，对采煤沉陷区进行回填、造湖整治，形成了独具特色的采煤沉陷区(地质)生态园；在治理工业和城市污水方面，投资 7.5 亿元，进行污水处理回收利用及城市绿化工程建设，建起中水厂等一批水处理工程。

另一方面，严格监管监测，强化环境治理。首先，严格建设项目的审查审批，落实环保第一审批权。市环保部门对不符合国家和地方产业发展政策、污染治理技术不成熟的项目坚决不予审批，全市建设项目环境影响评价和重点建设项目“三同时”制度执行率均达到 100%。其次，加大建设项目环境执法检查，有效防止新污染源的产生。特别是加强对重点污染源企业的环境监管，督促其污染治理设施正常运转，确保各项污染物达标排放。最后，加强环境监测。石嘴山市利用国控重点污染源自动监控能力建设项目国家专项资金，完成了污染源监控中心和 21 家国控重点污染源在线监控系统的建设，通过先进的监测手段实现了当地大气、水等污染源数据

信息共享，更加科学、准确、实时地掌握全市污染源及污染物排放相关信息，做到了重点污染源排污状况的实时监控。

资料来源：

宁夏石嘴山：全国治污典型城市攻略，http://env.people.com.cn/GB/10942510.html.

4. 减排任务超额完成，环境治理成效显著

“十一五”期间，国家将主要污染物减排作为国民经济和社会发展规划的约束性指标，创造性地提出淡化基数、算清增量、核实减量的原则，摸索出一整套核查核算的有效办法，强化结构减排、工程减排和管理减排措施，严格考核问责，形成上下联动、左右协同的污染减排工作模式。在经济增速和能源消费总量均超过规划预期的情况下，二氧化硫减排目标提前一年实现，化学需氧量减排目标提前半年实现，如表14-1所示。

表14-1　　主要污染物排放情况及污水处理能力

指标名称	单位	2005年	2006年	2007年	2008年	2009年
化学需氧量排放量	万吨	1 414.2	1 428.2	1 381.8	1 320.7	1 277.5
二氧化硫排放量	万吨	2 549.4	2 588.8	2 468.1	2 321.2	2 214.4
污水年处理总量	亿立方米	—	202.62	226.98	256.00	279.35
污水处理率	%	—	55.67	62.87	70.16	75.25

数据来源：国家统计局：《中国统计年鉴(2006—2010)》北京，中国统计出版社，2006—2010；住房和城乡建设部：《中国城市建设统计年鉴2009》，北京，中国计划出版社，2010。

通过数据可以看出，全国化学需氧量排放量从2006年开始逐年减少，2009年化学需氧量排放量较2005年下降9.67%；2006年全国二氧化硫排放量较2005年略有升高，但是之后几年也呈逐渐下降的趋势，2009年二氧化硫排放量仅为2005年的86.9%。2010年全国化学需氧量排放量比2005年下降12.45%，二氧化硫下降14.29%，双双超额完成减排任务。① 此外，全国的污水处理能力逐年加强，污水年处理总量和污水处理率都逐年上升，污水年处理总量从2006年的202.62亿立方米提高到2009年的279.35亿立方米，污水处理率从2006年55.67%迅速提高至2009年的75.25%。与此同时，国家还重视环境治理基础设施建设，“十一五”累计建成运行5亿千瓦燃煤电厂脱硫设施，全国火电脱硫机组比例从2005年的12%提高到80%。② 全国水土流失治理面积也有较大幅度增加；防沙治沙建设扎实推进，全国沙化土地面积年均缩减1 717平方公里，沙化土地减少的省份增加到29个。③

与我国国家层面的环境治理工作相对应，各地区的环境治理成效也十分显著。“十一五”时期，环境治理的理念也在我国各地广泛的经济社会发展实践中得到普遍体现，环境的重要性不断得到认识和发展，生态文明理念日益深入人心，加强环境保护，开展环境治理，营造良好环境成为中国许多地方发展的主题和关键。为了加强环境保护，改善环境质量，我国各地采取了许多环境治理措施，开展了诸如专项治理、综合整治等一系列环境治理活动，不断加大环境治

① 环境保护部：《2010年主要污染物减排任务超额完成》，载国际在线，2011-06-10。

② 《紧紧围绕主题主线新要求 努力开创环保工作新局面——周生贤部长在2011年全国环境保护工作会议上的讲话》，载 http://www.zhb.gov.cn/zhxx/hjyw/201101/t20110120_200062.htm。

③ 国家统计局：《新发展 新跨越 新篇章——“十一五”经济社会发展成就系列报告之一》，载 http://www.stats.gov.cn/tjfx/ztfx/sywcj/t20110301_402706119.htm。

理工作力度，取得了积极的成效。

专栏 14-4 海口 综合整治营造优质水环境

海口市的河网水系发达，纵横交错，围绕主城区呈现“二横五纵”的分布主格局。但在城市化发展进程中，除五源河、南渡江东岸和美舍河上游部分为天然水系外，其余水系(段)均受到人为改造和重新塑造，水系被分割，湖泊被填占，水质下降。面对日趋严峻的水环境污染问题，海口市立足实际，从六个方面开展综合整治，取得了积极成效。

第一，实施市中心区水网动力工程。该工程建成后，向市区河湖年补水量约 9 168 万立方米，从而促使水体流动、循环和更换，增强市中心区的水网动力和水体自净能力。

第二，实施市中心区污水排污口截流并网工程。该项目对海口市中心区 13 个河沟湖库水体污水排放口进行了拉网式调查，将 300 余个排污口分别纳入市中心区污水截流并网工程、对美舍河遗留污水排放口截流并网工程进行整治。

第三，实施海口美舍河引水干渠工程。该项目起点为沙坡水库溢洪道下，终点为丁村路口，总长 3.2 公里。

第四，实施白沙河整治工程及鸭尾溪—五西路明渠水体还清工程。主要内容包括河道沿线排污口截流、河道清淤整治，建泵站从横河沟补水，让河道从死水变回活水并实现水体还清。

第五，实施金牛湖净化工程。该项目面向全国开展方案征集和项目立项、科研，旨在改善金牛湖生态系统。

第六，实施水环境面源污染治理工程。全面启动饮用水水源地基础环境调查评估工作，定期对龙塘、永庄水库等饮用水源保护区水质进行监测、考核；在饮用水源保护区实行最严格的环境准入和环评审批制度，凡不符合环保要求的项目，一律不予审批、不准建设；市环保、水务、国土、工商、行政执法局对水源保护区的违章建筑物、构筑物、污染面源进行联合查处。

经过整治，海口市的水环境明显改善，全市江河湖库等地表水水质达到相应功能区标准，饮用水源地水质达标率为 100%，公众环境保护意识也不断增强，实现了水环境整治与提高城市防灾减灾能力、加快城市化进程、改善人居环境的多赢局面。

资料来源：

《海口开展六项工作综合整治水环境》，载《中国日报》，2011-04-11.

(二)现阶段我国环境治理中存在的主要问题

“十一五”期间，中国高度重视经济发展中的环境问题，积极制定和完善环境政策，加强环境政策实施力度，在污染源治理、达标排放、环境综合整治及主要污染物总量控制等方面取得了明显进展和阶段性成果。但是，我们也应该清醒地认识到，中国环境污染形势依然严峻，新的环境问题伴随经济规模扩大和经济增长步伐加快也在不断凸显，环境治理在体制机制、能力建设等方面还不能很好地满足环保任务的需要，存在着一些亟待解决的问题。

1. 环境治理法律体系仍需健全

“十一五”时期，中国的环境法律体系建设已经有了长足的发展。但是，中国的环境立法和环境保护还远不能满足环境治理的现实要求，制约着环境治理和经济社会可持续发展的步伐。一方面，环境治理法律的出台与完善仍然与环境治理实践需求存在差距，例如绿色金融等一些领域仍然存在法律法规上的空白，现行环境治理法规政策体系主要侧重于污染物排放达标等治污方面，强调事后惩罚，手段相对单一，效果主要治标而不治本，环保效果较差，且经济成本大，环境效益低，不利于环境质量的根本改善。另一方面，环境执法领域的问题依然存在。在地方利益和部门利益的影响下，一些地方政府和地方环境执法部门往往对关系当地经济发展的支柱产业、重点企业的环境违法行为采取相对宽容的态度，环境领域的执法不严、违法不究或轻究的现象仍然存在。

2. 环境治理机制有待完善

目前，我国在环境治理机制上的“强政府”色彩仍然浓重，从行政性治理向多元共治转变的任务十分艰巨。在环境治理实践中，尽管社会公众在环境治理中扮演着越来越重要的角色，但环境政策的制定与执行中的各种具体措施大多依然以动用行政系统的力量为主，是由各级政府部门直接操作，并作为一种行政行为而通过政府体制进行实施的。来自民间的公众参与具有书面上的合法性和合理性，但在操作程序和权益保障方面缺少具体的规定，缺乏具有可操作性的保障机制，环境治理的公众参与渠道、途径往往不多不畅，参与模式通常以末端参与为主，面临着诸多现实障碍。现有环境治理机制在很大程度上抑制了环境治理社会资源和力量的发挥，影响了社会公众参与环境治理的积极性和创造性，急需通过体制创新，优化环境治理结构，从根本上夯实环境治理的公众参与基础，构建多元化的环境治理机制。

3. 环境治理工具还需丰富

在环境治理过程中，环境经济政策工具具有促进环保技术创新、增强市场竞争力、降低环境治理成本与行政监控成本等优点。“十一五”时期，中国环境治理中引入了许多环境经济政策工具和手段，绿色信贷、绿色保险、绿色贸易和绿色税收等一系列环境经济政策的实施和深化，进一步丰富了国家宏观调控手段，减轻了经济增长的环境代价。但是，从整体上看，我国环境政策的主体仍然是政府直控型环境政策和命令，环境政策工具也多使用命令一控制环境政策工具，在目前各地方、各企业发展经济追求利润的前提下，直接管制政策由于不能以最小的成本实现环境改善，在具体实施过程中遇到极大阻力。同时，以实现经济建设与环境保护协调发展的环境经济政策缺乏系统性，没有形成有利于实施可持续发展战略的环境经济政策体系。在制定环境政策或采用环境政策工具时，在环境管理系统内部考虑较多，缺乏对各类市场主体进行基于环境资源利益的调整，很少从政府的宏观调控职能转换以及与其他政策相协调等角度制定大环境政策。

>>二、“十一五”我国环境治理区域比较<<

“十一五”期间，我国经济继续保持强劲的增长势头，经济总量超过日本，跃居世界第二。但是迅猛发展的经济给环境造成了巨大的压力，资源匮乏和环境污染渐渐成为制约经济发展的一大瓶颈。为此，各级政府加强了对环境治理的重视程度，并且加快转变经济增长方式，大力发展绿色经济。根据“省际绿色发展指数评价体系”和“城市绿色发展指数评价体系”的测算结果，本节分别从省际和重点城市两大角度，对2009年政府环境治理问题进行比较分析，为未来“十二五”时期中国政府大力推进环境治理能力和绿色发展的新局面提供强有力的数据和理论支撑。

(一)中国环境治理的省际比较

为加强我国环境治理能力，各级政府在环境保护、污染治理等方面作出了很多努力，根据

"省际绿色发展指数评价体系"，我们选取5个正指标和1个逆指标[①]，即人均当年新增造林面积、工业二氧化硫去除率、工业废水化学需氧量去除率、工业氮氧化物去除率、工业废水氨氮去除率和突发环境事件次数(逆)，分别对东、中、西、东北四大区域2009年的环境治理能力进行分析，并进一步对四大区域间环境治理的特点进行差异比较。

1. 东部地区的环境治理

东部地区依据自身良好的地理优势，长期以来，经济发展速度一直处于全国领先地位。随着经济的高速发展、城市化的不断推进，东部地区的环境承受着巨大的压力。为了该地区的可持续发展，加强环境治理力度刻不容缓，东部各省级政府大力推进环境治理技术的发展，使得环境治理总量和效率同步提升。2009年中国东部地区10个省市的环境治理情况如表14-2所示。

表 14-2　　2009 年中国东部地区环境治理　　单位：公顷/万人，%，次

省　份	环境治理指标					
	人均当年新增造林面积	工业二氧化硫去除率	工业废水化学需氧量去除率	工业氮氧化物去除率	工业废水氨氮去除率	突发环境事件次数
北　京	10.2	65.3	86.2	36.3	92.8	31
天　津	13.0	59.7	63.2	16.7	29.8	—
河　北	43.7	54.3	15.2	4.7	60.5	4
上　海	1.1	61.6	36.8	6.1	77.3	118
江　苏	10.9	64.7	20.9	6.9	79.0	10
浙　江	5.3	65.9	8.1	3.2	81.7	50
福　建	9.2	47.0	18.2	7.2	72.7	6
山　东	19.3	66.7	0.9	0.2	90.0	19
广　东	2.1	64.9	19.3	6.0	83.1	10
海　南	22.6	73.7	3.1	1.6	56.8	7
均　值	13.7	62.4	27.2	8.9	72.4	25.5

资料来源：国家统计局：《中国统计年鉴2010》，北京，中国统计出版社，2010；环境保护部：《中国环境统计年报2009》，北京，中国环境科学出版社，2010；国家统计局、环境保护部：《中国环境统计年鉴2010》，北京，中国统计出版社，2010。

整体而言，东部省份在工业二氧化硫去除率和工业废水氨氮去除率方面的工作做得较好，分别达到62.4%和72.4%；而工业废水化学需氧量去除率和工业氮氧化物去除率则较低，均值仅为27.2%和8.9%。此外，在人均当年新增造林面积和突发环境事件次数指标上，东部各省的差异较大。

具体而言，从正指标上看，东部省份在人均当年新增造林面积上的差异很大，排名前两位的是河北和海南，分别达到43.7公顷/万人和22.6公顷/万人；排名倒数两位的是上海与广州，分别仅有1.1公顷/万人和2.1公顷/万人；其他省份的人均当年新增造林面积则在5～20公顷/万人以内。对于四个污染物去除率指标，东部省份在工业二氧化硫去除率上的差距较小，最高的是海南，为73.7%；最低的为福建，也达到47.0%；其他省份的二氧化硫去除率均在60%上下。而工业废水化学需氧量去除率和工业氮氧化物去除率各省之间的差距则很明显，工业废水化学需氧量去除率的均值为27.2%，而排名最高的北京高达86.2%，最低的山东仅为0.9%。

---

① 正指标值越大，表示环境治理能力越强；逆指标值越大，表示环境治理能力越弱。

另外，北京的工业氮氧化物去除率也是最高的，为36.3%，最低的省份仍然是山东，为0.2%。工业废水氨氮去除率除天津(29.8%)较低以外，其他省份均超过55%，北京还高达92.8%。

在逆指标突发环境事件次数方面，低于10次(含10次)的省份为河北、福建、海南和广东，表现最好的省份是河北，仅为4次；其他省份均高于10次，并且上海表现最差，有118次；整体而言，东部省份平均每年要发生25.5次突发环境事件。

2. 中部地区的环境治理

在中国区域发展总体战略中，中部地区起着“承东启西”的作用。中部地区一直是我国重要的农副产品生产基地，山西、江西等省还拥有丰富的煤炭资源，因此，中部地区的发展有利于提高中国粮食和能源保障能力。然而，中部地区存在工业化水平较低、污染严重、资源和能源消耗大等问题。为此，加大中部地区的环境治理力度，走新型工业化道路，是事关我国经济社会发展全局的重要因素。2009年中国中部地区6个省市的环境治理情况如表14-3所示。

表14-3　　2009年中国中部地区环境治理　　单位：公顷/万人，%，次

省份	环境治理指标					
	人均当年新增造林面积	工业二氧化硫去除率	工业废水化学需氧量去除率	工业氮氧化物去除率	工业废水氨氮去除率	突发环境事件次数
山西	95.5	58.7	51.6	16.9	58.5	4
安徽	11.2	76.9	30.3	11.7	83.8	22
江西	51.8	74.5	1.3	0.7	57.7	6
河南	44.0	54.6	0.7	0.2	52.1	10
湖北	26.1	62.6	7.9	3.1	47.2	11
湖南	19.6	56.6	10.7	8.7	39.9	—
均值	41.4	64.0	17.1	6.9	56.5	8.8

资料来源：国家统计局：《中国统计年鉴2010》，北京，中国统计出版社，2010；环境保护部：《中国环境统计年报2009》，北京，中国环境科学出版社，2010；国家统计局、环境保护部：《中国环境统计年鉴2010》，北京，中国统计出版社，2010。

整体而言，在人均当年新增造林面积和突发环境事件次数指标上，除个别省份较突出以外，多数中部省份差距不大；在工业二氧化硫去除率和工业废水氨氮去除率方面的工作做得较好，分别达到64.0%和56.5%；而工业废水化学需氧量去除率和工业氮氧化物去除率则较低，均值仅为17.1%和6.9%。

具体而言，从正指标上看，中部省份人均当年新增造林面积均值为41.4公顷/万人，其中山西较为突出，达到了95.5公顷/万人；安徽较低，仅为11.2公顷/万人。中部各省的工业二氧化硫去除率都较高，最低的河南(54.6%)和最高的安徽(76.9%)的差距仅为12.3个百分点。在工业废水化学需氧量去除率和工业废水氮氧化物去除率方面，江西、河南、湖北三省表现较差，两项指标均为倒数前三位，而排名第一的均为山西，并且与排名靠后的省份差距较大。对于工业废水氨氮去除率，安徽(83.8%)遥遥领先，湖南较低(39.9%)，其他各省差距都不大，均在56.5%上下。

在逆指标突发环境事件次数方面，中部各省整体而言情况较好，平均每年发生8.8次突发环境事件，除安徽较高，达到22次以外，其他各省均低于12次。

3. 西部地区的环境治理

西部地区自然资源丰富，实施西部大开发战略十多年来，西部地区为东部地区的经济发展

提供了强有力的资源支持，同时，西部地区自身在基础建设、经济发展中也取得了一系列成就。未来五年，西部地区将不断加快步伐，从经济综合实力、人民生活水平以及生态环境保护等多方面实现长足发展。2009 年中国西部地区 11 个省市的环境治理情况如表 14-4 所示。

表 14-4　　2009 年中国西部地区环境治理　　单位：公顷/万人，%，次

省　份	环境治理指标					
	人均当年新增造林面积	工业二氧化硫去除率	工业废水化学需氧量去除率	工业氮氧化物去除率	工业废水氨氮去除率	突发环境事件次数
四　川	59.8	47.0	7.7	4.1	42.7	—
重　庆	33.6	57.1	5.8	3.6	47.9	33
贵　州	62.2	67.9	73.3	17.3	57.1	4
云　南	156.6	77.2	—	—	85.6	3
陕　西	119.3	50.1	9.5	2.9	47.2	10
甘　肃	80.7	82.7	15.4	4.3	18.0	36
青　海	253.1	9.6	0.005	0.003	17.1	2
宁　夏	144.0	51.3	—	—	43.5	—
新　疆	160.2	5.4	2.3	1.1	32.6	—
广　西	28.8	51.2	3.7	9.7	39.1	11
内蒙古	356.6	57.8	2.1	0.3	61.1	5
均　值	132.2	50.7	10.9	3.9	44.7	9.5

资料来源：国家统计局：《中国统计年鉴 2010》，北京，中国统计出版社，2010；环境保护部：《中国环境统计年报 2009》，北京，中国环境科学出版社，2010；国家统计局、环境保护部：《中国环境统计年鉴 2010》，北京，中国统计出版社，2010。

整体而言，西部省份在人均当年新增造林面积上的工作情况较好，均值达到 132.2 公顷/万人；在工业二氧化硫去除率和工业废水氨氮去除率方面的工作也做得不错，分别达到 50.7%和 44.7%；而工业废水化学需氧量去除率和工业氮氧化物去除率则很低，均值仅为 10.9%和 3.9%。在突发环境事件次数方面，多数省份情况较好。

具体而言，从正指标上看，西部省份人均新增造林面积超过 100 公顷/万人的有 6 个，分别是内蒙古、青海、新疆、云南、宁夏和山西，其中内蒙古最高，为 356.6 公顷/万人，人均新增造林面积最低的省份是广西，仅为内蒙古的 8%。

对于工业二氧化硫去除率，青海和新疆明显低于其他各省，仅为 9.6%和 5.4%；甘肃在该指标上的情况最好，为 82.7%。贵州在工业废水化学需氧量去除率和工业氮氧化物去除率指标上均排名第一，分别为 73.3%和 17.3%，且遥遥领先于西部平均水平；青海的这两项指标几乎为 0。西部各省在工业废水氨氮去除率上也存在较大差距，最高的云南(85.6%)与最低的青海(17.1%)相差 68.5 个百分点。

在逆指标突发环境事件次数方面，西部省份整体表现不错，8 个有测算值的省份中有 5 个低于 10 次(含 10 次)，重庆和甘肃偏高，分别为 33 和 36 次。整体而言，西部省份平均每年发生 9.5 次突发环境事件。

4. 东北地区的环境治理

“十一五”期间，一系列振兴东北地区等老工业基地的战略措施相继出台，经过五年的努力，东北地区经济结构进一步优化，自主创新能力显著提升，对外开放水平明显提高，基础设施条件得

到改善，城乡面貌发生很大变化。同时，绿色经济的发展也要求东北地区继续加强生态建设、积极推进节能减排、加强环境污染治理。2009 年我国东北三省环境治理情况如表 14-5 所示。

表 14-5　　2009 年中国东北地区环境治理　　单位：公顷/万人，%，次

省　份	环境治理指标					
	人均当年新增造林面积	工业二氧化硫去除率	工业废水化学需氧量去除率	工业氮氧化物去除率	工业废水氨氮去除率	突发环境事件次数
辽　宁	30.1	52.7	7.1	2.3	76.5	6
吉　林	11.0	29.9	—	—	62.7	—
黑龙江	55.7	15.0	10.4	3.5	80.1	—
均　值	32.3	32.5	5.8	1.9	73.1	2

资料来源：国家统计局：《中国统计年鉴 2010》，北京，中国统计出版社，2010；环境保护部：《中国环境统计年报 2009》，北京，中国环境科学出版社，2010；国家统计局、环境保护部：《中国环境统计年鉴 2010》，北京，中国统计出版社，2010。

整体而言，东北地区在人均当年新增造林面积上各省有一定差距；在四项污染物去除率指标上，工业废水氨氮去除率较好，均值达 73.1%，其他三项指标的水平都较低；在突发环境事件次数上整体较少。

具体而言，辽宁的工业二氧化硫去除率和工业废水氨氮去除率水平较高，分别为 52.7%和 76.5%，但工业氮氧化物去除率水平较低，仅为 2.3%；人均当年新增造林面积位于三省中游，为 30.1 公顷/万人。黑龙江的工业废水氨氮去除率是三省中最高的，为 80.1%，但是工业二氧化硫去除率最低，为 15.0%；人均当年新增造林面积为三省最高，达 55.7 公顷/万人。吉林缺失数据较多，可测数据基本都位于三省中游。

5. 东、中、西以及东北地区环境治理的差异分析

长期以来，中国经济发展水平的区域差距问题一直存在，近年来，我国中、西部地区不发达省区与东部沿海省市的经济发展差距日益扩大，更加引起我国政府及社会各界的广泛关注。表 14-6具体分析了 2009 年我国东、中、西以及东北地区的环境治理情况差异。

表 14-6　　2009 年中国东、中、西以及东北地区环境治理差异比较　　单位：公顷/万人，%，次

省份	环境治理指标					
	人均当年新增造林面积	工业二氧化硫去除率	工业废水化学需氧量去除率	工业氮氧化物去除率	工业废水氨氮去除率	突发环境事件次数
东部地区	13.7	62.4	27.2	8.9	72.4	25.5
中部地区	41.4	64.0	17.1	6.9	56.5	8.8
西部地区	132.2	50.7	10.9	3.9	44.7	9.5
东北地区	32.3	32.5	5.8	1.9	73.1	2

注：各指标值为均值。

资料来源：国家统计局：《中国统计年鉴 2010》，北京，中国统计出版社，2010；环境保护部：《中国环境统计年报 2009》，北京，中国环境科学出版社，2010；国家统计局、环境保护部：《中国环境统计年鉴 2010》，北京，中国统计出版社，2010。

整体而言，四大区域在各指标上均存在明显差异。西部地区在人均当年新增造林面积上情况好于其他地区；东部地区在 4 个污染物去除率指标上明显优于其他地区，但突发环境事件次

数较高；中部地区的工业二氧化硫去除率排名四大地区首位，其他各项指标均位于中游水平；东北地区相对较弱，有3个指标排名倒数第一。

具体而言，人均当年新增造林面积最多的为西部地区，为132.2公顷/万人，明显高于其他三省。全国的工业二氧化硫去除率总体水平较高，东北地区略显薄弱，为32.3%，其他地区均超过50%。然而，全国的工业废水化学需氧量去除率和工业氮氧化物去除率水平普遍偏低，尤其是工业氮氧化物去除率，四大地区没有一个超过10%，东北地区仅为1.9%。对于工业废水氨氮去除率，各地区水平都较高，最低的西部地区也达到44.7%，最高的则是东部地区，为72.4%。

在逆指标突发环境事件次数方面，东北地区最少，为2次；中部和西部稍多，分别为8.8次和9.5次；东部地区在这个指标上的情况较差，为25.5次。

(二)中国环境治理重点城市分析

为做好环境治理工作，全国各城市在环境保护、污染治理等方面作出了很多努力，根据“城市绿色发展指数评价体系”，我们选取4个相关的正指标，即工业二氧化硫去除率、工业废水化学需氧量去除率、工业氮氧化物去除率、工业废水氨氮去除率，分别对四个直辖市、四个典型省会城市和五个计划单列市2009年的环境治理能力进行分析，并对这几个城市环境治理的特点进行差异比较。

1. 四个直辖市的环境治理

在政府环境治理上，直辖市有着自己鲜明的特点。2009年中国四个直辖市的环境治理情况如表14-7所示。

表14-7　　2009年中国四个直辖市的环境治理　　单位：%

城　市	环境治理指标			
	工业二氧化硫去除率	工业废水化学需氧量去除率	工业氮氧化物去除率	工业废水氨氮去除率
北　京	65.3	89.1	36.3	92.8
天　津	59.7	67.7	16.7	29.8
上　海	61.6	88.5	6.1	77.3
重　庆	57.1	52.5	3.6	47.9
均　值	60.9	74.4	15.7	61.9

资料来源：国家统计局、环境保护部：《中国环境统计年鉴2010》，北京，中国统计出版社，2010；环境保护部：《中国环境统计年报2009》，北京，中国环境科学出版社，2010；住房和城乡建设部：《中国城市建设统计年鉴2009》，北京，中国计划出版社，2010。

就指标而言，四个直辖市的工业二氧化硫去除率、工业废水化学需氧量去除率和工业废水氨氮去除率均优于工业氮氧化物去除率。其次，四个直辖市在工业二氧化硫去除率指标上几乎没有差异，均在60%上下，但其他三个指标各城市之间差异较大。

就城市而言，北京的四项指标均排在四个直辖市的第一名，工业氮氧化物去除率和工业废水氨氮去除率还明显优于其他三个直辖市。天津的工业废水氨氮去除率水平最低，为29.8%，比第一名的北京低了63个百分点。重庆在工业二氧化硫去除率、工业废水化学需氧量去除率和工业氮氧化物去除率指标上的排名均在倒数第一。

2. 典型省会城市的环境治理

为考察中国省会的环境治理情况，我们从中国的东部、中部、西部和东北部各选择一个具有代表性的典型省会城市，分析它们 2009 年的环境治理情况，如表 14-8 所示。

表 14-8　　2009 年中国典型省会城市的环境治理　　单位:%

城　市	环境治理指标			
	工业二氧化硫去除率	工业废水化学需氧量去除率	工业氮氧化物去除率	工业废水氨氮去除率
成　都	62.3	63.9	0.8	26.3
沈　阳	34.9	86.1	0.5	27.2
武　汉	48.4	85.7	0.2	59.5
南　京	78.7	76.0	15.9	90.7
均　值	56.1	77.9	4.3	50.9

资料来源：国家统计局、环境保护部：《中国环境统计年鉴 2010》，北京，中国统计出版社，2010；环境保护部：《中国环境统计年报 2009》，北京，中国环境科学出版社，2010；住房和城乡建设部：《中国城市建设统计年鉴 2009》，北京，中国计划出版社，2010。

就指标而言，四个典型省会城市工业废水化学需氧量去除率的水平最高，均值达到 77.9%；工业氮氧化物去除率水平最低，仅为 4.3%。其次，四个省会城市在工业二氧化硫去除率指标上存在较大差异，在工业氮氧化物去除率和工业废水氨氮去除率上，个别城市明显高于总体水平。

就城市而言，南京在环境治理指标中的情况最好，有三个指标位于第一，并且工业氮氧化物去除率(15.9%)和工业废水氨氮去除率(90.7%)这两个指标明显高于其他城市。沈阳的工业二氧化硫去除率在 4 个城市中排名最低，为 34.9%，比第一名南京低了 43.8 个百分点。除南京以外，成都、沈阳和武汉的工业氮氧化物去除率水平都较低，分别为 0.8%、0.5%和 0.2%。另外，成都和沈阳的工业废水氨氮去除率也远低于四个城市的平均水平(50.9%)。

3. 五个计划单列市的环境治理

计划单列市大连、青岛、宁波、厦门和深圳的环境治理成就十分显著，2009 年五个计划单列市的环境治理情况如表 14-9 所示。

表 14-9　　2009 年中国五个计划单列市的环境治理　　单位:%

城　市	环境治理指标			
	工业二氧化硫去除率	工业废水化学需氧量去除率	工业氮氧化物去除率	工业废水氨氮去除率
大　连	74.8	64.5	0.3	96.2
青　岛	66.4	85.1	0.9	89.5
宁　波	84.7	91.0	7.6	97.7
厦　门	48.6	96.1	52.3	84.3
深　圳	60.4	88.4	6.5	65.8
均　值	67.0	85.0	13.5	86.7

资料来源：国家统计局、环境保护部：《中国环境统计年鉴 2010》，北京，中国统计出版社，2010；环境保护部：《中国环境统计年报 2009》，北京，中国环境科学出版社，2010；住房和城乡建设部：《中国城市建设统计年鉴 2009》，北京，中国计划出版社，2010。

就指标而言，五个计划单列市的工业二氧化硫去除率、工业废水化学需氧量去除率和工业废水氨氮去除率水平都很高，分别为67.0%、85.0%和86.7%，但是工业氮氧化物去除率水平较弱，为13.5%，且各城市在该指标上的差异较大，水平最高的厦门，达到52.3%，但是大连和青岛的该指标上仅为0.3%和0.9%。

就城市而言，厦门有两个指标排名第一，分别是工业废水化学需氧量去除率和工业氮氧化物去除率；一个指标排名末尾，即48.6%的工业二氧化硫去除率。宁波也有两个指标排名第一，分别是84.7%的工业二氧化硫去除率和97.7%的工业废水氨氮去除率。大连的工业废水化学需氧量去除率和工业氮氧化物去除率指标均排名倒数第一。五个计划单列市的工业废水氨氮去除率水平最高，均值达到86.7%，且大连和宁波均超过90%。

>>三、“十二五”我国环境治理的趋势展望<<

“十二五”时期是我国全面建设小康社会的关键时期，是我国由中等收入国家向中等发达国家迈进的重要阶段。伴随着我国工业化和城镇化进程的进一步加快，我国的环境问题将变得更为复杂，环境治理注定将是一项长期而艰巨的任务。面对日趋强化的资源环境约束，可以推断，“十二五”时期，我国环境治理的力度将不断加大，以解决影响可持续发展的突出环境问题为重点，不断健全完善体制机制，全面加强环境法律体系建设，加快提升环境治理能力，积极探索环境治理新工具，实现经济又好又快发展，将是中国环境治理的主要方向。

1. 重点领域环境污染防治将会进一步加强

“十二五”时期，重点领域污染防治仍然是我国环境治理的重中之重。从目前的情况看，未来我国将继续巩固“十一五”时期所取得的阶段性成果，重点以解决饮用水不安全和空气、土壤污染等损害群众健康的突出环境问题为核心，以重点行业、重点企业污染治理，饮用水源保护区环境治理，城乡环境整治为中心，强化火电、钢铁、有色、化工、建材等行业污染治理，稳定达标排放成效。同时，实行严格的饮用水水源地保护制度，加大重点跨界河流环境管理和污染防治力度，推进重点流域和区域水污染防治；控制城市大气、噪声污染，提高城镇生活污水和垃圾处理能力，改善城市环境，实施农村环境连片整治工程，促进农村环境不断改善。通过重点产业、城乡区域的环境污染防治，解决影响中国可持续发展的关键性环境问题。

2. 多元主体环境治理模式将会进一步完善

“十二五”时期，随着环境治理实践的不断深入，多元主体的环境治理模式也将不断得到创新和完善。一方面，公众环境知情权、监督权和议事权将会得到扩大，除了已经公开的环境状况公报、空气质量周报等公共信息外，污染物排放、污染事故及处置、环境决策信息也应逐渐公开化，以增加各类环境信息透明度。另一方面，降低公众参与环境治理门槛，提升公众参与环境治理的可操作性，形成全社会保护环境的群众基础和社会基础是完善多元主体环境治理模式的必然要求。未来社会公众参与环境治理的保障机制将会得到完善，公众参与环境治理的途径、形式和程序等问题在实体法、程序法和各项环境管理制度中将会得到体现，政府监督管理与社会共同参与的环境治理长效良性互动机制也会趋于完善。

3. 环境治理的法制体系将会进一步健全

生态环境具有典型的公共物品属性，因而存在着大量的“公共领域”。在环境治理的实践中，法律体系的健全和完善有利于更好地明确与生态环境密切相关的资源的所有权、使用权、管理权和收益权，更好地保护人民群众的根本利益，更好地维护市场经济正常运行秩序。“十二五”时期，我国环境治理的法制建设将会进一步加强，适应环境治理实践需要，出台、修订相关环境法律，并在现有法律中更多地增加生态保护、资源循环利用和高效利用等内容，同时进一步协调各个单项环境和资源法律，确立严格的法律制度和行之有效的执法手段。另一方面，加大环境执法力度将是未来我国环境治理的重要举措，克服地方利益和部门利益干扰，及时处理和纠正违反环境治理法律规定的行为，加强对环境执法活动的行政监察，真正做到“有法必依，执法必严，违法必究”将是健全我国环境治理发展体系的重要环节。

4. 环境治理能力建设将会进一步加强

环境治理能力是环境治理工作的基础和建设环境友好型社会的重要支撑。当前，我国环境保护事业进入了加快发展的新时期。“十二五”期间，做好环境治理工作，解决结构型、复合型和压缩型的环境问题，必须增强环境治理能力。一方面，环境治理的资金投入将会加大。按照中央的统一部署，各级政府应逐步建立环境财政制度，把环境治理资金纳入年度财政预算，根据自身的财力状况和环境保护的任务，切实落实“十二五”规划的环保资金，并具体分解到污染治理项目中去。另一方面，我国的环境治理能力体系将会进一步完善。有关环境治理领域的专项科技项目将会得到更多的重视，环境监控网络化、管理程序化、技术规范化、方法标准化、监测自动化进程将会加速，环境标准体系和技术管理体系也会逐步完善，一般管理和应急管理能力都会得到不断增强。

5. 环境治理的政策工具将会进一步丰富

环境治理政策工具丰富的关键在于强化环境治理经济工具的作用，利用市场机制将经济主体在其经济活动中由于污染而造成的外部成本内部化，节约和综合利用资源，实行社会福利的最大化。“十二五”时期，我国将在不断完善和减少命令—控制政策的同时，逐步建立起基于市场机制的环境治理经济政策体系。一方面，实行有利于科学发展的环境经济政策，综合运用价格、税收、财政、信贷、收费、保险等经济手段，调节或影响市场主体的行为，在进一步强化污染者负担原则、避免转嫁行为和不足额缴纳行为的同时，健全对环境治理的税收、信贷、财政引导机制，激励企业主动开展污染治理，建立保护和可持续利用资源环境的激励和约束机制。同时，丰富和完善有利于环境治理与经济建设互促共进的绿色经济政策，加强绿色信贷、绿色保险、绿色证券、绿色贸易、绿色税收、生态补偿等政策的研究与实施，形成相对完善的绿色经济政策体系。

6. 环境治理协同联动机制将会进一步完善

环境治理是一项涉及面广、运作机制复杂的系统工程。环境本身具有公共资源属性、外部性、空间外延性，这就决定了环境治理也具有整体性。“十二五”时期，环境治理合作机制将得到更多的重视。一方面，区域间的环境治理合作将会增多，不同区域将会更多地统筹考虑区域整体环保政策制定、环境标准执行及环境监管的整体性、平衡性和时效性，形成交流协作、齐抓共管、信息共享、互促共赢的防控格局，区域环境联防联控机制将会进一步完善。另一方面，在全球化背景下，从某种程度上讲，任何一国的环境治理都离不开其他国家的协作与配合。未来，我国在荒漠化防治、大气污染、酸雨、污水处理等领域继续的多边、双边及区域国际合作将会更加密切，与国际环境组织、发达国家以及周边国家的环境治理经验交流与学习也更加频繁，环境治理的国际合作会不断加强，环境治理的跨国协同联动机制也会进一步完善。

>>参考文献<<

[1]联合国环境规划署．全球环境展望[M]．北京：中国环境科学出版社，2008.
[2]王金南等．中国环境政策改革与创新[M]．北京：中国环境科学出版社，2008.
[3]紧紧围绕主题主线新要求 努力开创环保工作新局面——周生贤部长在2011年全国环境保护工作会议上的讲话[EB/OL]．http://www.zhb.gov.cn/zhxx/hjyw/201101/t20110120_200062.htm.
[4]"十一五"经济社会发展成就系列报告之十四：环境保护事业取得积极进展[EB/OL]．http://www.gov.cn/gzdt/2011-03/10/content_1821694.htm.
[5]李晓西．中国：新的发展观[M]．北京：中国经济出版社，2009.
[6]北京师范大学科学发展观与经济可持续发展研究基地．2010中国绿色发展指数年度报告[R]．北京：北京师范大学出版社，2010.
[7]刘兆征．中国环境治理失灵问题的思考[J]．环境保护，2008(8).
[8]李娟，赵峥．我国环境治理的成效与思路研究[J]．桂海论丛．2011(4).

第十五章 政府政策支持度测算及分析

发展绿色经济，已成为世界各国应对气候变暖，实现人类可持续发展的共同选择。在我国，走绿色发展道路，是践行科学发展观，转变经济发展方式，实现经济、社会和环境协调可持续发展的重要途径。政府政策取向和政策实施力度直接影响着地区绿色经济发展水平，因此“政府政策支持度”是构成绿色发展指数的三个重要指数之一。2009 年是“十一五”时期重要的一年，各级政府在节能减排、保护环境和构建生态文明、引导经济社会发展走绿色发展道路方面作出了积极努力，取得了显著成绩。

政府政策支持度是对一个地区经济发展过程中政府绿色行动的综合评价。本章根据“中国绿色发展指数评价体系(省区)”(以下简称“省区测算体系”)和“中国绿色发展指数评价体系(城市)”(以下简称“城市测算体系”)中政府政策支持度的测度标准，利用 2009 年的年度数据，从绿色投资、基础设施建设和环境治理三个方面分别对中国 30 个省(区、市)①和 34 个大中城市(包括 4 个直辖市、25 个省会城市和 5 个计划单列市，拉萨和乌鲁木齐除外)的政府政策支持度指数进行了测度。以测算结果为基础，从地区比较的角度阐述了政策支持与绿色经济发展的关系，为政府采取有效行动推动绿色发展提出政策建议。

>>一、政府政策支持度的测算结果<<

为充分体现省区和城市的特点，在指标体系的设计上，省区测算体系和城市测算体系中政府政策支持度的三级指标及权重并不完全相同。以下分别介绍省区的测算结果和城市的测算结果。

(一)省际政府政策支持度指数测算结果

根据“中国绿色发展指数评价体系(省区)”中政府政策支持度的测度体系和权重标准，中国 30 个省(区、市)政府政策支持度指数的测算结果如表 15-1 所示。

① 由于缺少主要测算数据，因此，西藏、中国香港地区、中国澳门地区和中国台湾地区未参与测算。

表 15-1　　2009 年中国 30 个省(区、市)政府政策支持度指数及排名

指　标	政府政策支持度		绿色投资指标		基础设施指标		环境治理指标	
权　重	100%		25%		45%		30%	
地　区	指数值	排名	指数值	排名	指数值	排名	指数值	排名
北　京	0.278	1	0.052	2	0.137	2	0.089	1
江　苏	0.121	2	−0.018	20	0.11	3	0.029	6
上　海	0.107	3	−0.003	15	0.152	1	−0.043	26
浙　江	0.096	4	−0.003	16	0.1	4	0	15
山　东	0.087	5	−0.022	22	0.083	5	0.027	7
宁　夏	0.081	6	0.068	1	0.019	12	−0.006	16
广　东	0.077	7	−0.028	26	0.081	6	0.024	8
福　建	0.051	8	−0.034	28	0.065	7	0.019	10
云　南	0.049	9	0.001	13	−0.01	15	0.057	3
河　北	0.043	10	0.01	9	0.025	10	0.007	12
山　西	0.036	11	0.038	4	−0.022	19	0.02	9
重　庆	0.035	12	0.036	5	0.042	8	−0.044	28
陕　西	0.017	13	0.033	6	−0.008	14	−0.009	17
江　西	0.01	14	−0.026	23	0.035	9	0.001	14
安　徽	0.004	15	−0.019	21	−0.014	18	0.037	5
湖　北	0	16	−0.008	19	0.019	13	−0.011	21
天　津	−0.009	17	−0.032	27	0.021	11	0.002	13
广　西	−0.03	18	0.015	8	−0.024	20	−0.021	24
内蒙古	−0.03	19	0.003	12	−0.092	27	0.058	2
海　南	−0.05	20	−0.002	14	−0.061	25	0.013	11
辽　宁	−0.061	21	−0.039	30	−0.012	17	−0.01	20
新　疆	−0.063	22	0.008	10	−0.01	16	−0.062	29
四　川	−0.074	23	−0.007	18	−0.048	22	−0.018	22
湖　南	−0.075	24	−0.004	17	−0.051	24	−0.02	23
河　南	−0.076	25	−0.027	25	−0.038	21	−0.01	19
贵　州	−0.076	26	0.003	11	−0.127	29	0.048	4
青　海	−0.082	27	0.051	3	−0.05	23	−0.082	30
黑龙江	−0.147	28	−0.037	29	−0.101	28	−0.009	18
吉　林	−0.154	29	−0.027	24	−0.085	26	−0.042	25
甘　肃	−0.165	30	0.017	7	−0.138	30	−0.044	27

注：①本表根据政府政策支持度的指标体系，依据各指标 2009 年数据测算而得；②本表各省(区、市)按照政府政策支持度的指数值从大到小排序。

资料来源：根据《中国统计年鉴 2010》、《中国环境统计年报 2009》、《中国环境统计年鉴 2010》、《中国工业经济统计年鉴 2010》、《中国城市统计年鉴 2010》等测算。

测算结果显示，各地区政策支持度指数值离差不大，表明各地政府重视程度都相对较高(如表15-1所示)。其中，政府政策支持度最高的是北京，为0.278，比全国平均水平高出28%；最低的是甘肃，为-0.165，比平均水平低17%。有15个省(市、区)高出全国平均水平，占全部测算地区的一半。排在政府政策支持度前十位的省份依次是：北京、江苏、上海、浙江、山东、宁夏、广东、福建、云南和河北(如图15-1所示)。从三项构成指数看，绿色投资指标排名前十位的省份依次是：宁夏、北京、青海、山西、重庆、陕西、甘肃、广西、河北和新疆。基础设施指标排名前十位的省份依次是：上海、北京、江苏、浙江、山东、广东、福建、重庆、江西和河北。环境治理指标排名前十位的省份依次是：北京、内蒙古、云南、贵州、安徽、江苏、山东、广东、山西和福建。

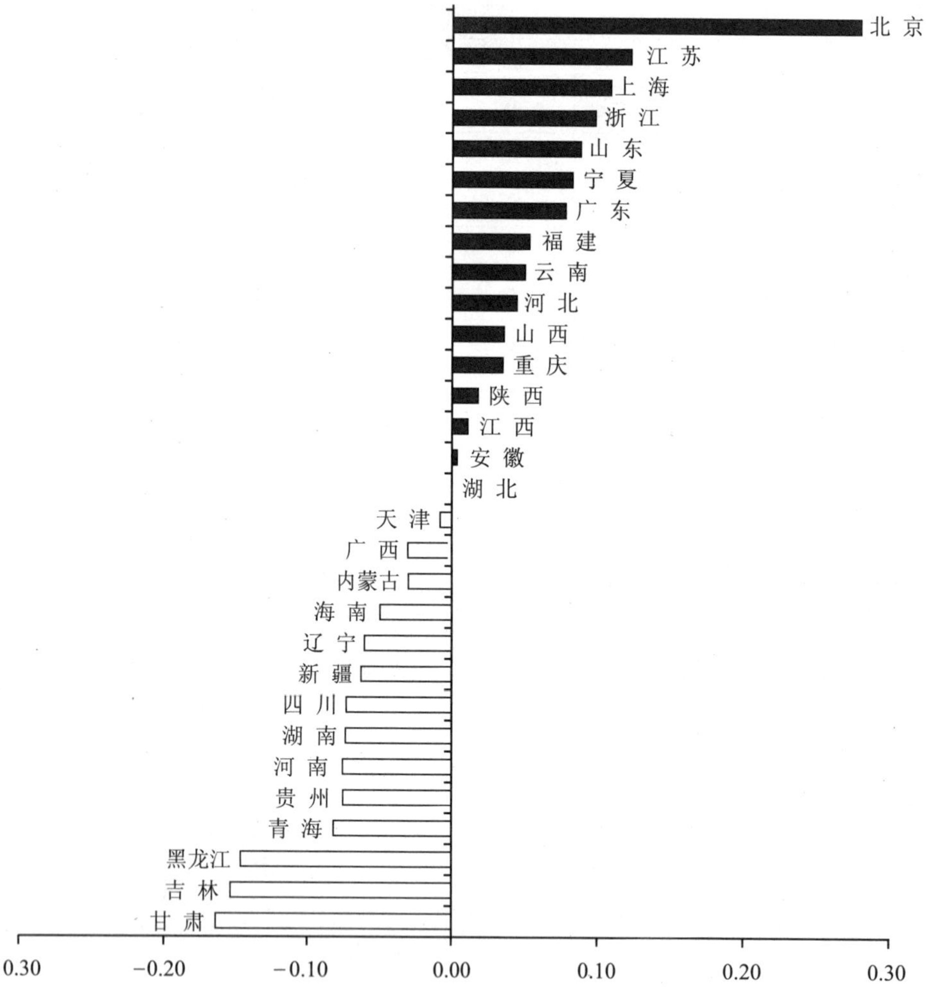

图15-1　政府政策支持度排名省际比较

各地区政府政策支持度的地理分布如图15-2所示，在地图中颜色的深浅表示政府政策支持的不同程度，颜色越深，表明政府政策支持度越高；反之则越低。图中，“深绿色”表示排在前十位的省份；“中度绿色”表示排在第11～20的省份，“浅绿色”表示则排在后十位的省份。从图中可以看到，“深绿色”分布相对集中在东部地区，“中度绿色”集中了中部大部分地区和西部的部分地区，“浅绿色”则主要集中在东北和西部地区。

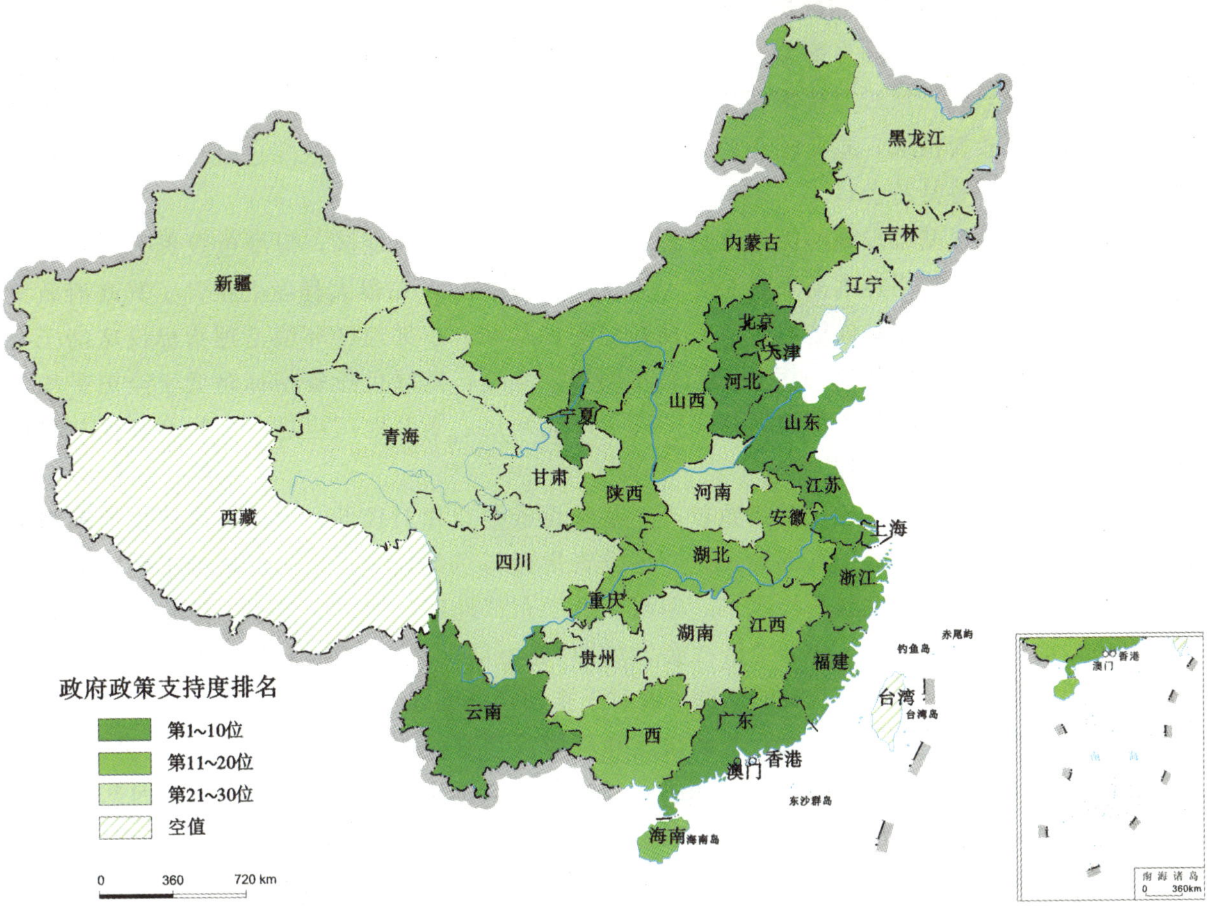

图 15-2　政府政策支持度排名地区分布

2009 年中国 30 个省(区、市)政府政策支持度总体上呈现以下特征：

1. 经济发达地区政府政策支持度相对较高

测算结果表明，虽然从总体上看各地区差距不大，但经济发达地区政府政策支持度仍相对较高。从东部、中部、西部和东北这四大区域来看①，东部各省市的政府政策支持度最高。东部十省市中有 8 个地区排在全国的前 10 位：北京(第 1 位)、江苏(第 2 位)、上海(第 3 位)、浙江(第 4 位)、山东(第 5 位)、广东(第 7 位)、福建(第 8 位)和河北(第 10 位)；只有天津和海南略低，分别排在第 17 和 20 位。中部地区的政府政策支持度较高。6 个中部地区中，有 4 个居 11～20 位，分别是山西(第 11 位)、江西(第 14 位)、安徽(第 15 位)和湖北(第 16 位)；湖南和河南略低，分别排在第 24 和 25 位。西部各省出现分化，一半地区的政府政策支持度较高。西部 11 个地区中有 6 个政府政策支持度较高，分别是宁夏(第 6 位)、云南(第 9 位)、重庆(第 12 位)、陕西(第 13 位)、广西(第 18 位)和内蒙古(第 19 位)；不过，其他 5 个地区较低，排在全国的后十位。东北三省政府政策支持度均较低。辽宁(第 21 位)、黑龙江(第 28 位)和吉林(第 29 位)得分都低于全国平均水平，都位列在全国后十位。

① 东部地区包括：北京、天津、河北、上海、江苏、浙江、福建、山东、广东和海南；中部地区包括山西、安徽、江西、河南、湖北和湖南；西部地区包括内蒙古、广西、重庆、四川、贵州、云南、西藏、陕西、甘肃、青海、宁夏和新疆；东北地区包括辽宁、吉林和黑龙江。

2. 各地政府因地制宜，绿色发展着力点各具特色

由于地区间自然禀赋和经济发展水平存在显著差异，各地区政府因地制宜，积极探索符合地方实际的发展之路。从政府政策支持度的三项构成指标来看，地区差异最大的是基础设施指标，其次是绿色投资指标，差异较小的是环境治理指标，这表明各地区绿色发展的政策导向和着力点有所不同，各具特色。

其中，东部地区基础设施的优势最明显，环境治理优于其他地区，但绿色投资力度有待加强。东部地区基础设施指标远高于其他地区(如图15-3所示)，在很大程度上拉升了其政府政策支持度，这充分反映出东部发达地区具有良好的硬件基础。东部地区环境治理指标仅略高于全国平均水平，与其他地区相比，相对优势并不明显。不过，其绿色投资指标略低于全国平均水平，明显低于西部地区，与中部地区持平，高于东北地区。东部地区应进一步提高环保与科研支出，达到与其经济实力相称的水平。

中部地区环境治理和绿色投资指数较高，基础设施指数相对较低。中部地区环境治理指标达到全国平均水平，仅略低于东部地区；绿色投资指标与东部地区持平，但略低于全国平均水平；基础设施指标略低于全国平均水平，但明显低于东部地区，加快完善基础设施建设将有助于提升中部地区的绿色发展。作为经济社会发展的“夹心层”，中部地区面临着经济欠发达和资源相对紧缺的双重困难，政府政策的支持力度对于推动经济的绿色发展显得尤为重要。

西部地区的绿色投资力度最大，基础设施和环境治理有待加强。西部地区多为我国的资源大省，面临经济发展和环境保护的双重压力，各省节能减排压力较大。测算表明，西部地区绿色投资指标明显高于其他地区，这充分体现了中央政府的政策导向，是多年来国家西部大开发政策取得的重要成绩。不过，西部地区的基础设施建设和环境治理仍需加强，两项指数值均低于全国平均水平，仅高于东北地区。

东北地区各项构成指数都最低，且明显低于全国平均水平。其中，与各地区差异较小的是环境治理指标，差距最大的是基础设施指标。东北地区是我国的老工业基地，抓紧转变经济发展方式刻不容缓，政府政策支持是该地区经济转型的重要支撑力量。

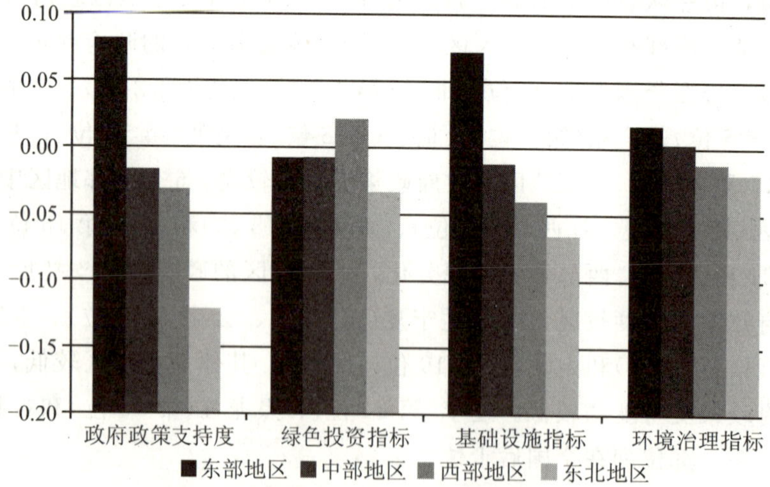

图 15-3 中国四大区域政府政策支持度对照图

注：图中数据为四大区域中各省份指数值的算术平均值。

3. 政府政策支持有助于弥补资源环境的不足

对比各地区政府政策支持度指数与绿色发展指数的排序后发现，30个参评省份名次变动在5名及以内的省份有14个，接近参评省份的一半。名次变动10个位次及以上的省份只有7个，分别是青海、天津、海南、贵州、黑龙江、宁夏和山西(如表15-2所示)。从总体上看，有18个省份的政策支持度排名高于该省的绿色发展指数排名。在绿色发展指数排名前十位的省市中，有7个省市的政府政策支持度也排在前十位(如表15-2所示)，分别是北京、上海、浙江、云南、福建、江苏和广东。其中，东部各省市的资源环境承载潜力指数均处于全国较为落后的位置，如北京(第18位)、上海(第24位)、浙江(第19位)、福建(第14位)、江苏(第30位)和广东(第23位)，由于其政策支持度高，在很大程度上提升了地区的绿色发展，表明政府政策的支持有助于弥补资源环境的不足，是实现地区绿色发展的重要保障。

表15-2　省际绿色发展指数与政府政策支持度排名差异比较

地　区	绿色发展指数排名	政府政策支持度排名	位次变化	地　区	绿色发展指数排名	政府政策支持度排名	位次变化
北　京	1	1	0	新　疆	16	22	−6
上　海	2	3	−1	江　西	17	14	3
青　海	3	27	−24	河　北	18	10	8
天　津	4	17	−13	四　川	19	23	−4
海　南	5	20	−15	安　徽	20	15	5
浙　江	6	4	2	重　庆	21	12	9
云　南	7	9	−2	湖　北	22	16	6
福　建	8	8	0	吉　林	23	29	−6
江　苏	9	2	7	广　西	24	18	6
广　东	10	7	3	辽　宁	25	21	4
内蒙古	11	19	−8	湖　南	26	24	2
山　东	12	5	7	宁　夏	27	6	21
贵　州	13	26	−13	山　西	28	11	17
陕　西	14	13	1	甘　肃	29	30	−1
黑龙江	15	28	−13	河　南	30	25	5

注：本表根据表0-4和表15-1整理而得。

(二)城市政府政策支持度指数测算结果

城市是区域经济活动的中心，我国仍将加快推进城市化进程，测度城市绿色发展水平具有重要的意义。城市政府政策支持度三级指标与省区测评体系有所不同，它更多地体现了城市社会经济发展的特点。本文共选择了13个三级指标，34个城市的政府政策支持度测算结果排序如表15-3所示。

表 15-3　　2009年中国34个城市政府政策支持度指数及排名

城　市	政府政策支持度		绿色投资指标		基础设施指标		环境治理指标	
	100%		25%		45%		30%	
	分指数	排　名	得　分	排　名	得　分	排　名	得　分	排　名
深　圳	0.319	1	0.015	9	0.29	1	0.017	18
北　京	0.222	2	0.035	4	0.08	2	0.109	2
厦　门	0.168	3	−0.019	26	0.07	4	0.120	1
广　州	0.141	4	0.027	8	0.03	13	0.086	4
石家庄	0.133	5	0.072	1	0.04	9	0.019	16
宁　波	0.11	6	0.002	14	0.02	16	0.089	3
南　京	0.099	7	−0.019	24	0.05	6	0.065	6
青　岛	0.083	8	−0.012	23	0.06	5	0.034	9
大　连	0.065	9	−0.026	31	0.07	3	0.018	17
福　州	0.048	10	0.043	3	0.01	17	−0.010	21
昆　明	0.047	11	−0.026	30	0.02	14	0.049	7
海　口	0.047	12	0.004	13	0.02	15	0.022	15
杭　州	0.041	13	0.029	6	0.05	7	−0.036	25
上　海	0.030	14	−0.010	21	0.01	19	0.031	10
银　川	0.024	15	0.028	7	−0.02	25	0.014	20
太　原	0.009	16	0.013	11	−0.05	28	0.047	8
济　南	0.008	17	−0.007	18	−0.01	23	0.027	14
合　肥	0.008	18	−0.038	32	0.03	11	0.015	19
长　沙	−0.011	19	−0.009	20	0.01	18	−0.015	22
南　宁	−0.021	20	−0.007	17	0.04	10	−0.05	27
郑　州	−0.027	21	0.013	10	0	21	−0.045	26
沈　阳	−0.034	22	0.007	12	0.03	12	−0.071	29
南　昌	−0.045	23	−0.006	16	0.04	8	−0.084	32
贵　阳	−0.057	24	−0.009	19	−0.12	32	0.071	5
武　汉	−0.059	25	−0.025	28	−0.01	24	−0.021	23
西　安	−0.094	26	−0.019	25	0	22	−0.080	31
呼和浩特	−0.098	27	−0.039	34	−0.09	30	0.030	11
天　津	−0.099	28	−0.011	22	−0.05	29	−0.035	24
成　都	−0.102	29	−0.039	33	0.01	20	−0.072	30
重　庆	−0.121	30	−0.026	29	−0.03	26	−0.068	28
哈尔滨	−0.135	31	0.029	5	−0.19	33	0.030	12
长　春	−0.163	32	−0.005	15	−0.03	27	−0.127	33
兰　州	−0.184	33	0.06	2	−0.27	34	0.028	13
西　宁	−0.346	34	−0.02	27	−0.12	31	−0.208	34

注：①本表根据政府政策支持度的指标体系，依据各指标2009年数据测算而得；②本表各省(区、市)按照政府政策支持度的指数值从大到小排序。

资料来源：根据《中国统计年鉴2010》、《中国环境统计年报2009》、《中国环境统计年鉴2010》、《中国工业经济统计年鉴2010》、《中国城市统计年鉴2010》等测算。

从表15-3中可以看到，指数值最高的是深圳，达到0.319，比平均水平高出32%；最低的是西宁，为－0.346，比平均水平低35%。有18个省市高出平均水平，超过半数。排在政府政策支持度前十位的省份依次是：深圳、北京、厦门、广州、石家庄、宁波、南京、青岛、大连和福州(如图15-4所示)。其中，绿色投资指标排名前十位的城市依次是：石家庄、兰州、福州、北京、哈尔滨、杭州、银川、广州、深圳和郑州。基础设施指标排名前十位的城市依次是：深圳、北京、大连、厦门、青岛、南京、杭州、南昌、石家庄和南宁。环境治理指标排名前十位的城市依次是：厦门、北京、宁波、广州、贵阳、南京、昆明、太原、青岛和上海。各城市政府政策支持度的情况如图15-4所示。

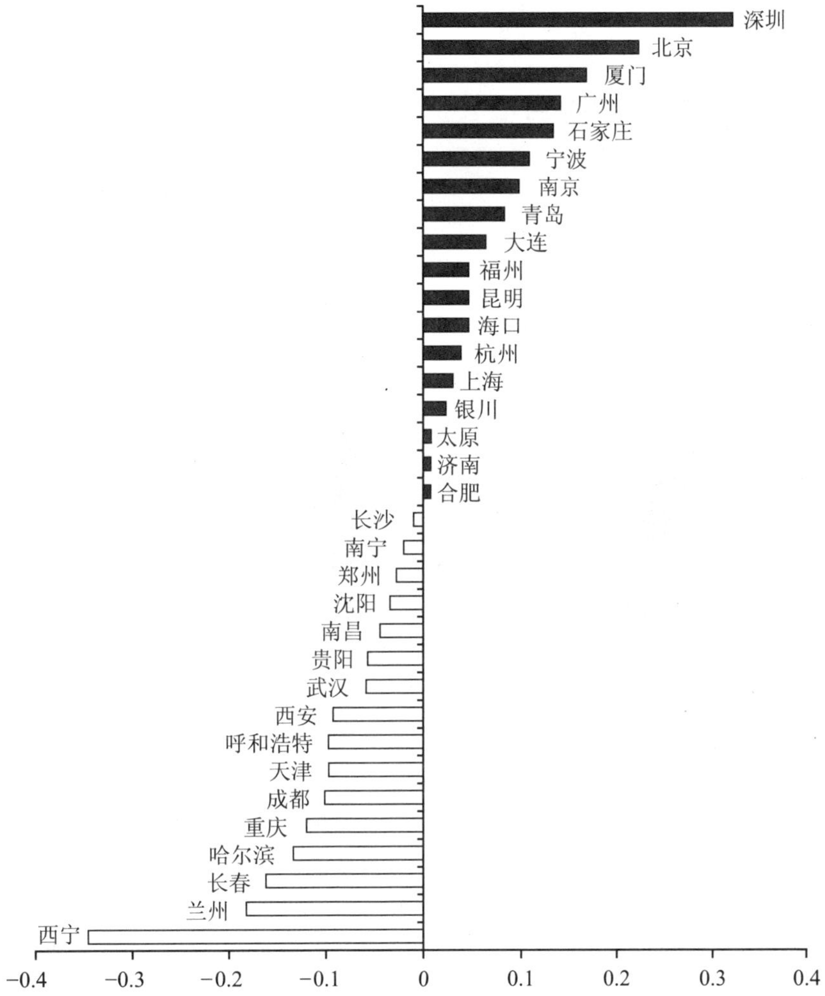

图15-4　政府政策支持度排名城市比较

2009年中国城市政府政策支持度具有以下一些特征。

1. 城市间政策支持度差异显著，东部城市优势明显

城市间政府政策支持度分值离差较大，表明城市间政策支持力度存在着显著差异，东部城市支持力度更大。从东部、中部、西部和东北这四大区域来看，东部各城市[①]的政府政策支持度

① 东部地区城市包括：北京、天津、石家庄、上海、南京、杭州、宁波、福州、厦门、济南、青岛、广州、深圳和海口；中部地区城市包括太原、合肥、南昌、郑州、武汉和长沙；西部地区城市包括呼和浩特、南宁、重庆、成都、贵阳、昆明、西安、兰州、西宁和银川；东北地区城市包括沈阳、大连、长春和哈尔滨。

相对最高，显著高于34个城市的平均水平和其他三个地区的城市。其中，东部共有9个城市排在前十位，分别是深圳(第1位)、北京(第2位)、厦门(第3位)、广州(第4位)、石家庄(第5位)、宁波(第6位)、南京(第7位)、青岛(第8位)和福州(第10位)。中部城市的政策支持度较高，接近城市平均水平，参与测评的6个城市分别为：太原(第16位)、合肥(第18位)、长沙(第19位)、郑州(第21位)、南昌(第23位)、武汉(第25位)。东北地区城市的政府政策支持度相对较低，在参与测评的4个城市中，大连排在第9位，沈阳排在第22位，哈尔滨排在第31位，长春排在第32位。西部城市最低，参与测评的10个城市中，只有昆明(第11位)和银川(第15位)略高于城市平均水平，其他城市均明显低于城市平均水平。

城市测评结果与省区略有不同，西部各省区的政策支持度高于东北地区，但从城市角度看，东北地区的城市高于西部地区。

2. 不同城市政府政策支持各具特色

绿色发展指数从绿色投资、基础设施、环境治理三个方面来测评政府政策支持度。测评结果表明，不同城市对于绿色发展的政策导向、着力点和实施力度各具特色。

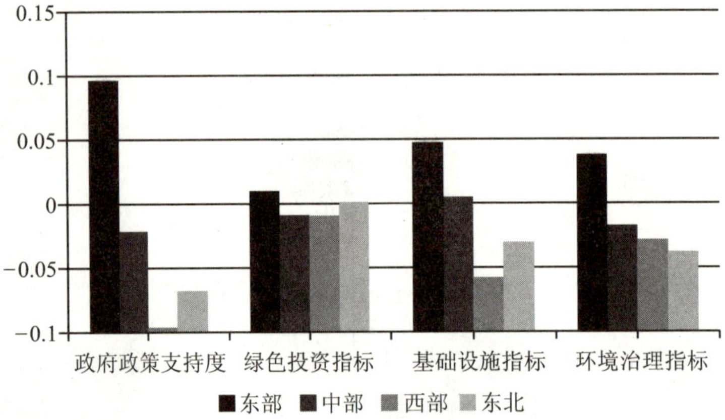

图15-5 中国四大区域城市政府政策支持度对照图

注：图中数据为四大区域中各省份指数值的算术平均值。

如图15-5所示，从四大区域的角度来看，东部地区各城市绿色投资指标和基础设施指标明显高于各城市平均水平，遥遥领先于其他各区域城市，环境治理指标也略高于全国平均水平和其他区域城市。一方面，东部较发达的城市在基础设施建设、城市规划管理和工业污染治理方面具有明显的优势；另一方面，发达城市的环保投入、科技教育投入总量也远高于欠发达地区，综合实力较强。

中部地区城市各项指标都明显低于东部城市。其中，基础设施指标略高于全国平均水平，也高于西部地区和东北地区。绿色投资和环境治理指标均低于全国平均水平，但环境治理指标优于西部地区和东北地区的城市；绿色投资与西部地区基本持平，略低于东北地区。这反映了中部地区具有一定的硬件基础，而且近年来中部地区的省会等大中城市逐渐加大环保力度，环境治理取得了一定的成效，城市环境正处于逐渐改善的阶段。

西部地区和东北地区的城市各项指标均处于较低水平。不过，东北地区各城市绿色投资和基础设施指标都高于西部地区，特别是绿色投资指标接近各城市的平均水平，仅低于东部地区城市；但基础设施与东、中部地区的差距还比较大。西部地区各城市的环境治理指标好于东北地区，但与东部、中部地区差距较大。西部地区城市多为中国的资源型城市，而东北地区作为我国的老工业基地，资源枯竭型城市较多，加快经济发展方式转型势在必行。当地政府应当加强政府政策支持力度，切实贯彻落实科学发展观。

3. 政府政策支持有助于提升城市绿色发展水平

政府政策支持有助于促进城市绿色经济发展。在绿色发展指数排名前十位的省市中，有 6 个省市的政府政策支持度也排在前十位，分别是深圳(第 1 位)、北京(第 2 位)、广州(第 4 位)、大连(第 9 位)、青岛(第 8 位)、福州(第 10 位)。其中，北京、广州、上海等城市虽然资源环境承载潜力较差，但是由于其坚实的经济基础和政府政策的大力支持，从而提升了当地的绿色发展水平。而在绿色发展指数排名后十位的省市中，有 7 个省市的政府政策支持度也排在后十位，分别是：天津(第 28 位)、重庆(第 30 位)、西安(第 26 位)、武汉(第 25 位)、成都(第 29 位)、兰州(第 33 位)、西宁(第 34 位)(如表 15-4 所示)。

表 15-4　城市绿色发展指数与政府政策支持度排名差异比较

地　区	绿色发展指数排名	政府政策支持排名	位次变化	地　区	绿色发展指数排名	政府政策支持度排名	位次变化
深　圳	1	1	0	南　京	18	7	11
海　口	2	12	−10	上　海	19	14	5
昆　明	3	11	−8	长　春	20	32	−12
北　京	4	2	2	济　南	21	17	4
合　肥	5	18	−13	银　川	22	15	7
广　州	6	4	2	南　昌	23	23	0
大　连	7	9	−2	呼和浩特	24	27	−3
青　岛	8	8	0	郑　州	25	21	4
长　沙	9	19	−10	贵　阳	26	24	2
福　州	10	10	0	太　原	27	16	11
厦　门	11	3	8	天　津	28	28	0
南　宁	12	20	−8	重　庆	29	30	−1
宁　波	13	6	7	西　安	30	26	4
沈　阳	14	22	−8	武　汉	31	25	6
哈尔滨	15	31	−16	成　都	32	29	3
石家庄	16	5	11	兰　州	33	33	0
杭　州	17	13	4	西　宁	34	34	0

注：本表根据表 0-5 和表 15-3 整理而得。

4. 城市政府政策支持度与其所在省区有一定差异

比较政府政策支持度的省区和城市测算结果后发现，大部分城市排名与其所在省份的排名存在一定差异(如表 15-5 所示)。4 个直辖市在城市组的排名较省区组排名均有不同程度的下降，除北京下降 1 位以外，其他 3 个直辖市的排名均下降了 11～18 位。与所在省份排名相比，所有省会城市与其所在省经济增长绿化度排名的位次都有所变动，其中，名次变动在 5 个位次及以上的城市有 14 个，超过了一半。参与测评的 5 个计划单列市，均排在城市的前十位，比其所在省份的排名更加靠前，且排名都位于其所在省份的省会城市的前列。

表 15-5　　政府政策支持度城市排名与所在省排名差异比较

指标	省区政府政策支持度		指标	城市政府政策支持度		排名差异
地区	指数值	排名	地区	分指数	排名	
北京	0.278	1	北京	0.222	2	−1
江苏	0.121	2	南京	0.099	7	−5
上海	0.107	3	上海	0.03	14	−11
浙江	0.096	4	杭州	0.041	13	−9
			宁波	0.11	6	−2
山东	0.087	5	青岛	0.083	8	−3
			济南	0.008	17	−12
宁夏	0.081	6	银川	0.024	15	−9
广东	0.077	7	广州	0.141	4	3
			深圳	0.319	1	6
福建	0.051	8	福州	0.048	10	−2
			厦门	0.168	3	5
云南	0.049	9	昆明	0.047	11	−2
河北	0.043	10	石家庄	0.133	5	5
山西	0.036	11	太原	0.009	16	−5
重庆	0.035	12	重庆	−0.121	30	−18
陕西	0.017	13	西安	−0.094	26	−13
江西	0.01	14	南昌	−0.045	23	−9
安徽	0.004	15	合肥	0.008	18	−3
湖北	0	16	武汉	−0.059	25	−9
天津	−0.009	17	天津	−0.099	28	−11
广西	−0.03	18	南宁	−0.021	20	−2
内蒙古	−0.03	19	呼和浩特	−0.098	27	−8
海南	−0.05	20	海口	0.047	12	8
辽宁	−0.061	21	沈阳	−0.034	22	−1
			大连	0.065	9	12
新疆	−0.063	22				
四川	−0.074	23	成都	−0.102	29	−6
湖南	−0.075	24	长沙	−0.011	19	5
河南	−0.076	25	郑州	−0.027	21	4
贵州	−0.076	26	贵阳	−0.057	24	2
青海	−0.082	27	西宁	−0.346	34	−7
黑龙江	−0.147	28	哈尔滨	−0.135	31	−3
吉林	−0.154	29	长春	−0.163	32	−3
甘肃	−0.165	30	兰州	−0.184	33	−3

注：本表根据表 15-1 和表 15-3 整理而得。

>>二、省际政府政策支持度比较分析<<

省际政府政策支持度指数占绿色发展指数总权重的30%，共由19个三级指标构成，正指标18个，逆指标1个。三级指标权重分别为1.50%或1.69%。

(一)省际绿色投资指标测算结果及分析

西方组织和学者认为绿色投资是一种基于环境准则、社会准则、金钱回报准则的投资模式，它考虑了经济、社会、环境三重底线，又称作“三重盈余”投资。

绿色投资是一种符合科学发展观和国家可持续发展战略的投资方式，它顺应了可持续发展战略，综合考虑经济、社会、环境等因素，促使投资者在追求经济利益的同时，积极承担起相应的社会责任，从而为投资者和社会带来持续发展的价值。绿色投资具有明显的政策导向性和一定的公益性，因此，政府是绿色投资的主要投资者。

绿色投资指标占政府政策支持度的权重为25%，由5个三级指标构成，分别是环境保护支出占财政支出比重、环境污染治理投资总额占地区生产总值比重、农村人均改水/改厕的政府投资、单位耕地面积退耕还林投资完成额、科教文卫支出占财政支出比重。这5项指标是当前政府绿色投资的主要领域，测度这5个指标，是对中国绿色投资水平一种客观的综合评价。各项指标的权重采用均权法(如表15-6所示)。绿色投资指标各地排名情况如表15-7所示。

表15-6　省际绿色投资三级指标、权重及指标属性

指标序号	指标	权重(%)	指标属性
1	环境保护支出占财政支出比重	1.50	正
2	环境污染治理投资总额占地区生产总值比重	1.50	正
3	农村人均改水、改厕的政府投资	1.50	正
4	单位耕地面积退耕还林投资完成额	1.50	正
5	科教文卫支出占财政支出比重	1.50	正

注：本表内容是由本报告课题组召开的多次专家座谈会研讨确定的。

测算结果表明，各地区绿色投资指数值相差不大，在−0.039～0.068之间。宁夏排名首位，比全国平均水平高7%；有13个省市高出平均水平，接近一半，按得分从高到低依次为：宁夏、北京、青海、山西、重庆、陕西、甘肃、广西、河北、新疆、贵州、内蒙古和云南。不过，海南、上海、浙江、湖南、四川、湖北、江苏、安徽、山东、江西、吉林、河南、广东、天津、福建、黑龙江和辽宁等地区的“绿色投资”水平低于全国平均水平。

表15-7　2009年中国省际绿色投资指标指数值及排名

指　标	绿色投资指标		指　标	绿色投资指标	
地　区	指数值	排名	地　区	指数值	排名
宁　夏	0.068	1	浙　江	−0.003	16
北　京	0.052	2	湖　南	−0.004	17
青　海	0.051	3	四　川	−0.007	18

续表

指　标	绿色投资指标		指　标	绿色投资指标	
地　区	指数值	排名	地　区	指数值	排名
山　西	0.038	4	湖　北	−0.008	19
重　庆	0.036	5	江　苏	−0.018	20
陕　西	0.033	6	安　徽	−0.019	21
甘　肃	0.017	7	山　东	−0.022	22
广　西	0.015	8	江　西	−0.026	23
河　北	0.010	9	吉　林	−0.027	24
新　疆	0.008	10	河　南	−0.027	25
贵　州	0.003	11	广　东	−0.028	26
内蒙古	0.003	12	天　津	−0.032	27
云　南	0.001	13	福　建	−0.034	28
海　南	−0.002	14	黑龙江	−0.037	29
上　海	−0.003	15	辽　宁	−0.039	30

资料来源：根据《中国统计年鉴 2010》、《中国环境统计年报 2009》、《中国环境统计年鉴 2010》、《中国工业经济统计年鉴 2010》、《中国城市统计年鉴 2010》等测算。

测算结果显示，西部地区的绿色投资指标最高，而东部地区和中部地区基本持平，东北地区最低。西部地区(如图 15-6 所示)的 10 个省区都高于全国平均水平，其中宁夏、青海、重庆、陕西、甘肃、广西、新疆 7 个省区排在前十名，贵州、内蒙古、云南 3 个省排在前十三名内。东部地区只有北京和河北列于前十名，贵州、内蒙古、云南、浙江、江苏位于前 11～20 名，仍有山东、广东、天津和福建等位于后十名内，绿色投资水平与其经济实力不相适应。中部地区只有山西排在前十名，湖北和湖南 2 省位于前 11～20 名，安徽、江西、河南 3 省位于后十名内。东北三省都排在后十名内，吉林列 24 位，黑龙江和辽宁排在最后两位。

从绿色投资指数与政府政策支持度指数之间的比较可以看出，东部地区的绿色投资指数普遍低于其政府政策支持度指数，中部地区的绿色投资指数与政府政策支持度指数基本一致，而西部地区和东北地区的绿色投资指数大都高于其政府政策支持度指数，对政策支持度贡献较大。

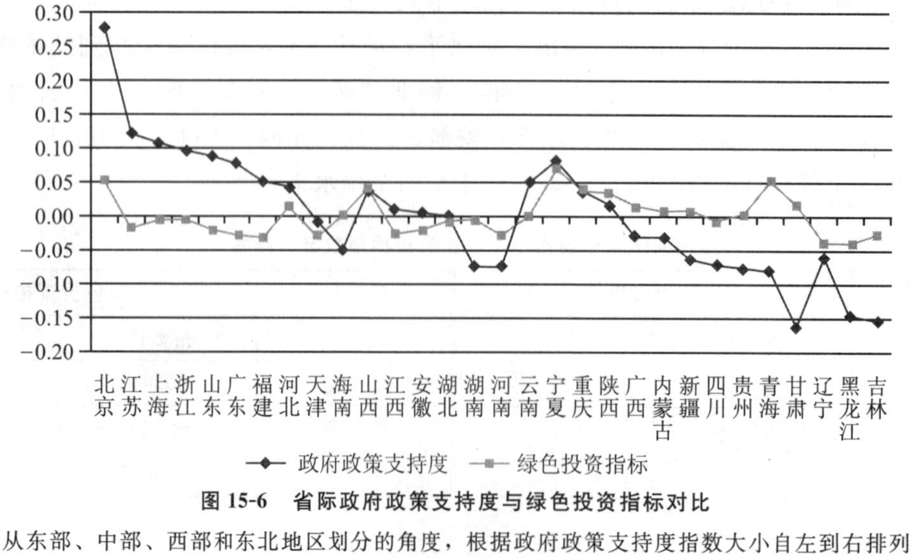

图 15-6　省际政府政策支持度与绿色投资指标对比

注：本图从东部、中部、西部和东北地区划分的角度，根据政府政策支持度指数大小自左到右排列。

(二)省际基础设施指标测算结果及分析

结合当前我国基础设施建设和管理方面的政策措施和具体实践，“基础设施”指标占政策支持度的权重为45%，下设了8个三级指标，分别是城市人均绿地面积、城市用水普及率、城市污水处理率、城市生活垃圾无害化处理率、城市每万人拥有公交车辆、人均城市公共交通运营线路网长度、农村累计已改水受益人口占农村总人口比重、建成区绿化覆盖率。各项三级指标权重和属性如表15-8所示。

表15-8　　省际基础设施三级指标、权重及指标属性

指标序号	指标	权重(%)	指标属性
6	城市人均绿地面积	1.69	正
7	城市用水普及率	1.69	正
8	城市污水处理率	1.69	正
9	城市生活垃圾无害化处理率	1.69	正
10	城市每万人拥有公交车辆	1.69	正
11	人均城市公共交通运营线路网长度	1.69	正
12	农村累计已改水受益人口占农村总人口比重	1.69	正
13	建成区绿化覆盖率	1.69	正

注：本表内容是由本报告课题组召开的多次专家座谈会研讨确定的。

测算结果显示(如表15-9所示)，各省市基础设施指标在－0.138～0.152之间，地区差异大于绿色投资指标。上海最高，甘肃最低。其中，有13个省市高于全国平均水平，按指数从高到低依次是上海、北京、江苏、浙江、山东、广东、福建、重庆、江西、河北、天津、宁夏和湖北。相对应的，陕西、云南、新疆、辽宁、安徽、山西、广西、河南、四川、青海、湖南、海南、吉林、内蒙古、黑龙江、贵州、甘肃等地区的“基础设施”水平低于全国平均水平。

表15-9　　2009年中国省际基础设施指标指数值及排名

指　标	基础设施指标		指　标	基础设施指标	
地　区	指数值	排名	地　区	指数值	排名
上　海	0.152	1	新　疆	－0.010	16
北　京	0.137	2	辽　宁	－0.012	17
江　苏	0.110	3	安　徽	－0.014	18
浙　江	0.100	4	山　西	－0.022	19
山　东	0.083	5	广　西	－0.024	20
广　东	0.081	6	河　南	－0.038	21
福　建	0.065	7	四　川	－0.048	22
重　庆	0.042	8	青　海	－0.050	23
江　西	0.035	9	湖　南	－0.051	24
河　北	0.025	10	海　南	－0.061	25
天　津	0.021	11	吉　林	－0.085	26

续表

指　标	基础设施指标		指　标	基础设施指标	
地　区	指数值	排名	地　区	指数值	排名
宁　夏	0.019	12	内蒙古	−0.092	27
湖　北	0.019	13	黑龙江	−0.101	28
陕　西	−0.008	14	贵　州	−0.127	29
云　南	−0.010	15	甘　肃	−0.138	30

资料来源：根据《中国统计年鉴2010》、《中国环境统计年报2009》、《中国环境统计年鉴2010》、《中国工业经济统计年鉴2010》、《中国城市统计年鉴2010》等测算。

从东、中、西和东北四大区域来看(如图15-7所示)，地区间基础设施指标差异性较大，东部地区指标值远高于其他地区，其次是中部地区和西部地区，指数最低的是东北地区。各地区的基础设施指标与其政府政策支持度高度相关，基础设施对东部政府政策支持度的贡献较大。

东部各省市的基础设施指标得分较高、排名靠前，除海南外，各省市得分都高于全国平均水平，上海、北京、江苏、浙江、山东、广东、福建、河北8个地区排在前十名，天津和海南分别排在第11位和第25位。东部发达地区城市化水平高，社会进步和文明程度较高，基础设施相对完善，城市规划比较科学，城市管理理念和水平也较为先进。

不过，其他地区指数较低，中、西部和东北各省市则大都处于全国平均水平以下。随着各地区经济发展水平提高、城市化进程加快，各地政府对基础设施的投资力度在不断加大，科学规划和城市管理理念在加强，各地绿色发展的环境基础将越来越优化。

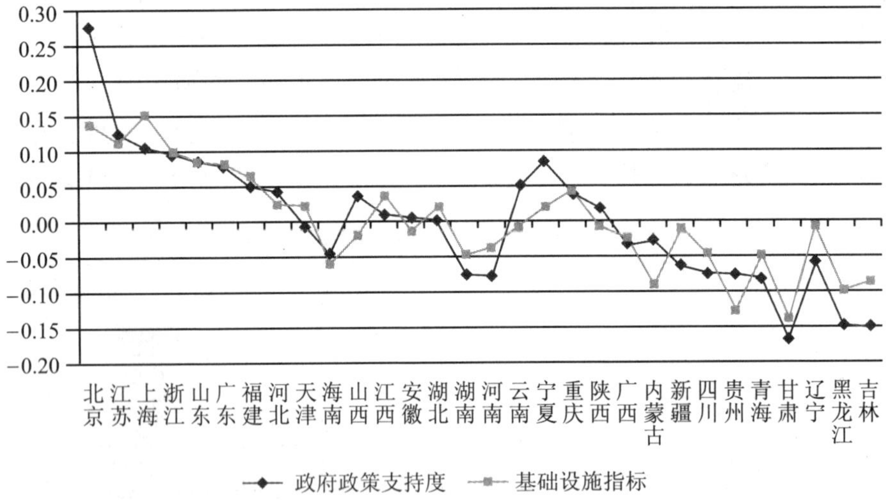

图15-7　省际政府政策支持度与基础设施指标对比

注：本图从东部、中部、西部和东北地区划分的角度，根据政府政策支持度指数大小自左到右排列。

(三)省际环境治理指标测算结果及分析

结合当前我国在环境保护和生态治理方面的政策措施和具体实践，环境治理指标占政府政策支持度的权重为30%，下设6个三级指标，分别是人均当年新增造林面积、工业二氧化硫去除率、工业废水化学需氧量去除率、工业氮氧化物去除率、工业废水氨氮去除率和突发环境事件次数。各三级指标权重及指标属性如表15-10所示。

表 15-10　　省际环境治理三级指标、权重及指标属性

指标序号	指标	权重(%)	指标属性
14	人均当年新增造林面积	1.50	正
15	工业二氧化硫去除率	1.50	正
16	工业废水化学需氧量去除率	1.50	正
17	工业氮氧化物去除率	1.50	正
18	工业废水氨氮去除率	1.50	正
19	突发环境事件次数	1.50	逆

注：本表内容是由本报告课题组召开的多次专家座谈会研讨确定的。

测算结果显示(如表 15-11 所示)，各地区环境治理指数值在－0.082～0.089 之间，地区间差异不大。其中，最高的是北京，为 0.089，高出全国平均水平约 9%。另有内蒙古、云南、贵州、安徽、江苏、山东、广东、山西、福建、海南、河北、天津、江西和浙江 14 个地区高于全国平均水平。不过，宁夏、陕西、黑龙江、河南、辽宁、湖北、四川、湖南、广西、吉林、上海、甘肃、重庆、新疆和青海 15 个地区低于全国平均水平。

表 15-11　　2009 年中国省际环境治理指标指数值及排名

指　标	环境治理指标		指　标	环境治理指标	
地　区	指数值	排名	地　区	指数值	排名
北　京	0.089	1	宁　夏	－0.006	16
内蒙古	0.058	2	陕　西	－0.009	17
云　南	0.057	3	黑龙江	－0.009	18
贵　州	0.048	4	河　南	－0.010	19
安　徽	0.037	5	辽　宁	－0.010	20
江　苏	0.029	6	湖　北	－0.011	21
山　东	0.027	7	四　川	－0.018	22
广　东	0.024	8	湖　南	－0.020	23
山　西	0.020	9	广　西	－0.021	24
福　建	0.019	10	吉　林	－0.042	25
海　南	0.013	11	上　海	－0.043	26
河　北	0.007	12	甘　肃	－0.044	27
天　津	0.002	13	重　庆	－0.044	28
江　西	0.001	14	新　疆	－0.062	29
浙　江	0.000	15	青　海	－0.082	30

资料来源：根据《中国统计年鉴 2010》、《中国环境统计年报 2009》、《中国环境统计年鉴 2010》、《中国工业经济统计年鉴 2010》、《中国城市统计年鉴 2010》等测算。

测算结果表明，地区间环境治理指标差异不大，但是地区内部各省市差异较为显著。东部地区的指数最高，明显高于其他地区；中、西部地区依次排在第二、第三位，东北地区指数最低。东部地区各省市中，除上海外，其他地区大都高于全国平均水平。其中北京、江苏、山东、广东、福建 5 省市排名在前十位。中部 6 省在全国平均水平附近波动，安徽、海南和江西略高于

全国平均水平，其他地区略低于全国平均水平。西部地区大部分省份低于全国平均水平，只有内蒙古、云南和贵州较高，排名在前五名。排名位居最后的 3 个省市全部属于西部地区，分别是青海(第 30 位)、新疆(第 29 位)和重庆(第 28 位)。东部地区环境治理情况领先，一个重要原因是东部地区率先发展、率先实现产业结构优化升级，二产比重下降，特别是重工业比重下降；三产比重上升，产业结构实现“轻化”。东部城市上海的环境治理指标远低于东部其他省份，而西部地区的内蒙古和贵州的环境治理指标则高于西部其他地区。从环境治理指标与政府政策支持度之间的比较可以看出，各地区的环境治理指标与其政府政策支持度相关性不显著，东部地区的环境治理指标大都低于其政府政策支持度，中部地区的环境治理指标与其政府政策支持度基本一致，而西部地区和东北地区的环境治理指标往往高于其政府政策支持度。具体如图 15-8 所示。

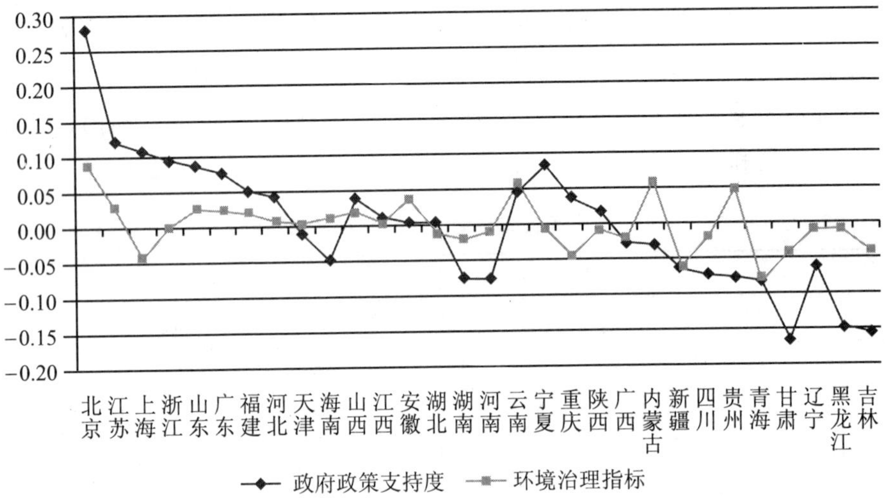

图 15-8　省际政府政策支持度与环境治理指标对比

注：本图从东部、中部、西部和东北地区划分的角度，根据政府政策支持度指数大小自左到右排列。

>>三、城市政府政策支持度比较分析<<

为了全面比较各城市政府政策支持度的情况，同时考虑到数据的可得性、城市的代表性、地域的差异性，综合各方面因素选取了 34 个典型城市作为测度对象，从绿色投资、基础设施建设和环境治理三个方面进行测算，在保证城市与省际政府政策支持度在评价体系方向基本一致的基础上，同时具体考虑到城市发展绿色经济的不同特点，相对于省际政府政策支持度的评价体系和权重标准，城市评价体系和权重标准有所调整。城市政府政策支持度指数占绿色发展指数总权重的 33%，共由 13 个三级指标构成，均为正指标；三级指标权重都在 2.48%～2.75% 之间。

(一)城市绿色投资指标测算结果及分析

城市的绿色投资指标占政府政策支持度的权重为 25%，由环境保护支出占财政支出比重、工业环境污染治理投资占地区生产总值比重、科教文卫支出占财政支出比重三项指标构成，这三项指标是当前城市绿色投资的主要领域。各项指标的权重采用均权法，权重均为 2.75%(如表

15-12所示)。各地绿色投资指数排名情况如表15-13所示。

表15-12　城市绿色投资三级指标、权重及指标属性

指标序号	指标	权重(%)	指标属性
1	环境保护支出占财政支出比重	2.75	正
2	工业环境污染治理投资占地区生产总值比重	2.75	正
3	科教文卫支出占财政支出比重	2.75	正

注：本表内容是由本报告课题组召开的多次专家座谈会研讨确定的。

测算结果显示，各城市绿色投资指标得分在－0.038～0.072之间，城市间相差不大。河北省省会石家庄市排名首位，比全国平均水平高7.2%；有14个省市高出平均水平，不到测评城市的一半。按得分从高到低依次为石家庄、兰州、福州、北京、哈尔滨、杭州、银川、广州、深圳、郑州、太原、沈阳、海口和宁波。不过，长春、南昌、南宁、济南、贵阳、长沙、上海、天津、青岛、南京、西安、厦门、西宁、武汉、重庆、昆明、大连、合肥、成都和呼和浩特20个城市的"绿色投资"水平低于全国平均水平。

表15-13　2009年中国城市绿色投资指标指数值及排名

指　标	绿色投资指标		指　标	绿色投资指标	
地　区	指数值	排名	地　区	指数值	排名
石家庄	0.072	1	济　南	－0.007	18
兰　州	0.060	2	贵　阳	－0.009	19
福　州	0.043	3	长　沙	－0.009	20
北　京	0.035	4	上　海	－0.010	21
哈尔滨	0.029	5	天　津	－0.011	22
杭　州	0.029	6	青　岛	－0.012	23
银　川	0.028	7	南　京	－0.019	24
广　州	0.027	8	西　安	－0.019	25
深　圳	0.015	9	厦　门	－0.019	26
郑　州	0.013	10	西　宁	－0.020	27
太　原	0.013	11	武　汉	－0.025	28
沈　阳	0.007	12	重　庆	－0.026	29
海　口	0.004	13	昆　明	－0.026	30
宁　波	0.002	14	大　连	－0.026	31
长　春	－0.005	15	合　肥	－0.038	32
南　昌	－0.006	16	成　都	－0.039	33
南　宁	－0.007	17	呼和浩特	－0.039	34

资料来源：根据《中国统计年鉴2010》、《中国环境统计年报2009》、《中国环境统计年鉴2010》、《中国工业经济统计年鉴2010》、《中国城市统计年鉴2010》等测算。

从图15-9可以看到，各城市的绿色投资指标差异不大。从绿色投资指标与政府政策支持度指数之间的比较可以看出，东部城市的绿色投资指标普遍低于其政府政策支持度指数，对政策

支持度的贡献较小；中部城市的绿色投资指标与政府政策支持度指数基本一致；而西部和东北城市的绿色投资指标大都高于其政府政策支持度指数，对城市政策支持度的拉动作用较大。

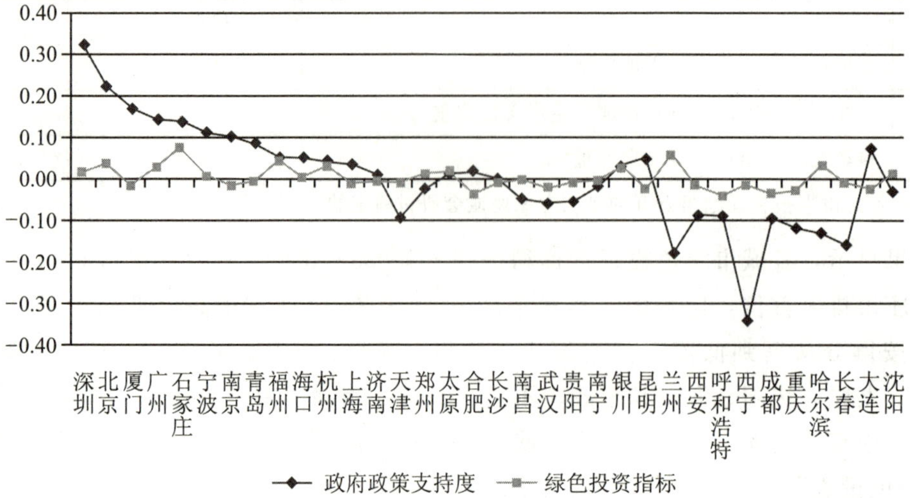

图 15-9 城市政府政策支持度与绿色投资指标对比

注：本图从东部、中部、西部和东北地区划分的角度，根据政府政策支持度指数大小自左到右排列。

(二)城市基础设施指标测算结果及分析

结合当前我国在城市基础设施建设和城市管理方面的政策措施和具体实践，“基础设施”指数占政府政策支持度的权重为45%，下设了5个三级指标，分别是人均绿地面积、建成区绿化覆盖率、用水普及率、城镇生活污水处理率、生活垃圾无害化处理率和每万人拥有公共汽车，各项指标都是正指标，权重均为2.48%。

表 15-14　城市基础设施三级指标、权重及指标属性

指标序号	指标	权重(%)	指标属性
4	人均绿地面积	2.48	正
5	建成区绿化覆盖率	2.48	正
6	用水普及率	2.48	正
7	城镇生活污水处理率	2.48	正
8	生活垃圾无害化处理率	2.48	正
9	每万人拥有公共汽车	2.48	正

注：本表内容是由本报告课题组召开的多次专家座谈会研讨确定的。

测算结果表明(如表15-15所示)，各城市基础设施指标值在−0.272～0.287之间，城市间差异较大。其中，有22个省市高于全国平均水平，按指数从高到低依次是深圳、北京、大连、厦门、青岛、南京、杭州、南昌、石家庄、南宁、合肥、沈阳、广州、昆明、海口、宁波、福州、长沙、上海、成都、郑州和西安；特别是深圳市，指数明显高于排在第二位的北京。相对应的，济南、武汉、银川、重庆、长春、太原、天津、呼和浩特、西宁、贵阳、哈尔滨和兰州等城市的“基础设施”水平低于全国平均水平。

表 15-15　　2009 年中国城市基础设施指标指数值及排名

指　标	基础设施指标		指　标	基础设施指标	
地　区	指数值	排名	地　区	指数值	排名
深　圳	0.287	1	长　沙	0.013	18
北　京	0.077	2	上　海	0.010	19
大　连	0.073	3	成　都	0.008	20
厦　门	0.067	4	郑　州	0.005	21
青　岛	0.061	5	西　安	0.004	22
南　京	0.053	6	济　南	−0.012	23
杭　州	0.049	7	武　汉	−0.013	24
南　昌	0.044	8	银　川	−0.017	25
石家庄	0.042	9	重　庆	−0.027	26
南　宁	0.036	10	长　春	−0.031	27
合　肥	0.031	11	太　原	−0.051	28
沈　阳	0.030	12	天　津	−0.052	29
广　州	0.028	13	呼和浩特	−0.090	30
昆　明	0.023	14	西　宁	−0.119	31
海　口	0.022	15	贵　阳	−0.119	32
宁　波	0.020	16	哈尔滨	−0.194	33
福　州	0.014	17	兰　州	−0.272	34

资料来源：根据《中国统计年鉴 2010》、《中国环境统计年报 2009》、《中国环境统计年鉴 2010》、《中国工业经济统计年鉴 2010》、《中国城市统计年鉴 2010》等测算。

从东、中、西和东北四大区域来看，东部地区城市的基础设施指数值较高、排名靠前，前十名中除了大连(第 3 位)、南昌(第 8 位)、南宁(第 10 位)外，其余均为东部地区城市。这是由于北京、上海等东部地区的直辖市、省会城市和计划单列市的城市化水平高，基础设施更加完善，城市规划更加科学，城市管理理念和水平也更加先进。主要表现在城市绿化率高，城市供水和污水处理能力强，城市道路和公共交通发达，城市环卫设施建设加快等方面。其他地区城市基础设施建设和管理水平还有待提升。

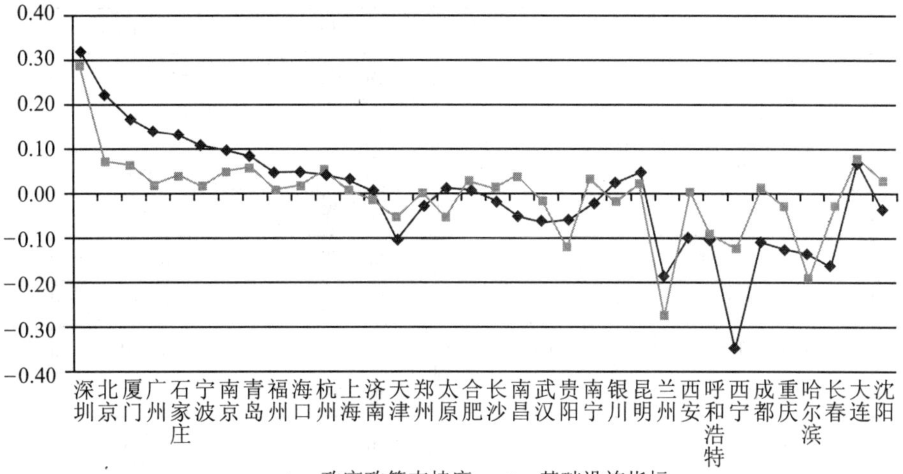

图 15-10　城市政府政策支持度与基础设施指标对比

注：本图从东部、中部、西部和东北地区划分的角度，根据政府政策支持度指数大小自左到右排列。

从图 15-10 可以看到，地区间基础设施指标差异较大，东部地区城市远高于其他城市。从基础设施指标与政府政策支持度指数之间的比较可以看出，城市的基础设施指标与其政府政策支持度指标高度正相关，基础设施指数对政府政策支持度的影响较大。

(三)城市环境治理指标测算结果及分析

基于城市环境治理指标的考察目的和内容，结合当前城市在环境保护和生态治理方面的政策措施和具体实践，城市的环境治理指标占政策支持度的权重为 30%，下设了 4 个三级指标，分别是工业二氧化硫去除率、工业废水化学需氧量去除率、工业氮氧化物去除率和工业废水氨氮去除率，均为正指标，权重都是 2.48%。

表 15-16　　城市环境治理三级指标、权重及指标属性

指标序号	指标	权重(%)	指标属性
10	工业二氧化硫去除率	2.48	正
11	工业废水化学需氧量去除率	2.48	正
12	工业氮氧化物去除率	2.48	正
13	工业废水氨氮去除率	2.48	正

注：本表内容是由本报告课题组召开的多次专家座谈会研讨确定的。

测算结果显示(如表 15-17 所示)，环境治理指数值在－0.208～－0.120 之间。指数最高的是厦门，为 0.120，高出全国平均水平约 12%。有 20 个城市高于全国平均水平，分别是厦门、北京、宁波、广州、贵阳、南京、昆明、太原、青岛、上海、呼和浩特、哈尔滨、兰州、济南、海口、石家庄、大连、深圳、合肥和银川。不过，福州、长沙、武汉、天津、杭州、郑州、南宁、重庆、沈阳、成都、西安、南昌、长春和西宁 14 个地区低于全国平均水平。

表 15-17　　2009 年中国城市环境治理指标指数值及排名

指　标	环境治理指标		指　标	环境治理指标	
地　区	指数值	排名	地　区	指数值	排名
厦　门	0.120	1	深　圳	0.017	18
北　京	0.109	2	合　肥	0.015	19
宁　波	0.089	3	银　川	0.014	20
广　州	0.086	4	福　州	－0.010	21
贵　阳	0.071	5	长　沙	－0.015	22
南　京	0.065	6	武　汉	－0.021	23
昆　明	0.049	7	天　津	－0.035	24
太　原	0.047	8	杭　州	－0.036	25
青　岛	0.034	9	郑　州	－0.045	26
上　海	0.031	10	南　宁	－0.050	27
呼和浩特	0.030	11	重　庆	－0.068	28
哈尔滨	0.030	12	沈　阳	－0.071	29
兰　州	0.028	13	成　都	－0.072	30

续表

指　标	环境治理指标		指　标	环境治理指标	
地　区	指数值	排名	地　区	指数值	排名
济　南	0.027	14	西　安	−0.080	31
海　口	0.022	15	南　昌	−0.084	32
石家庄	0.019	16	长　春	−0.127	33
大　连	0.018	17	西　宁	−0.208	34

资料来源：根据《中国统计年鉴 2010》、《中国环境统计年报 2009》、《中国环境统计年鉴 2010》、《中国工业经济统计年鉴 2010》、《中国城市统计年鉴 2010》等测算。

从东、中、西部和东北四大区域的角度来看(如图 15-11 所示)，东部地区城市的指数值较高、排名靠前，其中有 7 个城市排名在前十位，除福州(第 21 位)和天津(第 24 位)外，其他地区大都高于全国平均水平。而中西部城市和东北地区城市则大部分处于全国平均水平之下。东部地区城市环境治理情况较好，主要得益于东部地区产业优化升级领先。例如，北京在环境治理指标中排在首位，与北京的三次产业结构密切相关。

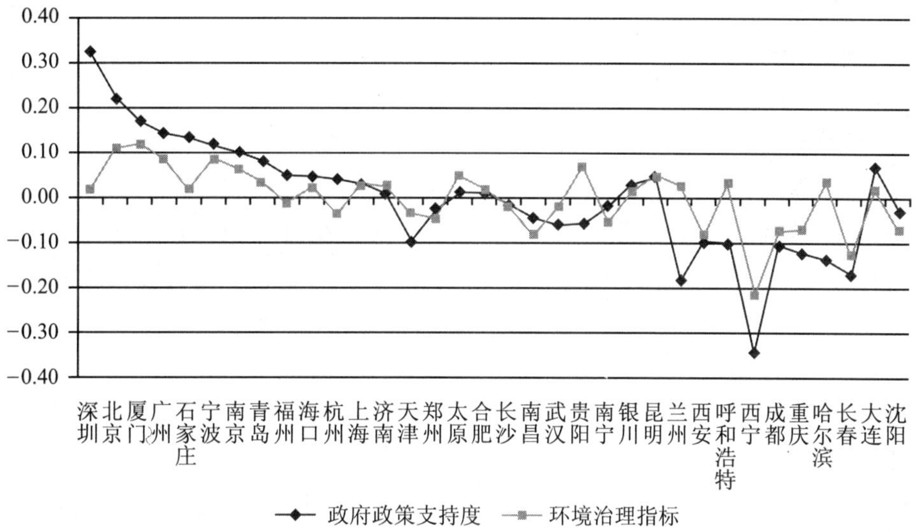

图 15-11　城市政府政策支持度与环境治理指数对比

注：本图从东部、中部、西部和东北地区划分的角度，根据政府政策支持度指数大小自左到右排列。

>>简短的结论<<

通过对 30 个省(市、区)和 34 个城市政府政策支持度的测算发现：第一，各地政府都非常重视绿色发展，但政府政策支持度仍具有显著的区域差异，经济发达的东部地区政策支持度指数最高。这表明在经济发展的同时可兼顾绿色发展，给欠发达地区起到了一定的示范作用。第二，政府政策支持度的差异更多地体现在基础设施的完善程度和城市管理水平上，不过，环境治理的地区差异不大，各地都取得了一定的成效。第三，基础设施建设应符合绿色发展的要求。当前，基础设施建设与环境生态保护的矛盾依然突出，环保基础设施发展滞后。应树立环境生态保护优先的发展理念，将绿色、低碳发展理念贯穿于基础设施的规划、设计、建设和运营等环节，优先发展环境友好型基础设施和环保设施。第四，城市化需体现绿色发展的要求。“十二五”期间将是我国城市化进程加快的阶段，各地区应根据资源环境承载力、发展基础和潜力，着力优化城市空间布局，提高城市发展的集约化程度，解决城市发展面临的资源环境、城市功能和城市管理等方面的问题，保障城市的可持续发展。第五，充分发挥政府主导作用、正确引导绿色投资。应继续加大政府绿色投资力度，增加环保和污染治理等支出，特别是东部地区发达省市，绿色投资应提高到与其经济发展实力相适应的水平。同时，以政府投入和政策激励为引导，广泛吸收社会投资，更加重视投资效率和运营效率。此外，科技是推动绿色经济发展的关键，应不断增加政府科技教育支出，大力鼓励科技创新，加快产业结构的优化和经济发展方式的转变，缓解经济发展与资源环境的矛盾。

>>参考文献<<

[1]国家统计局，环境保护部．中国环境统计年鉴2010[R]．北京：中国统计出版社，2009.

[2]国家统计局，环境保护部．中国环境统计年报2009[R]．北京：中国统计出版社，2009.

[3]国家统计局，环境保护部．中国环境统计年报2008[R]．北京：中国统计出版社，2008.

[4]国家统计局．中国统计年鉴2009[R]．北京：中国统计出版社，2009.

[5]国家统计局．中国统计年鉴2010[R]．北京：中国统计出版社，2010.

[6]吴正．中国沙漠及其治理[M]．北京：科学出版社，2009.

[7]国家统计局．中国城市统计年鉴2008[R]．北京：中国统计出版社，2009.

[8]国家统计局．中国城市统计年鉴2009[R]．北京：中国统计出版社，2010.

[9]国家统计局．2010中国城市(镇)生活与价格年鉴[R]．北京：中国统计出版社，2010.

[10]李晓西等．新世纪中国经济报告[R]．北京：人民出版社，2006.

[11]李晓西．中国：新的发展观[M]．北京：中国经济出版社，2009.

[12]北京师范大学经济与资源管理研究院．2008中国市场经济发展报告[R]．北京：北京师范大学出版社，2008.

[13]国家统计局国民经济综合统计司．新中国六十年统计资料汇编[R]．北京：中国统计出版社，2009.

[14]林毅夫，蔡昉，李周．中国的奇迹：发展战略与经济改革[M]．上海：上海人民出版社，1994.

[15]厉以宁．经济增长方式转变为何缓慢[J]．价格理论与实践，2005.

[16]吴敬琏．中国增长模式抉择[M]．上海：上海远东出版社，2006.

[17]李晓西等．新世纪中国经济报告[M]．北京：人民出版社，2006.

[18]北京师范大学经济与资源管理研究院．2008中国市场经济发展报告[R]．北京：北京师范大学出版社，2008.

第四篇

绿色发展专题研究

专题一

环境统计发展与改革探索

广义的环境统计是指以环境为研究对象的统计工作、统计资料和统计科学。环境的广泛性决定了环境统计工作内容的广泛性。环境统计的任务是对环境状况和环境保护工作情况进行统计调查、统计分析，提供统计信息和咨询，实行统计监督。就环境保护部门而言，环境统计是各级环保部门为了了解辖区内环境污染、治理和环保工作开展情况而依法对辖区环境状况和环境保护工作情况进行数据收集、传输、汇总、分析和发布等的一项重要基础工作，是我国社会经济统计的重要组成部分，同时也是一项业务性极强的工作，工作难度大、任务重、矛盾多。

>>一、环境统计发展<<

从20世纪50年代起，我国开展的国土、水利、气象、矿产等方面的统计中就包含了环境统计的少许内容。1973年第一次全国环境保护会议之后，北京、沈阳、南京等城市相继开展了工业污染源调查，各省、市(地区)环境管理机构和环境监测站也相继建立，我国的环境统计工作逐步开展起来。1979年，国务院环境保护领导小组办公室组织了对全国3 500多个大中型企业的环境基本状况调查。1980年11月，为了加强环境管理、制定环保政策，编制环保规划，国务院环境保护领导小组办公室在北京主持召开了全国第一次环境统计工作会议，审议通过了环境统计报表制度。1981年，针对我国县及县以上工业“三废”排放及其治理情况和环保队伍本身建设和发展情况开展环境统计，标志着我国正式建立了环境统计报表制度。经过30多年的实践和发展完善，目前我国已经建立了较为规范的环境统计指标体系和企业、县级、地市级、省级和国家级的统计数据逐级上报的工作体系，形成了一套以定期普查为基准、抽样调查和科学估算相结合、专项调查有效补充的调查统计方法。

由于长期以来环境统计工作基础薄弱、经费投入不足、技术装备落后、基础研究匮乏，加之客观上存在统计对象种类多、差异大、变化快、数据获取难等具体困难，一些地方环保部门对环境统计工作仍然不够重视，认为环境统计数据“没有精力搞清楚、没有能力搞准确、搞清楚了也管不过来”，与统计数据的科学性、针对性、及时性、准确性都还有不少差距，环境统计工作还不能很好地适应环境管理工作的需要，亟须大力加强和改进，突出表现在如下五个方面：

第一，环境统计范围不够全面，污染源动态调整不够及时。目前环境统计只覆盖工业污染源、集中式污染治理设施和城镇生活源，农业源还没有覆盖。工业源调查统计采用重点调查和非重点测算相结合的方法。然而，在总体样本不清的情况下，这种调查方法往往不能完全准确掌握工业污染状况，少报、缺报现象时有发生。

第二，环境统计方法研究不够深入，缺乏及时可靠的基础数据支撑和工具化、制度化的环境统计数据审核办法，数据采集信息化、网络化水平较低。地方政府各项管理需求对数据质量导向作用较大，数据失真的情况仍有发生，缺乏实用有效的监督管理机制。

第三，环境统计指标体系设置不尽合理，纷繁复杂，重点不明确，不能全面反映污染与治理状况，部分指标定义和统计口径需进一步明确。“十一五”环境统计指标体系共涉及990项指标，其中351项综合年报指标中一些已经不适合作为当前环境管理需要的指标，同时缺少一些环境管理亟需的指标；对于部分专业年报指标在基层的可操作性估计不足。

第四，环境统计数据的应用和综合分析薄弱，难以满足环境管理和政策分析的需求。由于环境统计数据存在时效上的滞后性和报送频次上的局限性，环境统计数据分析处于较低水平，既未能深入挖掘统计信息的内在规律，又不能满足用户对环境统计数据量的要求。环境统计数据以应相关管理部门需求提供数据的多，以有目的有深度进行主动分析的少，以现状总结描述的多，以开展预测、预警和参与宏观社会经济形势分析提出建议的少，难以及时参与宏观经济分析，难以及时为环境管理提供定量化依据。

第五，环境统计工作没有得到应有重视，基础能力薄弱，缺乏稳定专业的环境统计人员和丰富的业务知识和实践经验，难以适应工作的需要。

>>二、探索前进<<

环境统计不仅是收集环境信息的主要手段，更是开展污染减排和各项环境管理工作的基础。“十一五”以来，党中央、国务院高度重视环境保护和污染减排工作，尤其强调了统计核算工作的重要性。温家宝同志要求，要充分论证、周密制定建设方案，既要吸收借鉴世界先进经验，又要勇于创新，务必使污染减排指标、监测和考核体系达到国际一流水平。这是党中央、国务院对环境统计工作提出的明确要求，是污染减排工作现实的需要，也是对环境统计工作提出的现实要求。随着环境保护和污染减排工作的深入开展，环境统计工作责任越来越大，任务越来越重，矛盾越来越多。从适应环境管理工作角度看，环境统计面临调整、衔接、改革等一系列工作，环境保护部大力推进环境统计工作改革创新，环境统计工作得到了显著加强，在管理模式、统计方法、质量保障、指标体系等方面都进行了深入探索，并取得了积极成效。

(一)根据环境保护发展需要，不断调整、创新环境统计思路和理念

随着环境保护和污染减排工作的不断推进，环境保护科学决策及量化管理对环境统计数据的及时性和准确性的依赖程度越来越高，对环境统计工作也提出了新的、更高的要求。为了满足各方面的需求，更好地为环境保护工作服务，在认真分析环境统计工作面临的形势、任务和要求的基础上，环境保护部应及时调整和创新统计思路和理念。一是强化环境统计与污染减排工作的衔接，努力提高统计工作的科学性和规范性；二是加强环境统计与污染源普查工作对比分析，积极研究加快环境统计管理体系和技术方法的改革；三是强化环境统计支撑服务功能，采取有力措施大力提高数据的质量水平。围绕上述目标，以第一次全国污染源普查和污染源普查动态更新调查(以下简称“更新调查”)数据为基础，按照“指标要少，数据要实，体系要精”的原则，结合国家“十二五”规划编制以及“中国资源环境主要统计指标体系建立研究”等工作，尤其是结合污染减排核查核算工作的需要，开展环境统计指标体系研究，研究建立“十二五”环境

统计新平台及其调查方法和工作程序。初步探索出今后一段时期环境统计工作的总体思路。即以探索实践中国特色环境保护新道路为指导，以加强环境统计支撑和保障能力为目标，以改革环境统计管理和优化指标体系为重点，以提高环境统计数据的科学性、真实性为核心，统筹衔接环境统计与污染减排、污染源普查的关系，加强统计基础能力建设，进一步更新统计理念，创新统计制度，规范统计管理，加强统计服务，努力建立与新时期环境保护工作相适应的环境统计工作体系。

(二)组织实施更新调查工作，为“十二五”环境管理提供支撑

为实现第一次全国污染源普查结果与环境统计工作的顺利衔接，确定“十二五”污染减排基数，确保“十一五”后期各项环境管理和污染减排工作的连续性，改进“十二五”环境统计工作，环境保护部党组经过认真研究，反复论证，提出了在开展现行环境统计工作的同时，以第一次全国污染源普查数据为基础，开展污染源普查动态更新调查工作，并提出了“更新污普数据、简化调查方法、进行两年练兵、确定减排基数、实现统普衔接”的工作思路和工作方案。2009 年和 2010 年更新调查工作时间紧、任务重、数据量大，涉及 30 多万家发表调查单位，涉及工业源、农业源、生活源和集中式污染治理设施等全部领域。先后经过筹备准备、培训布置、入户调查、调度指导、督促核查和审核汇总等工作阶段，取得了 2009 年和 2010 年两年的更新调查数据，进一步摸清了污染源和污染物产生与排放状况，在技术方法上实现了与第一次全国污染源普查的初步衔接，同时也锻炼了队伍，积累了经验。更新调查在思路和方法上进行了创新，在调查范围和领域上进行了拓展，在污染源数量、技术方法、工作机制等方面与“十二五”环境统计改革工作进行了衔接。

(三)努力发挥环境统计支撑服务功能，推进环境统计与业务工作的融合

近年来，我国环境保护工作深入开展，工作方向和领域不断拓展，这对环境统计工作提出了新的要求；同时，随着环境保护工作的开展，环境科技、环境监测等能力得到加强，也为环境统计工作提供了技术支撑。环境统计必须真正融入到环境管理工作中，才能发挥作用、获得发展、受到重视。一是从业务开展方面，通过更新调查将农业源、机动车逐步纳入环境统计体系，以满足污染减排工作深入开展的需求；二是在技术支持层面，充分借助污染减排核查核算技术体系，为完善环境统计方法体系提供实践参考，而通过环境统计分析应用又为污染减排目标和方向的确定提供借鉴。同时，通过污染减排核查核算数据和环境统计数据的校核分析，有效保障环境统计数据质量，为环境统计服务于综合决策发挥重要作用。

(四)始终坚持数据质量是环境统计的生命，采用有效途径强化数据管理

制度建设是加强环境统计工作的基础。近年来，以《统计法》、《统计法实施细则》、《部门统计管理办法》等国家统计基本法律法规为基础，根据进一步深化环境保护管理和规范环境统计工作的需要，以加强第一次全国污染源普查数据管理为契机，逐步建立健全的相关环境统计数据管理制度、数据质量控制体系和完善的数据质量审核、评估、核查制度。一是完成了《第一次全国污染源普查数据管理规定》、《环境统计数据使用管理办法》、《环境统计数据审核办法》等管理规定和技术规范，加强环境统计数据使用管理和数据质量保障制度建设。二是建立了数据联合

汇审和现场巡视核查相结合的数据质量审核工作体系，“宏观把握、中观比较、微观细核”的数据质量审核工作思路，学习借鉴污染减排核查核算的经验和做法，加强数据间的比对，加强与其他数据的相互校验，尽可能使数据更符合逻辑、更符合实际。三是要求主要污染源企业建立环境统计台账，切实加强数据源头把关。四是建立产排污系数动态更新机制、规范主要污染物产排污量核算方法。五是积极组织开展基础研究，为建立和完善数据质量控制体系提供技术支持。通过这些工作，不仅丰富了环境统计工作的业务内涵，而且显著提高了环境统计数据的质量水平。为加强环境统计能力建设，各级环保部门基本上都建立了由总量管理机构负责行政管理和政策指导，各级监测站为主负责技术支持的环境统计工作的模式，这为环境统计和更新调查等工作的开展创造了条件。

(五)完善环境统计调查方法体系

环境统计调查方法体系可以按调查对象的范围、调查的目的、执行方式、时间维度和应用领域等多个角度进行分类。调查形式主要包括发表调查、问卷调查、访问调查、电话调查、新闻媒介调查、留置调查、日记调查、文案调查和实地观察等。环境统计调查方法体系包括方法论、基本方法和具体技术三个层次。方法论是理论基础和指导思想，它由哲学方法论、逻辑方法论和学科方法论组成。基本方法有多个分类，按调查对象的范围角度分为普查、抽样调查、重点调查、典型调查和个案调查。具体技术包括调查设计、填报录入、传输汇总、审核分析和发布、撰写总结报告这样一个完整过程。上述三个层次，是相互联系、相互制约的。在整个方法体系中，方法论是基础，它决定着调查的方向和价值，决定着基本方法和具体技术的选择。而调查的具体实施依赖于基本方法和具体技术的运用，基本方法和具体技术的发展变化，又促进着方法论的发展变化。正是这三个层次在相互联系和相互制约中不断发展与完善，才使环境统计调查方法体系有可能构成一个严密的科学体系。环境统计调查方法体系的核心是环境统计报表制度，环境统计报表制度是由环境统计指标体系、报表表式、术语规定、填报指南、数据审核等组成的统计报告制度。

>>参考文献<<

[1]毛玉如. 环境保护调查方法[M]. 北京：化学工业出版社，2010.
[2]环境保护部，国家统计局. 环境统计报表填报指南[R]. 北京：中国环境科学出版社，2008.

专题二

战略性新兴产业引领绿色发展

培育和发展战略性新兴产业，已成为当今世界、特别是大国之间抢占新一轮经济和科技发展制高点、引领和支撑绿色发展的重大战略。中国的人口规模、资源环境禀赋和经济、技术发展阶段决定了我们实现绿色发展较发达国家面临着更大的挑战，更需要加快培养和发展战略性新兴产业，实现绿色发展。

>>一、培育和发展战略性新兴产业是实现绿色发展的必由之路<<

国际金融危机以后，全球产业结构出现重大调整，主要经济体纷纷制定新的发展战略，加大投入支持，加速重大科技成果转化，培育和发展新能源、新材料、生物技术、宽带网络、节能环保等新兴产业，力争通过发展新兴战略产业在短期内促进经济复苏，在长期创造新的经济增长点。如美国仅投入到替代能源、电动汽车等的研究和推广费用达到700多亿美元；欧盟则强调“绿化”的创新和投资，加速向低碳经济转型；日本将大幅提高新能源研发和利用的预算，由原先的882亿日元增加到1 156亿日元。另外，各国还纷纷加快信息产业发展，加大对生物技术和产业发展的支持力度，积极拓展纳米技术和产业的发展空间等。

众所周知，我国人均资源少，经济发展长期依赖资源、资金和物质投入带动的状况没有得到根本改变，生态环境日益脆弱。2009年，中国生产粗钢5.68亿吨，水泥16.5亿吨，分别约占世界总产量的43%和52%，绝大部分由我们自己消费掉了；一次能源消耗达31亿吨标准煤，占世界能源消费总量的17.5%。而同期我国的GDP只有34万亿元人民币，约合4.7万亿美元，占世界GDP(54万亿美元)的比重仅为8.7%，很显然，依靠大量消耗资源支撑发展的方式已难以为继。尽管我国近年来对节能环保高度重视，也取得了巨大成绩，但2009年全国七大水系劣五类水质断面比例仍达18.4%，二氧化硫、二氧化碳排放量均居世界前列，大气污染、垃圾围城、工业点源污染、农业面源污染问题仍很严重，现代化建设进程面临越来越严峻的资源和环境压力。而战略性新兴产业能实现新兴科技与产业的高度结合，具有科技含量高、节能环保好、成长性强、带动性大等特征，大力发展战略性新兴产业，将对提升产品附加值，减少资源消耗和环境污染，促进经济结构调整，转变经济发展方式发挥极其重要的作用。因此，要实现绿色发展，建设资源节约型和环境友好型社会，就必须把握世界新科技革命和产业革命的历史机遇，立足中国国情，加快培育发展物质资源消耗少、环境友好的战略性新兴产业。

>>二、中国发展战略性新兴产业具备诸多有利条件<<

与历史上其他几次技术革命发生时相比，中国在这一轮新技术革命中与发达国家的差距相对较小，不仅科技研发和整体产业技术水平有了很大提升，还拥有一定技术储备，在少数领域与国际先进水平较为接近，在极个别领域还有先行优势。更为重要的是，我们拥有吸收新技术的潜在巨大市场，以及为新技术产业化配套的较为完整的产业体系。

(一)经济持续快速发展，为战略性新兴产业创造了巨大的市场需求

作为拥有13亿人口的发展中大国，目前中国已经成为世界第二大经济体，对节能减排、资源节约、环境保护、健康、粮食、效率改进等提出了巨大需求，使得战略性新兴产业的市场前景非常广阔，中国将成为世界最具潜力的战略性新兴产业市场之一。

据国务院发展研究中心预计，到2015年，中国节能环保产业总产值可达4万亿元；核心电子信息基础产业规模将突破3.5万亿元，下一代信息网络产业规模达到1.35万亿元；高端装备制造产业销售产值达到6万亿元；核电装机达到4 000万千瓦左右，风力发电装机容量达到9 000万千瓦，太阳能发电装机达到500万千瓦以上；新材料产业规模超过2万亿元；电动汽车保有量达百万辆级。据保守估计，到2020年我国广义生物产业市场规模约为6万亿元，其中医药市场规模将达4万亿元，生物制造1万亿元、生物农业5 000亿元、生物能源3 000亿元、生物环保1 000亿元等。如此庞大、诱人的市场需求，必将对发展战略性新兴产业产生难以估量的推动力。

(二)战略性新兴产业发展已经具备一定的产业、技术和人才基础

从产业基础看，中国已建立起拥有支撑战略性新兴产业发展的完整产业体系。目前中国已拥有39个大类、191个中类、525个小类工业，涵盖了联合国产业分类中所列的全部工业门类。从战略性新兴产业的发展阶段看，新能源产业的发展已经起步，风电步入规模化发展阶段，太阳能发电开始进入产业化发展的准备阶段；新能源汽车技术研发取得了重大进展，基本建立了具有自主知识产权的电动汽车动力系统技术研发平台，初步构成了关键零部件的配套研发体系，实现了小批量的整车生产能力和局部区域的商业化示范运用；生物医药和生物育种技术成熟度高，许多品种已经实现规模化生产；新材料产业聚集发展的格局初步形成；自主研制和生产支线飞机、直升机、通用飞机等领域取得一定进展，大型飞机正式启动研制，部分航空发动机和机载设备也投入研制，产业发展实现较好起步。

从技术基础看，中国战略性新兴产业的一些技术水平已处于发展中国家领先地位，有的已达到世界先进水平。我国新能源汽车在资源、产业、成本等方面具有比较优势，特别是动力电池关键技术、关键材料和产品研发与国外先进水平比较总体相当，车用电机与国际先进水平差距不大，是为数不多的具备一定技术能力的产业领域。我国生命科学与生物技术总体上在发展中国家中居领先地位，特别是在生物信息学、基因组学、蛋白质工程、生物芯片、干细胞等生命科学前沿领域具有较高的研究水平，一大批生物技术成果或已申报专利或进入临床阶段或正处于规模生产前期阶段。在物联网技术上，中国研发已有10年以上，一批关键技术取得重要进

展，已成为国际标准制定的主导国之一。我国光伏产业几乎和国际同步发展；海洋资源利用中的海水提碱技术居于世界领先地位，海水淡化综合利用跟国际是同一水平；部分军工材料技术、超大规模集成电路关键配套材料、新材料等生产技术也达到国际先进水平。

从人才基础来看，我们已经建立起比较完备的学科体系，拥有丰富的人才资源。国内拥有一批基础性和专门性的研究院所、研究基地、国家重点实验室和国家认定的企业技术中心，研发人员总量仅次于美国，居世界第二位，科技论文不仅在数量上大幅增长，在质量和影响力上也有显著提高。部分重要领域的研究开发能力已跻身世界先进行列，具备战略性新兴产业大发展的科研和人才基础与能力。同时，我们始终坚持对外开放，积极参与国际科技交流与合作，不断提升了我国在科技界的国际影响力，增加了话语权，使我们能够更好地分享世界最新科技革命的成果。

(三)发展战略性新兴产业的自然资源相对丰富

我国可再生能源、生物资源、有色金属资源、海洋资源、部分材料资源等非常丰富。水能资源技术可开发装机容量为 5.4 亿千瓦，年发电量 2.47 万亿千瓦时，世界排名第一。太阳能资源非常丰富，2/3 的国土面积年日照小时数在 2 200 小时以上，年太阳辐射总量大约每平方米 5 000 兆焦(相当于每平方米 170 公斤标准煤)。全国陆地可利用风能资源 3 亿千瓦，加上近岸海域可利用风能资源，共计约 10 亿千瓦；生物质资源可转换为能源的潜力约 5 亿吨标准煤，今后随着造林面积的扩大和经济社会的发展，潜力可达 10 亿吨标准煤。还拥有约 26 万种生物物种、12 800 种药用动植物资源，已经收集了 32 万份农作物种质资源，是世界上生物资源最丰富的国家之一。在新能源汽车研发上，电动汽车的关键零部件所需的原材料，如锰、铁、钒、磷、稀土等在我国都有比较丰富的储量。

(四)发展战略性新兴产业的政策环境日益完善

近年来，中国加大了政策投入的力度，更加高度重视高科技产业的发展和科技对经济的支撑。国际金融危机后，中国多次明确提出要发展战略性新兴产业，抢占新兴产业的制高点。2010 年 10 月，国务院发布了《关于加快培育和发展战略性新兴产业的决定》，明确了加快培育发展战略性新兴产业的指导思想、目标、重点任务，从财政、税收、金融等方面提出了重大政策措施。目前，相关部门正在抓紧落实，制定发展措施。各地政府积极响应，纷纷出台了一系列发展规划和政策意见，为战略性新兴产业的发展营造宽松的外部环境。

>>三、中国发展战略性新兴产业的战略部署和重点领域<<

“十二五”规划纲要提出，要以重大技术突破和重大发展需求为基础，促进新兴科技与新兴产业的深度融合，在继续做大做强高技术产业的基础上，把战略性新兴产业培育成为先导性、支柱性产业，并明确了我国战略性新兴产业发展的战略部署、重点领域和主要任务。

(一)战略部署

综合考虑目前中国战略性新兴产业发展的基础和趋势，以及发展战略性新兴产业需要长期不懈努力的客观要求，培育和发展战略性新兴产业将实施“三步走”战略：

第一步，到2015年，战略性新兴产业形成健康发展、协调推进的基本格局，对产业结构升级的作用显著增强，增加值占国内生产总值的比重力争达到8%左右。

第二步，到2020年，战略性新兴产业增加值占国内生产总值的比重力争达到15%左右，吸纳、带动就业能力显著提高。节能环保、新一代信息技术、生物、高端装备制造产业成为国民经济的支柱产业，新能源、新材料、新能源汽车成为国民经济的先导产业。

第三步，到2030年，战略性新兴产业的整体创新能力和产业发展水平达到世界先进水平，为经济社会可持续发展提供强有力的支撑。

(二)重点领域

战略性新兴产业是一个动态的概念，其重点领域会随着经济社会发展需要和科学技术进步的实际情况而适时调整。在现阶段，为进一步集中力量，努力实现重点领域快速健康发展，将重点培育和发展节能环保、新一代信息技术、生物、高端装备制造、新能源、新材料及新能源汽车七大产业。

在节能环保产业领域，将以先进适用技术集成应用为重点，大力发展新型高效节能、先进环保、资源循环利用的技术和装备，发展节能环保服务业和再制造产业等环保产业新业态。

在新能源产业领域，将以巨大内需市场为后盾，快速提升创新能力，积极发展新一代核能；加快太阳能利用技术的推广应用，开拓多元化的太阳能光伏光热发电市场；提高风电技术装备水平，有序推进风电规模化发展；因地制宜，开发利用生物能。

在新一代信息技术产业领域，将从做强信息产业的需求出发，以建设宽带、泛在、融合、安全的信息网络基础设施、推进“三网”融合，促进物联网、云计算的研发和示范应用为主线，增强集成电路、新型显示、高端软件等核心基础产业的发展能力，加速网络增值服务等新业态的壮大发展。

在生物产业领域，将以巩固基础研究、加速推进产业化、有序促进大规模应用为主线，大力利用生物技术开发重大疾病防治新药，加快研制新型生物医学工程产品，强化重要粮食作物、经济作物、畜禽和水产品等为主要对象的生物育种产业发展，促进绿色农用生物产品和海洋生物技术产品的发展，推进生物制造技术和产品对传统化工工艺路线的技术替代和对化石资源的原料替代。

在高端装备制造业领域，将优先重点发展先进航空装备和高速铁路交通等先进运输装备、海洋工程装备、高端智能制造装备，加快建设以卫星应用为核心、以服务国家发展为目标的空间基础设施。

在新材料产业领域，将以发挥我国在纳米、超导、稀土等材料科学技术研究方面的优势为基础，以满足国家重大工程建设和产业结构升级为目标，巩固学科研究优势，大力发展新材料制备技术和装备，大力推进新型材料的产业化以及大宗高端材料的规模化生产应用。

在新能源汽车产业领域，将充分发挥社会各方面的积极性，以产业联盟系列化为途径，着力突破动力电池、驱动电机和电子控制领域的关键核心技术，加速形成知识产权，推进插电式混合动力汽车、纯电动汽车的推广、应用和产业化。

(三)主要任务

目前，我国战略性新兴产业发展面临的突出问题是关键核心技术掌握得少，产品进入市场面临诸多障碍。要加快培育和发展战略性新兴产业，必须把科技创新作为中心环节，把市场需求作为重要拉动力量，把国际化发展作为必要的条件，着力提升产业核心竞争力，营造良好市场环境，提高国际化发展水平。

在强化科技创新方面，一是要超前部署支撑战略性新兴产业发展的核心关键技术和前沿技术研究；二是要鼓励企业建设具有世界先进水平的工程化平台并形成产业链发展的工程化、系统集成技术能力；三是要释放已形成的科技潜力，促进创新人才向企业流动并强化人才激励机制；四是要以规模化发展为目标，统筹技术开发、工程化、标准制定、市场应用等创新环节，实施若干具有引领带动作用的重大产业创新发展工程，形成突破口和发展优势；五是要大力推进高校、科研机构的技术转移，大规模支持企业实施创新成果产业化；六是要促进技术、人才、资金等创新资源向具有技术创新优势的产业区域集聚，加速战略性新兴产业基地的发展，促进区域产业结构和经济结构优化升级。

在积极培育市场方面，一是要组织实施若干重大应用示范工程，重点围绕提高人民健康水平、缓解环境资源制约等紧迫需求，组织实施全民健康、绿色发展、信息惠民等应用示范工程，引导消费模式转变，培育市场，拉动产业发展；二是要重点加强新能源并网及储能、通用航空等产业的市场应用基础设施建设，支持企业在物联网、节能环保服务、新能源应用、信息服务、新能源汽车推广等领域大力发展专业服务、增值服务等新业态；三是要加强标准体系建设并完善市场准入制度，为各类企业发展营造公平的竞争环境。

在深化国际合作方面，一是要针对战略性新兴产业“知识密集”的特征，突出“招才引智”的作用，充分利用全球创新资源，加强国际科技交流与合作，共同创造和分享国际创新成果；二是要针对战略性新兴产业高投入、高风险的特征，突出利用全球资本的重要性，切实提高国际投融资合作的质量和水平，引导外资投向战略性新兴产业，鼓励我国企业到境外投融资，多层次、多元化地有效利用国外资金；三是要适应我国战略性新兴产业做强做大的需要，在目前战略性新兴产业的国际分工格局尚未完全形成的情况下，推动技术和产品“走出去”，促进企业跨国经营，开拓国际市场，在更高的层次上参与国际分工。

>>参考文献<<

[1]国务院．国务院关于加快培育和发展战略性新兴产业的决定[EB/OL]．中央政府网站，2010-10-18.

[2]国家发改委．《国务院关于加快培育和发展战略性新兴产业的决定》解读[EB/OL]．国家发改委网站，2010-10-21.

[3]国务院．国民经济和社会发展第十二个五年规划纲要[EB/OL]．中央政府网站.

[4]冯飞．战略性新兴产业的发展[EB/OL]．中国经济网.

[5]张和平．对于大力发展战略性新兴产业的思考与建议[J]．经济界，2010(3).

[6]中国科学院可持续发展战略研究组．2010中国可持续发展报告——绿色发展与创新[R]，北京：科学出版社，2010.

专题三

中国食品安全困局及出路[①]

俗话说“国以民为本，民以食为天”。“民食”安全与否关系到人民群众的健康和生命安全，关系到经济发展和社会和谐。近年来，随着食品安全事故的频繁出现，“食品安全”业已成为当前社会各界关注的焦点，而围绕着“食品安全”主题所展开的一系列工作无不凸显了民本思想与和谐内涵。民食之殇：我国食品安全困局是什么，出路在哪里？

>>一、中国食品安全发展态势<<

(一)食品安全的内涵

何为“食品安全”？据维基百科解说，食品安全(Food Safety)是指食品无毒、无害，符合应当有的营养要求，对人体健康不造成任何急性、亚急性或者慢性危害。食品安全学是一门专门探讨在食品加工、存储、销售等环节中确保食品卫生及食用安全、降低疾病隐患、防范食物中毒的一个跨学科领域。世界卫生组织认为，食品安全是食物中有毒、有有害物质对人体健康影响的公共卫生问题。具体而言，狭义上，食品安全主要包括两个方面的内容：一是食品本身的营养价值与质量问题，如食品营养价值不达标、食品过期变质等；二是食品生产、加工、运输、储存与销售环节中人为改变食品自然属性所引发的损害健康甚至危及生命的安全问题，如农产品农药残留超标、食品添加剂等。广义上，食品安全蕴涵着以下几个层面：一是食品数量安全，即从数量的角度，要求人们既能买得到、又买得起需要的基本食品；二是食品质量安全，即从质量的角度，要求食品的营养全面、结构合理、卫生健康，在满足消费者需求的基础上不会对其生命与健康造成损害；三是食品可持续性安全，即从发展的角度，要求食品的获取注重生态环境的保护和资源利用的可持续性(杨文友，2001)。随着我国改革的深入与经济的迅猛发展，我国所面临的食品安全问题已经逐步从数量性安全向质量性安全抑或可持续性安全转变，其中食品质量安全问题尤为突出，成为现今食品安全领域关注的焦点。

(二)中国食品安全发展态势

三十余年的改革与发展使得我国的广大民众摆脱了计划经济时代“食品限额供给”的枷锁，国民的物质生活条件发生了质的飞跃。食品安全历史也从粮食安全期(1949—1984年)与食品安

① 本文资料收集工作由西南交通大学查建平和北京师范大学潘博协助。

全起步期(1984—2001年)向食品安全发展期(2001年至今)跨越。但是我国人多地少与贫富差距较大的现实也决定了食品数量性安全在较长时间内将一直是伴随我国经济与社会发展的潜在风险，唐太宗在《务农篇》中提到“夫食为人大，农为政本”，因而我国食品安全工作必须在保证粮食供给充足的先决条件下努力提升食品的质量安全与可持续性安全，以维护广大民众的基本权利。

值得注意的是，近年来出现的一系列食品安全突发事件多是与质量安全有关，这也说明了质量安全是当前食品安全工作的重点。因而就当前食品安全工作而言，我们必须以数量性安全为根本，可持续性安全为方向，质量安全为重心。随着食品安全监督与防控体系的逐步发展，我国食品质量安全水平整体上有较大的提高。据卫生部门资料显示，1982年食品总体合格率为61.5%，1994年上升到82.3%，2001年提高到88.6%，其中粮食、酒类、罐头等13类产品抽样合格率达到90%以上。2010年蔬菜、禽畜产品和水产品监测总体合格率分别为96.8%、99.6%和96.7%，23大类3 800多种加工食品的抽检批次合格率为94.6%，出口食品合格率达到99.8%以上。抽样检测情况表明，食品中的污染物、添加剂、重金属、农兽药残留显著下降，食物中毒事件及中毒人数整体呈下降趋势。值得注意的是，个别重大食品安全事故时有发生，如近年来新闻媒体上“三聚氰胺”、“地沟油”、“人造新鲜红枣”、“瘦肉精”、“福寿螺”、“红心咸鸭蛋”、“彩色馒头”等与食品安全事故休戚相关的词汇不绝于耳，从而使得我国食品安全之路上所取得的整体成绩广受诟病与质疑。据卫生部资料显示，2010年全国食物中毒类突发公共卫生事件报告220起，中毒7 383人，死亡184人，涉及100人以上的食物中毒事件7起。与2009年网络直报数据相比，食物中毒事件的报告起数和中毒人数分别减少了18.82%和32.92%，死亡人数增加了1.66%。就食物中毒原因分类而言，微生物性食物中毒事件的报告起数和中毒人数最多，分别占总数的36.82%和62.10%，这主要包括两个方面的食品安全事件：一方面是传统的食品污染问题，如沙门菌污染、霉菌毒素污染、农药污染和寄生虫污染等；另一方面是类似发达国家出现的一系列新的食品污染问题，如大肠埃希菌已在国内多个省发生了严重的爆发流行等(方志伟，2004)，有毒动植物及毒蘑菇引起的食物中毒事件的死亡人数最多，占总数的60.87%。与2009年相比，微生物性食物中毒事件的报告起数、中毒人数和死亡人数分别减少了31.36%、41.83%和20.00%；化学性食物中毒事件的报告起数、中毒人数和死亡人数分别减少了27.27%、38.17%和27.27%；有毒动植物及毒蘑菇引起的食物中毒事件的报告起数、中毒人数分别减少了4.94%、9.30%，死亡人数增加了20.43%；不明原因食物中毒事件的报告起数和中毒人数分别增加了29.41%、28.15%，死亡人数减少了6人。此外，转基因技术的应用和推广在保证粮食供给安全的同时，也存在诸多非议。有部分学者指出，转基因农作物对环境污染、人类健康以及生物多样性的保护都可能产生威胁。因而在高度信息化的时代，这一系列与食品安全相关的负面词汇无不深深地刺痛了民众那原本脆弱的神经。据《2010—2011消费者食品安全信心报告》显示，将近七成受访者对中国的食品安全状况感到“没有安全感”，其中，超过半数(52.3%)的受访者心理状态是“比较不安”，另有15.6%的人表示“特别没有安全感”。同时，值得注意的是，虽然近年来我国在食品安全法制体系、技术规范以及技术检测方面取得了显著的进步，但我国食品的供给渠道与市场本身的复杂性也注定了食品安全工作难以一蹴而就，因而我国政府必须有步骤、分阶段地提高法制体系的有效性、技术规范的完善性以及技术检测的可操作性，从而进一步完善食品安全保障体系，推进食品安全工作的进步。

>>二、中国食品安全事故频发的深层影响<<

食品安全事故频发所造成的负面影响已经超出了安全事故本身对消费者生命、财产及健康的直接损害。首先，食品安全事故的频发给我国食品工业的发展蒙上了一层阴影。2010年我国的食品工业总产值达到5.3万亿元，占全国工业总产值的9.1%，预计到2015年，产值将达到12万亿～14万亿元，成为拉动内需、增加就业、保障民生和促进经济增长的支柱产业(姚润丰，2010)。然而，民以食为天，食以安为先，食品安全是食品工业良性发展的前提，而已发生的一系列食品安全事故使国内食品工业的发展前景堪忧，"三聚氰胺"毁掉了"三鹿"，也使我国其他民族乳业品牌元气大伤，"瘦肉精"让"双汇"至今深陷泥潭难以自拔，此外，"地沟油"、"民工粮"、"致癌牙签"等不胜枚举，使得广大民众到了"谈食色变"的程度，这些无疑让我国食品工业及餐饮业的发展前景显得扑朔迷离。

其次，食品安全事故的频发逐步演变为一场社会道德与诚信体系的严重危机。正如温家宝同志所言——"近年来相继发生'毒奶粉'、'瘦肉精'、'地沟油'、'彩色馒头'等事件足以表明，诚信的缺失、道德的滑坡已经到了何等严重的地步"。过往的历史无不证明，一个国家的崛起及富强不仅是物质财富的创造与积累，更重要的是先进文化体系的构筑与提升。只有通过构筑一套成熟而又富有感染力的先进文化体系，才能提升我国在国际社会中的"软实力"，从而实现中华民族的伟大复兴。从新制度经济学的视角出发，社会诚信的缺失与道德体系的滑坡无疑会进一步增加社会交易成本，成为政治与经济改革进一步深入的桎梏，不利于国民经济的持续健康发展，也危害到社会的稳定与和谐。

最后，食品安全事故的频发为西方发达国家在国际贸易中"绿色壁垒"的创造提供了口实，不利于我国国际贸易的发展。近年来，西方发达国家在国际贸易中逐步放弃了原先构建的"硬壁垒"(比如关税)，改选它们更为熟悉、更为冠冕堂皇的"软壁垒"，主要包括环保标准、动植物卫生检疫措施等技术性壁垒、绿色壁垒、安全壁垒等。这些壁垒将我国置于国际贸易中的不利地位，形成我国对外出口的阻力，不利于国民经济的发展。

>>三、中国食品安全事故频发的诱因<<

我国食品安全事故的频发既有其表层原因，也有其深层诱发因素。从表面看，食品安全事故多发是政府部门监管不力、权责不明、法制不健全、技术标准不明确、技术检测水平低以及部分商家的道德败坏等所致。但究其根本，我们不难发现，事故的多发有其偶然性也有其必然性。概括起来，我们可以将我国食品安全事故频发的诱发因素归结为以下几点：

第一，城乡之间以及区域之间的经济发展不平衡，部分地区的农牧民收入水平较低且增收渠道与增收幅度有限。改革开放以来，我国经济整体上保持较高的增速，按不变价格计算，1979—2007年国内生产总值平均增速为9.8%，而"十一五"期间我国国内生产总值平均增速更是达到了11.2%，近三十年来中国人均国民总收入增长了11倍。然而，在肯定经济发展所取得的成绩的同时，我们必须注意到我国城乡之间与区域之间经济发展极不平衡。东部地区与西部地区人均国内生产总值的绝对差额由1994年的3 308.45元扩大到2006年的16 002.7元，绝对差额增长了近4.8倍，且区域人均国内生产总值绝对差距和相对差距逐年增大。城乡居民收入从

1998年的2.52∶1扩大到2008年的3.31∶1。区域之间与城乡之间的不均衡发展使得部分地区的农牧民收入水平较低且增收渠道有限，一些农牧民往往只能依靠少量的土地或牲畜保持低标准的生活。迫于生活的压力，这些农牧民很容易受到市场下游的不法中介与生产者的诱导或胁迫。以“瘦肉精”事件为例，据3·15消费者协会调查显示，一头猪加“瘦肉精”的成本不过是几元钱，出栏后却能多卖几十元钱，养一百头猪就可以多卖几千元，而且那些没有添加“瘦肉精”的猪反而难以出售给商贩。当然我们必须承认“瘦肉精”事件的发生有部分农户的道德因素存在，但我们也不能否认是生计的需求使得部分养殖户敢于铤而走险，践踏道德与法律底线，因为这是他们唯一可靠的收入来源渠道。

第二，食品行业的整体水平不高，企业质量参差不齐，食品行业内部的原料采购、加工及销售渠道复杂。改革开放以来，我国食品行业总产值急剧增长，但行业的整体水平不高，大多数企业规模较小，在一些城乡结合地带作坊式的食品加工企业数目众多，这些企业的生产与管理水平整体上较低。此外，食品行业内部的原料采购、加工及销售渠道较为复杂，以粮食加工业为例，企业粮食收购渠道较为复杂，多数收购的粮食源于一些规模小且较为分散的农户，粮食加工渠道也很混乱，加工业链条较长，销售渠道混乱，部分地区存在着很多无牌无照的销售网点。毋庸置疑，以上所列举的种种食品行业内部的弊端加大了政府部门的统筹监管难度，从而使得食品安全难以得到有效保障。

第三，消费者整体素质较低，安全意识淡薄，消费文化呈畸形发展。我国的饮食文化博大精深，对于“吃”的艺术，众多国人谈论起来无不头头是道。然而，我们不禁要问，我们真的会“吃”吗？我们知道怎样“吃”的安全吗？以近年来出现的“毒茄子”、“毒生姜”、“健美猪”为例，一些不法分子通过添加化学药剂使茄子、生姜等这些寻常蔬菜色泽更加光鲜水嫩，这恰恰是抓住了消费者食品安全认知的误区，从而使得这些无牌无照摊位上销售的“毒物”顺利上了百姓的餐桌。同样，“健美猪”事件也说明了这些问题，一些消费者为了追求心目中的饮食健康，刻意在购买时抛肥捡瘦，从而使得商贩们恨不得饲养的猪只长瘦肉不长肥肉，这也为生猪饲养中“瘦肉精”的添加埋下伏笔。此外，随着物质财富越发充裕，一些消费者盲目追捧“食补”，讲究所谓的“吃什么补什么”，飞禽走兽、生猛海鲜无不成为了人们餐桌上的“补物”，而这些也恰恰成为了食品安全的重大隐患。

第四，在财政分权与单一政府绩效考核的双重背景下容易滋生地方政府保护的倾向，不利于对大型食品生产企业的食品安全监督与考核。由于一些大型食品企业是当地政府的纳税大户，也对当地经济发展有着重大影响，因而出于自身利益的考量，当地政府很容易成为大型食品企业的庇护者。在一些食品安全事件中，地方政府存在刻意隐瞒事故真相的嫌疑，也为食品安全突发事件的处理带来重重阻力。同时，由于我国食品安检机构缺乏足够的独立性与权威性，从而使得一些存在安全隐患的大型食品企业能够长时间逍遥法外，最终成为食品安全突发事件的源头。

>>四、针对中国食品安全问题的对策与建议<<

针对上文所作出的食品安全问题分析的结果，我们对食品安全工作提出了六点建议，以期为我国食品安全有效保障体系的构建提供启示。

第一，促进区域之间与城乡之间的平衡发展，提高农牧民的收入水平，增加其创收与增收渠道。这样能够从源头上增强农牧民违反食品安全事件的抵制能力，提高农牧民在食品安全防范工作中的主动性与积极性。

第二，进一步推进我国食品行业的发展，加强我国食品行业的整治力度，规范食品行业采购、加工及销售渠道。只有规模有序化经营才能降低我国食品安全监管部门的监管难度，提高其食品安全的监管力度和监管效果。

第三，加强食品安全知识宣传力度，提升我国消费者的素质。消费者是食品流向的终端，也是食品安全事件中的受害者。我们必须积极宣传食品安全相关知识，增强消费者对有害食品的鉴别与防范能力，提高消费者在食品安全监管工作中的协调配合能力。

第四，将食品安全与地方政府官员的绩效考核挂钩，保证食品监督与检测机构的独立性与权威性。这样能够提高地方政府在食品安全工作中的主动性与积极性，防止食品安全工作落入地方政府保护的陷阱。

第五，加强食品安全法制建设与执行力度，完善食品安全标准与技术检测手段。我们必须结合我国的具体国情积极引进和吸收国外的先进经验，进一步完善我国食品安全法制体系、安全标准及检测手段，从而为食品安全工作提供强大的外力保障。

第六，构建食品安全应急预警机制，提高对食品安全突发事件的处理能力。食品安全重在防范，但我们不能忽视应急预警机制的重要性。一个有效的食品安全预警机制能够防止食品安全突发事件的危害进一步扩散，从而将食品安全突发事件所带来的损失降到最低程度。同时，通过积极有效的处理，能够缓解食品安全事件中广大群众的复杂情绪，提升政府部门在食品安全突发事件中的公众形象，促进社会和谐。

>>参考文献<<

[1]杨文友. 中国食品安全阶段性特征探析[J]. 现代农业科技，2011(3).

[2]方志伟. 食品安全：事关你我他[J]. 国际学术动态，2004(3).

[3]赵苏，李江华. 食品安全：新型贸易壁垒对我国出口贸易的影响及对策[J]. 食品科学，2010(11).

专题四
推动绿色经济背景下的核电发展

发展核电事业对于推动绿色经济发展有着重要意义，三十多年的国际能源发展事业充分证明了这一点，核电事业发展在过去三十多年里对于减少二氧化碳排放起了最为重要的作用。目前，在日本福岛核事故的背景下，如何看待核电事业发展需要对核电事业有一个再认识、再思考的过程。

>>一、核电发展的基本现状<<

(一)核电是近40年全球增长最快的能源领域

从1973年全球第一次能源危机以来，近40年全球能源使用量增长约1倍，而核电使用量增长约8倍，平均增长速度是能源的4倍左右。

促进核电增长的重要原因是1973年的能源危机。在1973年的全球能源危机后，全球核电进入高速增长期，核发电能力在20世纪70年代增长逾700%，80年代增长了140%。这个时期是核电高速发展期，而近10～20年核电增长速度较慢。

(二)世界各国发展核电的基本现状

自20世纪50年代中期全球第一座商业核电站投产以来，核电发展已历经了50多年。据世界核协会资料显示，到2010年11月30日为止，世界正在运行的核反应堆发电机组共有441台，装机容量为376 263兆瓦；在建核电机组有63台，在建核电装机容量为65 414兆瓦；计划建设的核电机组有143台，计划建设的核电装机容量为159 403兆瓦。世界核电发电量占总发电量的比例为14%。

发展核电是许多国家能源事业发展的重要选择，特别是发达国家与能源资源稀缺国家。发展中国家所占的比例很低。

在一部分国家，核电已经成为重要的能源利用形式。核电发电量超过20%的国家和地区有16个，法国、立陶宛、比利时、保加利亚、日本、瑞典、斯洛伐克、乌克兰、瑞士等国的核电已构成了它们的主要电力来源，占总电力的50%～80%。立陶宛核能发电在全国发电总量中所占的比重接近80%，这一比重在世界上是最高的。在世界主要工业大国中，法国核电的比例最高，核电占国家总发电量的77.6%，位居世界第二，德国为28.1%，日本为25%，英国为23.7%，美国为20%，俄罗斯为16.5%。美国和法国是核电的主要生产大国，它们的发电量构成了世界核电量的45%左右，其中，美国的核电利用量最大。①

各国核电装机容量的多少，在很大程度上反映了各国经济、工业和科技的综合实力和水平。核电与水电、火电一起构成世界电力的三大支柱，在世界能源结构中有着重要的地位。主要发达国家的核电在过去几十年都有一个较快的发展，它们的发展集中在20世纪70年代到90年代。目前中国核电占中国能源使用量的2%左右，有广阔的发展前景。

世界大部分发达国家将核电作为重要的能源利用形式，核电在未来世界能源发展中占据重要地位。按照国际能源机构的估计，未来核能源还有较大的发展空间，甚至能达到能源使用量的10%左右。因此，在目前日本福岛核事故的背景下重新考量核电发展是一个重要的问题。

>>二、核电发展的基本优势<<

(一)清洁优势

核能与其他能源相比具有高能量、低成本的优势。在各种能源之间，核能是最经济的洁净能源。在等量的能源条件下核能所产生的电能明显较高，它们的关系大约是：1kg木柴=1kW·h电；1kg煤=3kW·h电；1kg石油=4kW·h电；1kg铀=50 000kW·h电。由于铀是高浓缩的能源，因而价格波动极大，对成本的影响要比其他能源小得多。比如，铀价提高一倍，核电成本仅增加7%，如果汽油提价一倍，那么电力成本就要提高70%。正是由于核能部分替代了煤和石油，全世界自20世纪70年代以来已节省了数十亿美元的其他能源资源。

此外，核电具有环保的明显优势。核电可缓解由于二氧化碳而引起的温室效应。以核电发展的高峰期为例：1973—1995年，核能的利用避免了大约60亿吨二氧化碳的释放，仅1995年就避免了482×10^6吨二氧化碳进入大气中，使得当年大气中二氧化碳的释放量较其他能源降低了32个百分点，二氧化硫和一氧化氮分别降低了35个百分点和31个百分点(据国际能源机构1997报告)，所以发展核电完全符合21世纪所倡导的人与自然、人与环境和谐的要求，因而有识之士认为核能是优质绿色能源之一。这也是中国将未来减少二氧化碳排放量的主要希望寄托在大力发展核电上的原因所在。

核电站不会像水电站那样占地庞大，造成大量人口迁移、水土流失、生态环境变化以及发生水坝垮塌等，材料运输也方便。就此而言，核电是一种清洁、便利的能源，是解决当今气候问题、降低二氧化碳排放量的重要途径。

(二)成本优势

在当前这种能源价格高涨，并且导致各种重大的经济问题与社会问题的大形势下，核电正显示出其重要的优势。核电与其他能源相比，具有显著的成本优势与抗资源涨价的能力，这是目前形势下发展核电的另一个重要理由。

核电是一个特殊能源产业，核电的科学技术含量是所有能源产业中最高的。核电技术与科学水平代表了一个国家科技与产业技术最高水平的最重要方面。核科学涉及最前沿的科学问题，

① BP Statistical Review of World Energy June 2010，Nuclear Energy-Consumption TWh (from 1965)。

核电制造产业涉及最尖端、最前沿的技术。核电制造仅是极少数国家能够掌握、控制和实施的。就此而言，相对于其他能源产业，核能源产业中的技术、科学问题是主要因素，资源问题是相对次要问题。在这个问题上核能源产业与目前大部分能源产业有重要的不同，相对而言受资源的约束较小，这是目前核电产业具有成本优势的根本原因。因此，发展核电是稳定能源供应、稳定物价的重要手段与策略，大力发展核电具有稳定能源与稳定物价的重要意义。就此意义而言，中国需要将核电发展放在一个重要的位置。

>>三、发展核电必须解决的问题<<

(一)核安全问题

在日本福岛核事故之前，世界范围内发生过两次大的核事故：1979 年的美国三里岛核事故、1986 年的切尔诺贝利核事故。两次核事故都对全球核电事业产生了重大影响。

美国三里岛核事故，为核事故的第五级。事故原因是管理失误与操作失误，事故中安全设施起到了重要作用，无一伤亡，只有 3 人受到了略高于半年的容许剂量的辐射。事故发生后，全美震惊，核电站附近的居民惊恐不安，约 20 万人撤出这一地区。美国各大城市的群众和正在修建核电站的地区的居民纷纷举行集会示威，要求停建或关闭核电站。美国和西欧一些国家政府不得不重新制订发展核动力计划。受 1979 年三里岛核事故的影响，美国核能市场首先退化。全球核工业经历着前所未有的萎缩。核电在 20 世纪七八十年代高速增长，而在 90 年代的增长不足 5%。在此后的 10 年中，核能是发展最慢的能源，远远落后于石油甚至煤炭，直到近 10 年核电发展才有所恢复。

切尔诺贝利核事故：切尔诺贝利曾被认为是最安全、最可靠的核电站。1986 年一声巨响打破了这一神话。事故具有灾难性的结果，其辐射量相当于 500 颗美国投在日本的原子弹。爆炸使机组被完全损坏，8 吨多强辐射物质泄漏，尘埃随风飘散，致使俄罗斯、白俄罗斯和乌克兰许多地区遭到核辐射的污染。大约有1 650万平方千米的土地被污染。事故导致 31 人当场死亡，上万人由于放射性物质的长期影响而致命或患重病。核泄漏事故发生后，前苏联前后共疏散 34 万余人。此次核事故的原因既有操作人员的问题，也有设备的问题。

西欧实行核发展计划的历史比美国长，但切尔诺贝利核事故后，公众已经转而反对核电。以提倡核能著称的法国，现在已中止建设核电厂。毫无疑问，此次日本核事故将在一个相当长的时间内引起各国对核电发展的反思，全球性的核电发展将进入一个收缩期。

从已经发生的三次核事故来看，核事故产生的原因主要有三个：操作失误、设备缺陷、自然灾害。理论上讲上述问题都可以解决，主要是需要大幅提高成本。抗 7 级、8 级地震的设备与抗 9 级地震的设备要求是有根本性的不同的；设备抵御百年、千年、甚至万年不遇的自然灾害的设计是可能做到的，关键是将大幅提高投资的成本。此次日本核事故的主要原因是自然灾害，9 级地震是非常少见的。从 1900 年有地震记录以来超过规模 7 级的地震有 1 700 个，超过规模 8 级的有 70 个，不过超过规模 9 级的只有 5 个。从客观讲，引起日本福岛核事故的 9 级地震并不是一个具有普遍意义的因素，是可以通过核电站的选址以及设备的安全设计来解决的。

核电发展未来将面临一个资源供应问题，这是决定核电发展最终能够走到何处、走到多远的根本。核资源最终将是核电事业无米之炊还是有米之炊的根本问题。如何解决这个问题将是各国未来核电发展的根本问题。技术最终都会走到一个相对稳定、相对成熟的地步，甚至安全问题最终都可以全面解决，这是一个可以依靠人、科技进步解决的问题，而资源是人无法改变的客观现实。可以预见，未来核电产业发展最终还将走到资源决定胜负的地步，或者资源起根本作用的地步。这是中国发展核电必须考虑的重要问题。

(二)核资源问题

核资源有限性问题。铀主要用作核反应堆的燃料，核电的快速发展带动了铀的需求量的增长。目前正在运行的这441台核电机组中，2010年铀的需求量预计为68 646吨(铀金属折合量，下同)，比2009年增长了4.96%。美国是世界上铀消费量最大的国家，美国核电对铀的需求量为19 538吨，占世界需求总量的28.46%；其次是法国(10 153吨，14.79%)、日本(8 003吨，11.66%)、俄罗斯(4 135吨，6.02%)、韩国(3 804吨，5.54%)、德国(3 453吨，5.03%)、中国(2 875吨，4.19%)、英国(2 235吨，3.26%)、乌克兰(2 031吨，2.96%)和加拿大(1 675吨，2.44%)。按铀需求量排序居前的这10个国家核反应堆的装机容量合计为319 889兆瓦，占世界核电装机容量的85.02%；铀需求量合计为57 902吨，占世界总需求量的84.35%。①

世界上使用核电的国家达30个，有60多个国家已向国际原子能机构表示有意愿发展核电，其中大多数是发展中国家。为了继续提高核电能力，美国、法国、日本、俄罗斯等核电大国还将继续建设核电站。德国将在2022年前关闭所有核电站。中国、印度等国是未来核电发展最快的国家。

美国目前正在运行的核电装机容量为101 229兆瓦，核电占总发电量的比例为20.2%，在建核电装机容量为1 218兆瓦；法国核电装机63 130兆瓦，核电占比75.2%，在建核电装机1 720兆瓦；日本核电装机47 348兆瓦，核电占比28.9%，在建核电装机2 756兆瓦；俄罗斯核电装机23 084兆瓦，核电占比17.8%，在建核电装机8 960兆瓦；韩国核电装机17 716兆瓦，核电占比34.8%，在建核电装机7 000兆瓦；印度核电装机4 183兆瓦，核电占比2.2%，在建核电装机4 120兆瓦。

中国投入运营的核电机组总装机容量已突破10 000兆瓦。中国在建核电装机容量为28 710兆瓦，是全球核电在建规模最大的国家。目前，中国正在制定新兴能源产业发展规划，根据中国新的发展规划预计到2020年核电装机容量将达到80 000兆瓦，核电装机容量占电力总装机容量的比重将达到5%。中国计划碳排放强度到2020年削减到2005年水平的40%～45%，这将意味着中国的绿色能源总发电量的比例将大幅提高。要实现这些目标，就需要大力发展可再生能源和核能。目前，中国天然铀的年需求量约为1 500吨，铀的生产能力为750吨，需求量远远大于供应量。到2020年，我国对天然铀的年需求量将达到7 000吨，而铀的生产能力仅为1 380吨，铀的供需将严重失衡。② 未来我国高速发展的核电产业面临的最大问题将是核资源的保证供应问题。

据国际原子能机构和经济合作组织的最新报告，世界铀资源量排名前十位的国家有澳大利亚(117.6万吨，占世界总量33.36%)、加拿大(36.11吨，10.24%)、哈萨克斯坦(33.62万吨，9.54%)、尼日尔(24.2万吨，6.87%)、美国(20.74万吨，5.88%)、南非(19.52万吨，

① 周云忠：《全球兴起核电热 铀供应备受关注》，载《世界有色金属》，2011(2)。

② 陈元初等：《我国核电工业及铀资源供应对策》，载《中国矿业》，2011(1)。

5.54%)、俄罗斯(18.14万吨，5.15%)、巴西(15.77万吨，4.47%)、纳米比亚(15.7万吨，4.45%)、中国(11.59万吨，3.29%)，这10个国家的铀资源量合计为312.99万吨，占世界铀资源总量的88.79%。

按目前的消费量，现有的资源仅能支持现有的核电发展60年左右。考虑到相当多的国家发展核电的巨大需求，现有的资源难以支持这种核电发展趋势，非常可能在短时期内核电发展也将面临核资源供应的问题。

>>四、核电发展的前景<<

发展核电是解决人类社会能源问题的最终办法之一，是人类社会能源解决办法的最基本出路。发展核电解决能源问题有两个途径，目前都看到了极大的希望与前景，这是核电发展最令人鼓舞之处。

(一)提高核资源的利用率

目前核资源的利用率不超过1%，如果采用新型技术有望提高到60%~70%，也就是说资源利用率可以提高60~70倍，甚至100倍以上。如此，从资源意义上讲，现有的核资源可以满足现有的核电发展2000年以上，核资源问题可以得到有效的解决。可以预见未来核电发展具有广阔的发展前景。解决核电资源利用率问题的办法是发展快堆技术。在核资源中，现有的技术是利用易于裂变的铀-235，而裂变的铀-235仅占天然铀中的0.71%。快堆技术是利用目前无法使用的大量的铀-238。快堆技术比现有技术要求高得多，相应的成本也将大幅提高，安全性能的技术要求也更高。全球快堆技术已经发展了许多年，俄罗斯的试验性的快堆电站已经运行了30年。可以预见，在一个不太长的时期内快堆技术将得到全面应用与发展。这是对核电乃至能源问题最具影响力的发展。

(二)核聚变

核聚变是解决人类社会能源问题的根本出路。目前，核聚变面临着一个良好的前景。核聚变的关键技术是点火问题——需要创造5 000万度到1亿度的点火温度。传统采取的是等离子的办法，而激光出现后，激光点火提供了一个更激动人心的点火方式。目前，激光点火已经实现，这意味着人类在解决能源问题上又迈出了一大步。人类最终解决能源问题已经是一个可以看得到的美好前景。

就上述意义而言，可以肯定发展核能是人类社会的现实选择与未来希望。

>>参考文献<<

[1]BP Statistical Review of World Energy，June 2010.

[2]International Energy Agency：2010 Key World Energy STATISTCS.

[3]周云忠．全球兴起核电热 铀供应备受关注[J]．世界有色金属，2011(2).

[4]陈元初等．我国核电工业及铀资源供应对策[J]．中国矿业，2011(1).

专题五

突发性环境污染事件中环境信息公开制度研究

——以紫金矿业污染事件为例

近年来，中国各种突发性环境污染事故频发。在环境应急管理过程中，政府和民众都高度重视环境信息公开工作，因为环境信息公开不仅是公众环境知情权实现的重要方式，也是公众在环境污染事件发生后维护自身生命健康和财产安全等权益、积极有效参与事件处置的前提。本文以 2010 年紫金矿业污染事件为例，分析突发性环境污染事件中环境信息公开存在的问题及治理的对策。

>>一、紫金矿业污染事件案例分析<<

(一)紫金矿业污染事件简介①

2010 年 7 月 12 日，上市公司紫金矿业 A 股和 H 股突然停牌。当天下午，福建省环保厅通报了环境污染事故，紫金矿业集团旗下紫金山铜矿湿法厂污水池发生渗漏，含铜、硫酸根离子的酸性废水外渗，通过排洪涵洞排入汀江，导致部分江段出现死鱼。初步统计，汀江流域仅棉花滩库区死鱼和鱼中毒约达 378 万斤。据了解，这起污染事件发生在 9 天前的 7 月 3 日。污染事件被瞒报 9 天！此后，该集团在其官方网站上陆续公布了一系列“事故处理简报”，但是对于主要污染物的排放方式、超标、超总量的信息却没有发布。

(二)从紫金矿业污染事件看中国环境信息公开的问题

从紫金矿业污染事件看，中国政府和企业环境信息公开的状况不容乐观。

首先，企业过多考虑自身利益，环境信息公开不够及时、完整、真实。事故发生后，企业瞒报事故长达 9 天。该公司证券部总经理说：“事情刚发生时，对事件的原因要尽快有一个判断，等这个判断明确以后，传达给相关的群众，才不会引起恐慌。”据此，紫金矿业是为了“查明事件原因、避免公众恐慌”等考虑，瞒报似乎是为了公众利益。倘若企业第一时间向公众通告，

---

① 相关新闻报道详见 http://green.sohu.com/s2010/zijinmining/，作者有改动。

渔民早做预防和补救，这个事件的危害规模必然会因为应急措施而相应减小。但实际情况却恰恰相反，企业希望将负面消息完全封锁，直至事故影响大到无法掩盖才予以承认。

企业环境信息公开不完整表现在以下几个方面：发布事故公告后，紫金矿业在其官方网站陆续公布了一系列"事故处理简报"，但是对于主要污染物的排放方式、超标、超总量的信息却没有发布；同时，在事故原因披露上，紫金矿业副总裁在接受采访时称，此次渗漏主要与自然灾害有关，由于当时持续强降雨，致使溶液池区域地下水位迅速抬升，超过污水池底部标高，致使污水池底垫多处开裂，从而造成渗漏。而稍后的调查结果显示，污水排放通道系人为非法打通，紫金矿业试图用"天灾"来掩盖"人祸"。企业环境信息公开不真实表现在：7 月 8 日，紫金矿业宣称"水质已经好转，总铜浓度和 pH 值符合《地表水环境质量标准》Ⅲ类水的标准"之后，据当地民众反映，仍然有新鱼陆续死亡。

其次，地方政府环境信息发布延迟，影响了政府的公信力和权威性。在突发性环境污染事件发生后，政府部门应该公开自己拥有的环境信息。但是，政府的环境信息往往来自企业的上报。当突发性环境污染事件发生时，肇事企业没有及时上报有关政府部门，而是迟报、瞒报污染事件；再加上地方政府深陷复杂的利益关系之中，难以及时、准确公布相关环境信息，直接损害了政府的公信力与权威性。紫金矿业污染事故发生后两天，汀江部分流域就出现大面积死鱼的现象。可又过一周，福建省环保厅才正式通报紫金矿业污染事故。当公众不能第一时间从政府部门获取真实的有关环境污染的信息时，必然造成各种谣言、小道消息到处传播，严重影响公众的情绪，使绝大部分公众陷入普遍的恐慌和信任危机中。当然，如果政府及其官员为了自身的利益而故意不公开应该公开的环境信息，甚至制造虚假信息，必然会进一步激化社会矛盾，引发社会恐慌。

总之，在我国突发性环境污染事件中，环境信息公开存在的主要问题，一是不能及时公开；二是被动公开，疲于应付；三是选择性公开，避重就轻；四是编造虚假信息。

>>二、中国环境信息公开制度存在的缺陷<<

自 2003 年起，中国陆续出台了一系列环境法律、法规和政策，包括《清洁生产促进法》、《环境影响评价法》和《环境影响评价公众参与办法》等，对环境信息公开进行了不同程度的保障和规范。2008 年 5 月 1 日，国务院出台的《政府信息公开条例》和环境保护部的《环境信息公开办法(试行)》(以下简称《办法》)同时实施，更为详尽地提出了政府环境部门和企业依法公开环境信息的要求。但是，由于我国环境信息公开制度存在缺陷，导致紫金矿业污染等类似环境事故发生时，地方政府和企业都很难及时、准确地公开相关环境信息。

(一)在立法层面，中国环境信息公开制度的立法位阶太低，相关规定缺乏科学性和可操作性

首先，中国没有一部专门的《环境信息公开法》。有关环境信息公开的法律规范，零散地分布在《环境保护法》、《水污染防治法》、《环境噪声污染防治法》、《环境影响评价法》、《清洁生产促进法》等单行法律法规中；即使国家环保部专门颁布的《环境信息公开办法》，也仅对常态下的政府和企业环境信息公开作了原则性规定，并没有完全照应到突发性环境污染事件中环境信息

公开的特殊性。[①]

其次，环境信息公开的规范性文件立法位阶太低。《环境信息公开办法》是以国务院《政府信息公开条例》为指导起草的，而《政府信息公开条例》受制于修改前的《保护国家秘密法》等法律。原来的保密法以保密为原则的立场较重，在这样的条件下制定《政府信息公开条例》，然后再制定《办法》，就显得后者位阶太低。每当有紫金矿业类似的污染事件发生时，地方政府和企业往往会以"涉及商业秘密"、"不便提供，容易影响社会稳定"、"不宜公开，容易引起媒体炒作"等为由，拒绝公开相关环境信息。

再次，环境信息公开的有些规定不够科学。例如，根据现行规定，强制公开环境信息的仅限于"两超"企业——"污染物排放超过国家或者地方排放标准，或者污染物排放总量超过地方人民政府核定的排放总量控制指标的污染严重的企业"。对于国家一直严格控制的上市公司，《办法》没有将其列入强制公开环境信息的企业范围。实际上，上市公司作为公众公司，更有义务向社会公开其各种重要信息，《办法》以行业特点而不是以企业规模实行强制公开，这种做法使得很多企业无需公开环境信息，[②] 有悖于《办法》的初衷。再如，《重大水污染事件报告暂行办法》和《国家突发环境事件应急预案》等文件将事故引发的经济损失作为判定突发性环境污染事件的条件之一，"水污染直接损失在10万元以上"即可认定为重大水污染事件。在实际操作中，经济损失的数目需要时间进行统计与计算，这给引发突发性环境污染事件的肇事企业以不及时上报的借口，成为贻误上报时机的制度原因。[③]

最后，环境信息公开的有些规定不够细致，缺乏可操作性。例如，《办法》对企业自愿公开环境信息事项不加区分，由企业自行决定公开内容。企业往往从营利角度出发，将本企业在治理环境污染方面所取得的成绩一一列举，大肆宣传，对那些有损企业形象、影响经营业绩的环境信息，企业宁愿保持沉默也不会公开，这导致企业发布的环境信息可能是片面的、无用的甚至是虚假的，严重背离了立法目的。

（二）在执法层面，政府对企业环境信息公开的监管缺乏力度

《办法》规定了强制公开的企业应在所在地主要媒体上公开其环境信息，并应上报所在地环保部门备案，环保部门有权对企业公开的环境信息进行核查；自愿公开的企业可通过媒体、互联网或者以公开企业年度环境报告的形式向社会公开，对自愿公开企业环境信息、且模范遵守环保法律法规的企业，环保部门可以给予一定的奖励。可见，《办法》对强制公开环境信息的企业进行监管只限于"备案"、"核查"的方式，而这两种监管方式的力度都不大，难以确保公开的信息符合真实性、及时性的要求。对自愿公开的企业，政府给予行政奖励，但由于没有统一标准和法定程序，该种监管方式随意性较大，监管缺乏力度。[④]

（三）在权利救济上，政府环境信息公开缺少有效的救济手段

当地方环保部门如果不依法履行政府环境信息公开的义务，公众可以向上级环保部门举报，

---

① 朱谦：《突发性环境污染事件中的环境信息公开问题研究》，载《法律科学》，2007(3)。

② 张询书：《论我国的企业环境信息公开制度》，载《乡镇经济》，2009(2)。

③ 顾明、徐丰果：《突发性环境污染事件中的企业环境信息公开问题研究》，载《长沙铁道学院学报》，2011(1)。

④ 张询书：《论中国的企业环境信息公开制度》，载《乡镇经济》，2009(2)。

这是《办法》给予公众的一种保障自己环境知情权的方式。然而，环保部门的这种行为，应属于环境行政不作为行为，公众有权提起行政诉讼或行政复议，而不仅仅是举报。《办法》第26条规定，公民、法人和其他组织认为环保部门在政府信息公开工作中的具体行政行为侵犯其合法权益的，可以依法申请行政复议或者提起行政诉讼。但是现行的《行政诉讼法》只规定了行政主体侵犯人身权和财产权的行政诉讼，而获取环境信息是一种知情权，按照现行规定，对知情权的侵犯不能直接提起行政诉讼。同时，当环保部门无正当理由拒绝提供环境信息，或提供的环境信息不完整、不真实，导致当事人的人身权或财产权遭受到损害时，环保部门是否要承担赔偿责任，法律并没有明确规定。

>>三、完善中国环境信息公开制度的措施<<

信息公开是突发性环境污染事件治理的第一步。我们应该从以下几个方面采取措施，完善中国环境信息公开制度。

(一)在理念思路层面，强调环境信息公开的公众导向，明确“公开是原则，不公开是例外”

首先，无论是《国家突发环境事件应急预案》，还是《环境信息公开办法》，甚至是新修订的《水污染防治法》，都主要强调企业与政府部门以及政府部门之间的环境信息通报制度，而对向公众公开环境信息则没有给予足够的重视。信息往往在政府内部层层上报的过程中衰减阻塞，法律规定的盲点最终成为环境信息向公众公开的障碍。需要明确的是：逐级层层上报不等于信息公开，环境信息公开应凸显公众导向，因为保障和实现公众的环境知情权，不仅是公众在突发性环境污染事件中减免自身人身和财产损失的前提条件，也是吸收公众意见、寻求公众配合、共同克服危机的重要途径。

其次，在实践中，环境信息公开往往受制于企业经营利益和政府自身利益，信息公开与否、公开哪些信息，都是政府部门和企业官员根据政府管理和企业经营的需要来决定。今后，相关责任主体必须转变理念，环境信息公开的内容、数量、方式，不能单方面地从政府和企业的角度考虑，要站在社会的角度，从保障公民知情权、增进公共利益的需要出发来考虑问题。环境信息“公开是原则、不公开是例外”，凡是有助于保障公民知情权、有助于限制企业排污行为、有助于监督政府环境管理的信息，都应该公开；凡是不能公开的环境信息，如涉及国家秘密和商业秘密的，在经过行政许可后，方可不公开。

(二)在法律制度层面，扩大强制公开环境信息的主体范围，细化环境信息公开的内容与方式

首先，扩大强制公开环境信息的主体范围。《环境信息公开办法》规定强制公开的企业仅限于“两超”企业，但从长远来看，强制公开的对象过于狭窄，必须将上市公司列入强制公开的企业范围，以利于公众获得更完整的环境信息。为此，需要将《办法》的第11条和第20条作相应的修改，增加上市公司必须公开环境信息的内容和方式。

其次，充实企业应当公开的环境信息内容。《环境信息公开办法》强制“两高”企业公开的环

境信息非常有限，仅包括企业名称、地址、法定代表人，主要污染物的名称、排放方式、排放浓度和总量、超标和超总量情况，企业环保设施的建设和运行情况，环境污染事故应急预案等。从公众的角度出发，《办法》规定的这4类信息远远不能满足公众对环境信息的需要。许多环境污染事件的影响是长期性的，与办法规定的4类信息相比，公众更希望得知事件是否会带来潜在的、长期的危害，是否会威胁到今后的人身与财产安全。

(三)在操作技术层面，完善突发性环境污染事件中环境信息公开的救济制度

突发性环境污染事件发生后，由于肇事企业迟报、瞒报、谎报环境信息，造成或加大受害人损害的，受害人应当可以通过司法程序依法追究企业的法律责任。现行法律规定：在环境污染事件中受到直接损害的单位或个人，可以直接向人民法院起诉请求赔偿。但是，在实际遭受突发性环境污染事件损害时，受害人往往要求即时得到赔偿以降低损失，而中国暂时没有专门针对突发性环境污染事件的便捷诉讼通道，普通民事诉讼时限过长，根本不能解决受害人希望通过便捷诉讼手段获得赔偿的问题。①

(四)在体制机制层面，建立环境信息公开过程中企业与政府、非政府组织与政府的协同机制

首先，建立环境信息公开过程中企业与政府的协同机制。环境信息公开包括政府环境信息公开和企业环境信息公开。除自然因素引起的环境污染外，大多数环境污染事件都是由于企业的不当排污引起的。与其他各类组织相比，企业是最了解环境污染信息的，所以企业是环境信息公开的重要责任主体。《环境信息公开办法》已经注意到了企业环境信息公开的重要性，按照目前的法律规定，企业环境信息公开包括强制性和自愿性两种。其中，强制性公开仅是“两高”企业的法定义务，企业必须按照政府的规定向公众公布相关环境信息。这种强制性公开实际上是由政府与企业共同完成的。而自愿性公开指的是企业主动公开环境信息，并以此作为企业履行社会责任、提升绿色环保形象的重要手段。自愿性公开可以作为政府公开环境信息的必要补充。国外十分鼓励企业主动公开环境信息，欧盟和美国等发达国家都普遍建立了行之有效的企业环境信息公开制度，中国在这方面的工作才刚刚起步。健全和完善企业环境信息公开制度，并使之与政府环境信息公开制度相互协同，是中国未来环境信息公开制度发展的重要方向。此外，还可以建立环境信息公开中非政府组织与政府组织的协同机制，在环境信息公开方面，环保非政府组织可以发挥多重作用。

>>参考文献<<

[1]王华. 环境信息公开理念与实践[M]. 北京：中国环境科学出版社，2002.
[2]张力军. 环境应急管理概论[M]. 北京：中国环境科学出版社，2011.
[3]何长顺. 突发性环境污染事故应急处置手册[M]. 北京：中国环境科学出版社，2011.

① 顾明、徐丰果：《突发性环境污染事件中的企业环境信息公开问题研究》，载《长沙铁道学院学报》，2011(1)。

[4]朱谦. 突发性环境污染事件中的环境信息公开问题研究[J]. 法律科学，2007(3).

[5]张询书. 论我国的企业环境信息公开制度[J]. 乡镇经济，2009(2).

[6]申进忠. 中国环境信息公开制度论析[J]. 南开学报，2010(2).

[7]顾明，徐丰果. 突发性环境污染事件中的企业环境信息公开问题研究[J]. 长沙铁道学院学报，2011(1).

[8]彭英浩. 浅论中国的政府环境信息公开制度[J]. 法制与社会，2011(1).

专题六

构建中国绿色金融体系的基本框架[①]

发展绿色金融将成为推动绿色经济发展的关键，绿色经济的发展呼唤着与之相适应的绿色金融体系。健全和完善的绿色金融体系是中国转变经济发展方式，推进绿色发展与可持续发展战略的必由之路。因此，构建绿色金融体系已成为中国金融发展战略中亟待研究的重大理论问题和现实问题。所谓绿色金融体系，简言之，就是为绿色发展和可持续发展服务的金融体系。具体而言，是指金融体系从保护环境、应对气候变化、绿色发展和可持续发展角度作出的各种金融制度安排和重要的机制创新。中国绿色金融体系的基本框架包括健全绿色金融制度、发展绿色金融市场、创新绿色金融工具、培育绿色金融机构和完善绿色金融监管。从这五个方面，以科学发展观为指导，遵循绿色金融发展的客观规律，构建一个符合绿色发展和可持续发展要求的中国绿色金融体系。

>>一、健全绿色金融制度<<

绿色金融制度是国家用法律形式确立的绿色金融体系结构，涉及绿色金融活动的各个方面和各个环节，由一系列制度构成，体现为有关国家的成文法和非成文法，政府法规、规章、条例，以及行业公约、约定俗成的惯例等。

制度借鉴和制度移植是建立和完善制度的重要方式，但鉴于各国的资源禀赋及发展阶段不同，为了更好地服务于本国经济的可持续发展及产业转型，在制度层面上构建中国绿色金融体系不应拘泥于国际标准和体制，应当更关注于本国的区域和产业特征，制度构建应注重本土化和自主化，而不是简单的镜像和借鉴。构建中国绿色金融制度的基本思路应以尊重国际公约为前提，在中国金融体系现有的法律法规体系下，借鉴发达国家相关规则和标准来建立和健全。具体包括以下三个方面：绿色金融基本法律制度、绿色金融业务开展的具体实施制度及绿色金融监管制度。

首先，构建绿色金融基本法律制度是制定绿色金融业务实施细则及确立监管制度的前提和依据，主要包括总量控制计划的确立和排放权合法性的确认。总量控制为环境容量的使用设定上限，明确了资源的稀缺性，从而为排放权作为商品进行交易提供了可能。当前虽然在《联合国气候变化框架公约》和《京都议定书》的框架下，中国暂不承担强制减排的责任，只需在排放强度

---

① 本文为天大研究院“构建中国绿色金融体系的战略研究”研究课题的阶段性成果。课题组成员：王元龙、马昀、王思程、刘宇婷等。作者简介：王元龙，天大研究院经济学家、资深研究员。

上加以控制，但是从长期来看，中国作为排放大国，来自国际社会的减排压力将与日俱增，同时基于发展国内绿色金融市场的考虑，必须设立有关总量控制具体实施的统一法规以及从法律上确认排放权，将其与其他生产要素一样纳入企业的产权范围。

其次，绿色金融业务具体实施制度，应包括完善碳排放权市场交易制度以及制定绿色信贷、绿色保险、绿色证券等业务操作细则。中国碳排放权交易市场的建设定位为一个涵盖项目市场、自愿减排市场和配额交易市场的多层次市场交易体系，所以碳排放交易制度的内容也旨在逐步规范这三个市场的行为主体、客体及相关交易活动。在绿色信贷、绿色保险和绿色证券业务上，中国人民银行和国家环保总局在 2007 年、2008 年两年期间先后联合发布了《关于落实环保政策法规防范信贷风险的意见》、《关于环境污染责任保险工作的指导意见》和《关于加强上市公司环保监管工作的指导意见》，初步建立了绿色信贷、绿色保险和绿色证券领域的基本制度框架，但在操作层面还有一些规则需要完善。

再次，绿色金融领域的特殊性对中国现有的监管制度提出了新的挑战，以市场化机制解决环境问题在很大程度上要依赖于政府的有效监督和必要的行政干预，否则具体交易制度无法发挥其应有的作用。当前，国家发改委联合环境保护部、中国人民银行发布的一系列关于开展绿色金融业务的办法都属于监管制度中的行政规章制度，随着中国绿色金融市场的逐级递进以及绿色金融业务的逐步深入，后续的规章制度将会逐一研究制定，监管制度也将逐渐趋于完善。

>>二、发展绿色金融市场<<

绿色金融市场，是指为保护环境(包括水、大气、森林、土壤等)或考虑环保因素而进行的投融资活动所形成的市场，它是绿色投融资的场所。当前国际绿色金融市场主要指的是在“京都机制”下形成的以碳排放权为基础的一系列碳信用工具交易的碳金融市场，包括项目市场、自愿减排市场和配额交易市场。另外，根据市场功能分类，还可以分为一级市场和二级市场；根据市场组织形式，也可以分为场内交易市场和场外交易市场。

未来中国发展绿色金融市场将以发展碳交易市场为先导。由于当前中国正处于工业化阶段，碳市场面临着市场需求不足、总量控制不现实等因素，因此未来碳市场试点将会在重点地区和重点行业开展。根据联合国和世界银行的预测，2020 年全球碳交易市场容量将超过石油市场，成为世界第一大交易市场。从目前国际碳交易发展格局来看，以配额市场为主、项目交易为辅。自愿减排市场占全球碳交易市场的比重很小，例如其交易量只占国际碳交易的 2.9%、交易额仅占 0.6%。但在过去的几年里，该市场的需求得到了稳固的提升，显示出了迅速上扬的吸引力，前景不容忽视，特别是在亚洲和北美地区。① 鉴于中国目前所处的发展阶段，主流观点认为中国在 2020 年以前不会作出强制减排承诺，所以短期内仍以清洁发展机制(CDM)项目为侧重点，同时发展自愿减排场内和场外交易市场；长期应逐步发展碳配额交易市场，可以过渡性地从单强制再到双强制，先试点交易，再全面推广。

除组织形式外，市场构建的另外一个重要方面是交易机制的探索。除服务于国际碳金融市场的“京都三机制”外，② 许多国家都结合本国国情进行了有益尝试。截至目前，全球主要的碳交

① State and Trend of the Carbon Market 2010，http://www.siteresources.worldbank.org。

② 即《京都议定书》第 6 条所确立的联合履约机制(JI)、第 12 条所确立的清洁发展机制(CDM)和第 17 条所确定的排放贸易机制(ET)。

易平台如欧盟的欧盟排放权交易体系(EU ETS)、英国的排放权交易体系(ETG)、美国芝加哥气候交易所(CCX)以及澳洲新南威尔士交易体系(NSW)的交易机制都不尽相同，但相同之处都是立足于各自境内的减排需求及发展战略。从某种意义上来讲，独立的、本土化的交易机制是开拓本国的碳金融市场的关键，需要强调的是，绿色金融市场的发展不必拘泥于国际市场机制和标准，可以在更高的层次上设立自主的、适合中国国情的本土化绿色金融交易机制。

>>三、创新绿色金融工具<<

绿色金融工具，是指在绿色金融市场中可交易的金融资产，是用来证明贷者与借者之间融通资金余缺的书面证明，其最基本要素为支付的金额与支付的条件。按传统金融工具原生和衍生的分类，绿色金融工具也可以分为原生类绿色金融工具和衍生类绿色金融工具两大类。在当前绿色金融市场上，原生类绿色金融工具主要包括碳信用和碳现货，由此派生出的衍生类绿色金融工具包括远期、期货、期权、互换和结构性产品等。衍生类绿色金融工具的价值取决于相关的原生类绿色金融工具的价格，其主要功能不在于调剂资金的余缺或直接促进储蓄向投资的转化，而在于管理与原生绿色金融工具相关的风险暴露。① 国际市场绿色金融工具创新方兴未艾，世界银行于1999年推出首款针对CDM的原型碳基金之后，各种类型的基金层出不穷。按发行主体的不同，可分为世界银行型基金、国家主权基金、政府多边合作型基金、金融机构设立的盈利型基金、非政府组织管理的碳基金和私募碳基金等。为应对碳金融项目的巨额资金需求和规避未来发展前景的高度不确定性，碳担保和碳保理等金融产品应运而生。

中国的绿色金融产品创新基本上还处于起步阶段，绿色金融产品种类单一。由于绿色金融产品发展所需的基础和条件不尽相同，开发中国绿色金融市场的交易工具应坚持由基础到创新、由简单到复杂的原则，逐步为市场提供更多的风险管理和套利工具，完善绿色金融市场的利益补偿机制。依据绿色金融市场发展的整体布局，可以先发展碳市场的原生交易工具，如原始清洁发展机制(CDM)市场的核证减排单位(CER)交易以及自愿减排市场的自愿减排单位(VER)交易，搭建交易平台，实现场内和场外市场同步交易。

随着国内绿色金融市场体系逐渐趋于成熟，同时在金融衍生品交易方面积累了一定的经验之后，我国可以借鉴欧盟、美国等发达国家的成功经验，为满足市场参与者套期保值的需求，开发传统衍生工具。在此基础上，进一步尝试发展新型绿色金融衍生品，如根据碳资产或者与碳资产挂钩的传统气候衍生品而设计的结构性产品等。

>>四、培育绿色金融机构<<

随着中国绿色金融市场全方位、多层次的逐步深入发展，市场参与主体将会日益增多，无论项目的业主和开发者还是碳信用交易的买卖双方都急需相关的能力和经验，从而为深谙规则的相关机构提供了广阔的中介服务市场，包括低碳项目开发与投融资服务、咨询、资产管理、经纪、信用增级、担保等业务，同时为一些专业机构如会计事务所和律师事务所开辟了新的业务服务领域。中国绿色金融中介服务体系的构建至少应包括以下几个方面：

---

① 王增武、袁增霆：《推进碳金融工具的创新发展》，载《金融论坛》，2010(8)。

第一，鼓励现有中介机构积极参与绿色金融业务。一方面，实现商业银行的绿色转型，大力推行绿色金融理念和践行绿色金融业务。在信贷配置的过程中增加对环保产业和节能减排技术创新的信贷支持，以类似“开发贷款配套按揭额度”的思路为CDM项目提供一揽子融资服务方案，在现有的银信合作模式中探索融资租赁业务，为节能减排项目提供设备支持等。另一方面，积极鼓励专业机构为绿色金融业务提供技术支持，如项目谈判的咨询、项目评估，项目融资担保，法律和审计等服务。专业性的中介机构参与绿色金融运作之中，将有效降低交易成本和项目风险，促进绿色金融业务的开展。

第二，培育基于绿色金融业务的专业中介机构。例如大力发展本土的第三方核证机构、绿色信用评级机构、专业方法学研究机构、独立的绿色金融业务登记结算平台等。

第三，设立政策性的绿色金融机构。为支持绿色金融的发展，中国可以借鉴国际经验，创立专门的政策型绿色金融机构。如“绿色银行”或“生态银行”，专门为绿色发展和可持续发展项目提供政策性融资活动；或者可以设立绿色专项基金，如“环保专项基金”、“生态专项基金”，主要用于支持环保业的发展，也可用于对环境污染重大事件受害者的赔偿。

>>五、完善绿色金融监管<<

绿色金融监管是指金融监管当局依据国家法律法规对整个绿色金融业(包括绿色金融机构和绿色金融业务)实施的全面性、经常性的检查与监督，以此促进金融机构依法稳健地经营和发展，使之符合绿色金融发展的要求。

目前中国金融市场的监管体系已相对完善，基本形成了“一行三会”的分业监管模式，而绿色金融的发展对中国现有的监管体制提出了新的挑战，包括监管制度、监管合作以及国际监管等方面。完善绿色金融监管框架，一方面，应借鉴现有的监管经验；另一方面，要根据绿色金融特有的风险和特殊的运作模式，有针对性地制定监管的法律法规，调整监管方式，创新监管理念。例如，针对绿色金融这一新型领域，业务界限变得更加不清晰，很多交易涉及多方参与，包括银行、保险公司、证券公司、资产评估机构以及核证机构等，全面协调监管更显得尤为重要。此外，由于绿色金融的特殊性，从初始发展阶段就与国际合作密切相关，立足于国际金融市场，所以在监管过程中要注重国际协作监管。为了使中国的绿色金融监管更全面、更有效，可考虑进一步完善外部监管，如成立绿色金融协会等自律性机构，以及建立市场化征信制度等。

毋庸置疑，构建绿色金融体系是一个庞大而复杂的系统工程，绝不可能一蹴而就。因此，中国发展绿色金融、构建绿色金融体系应当根据国际经济和中国经济发展情况统筹考虑、循序渐进分阶段进行。

>>参考文献<<

[1]EIA. International Energy Outlook 2009[EB/OL]. http://www.eia.doe.gov/.
[2]IPCC Core Writing Team. IPCC Fourth Assessment Report: Climate Change 2007 [EB/OL]. http://www.ipcc.ch/.
[3]UNFCCC. List of DOEs[EB/OL]. http://cdm.unfccc.int/DOE/list/.
[4]World Bank. State And Trend Of The Carbon Market 2010. [EB/OL]. http://www.si-teresources.worldbank.org/.

[5]戴相龙，黄达．中华金融辞库[M]．北京：中国金融出版社，1998.
[6]王元龙，田野．碳金融的发展与商业银行的应对[J]．中国科技投资，2009(7).
[7]习近平．携手推进亚洲绿色发展和可持续发展[N]．人民日报，2010-04-02.
[8]中国绿色科技．中国绿色科技报告2009[EB/OL]．http://www.china-greentech.com/.

专题七

“十二五”时期中国绿色金融发展展望

“十一五”期间，我国绿色金融体系得到确立并进入探索阶段。进入“十二五”时期，转变经济发展方式进入攻坚期，作为现代经济的核心，金融部门应对这一趋势作出积极回应，将绿色发展理念贯穿于公司决策和治理的各个方面和环节，一是支持传统产业绿色改造和绿色产业发展；二是推动碳金融的发展，通过大力开展绿色金融创新，促进经济社会的可持续发展。

>>一、绿色金融具有广阔的发展前景<<

进入21世纪，为应对全球气候变化，欧美国家纷纷将绿色产业作为新兴产业加以培育，抢占发展制高点。奥巴马政府在金融危机后，制定了“绿色经济新政”(Green Economy Act)，提出2020年减排14%，降至1990年的水平；从长远目标来看，到2050年，实现减排83%。在这一宏伟的规划中，包含了四个方面的计划：引入一种以市场为基础的、可以限制碳排放量的总量管制与排放交易体系；鼓励可再生和可替代能源的利用以及实现能源独立；强调自然资源的保护，并增进能源的有效利用；重新树立美国在遏制全球气候变暖问题上的领军地位。为此，美国金融业正着手研究该项计划的配套金融服务营销方案，并加强此领域的金融创新。

欧盟是低碳研究和新能源产业最发达的地区。欧盟高度重视新能源产业的发展，提出2020年比1990年减少温室气体20%、可再生能源占总能源消耗的20%、能源利用率提高20%、生物能源占运输能源的20%的目标。2009年欧盟出台《欧盟能源与气候变化一揽子方案》，鼓励更好地利用能源，提高能效，避免污染，控制与减少化石燃料排放，推行碳捕捉技术，开发新的低碳能源，积极引导企业发展低碳经济。①

许多发展中国家也将绿色产业作为支持重点。如巴西积极支持低碳产业，推动生物燃料业的发展。巴西政府专门成立了一个跨部门的委员会，由总统府牵头、14个政府部门参加，负责研究和制定有关生物柴油的生产和推广政策与措施。为此，巴西政府还推出了一系列金融支持政策。比如，国家经济社会开发银行推出了各种信贷优惠政策，为生物柴油企业提供融资。②

自2005年《京都议定书》生效后，碳交易市场发展迅猛。2008年，全球碳交易量增长至48.1亿吨，是2005年的近7倍，交易金额增长至1 263.5亿美元，是2005年的近12倍。2009年虽然遭遇金融危机的冲击，全球碳交易市场仍然达到1 440亿美元的交易金额。近年来，全球碳交

---

① 《欧盟低碳经济的现状及启示》，载 http://www.mxwz.com/city/view.aspx?id=788371&page=2&tjpd=。

② 《世界走向低碳经济 日韩巴西推出低碳规划》，载 http://www.gqsoso.com/news/qita/200912/119666695612185333.html。

易市场规模每年以超过100%的速度递增。据预计，2012年碳交易的规模将超过1 500亿美元，将在2030年超过石油市场，成为全球最大规模的交易市场。① 在未来，围绕碳排放权及其衍生品的交易和投资、低碳项目开发的投融资及其他相关的金融中介活动将变得更加活跃，并成为绿色金融的重要组成部分。

>>二、金融助推传统产业升级换代<<

“十二五”期间，从国际范围来看，制造业继续从发达国家向发展中国家梯度转移，新一轮产业分工和产业转移为发展中国家工业化进程和产业结构升级提供了机遇。同时，国内一直存在的产业结构失衡问题也迫使我们推进产业结构调整。经济发展到这个阶段，产业的换代升级成为必然，“十二五”规划明确提出，要“调整优化产业结构，节能减排，防治污染，提高产业核心竞争力”。

在国际上，金融助推产业调整升级的成功例子有许多，韩国在这方面有好的经验。20世纪70年代，韩国确立了钢铁、汽车等十大战略产业，政府通过直接控制金融业进行筹资。80年代以后，韩国确立了“科技立国”的战略，重点发展电子和电器工业，政府通过利率和税收优惠等方式，引导银行和民间资本加大对高技术产业的支持。进入21世纪，卢武铉总统提出“第二次科技立国”，通过银行业在内的多渠道资金，组织成立了科技种子基金、风险投资基金等，为实现自主创新构建了有力的金融支持平台。纵观韩国产业升级换代的整个历程，在这么短的时间内能成功实现三次转型升级，使产业结构由高能耗高污染转到高科技低排放，金融服务和创新及时跟进的战略至关重要。

一般来说，传统产业是相对于信息产业、新材料产业等新兴工业而言的，主要包括钢铁、煤炭、电力、建筑、汽车、纺织、轻工、造船等工业。“十二五”时期，我国传统产业绿色改造的任务还非常艰巨，其关键是依靠技术进步，不断提高生产要素的优化组合、技术水平和管理水平以及产品质量，包括钢铁、有色金属、建材、化工等传统流程工业中的节能减排、清洁生产、链接技术；机械制造、装备制造、汽车等交通工具制造、电子产品制造中产品的生态设计、节约制造、废旧机电产品再制造；既有建筑的节能改造、新型建筑的生态设计、建筑垃圾的回收利用等。

在这一过程中，金融业需要顺应传统产业升级换代的需求，提升金融服务的层次和功能，推动金融资本和产业资本的良性互动，并从以下三个方面起到支持作用：

一是对传统产业中的企业进行技术升级改造提供信贷支持，使信贷资金向结构调整、自主创新、节能环保、循环经济等领域倾斜，同时对“两高一剩”产业建立行业准入门槛，设立环保评判标准和细则，以便提高绿色信贷的操作性，对不符合绿色贷款标准的企业予以“一票否决”，针对传统产业升级改造过程中对技术依赖较高、资金需求大、可用抵押物少的特点，金融机构应积极创新贷款抵押方式，以技术专利、升级设备、存货、应收账款等作为传统产业升级改造贷款的抵押物，开拓试行多家企业联保贷款模式。

二是针对传统产业升级改造过程中需要采购大量设备的特点提供金融租赁服务。金融租赁是国外节能服务公司经常采用的融资模式和商务模式，既能有效地降低节能服务公司的资本负债率，又利于界定项目资产的归属。“十一五”期间一批金融租赁公司积极探索和尝试与节能服

---

① 姜欣欣：《发展低碳金融有助于中国经济发展转型》，载《金融时报》，2010-05-31。

务公司合作节能项目的租赁业务，在建筑和工业领域都有成功案例，初步显现了金融租赁对节能服务市场的特殊功能。金融租赁在“十二五”期间有望成为节能服务行业的一个重要融资手段。

三是针对传统产业升级换代初期风险大、不确定性强的特点，拓宽企业该时期的股权融资渠道。一些升级换代后的企业治理结构不断完善、核心竞争能力日益展现，获得风险投资和进入资本市场融资将成为新的热点。同时，资本市场需要建立和完善制止高能耗、高污染企业上市融资和再融资的体制与机制。通过立法，明确证券发行上市保荐机构的相关责任，并设立问责机制。

>>三、绿色产业发展的金融支持<<

除了传统产业的升级改造，绿色产业的发展也是金融支持的一个重要方面。“十一五”期间，我国绿色产业取得了很大发展，在针对金融危机推出的 4 万亿元投资计划中，有 2 100 亿元投向节能减排和生态建设工程，带动了全社会 2 万亿元的投资。“十二五”时期，我国政府已经将节能减排和资源节约作为国家发展战略。《国民经济和社会发展第十二个五年规划纲要》强调“建设资源节约型、环境友好型社会”，要从积极应对全球气候变化、加强资源节约和管理、大力发展循环经济、加大环境保护力度、促进生态保护和修复以及加强水利和防灾减灾体系建设六个方面谋划“十二五”时期我国的绿色发展。因此，无论是在国家层面还是市场层面，绿色产业的发展都孕育着巨大的潜力，并主要集中在污水处理领域、大气污染治理领域、固体废物处理领域以及噪声与振动控制行业、环境监测仪器行业等其他相关产业。据预测，到 2015 年，绿色产业增加值将达到 5 万亿元，相当于同期 GDP 的 10%左右①。

绿色产业的发展，包含大量新技术的开发和运用，具有高投入、高风险、高回报的特征。比如，环保节能产业投入大，投资回收期较长，传统的信贷审核方式难以满足环保节能产业的信贷需求。因此，要支持绿色产业的发展，必须以金融创新作为驱动力。

首先，需要发展绿色创业投资及私募股权投资，鼓励保险公司、社保基金、企业年金等机构投资者加大对绿色创业投资、股权投资基金的投资力度；另外，要加快绿色风险投资的发展，政府引导风险投资与发展绿色产业需要的科技资源对接，将是否推动绿色产业发展纳入对国有风投基金的考核，出台政策鼓励社保、保险等长期资金利用风险投资工具进入绿色产业。

其次，要健全多层次资本市场体系，根据绿色产业的特点不断修订创业板的新股发行条件，推动资源类企业或项目发行债券、中期票据、短期融资券等直接融资产品。比如，银行通过发行绿色金融债券吸收大量中长期稳定资金，再以贷款及相关方式投资于一些周期长、规模大的以循环经济模式运营的环保型产业或生态工程项目，既可以解决环保型企业资金的不足，又可以优化其资产结构。

再次，金融机构要积极参与到市政公用绿色产业市场化改革中来，积极为 BOT、BT、TOT 等多种建设经营模式的项目提供融资。该类建设经营模式大多牵涉到企业与政府对项目的建设、运营和移交等方面，具有政府补贴及政府担保等特点，结合了企业强大的实力和政府丰富的经验。金融机构对该类项目进行贷款风险低，收益稳定。

最后，要充分发挥金融机构的综合金融服务功能，鼓励大型商业银行加强对绿色产业的服

---

① 国家发改委：《关于 4 万亿元投资的有关情况：节能减排和生态工程建设投资约 2100 亿元》，载《环境政策》，2009(2)。

务力度，设立能专门为绿色产业服务的专业性中小金融服务机构，提倡担保机构、小额贷款公司为绿色产业进行担保，加快保险创新力度，推出针对绿色产业的专项保险产品等。[①]

同时，我们应该看到，绿色产业并非孤立存在，而是以各种方式与传统产业伴生成长。有可能是传统行业作为新兴产业供应链的一部分，嵌入新兴产业内部，如传统的玻璃制造业为光纤行业提供太阳能电池的玻璃基板；也有可能是传统产业为新兴产业提供依托，例如传统的物流业对电子商务的支持；还有可能是传统产业凭借资金、销售网络的优势，搭建运营平台，使新兴产业与消费者实现对接，主导新兴产业的发展，例如国家电网筹建的全国汽车充电站网络，就是对电动汽车行业的极大支撑。因此，走“新旧结合”的发展路径，也需要金融创新的支持，比如，可以尝试研发嵌入期权等资本市场工具的信贷产品，可以与风险投资（VC）等直接投资机构合作开展业务，还可以与保险业合作，通过新能源、新材料、生物工程等专项保险，创新风险分担和损失赔偿机制。可以说，技术创新和金融创新是支撑战略新兴产业发展的两个轮子，两者缺一不可。

>>四、碳金融促进产业结构调整<<

未来，碳金融将在支持传统产业升级改造以及绿色产业发展方面发挥重要作用，加快建立我国的碳金融体系是促进我国产业结构调整的重要措施，也是“十二五”期间我国金融业发展的重要契机。碳金融对于产业结构调整的促进作用主要体现在三个方面：一是碳金融的发展可以更好地通过引导资金流动趋势来加快碳素产业的低碳化升级改造和减排技术的研发及产业化，降低产业发展对碳素能源的过度依赖，使能源链从“高碳”环节向“低碳”环节转移；二是碳金融可以成为传统金融渠道外的另外一条向“低碳”项目“输血”的重要渠道。随着传统产业的升级改造和新兴绿色产业的快速发展，金融机构对低碳技术项目的支持已不能满足其资金需求，碳金融的清洁发展机制（CDM）项目融资、碳排放权交易等多元化融资方式可以促进我国产业结构调整对外资的吸引，扩大资金来源；三是传统产业在升级改造过程中，可以将核证减排量（CERs）作为还款来源或者抵押物，更好地从商业银行获得贷款资金。

“十二五”期间，我国需要从平台搭建、定价权掌握以及碳金融服务供应链建立三个方面发展碳金融市场，以便更好地为我国产业结构调整服务。

第一，碳金融平台的搭建。碳金融交易平台是发展碳金融的基础。目前碳金融交易平台已经在全球范围内广泛建立。例如欧洲气候交易所、芝加哥气候交易所、芝加哥气候期货交易所等。我国已经有北京环境交易所、上海环境能源交易所和天津排放权交易所，在地方各省市也都有区域性清洁发展机制（CDM）项目交易中心。“十二五”期间，我国要在该类交易所的基础上建立统一的碳金融交易体系，打造有规模的碳交易平台。

第二，碳金融定价权的掌握。一方面，近年来，我国已经成为国际清洁发展机制（CDM）市场的主要卖方。我国清洁发展机制（CDM）项目产生的核证减排量的成交量已占世界总成交量的80%左右。但是另一方面，我国目前尚处于整个碳交易产业链的最底端，且没有定价权，不得不接受国外碳交易机构设定的较低的碳价格，这对于我国传统产业升级改造、减排融资的发展极其不利。“十二五”期间我国要积极建立碳排放权期货交易市场，利用期货市场的价格发现及套期保值功能来控制碳交易价格的定价权，帮助我国企业规避碳金融市场交易价格波动的风险。

---

① 王兰军：《战略性新兴产业需要金融创新》，载《中国金融》，2011(2)。

第三，碳金融服务供应链的建立。“十二五”期间，我国要建立起以商业银行、投资银行及保险公司等低碳金融创新主体为基础，以评级公司、咨询公司、法律机构、担保公司、碳经纪商、碳资产管理公司为重要参与者的碳金融服务供应链。碳金融是适应从高碳经济向低碳经济转型的一个重要机制创新，而碳金融及碳交易以清洁发展机制(CDM)项目开发为主。目前，欧洲的中间商大多是基金公司或银行，美国芝加哥气候交易所四分之三的会员是金融机构。我国银行业金融机构也要积极参与到碳金融发展中，创新与碳金融对接的产品与服务，促进我国产业结构调整。

总之，在“十二五”期间，我国绿色金融的发展既面临机遇，也面临挑战。金融业应该以服务绿色经济发展为契机，积极转变自身发展方式，将绿色金融培育成为新的盈利增长点。

>>参考文献<<

[1]S. A. Berson. Finance：Green grows the portfolio[J]. ABA Journal，2009(11).

[2]Chris Wright. Green finance：Cleaning up in China[J]. Euromoney，2007(9).

[3]Irwin Speizer. green finance—A Convenient Truth—Growing environmental consciousness creates a potentially huge market in emission credits[J]. Institutional Investor，2008(5).

[4]魏革军. 将可持续理念融入金融发展历程——访联合国环境规划署金融行动机构秘书长保罗克莱门茨[J]. 中国金融，2011(9).

[5]阎庆民. 构建以“碳金融”为标志的绿色金融服务体系[J]. 中国金融，2010(2).

[6]尹应凯，崔茂中. 国际碳金融体系构建中的“中国方案”研究[J]. 国际金融研究，2010(12).

[7]郑勇. 对我国面临碳金融及其定价权缺失的思考[J]. 科技进步与对策，2010(22).

[8]陈好孟. 金融支持节能减排问题探讨[J]. 中国金融，2007(11).

[9]Economic and Social Commission for Asia and the Pacific，Energy efficiency ：promotion of energy efficiency in industry and financing of investments[M]. New York，Conference publication ：International government publication，2001.

[10]中华人民共和国国民经济和社会发展第十二个五年规划纲要[M]. 北京：人民出版社，2011.

[11]迟福林. 聚焦“十二五”改革[M]. 北京：中国经济出版社，2011.

[12]新华社中央新闻采访中心. 部长访谈录——“十二五”规划热点面对面[M]. 北京：人民出版社，2011.

[13]迟福林. 中国历史转型的“十二五”[M]. 北京：中国经济出版社，2011.

[14]国家发展和改革委员会. “十二五”规划战略研究[M]. 北京：人民出版社，2011.

[15]北京师范大学科学发展观与经济可持续发展研究基地等. 2010中国绿色发展指数年度报告[R]. 北京：北京师范大学出版社，2010.

[16]王遥. 碳金融全球视野与中国布局[M]. 北京：中国经济出版社，2010.

[17]中国科学院可持续发展战略研究组. 2010中国可持续发展战略报告——绿色发展与创新[R]. 北京：科学出版社，2010.

[18]中国科学院可持续发展战略研究组. 2009中国可持续发展战略报告——探索中国特色的低碳道路[R]. 北京：科学出版社，2009.

专题八

民间组织与绿色发展

民间组织与绿色发展之间有着相当密切的联系。由中国民间环保组织结构的特殊性所决定，在整个绿色经济的建设过程中，民间环保组织往往发挥着重要的倡导作用。而近年来一系列绿色环保公共事件的发生，也逐步突出了民间组织的社会功能。民间组织与政府、社会之间在绿色经济建设与发展方面互动机制的发展，进一步展示出健康的趋势。民间组织对于绿色经济的主动参与，使得社会的活力逐步增强。

>>一、日益活跃的民间环保组织<<

民间环保组织日益活跃是近年来社会发展的一大特征。环保组织一开始是由政府支持成立的、带有专业性的社会组织。1978 年 5 月，中国环境科学学会成立，这是我国由政府部门发起成立的第一个环保民间组织。1991 年辽宁省盘锦市黑嘴鸥保护协会注册成立，1994 年“自然之友”在北京成立，标志着由民间自发组成的民间环保组织成立。

根据发起人的不同，总体上可以把我国环保民间组织划分为 4 种类型：一是由政府部门发起成立的环保民间组织，如中华环保联合会、中华环保基金会、中国环境文化促进会、各地环境科学学会、环保产业协会、野生动物保护协会等；二是由民间自发组成的环保民间组织，如自然之友、地球村、以非营利方式从事环保活动的其他民间机构等；三是学生环保社团及其联合体，包括学校内部的环保社团、多个学校环保社团联合体等；四是国际环保民间组织驻华机构。

根据中华环保联合会发布的《2008 中国环保民间组织发展状况报告》，截至 2008 年 10 月，全国共有环保民间组织 3 539 家；在这些组织中，由政府发起成立的环保民间组织为 1 309 家，学校环保社团 1 382 家，草根环保民间组织 508 家，国际环保组织驻中国机构 90 家，港澳台地区的环保民间组织约 250 家。报告显示，草根环保民间组织数量增长尤为明显，三年来增加了近 300 家，北京、广东、湖北、云南、西藏、新疆等地的草根环保民间组织发展尤为迅速。另外，到 2008 年年底，中国生态环境类的民间组织达到了 6 716 个。

中国民间环保组织有四个较为明显的特征：

第一个突出的特征是其具有较高的知识性。学校的环保组织达到 1 382 家，这说明环保组织主要是以宣传知识为主。各类组织中平均拥有研究生及以上学历的成员数达到 6.9 人，更进一步表明环保组织具有明显的知识优势。

第二，环保组织拥有一定的专职人员，专业化的程度较高。据中华环保联合会的统计，在环保组织中，46.5%的组织专职人员为1～5人，80%的国际环保组织及其分支机构人员近20人，59.7%的草根组织的专职人员为1～10人。只有不到30%的组织缺乏专职人员，而这种组织状况，在全国的民间组织中是相当少见的。

第三，环保组织的社会影响力和社会行动能力较强。中华环保联合会公布的数据表明，58.6%的环保民间组织参与了节能减排工作，其中包括研发、推广节能减排的环保产品、向公众开展宣传教育等；11%的环保民间组织参加了环境维权工作，监督企业履行社会责任，促成政府决策的改进。环保组织往往与政府之间形成良性的互动，它们所倡导的事项，能够较快地成为时尚或者就是政府的政策。这种社会功能，是绝大多数的社会组织所不可比拟的。

第四，环保组织的行业性相当强。2005—2008年，该行业已经进行了两次较为系统的行业调查并发布专题报告。中华环保联合会通过调查、评估和行业的系统分析，客观上建立了较为规范的行业标准并且已经成为行业功能相当强的行业组织。

广义地说，参与绿色经济行动的民间组织还不仅仅是环保组织，包括食品安全、禁烟在内的多方面内容，都是绿色经济甚至是绿色发展的重要内容，许多非环保类的组织客观上也参与了多方面的绿色行动。但就总体而言，环保组织依然是绿色行动的社会主体力量。

民间组织开展了多种绿色行动，如保护藏羚羊、保护滇金丝猴、“26度空调行动”、保护母亲河行动等，取得了良好的社会效果，得到了各界的赞扬。

>>二、民间组织与政府和社会互动机制的演进<<

民间组织与政府和社会间的互动是相当有意义的，包括倡导、合作、反对与互助等多个方面的行动，创造了一种积极的社会互动模式，展现出中国社会发展的特色。

在中国的社会结构中，特别是在绿色经济的建设中，客观上存在着五个方面的力量，即政府、企业、舆论界、民间组织、社会大众。这五个方面如何互动，决定着中国绿色经济的建设模式。

政府方面，在经济发展至上的理念影响下，许多地方以GDP为本，对于污染问题并没有多少关注，以至于造成中国大江大河甚至是一些大湖的严重污染，产生了一定社会后果。这种现象在西方许多国家工业化初期都曾经发生过。但是，由于政府受公众监督并且深受中国传统政府观的影响，政府更多地希望从善如流，与民间产生积极的互动。

企业方面则以追求利润为主要目的，但如果能够有较为良善的法律及政府管理和舆论监督，企业也自然要努力行使社会责任。

舆论界尽管在计划经济体制中只是政府的宣传工具，但在市场经济的条件下，舆论界日益发展，具有相对的独立性，并且能够与社会大众进行及时的沟通。舆论界对于民间组织的关注如何，也是决定其社会作用的关键。

在市场经济的条件下，社会大众有了相当大的自主性，如果能够通过舆论进行引导，就会产生出较大的行动力。

在这样的社会格局中，中国民间组织的特殊性决定了其特别的社会行动能力。民间环保组织的许多领导就是记者或专家，他们具有很强的知识性，因而自然在社会中赢得尊重，比如梁从诫先生就是名门之后，具有很高的社会名望。而众多的记者参与民间组织，则使得环保组织的公众影响力得到极大扩展，也能够较为有效地影响公众的注意力和政府的决策过程。

在环保组织中，以绿家园最为典型。绿家园志愿者由关注地球安全的中国记者、科学工作者、政府官员、公司、企业职员、大中小学教师及学生和退休人员所组成。该民间环保组织全称“绿家园志愿者”(Green Earth Volunteers)，1996年由中央人民广播电台记者汪永晨与金嘉满在北京创办。2007年，绿家园正式在北京市朝阳区民政局登记注册为“北京市朝阳区绿家园环境科学研究中心”。注册资金为10万元，出资者包括祖振声(32%)、汪永晨(11%)、张朴宽(11%)(广播电影电视部)、苏京平(11%)(北京人民广播电台)、肖远(11%)、(前汽车报主编)王爱军(3%)(新京报)、丁品(3%)(中国环境报)、王建(3%)(水生态专家)、陈宏伟(3%)(中国经济时报)、冯永锋(3%)(光明日报)、寿川(3%)(人民日报)、谢黎(3%)(新华社)、盛汀(3%)(志愿者)。如果分析一下这些人员构成，几乎就是一个记者的联合体。所以，尽管他们的资金不多，但社会影响力却出乎人们的想象。

环保组织与社会的互动主要体现在以下几个方面：首先是进行社会倡导，许多专家讲解知识以占据制高点，在崇尚知识的中国文化环境中，这是特别重要的。其次是通过媒体进行社会传播，这是许多国际组织也不可能拥有的资源。比如要改变政府的决策，有的就是国家的规划项目，仅仅是一个政策建议还是远远不够的。环保组织往往通过多方面的公关，特别是较强的社会舆论压力，最终促成政策的改变。另外，民间组织的活动往往通过志愿服务来进行，这也是他们所特有的优势。许多志愿者，往往就是专家学者，他们并不缺乏收入，况且也与政府和企业之间存在着多方面的联系，因此，这些人的行动往往能够产生很强的影响力量。当然，政府对于环保组织的行动往往是持肯定态度的。有些项目，如怒江开发，可能要打乱政府的项目建设规划，但由于社会压力较大，政策的修订也完全可以理解。

需要说明的是，环保组织与政府和社会的互动模型是相当积极的。在所有的中国社会组织中，类似于环保组织的行动效果并不多见，有合作、有矛盾、有调解、有进步，各方在互动中不断调整和改变并促成社会的进步，这是相当良性的互动模型。

>>三、民间环保组织参与绿色经济的挑战<<

在中国环境污染仍然发展和食品安全不断出现重大问题的社会条件下，民间组织参与绿色经济建设的迫切性是相当明显的。因为，环境的保护、经济的绿色安全，已经涉及包括政府和党政人员及其家庭在内的所有人的生活安全，这是所有人都要承受后果的事情。尽管民间环保组织取得了多方面的成就，但就整体而言，民间环保组织的力量还相当薄弱，社会功能还有着巨大的提升空间。

民间环保组织最大的挑战是环保组织的专业化程度不高。尽管环保组织已经有了很强的专业性，但是，比较而言，环保组织还没有较细的分工，出版物的类别不多。况且，从整体活动的发展看，事后的对抗性事件还是要多于事前的建设性设计与开发。比较美国在一百多年前开展进步运动的时候就已经提出较为系统的环保措施，包括建立国家公园等，我国的环保组织活动还属于相对边缘的部分，较为有分量的政策性研究报告及智库性的活动，还相当缺乏。

环保组织的系统化建设同样存在不足。尽管有了一定的系统建设的研究报告，但是，环保组织还存在着结构性的缺陷。对于这类缺陷，环保组织自身也缺乏较为清醒的意识。比如，基金会如何与环保活动形成互相支持的格局？支持环保组织的各类专业性机构包括研究与培训机构等建设状况如何？实际上，在这些方面，还存在着不少的缺陷。这样，环保组织就难免存在着同质化的倾向，各个组织的许多活动都是差不多，结果很难深入。

另外，环保组织的行业管理规划也制定得较少并且较为宽泛，在实际管理过程中很难进行操作性的把握。为什么会出现大量的食品安全事件？为什么大江大河大湖出现较为严重的污染？这不仅仅是人们的意识缺乏，恐怕管理的方法也需要改进，因为制止许多问题的产生还缺乏一定的力量。

环保组织和其他社会组织一样，自身也面临着现代性的转型。如何在世界一体化的格局中把握自身的定位，运用现代的方法来推进自身的转型从而推动绿色经济的健康发展，对中国社会而言还是一个较为严峻的挑战。

>>参考文献<<

[1]顾爽．绿色档案：当代中国著名的民间环保组织[M]．北京：世界图书出版公司，2010.
[2]中华环保联合会．中国环保民间组织发展状况报告[J]．环境保护，2006(5).
[3]陈金陵，陈媛媛．环保民间组织行非常之举欲建不世之业[N]．中国环境报，2011-04-21.

专题九

道家思想与绿色发展

>>一、道家思想产生的时代背景与哲学基础<<

(一)时代背景

中国农耕文明渊源甚早，传说神农氏“斲木为耜，揉木为耒。耒耨之利，以教天下”①。农耕文明与游牧文明的显著区别在于其定居性，而渐趋成熟的宗法观念和敬天保民思想更使得父代不得不考虑如何可持续地利用这片土地，而使之足以世世代代地传承下去，如此形成了“天人合一”的古老雏形。到春秋战国时期，铁质农具和牛耕技术的出现和推广，贵族专有的山泽之利向小民的开放，二者交替作用，使得先民开发自然的广度和深度均大为扩展。人与自然、人与人、人与内心的冲突都不同程度得以显化，诸子百家顺时而起。史官出身的道家，认为“人无所逃于天地之间”②，要全身全心，首先要学会与自然和谐共处。

(二)道法自然与认知局限

老子讲：“人法地，地法天，天法道，道法自然。”③这里的自然是一种自然而然、无挂无碍、圆满具足的生命真实，它“周行而不殆”，贯穿于世界始终。“天地有大美而不言，四时有明法而不议，万物有成理而不说”④，人与自然、人与人、人与内心都处于一种内生和谐之中，而这一和谐的秩序即道。

“道可道，非常道”，道是难以言说的，“为学日益，为道日损”⑤，“吾生也有涯，而知也无涯。以有涯随无涯，殆已”⑥。道家不是主张愚民，更非现代所谓的不可知论，而是“正言若反”⑦，强调人认识的局限性，“计人之所知，不若其所不知”，“号物之数谓之万，人处一焉”，

---

① 李道平撰、潘雨廷点校：《周易集解纂疏》，第624页，北京，中华书局，1994。

② 陈鼓应注译：《庄子今注今译》，第135页，北京，中华书局，2009。

③ 王弼注、楼宇烈校释：《老子道德经注校释》，第64页，北京，中华书局，2008。

④ 陈鼓应注译：《庄子今注今译》，第601页，北京，中华印书局，2009。

⑤ 王弼注、楼宇烈校释：《老子道德经注校释》，第127－128页，北京，中华书局，2008。

⑥ 陈鼓应注译：《庄子今注今译》，第104页，北京，中华书局，2009。

⑦ 王弼注、楼宇烈校释：《老子道德经注校释》，第187页，北京，中华书局，2008。

若执著于成心、成见，自以为是，“以为天下之美尽在己”①，妄图主宰世界，岂不谬哉？

人的认知局限主要体现在有用无用和贵贱是非之辨上。无论是“以不材得终其天年”②的大木，还是以“颐隐于脐，肩高于顶，会撮指天，五管在上，两髀为胁”的支离不全的形体，反而独免于兵差和大役，并不时得到政府救济的支离疏。在庄子看来，“人皆知有用之用，而莫知无用之用”③，对任何一个生命存在而言，它的存在本身就是有意义的，而无所谓有用无用，且有用无用是相对的，今天因我们的认知局限而认为无用之物，它在将来说不定能当无用之大用，在人类发展史上这种事情不可谓不多。同样，贵贱、是非问题亦如此，“以道观之，物无贵贱；以物观之，自贵而相贱；以俗观之，贵贱不在己”，是非无主，“因其所然而然之，则万物莫不然；因其所非而非之，则万物莫不非”④，人类从功利主义的角度出发将世间万物区分为有用无用、高低贵贱乃至是己非他都是一种片面的、简单化的、错误的态度。故而我们要齐万物、齐是非，万物都浑然如一了，还有哪个短哪个长、哪个是哪个非吗？“物固有所然，物固有所可。无物不然，无物不可。”道家“道通为一”⑤的平等观念和对人类认知局限的深刻体会诚然值得我们深思。

(三)无为与无欲

从道法自然和人的认知局限出发，道家拿出了自己的解决方案，即无为和无私无欲。

首先，“为”违背自然之旨趣。老子讲：“大道废，有仁义；智慧出，有大伪；六亲不和，有孝慈；国家昏乱，有忠臣。”⑥仁义礼智信的出现是万物已失其自然之序的表现。“意仁义其非人情乎！彼仁人何其多忧也？”⑦如果仁义合乎人之天性，又何劳儒家的“知其不可而为之”，故反其本真，道将自为。“牛马四足，是谓天；落马首，穿牛鼻，是谓人。”道家对人为怀有高度的警惕心，反对人的擅为、妄为，“无以人灭天，无以故灭命”⑧，道家看到了天与人的对立性，“性之动，谓之为；为之伪，谓之失”⑨，为易流入伪，只有宽于物而不削于人、无为而顺乎天道方能达乎天人合一之境。在庄子看来，至德之世，人民素朴，“山无蹊隧，泽无舟梁；万物群生，连属其乡；禽兽成群，草木遂长。是故禽兽可系羁而游，鸟鹊之巢可攀援而窥。”⑩充满和谐的盎然生趣。

其次，“无为”根植于人的认知局限。“夫知遇而不知所不遇，能能而不能所不能。无知无能者，固人之所不免也。夫务免乎人之所不免者，岂不亦悲哉！至言去言，至为去为。”⑪知人者智，自知者明，有所不知有所不能，乃是人所不能免的，孜孜追求人所不能免的事，甚至侥幸地认为自己独能免于此，岂不是很悲哀吗？人对自身力量的过度自信，其破坏性不可谓不大，

---

① 陈鼓应注译：《庄子今注今译》，第448、443、442页，北京，中华书局，2009。
② 同上书，第534页。
③ 同上书，第153、156页。
④ 同上书，第452页。
⑤ 同上书，第69页。
⑥ 王弼注、楼宇烈校释：《老子道德经注校释》，第43页，北京，中华书局，2008。
⑦ 陈鼓应注译：《庄子今注今译》，第257页，北京，中华书局，2009。
⑧ 同上书，第461页。
⑨ 同上书，第661页。
⑩ 同上书，第269—270页。
⑪ 同上书，第628页。

历史教训不可谓不多。

人的“为”，依道家看源于“私”和“欲”。私使人产生分别，欲使人产生争心。

“天无私覆，地无私载”①，有私则有亲疏，有物我之别。“天道无亲，常与善人”②，“至仁无亲”③，至仁者与大虚而同体，混万物而为一，又何来亲疏之论、物我之别？人为私意遮蔽，为了一己或小团体之利益而不顾他人他物之死活，徒事聚敛，贫者愈贫，富者愈富，弱者恒弱，强者恒强。“圣人不积，既以为人，己愈有；既以与人，己愈多”④，“圣人常善救人，故无弃人”⑤，天地生而不有，为而不恃，道家主张无我、忘己，损有余而补不足，并将“慈”作为三宝之一。

欲造成人与内心的紧张。老子讲：“五色令人目盲，五音令人耳聋，五味令人口爽，驰骋畋猎令人心发狂，难得之货令人行妨。是以圣人为腹不为目，故去彼取此。”⑥为腹者以物养己，为目者以物役己，欲使人为物所役，丧失自由，违背天性。“天下熙熙皆为利来，天下攘攘皆为利往”，忙者心亡也，人汲汲于名利，反而忽视了自己的性灵世界。

欲造成人与人、人与自然的冲突。有欲就想占有，想占有就会起争心，“师之所处，荆棘生焉。大军之后，必有凶年”⑦，兵者不祥之器也。而人对自然的大肆攫取，破坏着自然的内生秩序。要根除此弊，只有釜底抽薪，去私去欲，复归于“无名之朴”，“无名之朴，夫亦将无欲。不欲以静，天下将自定。”⑧然而，欲也是人的自然性之一，不可全然无之，无欲对应的是知足和尚俭，“祸莫大于不知足；咎莫大于欲得。故知足之足，常足矣。”⑨老子将“俭”作为三宝之一（另一宝是“不敢为天下先”），以俭系奢，认为“俭，故能广”，“是以圣人去甚，去奢，去泰”⑩。

与其他学派相区别，道家思想是一种自然主义的空灵智慧，它希望人通过敬畏万物来完善自我生命，强调人要以尊重自然规律作为最高准则，以崇尚自然、效法天地作为人生行为的基本皈依，强调人必须顺应自然。这种追求超越物欲、肯定物我之间同体相合的哲学，与现代环境友好意识相通，与绿色发展相吻合。

>>二、道家思想与当今中国的绿色发展<<

(一)绿色发展使道家思想重新进入人们的视野

在原始社会时期，人与自然的“和谐共处”，更多地是表现为人对自然的敬畏和被动服从，因而，在这种和谐关系中的主导因素是自然。到了农业文明时代，随着人口的增加和生产力水平的逐步提高，人类开始不安于自然的庇护和统治，在利用自然的同时试图改造和改变自然，

① 陈鼓应注译：《庄子今注今译》，第229页，北京，中华书局，2009。

② 王弼注、楼宇烈校释：《老子道德经注校释》，第188页，北京，中华书局，2008。

③ 陈鼓应注译：《庄子今注今译》，第392页，北京，中华书局，2009。

④ 王弼注、楼宇烈校释：《老子道德经注校释》，第192页，北京，中华书局，2008。

⑤ 同上书，第71页。

⑥ 同上书，第27—28页。

⑦ 同上书，第78页。

⑧ 同上书，第91页。

⑨ 同上书，第125页。

⑩ 同上书，第77－170页。

而这种改造和改变往往伴随着很大的盲目性、随意性和破坏性。但以铁制农具和牛耕技术为代表的生产力，对自然生态环境的破坏能力毕竟有限。19世纪工业文明的出现，使人类利用自然的能力极大提高，人类对自然的态度也由“利用”变为“征服”。在这种思想的支配下，对自然的征服和统治变成了对自然的掠夺和破坏，由此造成自然资源迅速枯竭和生态环境日趋恶化，能源危机、环境污染、水资源短缺、气候变暖、荒漠化、动植物物种大量灭绝等灾难性的恶果直接威胁到人类的生存与发展。环境危机迫使人类在改造自然中反省自身，从而触发了绿色生态运动，产生了可持续发展理念。生产是为社会需要而不仅是为了市场利润、结果的平等、社会与环境公平、人与自然和谐等主张，使人与自然、人与人、人与社会和谐共生、良性循环、全面发展、持续繁荣为基本宗旨的绿色发展成为当今全球经济发展的主流。

绿色发展将使人类社会形态发生根本转变，它使古老的道家思想进入人们的视野而受到关注。我们可从中发掘出“物我为一”的整体观念、“知和曰常，知常曰明”①的平衡思想、“知足不辱，知止不殆”②的开发原则，用以指导我们改变当今的生产与生活方式，迎接低碳时代的到来。

(二)绿色发展需要汲取道家思想中“物我为一”的整体观念

发端于古希腊的西方传统哲学认为，只有人是主体，生命和自然界是人的对象；因而只有人有价值，其他生命和自然界没有价值；因此只能对人讲道德，无需对其他生命和自然界讲道德。这是工业文明人统治自然的哲学基础。而中国古老的道家思想则认为，宇宙自然与人类自身是一个和谐的有机统一体，人类不过是相对大宇宙而言的小宇宙，只有人类处于一个自然环境、社会环境和心理环境相协调统一的状态，才能正常生存。不仅人是主体，自然也是主体；不仅人有价值，自然也有价值；不仅人有主动性，自然也有主动性；不仅人依靠自然，所有生命都依靠自然。因而人类要尊重生命和自然界，人与其他生命共享一个地球。

伴随着近现代工业文明的发展，科学技术的进步成为西方近现代文化的主要崇拜对象。科学技术作为实际生产力也被幻想成为有百利而无一害的东西。人类因追求科学技术进步而陷入“人定胜天”的误区。殊不知从自然束缚下解放出来的人也是能毁灭自然和自身的。两千多年前道家学派反对工艺技巧过于超前，在当时虽难以被世人理解，但在后工业时代，人们终于明白这一思想的寓意深长。随着思想观念的“拨乱反正”，在当今绿色发展理念指导下的物质文明建设，将致力于消除经济活动对大自然自身稳定与和谐构成的威胁，逐步形成与生态相协调的生产生活与消费方式；在绿色发展理念指导下的精神文明建设，提倡尊重自然、认知自然价值，建立人自身全面发展的文化与氛围，从而转移人们对物欲的过分强调与关注；在绿色发展理念指导下的政治文明，尊重利益和需求多元化，注重平衡各种关系，避免由于资源分配不公、人或人群的斗争以及权力的滥用而造成对生态的破坏。绿色发展将引领人类放弃工业文明时期形成的重功利、重物欲的享乐主义，摆脱生态与人类两败俱伤的悲剧。但是，绿色发展并不是要求人们消极地对待自然，在自然面前无所作为，而是要在把握自然规律的基础上积极地、能动地利用自然，改造自然，使之更好地为人类服务。人类要自觉、自律，树立生态观念，从而约束自己的行动。

① 王弼注、楼宇烈校释：《老子道德经注校释》，第145页，北京，中华书局，2008。

② 同上书，第122页。

(三)绿色发展需要汲取道家思想中"知止知足"的开发原则

老子认为："反者，道之动；弱者，道之用"①，道的运动是循环的，道的作用是柔弱的，"道生之，德育之，物形之，势成之"②，物由道而生，由德而育，由已有之物而受形，由环境之情势而铸成。世间万物遵循"道"所固有的规律运动，循环往复，周而复始，生生不息。世间万物变化的动力来自其内部，"万物负阴而抱阳，冲气以为和"③，阴阳的相互作用是生生变化的内在动力。"道"使世间万物趋向平衡。天之道，"高者抑之，下者举之；有余者损之，不足者与之"，"损有余而补不足"④。这种平衡是自然本身的动态平衡。老子指出，宇宙中有四大，人是其中之一，人与万物都是"道"缔造的，都遵循着"道"的规律。由自然的协同、稳定和谐给予人的启示是：人与自然应该保持和谐一致，同时也要维护自然的稳定与和谐，特别是维护生态平衡。道家把人与自然看作是一个有机的共同体，强调尊重自然、效法自然、亲近自然、和谐共生，强调博爱众生，万物平等。道家思想宣扬大爱，顺从自然，道法自然，重视环境调和，保护环境。尊重物种生存权："养之有道，取之有时"，顺应时序而调和万物；"取之有度，用之有节"，用以控制人类利用自然的范围和程度。在社会经济问题上道家学派主张见素抱朴，少私寡欲，它甚至把知足看做是主观上辨别贫富的标准，知足者富或富莫大于知足。

现代工业文明的生产方式，从原料到产品到废弃物，是一个非循环的生产。生活方式以物质主义为原则，以高消费为特征，认为更多地消费资源就是对经济发展的贡献。绿色发展却致力于构造一个以环境资源承载力为基础、以自然规律为准则、以可持续社会经济文化政策为手段的环境友好型社会。实现经济、社会、环境的共赢，关键在于人的主动性。人的生活方式应主动以实用节约为原则，以适度消费为特征，追求基本生活需要的满足，崇尚精神和文化的享受。

(四)以道家思想中的"天道观"克服现代工业文明弊端

早在两千多年前，道家智者就向我们指明了生命的最高境界是和谐，其中包括人与自然的和谐、人与人的和谐、人与内心的和谐。若我们以"道"修身，则身心和谐；以"道"处世，则人际和谐；以"道"治天下，则万邦和谐。

时语云：农业文明是黄色发展，工业文明是黑色发展，后工业时代的绿色发展，是克服工业文明弊端的过程。这一目标任务的提出，要求我们在思想观念上从重经济发展轻环境保护转变为保护环境与发展经济并重，从环境保护滞后于经济发展转变为环境保护与经济发展同步，从主要用行政办法保护环境转变为综合运用法律、经济、技术和必要的行政办法解决环境问题，将绿色发展内化为政府、企业、社会和个人的行为约束和激励乃至道德自觉。

在人类发展史上，人与自然的关系经历着由和谐到失衡、再到和谐的螺旋式上升过程。西方工业文明的巨大惯性以及不断向不发达地区转移的生态成本使西方失去了绿色发展的机会，这就为中华文明的"绿色崛起"提供了机遇。深入发掘道家思想的丰富内涵，有可能使古老的中华文明出重新焕发举世瞩目的光芒，对人类的进步作出重大的贡献。

---

① 王弼注、楼宇烈校释：《老子道德经注校释》，第110页，北京，中华书局，2008。

② 同上书，第136页。

③ 同上书，第117页。

④ 同上书，第186页。

>>参考文献<<

[1]王弼注，楼宇烈校释．老子道德经注校释[M]．北京：中华书局，2008．

[2]陈鼓应注译．庄子今注今译[M]．北京，中华书局，2009．

[3]潘岳．论社会主义生态文明[J]．绿叶，2006(10)．

[4]牛龙云，林文静．可持续发展对道家思想的借鉴及现代超越[J]．中国哲学史，1999(1)．

[5]北京师范大学科学发展观与经济可持续发展研究基地等．2010中国绿色发展指数年度报告——省际比较[R]．北京：北京师范大学出版社，2010．

专题十

绿色发展的人本意义

本文基于作者多年来关于人本发展经济学理论基点，以及最近完成的中国人本发展战略研究报告提供的实证研究线索，从“大历史”视界来看，结合当今“绿色化发展”的时代背景和外来走势，提出“人本绿色发展”观点，即认为人类文明进步，是以自由为轴心，不断提升人的全面自由发展的人本发展过程，是不断摆脱物质外在束缚、逐渐回归精神自由家园的绿色化发展过程。由此推论：作为一个发展中的农业大国、健康安全保障人口大国和教育人口大国，如何实现多重社会经济转型，建立基于自然秩序、符合公共利益的制度保障体系，摆脱黑色工业化，将是中国人本绿色发展面临的最为艰巨而复杂的历史使命和战略任务。

>>一、绿色发展的大历史视界：以人为本，回归自然理性<<

正如卢梭所言，人是有自由意志的特殊物种，但人类也是大自然的造物，从人类文明诞生的那天起，人类便“无往不在枷锁之中”。整个人类的发展过程，就是其试图摆脱大自然束缚的过程。时下流行的“绿色(经济)发展”，在本质上仍属于一个历史范畴，是在后工业化时代背景下，人类从自身利益出发，对工业化社会的“黑色发展”和前工业化社会的“白色发展”的否定之否定。在大自然演化的大视界下，绿色发展具有丰富的“人本”内涵。

人类作为自然界的一个动物种群从高级哺乳动物、类人猿分化出来，经过了上千万年漫长的历史演化，才形成了真正具有劳动能力的人。在漫长的原始社会，人类的生存、生活和生产方式主要是以部落为单位，利用简单的石器工具，直接从大自然中采集植物花果和围猎动物为食，只是到了后期才逐渐发展起“刀耕火种”的原始农业，并进行少量零星的动物驯养活动。在这种“寄生于自然”的蒙昧时代，人类完全依附于大自然的生态系统，作为食物链较末端的一环与其他生物在生存竞争中“相依为命”，以血缘族群为单元进行集体劳动，以人神兽三位一体的图腾崇拜为精神纽带和价值标准，统摄约束着自己与大自然的和谐关系，这样，人类就“本能地”加入到大自然的循环中，并能够最“经济”地依赖大自然提供的资源条件维持自己的生存。

在工业革命前的约5000年中，人类基本处于依附土地进行耕作维生的农耕时代。随着植物栽培、动物饲养和金属冶炼技术的发展，人类生活状态从游牧逐渐转向定居，随后人口数量和消费需求快速增长，生产规模进一步扩大和社会分工逐渐深化，在此基础上畜牧渔业、手工业和商业依次从农业中分离出来，社会组织形式由父系氏族公社制先后转变为奴隶主和封建主土地所有制社会。于是，农业文明——其基本特征和理想境界就是“农业本位、分散经营，自给自足、丰衣足食”——成为人类社会发展在这一时期的时代标志。在农耕时代，人类顺应“物竞天择”的自然规律，凭借其认识和改造自然的特殊聪明才智，曾经创造了一系列辉煌灿烂的古代农业文明。这些文明往往在昌盛时期，物产丰富、人畜兴旺，而发展到一定时期后，人地矛盾突出，粮食供求关系日益紧张，于是焚林开荒、过度开发，结果造成水土流失、土地生产力进一步下降；为了挽救没落残局，往往采取西方著名历史学家汤因比(Arnold J. Toynbee)所说的“自杀性”武力掠夺办法，向其他文明发动战争，其结局是导致了自己和其他民族文明的加速衰落甚至永远灭绝。但是，就整体而言，人类在农耕时代的文明盛衰、世事更迭对于大自然的利用和影响是有限的，其破坏作用也是局部性的。

1784年瓦特发明了蒸汽机，标志着人类告别农耕时代而进入机器大工业时代。在此后的短短200年时间里，人类生产力发展接连经历了机械化、电气化和电子化三次大的产业技术革命。在技术革命的推动下，人类逐渐摆脱了依附自然、被动利用自然、单纯依靠植物燃料为动力能源的生存状态，走向征服自然、改造自然和控制自然的社会化大机器生产时代。随着核能、微电子、分子生物和空间技术的迅速发展，人类凭借强大的超自然物质技术力量，不仅彻底改变了地球生物圈的自然面貌，而且突破了生物圈的限制，其触角已经进入无限广袤神奇的宏观宇宙和微观世界。同时，人类在生产关系、生活方式和社会制度方面也发生了全球性的深刻变革。资本主义“迂回”大规模生产方式创造了人类社会过去成千上万年都难以累积的财富积聚奇迹，也创造了“资本”与“劳动”对立的、贫富差距拉大和利益矛盾加剧的生产关系，以及耗竭资源、穷奢极欲的消费主义生活方式。在工业化社会中，人与人依托自然而直接依附的关系被人类依托市场中介而间接交往的关系所替代，个体劳动和工作意义被以专业化分工为基础的大规模流水生产体系所割裂、所异化，个人需要和生活意义被不断膨胀、“物欲横流”的市场需求所驱动和淹没。与此同时，日益膨胀的人口规模、日益庞大的劳动大军和无限拉长的生产营销链条，以及促使要素不断集聚和叠加的城市化发展，对于社会基础设施、自然资源和生态环境所带来的压力和挑战越来越大。

综上所述，我们从大自然演进的宏观视野考察人类发展过程所得出的一个基本结论是：自以为自由的人类“却无往不在枷锁之中”，自以为是“其他一切的主人”的人类到头来往往“反而比其他一切更是奴隶。”当人类将其理性发挥到极致，并以为实现自由时，大自然所施加的约束反而最为强烈，并给人类带来了原本可以避免的灾难。因此，当前所提倡的“绿色发展”，是人类文明发展的必然趋势，其实质是在价值观、世界观或宇宙观的自然哲学意义上，放弃和反对“人类中心主义”，回归自然理性的“人本主义”理念，具有丰富的人本内涵。

二、绿色发展的人本化指向：拓展自由，实现人的全面发展

从自由主义视点来看，所谓“发展”实质上就是人类在“不自由”的现实中理性地追求“自由”的历史过程。结合阿马蒂亚·森“以自由看待发展”的观点，扩展自由“既是发展的首要目的，又是发展的主要手段。消除使人们几乎不能有选择、而且几乎没有机会来发挥其理性主体的作用的各种类型的不自由，构成了发展。”完整地说，发展的实质意义和过程可以这样加以概括：人类在“必然”(不自由)的自然秩序框定下，凭借自己天然的“理性”(自由意志)，经过艰辛曲折的努力(自由路径)，在积极奋争中能够应情势采取互动、妥协、调和、平衡等策略艺术(自由手段)，从而不断逼近作为理想境界和终极目标的“自由王国”，这个过程就构成了我们所说的“发展”。

但作为发展的主要目的和手段，自由是具有多个层次的，在单一抽象层面笼统地思辨解说“自由”并不具有实质意义。按照马克思关于“人的全面发展”的学说，我们可以从人的自然属性、社会属性和文化属性三个角度来出发，将自由划分为生存自由、社会自由和精神自由三个层面。这三个层面自由的拓展，构成了绿色发展的首要目的和主要手段，反映了绿色发展的人本化指向。

首先，从人的自然属性来看，自由意味着人类在自然界生存竞争中逐步减轻自然资源及生态环境对人的绝对压迫、约束和限制，获取不断增强的物质生产力，也就是森所说的“可行能力”(Capability)，即通过物质生产活动从自然界获取基本生存资料的能力，从而能够体面地过上衣食无忧、自由自在的“小康”生活。人既然是大自然中拥有自己自由意志的“造物”之一，其自由的最直接对立面当然是来自于造他的“物主”即大自然。所以，“人是生而自由的，但却无往不在枷锁之中”，这里的“枷锁”首先是由大自然给人类套上的。人类为挣脱自然力天然地、外在地强加于其身上的枷锁，凭借自己的理性(首先是“知性”)去认识自己在自然界中究竟处于何等的位置，然后还要思考和决定以什么样的状态去适应或利用自然力，当理性的“自由意志”发挥到一定程度时，以致忘记自己理性的“有限性”而走向试图取代“上帝”位置的“非理性”状态，结果将自己与大自然的关系“搞僵”乃至到了“不可收拾”的地步。这种矛盾和冲突的关系不但限制了当代人的发展，更影响到后代人的生存和延续。因此，在生存层面上，让人类学会“理性”地调整自己同大自然的关系，以便在大自然的“允许”范围内获得自己和子孙后代“应该”获得的那份“自由”，是提倡绿色发展的基本出发点。

其次，从人的社会属性来看，自由意味着：人类在社会活动内部逐渐摆脱动物群居生存竞争的自然蒙昧状态，能够逐步借助不断完善的社会契约(特别是法律制度)来理性地界定、规范和协调人与人之间的交往关系，从而保证每个社会成员在平等公正的社会秩序下最大可能地获得真正的个人自由。人类是群居的动物，但是与一般群居动物不同，人类社会是由具有自由意志的个人组成的，社会秩序、制度规则是在这些追求“自由”的人之间经过长期复杂的相互斗争和妥协逐步形成和完善的。这个层面的自由问题主要涉及两个方面：一是社会交往中的人际自由，即一个人在社会交往中实现自己自由的同时如何看待和对待他人的自由；二是国家政治中的公共自由，即社会公共活动中应该通过什么样的程序和规则保证个人理性选择与社会群体理性选择的一致性。由于绿色经济存在明显的溢出效应，个人的绿色消费、企业的绿色生产以及国家的绿色发展都面临着个体理性选择和集体理性选择的不一致性。因此，在社会自由层面上，通过制度创新和变革，构建如哈耶克所说的“自然秩序”，为个体自发地实践绿色发展提供制度保障，是实现绿色发展的基本前提。

最后，从人的精神属性来看，自由意味着：人类逐渐从满足生命存在、社会存在的有限需要中超脱出来，进入不断追求无限精神需要、全面实现自我价值的真正自由境界。人是有思想的动物。正如 17 世纪法国思想家帕斯尔卡所说：“人对于自己，就是自然界中最奇妙的对象；因为他不可思议什么是肉体，更不可思议什么是精神，而最为不可思议的则莫过于一个肉体居然能和一个精神结合在一块。这就是他那困难的极峰，然而这就正是他自身的存在。”因此，如何将自己的灵魂从与之“莫名其妙”连带在一起并时刻受肉体感性需要“管制”的不自由状态中“解救”出来，从而能够在精神上“随心所欲”地自由翱翔于无限的宇宙之间，乃是人类最大的自由理想，也是其最难企及的自由梦想。在工业化社会中，人的主体意义被异化，而更多层次、更为重要的精神追求则往往被忽视，结果是人的利益限于“物欲横流”的漩涡中而不能自拔。因此，在精神自由层面上，通过精神生产和再生产的主导作用，尤其是通过教育和文化事业的发展，使人们在有限的物质需要得到满足的基础上获得无限的文化享受和精神文明，是绿色发展的终极目标。

总之，拓展上述三个层面的“自由”，是人类理性追求的三种境界，也是实现绿色发展的三个基本目标和实现手段。在强调发展的过程中，我们不应该仅仅将目光聚焦在“生存自由”范畴。绿色发展的人本化指向，即实现人的自由而全面发展的大趋势，也就是从“生存自由”到“社会自由”再到“精神自由”的不断提升过程。

>>三、中国绿色发展的严峻挑战：经济基础脆弱，制度和文化缺失<<

时至今日，人们能够切实感受到中国发展的“不绿色”问题。如果没有“人本”的和“绿色”的发展观念为指引，这种崛起将“虚弱”而不可持续，并会引发利益矛盾加剧、资源能源枯竭和生活环境恶化等一系列问题。也就说，未来中国的绿色化发展任务仍然十分艰巨。结合绿色发展的人本化指向，我们认为这种艰巨性主要表现在以下三个方面。

首先，从生存自由层面来看，绿色发展的经济基础还十分脆弱。作为人口大国，数量过多、素质偏低、结构趋于老化，是中国人口面临的基本矛盾。而且，由于农业具有典型农耕生产方式、农村面积广袤、农民规模庞大，如何从传统农业经济、农村社会中走出，迅速实现工业化、城镇化和市场化，是当前中国现代化发展的主题。“人口多，素质低”及工业化、城镇化和市场化三重转型中的基本矛盾将在相当长的时期内左右着中国经济发展方式，决定着中国经济发展向内涵化、绿色化方向转变的速度和路径。

其次，从社会自由层面来看，绿色发展的制度保障还不甚完善。尽管各级政府已经明显感受到经济发展所面临的资源和环境约束，并在相关规划报告中制定了节能减排的任务目标，但法律法规的构建方面仍不完善。在经济不平衡发展、技术异化和社会交往全球化的背景下，构建地区级、国家级和国际级地法律法规体系，以协调个人、企业和国家间的行为无疑变得更加重要，但同时也更为复杂和严峻。这需要政府和社会各界有更高远的战略眼光、更达观平实的科学态度和更民主平等的公共选择程序，来整合应对之。

最后，从精神自由层面来看，文化事业的发展还远不能与绿色发展相适应。教育作为文化传播最重要的手段之一，对于传播绿色文化、促进绿色发展具有基础性作用。当代中国的国民教育体系是在试图打破旧的科举制，学习西方现代教育经验，实行计划经济体制的大背景下形成的。由于政府长期大一统、一刀切地独揽办教育，国民教育体系与社会需要的关联性越来越弱，重学历应试、轻素质修炼的学校教育长期存在着严重的导向性偏误、结构性扭曲和制度性阻滞，并对绿色发展赖以建立的文化根基产生了极大的负面影响。因此，如何摆脱应试教育危机将是我国绿色发展面临的最大挑战。

总之，我们的结论是：从“大历史”视界来看，所谓“绿色发展”，是在后工业化时代背景下对工业化社会的“黑色发展”和前工业化社会的“白色发展”的否定之否定，具有丰富的“人本发展”历史含义。绿色发展的基本指向是以拓展自由为轴心，实现人在生存、社会和精神层面的全面发展。未来中国的绿色发展任重而道远，如何实现多重社会经济转型，建立完善的绿色发展制度保障体系，摆脱应试教育危机，建设能够支撑绿色发展的文化根基，乃中国人本绿色发展面临的最为艰巨而复杂的历史使命和战略任务。

>>参考文献<<

[1]卢梭. 社会契约论[M]. 北京：商务印书馆，2003.
[2]阿马蒂亚·森. 以自由看发展[M]. 北京：中国人民大学出版社，2002.
[3]李宝元. 人本发展经济学[M]. 北京：经济科学出版社，2006.
[4]帕斯尔卡. 思想录[M]. 北京：商务印书馆，1985.

专题十一
中国环境问题面临的国际挑战

21世纪上半叶，中国发展将面临三大根本性的挑战：一是资源、能源短缺的挑战；二是生态环境瓶颈的挑战；三是在经济、社会发展过程中一系列问题的挑战。如何从国际的视角看待当前中国的生态环境挑战和压力，对中国更好地融入世界、加强国际环境合作具有重要意义。

>>一、中国面临的主要全球和区域环境问题①<<

在中国经济不断发展的同时，由于工业化、城市化、农业现代化的不断推进，中国面临的全球环境压力也不断加剧。中国需要应对的全球环境问题的压力是“双重的”：一种是全球环境问题本身或直接产生的纯粹“环境威胁”和“威胁环境”的自然压力，这种压力一般是直线型和单向型的；另一种是全球环境问题引发的或外延的“环境威胁论”和“大国责任论”的社会压力，这种压力一般是环绕型的。

(一)区域环境问题繁多，跨界影响关系复杂

我国区域环境问题主要包括以下三类：一是以环境介质为载体产生的跨界环境问题。重点是中俄、中哈、中朝和湄公河流域跨界水污染问题，东北亚地区的酸雨、沙尘暴等长距离空气污染物传输问题，黄渤海海洋环境污染等问题；二是由于产品、废物贸易引起的环境问题。如中俄木材贸易造成的生态环境问题、中国一东盟自贸区道路运输造成的生态破坏、美日韩等废物出口到我国造成的环境影响、海洋运输造成的生物入侵等；三是以资金流为载体所产生的环境问题。如外商直接投资对我的影响和我对外投资造成的环境问题，其中后者已经成为“中国环境威胁论”和“中国资源威胁论”的借口。

(二)国际贸易的造成的资源消耗压力增大

尽管中国不断改善外贸进出口结构，但在国际贸易体系和国际产品供应链中仍处于相对低端。与从发达国家进口的产品相比，中国出口产品的附加值较低，单位出口贸易额的资源能源

① 本部分内容中重点参考了徐再荣《全球环境问题与国际回应》一书(中国环境出版社，2007年)和环境保护部政研室杨学军副主任的“生态文明理论研究”(内部报告，2011年)。

消耗较高。研究表明，无论从绝对值还是从增长速度看，外贸进出口背后的内涵能源[①]都是相当大的。中国在赢得贸易顺差的同时，出现了“生态逆差”。据测算，2001—2006年，中国净出口内涵能源从2.1亿吨标煤增长到6.3亿吨标煤，呈稳定的快速增长趋势。其中，2002年中国内涵能源净出口总量大约是2.4亿吨标煤，占当年一次能源消费的16%。主要流向发达国家，如美国和日本，净出口内涵能源分别为7 524万吨标煤和4 894万吨标煤，二者相加约占净出口内涵能源总量的50%以上。我国在外贸存在巨大顺差的同时，却存在巨大的“生态逆差”。

(三)美国废物非法进口影响我国环境

随着中国经济发展的需要，中国对废钢铁等可用作原料固体废物需求量逐步增加，2006年进口了近4 000万吨，是1999年进口总量的3.6倍。与此同时，不符合环境标准的废物及非法进口固体废物的现象时有发生。美国是向中国出口废物最多的出口国之一，境外供货商占总数的20%，也是对华最大的废物原料输出国。中国检验检疫机构在检验美输华废物原料过程中发现多批环保不合格废物，2006年达60批次，暂停取消了10家美国企业对华出口废物原料注册资格。美国的两个环保组织巴塞尔行动网络(BAN)和硅谷防止有毒物质联盟(SVTC)在2002年发表联合撰写的长篇调查报告《输出危害：流向亚洲的高科技垃圾》中表明：美国国内收集的电子废物50%～80%没有在本国回收处理，而是被迅速地装上货船运往亚洲，其中的90%被运到了中国。由于美国不是《关于危险废弃物越境转移及其处置的巴塞尔公约》的缔约方，不受多边危险废物进出口管理机制制约，在对查获来自美国的掺杂危险废弃物(如电子垃圾)的原料废物时，退运难度大，甚至无法遣返。

(四)中欧环境——竞争中合作

中欧之间在众多全球环境问题上都存在着利益关系。中国属于发展中国家集团的重要一员，欧盟则属于发达国家集团的重要一员，中欧之间必然存在发展中国家与发达国家之间的斗争与合作。同时，发展中国家之间存在利益上的竞争，发达国家之间也存在。因此，这些全球环境问题在中欧之间既表现出发达国家与发展中国家的合作与对抗，也表现出双方为了在各自利益集团内部获得竞争优势而开展的合作。中欧之间主要问题的焦点是在气候变化问题上，既存在欧盟与我国在承担减排义务问题上的斗争，也存在欧盟为了促使美国承担减排义务而与我国开展的合作，或为了获取相对其他发达国家的竞争优势而抢先与我开展能源技术领域的合作。在生物多样性问题上，既存在欧盟与我国在物种资源和生物技术上的掠夺与反掠夺以及限制与突破限制，也存在欧盟为了获得生物技术上相对其他国家的竞争优势而与我开展的合作，因为中国是物种资源最丰富的国家之一。在持久性有机污染物和臭氧层保护问题上，既存在欧盟为了使其相关新技术新产品在国际市场获得竞争优势而压迫我国提前淘汰相关产品的问题，也存在欧盟协助我国淘汰相关产品从而在全球范围加速淘汰这类产品和技术，从而对其他不拥有相关技术和产品的发达国家形成竞争优势的情况。同时，欧盟是我国的重要贸易伙伴，因此中欧之间还存在由产品贸易引起的环境问题，即大量产品出口欧盟，污染留在中国。

---

① “内涵能源”(Embodied Energy或Embedded Energy)是指产品上游加工、制造、运输等全过程所消耗的总能源。

(五)中非、中阿不断加强环境合作

同为发展中国家，中非、中阿之间在众多全球环境问题上也存在着密切的利益关系，而且以相似的利益为主，但这种利益关系主要表现在全球层面的多边关系中，即作为发展中国家的共同立场和利益。在双边层面，中非、中阿之间在全球环境问题上尚无需要解决的突出问题，但可以加强国际立场上的协调以及互助互惠的项目合作。

另外，我国对外投资引发的生态破坏问题是中非、中阿之间需引起高度重视的环境问题。近年来，我国对外直接投资得到迅速发展，其中，在境外资源开发领域的投资也快速增长。例如，截至2006年年底，中国在非洲累计投资62.7亿美元，有近千家企业在非洲的49个国家落户。一个不容忽视的问题是，海外中资企业在给东道国和当地居民带去资金、技术和发展机遇的同时，也在很大程度上影响了当地的环境。由于投资所在国法律不健全以及某些企业社会责任缺失等问题，一些海外中资企业在环境和资源保护方面的力度不足，使海外中资企业遭受较多指责，尤其易被别有用心的竞争对手加以利用，进行炒作甚至歪曲，制造“中国威胁论”，对我国形象造成负面影响，不利于我国“走出去”战略的长期顺利实施。在阿拉伯国家，我国的投资目前虽然并未引起环境问题和对这方面的关注，但也应借鉴我国在非洲投资的经验教训，避免引发环境问题，对我国形象和企业利益造成不利影响。

(六)未来的发展将不断增加国际环境问题的复杂性和艰巨性

中国面临如此复杂的国际环境问题，同时“十二五”期间，我国又确定了新的国家发展战略，加快经济发展方式的转变，科学发展，扩大内需成为未来一段时期内的发展方向，但在这些发展目标的背后却隐藏着巨大的国际环境压力，中国人民的生活水平、消费水平的提高，将意味着更多的能源、资源的进口和消耗，工业化进程进入新的阶段，新型工业化道路能否真正实现，这将带来的环境影响是难以预测的。中国未来的对外贸易，以及中国未来的国际发展战略都会对未来产生巨大压力，在这样的情况下我们必须积极应对正视这些压力，采取有效的应对措施，营造良好的国际环境合作氛围，更加广泛的开展与亚洲周边国家、美国、欧盟以及非洲和阿拉伯地区国家的环境合作，同时在国内通过积极的推动多项保障措施来促进环境合作。

>>二、积极应对全球环境问题<<

应对全球和区域环境问题我们应该做到以下几点：

首先是充分认识和重视全球环境问题的重要性和特殊性，从全球视角审视全球和国内环境问题，认识到中国的环境问题是世界性的，全球与国内环境问题的关系是双向的，俱荣俱损，休戚相关。全球环境问题的解决有助于中国环境问题的解决，减轻中国的环境压力；中国自身环境问题的改善又是对解决全球环境问题的巨大贡献。因此，需要“统筹”考虑国内环境问题的压力和全球环境问题的压力，由重点应对国内环境问题压力转变到将应对国内环境问题的压力与全球环境问题的压力“并重”。

其次要加强行动，不论是应对全球环境的自然压力还是社会压力，一是需要增强自身的抗压力，面对自然压力要改善生态环境质量，增强其适应能力和抵御能力；面对社会压力，要措

施到位，行动到位，宣传到位，不留口舌。二是变外部压力为内在动力。面对自然压力，要“拿来”和“利用”。废物越境转移可能会导致环境污染和土壤侵害等，但是如果能将废物合理规划，作为资源加以利用，则完全可以变废为宝，减少国内资源和环境的消耗。面对社会压力，则以外促内，借力打力，变阻力为动力。例如，为减少全球温室气体排放，加速国内产业结构调整，大力发展绿色经济。为履行保护全球环境的减少持续性有机污染物排放、消耗臭氧层物质等环境公约，可以加快国内持续性有机污染物的淘汰步伐。为减少生物多样性损失，可以划分生态功能区，建设自然保护区，保护生态环境。

最后是加大推进全球环境合作的保障措施。一是加强宣传。增强中国保护全球环境的话语权，例如适时召开高层次大范围国际研讨会，印制并分发相关宣传册，环保部与对外使领馆建立密切和定期的信息交流机制，宣传中国在全球环境保护方面所作努力和成就，争夺国际环境话语权。二是深化研究。应对自然压力，要通过高新技术增强抗压力；应对社会压力，要深入开展全球环境问题对中国的影响分析，研究政策的利益判断和开展战略研究。三是提高能力。通过培训、研讨等各种途径，将开展全球环境问题研究，使决策人员的能力不断提高，使其从参与国际环境规则谈判转变到主动制定绿色规则中，进行主动出击，用内推力应对外压力，包括起草公约条款和提交谈判提案等。四是完善机制。要不断完善应对全球环境问题的研究机制、谈判机制、履约机制、资金机制、国际合作机制等相关机制。五是建立队伍。美国等西方国家都有一支强大的国际环境问题研究团队，对谈判给予强有力的技术支持。而中国在这方面的基础还很薄弱，分散于一些研究院所和高校，没有形成合力。未来建议在环保部下面成立专门的国际环境问题研究机构，建立一支强大的专门开展国际环境问题研究的队伍。

>>参考文献<<

[1]中国工程院，环境保护部. 中国环境宏观战略研究[M]. 北京：中国环境科学出版社，2011.
[2]徐再荣. 全球环境问题与国际回应[M]. 北京：中国环境出版社，2007.
[3]李丽平. 内外兼修增强抗压能力[N]. 中国环境报，2011-02-21.

第五篇

反馈与交流

对《2010中国绿色发展指数年度报告——省际比较》的调研报告

青海省环境保护厅调研组：赵浩明、田俊量、关海刚
2011年3月11日

2011年2月，按照强卫书记的指示，我厅组织人员就《2010中国绿色发展指数年度报告——省际比较》(以下简称"报告")研究成果进行了调研。调研组利用网络广泛收集了相关资料，赴北京与该课题负责人北京师范大学学术委员会副主任李晓西教授、北京师范大学绿色经济研究所张江雪副所长等课题领衔专家进行了交流和研讨，并对照我省实际，就该成果重点指标作了分析研究，在此基础上，形成本调研报告。

>>一、关于"报告"的基本情况<<

(一)课题基本情况

本项研究为国家"985"工程重点项目，并得到国家自然基金支持。由北京师范大学科学发展观与经济可持续发展研究基地、西南财经大学绿色经济与经济可持续发展研究基地、国家统计局中国经济景气监测中心联合组成的联合课题组完成，并于2010年11月4日在北京发布。据了解，今后课题组还将对我国和各地区的绿色发展情况进行深入研究，对其指标体系作进一步修订完善，并将以年度报告的形式每年发布一期研究成果。

该课题成果的发布在国内可持续发展研究学术领域和社会各界引起较大反响。专家们认为，目前各地区正在制定与完善"十二五"规划，《2010中国绿色发展指数年度报告——省际比较》的发布对各地区进一步落实科学发展观，加快经济发展方式转变、促进绿色发展将有重要的参考价值。尤其是在应对气候变化的挑战，各国通过"绿色新政"来摆脱金融危机影响、把握新发展机遇的国际大背景下，绿色发展指数的研究能使我国有根据地参加国际对话。

在与课题组座谈交流时，李晓西教授指出：青海省委领导高度重视这个课题成果，充分说明了"生态立省"战略在青海是在着实实践和探索着；在刚刚发布的这个成果中，青海的绿色发展综合指数位居全国第二，其中资源环境承载潜力排位全国第一，政府政策支持度排位第八，但经济增长绿化度排位全国最末。在课题成果论证的时候，也有专家提出青海排位第二在中国不具有绿色发展的典型性和代表性。但课题组认为，研究青海的问题，不论是对于完善课题指标体系还是探索中国特色的西部绿色发展道路，都意义很大；非常感谢青海省环保厅调研组带

来的资料和意见，作为青海省政府的科技顾问，愿意在今后继续出一份力。

(二)“报告”的主要研究结论

报告在研究总结国内外低碳发展、绿色发展和可持续发展等相关理论和实践成果的基础上，结合中国的现实情况，通过专家论证和建模运算方法，从近 1 500 个相关指标中经多次筛选后确定构建了由 55 个基础性指标组成的全面反映绿色发展状况的指标体系和相应的指数测算方法。该指标体系由经济增长绿化度、资源环境承载潜力和政府政策支持 3 个一级指标构成，分别反映经济增长中生产效率和资源使用效率、资源与生态保护及污染排放情况、政府在绿色发展方面的投资、管理和治理情况等。这项研究在国内尚属首次。

课题组利用绿色发展指标体系和相应的指数测试方法，对 2008 年我国各省(自治区、直辖市)的绿色发展水平进行了测算。报告公布的测算结果显示，我国在绿色发展方面存在一定的地区性差异。总体而言，东部地区绿色发展水平相对较高，北京、天津、上海、江苏、浙江、福建、山东、广东和海南的绿色发展指数均排在前十位；中部地区绿色发展水平相对较弱，6 省绿色发展指数均低于全国平均水平；西部地区因资源环境承载潜力优势而提升了绿色发展综合水平，该指数的前十位中有 7 个是西部地区，其中青海的资源环境承载潜力在全国排名第一，总体测算结果排名全国第二，是前十名中唯一的西部省份。

(三)“报告”对青海绿色发展指数的研究结论

该报告综合认为：青海资源环境承载潜力优势凸显，政府主导绿色规划成效突出，在以下几个方面具有较大的相对优势，促成了其较高的绿色发展水平。主要研究结论如下：

第一，青海人均自然资源占有量大，资源支撑强度高。地域广阔，水、森林等自然资源储量丰富，区内自然保护区面积大、分布广，而人口相对较少，因此人均自然资源的占有量丰裕度高，“人均当地水资源量”、“人均森林面积”、“自然保护区面积占辖区面积比重”三个指标分居全国第 1 位、第 2 位和第 1 位。这些优势为青海未来经济、社会的发展提供了较强的资源支撑力，在目前全国以及各地区资源匮乏、发展动力不足的普遍情况下，青海的相对资源优势就更加突出和重要。

第二，青海地均污染物排放量小，环境承载潜力大。全省土地面积为 7 174.8 万公顷，仅次于新疆、西藏、内蒙古，占全国土地总面积比重为 7.55%，因此，尽管污染物排放总量不少，但是单位土地面积污染物排放量低，从而相对而言，环境的承载力更大。青海“单位土地面积二氧化硫排放量”、“单位土地面积化学需氧量排放量”、“单位土地面积氮氧化物排放量”、“单位土地面积氨氮排放量”、“单位土地面积工业固体废物排放量”、“单位耕地面积化肥施用量”、“单位耕地面积农药使用量”分居全国第 1 位、第 1 位、第 1 位、第 1 位、第 9 位、第 1 位和第 5 位。较大的承载空间为青海调整产业结构，加快工业化步伐缓解了部分环境压力，提供了现实可行性。

第三，青海绿色发展的政府政策支持度较高，基础设施不断完善。青海具有重要的生态战略地位，中央和地方政府高度重视其生态保持，环保投资力度大。青海“环境保护支出占财政支出比重”、“环境污染治理投资占地区生产总值比重”、“农村人均改水、改厕的政府投资”、“单位耕地面积退耕还林投资完成额”分列全国第 3、第 4、第 5 和第 2 位。根据规划，2004—2010

年，国家级三江源泉生态保护工程投资总计将达 75 亿元。以“五圈”(三江源生态圈、青海湖生态圈、柴达木生态圈、祁连山南麓生态圈和湟水流域生态保护圈)为主的生态建设是青海“十二五”期间的重要任务之一。另外，政府不断完善基础设施建设，反映在指标上就是青海“城市用水普及率”和“城市每万人拥有公交车辆”分居全国第 1 和第 2 位。

>>二、结合青海实际对“报告”成果的分析<<

据《2010 中国绿色发展指数年度报告——省际比较》采取 2008 年统计年鉴数据的测算和分析，青海的“绿色发展指数”为 0.450 5，在全国 30 个省区市中位居第二，仅次于北京，是前十名中唯一的西部省份。对此具体解析和挖掘其原因，对于探究我省绿色发展的途径，提升“四个发展”水平具有十分重要的意义。为此，结合我省实际，就“报告”研究结论作如下分析讨论。

(一)对经济增长绿化度指标排名的分析

“报告”中青海经济增长绿化度列全国最末。其中，经济增长效率指标、第一产业指标、第二产业指标、第三产业指标，四个二级指标分列第 29、第 26、第 30、第 23 位，全部在倒数十名之内。经济增长绿化度三级指标共计 21 个，参与计算的指标 19 个(非化石能源使用比例和单位 GDP 的碳排量两个指标暂不计算)。其中，青海排名居于全国前 2/3(即全国前 20 名)的指标有 3 个(分别是单位地区生产总值工业固体废弃物排放量、第二产业劳动生产率、第三产业从业人员比重，均为逆向指标，即排名越靠前指数值越低)，占指标总数的 15.8%；位居全国末十名的指标 16 个，占指标总数的 84.2%；位居全国末五名的指标 10 个，占指标总数的 52.6%。单位地区生产总值能耗是四级指标中权重最高的(3.38%)，青海列全国倒数第 2 位。

青海经济增长绿化度各项指标排名普遍靠后，表明青海省整体经济发展水平和资源利用效率均处于全国落后水平，工业化水平低。青海属于西部经济不发达省区，经济总量小，因此污染物排放总量较少，2008 年青海省二氧化硫、化学需氧量、氮氧化物、氨氮排放量分列全国倒数第 3、第 1、第 2 和第 1 位。但是由于经济总量过低，2008 年青海地区生产总值仅为 793 亿元，在全国各省、区、市中仅高于西藏，仅占全国 GDP 总量的 0.27%，不足广东一省地区生产总值的 3%，从而导致“报告”中单位地区生产总值污染物排放量系列指标很高。同样，由于技术水平低、工业化水平落后，单位产出的能耗、水耗高，资源的综合利用率低；而产业结构的不合理，即过分依赖高载能产业对经济的拉动，则进一步加剧了青海经济增长的“非绿色”倾向。

因此，青海要提高经济增长的绿化度，首先必须强调经济的整体发展，努力提高地区经济总量；其次必须加快产业结构调整，降低“两高一低”产业比重，加快提高二、三产业比重；再次必须提高工业化水平，加大科技投入，减少单位产出的能耗、水耗，提高资源利用率；最后仍需加强节能减排，促进可持续发展。

(二)对资源环境承载潜力指标排名的分析

青海资源环境承载潜力位居全国第 1。其中，资源与生态保护指标、环境与气候变化指标两个二级指标均列第 1。在资源与生态保护指标的三级指标中，人均当地水资源量、人均森林面积、自然保护区面积占辖区面积比重分列全国第 1、第 2 和第 1 位；森林覆盖率仅列倒数第 2

位。环境与气候变化指标的三级指标排名结果显示出“人均污染物排放量”排名靠后、“单位土地面积污染物排放量”排名靠前的特点，且两者差异较大。具体排名如表所示。

项目	二氧化硫	化学需氧量	氮氧化物	氨氮	工业固体废物
排放总量	3	1	2	1	12
单位土地面积排放量	1	1	1	1	9
人均排放量	23	23	22	23	19

注：由于排放总量、单位土地面积排放量和人均排放量三个指标均是逆向指标，因此排名越靠前表示排放量越低，反之亦然。

得出以上结论的原因如下：

一方面，就省域资源总量的人均值而言，青海水、森林等自然资源丰富。以水资源为例，2008年青海人均当地水资源量为11 900.5立方米，位居全国第1(西藏除外)，是排名第2的云南的2.33倍。另一方面，青海的环境承载潜力则呈现出“人均承载潜力低”、“单位土地面积承载潜力高”的特点。究其原因，如前所述，是由于经济不发达、工业发展落后等，青海的污染物总排放量较少，而且青海地广人稀，2008年青海省年末人口为554.3万人，仅高于西藏，占全国年末总人口的比重为0.42%；土地面积为7 174.8万公顷，仅次于新疆、西藏、内蒙古，占全国土地总面积的比重为7.55%，因此青海“人均污染物排放量”高而“单位土地面积污染物排放量”低。

这一结论与青海实际存在差距，我们分析其原因如下：

第一，从资源环境承载力的概念出发，该指标应包含可利用资源总量、环境容量和生态承载力三个方面，而“报告”仅使用了存量资源的人均拥有量和人均(地均)污染物排放量来表述，指标有欠全面。另外，使用人均(地均)污染物排放量亦不能代表环境容量指标。

第二，使用了存量资源的人均拥有量表述省域资源开发潜力欠妥。从当前国内外市场需求分析，在矿产资源方面青海在有色金属矿产、盐湖资源及高原特色的物种资源及优质的环境资源方面占有较为突出的优势。从经济发展角度看，青海资源状况还存在以下劣势：以水资源为例，一是虽然青海人均的水资源出省总径流量高居全国第一，但以国土面积的总出省径流量仅排全国第23位(因青海深居内陆降水少径流系数低)；二是青海除湟水水资源利用率已高出水资源利用安全线(大于60%)，其他流域水资源利用率很低，即青海可利用水资源很少；三是青海出省地表水径流量的贡献地区基本集中在三江源和祁连山地区，均为国家重要生态功能区，而人口相对集中、作为青海经济社会发展重点区域和GDP主要贡献区的河黄谷地和柴达木盆地，均为水资源紧缺型地域。

此外，在“人均森林面积”、“自然保护区面积占辖区面积比重”方面青海分居全国第2和第1位，但对于经济发展而言，这些指标只是可利用的环境资源和重要生态功能保障资源。因此，以上两个指标对青海未来经济、社会的发展可以提供较强的资源保障能力而非资源支撑力。调研组认为，只有可利用资源才能成为资源开发潜力。

第三，“报告”认为，青海地均污染物排放量小，环境承载潜力大，实际并非如此。青海的环境污染基本集中在湟水流域和柴达木诸工业园区，由于地域面积较大，使得地均污染物排放指标很低。但这些指标并不能说明青海有较大的工业经济环境承载空间。就水环境容量而言，因青海地处江河源区，国家环境保护相关法规对青海大部分河流区段的水环境质量要求标准很高。在水环境功能区划中，青海4类区控制断面只有湟水的两个断面(小峡桥和民和桥)，而湟水流域17个监测断面中2010年达标断面只有10个，也即理论上已没有容量；青海其他所有河流除流经重要城镇区段为三类水体(不得新设排污口，已有排污口须达到一级排标)外，其他均为二类以上水体(禁止污水排放)，虽然全部达标，但可用水环境容量十分有限。青海大气环境容量可利用空间较大，人口集中的西宁市环境空气质量虽然达标，但复合型大气污染问题已引起社会关注。

此外，由于地处内陆、高寒干旱等自然条件限制，青海生态系统普遍呈现结构简单、抗逆性差、敏感程度高的特点。根据《全国生态脆弱区环境保护纲要》(2008年，环境保护部)，青海三江源及可可西里地区、柴达木盆地、祁连山及环青海湖地区均属生态脆弱区。因此，总体而言青海生态环境承载能力低，成为制约资源开发和经济发展的重要因素，这也是青海"生态立省"战略的基本出发点，是实现"四个发展"的基本要求。

此外，由于经济落后，青海单位耕地面积的农药、化肥使用量分别排位全国第五、第一。这两项指标不仅有利于农村牧区面源污染防控，同时也为绿色农牧产业发展提供了较好的发展空间。

(三)对政府政策支持度指标排名的分析

青海政府政策支持度位居全国第8。其中，绿色投资指标、基础设施和城市管理指标、环境治理指标这3个二级指标分列第1、第13和第30位。在绿色投资指标三级指标中，除"科教文卫支出占财政支出比重"(第24名)外，其余4个三级指标均位居全国前五位；在基础设施和城市管理指标三级指标中，排名差异最大的两个指标分别是"城市用水普及率"和"城市污水处理率"，分居全国第1和全国倒数第1；在环境治理指标三级指标中，除"人均造林面积"全国排名第五之外，其余5个三级指标均在全国倒数五名之内。

绿色投资指标、基础设施和城市管理指标、环境治理指标从三个不同的维度度量了政府在促进当地经济社会"绿色发展"方面的作用和效果。青海在这三个方面分居全国前列、中等及末位水平，表明政府着力点的侧重不同，其影响和效果也不同。具体而言，第一，青海省用于环境保护和污染治理的财政性投资和支出较多，例如2008年青海环境保护支出占财政支出的比重为5.38%，仅次于内蒙古和宁夏，比全国平均水平高近3个百分点，其中有相当一部分资金来源于中央政府的转移支付，这反映出中央和地方政府对青海省生态战略地位的重视。第二，政府往往只重视资源的一次开发，却忽视了对其二次利用，突出表现为2008年青海的"城市用水普及率"达到100%，而"城市污水处理率"仅为39.9%，比全国平均水平低近30个百分点。这与青海省水资源丰富但是污水处理等相关技术水平较低有关。第三，科技开发利用投入不够，环境污染治理水平较低。尽管政府资金投入总额较多，但是用于科学研究、提高工业生产技术含量和资源利用效率的比重较低。2008年青海省"科教文卫支出占财政支出比重"仅为24.02%，位居全国第24位。由于投入少，技术水平落后，青海省"工业二氧化硫去除率"、"工业化学需氧量去除率"、"工业氮氧化物去除率"、"工业氮氧化物去除率"这4个指标排名均列全国末位。

以上分析表明，政府在促进当地经济社会可持续发展方面扮演着十分重要的角色，其作用的领域和环节也是多层面、宽角度的。因此，青海省政府首先必须确立绿色发展的理念，从更高的角度看待其参与和作用，避免一味强调环保资金投入的局限性，还必须注重投资效果，提高资金的利用效率。另外，必须重视科技在提高环境污染治理水平和资源利用效率方面的作用，加大科技投入，将其转化为“绿色生产力”。

由于青海重要的生态地位，国家对青海生态保护和建设的转移支付力度很大，使其环保投入诸指标列全国前列。但以下问题值得关注：一是青海刚刚步入工业化中级阶段，企业环保投入占其产值的比例总体位居全国后列，而这一反映工业化绿色程度的指标尚未被纳入本项研究的指标体系；二是青海地方财政困难，可支配公共财政支出有限，环保设施建设的配套资金困难，并致使已建成环保设施运营常难以为继；三是青海自然条件恶劣，单位环保投资的产出率低，即同样环保投资的效益，青海远低于内地其他省市。

(四)对三方面评价指标的差异性分析评价

该报告认为：青海三个一级指标排名差异显著，表示青海在三个维度上表现迥异，即资源环境的承载力很高，政府的支持力度较大，经济增长的绿化度很低。尽管青海在这三个不同层面上的排名不协调性明显，但是由于资源环境承载潜力在三个一级指标中的权重最高(45%)，而且青海的资源环境承载潜力指数值相较其他省、区、市具有绝对优势，因此根据最终加权合成结果，青海绿色发展指数位居全国第2。青海的绿色发展指数排名表现出的高度不平衡性的，为青海将资源优势转化为经济优势，实现可持续的跨越式发展提供了必要性和可能性。如何进行资源的保护性开发，利用自身环境承载潜力，在政府的积极参与下加快经济发展速度，提高经济增长的绿化度将是未来青海需要重点研究的课题。

调研组认为：“报告”就青海的绿色发展指数排名表现出的高度不平衡性的分析符合青海实际。如何在人口基数少、环境总体质量好、人均资源量丰富、省内区域发展差距大、环境保护要求高责任重的条件下，实现生态立省目标，建设具有青海特色的社会主义小康社会，是青海各个部门需要重点研究和积极实践的重要课题。

(五)对“报告”提出的绿色发展指数指标体系的讨论

在与课题组的沟通交流中，我们就绿色发展指数的指标，提出以下意见：

第一，从可利用资源总量、环境现状质量、重要生态功能区保护三方面的可监测、可统计指标，进一步完善资源环境承载潜力指标体系。

第二，“报告”中青海人均森林面积和森林覆盖率指标分居全国前列和最后，自相矛盾且意义不大，因为青海省宜林地总面积十分有限，实际以草原生态系统为主，建议取其一或以“受保护生态系统面积占国土面积比例”取代。

第三，建议取消“工业固废排放量”指标，以例行的“工业固废综合利用率”指标替代。例如同样的矿山开采企业排放的废渣，对于废弃矿井回填和乱弃两种行为，其造成的环境影响截然不同，自然绿色经济程度亦差距很大。

第四，“自然保护区面积比例”是经济发展的重要保障指标而非发展指标，不宜作为绿色发展指标。一个地区的自然保护区面积应保持适当比例(我国自然保护区规划的比例为16%)，过小缺乏生态保障，过大则影响区域经济社会发展。

>>三、几点思考和认识<<

"报告"成果对促进绿色发展有较强的现实意义：可以促使地方政府和社会各界不断审视和思考中国经济可持续发展的形势和存在的问题，能够帮助有关部门改进对各级官员的政绩考核制度，有助于提高全民的绿色发展自觉，促进绿色发展观念的形成和发展，为贯彻落实科学发展观、实现经济发展方式转变提供参考，同时也为国内外投资者把握行业发展趋势、发现投资机会提供帮助，也使我国能够有根据地参加关于这一问题的国际对话。在今后一旦形成时间序列成果，可用以直观反映中国"发展方式转变"的轨迹与动态，并成为管理部门、政策研究部门研究分析常年必备的重要资料和决策部门的重要参考，是一项重要学术成果。青海有关部门应对此给予重视和跟踪。我厅今后也将继续与该课题组保持接触，使本项研究更好服务青海"四个发展"，提升绿色发展水平。

据"报告"的测算和分析，青海的"绿色发展指数"在全国 30 个省区市中位居第二，仅次于北京，是前十名中唯一的西部省份。这一结论对于提升和扩大青海省的绿色发展形象，促进投资和产业的绿色发展非常有利，同时也暴露了青海总体经济发展绿化率低、环保基础设施薄弱等问题，有利于促进和强化环境保护工作。尤其是关于资源环境承载潜力等方面的一些指标评价结果，与青海的实际存在一定差距，有可能对产业投资和政府某些方面的工作产生误导。评价结果与青海实际的差距主要表现在以下几个方面：

第一，青海水资源地域分配不均，总体利用率低，主要产流区基本为国家重要生态功能区，而经济重点发展区域基本表现为缺水型社会。"报告"使用了"存量资源的人均拥有量"指标表述省域资源潜力欠妥，实际上只有可利用资源才能成为资源开发潜力。青海优势资源在于能源、有色金属矿产、盐湖资源、高原特色生物资源和优质的环境资源等，"报告"也未能反映出这一特点。

第二，"报告"提出的指标体系有待继续完善。从资源环境承载力的概念出发，该指标应包含可利用资源总量、环境容量和生态承载力三个方面，而"报告"使用了人均存量资源量代表资源潜力，用人均(地均)污染物排放量代表环境容量指标，同时也未反映出青海总体环境容量小、生态承载力弱这两个重要制约因素。

"报告"成果根据 2008 年统计资料计算的青海绿色增长效率、产业指标、单位 GDP 污染物排放指标、城市污水处理率、矿区生态恢复治理率、资源综合利用指标等处于全国末位的诸项指标，集中反映了青海经济社会发展落后、工业化水平低、环保基础能力弱的特点。解决这些问题，正是"生态立省"的着力点，是青海提出"四个发展"思想的基本出发点。因此，调研组认为，如果能认真贯彻落实省委全会精神，踏实做好"科学发展、保护环境、民生优先"的大文章，青海实现绿色发展大有可为。

附　录

附录一[①]

中国绿色发展指数指标体系的编制思路、结构、指标选择及测算方法

我们在比较分析各类评价方法基础上，结合中国实际，提出了编制中国绿色发展指数体系的思路，构造了一个包括3个一级指标、9个二级指标和55个三级指标的结构体系，并简单介绍了测算的方法。

>>一、绿色发展指数指标体系的编制思路<<

编制中国绿色发展指数的主要思路：一是突出绿色与发展的结合。如上所述，绿色指数多在衡量环境与资源，发展指标多在衡量经济增长情况，绿色发展指数就要突出这二者的结合。本报告中的结合体现在产业发展的绿化程度，环境资源的保护程度，以及政府在规划与领导经济发展中对绿色发展的关注程度。正因为如此，课题组中不仅有经济学家，也有环境专家、生态专家等若干理工学科的专家。二是突出了各省(区、市)绿色发展水平与进度的比较。本报告选取的样本是中国内地30个省、市、自治区(西藏自治区因数据暂缺未列入计算)，以省为单位进行比较。中国作为一个大国，各省资源禀赋及经济发展各具特色，各有短长。比较各省的绿色发展，既可交流先进经验，也可促进后起奋进。由于多方面原因，台湾省、香港特别行政区和澳门特别行政区也未列入本报告研究范围之内。希望今后能与港澳台地区的专家合作，把这项工作做得更具普遍性。三是突出了政府绿色管理的引导作用。政府行为、科技能力及公众参与，是推动绿色发展的三支重要力量，尤其是政府行为，是最为重要的。在我国，政府在经济社会中的主导作用非常大，因此，本报告在选择指标和分类时，希望能突出地方政府业绩评价，以督促各地政府在绿色发展方面争先创优。事实上，对照国际上兴起的"绿色新政"高潮，也可看到，各国政府在发展绿色经济中都有着重要的引导作用，是可以互相交流与借鉴的。当然，我们认为企业的绿色发展也是非常重要的，这些将在本报告的专题中有所讨论，同时，也希望能与突出绿色企业和绿色产品的调研机构合作，达到互补互助的目标。四是突出了绿色生产的重要性。绿色经济是多方面的，绿色消费就是其中非常重要的内容。美国国家地理学会设立的"绿色指数"，旨在测量消费者选择的生活方式在住房、交通、食品和商品4个方面对环境的影

① 本附录摘自《2010中国绿色发展指数年度报告》的"总论"部分，虽然反映的是2010报告的情况，但指标体系的编制主要精神与2011年报告是完全一致。在此重刊，是为了方便读者对2011年新的指标体系的理解。

响。但考虑到中国绿色发展的矛盾重点还是在生产方面，尤其是工业生产方面，这里，不仅体现着企业的力量，还体现着政府的作用，因此，本报告重点评估绿色生产的影响。但在专题中，我们同样也反映了对绿色消费的看法。五是在数据收集中，强调了来源的公开性与权威性。本报告采用的基础数据全部来源于公开出版的年鉴或者相关部门公布的权威指标数据。原始数据主要来自《中国统计年鉴2009》、《中国环境统计年鉴2009》、《中国城市统计年鉴2009》、《中国能源统计年鉴2009》、《中国工业经济统计年鉴2009》、《中国环境统计公报2008》、《中国统计摘要2010》以及《新中国六十年统计资料汇编》等。

>>二、绿色发展指数指标体系的两级结构<<

下面，我们将分析中国绿色发展指数的结构与内容。首先，请看基本的或一级分类。

如图附录1-1所示，我们测度的绿色发展指数主要包括三大分类，即经济增长绿化度、资源环境承载潜力和政府政策支持度。经济增长绿化度反映的是生产对资源消耗以及对环境的影响程度；资源环境承载潜力体现的是自然资源与环境所能承载的潜力；政府政策支持度反映的是社会组织者处理解决资源、环境与经济发展矛盾的水平与力度。

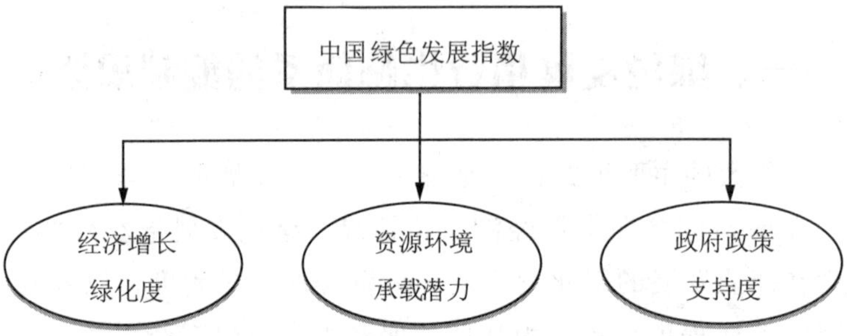

图附录1-1　中国绿色发展指数指标一级框架

那么，我们是如何选择这种分类呢？首先，从测度绿色发展指数的目的来看，我们希望突出经济增长中所蕴涵的绿色程度，希望强调政府政策的支持力度，也希望反映资源与环境承载的潜力。其次，三分法符合状态、压力、响应的分类思路。经济绿色增长的程度和水平是绿色发展的现实状态，资源环境承载潜力是绿色发展的压力体现，政府政策支持则反映了政府的响应。再次，三分法是三级指标归类分析的结果。在选出的三级指标基础上，我们既从三分法思路来归类，同时，也从三级指标本身属性上来确定如何归类最有道理，并希望这种归纳的结果是比较均衡的。事实上，现在三类中的三级指标经过多次调整，最后形成现在这种分布较为均衡的格局。最后，从我们的研究过程看，选择三大分类是反复取舍的结果。起初，我们征求多学科专家的意见，对分类有多种建议，有3、4、5、6等多种分类。分4类如经济、社会、资源、环境；分5大类有经济发展、能源与资源、环境与生态、政府与政策、社会和谐发展，还有一种是资源支持系统、环境支持系统、人口及智力支持系统、科技支持系统、经济支持系统等；分6类的有经济结构、经济效能、社会发展、文化事业、资源利用、环境保护等。但为了凸显我们的特色，经多次讨论还是选用了上述三分法。

综上，三分法体现着“一体双力”，经济绿色增长是主体，资源环境是基础推力，政府政策是引导拉力，三者结合，为经济绿色发展提供了基础性保证。

其次，再看一级指标下的二级分类。

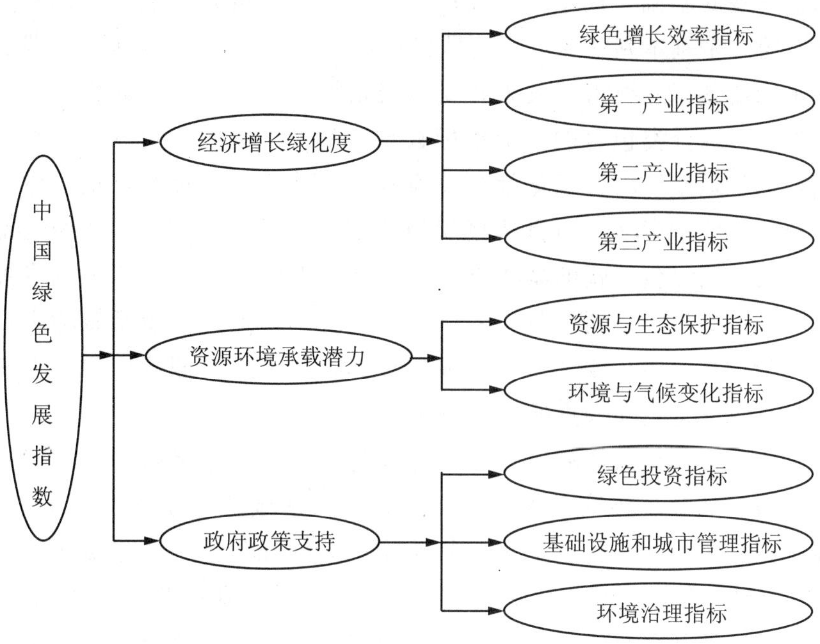

图附录 1-2 中国绿色发展指数指标二级框架

绿色发展指数指标框架一级指标下还有 9 个二级指标，这是如何确定的？二级指标的确定采取的方法是：两次归类，适度调整。其含义就是，在确定了一级指标和三级指标后，先按一级指标指向对三级指标归类，然后，一级指标内的众三级指标再按其性质接近程度归类。对二级指标进一步的解释，将会结合三级指标解释中一并进行。

现在，我们进一步展示一级和二级指标及权重(如表附录 1-1 所示)。

表附录 1-1 中国绿色发展指数一级、二级指标及权重

一级指标	权重(%)	二级指标	权重(%)
经济增长绿化度	30	绿色增长效率指标	40
		第一产业指标	10
		第二产业指标	35
		第三产业指标	15
资源环境承载潜力	45	资源与生态保护指标	20
		环境与气候变化指标	80
政府政策支持度	25	绿色投资指标	40
		基础设施和城市管理指标	30
		环境治理指标	30

表中列出了一、二级指标的权重。这是如何确定的呢？我们知道，在测度过程中，鉴于同级各类指标要素的影响和作用互不相同，进行比较评价时，需要区别对待，即权重分配上要有所不同。在本次测度工作中，课题组选择了几十名涉及经济、资源、环境、能源、统计等研究领域的专家，通过会议形式向各位专家就指标权重征求意见，对反馈的意见进行汇总，再经过多次分析讨论，最终确定了每个指标的权重。

这里需要重点回答三个一级指标的权重是否合理与科学的问题。一个基本判断是：资源环境承载潜力是绿色发展的基础，权重应最高；经济增长绿色度是我们追求的目标，权重要高于政府政策支持度。第二个基本判断是：权重是相对的，因此不必过细，以5%或10%为最小单位即可。第三个基本判断是：一级指标权重要受三级指标权重的制约，即判断三级指标重要性相对具体好操作，加上一级分类包含的三级指标数量，就可以大致确定一级指标的权重。还有一个规律在起作用，那就是经济增长绿化度与政府政策支持度相关度高，也与省区经济发达程度正相关度高，而资源环境承载潜力与自然禀赋相关度高，因而与不发达的中西部地区正相关度高。因此，如果是仅强调绿色，就可提高资源环境承载潜力权重；若仅强调发展，就可压低资源环境承载潜力权重；如果既强调绿色又强调发展，就要对资源环境承载潜力有一个合理的权重。经过不同情景和模式的多角度全方位的模型计算，在不断对照现实中各省区的多项考核情况后，专家们最后一致同意现在权重的分配额度。

二级指标的权重又是如何获取的呢？是否合理与科学？与一级指标权重确定相似，二级指标的权重也是由经济、资源、环境、能源、统计等研究领域的专家来商定的，即专家评分法。二级指标的权重是在三个一级指标框架内分别确定的，即在每个一级指标下，二级指标合成为100分。我们可以看到，在绿色增长度中，效率指标与第二产业的权重分别为40%和35%，反映出专家的一个共识，即社会总的投入产出效率和工业化对环境资源的有效利用对实现绿色增长的影响是主体，是关键。在资源环境承载潜力一级指标下，环境与气候变化指标占到80%的权重，反映出一个基本事实：废物、废水和废气的排放对环境与气候的影响已成为最令人担忧的危害。而在政府政策支持度下，绿色投资指标、基础设施和城市管理指标和环境治理指标权重接近，绿色投资略高一些，反映了政府全面关注资源、环境与经济的增长关系，是专家们最希望看到的。专家们对现实情况理解的共识，反映出指标权重具有相当的客观性。

>>三、绿色发展三级指标选择及归类<<

三级指标选择是本研究项目的基础，需要特别地加以说明。先看包括三级指标在内的中国绿色指数指标框架。

表附录 1-2　　　绿色发展指数指标体系

一级指标	二级指标	三级指标	
经济增长绿化度	绿色增长效率指标	1. 人均地区生产总值 2. 单位地区生产总值能耗 3. 非化石能源消费量占能源消费量的比重 4. 单位地区生产总值二氧化碳排放量 5. 单位地区生产总值二氧化硫排放量	6. 单位地区生产总值化学需氧量排放量 7. 单位地区生产总值氮氧化物排放量 8. 单位地区生产总值氨氮排放量 9. 单位地区生产总值工业固体废物排放量
	第一产业指标	10. 第一产业劳动生产率	11. 土地产出率
	第二产业指标	12. 第二产业劳动生产率 13. 单位工业增加值水耗 14. 规模以上工业增加值能耗 15. 工业固体废物综合利用率	16. 工业用水重复利用率 17. 高载能工业产品产值占工业总产值比重 18. 火力供电煤耗
	第三产业指标	19. 第三产业劳动生产率 20. 第三产业增加值比重	21. 第三产业从业人员比重

续表

一级指标	二级指标	三级指标	
资源环境承载潜力	资源生态指标	22. 人均当地水资源量 23. 人均森林面积	24. 森林覆盖率 25. 自然保护区面积占辖区面积比重
	环境与气候变化指标	26. 单位土地面积二氧化碳排放量 27. 人均二氧化碳排放量 28. 单位土地面积二氧化硫排放量 29. 人均二氧化硫排放量 30. 单位土地面积化学需氧量排放量 31. 人均化学需氧量排放量 32. 单位土地面积氮氧化物排放量 33. 人均氮氧化物排放量	34. 单位土地面积氨氮排放量 35. 人均氨氮排放量 36. 单位土地面积工业固体废物排放量 37. 人均工业固体废物排放量 38. 单位耕地面积化肥施用量 39. 单位耕地面积农药使用量
政府政策支持度	绿色投资指标	40. 环境保护支出占财政支出比重 41. 环境污染治理投资占地区生产总值比重 42. 农村人均改水、改厕的政府投资	43. 单位耕地面积退耕还林投资完成额 44. 科教文卫支出占财政支出比重
	基础设施和城市管理指标	45. 城市人均绿地面积 46. 城市用水普及率 47. 城市污水处理率	48. 城市生活垃圾无害化处理率 49. 城市每万人拥有公交车辆
	环境治理指标	50. 矿区生态环境恢复治理率 51. 人均造林面积 52. 工业二氧化硫去除率 55. 工业氨氮去除率	53. 工业化学需氧量去除率 54. 工业氮氧化物去除率

现在，需要回答的问题是：表中的55个三级指标是如何选定的？首先，这是从近1 500个相关指标中经多次筛选后确定的。为了完成此项工作，我们组织了一个“绿色指数信息研究小组”(Green Index Information Group，GIG)。该小组经过一个月的努力，完成了一份《“绿色指数”参考资料汇编》，主要包括了国外相关文献、政府文献、国内专业书籍、国内期刊论文四大方面，得到与绿色发展指数相关的1 458个指标，经过三次会商，初步梳理出514个，反复讨论后，合并为366个指标。经北京师范大学“科学发展观与经济可持续发展研究基地”、西南财经大学“绿色经济与经济可持续发展研究基地”和国家统计局中国经济景气监测中心(简称为“两地一中”)专家讨论和筛选，确定为112个指标。会后，GIG在参考美国绿色指数、世界银行的Little Green Data Book、麦肯锡城市排名测算和倪鹏飞《2010全球竞争力报告》的基础上，再次增选到157个指标。其后，与统计专家会商筛选出60个指标。再经6次专家会议，增增减减，最后确定了上表中的55个三级指标。

选择三级指标的标准是什么呢？一是所选指标或与经济增长绿化度、或与资源环境承载潜力、或与政府政策支持有重要的联系，能对二级指标指数形成有实质性的贡献，这点不必过多解释了。二是数据的可得性。我们搜集了各种统计年鉴，进行了排查，发现各省区数据全有的相关指标是有限的。同时，我们要求的是连续可得性，不能是随机抽样数据。有的数据如森林覆盖率很重要，但每隔5年普查一次，仅2003年和2008年有数据，因此，才最终确定采用。当然，下一次则需要用统计方法来处理。三是正指标或逆指标要明确。有些指标，到底是数据高了评价高还是反过来，一定要明确。比如，我们没特别强调水电、风电和核电指标，主要用“非化石能源比重”。因为每一种电力，都会有利也有弊。类似的还比如新能源比重高低如何评价，在现实中，新能源占比很低，但各地方差异太大，是否要在指标中体现鼓励？再比如，“水土流失治理面积”，有的区域没有土地流失面积，而有的区域则太多，正反方向也不是很清楚。四是强调了水平指标而弃用了变化指标。换言之，我们用了绿色发展状态指标，没有用 2008 年与 2007 年相比的变化率指标。为什么？因为通过统计计算与分析，我们发现年度变化率很不稳定，有 16 个指标的变化率出现奇异值或说某省区某数据出现极高或极低值，甚至高过同类指标百倍以上，很难进入体系中计算。我们尝试过用一些复合指标，也尝试运用统计方法对奇异值进行种种处理，但均因太难解释而放弃了。由于这个原因，虽然我们拟定了 2005 年为基年，2007 年为比较年，2008 年为测度年，但基年和比较年基本上处于备用状态。五是选择用典型性或代表性指标。在复杂的类型中，有多种指标都有一定的意义，但需要精选。比如，在电力指标上，我们只选择火电煤耗，一是火电在我们供电比重中最大；二是火电问题在各个省份中普遍存在；三是火电煤耗量大小是各个省份普遍面临的问题。六是重视指标的相互制约关系。同一指标，尤其是排放量，是人均、地均还是占人均 GDP 的比重，均有不同意义。比如，对人口大省、面积大省、经济发展程度不同的省，其评价结果是不同的。因此，我们在测算的大体系中，按三大类将此分别列入，以形成较为合理的体系结果。

这里需要说明的是，我们在选取指标时，力求做得更好，但有时难以做到。一是有的指标对判断绿色发展非常重要，但数据暂缺。比如 CO_2 排放量，这对判断生态环境和气候影响非常重要，但暂时难以得到公认数据，因此，我们列入表中，等待下次可能填入。再比如，在有关的污染物排放量指标中，我们选取了反映经济发展环境效率的指标，但缺少反映“环境质量的指标”，如“区域环境空气质量达标率”、“区域水环境质量达标率”等指标，也是很遗憾。二是有些重要指标只能用替代性数据。比如，省区面积是个非常重要的数据，但统计年鉴中没有，只能用《中国统计年鉴》中“各地区土地利用情况”来代替。同样，人口数据也是基本数据，但只能用《中国统计年鉴》各地区人口的城乡构成栏下的总人口数据。三是因 GDP 调整，使部分有关数据在取舍上或可比性上，遇到些困难。当然，我们力求在统计专家帮助下做到大家可接受。四是由于西藏 2008 年多数指标数据不能获得，因此本次只考虑了 30 个省区市。

还需要说明的是，我们备用了近 30 个“调整指标”，其中 10 个有各省区的数据。调整指标是为了修正结果的奇异值而提出来的，因此，可成为一种“加减分指标”。比如，新能源汽车可能为有些省加分，而“发生重特大环境污染事故”可能为某些省减分等。但在这次测算中，为了客观性，调整指标一个也没有用。

最后要指出，对二级指标、三级指标进一步的详细解释，请看本报告第 5 章、第 10 章、第 14 章以及指标解释的附录。

>>四、绿色发展指数的测算方法<<

绿色发展指数是我们进行评价的核心指标，如果把绿色发展总指数视为一级，那本报告就共设计四级指标体系，一般我们称本报告指标体系为三级。绿色发展总指数是对所有评价指标数据进行合成的相对数。绿色发展指数值是在各评价指标标准化数值的基础上，按照事先赋予的权数，加权综合而成。在本报告中，我们将各地区绿色发展情况与平均水平进行比较，计算绿色发展指数，来测度各地区经济绿色发展的总体情况。

对评价指标进行一致性处理是本项研究工作的重要环节。绿色发展指数是多个评价指标的合成指标，为了保证不同量纲指标之间能够进行有效合成，在完成数据的收集和净化处理后，先对原始数据进行同向化处理和同度量处理(或称标准化处理)。在55个评价指标中，有30指标数值与绿色发展指数呈正相关性，也称正指标；正指标无需进行同向化处理。而另有25指标与绿色发展指数呈负相关性，也称逆指标。为了防止两类指标在合成时相互抵消，要对逆指标进行正向化处理，主要采用倒数法和求补法。本测度中，除了高载能工业产品产值占工业总产值比重采用"求补法"、单位土地面积工业固体废物排放量和人均工业固体废物排放量采用"最大值法"进行处理外，其他逆指标均采用"倒数法"进行正向化处理。

报告中所选的评价指标计量单位多数都不相同，不能直接进行合成，需要消除指标量纲影响。目前，常用的标准化方法主要有最大最小值法和标准差标准化法，考虑到我国区域资源禀赋以及发展水平的不均衡性，特别是人均水资源等数据差异极大，如果采用最大最小值法会使其他地区在该指标上的贡献率几乎为0，形成一枝独大的局面，从而影响评价效果；另外，最大最小值在多数情况下都属于超常值，它的可靠程度不容易把握，因此，我们舍弃最大最小值法，而采用标准差标准化法。这种方法在一定程度上能够缓和各区域之间的差异程度，同时它的测算结果相对稳定。标准差标准化设计思路是把所有地区评价指标的平均值作为参照系，来考察一个地区相对平均水平的偏离程度，高于平均水平记为正数，低于平均水平记为负数，偏离越远，其数值的绝对值就越大。

本报告采用的是相对指标，共有55个三级指标。具体来说主要包括两类：一类是比率形式的指标，共36个。这类指标是一个统计量相对于常见的参照统计量(如GDP、人口、面积)的比值，它可以剔除各省人口、面积等差异对总量性质的统计指标的影响，因此主要被用于比较各省绿色增长的效率及环境、气候变化情况。另一类是结构形式的指标，共19个。它反映了部分与总体的比例，在本书中主要有三个作用：第一用于衡量产业、能源结构合理程度，如非化石能源消费量占能源消费量的比重；第二用于反映环境、资源状况和产业对环境的影响，如森林覆盖率；第三则是评价政府在环保等公共领域的作用力度，如环境保护支出占财政支出比重。总量指标和速度指标没有被采用主要是考虑了评价的公平性和数据的稳定性。

为了尽量保证测度的公平客观，对缺少指标数据的省份，我们参考实际情况，采取了不同的处理方法：一是对于有些空缺指标，由于客观原因，在一些地区并不存在，如上海就无矿区生态环境恢复治理率数据，就用中位数代替；二是对于有些空缺指标，经多次核实并用关联指标推断，确实没有发生，就用0代替。对于任何一个空缺指标的处理我们都保持十分谨慎的态度，并做详细的记录说明。

对所有测算指标进行正向化处理和标准化处理后，根据确定的权重，加权计算出各地区测算指标的综合得分，即为各地区"绿色发展指数"的最终数值。其他三个分指数的计算方法类似。

为了保证测度结果的客观公正，所有指标口径概念均与国家统计局相关统计制度保持一致。

附录二

2011省区绿色发展指数测算指标解释及数据来源

1. 人均地区生产总值

国内生产总值(GDP)是指按市场价格计算的一个国家(或地区)所有常住单位在一定时期内生产活动的最终成果。对于一个地区来说，称为地区生产总值或地区GDP。计算公式为：

$$人均地区生产总值=\frac{地区生产总值}{(上年年末总人口数+当年年末总人口数)/2}$$

资料来源：国家统计局：《中国城市统计年鉴2010》，北京，中国统计出版社，2011。

2. 单位地区生产总值能耗

能源消费总量是指一定时期内全国(地区)各行业和居民生活消费的各种能源的核算能源消费总量指标。能源消费总量分为三部分，即终端能源消费量、能源加工转换损失量和损失量。

单位地区生产总值能耗是指一定时期内该地区能源消费总量与地区生产总值的比值，反映的是该地区每增加一单位地区生产总值所带来的能源使用的增加量。计算公式为：

$$单位地区生产总值能耗=\frac{能源消费总量}{地区生产总值}$$

资料来源：国家统计局：《中国城市统计年鉴2010》，北京，中国统计出版社，2011。

3. 非化石能源消费量占能源消费量的比重

非化石能源是指除煤炭、石油和天然气之外的其他能源。

非化石能源消费量占能源消费量的比重是指非化石能源消费量在能源消费总量中的百分比。计算公式为：

$$非化石能源消费量占能源消费量的比重=\frac{非化石能源消费量}{能源消费总量}\times 100\%$$

资料来源：国家统计局：《中国统计年鉴》，北京，中国统计出版社。

4. 单位地区生产总值二氧化碳排放量

单位地区生产总值二氧化碳排放量是指一定时期内某地区二氧化碳排放量与地区生产总值的比值。计算公式为：

$$单位地区生产总值二氧化碳排放量=\frac{二氧化碳排放量}{地区生产总值}$$

资料来源：国家统计局：《中国统计年鉴》，北京，中国统计出版社。

5. 单位地区生产总值二氧化硫排放量

二氧化硫排放量分为工业二氧化硫排放量和生活及其他二氧化硫排放量，其中工业二氧化硫排放量是指报告期内企业在燃料燃烧和生产工艺过程中排入大气的二氧化硫总量，计算公式为：

工业 SO_2 排放量＝燃料燃烧过程中 SO_2 排放量＋生产工艺过程中 SO_2 排放量

生活及其他二氧化硫排放量是以生活及其他煤炭消费量和其含硫量为基础，根据以下公式计算：

生活及其他 SO_2 排放量＝生活及其他煤炭消费量×含硫量×0.8×2

单位地区生产总值二氧化硫排放量是指一定时期内某地区二氧化硫排放量与地区生产总值的比值。计算公式为：

$$单位地区生产总值二氧化硫排放量=\frac{二氧化硫排放量}{地区生产总值}$$

资料来源：国家统计局：《中国统计年鉴 2010》，北京，中国统计出版社，2010；环境保护部：《中国环境统计年报 2009》，北京，中国环境科学出版社，2010。

6. 单位地区生产总值化学需氧量排放量

化学需氧量(COD)是指用化学氧化剂氧化水中有机污染物时所需的氧量。COD 值越高，表示水中有机污染物污染越重。化学需氧量排放量主要来自工业废水和生活污水。其中，生活污水中化学需氧量(COD)排放量是指城镇居民每年排放的生活污水中的 COD 的量。用人均系数法测算。计算公式为：

城镇生活污水中 COD 排放量＝城镇生活污水中 COD 产生系数×市镇非农业人口×365

单位地区生产总值化学需氧量排放量是指一定时期内该地区化学需氧量排放量与地区生产总值的比值。计算公式为：

$$单位地区生产总值化学需氧量排放量=\frac{化学需氧量}{地区生产总值}$$

资料来源：国家统计局：《中国统计年鉴 2010》，北京，中国统计出版社，2010；环境保护部：《中国环境统计年报 2009》，北京，中国环境科学出版社，2010。

7. 单位地区生产总值氮氧化物排放量

单位地区生产总值氮氧化物排放量是指一定时期内该地区氮氧化物排放量与地区生产总值的比值。计算公式为：

$$单位地区生产总值氮氧化物排放量=\frac{氮氧化物排放量}{地区生产总值}$$

资料来源：国家统计局：《中国统计年鉴 2010》，北京，中国统计出版社，2010；环境保护部：《中国环境统计年报 2009》，北京，中国环境科学出版社，2010。

8. 单位地区生产总值氨氮排放量

单位地区生产总值氨氮排放量是指一定时期内该地区氨氮排放量与地区生产总值的比值。计算公式为：

$$单位地区生产总值氮氧化物排放量=\frac{氨氮排放量}{地区生产总值}$$

资料来源：国家统计局：《中国统计年鉴 2010》，北京，中国统计出版社，2010；环境保护部：《中国环境统计年报 2009》，北京，中国环境科学出版社，2010。

9. 人均城镇生活消费用电

计算公式为：

$$人均城镇生活消费用电=\frac{城镇生活消费用电}{(上年年末总人口数+当年年末总人口数)/2}$$

资料来源：国家统计局：《中国城市统计年鉴 2010》，北京，中国统计出版社，2011；国家统计局：《中国统计年鉴 2010》，北京，中国统计出版社，2010。

10. 第一产业劳动生产率

第一产业劳动生产率是指一定时期内第一产业增加值与第一产业年平均就业人员数的比值。计算公式为：

$$\text{第一产业劳动生产率} = \frac{\text{第一产业增加值}}{(\text{上年年末第一产业就业人员数} + \text{当年年末第一产业就业人员数})/2}$$

资料来源：国家统计局：《中国统计年鉴 2010》，北京，中国统计出版社，2010。

11. 土地产出率

土地产出率是指一定时期内该地区种植业产值与农作物播种面积的比值。计算公式为：

$$\text{土地产出率} = \frac{\text{农业总产值}}{\text{农作物播种面积}}$$

资料来源：国家统计局：《中国统计年鉴 2010》，北京，中国统计出版社，2010。

12. 节水灌溉面积占有效灌溉面积的比重

有效灌溉面积指具有一定的水源，地块比较平整，灌溉工程或设备已经配套，在一般年景下，当年能够进行正常灌溉的耕地面积。在一般情况下，有效灌溉面积应等于灌溉工程或设备已经配备，能够进行正常灌溉的水田和水浇地面积之和。它是反映我国耕地抗旱能力的一个重要指标。计算公式为：

$$\text{节水灌溉面积占有效灌溉面积的比重} = \frac{\text{节水灌溉面积}}{\text{有效灌溉面积}} \times 100\%$$

资料来源：国家统计局：《中国农村统计年鉴 2009》，北京，中国统计出版社，2009；国家统计局：《中国城市统计年鉴 2010》，北京，中国统计出版社，2011。

13. 有效灌溉面积占耕地面积比重

有效灌溉面积指具有一定的水源，地块比较平整，灌溉工程或设备已经配套，在一般年景下，当年能够进行正常灌溉的耕地面积。在一般情况下，有效灌溉面积应等于灌溉工程或设备已经配备，能够进行正常灌溉的水田和水浇地面积之和。它是反映我国耕地抗旱能力的一个重要指标。

耕地面积指经过开垦用以种植农作物并经常进行耕耘的土地面积。包括种有作物的土地面积、休闲地、新开荒地和抛荒未满三年的土地面积。

资料来源：国家统计局：《中国统计年鉴 2010》，北京，中国统计出版社，2010。

14. 第二产业劳动生产率

第二产业劳动生产率是指一定时期内第二产业增加值与第二产业年平均就业人员数的比值。计算公式为：

$$\text{第二产业劳动生产率} = \frac{\text{第二产业增加值}}{(\text{上年年末第二产业就业人员数} + \text{当年年末第二产业就业人员数})/2}$$

资料来源：国家统计局：《中国统计年鉴 2010》，北京，中国统计出版社，2010。

15. 单位工业增加值水耗

工业增加值是指工业企业在报告期内以货币表现的工业生产活动的最终成果。

工业用水量是指工矿企业在生产过程中用于制造、加工、冷却、空调、净化、洗涤等方面的用水，按新水取用量计，不包括企业内部的重复利用水量。

单位工业增加值水耗是指一定时期内工业用水量与工业增加值的比值。计算公式为：

$$单位工业增加值水耗=\frac{工业用水量}{工业增加值}$$

资料来源：国家统计局：《中国统计年鉴2010》，北京，中国统计出版社，2010。

16. 规模以上工业增加值能耗

规模以上工业增加值能耗指的是规模以上工业企业能源使用量与规模以上工业增加值的比值。计算公式为：

$$规模以上工业增加值能耗=\frac{规模以上工业企业能源使用量}{规模以上工业增加值}$$

资料来源：国家统计局：《中国统计年鉴2010》，北京，中国统计出版社，2010。

17. 工业固体废物综合利用率

工业固体废物综合利用率是指工业固体废物综合利用量占工业固体废物产生量(包括综合利用往年贮存量)的百分率。计算公式为：

$$工业固体废物利用率=\frac{工业固体废物综合利用量}{工业固体废物产生量+综合利用往年贮存量}\times 100\%$$

其中，工业固体废物产生量是指报告期内企业在生产过程中产生的固体状、半固体状和高浓度液体状废弃物的总量，包括危险废物、冶炼废渣、粉煤灰、炉渣、煤矸石、尾矿、放射性废物和其他废物等；不包括矿山开采的剥离废石和掘进废石(煤矸石和呈酸性或碱性的废石除外)。酸性或碱性废石指采掘的废石其流经水、雨淋水的pH小于4或pH大于10.5者。工业固体废物综合利用量是指报告期内企业通过回收、加工、循环、交换等方式，从固体废物中提取或者使其转化为可以利用的资源、能源和其他原材料的固体废物量(包括当年利用往年的工业固体废物贮存量)，如用作农业肥料、生产建筑材料、筑路等。综合利用量由原产生固体废物的单位统计。

资料来源：国家统计局、环境保护部：《中国环境统计年鉴2010》，北京，中国统计出版社，2010。

18. 工业用水重复利用率

工业用水重复利用率是指在一定时期内，生产过程中使用的重复利用水量与总用水量之比。计算公式为：

$$工业用水重复利用率=\frac{重复利用水量}{生产中取用的新水量+重复利用水量}\times 100\%$$

资料来源：国家统计局、环境保护部：《中国环境统计年鉴2010》，北京，中国统计出版社，2010。

19. 六大高载能行业产值占工业总产值比重

六大高载能行业产值占工业总产值比重是指规模以上工业中六大高载能行业产值占全部工业总产值的百分比。

工业总产值是指以货币形式表现的，工业企业在一定时期内生产的工业最终产品或提供工业性劳务活动的总价值量。它反映一定时间内工业生产的总规模和总水平。

六大高载能行业产值是指一定时期内石油加工、炼焦及核燃料加工业总产值，化学原料及化学制品制造业总产值，非金属矿物制品业总产值，黑色金属冶炼及压延加工业总产值，有色金属冶炼及压延加工业总产值，电力热力的生产和供应业总产值之和。

资料来源：国家统计局：《中国工业经济统计年鉴2009》，北京，中国统计出版社，2010。

20. 第三产业劳动生产率

第三产业劳动生产率是指一定时期内第三产业增加值与第三产业年平均就业人员数的比值。

计算公式为：

$$第三产业劳动生产率=\frac{第三产业增加值}{(上年年末第三产业就业人员数+当年年末第三产业就业人员数)/2}$$

资料来源：国家统计局：《中国统计年鉴2010》，北京，中国统计出版社，2010。

21. 第三产业增加值比重

第三产业增加值比重是指报告期内第三产业增加值占地区生产总值的百分比。计算公式为：

第三产业增加值比重＝第三产业增加值/地区生产总值×100％

资料来源：国家统计局：《中国统计年鉴2010》，北京，中国统计出版社，2010。

22. 第三产业就业人员比重

第三产业就业人员比重是指报告期内第三产业就业人员占全部产业就业人员的百分比。计算公式为：

$$第三产业从业人员比重=\frac{第三产业就业人员}{全部产业就业人员}\times 100\%$$

资料来源：国家统计局：《中国统计年鉴2010》，北京，中国统计出版社，2010。

23. 人均水资源量

水资源总量是指评价区内降水形成的地表和地下产水总量，即地表产流量与降水入渗补给地下水量之和，不包括过境水量。

人均水资源量是指一定时期内一个地区个人平均拥有的地表和地下产水总量。计算公式为：

$$人均当地水资源量=\frac{该地区的水资源总量}{该地区总人数}$$

资料来源：国家统计局：《中国统计年鉴2010》，北京，中国统计出版社，2010。

24. 人均森林面积

森林面积是指由乔木树种构成，郁闭度0.2以上(含0.2)的林地或冠幅宽度10米以上的林带的面积，即有林地面积。森林面积包括天然起源和人工起源的针叶林面积、阔叶林面积、针阔混交林面积和竹林面积，不包括灌木林地面积和疏林地面积。

人均森林面积是指一定时期内一个地区个人平均拥有的有林地面积。计算公式为：

$$人均森林面积=\frac{该地区森林面积}{该地区总人数}$$

资料来源：国家统计局：《中国统计年鉴2010》，北京，中国统计出版社，2010。

25. 森林覆盖率

森林覆盖率指一个国家或地区森林面积占土地面积的百分比。在计算森林覆盖率时，森林面积包括郁闭度0.20以上的乔木林地面积和竹林地面积、国家特别规定的灌木林地面积、农田林网以及四旁(村旁、路旁、水旁、宅旁)林木的覆盖面积。森林覆盖率表明一个国家或地区森林资源的丰富程度和生态平衡状况，是反映林业生产发展水平的主要指标。

$$森林覆盖率=\frac{森林面积}{土地总面积}\times 100\%+\frac{灌木林地面积}{土地总面积}\times 100\%+\frac{林网树占地面积}{土地总面积}\times 100\%+\frac{四旁树占地面积}{土地总面积}\times 100\%$$

资料来源：国家统计局：《中国统计年鉴2010》，北京，中国统计出版社，2010。

26. 自然保护区面积占辖区面积比重

自然保护区是指对有代表性的自然生态系统、珍稀濒危野生动植物物种的天然分布区、水源涵养区、有特殊意义的自然历史遗迹等保护对象所在的陆地、陆地水体或海域，依法划出一定面积进行特殊保护和管理的区域。以县及县以上各级人民政府正式批准建立的自然保护区为准(包括"六五"以前由部门或"革委会"批准且现仍存在的自然保护区)。风景名胜区、文物保护区不计在内。

自然保护区面积占辖区面积比重的计算公式为：

$$\text{自然保护区面积占辖区面积比重}=\frac{\text{自然保护区面积}}{\text{辖区面积}}\times 100\%$$

资料来源：国家统计局：《中国统计年鉴2010》，北京，中国统计出版社，2010。

27. 湿地面积占国土面积的比重

湿地指天然或人工、长久或暂时性的沼泽地、泥炭地或水域地带，包括静止或流动、淡水、半咸水、咸水体，低潮时水深不超过6米的水域以及海岸地带地区的珊瑚滩和海草床、滩涂、红树林、河口、河流、淡水沼泽、沼泽森林、湖泊、盐沼及盐湖。计算公式为：

$$\text{湿地面积占国土面积比重}=\frac{\text{湿地面积}}{\text{国土面积}}\times 100\%$$

资料来源：国家统计局：《中国统计年鉴2010》，北京，中国统计出版社，2010。

28. 人均活立木总蓄积量

活立木总蓄积量指一定范围内土地上全部树木蓄积的总量，包括森林蓄积、疏林蓄积、散生木蓄积和四旁树蓄积。计算公式为：

$$\text{人均活立木总蓄积量}=\frac{\text{活立木总蓄积量}}{\text{年末总人口}}$$

资料来源：国家统计局：《中国统计年鉴2010》，北京，中国统计出版社，2010。

29. 单位土地面积二氧化碳排放量

土地调查面积是指行政区域内的土地调查总面积，包括农用地、建设用地和未利用地。

单位土地面积二氧化碳排放量的计算公式为：

$$\text{单位土地面积二氧化碳排放量}=\frac{\text{二氧化碳排放量}}{\text{土地调查面积}-\text{沙漠及戈壁总面积}}$$

30. 人均二氧化碳排放量

人均二氧化碳排放量的计算公式为：

$$\text{人均二氧化碳排放量}=\frac{\text{当年二氧化碳排放量}}{\text{年平均人口}}$$

31. 单位土地面积二氧化硫排放量

单位土地面积二氧化硫排放量的计算公式为：

$$\text{单位土地面积二氧化硫排放量}=\frac{\text{二氧化硫排放量}}{\text{土地调查面积}-\text{沙漠及戈壁总面积}}$$

资料来源：国家统计局、环境保护部：《中国环境统计年鉴2010》，北京，中国统计出版社，2010；吴正：《中国的沙漠》，北京，商务印书馆，1995。

32. 人均二氧化硫排放量

人均二氧化硫排放量的计算公式为：

$$人均二氧化硫排放量=\frac{当年二氧化硫排放量}{(上年年末总人口数+当年年末总人口数)/2}$$

资料来源：国家统计局：《中国统计年鉴2010》，北京，中国统计出版社，2010。

33. 单位土地面积化学需氧量排放量

单位土地面积化学需氧量排放量的计算公式为：

$$单位土地面积化学需氧量排放量=\frac{化学需氧量排放量}{土地调查面积-沙漠及戈壁总面积}$$

资料来源：国家统计局：《中国统计年鉴2010》，北京，中国统计出版社，2010。

34. 人均化学需氧量排放量

人均化学需氧量排放量的计算公式为：

$$人均化学需氧量排放量=\frac{当年化学需氧量排放量}{(上年年末总人口数+当年年末总人口数)/2}$$

资料来源：国家统计局：《中国统计年鉴2010》，北京，中国统计出版社，2010。

35. 单位土地面积氮氧化物排放量

单位土地面积氮氧化物排放量的计算公式为：

$$单位土地面积氮氧化物排放量=\frac{氮氧化物排放量}{土地调查面积-沙漠及戈壁总面积}$$

资料来源：环境保护部：《中国环境统计年报2009》，北京，中国环境科学出版社，2010；国家统计局：《中国城市统计年鉴2010》，北京，中国统计出版社，2011。

36. 人均氮氧化物排放量

人均氮氧化物排放量的计算公式为：

$$人均氮氧化物排放量=\frac{当年氮氧化物排放量}{(上年年末总人口数+当年年末总人口数)/2}$$

资料来源：环境保护部：《中国环境统计年报2009》，北京，中国环境科学出版社，2010；国家统计局：《中国城市统计年鉴2010》，北京，中国统计出版社，2011。

37. 单位土地面积氨氮排放量

单位土地面积氨氮排放量的计算公式为：

$$单位土地面积氨氮排放量=\frac{氨氮排放量}{土地调查面积-沙漠及戈壁总面积}$$

资料来源：国家统计局、环境保护部：《中国环境统计年鉴2010》，北京，中国统计出版社，2010；国家统计局：《中国城市统计年鉴2010》，北京，中国统计出版社，2011。

38. 人均氨氮排放量

人均氨氮排放量的计算公式为：

$$人均氨氮排放量=\frac{当年氨氮排放量}{(上年年末总人口数+当年年末总人口数)/2}$$

资料来源：国家统计局、环境保护部：《中国环境统计年鉴2010》，北京，中国统计出版社，2010；国家统计局：《中国城市统计年鉴2010》，北京，中国统计出版社，2011。

39. 单位耕地面积化肥施用量

农用化肥施用量指本年内实际用于农业生产的化肥数量，包括氮肥、磷肥、钾肥和复合肥。化肥施用量要求按折纯量计算数量。折纯量是指把氮肥、磷肥、钾肥分别按含氮、含五氧化二磷、含氧化钾的百分之百成分进行折算后的数量。复合肥按其所含主要成分折算。计算公式为：

折纯量=实物量×某种化肥有效成分含量的百分比

耕地面积指经过开垦用以种植农作物并经常进行耕耘的土地面积。包括种有作物的土地面积、休闲地、新开荒地和抛荒未满三年的土地面积。单位耕地面积化肥施用量的计算公式为：

$$单位耕地面积化肥施用量=\frac{化肥施用量}{耕地面积}$$

资料来源：国家统计局：《中国统计年鉴2010》，北京，中国统计出版社，2010。

40. 单位耕地面积农药使用量

单位耕地面积农药使用量是指在一定时期内单位耕地面积上的农药使用量。计算公式为：

$$单位耕地面积农药使用量=\frac{农药使用量}{耕地面积}$$

资料来源：国家统计局、环境保护部：《中国环境统计年鉴2010》，北京，中国统计出版社，2010；国家统计局：《中国城市统计年鉴2010》，北京，中国统计出版社，2011。

41. 人均公路交通氮氧化物排放量

计算公式为：

$$人均公路交通氮氧化物排放量=\frac{公路交通氮氧化物排放量}{(上年年末总人口数+当年年末总人口数)/2}$$

资料来源：国家统计局、环境保护部：《中国环境统计年鉴2010》，北京，中国统计出版社，2010；国家统计局：《中国城市统计年鉴2010》，北京，中国统计出版社，2011。

42. 环境保护支出占财政支出比重

环境保护支出是指政府环境保护支出，包括环境保护管理事务支出、环境监测与监察支出、污染治理支出、自然生态保护支出、天然林保护工程支出、退耕还林支出、风沙荒漠治理支出、退牧还草支出、已垦草原退耕还草、能源节约利用、污染减排、可再生能源和资源综合利用等支出。环境保护支出占财政支出比重是指环境保护支出占财政支出的百分比。计算公式为：

$$环境保护支出占财政支出比重=\frac{环境保护支出}{财政支出}\times 100\%$$

资料来源：国家统计局：《中国统计年鉴2010》，北京，中国统计出版社，2010。

43. 环境污染治理投资占地区生产总值比重

环境污染治理投资是指在工业污染源治理和城市环境基础设施建设的资金投入中，用于形成固定资产的资金。包括工业污染源治理投资和“三同时”项目环保投资，以及城市环境基础设施建设所投入的资金。

环境污染治理投资占地区生产总值比重是指环境污染治理投资与地区生产总值的比值。计算公式为：

$$环境污染治理投资占地区生产总值比重=\frac{环境污染治理投资}{地区生产总值}\times 100\%$$

资料来源：国家统计局、环境保护部：《中国环境统计年鉴2010》，北京，中国统计出版社，2010；国家统计局：《中国城市统计年鉴2010》，北京，中国统计出版社，2011。

44. 农村人均改水、改厕的政府投资

农村人口是指居住和生活在县城(不含)以下的乡镇、村的人口。计算公式为：

$$农村人均改水、改厕的政府投资=\frac{农村改水投资+农村改厕投资}{(上年年末乡村总人口数+当年年末乡村总人口数)/2}$$

资料来源：国家统计局、环境保护部：《中国环境统计年鉴2010》，北京，中国统计出版社，2010；国家统计局：《中国城市统计年鉴2010》，北京，中国统计出版社，2011。

45. 单位耕地面积退耕还林投资完成额

单位耕地面积退耕还林投资完成额的计算公式为：

$$单位耕地面积退耕还林投资完成额=\frac{林业投资完成额}{耕地面积}$$

资料来源：国家统计局、环境保护部：《中国环境统计年鉴 2010》，北京，中国统计出版社，2010；国家统计局：《中国城市统计年鉴 2010》，北京，中国统计出版社，2011。

46. 科教文卫支出占财政支出比重

科学技术支出是指用于科学技术方面的支出，包括科学技术管理事务、基础研究、应用研究、技术研究与开发、科技条件与服务、社会科学、科学技术普及、科技交流与合作等。

教育支出是指政府教育事务支出，包括教育行政管理、学前教育、小学教育、初中教育、普通高中教育、普通高等教育、初等职业教育、中专教育、技校教育、职业高中教育、高等职业教育、广播电视教育、留学生教育、特殊教育、干部继续教育、教育机关服务等。

文化教育与传媒支出是指政府在文化、文物、体育、广播影视、新闻出版等方面的支出。

医疗卫生支出是指政府医疗卫生方面的支出，包括医疗卫生管理事务支出、医疗服务支出、医疗保障支出、疾病预防控制支出、卫生监督支出、妇幼保健支出、农村卫生支出等。

科教文卫支出占财政支出比重的计算公式为：

科教文卫支出占财政支出比重

$$=\frac{(科学技术支出+教育支出+文化体育与传媒支出+医疗卫生支出)}{地方财政一般预算内支出}\times 100\%$$

资料来源：国家统计局：《中国统计年鉴 2010》，北京，中国统计出版社，2010。

47. 城市人均绿地面积

绿地面积是指报告期末用作绿化的各种绿地面积。包括公园绿地、单位附属绿地、居住区绿地、生产绿地、防护绿地和风景林地的总面积。人均绿地面积计算公式为：

$$人均绿地面积=\frac{绿地面积}{城市非农人口}$$

资料来源：住房和城乡建设部：《中国城市建设统计年鉴 2009》，北京，中国计划出版社，2010。

48. 城市用水普及率

城市用水普及率是指城市用水人口数与城市人口总数的比率。计算公式为：

$$用水普及率=\frac{城市用水人口数}{城市人口总数}\times 100\%$$

资料来源：国家统计局：《中国统计年鉴 2010》，北京，中国统计出版社，2010。

49. 城市污水处理率

城市污水处理率是指城市污水处理量占城市污水排放量的比重。计算公式为：

$$城市污水处理率=\frac{城市污水处理量}{城市污水排放量}\times 100\%$$

资料来源：国家统计局、环境保护部：《中国环境统计年鉴 2010》，北京，中国统计出版社，2010。

50. 城市生活垃圾无害化处理率

城市生活垃圾无害化处理率是指报告期生活垃圾无害化处理量与生活垃圾产生量比率。在统计上，由于生活垃圾产生量不易取得，可用清运量代替。计算公式为：

$$生活垃圾无害化处理率=\frac{生活垃圾无害化处理率}{生活垃圾产生量}\times 100\%$$

资料来源：国家统计局：《中国统计年鉴 2010》，北京，中国统计出版社，2010。

51. 城市每万人拥有公交车辆

城市每万人拥有公交车辆是指报告期内城市每万人拥有的不同类型的运营车辆按统一的标准折算成的营运车辆数。计算公式为：

$$每万人拥有公共交通车辆=\frac{公共交通运营车辆数}{城市人口总数}\times 100\%$$

资料来源：国家统计局：《中国城市统计年鉴2010》，北京，中国统计出版社，2011。

52. 人均城市公共交通运营线路网长度

人均城市公共交通运营线路网长度是指每人拥有的城市公共交通运营线路网长度。

人均城市公共交通运营线路网长度计算公式为：

$$人均城市公共交通运营线路网长度=\frac{城市公共交通运营线路网长度}{(上年年末总人口数+当年年末总人口数)/2}$$

资料来源：国家统计局：《中国统计年鉴2010》，北京，中国统计出版社，2010。

53. 农村累计已改水受益人口占农村总人口比重

累计已改水受益人口指各种改水形式的受益人口。农村人口指居住和生活在县城(不含)以下的乡镇、村的人口。

$$农村累计已改水受益人口占农村总人口比重=\frac{农村累计已改水受益人口}{农村总人口}$$

资料来源：国家统计局、环境保护部：《中国环境统计年鉴2010》，北京，中国统计出版社，2010。国家统计局：《中国城市统计年鉴2010》，北京，中国统计出版社，2011。

54. 建成区绿化覆盖率

建成区绿化覆盖率是指城市建成区绿地面积占建成区面积的百分比。

建成区绿地面积：指报告期末建成区用作园林和绿化的各种绿地面积，包括公园绿地、生产绿地、防护绿地、附属绿地和其他绿地的面积。

资料来源：国家统计局：《中国统计年鉴2010》，北京，中国统计出版社，2010。

55. 人均造林面积

造林是指在宜林荒山荒地、宜林沙荒地、无立木林地、疏林地和退耕地等其他宜林地上通过人工措施形成或恢复森林、林木、灌木林的过程。人均造林面积计算公式：

$$人均造林面积=\frac{当年造林总面积}{(上年年末总人口数+当年年末总人口数)/2}$$

资料来源：国家统计局、环境保护部：《中国环境统计年鉴2010》，北京，中国统计出版社，2010；国家统计局：《中国城市统计年鉴2010》，北京，中国统计出版社，2011。

56. 工业二氧化硫去除率

工业二氧化硫排放量是指报告期内企业在燃料燃烧和生产工艺过程中排入大气的二氧化硫总量。工业二氧化硫去除量是指燃料燃烧和生产工艺废气经过各种废气治理设施处理后，去除的二氧化硫量。

工业二氧化硫去除率是指工业二氧化硫去除量占工业二氧化硫排放量和工业二氧化硫去除量总和的比重。计算公式为：

$$工业二氧化硫去除率=\frac{工业二氧化硫去除量}{(工业二氧化硫去除量+工业二氧化硫排放量)}\times 100\%$$

资料来源：国家统计局：《中国统计年鉴2010》，北京，中国统计出版社，2010。

57. 工业废水化学需氧量去除率

工业废水化学需氧量去除率是指工业废水化学需氧量去除量占工业废水化学需氧量排放量和工业废水化学需氧量去除量总和的比重。计算公式为：

$$\text{工业废水化学需氧量去除率}=\frac{\text{工业废水化学需氧量去除量}}{(\text{工业废水化学需氧量去除量}+\text{工业废水化学需氧量排放量})}\times 100\%$$

资料来源：国家统计局、环境保护部：《中国环境统计年鉴2010》，北京，中国统计出版社，2010；国家统计局：《中国城市统计年鉴2010》，北京，中国统计出版社，2011。

58. 工业氮氧化物去除率

工业氮氧化物排放量是指工业生产过程中排入大气的氮氧化物量。工业氮氧化物去除量是指工业生产过程中的废气经过各种废气治理设施处理后，去除的氮氧化物量。

工业氮氧化物去除率是指工业氮氧化物去除量占工业氮氧化物排放量和工业氮氧化物去除量总和的比重。计算公式为：

$$\text{工业氮氧化物去除率}=\frac{\text{工业氮氧化物去除量}}{(\text{工业氮氧化物去除量}+\text{工业氮氧化物排放量})}\times 100\%$$

资料来源：国家统计局、环境保护部：《中国环境统计年鉴2010》，北京，中国统计出版社，2010。

59. 工业废水氨氮去除率

工业废水氨氮去除率是指工业废水氨氮去除量占工业废水氨氮排放量和工业废水氨氮去除量总和的比重。计算公式为：

$$\text{工业废水氨氮去除率}=\frac{\text{工业废水氨氮去除量}}{(\text{工业废水氨氮去除量}+\text{工业废水氨氮排放量})}\times 100\%$$

资料来源：国家统计局、环境保护部：《中国环境统计年鉴2010》，北京，中国统计出版社，2010；国家统计局：《中国城市统计年鉴2010》，北京，中国统计出版社，2011。

60. 突发环境事件次数

环境突发事件指由于违反环境保护法规的经济、社会活动与行为，以及意外因素的影响或不可抗拒的自然灾害等原因，致使环境受到污染，国家重点保护的野生动植物、自然保护区受到破坏，人体健康受到危害，社会经济和人民财产受到损失，造成不良社会影响的突发性事件。

资料来源：国家统计局：《中国统计年鉴2010》，北京，中国统计出版社，2010。

附录三
2011 城市绿色发展指数测算指标解释及数据来源

1. 人均地区生产总值

地区生产总值(GDP)是指按市场价格计算的一个国家(或地区)所有常住单位在一定时期内生产活动的最终成果。计算公式为：

$$人均地区生产总值=\frac{地区生产总值}{年平均人口}$$

资料来源：国家统计局：《中国城市统计年鉴 2010》，北京，中国统计出版社，2011。

2. 单位地区生产总值能耗

能源消费总量是指一定时期内一个国家或地区各行业和居民生活消费的各种能源的总和。单位地区生产总值能耗是指一定时期内该地区每生产一个单位的地区生产总值所消耗的能源。计算公式为：

$$单位地区生产总值能耗=\frac{能源消费总量}{地区生产总值}$$

资料来源：国家统计局：《中国城市统计年鉴 2010》，北京，中国统计出版社，2011。

3. 人均城镇生活消费用电

人均城镇生活消费用电是指一定时期内某地区城镇居民生活消费用电量与年平均人口的比值。计算公式为：

$$人均城镇生活消费用电=\frac{城镇生活消费用电量}{年平均人口}$$

资料来源：国家统计局：《中国城市统计年鉴 2010》，北京，中国统计出版社，2011。

4. 单位地区生产总值二氧化碳排放量

单位地区生产总值二氧化碳排放量是指一定时期内某地区二氧化碳排放量与地区生产总值的比值。计算公式为：

$$单位地区生产总值二氧化碳排放量=\frac{二氧化碳排放量}{地区生产总值}$$

5. 单位地区生产总值二氧化硫排放量

二氧化硫排放量分为工业二氧化硫排放量和生活二氧化硫排放量，其中工业二氧化硫排放量是指报告期内企业在燃料燃烧和生产工艺过程中排入大气的二氧化硫总量，计算公式为：

工业二氧化硫排放量＝燃料燃烧过程中二氧化硫排放量＋生产工艺过程中二氧化硫排放量

生活及其他二氧化硫排放量是以生活及其他煤炭消费量和其含硫量为基础，根据以下公式计算：

生活及其他排放量＝生活及其他煤炭排放量×含硫量×0.8×2

单位地区生产总值二氧化硫排放量是指一定时期内某地区二氧化硫排放量与地区生产总值的比值。计算公式为：

$$\text{单位地区生产总值二氧化硫排放量}=\frac{\text{二氧化硫排放量}}{\text{地区生产总值}}$$

资料来源：国家统计局：《中国统计年鉴2010》，北京，中国统计出版社，2010；环境保护部：《中国环境统计年报2009》，北京，中国环境科学出版社，2010。

6. 单位地区生产总值化学需氧量排放量

化学需氧量(COD)是指用化学氧化剂氧化水中有机污染物时所需的氧量。COD值越高，表示水中有机污染物污染越重。化学需氧量排放量主要来自工业废水和生活污水。其中，生活污水中化学需氧量(COD)排放量是指城镇居民每年排放的生活污水中的COD的量。用人均系数法测算。计算公式为：

城镇生活污水中COD排放量＝城镇生活污水中COD产生系数×市镇非农业人口×365

单位地区生产总值化学需氧量排放量是指一定时期内该地区化学需氧量排放量与地区生产总值的比值。

$$\text{单位地区生产总值化学需氧量排放量}=\frac{\text{化学需氧量排放量}}{\text{地区生产总值}}$$

资料来源：国家统计局：《中国统计年鉴2010》，北京，中国统计出版社，2010；环境保护部：《中国环境统计年报2009》，北京，中国环境科学出版社，2010。

7. 单位地区生产总值氮氧化物排放量

氮氧化物排放量是指报告期内排入大气的氮氧化物量。

单位地区生产总值氮氧化物排放量是指一定时期内该地区氮氧化物排放量与地区生产总值的比值。计算公式为：

$$\text{单位地区生产总值氮氧化物排放量}=\frac{\text{氮氧化物排放量}}{\text{地区生产总值}}$$

资料来源：国家统计局：《中国统计年鉴2010》，北京，中国统计出版社，2010；环境保护部：《中国环境统计年报2009》，北京，中国环境科学出版社，2010。

8. 单位地区生产总值氨氮排放量

氨氮排放量是指报告期内企业排出的工业废水和城镇生活污水中所含氨氮的纯重量。

单位地区生产总值氨氮排放量是指一定时期内该地区氨氮排放量与地区生产总值的比值。计算公式为：

$$\text{单位地区生产总值氨氮排放量}=\frac{\text{氨氮排放量}}{\text{地区生产总值}}$$

资料来源：国家统计局：《中国统计年鉴 2010》，北京，中国统计出版社，2010；环境保护部：《中国环境统计年报 2009》，北京，中国环境科学出版社，2010。

9. 第一产业劳动生产率

第一产业劳动生产率是指一定时期内第一产业增加值与第一产业年平均就业人员数的比值。计算公式为：

$$\text{第一产业劳动生产率}=\frac{\text{第一产业增加值}}{[(\text{上年年末第一产业就业人员数}+\text{当年年末第一产业就业人员数})]/2}$$

资料来源：国家统计局：《中国城市统计年鉴 2010》，北京，中国统计出版社，2011。

10. 第二产业劳动生产率

第二产业劳动生产率是指一定时期内第二产业增加值与第二产业年平均就业人员数的比值。计算公式为：

$$\text{第二产业劳动生产率}=\frac{\text{第二产业增加值}}{[(\text{上年年末第二产业就业人员数}+\text{当年年末第二产业就业人员数})]/2}$$

资料来源：国家统计局：《中国城市统计年鉴 2010》，北京，中国统计出版社，2011。

11. 单位工业增加值水耗

单位工业增加值水耗是指一定时期内，一个国家或地区每生产一个单位的工业增加值所消耗的水量。其中，工业增加值是指工业企业在报告期内以货币表现的工业生产活动的最终成果。工业用水量是指报告期内企业厂区内用于生产和生活的水量，它等于新鲜用水量与重复用水量之和。计算公式为：

$$\text{单位工业增加值水耗}=\frac{\text{工业用水量}}{\text{工业增加值}}$$

资料来源：国家统计局：《中国统计年鉴 2010》，北京，中国统计出版社，2010；环境保护部：《中国环境统计年报 2009》，北京，中国环境科学出版社，2010。

12. 单位工业增加值能耗

单位工业增加值能耗是指一定时期内，一个国家或地区每生产一个单位的工业增加值所消耗的能源。计算公式为：

$$\text{单位工业增加值能耗}=\frac{\text{工业能源消费量}}{\text{工业增加值}}$$

资料来源：国家统计局：《中国统计年鉴 2010》，北京，中国统计出版社，2010。

13. 工业固体废物综合利用率

工业固体废物综合利用率是指工业固体废物综合利用量占工业固体废物产生量(包括综合利用往年贮存量)的百分率。计算公式为：

$$\text{工业固体废物利用率}=\frac{\text{工业固体废物综合利用量}}{\text{工业固体废物产生量}+\text{综合利用往年贮存量}}\times 100\%$$

其中，工业固体废物产生量是指报告期内企业在生产过程中产生的固体状、半固体状和高浓度液体状废弃物的总量，包括危险废物、冶炼废渣、粉煤灰、炉渣、煤矸石、尾矿、放射性废物和其他废物等；不包括矿山开采的剥离废石和掘进废石(煤矸石和呈酸性或碱性的废石除外)。酸性或碱性废石指采掘的废石其流经水、雨淋水的pH值小于4或pH值大于10.5者。工业固体废物综合利用量是指报告期内企业通过回收、加工、循环、交换等方式，从固体废物中提取或者使其转化为可以利用的资源、能源和其他原材料的固体废物量(包括当年利用往年的工业固体废物贮存量)，如用作农业肥料、生产建筑材料、筑路等。综合利用量由原产生固体废物的单位统计。

资料来源：国家统计局、环境保护部：《中国环境统计年鉴2010》，北京，中国统计出版社，2010。

14. 工业用水重复利用率

工业用水量指报告期内企业厂区内用于生产和生活的水量，它等于新鲜用水量与重复用水量之和。其中，新鲜用水量指报告期内企业厂区用于生产和生活的新鲜水量(生活用水单独计量且生活污水不与生活废水混排的除外)，它等于企业从城市自来水取用的水量和企业自备水用量之和。重复用水量指报告期内企业用水中重复再利用的水量，包括循环使用、一水多用和窜级使用的水量(含经处理后回用量)。

工业用水重复利用率是指在一定时期内，生产过程中使用的重复用水量与工业用水量之比。计算公式为：

$$工业用水重复利用率=\frac{重复用水量}{新鲜用水量+重复用水量}\times 100\%$$

资料来源：环境保护部：《中国环境统计年报2009》，北京，中国环境科学出版社，2010。

15. 第三产业劳动生产率

第三产业劳动生产率是指一定时期内某地区第三产业增加值与第三产业年平均就业人员数的比值。计算公式为：

$$第三产业劳动生产率=\frac{第三产业增加值}{[(上年年末第三产业就业人员数+当年年末第三产业就业人员数)]/2}$$

资料来源：国家统计局：《中国城市统计年鉴2010》，北京，中国统计出版社，2011。

16. 第三产业增加值比重

第三产业增加值比重是指报告期内某地区第三产业增加值占地区生产总值的比重。

资料来源：国家统计局：《中国城市统计年鉴2010》，北京，中国统计出版社，2011。

17. 第三产业就业人员比重

第三产业就业人员比重是指报告期内第三产业就业人员占全部产业就业人员的百分比。

资料来源：国家统计局：《中国区域经济统计年鉴2010》，北京，中国统计出版社，2011。

18. 人均水资源量

人均当地水资源量是指一定时期内一个地区个人平均拥有的水资源总量。其中，一定区域区的水资源总量是指当地降水形成的地表和地下产水量，即地表径流量与降水入渗补给量之和，不包括过境水量。

资料来源：环境保护部：《中国环境统计年报2009》，北京，中国环境科学出版社，2010。

19. 单位土地面积二氧化碳排放量

单位土地面积二氧化碳排放量的计算公式为：

$$单位土地面积二氧化碳排放量=\frac{二氧化碳排放量}{行政区域土地面积}$$

20. 人均二氧化碳排放量

人均二氧化碳排放量的计算公式为：

$$人均二氧化碳排放量=\frac{二氧化碳排放量}{年平均人口}$$

21. 单位土地面积二氧化硫排放量

行政区域土地面积是指该行政区划内的全部土地面积(包括水面面积)。计算土地面积是以行政区划分为准。

单位土地面积二氧化硫排放量的计算公式为：

$$单位土地面积二氧化硫排放量=\frac{二氧化硫排放量}{行政区域土地面积}$$

资料来源：环境保护部：《中国环境统计年报2009》，北京，中国环境科学出版社，2010；国家统计局：《中国城市(镇)生活与价格年鉴2010》，北京，中国统计出版社，2010。

22. 人均二氧化硫排放量

人均二氧化硫排放量的计算公式为：

$$人均二氧化硫排放量=\frac{二氧化硫排放量}{行政区域土地面积}$$

资料来源：环境保护部：《中国环境统计年报2009》，北京，中国环境科学出版社，2010；国家统计局：《中国城市(镇)生活与价格年鉴2010》，北京，中国统计出版社，2010。

23. 单位土地面积化学需氧量排放量

单位土地面积化学需氧量排放量的计算公式为：

$$单位土地面积化学需氧量排放量=\frac{化学需氧量排放量}{行政区域土地面积}$$

资料来源：环境保护部：《中国环境统计年报2009》，北京，中国环境科学出版社，2010；国家统计局：《中国城市(镇)生活与价格年鉴2010》，北京，中国统计出版社，2010。

24. 人均化学需氧量排放量

人均化学需氧量排放量的计算公式为：

$$人均化学需氧量排放量=\frac{化学需氧量排放量}{年平均人口}$$

资料来源：环境保护部：《中国环境统计年报2009》，北京，中国环境科学出版社，2010；国家统计局：《2010中国城市(镇)生活与价格年鉴》，北京，中国统计出版社，2010。

25. 单位土地面积氮氧化物排放量

单位土地面积氮氧化物排放量的计算公式为：

$$单位土地面积氮氧化物排放量=\frac{氮氧化物排放量}{行政区域土地面积}$$

资料来源：环境保护部：《中国环境统计年报2009》，北京，中国环境科学出版社，2010；国家统计局：《中国城市(镇)生活与价格年鉴2010》，北京，中国统计出版社，2010。

26. 人均氮氧化物排放量

人均氮氧化物排放量的计算公式为：

$$人均氮氧化物排放量=\frac{氮氧化物排放量}{年平均人口}$$

资料来源：环境保护部：《中国环境统计年报2009》，北京，中国环境科学出版社，2010；国家统计局：《中国城市(镇)生活与价格年鉴2010》，北京，中国统计出版社，2010。

27. 单位土地面积氨氮排放量

单位土地面积氨氮排放量的计算公式为：

$$单位土地面积氨氮排放量=\frac{氨氮排放量}{行政区域土地面积}$$

资料来源：环境保护部：《中国环境统计年报2009》，北京，中国环境科学出版社，2010；国家统计局：《中国城市(镇)生活与价格年鉴2010》，北京，中国统计出版社，2010。

28. 人均氨氮排放量

人均氨氮排放量的计算公式为：

$$人均氨氮排放量=\frac{氨氮排放量}{年平均人口}$$

资料来源：环境保护部：《中国环境统计年报2009》，北京，中国环境科学出版社，2010；国家统计局：《中国城市(镇)生活与价格年鉴2010》，北京，中国统计出版社，2010。

29. 空气质量达到二级以上天数占全年比重

空气污染指数是根据环境空气质量标准和各项污染物对人体健康和生态环境的影响来确定污染指数的分级及相应的污染物浓度值。我国目前采用的空气污染指数(API)分为五个等级，API值小于等于50，说明空气质量为优，相当于国家空气质量一级标准，符合自然保护区、风景名胜区和其他需要特殊保护地区的空气质量要求；API值大于50且小于等于100，表明空气质量良好，相当于达到国家质量二级标准；API值大于100且小于等于200，表明空气质量为轻度污染，相当于国家空气质量三级标准；API值大于200表明空气质量差，称为中度污染，为国家空气质量四级标准；API大于300表明空气质量极差，已严重污染。

空气质量达到二级以上天数占全年比重是指该行政区域内空气污染指数达到二级以上天数与全年总天数的比值。

资料来源：环境保护部数据中心，http://datacenter.mep.gov.cn/。

30. 首要污染物可吸入颗粒物天数占全年比重

首要污染物是指污染最重的污染物，目前在测的三大污染物为二氧化硫、二氧化氮和可吸入颗粒物。可吸入颗粒物是指粒径在0.1～100微米，不易在重力作用下沉降到地面，能在空气中长期飘浮的颗粒物。

首要污染物可吸入颗粒物天数占全年比例是指该行政区域内首要污染物为可吸入颗粒物的天数与全年总天数的比值。

资料来源：环境保护部数据中心，http://datacenter.mep.gov.cn/。

31. 环境保护支出占财政支出比重

环境保护支出是指政府环境保护支出，包括环境保护管理事务支出、环境监测与监察支出、污染治理支出、自然生态保护支出、天然林保护工程支出、退耕还林支出、风沙荒漠治理支出、退牧还草支出、已垦草原退耕还草、能源节约利用、污染减排、可再生能源和资源综合利用等支出。

环境保护支出占财政支出比重是指环境保护支出占财政支出的百分比。计算公式为：

$$环境保护支出占财政支出比重=\frac{环境保护支出}{地方财政一般预算内支出}\times 100\%$$

资料来源：国家统计局：《中国统计年鉴 2010》，北京，中国统计出版社，2010。

32. 工业环境污染治理投资占地区生产总值比重

工业环境污染治理投资是指报告期内用于治理工业废水、废气、固体废物、噪声及其他环境污染的投资完成额。工业环境污染治理投资占地区生产总值比重的计算公式为：

$$工业环境污染治理投资占地区生产总值比重=\frac{工业环境污染治理投资完成额}{地区生产总值}\times 100\%$$

资料来源：环境保护部：《中国环境统计年报 2009》，北京，中国环境科学出版社，2010。

33. 科教文卫支出占财政支出比重

科学技术支出是指用于科学技术方面的支出，包括科学技术管理事务、基础研究、应用研究、技术研究与开发、科技条件与服务、社会科学、科学技术普及、科技交流与合作等。

教育支出是指政府教育事务支出，包括教育行政管理、学前教育、小学教育、初中教育、普通高中教育、普通高等教育、初等职业教育、中专教育、技校教育、职业高中教育、高等职业教育、广播电视教育、留学生教育、特殊教育、干部继续教育、教育机关服务等。

文化教育与传媒支出是指政府在文化、文物、体育、广播影视、新闻出版等方面的支出。

医疗卫生支出是指政府医疗卫生方面的支出，包括医疗卫生管理事务支出、医疗服务支出、医疗保障支出、疾病预防控制支出、卫生监督支出、妇幼保健支出、农村卫生支出等。

科教文卫支出占财政支出比重的计算公式为：

$$科教文卫支出占财政支出比重=\frac{(科学技术支出+教育支出+文化体育与传媒指出+医疗卫生支出)}{地方财政一般预算内支出}\times 100\%$$

资料来源：国家统计局：《中国统计年鉴 2010》，北京，中国统计出版社，2010。

34. 人均绿地面积

绿地面积是指报告期末用作绿化的各种绿地面积。包括公园绿地、单位附属绿地、居住区绿地、生产绿地、防护绿地和风景林地的总面积。计算公式为：

$$人均绿地面积=\frac{绿地面积}{市辖区常住人口}$$

资料来源：国家统计局：《中国城市统计年鉴 2010》，北京：中国统计出版社，2011。

35. 建成区绿化覆盖率

建成区绿化覆盖率指报告期末建成区内绿化覆盖面积与区域面积的比率。计算公式为：

$$建成区绿化覆盖率=\frac{建成区绿化覆盖面积}{建成区面积}\times 100\%$$

资料来源：住房和城乡建设部：《中国城市建设统计年鉴 2009》，北京，中国计划出版社，2010。

36. 用水普及率

城市用水普及率是指城市用水人口数与城市人口总数的比率。计算公式为：

$$用水普及率=\frac{城市用水人口数}{城市人口总数}\times 100\%$$

资料来源：国家统计局：《中国统计年鉴 2010》，北京，中国统计出版社，2010。

37. 城镇生活污水处理率

城市污水处理率是指报告期内城镇生活污水处理量占城镇生活污水产生量的百分率。计算公式为：

$$城镇生活污水处理率=\frac{城镇生活污水处理量}{城镇生活污水产生量}\times100\%$$

资料来源：环境保护部：《中国环境统计年报2009》，北京，中国环境科学出版社，2010。

38. 生活垃圾无害化处理率

生活垃圾无害化处理率是指报告期生活垃圾无害化处理量与生活垃圾产生量比率。在统计上，由于生活垃圾产生量不易取得，可用清运量代替。计算公式为：

$$生活垃圾无害化处理论=\frac{生活垃圾无害化处理量}{生活垃圾产生量}\times100\%$$

资料来源：国家统计局：《中国统计年鉴2010》，北京，中国统计出版社，2010。

39. 每万人拥有公共汽车

每万人拥有公共汽车是指报告期末市辖区内每万人平均拥有的不同类型的运营车辆数。计算公式为：

$$每万人拥有公共汽车=\frac{公共交通运营车辆数}{市辖区常住人口数}$$

资料来源：国家统计局：《中国城市统计年鉴2010》，北京，中国统计出版社，2011。

40. 工业二氧化硫去除率

二氧化硫排放量是指报告期内企业在燃料燃烧和生产工艺过程中排入大气的二氧化硫总量。

二氧化硫去除量是指燃料燃烧和生产工艺废气经过各种废气治理设施处理后去除的二氧化硫总量。

工业二氧化硫去除率是指工业二氧化硫去除量占工业二氧化硫排放量和工业二氧化硫去除量总和的比重。计算公式为：

$$工业二氧化硫去除率=\frac{工业二氧化硫去除量}{(工业二氧化硫去除量+工业二氧化硫排放量)}\times100\%$$

资料来源：环境保护部：《中国环境统计年报2009》，北京，中国环境科学出版社，2010。

41. 工业废水化学需氧量去除率

工业废水中化学需氧量去除量是指报告期内企业生产过程中排出的废水，经过各种水治理设施处理后，除去废水中所含化学需氧量的纯重量。

工业废水中化学需氧量排放量是指报告期内企业排出的工业废水中所含污染物本身的纯重量。

工业废水化学需氧量去除率是指工业废水中化学需氧量去除量占工业废水中化学需氧量排放量和工业废水中化学需氧量去除量总和的比重。计算公式为：

工业废水化学需氧量去除率

$$=\frac{工业废水中化学需氧量去除量}{(工业废水中化学需氧量去除量+工业废水中化学需氧量排放量)}\times100\%$$

资料来源：环境保护部：《中国环境统计年报2009》，北京，中国环境科学出版社，2010。

42. 工业氮氧化物去除率

氮氧化物排放量是指报告期内企业排入大气的氮氧化物量。

氮氧化物去除量是指报告期内企业利用各种废气治理设施去除的氮氧化物量。

工业氮氧化物去除率是指工业氮氧化物去除量占工业氮氧化物排放量和工业氮氧化物去除

量总和的比重。计算公式为：

$$工业氮氧化物去除率=\frac{工业氮氧化物去除量}{(工业氮氧化物去除量+工业氮氧化物排放量)}\times 100\%$$

资料来源：环境保护部：《中国环境统计年报2009》，北京，中国环境科学出版社，2010。

43. 工业废水氨氮去除率

工业废水中氨氮去除量是指报告期内企业生产过程中排出的废水，经过各种水治理设施处理后，除去废水中所含氨氮本身的纯重量。

工业废水中氨氮排放量是指报告期内企业排出的工业废水中所含氨氮本身的纯重量。

工业废水氨氮去除率是指工业废水氨氮去除量占工业废水氨氮排放量和工业废水氨氮去除量总和的比重。计算公式为：

$$工业氨氮去除率=\frac{工业废水中氨氮去除量}{(工业废水中氨氮去除量+工业废水中氨氮排放量)}\times 100\%$$

资料来源：环境保护部：《中国环境统计年报2009》，北京，中国环境科学出版社，2010。

各章主要执笔人

部分	章数	撰稿人
总论		李晓西、潘建成
第一篇	第一章	王有捐、林卫斌、万千
	第二章	胡必亮、蔡宁、徐利刚
	第三章	张江雪、王溪薇
	第四章	刘金石、姜欣、靳荆荆
	第五章	施发启、丛雅静、张亮
第二篇	第六章	梁进社、王红瑞、宋涛
	第七章	刘学敏、张生玲、范丽娜
	第八章	毛显强、侯蕊、宋鹏
	第九章	江源、林永生、孙晓鹏
	第十章	江明清、张江雪、刘杨
第三篇	第十一章	金三林、周键聪、杨菲
	第十二章	赖德胜、蔡宁、荣婷婷
	第十三章	张琦、王颖、朱磊
	第十四章	唐任伍、杨冠琼、赵峥、刘杨
	第十五章	赵军利、姜欣、宋涛
第四篇	专题一	毛玉如
	专题二	侯万军、李丁
	专题三	唐方方
	专题四	刘建生
	专题五	王洛忠
	专题六	王元龙、马昀等
	专题七	曾学文
	专题八	王振耀
	专题九	刘方健、陈拓
	专题十	李宝元、蒯鹏州
	专题十一	杨小明
第五篇	反馈与交流	青海省环境保护厅调研组
附录	附录一	李晓西、潘建成
	附录二	赵军利、施发启、宋涛
	附录三	王有捐、江明清、丛雅静

后 记

从2010年11月到2011年8月，《2011中国绿色发展指数报告——区域比较》在2010年版本的基础上经过新一轮的筹备、修订、写作，历经10个月，现在终于完成。攻关过程中，多位领导的亲切关怀，专家学者的精诚合作，师生们的无私奉献，均让我感慨万千。

首先要感谢为支持与推动本报告顺利完成的领导与专家。国家统计局马建堂局长在看到我们的评审稿以后，在百忙之中为报告作了点明方向的序言。北京师范大学刘川生书记多次肯定了绿色发展指数报告的研究成果，鼓励这项研究要持续进行下去。北京师范大学钟秉林校长和西南财经大学赵德武校长再次欣然为本书作序，鼓励信任，语重意深，推动我们的研究不断进步。

这里我要特别向为本课题付出智慧与劳动的老师和同学们表示感谢。他们全力以赴、高效努力，为完成课题作出了贡献。GIG小组全面收集与整理资料，录入数据，针对评审专家意见，提出了增减指标的初步建议，完成了省区与城市绿色发展指数的初步测算，为专家选择确定测算方案与指标打下了很好的基础。

国家统计局中国经济景气监测中心及其相关研究处所的专家们，认真审核与确定指标的增减、修改，发挥了不可替代的作用。统计专家们专业水平高，工作全力投入，态度非常认真。与国家统计局中国经济景气监测中心的合作，高效而愉快。潘建成副主任的负责，赵军利处长协调工作的认真，王有捐副司长、施发启处长、江明清处长的专业素养，环境保护部毛玉如处长的严谨，在指标体系讨论与报告定稿过程中，均给我留下深刻而美好的印象。

经济与工商管理学院、管理学院、经济与资源管理研究院三家单位紧密合作，互相支持，促成了本报告的顺利完成。西南财经大学领导及多个学院的参与支持，是本报告得以顺利完成的保证。北京师范大学经济与工商管理学院赖德胜院长、管理学院唐任伍执行院长、经济与资源管理研究院胡必亮院长、张琦书记、壹基金公益研究院王振耀院长、资源学院刘学敏书记、西南财经大学经济学院刘方健执行院长不仅参与课题讨论，还参加了本书的写作。

相关领域一批教授承担主要章节和专题写作，提出了有科学价值的观点与分析，构成了文理科结合的研究团队。理工科的有：北京师范大学地理学与遥感科学学院梁进社教授，环境学院毛显强教授，生命科学学院江源教授，水科学研究院王红瑞教授等。社会科学方面的有：北京大学唐方方教授，北京师范大学李宝元教授、杨冠琼教授、张生玲副教授、林卫斌老师、林永生老师、赵峥老师和范丽娜老师，西南财经大学刘建生教授、刘金石副教授、李丁副教授。特别要提出，课题协调人张江雪老师在协助我组织课题的全过程中发挥了重要作用；中国科学院预测科学中心主任汪寿阳教授和李启寨等老师就指数百分化方法的讲解给了我们很大启发。

评审专家在百忙之中审阅了我们的报告，对指标体系、结论观点、数据引用、行文措辞等提出了极为宝贵的修改意见。他们都是承担重要任务的领导或专家，百忙之中指导我们的研究，是对本课题全体成员巨大的鼓舞。著名经济学家吴敬琏教授因组织筹备世界经济学会第十六届全球大会而行程安排紧凑，仍然在会后抽时间进行了评审。著名经济学家厉以宁教授收到评审稿后，不顾出差的疲劳，迅速将评审意见反馈回来，中肯严谨。国家行政学院常务副院长魏礼群教授、中央财经领导小组办公室副主任陈锡文教授、全国人大内务司法委员会副主任辜胜阻教授、国务院发展研究中心两位副主任刘世锦和卢中原教授以及环境保护部有关领导等，提出指导性思路与切实可行的建议让课题组受益匪浅。一批在资源、环境、生态等领域的专家接受邀请参加评审，体现了评审专家组将自然科学与社会科学相结合的构成。北京师范大学葛剑平副校长和西南财经大学边慧敏副校长时刻关心本课题的进展，对本报告给予很大支持。为便于读者能够再次领略各位专家的风采，同时为感谢各位评审专家对本报告作出的巨大贡献，我们将专家们的评审意见编辑为“专家评议”，并置于报告之前。

我想在此要表扬参加课题研究的研究生团队，他们在完成课题上付出的劳动最多，成长也最快。课题联系人丛雅静博士和宋涛博士，分别承担着联系城市和区域绿色发展指数的数据录入和试算工作，很好地完成了任务；姜欣博士全程参与了指标选取、省际绿色发展指数测算等工作，圆满地完成了课题的相关工作；生命学院的孙晓鹏博士和环境学院的宋鹏博士，认真完成了承担的写作任务；蔡宁硕士在城市绿色发展指数指标选取与测算上发挥了积极作用，还协助联系评审专家、组织排版等工作，受到大家好评；侯蕊、王溪薇、荣婷婷、靳荆荆、万千积极地参加了本项目的各项工作，热情主动，认真仔细。周键聪、朱磊、杨非、张亮、刘杨、徐利刚等GIG小组新成员们积极参与了绿色发展指数的数据整理与试算工作，参与完成了相关章节的写作任务。

项目后勤非常重要。这里要感谢管理课题经费使用和报销的王颖老师和晏凌老师，以及参与了排版、校对、会议服务尤其是联系评审专家呈送评审稿的很多师生，他们付出了辛勤的劳动，得到了校内外专家的赞扬。

最后，感谢北京师范大学出版社对我们的大力支持。出版社社长杨耕教授关心课题的进展情况，叶子总编亲自安排全书的编排与出版。作为本书的策划编辑，马洪立老师全程参与了课题组的讨论，协助课题组按质按时完成了定稿。陈婧思老师不辞辛苦，高质量地编辑完成了本书。

我们有决心在“985”和“经典中国国际出版工程”项目的支持下，持续不断地推进中国绿色发展指数的研究，并将之推向世界！

2011 年 7 月 21 日